浙江省高等教育重点建设教材

管理学

（第三版）

主　编　肖余春
副主编　胡洪力　向　荣　沈　青

ZHEJIANG UNIVERSITY PRESS
浙江大学出版社

前　　言

在长期的工作实践中，我们深感管理学的教学科研是一个极具挑战性的工作。管理学的教学对象越来越复杂，实践中出现的问题也越来越多。如何根据各种层次学员的学习特点，总结时代性管理新成果，提供能为实践服务的管理教科书成为我们近年来在教学科研中不断思考的问题。

管理学课程具有基础性、抽象性和应用性的特点。

首先，《管理学》是管理类专业的基础理论课，是管理类课程的理论基础部分。说它具有基础性特点，是因为：一、管理学是管理类专业的公共课程，是知识入门性课程；二、管理学是进一步学习其他专业的基础知识，涉及的内容十分广泛；三、管理学的研究有相当的难度，涉及经济学、哲学、社会学、心理学、人类学、数学及各种工程技术学科。

其次，管理学因为其理论性强，所以显得非常抽象。管理学课程的抽象性来源于管理现象本身的特点。管理实践的对象主要是人，管理就是影响人的心理与行为。而人的心理表现是很难直接看出来的。所以，管理者和被管理者的心理、行为以及管理的过程和结果往往不是直观的，许多时候要靠思维去把握、去概括，需要用心去体会。因此，管理的原理和方法等听起来会感觉抽象枯燥，掌握起来觉得难以琢磨，结果检验也不那么直接和好计量。

最后，管理学同时又是一门应用性很强的学科。管理学主要强调管理基本概念和原理的普遍适用性，但所有的概念和原理几乎都受到人和环境的制约，所以管理学一定要与实践相联系。

根据2006年第一版、2009年第二版使用后的反馈情况，我们对本教材进行了第三次修订。本书编写思路：一、以经典管理的4个功能为主线，帮助读者掌握计划、组织、领导和控制等基本原理；二、以当前的一些研究热点为引线，力求反映我国当前管理的新趋势，如社会责任、管理道德、创新与创业等领域；三、以方便教学为目的，本书结构分6篇20章，各章配有引导案例、主要教学内容、小结、思考练习题及综合案例讨论等。

第三版更新了全书的案例,主要引导学生思考管理中的现实问题;修订了练习题并附有参考答案,以方便学生自学。

本书由肖余春主编。各章具体执笔如下:肖余春:第 1 章、第 2 章、第 3 章、第 7 章、第 8 章、第 9 章;胡洪力:第 10 章、第 11 章、第 12 章、第 13 章、第 19 章、第 20 章;向荣:第 4 章、第 5 章、第 6 章、第 17 章、第 18 章;沈青:第 14 章、第 15 章、第 16 章。郑喜燕、阮小龙、李伟阳、沈淑红、杨丹、李琼、李珊丹、沈亚萍、付音完成了案例采编、习题库建设及文稿校对工作。

在本书的编写与修订过程中,我们借鉴、吸收了国内外许多学者的研究成果,谨向他们表示诚挚的谢意!本书是浙江省高等教育重点建设教材,得到了浙江省教育厅和浙江省财政厅的资助,在此一并致谢!

浙江工商大学工商管理学院 肖余春

2013 年 1 月

目　　录

第1篇　导　论

第2篇 计 划

第3篇 组 织

第4篇　领　导

第5篇　控　制

第6篇 管理新趋势

第1篇

导　论

第1章

管理学导论

引导案例

世界500强企业的管理

经济学家认为西方工业现代化是“三分靠技术，七分靠管理”。众多的企业通过改进管理、创新求实，成为世界知名企业。

1. 星巴克：福利惠及员工家人

与零售业同行相比，星巴克员工的福利是十分优厚的。董事长舒尔兹给那些每周工作超过20小时的员工提供卫生福利、员工扶助方案和伤残保险。这种独特的福利计划使星巴克尽可能地照顾到员工的家庭，对员工家里的长辈、小孩在不同状况下都有不同的补贴方法。钱虽然不是很多，但会让员工感到公司对他们非常关心。那些享受到福利的员工对此心存感激，对顾客的服务更加周到。

2. 上海贝尔：满足员工最迫切的需要

上海贝尔的特色福利是满足员工最迫切的需要。例如，在上海房价居高不下的情况下，上海贝尔及时推出了无息购房贷款的福利项目，助员工一臂之力；而在员工工作满规定期限后，此项贷款还可以减半偿还。当公司了解到部分员工通过其他手段已经解决了住房，有意购置私家车时，又为这部分员工推出了购车无息专项贷款。如此一来，公司既替年轻员工解了燃眉之急，也使那些为企业服务了多年的资深员工得到了回报。

3. 诺基亚:“倒金字塔”管理

世界最大移动电话生产商之一诺基亚采用“倒金字塔”的管理模式,即管理者在下边,用自己的“手臂”搭建了一个倒金字塔型的开放空间。在这里,管理者的“手臂”只有两个用途,一个是划定方向,一个是让员工遇到困难时有一个“歇脚”的地方。在这里,有能力的人可以飞得很高,而且越向上飞空间就越广阔。很明显,这并不仅仅是诺基亚的管理模式,同样也是诺基亚企业文化的精髓之一。

诺基亚给予员工的自由度很大,你可以通过自己的努力去取得最大的成功,也就是说,老板不会催促你或者告诉你应该怎样做,老板只会在你需要的时候帮助你。你不会惧怕你的老板,你可以与他争论,甚至有时候你不用等你的老板拍板,就可以自己做决定。比如我自己就可以通过与管理人员沟通,自主决定开办什么样的培训,跟公司的总裁没有关系。在诺基亚,只要你认为自己有足够的精力,并且愿意把它们释放出来,你不会受到任何的阻碍。做了但是做错了没关系,可如果你不做,恐怕半年后就要走人了。

4. 麦肯锡公司:建立“毕业生网络”

麦肯锡咨询公司有一本著名的麦肯锡校友录,即离职员工的花名册。他们将员工离职视为毕业离校,离职员工就是他们遍布各处的校友,其中不乏CEO、高级管理人员、教授和政治家。麦肯锡的管理者深知,随着这些离职咨询师职业生涯的发展,他们将会成为其潜在客户,无疑会形成一大笔资源。麦肯锡一直投巨资用于培育其遍布各行业的毕业生网络,事实证明,这一独特的投资为公司带来了巨大的回报。

5. 通用公司:“全员决策”管理制度

美国通用电气公司是一家集团公司,1981年杰克·韦尔奇接任总裁后,认为公司管理太多,而领导得太少,工人们对自己的工作比老板清楚得多,经理们最好不要横加干涉。为此,它实行了“全员决策”制度,使那些平时没有机会互相交流的职工、中层管理人员都能出席决策讨论会。“全员决策”的开展,打击了公司中的官僚主义,减少了繁琐程序。

6. 惠普公司:握手话别,陪送“嫁妆”

惠普(美国)公司对待跳槽的员工的态度是:不指责,不强留,利索地放人,握手话别。一个离开惠普出去创业的人说:惠普每年要花不少钱用在人才培训上,有的人来惠普就是为了镀金,学了本事待价而沽。

对此，公司的管理层认为，人家愿意来，说明惠普有很大吸引力；人家想走，强留也不会安心。再说，电脑业本来流动率就高，当初选进的人才不见得都符合惠普的要求。退一步说，一些优秀人才到外面去服务，也是惠普对社会的贡献，也符合惠普一贯坚持的互胜精神。

7. 美国汽车公司：总裁桌上的不同颜色公文夹

美国汽车公司总裁莫端要求秘书给他的呈递文件放在各种颜色不同的公文夹中。红色的代表特急；绿色的要立即批阅；橘色的代表这是今天必须注意的文件；黄色的则表示必须在一周内批阅的文件；白色的表示周末的时候须批阅；黑色的则表示是必须由他签名的文件。

本章主要内容

1. 管理的定义。
2. 管理的职能。
3. 管理学的对象及研究方法。
4. 管理者的角色与技能。

1.1 管理概述

1.1.1 管理的定义

管理在现代化社会中无时不在。自19世纪末20世纪初管理学成为一门独立的学科以来，人们从不同的角度理解管理现象，对管理的看法主要有以下几种：

(1)赫伯特·A. 西蒙(Herbert A. Simon)等认为：决策贯穿于管理的全过程和所有的方面；组织是由一些决策者构成的系统；决策正确与否直接关系到组织工作的成败。因此"管理就是决策。"

(2)孔茨(H. Koontz)的定义是："管理就是设计和保持一种良好环境，使人们在群体里高效率地完成既定目标。"

(3)小詹姆斯·H. 唐纳利(James H. Donnelly)等认为："管理就是由一个或更多的人来协调他人活动，以便收到个人单独活动所不能收到的效果而进行的各种活动。”

(4)亨利·法约尔(Fayol)等人则认为:“管理,就是实行计划、组织、指挥、协调和控制。”

(5)路易斯·布恩和戴维·克茨(Boone,Kurtz)认为:“管理就是使用人力及其他资源去实现目标。”

(6)德鲁克(Peter Drucker)认为:“管理是一种以绩效责任为基础的专业职能。管理是一种实践,其本质不在于‘知’而在于‘行’;其验证不在于逻辑,而在于成果;其唯一权威就是成就。”

(7)管理就是协调人际关系,强调管理的核心是协调人际关系,管理通过激励、沟通等方法激发人的积极性,完成组织目标。

(8)管理就是领导。这种说法强调了管理者个人在管理活动中的领导作用。

(9)管理就是经由他人完成任务。这种说法强调了管理者发挥下属人员作用的重要性。

综合以上观点,管理(management)就是通过计划、组织、领导和控制组织资源,以有效益和高效率的方式实现组织目标的过程。

该定义中有两个要点:(1)管理的四大职能:计划、组织、领导和控制;(2)以有效益和高效率的方式实现组织的目标。管理者运用多种多样的技能来履行这些职能。本章下面将要讨论管理的概念技能、人际技能和技术技能。图 1-1 解释了管理者利用资源来实现组织目标的过程。尽管有些管理学者认为管理还有其他职能,比如人事、沟通或决策,但这些附加职能将作为上述四大职能的子集在图 1-1 加以讨论。

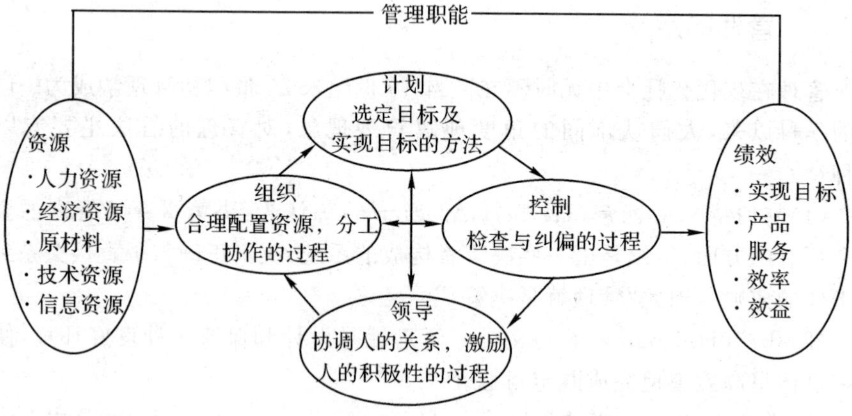

图 1-1 管理过程

1.1.2 管理的职能

管理职能是什么？学者们至今尚无完全统一的看法。法国管理大师亨利·法约尔在 1915 年提出管理的职能应包括计划、组织、指挥、协调、控制五项。后来，西方许多学者在此基础上，做了发展和补充，先后出现了所谓的三职能说、四职能说、五职能说、六职能说乃至七职能说。学者对管理职能的阐述可见表 1-1。

表 1-1 西方管理学者关于管理职能划分的主要观点

年份	对管理职能的划分 管理学者	计划	组织	指挥	协调	控制	激励	调集资源	通讯联系	决策	人事	创新
1916	法约尔(H. Fayol)	√	√	√	√	√						
1934	戴维斯(R. C. Davis)	√	√			√						
1937	古利克(L. Gulick)	√	√	√	√	√			√		√	
1947	布朗(A. Brown)	√	√	√		√		√				
1951	纽曼(W. Newman)	√	√	√		√		√				
1955	孔茨(H. Koontz)	√	√			√					√	
1956	特里(George Terry)	√	√	√	√	√	√					
1958	麦克法兰(D. Mcfarland)	√	√	√		√						
1964	梅西(J. E. Massie)	√	√			√				√	√	
1964	米(J. E. Mee)	√	√			√	√			√		√
1966	希克斯(H. G. Hicks)	√	√			√	√		√			√

尽管对管理职能的划分有不同的理解和分类，但是大多数专家都承认，管理的基本职能就是管理工作所包括的几种基本活动的内容，其中有四项基本职能是多数专家所公认的，即计划、组织、领导和控制。

计划　计划是确定组织未来发展目标以及实现目标的方式。计划是为未来的组织业绩界定目标和决定为实现上述目标所需要完成的任务和可资利用的资源。

计划的任务主要是制定目标及目标实施途径（即计划方案）。具体来说，计划工作主要包括：(1)描述组织未来的发展目标，如利润增长目标、市场份额目标、社会责任目标等；(2)有效利用组织的资源实现组织的发展目标；(3)决定为实现目标所要采取的行动。计划是管理的首要职能，管理活动从计划工作开始。

组织　组织服从计划，并反映着组织计划完成目标的方式。在审理过程中，组织活动包括任务的分配、把多项任务组合成独立的部门和资源在部门之间的分配。

再好的计划方案也只有落实到行动中才有意义。要把计划落实到行动中，就必须要有组织工作。组织工作包括分工、构建部门、确定层次等级和协调等活动，其任务是构建一种工作关系网络，使组织成员在这样的网络下更有效地开展工作。透过有效的组织工作，管理人员可以更好地协调组织的人力和物力资源，更顺利地实现组织的目标。

领导　领导是运用影响力激励员工促进组织目标实现的过程，同时，领导还意味着创造共同的文化和价值观念，在整个组织范围内与员工沟通组织目标和鼓舞员工树立起谋求卓越表现的愿望。

有了计划，构建了合适的组织结构，聘用到了合适的人员之后，就需要开展领导工作了。有人把领导叫做指导，但不管怎么叫，都是指对组织成员施加影响，使他们对组织的目标做出贡献。其工作内容包括激励、采用合适的领导方式、沟通等。

控制　控制是管理过程的第四项职能，它意味着对员工的活动进行监督，判断组织是否正朝着既定的目标健康地向前发展，并在必要的时候及时采取矫正措施。管理者必须确保组织正在逐渐实现其目标。目前，倾向于授权和强调员工信任的趋势已经促使许多企业不再重视自上而下的控制，而是更重视训练员工进行监督和自我矫正。

控制工作包括衡量组织成员的工作绩效，发现偏差，采取矫正措施，进而保证实际工作开展情况符合计划要求。

计划、组织、领导和控制是最基本的管理职能，它们分别重点回答了一个组织要做什么和怎么做、靠什么做、如何做得更好，以及做得怎么样等基本问题。管理职能并不只是这四种。作为管理工作的手段和途径，随着管理对象的变化和科学技术的发展，管理职能也在不断地丰富和完善。

1.1.3　管理的性质

1. 二重性

管理的二重性是马克思主义关于管理问题的基本观点。马克思在《资本论》中指出："凡是直接生产过程具有社会结合过程形态，而不是表现为独立生产者的孤立劳动的地方，都必然会产生监督劳动和指挥劳动。不过它具有二重性。"列宁在《苏维埃政权的当前任务》一文中也指出："资本主义在这方面的最新成就泰罗制，同资本主义其他一切进步的东西一样，既是资产阶级剥削的最巧妙的残酷手段，又包含一系列的最丰富的科学成就。”

不难看出，马克思主义关于管理的二重性，即是自然属性和社会属性。所谓自然属性是指管理任何社会劳动或社会化大生产的共同要求，从有效组织社会劳动出发或遵循社会化大生产的规律所发挥各种职能和所采取的各项措施。它“包含一系列丰富的科学成就”。所谓社会属性，即任何管理都是在一定的生产关系下进行的，必然体现出生产资料占有者指挥劳动、监督劳动的意志。它揭示出“资产阶级剥削的最巧妙的残酷手段”。前者是不以国家制度和阶级属性的不同而转移的。后者则突出体现为一定的阶级的意志，并为一定的阶级利益服务。

认识管理的二重性，不但有利于更为深刻地认识管理的特征，而且对如何正确地学习借鉴别国，特别是发达国家的先进管理经验具有十分重大的现实意义。

2. 动态性

管理的“载体”即是“组织”。而“组织”的内部结构也是要根据不断变化的客观环境而不断加以调整以适应人类社会发展的需要，这是其一。现代组织管理理论又告诉我们，它不满足于对组织单纯的静态技术性分析，而要对组织的本质、人在组织中的行为、组织的决策等进行描述性的分析。尤其是现代组织管理理论主要分析组织行为，分析组织中的人际关系、信息流通、决策过程。可见这里的管理主要是对其做动态考察，这是其二。值得注意的是，管理这类活动还需要在变动的环境与组织本身中进行，进而消除资源配置过程中的各种不确定的因素，由于各个组织所处的客观环境和具体的工作环境的差异，从而导致每个组织中的资源配置也不同。这种差异与不同实质是管理动态性的派生物，这是其三。

3. 创造性

管理既然是一种动态活动，就意味着每一个具体管理对象没有一种唯一的完全有章可循的模式可以参照，那么欲达到既定组织目标与责任，就需要有一种创造精神。事实上，历史上每次大的革命必然要求管理的变革。先以中国历史社会形态变革为例。众所周知，以血缘为纽带的诸侯制管理形式是与奴隶制相适应的。可是到封建社会郡县制取代诸侯制之后，又先后被督抚制、省市制所代替。再以西方技术革命为例。18、19 世纪资本主义国家的技术革命和产业革命无疑大大推动了资本主义生产力的发展，但是，在管理没有真正完成从经验到科学的转变之前，资本主义国家的许多企业的生产都远远达不到技术上的设计能力。只有到了 19 世纪末 20 世纪初，由于泰罗等人对管理制度和管理方法进行变革，完成了由经验管理向技术管理的变革，才使劳动生产率大大提高，从而使技术的潜力得到充分的发挥。这些事例充分说明了管理创新的重要性。只有认识到这一点,我们才能在知识经济时代立于不败之地。

4. 艺术性

泰罗等人完成了由经验管理向技术管理的变革,使管理具有科学性。同时管理不仅有科学性,还有艺术性。所谓管理艺术即是管理者运用创造性思维方法、技巧和实际效果的综合反映。管理之所以有艺术性,是因为对每个具体管理对象的管理没有统一的模式,特别是对那些非程序的、全新的管理对象,更是如此。管理之所在得以称为艺术,是因为管理者的知识、经验、才能和气质不同,在处理各种错综复杂的管理对象时带有强烈的个性色彩,即运用同一种方法,解决同一个问题,因管理主体不同也会有某些差异。从认识论角度上看,管理主体在揭示具体管理对象的本质时,经历了从反映到能力反映再到创造性思维的决策三个发展阶段。认识事物的能力高低主要表现在能动的反映这一中心环节上。能动的反映的关键是速度,能动的反映越快,创造性思维决策也就会越快。在科学技术日新月异发展的今天,能动的反映速度快慢是管理艺术高低的一个重要标志。

现代管理的上述四个特征是相互联系的,缺一不可的。一个现代管理者,只有对其有深刻的认识,才能在复杂的管理活动中闲庭信步,否则寸步难行。

1.2 管理学的对象、研究方法

1.2.1 管理学的研究对象

1. 管理学的广义研究对象

(1)生产力

主要研究生产力的合理组织问题,即研究如何根据组织目标合理配置组织中的各项资源,以求获得最佳的经济、社会效益的问题。

(2)生产关系

主要研究如何处理各类组织之间、组织内部人与人之间的经济关系、协作关系和分配关系,建立完善的管理体制,为实现组织目标服务。

(3)上层建筑

主要研究如何使组织内部环境和组织外部环境相适应的问题;研究如何使组织的各项规章制度、劳动纪律与社会的政治、哲学、法律、道德等上层建筑保持一致的问题,从而维持正常的生产关系,促进生产力的发展。

2. 管理学的狭义研究对象

(1)管理原理

管理学首先研究管理的基本规律,即研究适用于一切社会和个别社会形态的各种基本规律。如管理的目的、过程、原则和内容等。

(2)管理功能或职能

管理的各种功能既体现管理的基本任务,又反映了管理的全过程。

(3)管理的主要方法、技术和手段

管理功能的执行和完成,是靠管理方法、技术和手段来实现的。因此,对管理方法、技术和手段的研究是管理学的重要内容。

(4)管理者

管理者是管理的主体。管理者能否实施有效管理的关键因素是管理者群体结构的优化以及他们之间的关系,这是管理学研究的重要课题。

(5)管理历史

管理学要研究管理思想及实践的发展历史,以便更好地继承和发展管理理论和方法。

概括以上内容,管理学的研究对象是现代社会条件下管理活动的基本规律和一般方法。管理学研究的对象和内容,如图 1-2 所示。

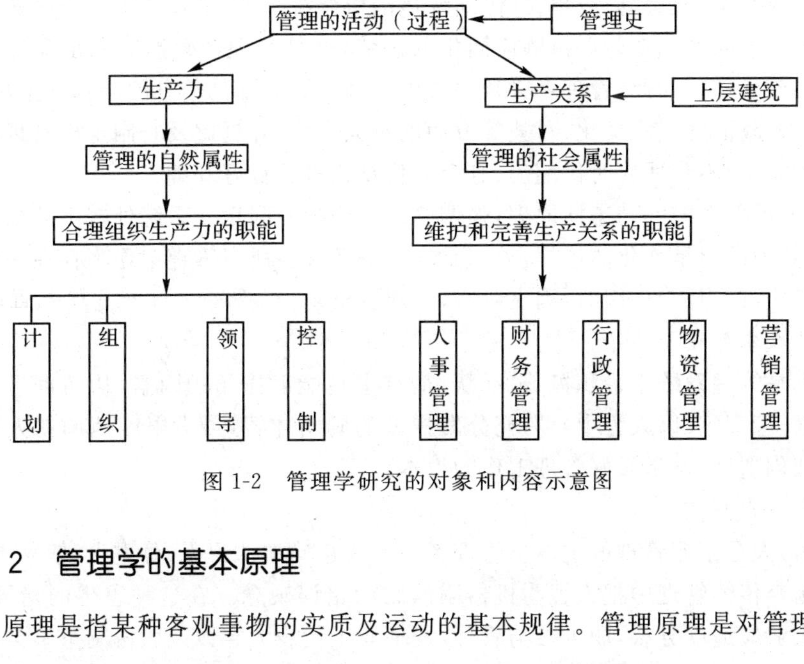

图 1-2 管理学研究的对象和内容示意图

1.2.2 管理学的基本原理

原理是指某种客观事物的实质及运动的基本规律。管理原理是对管理工作的实质内容进行科学分析总结而形成的基本真理,它是现实管理现象的抽象,是对各项管理制度和管理方法的高度综合与概括,因而对一切管理活动具有普遍的指导意义。

1.系统原理

世间的一切事物都具有系统的属性。所谓系统,是指由相互联系和相互作用的若干部分组成,并具有特定功能的有机整体。加上它所处的环境,则是一个更大的系统。因此,在现代管理中,必须把任何一个企业、单位或部门看成是一个系统。把系统原理应用到现代管理事业。

(1)管理工作必须有统筹兼顾的全局性,把整体目标优化作为根本的出发点,从决策方案选择,到组织、指挥、协调、控制等具体管理工作过程,都要运用系统的观点和系统分析方法,正确处理整体与局部、局部与局部以及各要素之间的关系。把整体观念、全局利益始终放在首位,并精心运筹、全面安排,实现系统的整体优化。只有这样,才能避免轻重缓急倒置、大小不分、是非混淆等片面孤立研究解决问题的不良倾向。

(2)必须力求各管理局部的良好分工与协作,使之充分发挥各自的职能和作用,以求管理全局的最佳效能;必须对人、财、物、事等各要素科学组织、调节和运用,以取得"人尽其才、物尽其用、财尽其利"的优良效果。

(3)搞好企业(部门或单位等)与环境的协调统一,使管理系统自身的调节与社会大系统的动态变化保持顺应同步的态势,这是管理经营能够立足和发展的宏观必要条件。为此,管理者必须重视国内外市场和商品信息的调查和搜集,重视国内外政治、经济、文化、科技等方面的重大变化,并据此及时制定出管理的决策和对策,为不断适应时代潮流、赶上时代步伐打下良好基础。

(4)根据系统的动态性原理,强调管理工作的时限性。系统处在不断的变化之中,其中内因是变化的依据,外因是变化的条件。所以管理工作不存在一成不变的模式,应当因地、因时、因人制宜,不断调整。

2.人本原理

人是管理系统中最积极、最活跃、最有主观能动作用的因素,从而也是首要的因素;管理应"以人为中心",充分发挥人的聪明才智,最大限度地调动人的积极性和创造性,这是做好管理工作的根本。

主要表现在:

(1)人是企业管理的主体。管理者一定要正确地认识人、尊重人、依靠人,要坚决抛弃传统管理中把人视为机器附属物的错误观念。在这种思想的指导下,强调企业应适度分权,职工参与管理,发挥职工代表大会以及股份制董事会职工代表及股东大会的作用。国外一些企业中，实行股权分散化和大众化，吸引更多的员工关心和参加企业的管理工作，这在我国的许多企业中也得到了应用。

(2)管理者应重视满足广大职工的合理需要。组织行为学认为，需要是人的行为动力的源泉，人的需要可分为物质需要和精神需要。管理者在可能性能的条件下，千方百计满足职工在衣食住行等基本物质条件上的需求以及在社会交往、知识、道德、荣誉等多方面的精神需求，将会极大地调动人的积极性，同时也有助于人的良好个性的形成与发展。

(3)强调管理工作是为人服务的。邓小平同志说过一句名言："领导就是服务"。管理工作包括对职工、用户、顾客乃至全社会的服务，重视建立良好的人际关系与和谐的企业内外环境。

3. 责任原理

责任原理是指管理工作必须在合理分工的基础上，明确规定组织各级部门和个人必须完成的工作任务和相应的责任。职责明确，才能对组织中每一个员工工作业绩做出正确的考核和评价，有利于挖掘人的潜能和保证组织任务的完成。管理的责任原理启迪我们：

(1)在管理工作中，要强调职责、权限、利益和能力的协调和统一。责任原理的核心是职责，必须在数量、质量、时间、效益上有明确的规定，并通过相应的条例、规程等形式表现出来。明确了每个人的职责，就要授予其相应的权力(包括人、财、物各个方面)，并通过相应的利益来体现人们完成职责、创造业绩的补偿，即责、权、利的一致性。完成职责要以人的能力作为后盾。所谓能力是指人们顺利完成某种活动的心理特征，它以知识和技能作为基础。

职责、权限、利益和能力之间存在着等边三角形的边与高的关系，如图 1-3 所示。

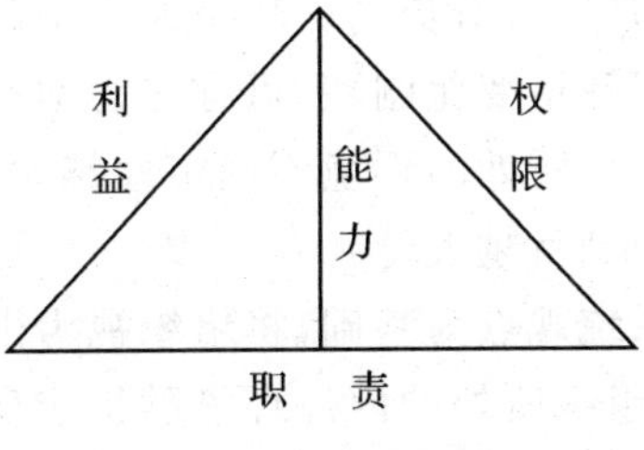

图 1-3　责\权\利和能力关系图

在图 1-3 中，职责、权限、利益为等边三角形的三个边，彼此是相等的，而能力是等边三角形的高，根据具体情况，可以小于职责。这是因为，人的潜在能力是很强的,承担挑战性的工作,适当的工作压力有利于开发潜能,促使人们自觉地学习知识和提高技能,努力把自己的工作做得更好。

(2)在管理工作中,对人的奖惩要分明,注意公正和及时对人的奖惩是对某工作职责及其业绩客观与公正的评价,有助于提高人的积极性和工作动机的激发。奖惩要以科学准确的考核为前提,使人产生公平感。奖惩工作要及时,立竿见影,对强化人的行为(不管是正强化还是负强化)有着十分重要的作用。奖励和惩罚对管理工作都是不可缺少的,但惩罚可能招致人们的挫折感,处理不当会出现消极行为等负面效应,因此应更多地强调奖励等正强化的方法,辅助以惩罚等手段,形成科学和规范的奖惩制度与方法。

4.权变原理

管理的权变原理,是指在组织活动中的环境和条件不断发展变化的前提下,管理应因人、事、时、地而权宜应变,采取与具体情况相适应的管理对策以达成组织目标的一项管理原理。

管理与环境之间存在着一种函数关系。一般情况下,前者构成因变数,后者为自变数,但这种函数关系不一定是因果关系,更准确的解释应为"如果——就应"的关系,即"如果"发生或存在某种环境情况,"就应"采取与之相适应并能有效解决所针对的管理问题的工作对策。组织所要研究的环境问题,不但包括一个组织所处的一般环境、任务环境(也即特定外部环境)和内部环境,还包括内部环境与外部环境的相互作用。一般外部环境包括政治、经济、文化、科学技术、国际等方面因素。这些因素之间会相互作用,对组织运营起间接的影响。任务环境会直接地对组织产生影响,是组织更加关注的一类外部环境,它包括竞争对手、供应商、顾客、有关的政府管理机构等。存在组织外部的环境大多数是动态的,许多时候是难以预料的,这就给管理带来相当大的不确定性。从这个意义上说,管理出现某些失误也是不可避免的。环境的不确定性取决于环境的变化程度和复杂程度。组织外部环境变化剧烈,可称之为动态环境;如果变化很小,可称之为稳定环境。一个组织所处的环境不确定性越大,对组织的管理抉择和决定组织自身命运的自由限制就越大。

权变管理理论是以系统观点为基础,将组织视为由若干子系统有机组成的开放系统,管理中要根据组织所处的内外环境随机应变,不存在一种一成不变、普遍适用、一劳永逸的最好的管理理论与方法,管理的成效取决于组织与其环境之间的适应性。该理论贴近于人们对具体问题进行分析、具体对待的科学认识过程,较之单纯追逐抽象的、普遍适用的管理理论与方法更能为人们所接受,也能更有效地解决具体的管理问题。这就为我们把这个理论归结为管理的权变原理提供了扎实的依据基础。权变管理理论的核心是正确的，但要反对走向相对主义极端，认为权变是“一切只能视条件而定”，不存在普遍适用的管理思想，那就犯了认识论上的错误。矛盾具有普遍性，因此解决矛盾的指导思想和处理原则也具有普遍性。普遍的矛盾在不同的发展过程中，在不同的具体情况下，会有其各自不同的特点，会有许多新问题。不认识到这一点，也就解决不了许多具体问题。

权变原理在管理的计划、组织、控制、领导等职能中运用得十分普遍，小到某一管理的权变方法，如 PACD 计划循环法、滚动计划法，或在特定条件下某一领导方式的选择，某一激励措施的采取，大到组织结构权变设计原则的提出等。把权变思想作为一个原理在理论上加以确立首先归功于权变理论学派的努力。这个学派不仅提出权变管理某些指导性思想，而且还提出了在管理中如何应用的具体方法。

5.效益原理

效益和对效益不断的追求是管理活动永恒的主题。任何组织管理的最终目标都是为了追求和获取效益。所谓效益是指有效产出和其投入之间的一种比例关系。它包括经济效益和社会效益两个方面。通常经济效益比较直观，可以直接运用若干经济指标来计算和考核，而社会效益则具有间接性，较难以完全量化。经济效益和社会效益既有联系，又有区别，两者是不可分割的，管理工作应该将两种效益有机地结合起来，而不能顾此失彼。效益原理要求管理工作应充分注意到：

(1)正确处理组织管理工作中效率、效果和效益三者之间的关系。在管理工作中，效率是指单位时间内所取得成果数量，它体现了输入与输出之间的关系。而效果是指经过投入转换所得到的有用成果，它体现了对组织目标与任务的完成情况。效益是指生产成品中，为社会所接受的成果。效率、效果和效益三者之间，既可以是一致的，也可以是不一致的。在管理活动中，有效率、有效果而无效益的情况大量存在，例如在我国当前家用电器和房地产开发中曾经发生过的重复引进和盲目开发的情况，均属于忽视效益的体现。

(2)在管理活动中，必须建立正确的效益观。管理工作必须克服在传统体制下以生产为中心的管理思想，转变为以效益为中心。追求效益应当成为管理活动的出发点和归宿，管理者，特别是主要管理者要以经营战略的眼光去处理企业的效益，正确处理企业局部效益与全局效益的关系，特别是追求长期稳定的高效益，并遵循客观规律去取得效益。

6. 信息原理

信息论的创始人申农(C. E. Shannon)指出,所谓信息是指人们对事物了解不定性的减少和消除。这就是说,信息泛指消息、情报、指令、数据、图表、信号等一切有价值的情况和资料,人们能够获得并认识它们,就意味着在该领域中,对事物了解不定性的减少和消除。一个现代管理系统,通常有人流、物流和信息流三种并存的运动。人流和物流是管理系统生产经营活动的物流流程和主体流程。为了使生产经营活动取得良好的效果,必须对人流和物流加以科学的计划、组织和调节,使其按一定规律运行。人流与物流的运动状态,则取决于信息流的运动是否健康和畅通。由于信息在管理系统中是双向流动,因而独具反馈作用,信息流通渠道如同管理工作的神经系统,其状态决定着管理机体运动是否正确、敏捷,正确而完备的信息是正确决策的基础和前提。重大和关键信息的搜集和运用,甚至关系到管理事业的成败和兴衰。现代管理工作者贯彻和运用信息及其反馈控制原理,应注意以下两点:

(1)现代企业的生存和发展的必须条件是要建立十分发达的信心渠道,建立以电子计算机为代表的、现代科技为基础的电子表格数据处理系统(EDP),用于管理数据的检索、处理加工和转换。进一步发展管理信息系统(MIS),为各级管理部门提供有效的管理和控制信息,最终建立决策支持系统(DSS),即建立人机合一系统,帮助各级管理者实现科学决策。

(2)要十分重视信息的搜集、储存、加工整理和运用,力求达到全面、及时、准确、可靠。要实现这一目标,除运用高科技手段外,还要有完备的组织结构系统,确保信息的筛选、分析评估、取舍,以及在管理预测、决策、计划、指挥和控制工作中及时与正确的运用。

1.2.3 管理学的研究方法

任何管理,都要选择、运用相应的管理方法。各种管理任务的完成,需要体现管理艺术的多种办法和技巧。管理,不能不解决方法论问题。

1. 管理方法的系统层次与类别

毛泽东曾经说过:"我们不但要提出任务,而且要解决完成任务的问题。我们的任务是过河,但是没有桥或没有船就不能过。不解决桥或船的问题,过河就是一句空话。不解决方法问题,任务也是瞎说一顿。"管理过程不能只是确定管理的目的,提出管理的任务,还要研究、解决管理的方法问题。管理中研究、解决达成管理目的、完成管理任务的方法问题,是十分重要的。管理活动是人们协作劳动的客观需要,是认识活动和实践活动的统一,各项管理职能的实现,都要借助于一定的管理方法。管理方法存在于整个管理过程中,它的适用性会直接影响、制约管理过程的有效开展。得法者才能事半功倍。

管理方法是指为保证管理活动顺利进行,达成管理目标,在管理过程中管理主体对管理客体进行有目的的作用的方式、手段、办法、措施、途径的总和。

管理的任务、对象、内容、环境是复杂多变的,因此,社会实践中运用的管理方法也是多种多样的。管理方法按其普遍性程度不同,由低到高,大体上可分为三个层次(图 1-4)。

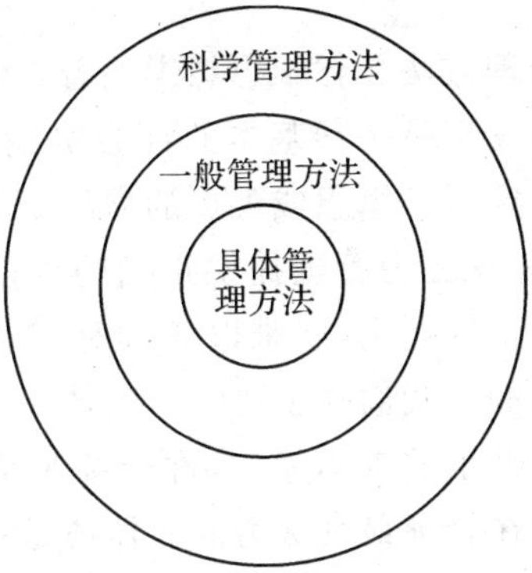

图 1-4 管理方法的层次

第一个层次是具体管理方法。它是对某种活动过程、某个资源要素实施管理所特有的专门方法,是为解决具体管理问题服务的。企业中各种类型的职能管理,由于其目的、内容、对象、要求在相互间都有所区别,就要求有适合这些不同职能管理的特殊、专门方法。网络技术、量本利分析、全员设备管理等是以物质资源为主要管理对象的具体管理方法,预测技术、决策技术是以信息资源为主要管理对象的具体管理方法,而激励管理、政治思想工作则是以人力资源为管理对象的具体管理方法。“各种物质运动形式中的矛盾,都带有特殊性”,“用不同的方法去解决不同的矛盾”,是由各种不同管理活动所具有的特殊性决定的,对具体的管理活动过程的认识和控制,有其具体的、特殊的方法。

第二个层次是一般管理方法。它是从许多领域、类型管理活动中总结概括出来的,往往具有一个范围的通用性。任何组织的运行都需要确定计划,按计划要求组织资源并加以控制,需要对相应的活动进行协调,对参与活动的人们加以激励。这些管理活动的共同性决定了某些管理方法的通用性。对于这一点的认识是一致的,但是,究竟哪些方法是管理的一般方法,人们的看法又不尽一致,甚至有很大的区别。有的学者从管理的认识角度归纳,认为观察、调查、实验、模型等方法是管理的一般方法，提出“不论管理学者和管理者具有什么样的认识和观点，也不论他们是自觉地还是自发地主张从实际出发，要正确地提出和解决管理中的问题，都必须应用观察、调查、实验、模型等基本方法，从多方面了解管理对象的现状和变化的趋势。”有的学者从对方法运用的普遍性程度分析入手，认为“调查的方法、抽象的方法、系统论方法、控制论方法、目标管理法等，对于各种不同的管理活动都是适用的”。管理方法是完成管理“过河”任务的“桥”或“船”，基于这样的认识，我们认为行政方法、经济方法、法律方法、教育方法是管理的几个较为重要的一般方法。

第三个层次是哲学管理方法。哲学思想影响着人们的思维方式并引导人们怎样去观察和认识世界。管理是一种基本的社会实践，从事管理活动的人们的动机和行为一样要受到一定哲学思想或观点的支配。哲学对管理的指导作用任何时候都存在着，这主要表现在为管理提供正确的价值观和方法论。管理中缺乏哲学观点和哲学方法的正确运用，就难以获得对所从事的管理活动有本质性的认识。哲学方法是重要的。我们除了要认识到，“一个特定企业的管理人员不管他们是否研究过他们所继承的哲学遗产，都会按照某种哲学观念来经营自己的企业，”而且要认识到，“在管理最具威力的武器还是哲学”，但在管理实践中不能停留在哲学的层次上夸夸其谈。哲学方法不能替代一般管理方法或具体管理方法。人们要借助哲学方法提供的最普遍的指导思想去构造解决管理问题的一般方法或具体方法，把解决管理问题的思想上升到哲学高度。满足于对哲学方法的掌握而欠缺管理的一般方法或具体方法，会使我们面对复杂的管理问题无能为力。

管理方法的类别，还可以按照其他的角度进行划分。

(1)按管理职能类别，有预测方法、决策方法、计划方法、组织方法、指挥方法、控制方法、激励方法等。

(2)按所用方法的定量化程度，有定性管理方法和定量管理方法之分。

(3)按管理对象的范围划分，有宏观管理方法和微观管理方法等。

(4)按管理活动的类型划分，有生产管理方法、物资管理方法、信息管理方法、技术管理方法、人事管理方法等。

(5)按用于制定决策还是用于实施决策的不同功能划分，可分为管理认识方法(观察方法、调查方法、实施方法、逻辑方法等)和管理实践方法(强制性控制方法、动机激励方法、思想教育方法、社会推动方法等)。

(6)按管理者类型划分，有专制型管理方法、民主型管理方法和放任型管理方法。

(7)按管理组织形式类别，又可有一长制管理方法、委员制管理方法、集体领导分工负责制管理方法和参与式管理方法等。

(8)按管理方法产生的前后时序分类，有传统管理方法和现代管理方法。

管理方法来源于管理实践。管理的发展过程，也即管理方法的发展过程。现代管理方法是一个多层次、多序列，且内容十分丰富的体系。管理方法的丰富性，反映了现代管理内容更加丰富、复杂，反映了管理科学水平的不断提高，反映了人类管理能力的不断增强。对管理方法进行不同层次和角度的分类，可使我们全面了解不同管理方法的不断增强。对管理方法进行不同层次和角度的分类，可使我们全面了解不同管理方法的内容、特点和运用领域，以使在管理中适当地选择方法、创新方法、运用方法和完善方法。

2. 管理方法

(1)辩证唯物主义与历史唯物主义

马克思主义的辩证唯物主义和历史唯物主义是研究和学习管理学的总的方法论。从辩证唯物主义的认识论出发，检验真理的标准只能是社会实践。管理学产生于管理的实践活动，是管理实践经验的科学总结和理论的概括。研究和学习管理学，必须坚持实事求是的观点，结合管理实践并用判断和推理的方法，使管理实践上升为理论。同时，管理实践是不断发展变化的，把握管理活动的规律，还必须运用历史的观点去考察和分析问题，比较管理实践的过去和现在，判断未来的发展趋势。

(2)定性和定量分析相结合的方法

许多管理活动的开展是为了解决问题的需要。解决问题就要从对问题的分析入手。管理分析中应用的诸多方法都可以从定性与定量角度加以归类。这两种或是说这两种结合起来应用的管理分析方法，在实际工作中应用得极其普遍，对它们的选择与应用的效果如何又直接影响管理分析的质量。

管理中人们对分析对象的认识，是从把握该分析对象的质的依存性开始的。这种质的依存性是管理者认识分析对象内在规律性的起点。然而，任何质的依存性、规律性都表现为一定的量。量的分析是质的分析的延伸，而且在量的分析的基础上，又可以加深对质的认识。所以，要把握管理分析对象的内在规律，就必须在把握该分析对象质的规律性的基础上，深入研究它的量的规定性，即在定性分析的基础上进行定量分析。这两种分析方法的运用不可偏废。

管理中所讲的定性，是指文字描述分析对象的性质；定量，是指以数量表示所分析的事物将来可能发展的范围与性能，可能产生何种程度的影响。运用数理知识和方法，对管理现象及其发展趋势，以及与之相联系的各种因素，进行计算、测量、推导、预见等，是定量分析方法。基本情况加判断，粗略统计加估计是定性分析方法。这两种方法共存运用，原因有四：一是不同的组织管理水平。管理中分析往往是为决策提供抉择方案。仅凭定性分析方法不能满足先进的管理要求，须采用现代定量分析方法。相对落后的管理，传统的经验型的定性分析方法大体上可与之相适应。二是因为各种分析对象的特点不同。比如有些商品的供求关系较简单，消费变化不大，相关因素少，用定性分析方法即可满足决策需要，又比如有些分析对象若采用定性方法所得出的分析对策不能构成决策依据，就须采用定量分析方法。三是数据信息的局限。对于那些统计、会计等有关资料上可反映出来的经济数值，适宜通过数学计算得出较准确的结论。而对有些社会、政治、心理、生理、自然现象的变化，虽然它们与管理活动有关，但这些信息模糊度、不定度大，无法或很难做出准确测算，唯有借助定性分析方法才能做出若干原则性、方向性的结论。四是由于管理者知识素质之差别。掌握了有关定量分析的方法与技术，在复杂的分析对象面前能综合测评，甄别相关影响，把握其发展趋势。管理者的定量分析知识修养差，实践经验不足，分析时很可能力不从心，只好退而采用过去常用的、轻车熟路的定性分析方法。

(3)系统分析方法与结构分析方法

"任何一个系统都是要素的总和，要素之间存在一定关系，这些总和构成统一的整体发挥其功能"。"有机体——不论是社会有机体还是自然有机体的发展，一方面使它的各部分之间的机能的再分部分增加，另一方面使部分之间的关系更为密切，这个原理是没有很多例外的。每一部分的自给自足越来越少，越来越多地依靠其他部分，因此，一个高度发达的有机体的任何部分出了毛病，就会影响其他部分。"同样，任何事物及其派生现象都是一个复杂的整体，都具有一定的结构，因此都是一个系统。结构方法和系统方法对它们的分析只不过是从不同的角度出发，达到不同的目的而已，结构方法着重于要素的分析，目的是把握结构的功能；系统方法侧重于联系的分析，目的是选择最优状态。结构方法不满足于对事物存在状态的探求而要深入事物的内在结构，用整体关系的思维方式来探求事物内在的质和功能；系统方法同样不满足于对事物的简单的了解，而是用整体思维的方式来分析复杂的事物。要使企业这样一个复杂系统能够作为一个适应性开放系统有效运行，必须视其组织为一个整体——即整体观(holistic view)。但是，整体系统方法由于其固有的抽象性和高度概括性，使人们在具体运用时，往往感到无从下手，如奥斯波恩所言："整体性是系统方法的强势所在，但它又是如此的模糊和抽象，以至在实际运作中难以应用。"系统观反对把组织还原成要素、把机体还原成细胞的"还原论"做法，强调不仅要注意系统构成的要素，更应了解由要素组成的有机系统的整体特性，并兼顾考虑内部环境与外部环境因素，以使各子系统发挥应有的协同作用。企业是一个复杂系统，各单元之间联系广泛而紧密，呈网络状分布，通常需要联立方程来描述，联立方程就需要同时考虑整体与局部。

(4)自组织分析方法

自组织理论是系统理论(主要是 L. Von Bertalanfy 的一段系统论)的新发展，由耗散结构(dissipative structure)理论、协同学(synergeties)、突变论(catastrophe theory)和超循环理论(super circle)组成，但基本思想和理论内核完全由耗散结构理论和协同学给出。自组织理论以新的基本概念和理论方法研究自然界和人类社会中的复杂现象，并探索复杂现象形成和演化的基本规律。从自然界中非生命的物理、化学过程怎样过渡到有生命的生物现象，到人类社会从低级走向高级的不断进化，等等，都是自组织理论研究的课题。

自组织理论方法主要包括自组织的条件方法论、自组织的协同动力学方法论、自组织演化路径(突变论)的方法论、自组织超循环结合方法论、自组织分形结构方法论、自组织动力学(混沌)演化过程、综合的自组织理论方法论等。这里主要论述和研究论文有关的协同动力学、突变论、混沌论等方法论。

自组织的协同动力学方法论有三大要点：第一，在大量子系统存在的事物内部，输入必要的物质、能量和信息的基础上，需激励竞争，形成影响和相互作用的网络；第二，提倡合作，形成与竞争相抗衡的必要的张力，并不受干扰地让合作的某些优势自发地、自主地形成更大的优势；第三，一旦形成序参量后，要注意序参量的支配不能采取被组织方式进行，应按照体系的自组织过程在序参量后，要注意序参量的支配的规律下组织系统的动力学过程。这可能产生两种有序运动，一种是数量化的不断增长，其复杂性和组织程度的演化；另一种则是突变式的组织程度跃升动力学演化。

自组织演化路径的方法论认为：演化的路径具有多样性，有三条路径：一是经过临界点或临界区域的演化路径，演化结局难以预料，小的激励极可能导致大的涨落；二是演化的间断性道路，有大的跌宕和起伏，常出现突然的变化，其间大部分演化路径可以预测，但有些区域或结构点不可预测；三是渐进的演化道路，路径基本可以预测。突变论所利用的形态演化方法(结构化方法)在整体背景上进行自组织演化路径的突变可能性分析，为研究者提供了一个整体观。

混沌论对研究复杂性的非线性方法具有重大贡献。首先，混沌不仅可以出现在简单系统中，而且常常通过简单的规则就能产生混沌。简单系统能够产生复杂行为，复杂系统也能够产生简单行为。分层、分岔、分支、锁定、放大，非线性的发展或演化过程就是这样神奇而不可预测。其次，非线性动力学混沌是内在的、固有的，而不是外加的、外生的。尤其是在管理中的混沌特性决定了“混沌管理”方法的非最优化和不确定性。企业并不追求最优化和最高效率——这是由稳定的管理价值观所决定的；管理过程与结果之间无决定的直接关系。

研究复杂的企业系统的行为，自组织的方法论要求我们在企业管理中，必须从整体出发，把管理看作是一个复杂的而且是自组织演化的过程。企业的发展有其自己的发展演变轨迹，企业管理者必须顺着企业发展的“脉络”实施恰当的管理。

(5)归纳法

归纳法就是对一系列典型的事物进行观察分析，找出各种因素之间的因果关系，从中找出事物发展变化的一般规律，这种从典型到一般的研究方法也称为实证研究。鉴于影响管理活动的相关因素很多，许多因素对管理系统单独的影响程度很难量化，所以归纳法的运用相当广泛。改革开放以来，在我国农村广泛推行经营承包责任制，由于它比较适合我国当前农村生产力的发展水平，对农业的发展起到了重要促进作用。它的产生就是对安徽农村试行农村经营承包的典型事例。归纳法的运用一定要注意选好典型，调查对象应有足够的数量，即要尽可能多地选取样本。调查研究要综合包括访谈法、问卷法等多种形式，保证调查结果有必要的精度，在此基础上弄清各种事物之间的相关关系，分析整理应尽量避免主观主义和形而上学的方法，以便找出符合客观事实、对相同事物有指导意义的结论。

(6)试验法

试验法是人为地为某一试验创造一定的条件，并观察试验结果，再与未给予这些试验条件(对照组)的对比试验的实际结果进行比较分析，从中寻求外加条件——试验结果之间的因果关系，找出其中某些普遍适用的规律性。例如，美国在1927—1932年所进行的霍桑试验，以后根据其试验结果所发表的人际关系理论就是一个典型的试验法事劳动组织等许多领域中，都能得到广泛的应用。

(7)演绎法

该法是指对某些较复杂的管理问题，可以从某种概念出发，运用某种逻辑推理和统计分析的方法，找出各种变量间的相互关系，建立某处相关的数学和经济模型，反映管理活动简化了的事实，例如管理学中常见的投入产出模型、决策模型、预测模型、库存模型、现金流量模型等。演绎法的发展和运用，进一步加强了数学与管理学的结合，大大促进了管理学定量分析方法的推广，特别是现代计算机技术迅速发展，使得运用演绎法处理管理问题的速度、精度以及使用范围都得到进一步的改善和加强。

1.3 管理者的角色与技能

1.3.1 管理者的层次

要使组织运作既有效率又有效益，一般需要三种层级的管理者——基层管理者、中层管理者和高层管理者，他们分布于不同的等级，见图 1-5。

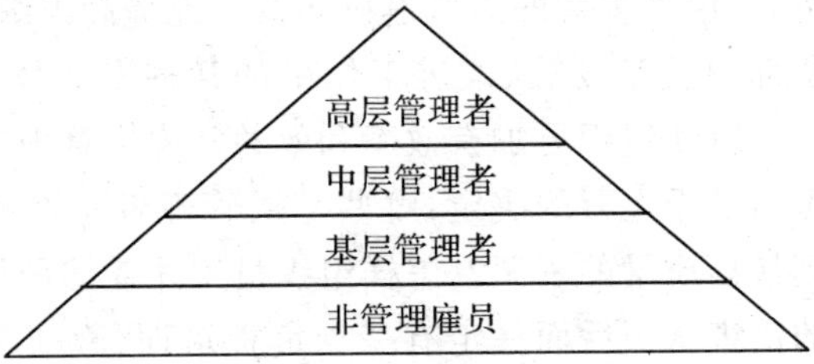

图 1-5　组织层次

在本书中，我们将以这种传统的金字塔形的组织结构为背景来讨论组织和管理者。虽然并不是所有的组织都具有这样的结构，但即使是那些非常灵活的和具有松散结构的组织也需要某个人来扮演管理者的角色，也就是说需要有人来协调工作和活动，以便能够同别人一起或者通过别人来实现组织的目标。

一般而言，基层管理者向中层管理者报告，中层管理者向高层管理者报告。处于不同等级的管理者在利用组织资源以提高效率和效益中担负着不同的职责，根据其工作职责的不同，这三种管理者被归入不同的部门。所谓部门就是诸如生产、会计、销售等在一起工作，具有相似的技能或使用同类的知识、工具、技巧来完成其工作的人的一个群体。基层管理者、中层管理者和高层管理者的职责具体如下。

1. 基层管理者

处于基层管理等级的是一线管理。他们的职责是对从事产品生产或服务等特定活动的非管理层员工进行日常的监督管理。基层管理者遍布在组织的各个部门。

基层管理者的例子有：汽车厂生产车间一个工作小组的主管人员；医院妇产科的护士长；汽车经销商客户服务部门管理许多技师的首席技师。在戴尔电脑公司，基层管理者包括控制电脑质量的主管人员和控制电脑销售服务质量的主管人员等。当戴尔开始创办他的电脑公司的时候，他个人亲自管理着电脑装配过程，行使着一个基层管理者或者主管的职责。

2. 中层管理者

中层管理者监督基层管理者工作，他们的职责是找出运用组织的人力和其他资源以实现组织目标的最佳方法与途径。为了提高效率，中层管理者要想办法找出能够帮助基层管理者和非管理层员工更好地利用资源、降低成本的方法，找出改进顾客服务的手段。为了提高效率，中层管理者要分析判断组织目标是否正确适当，并向高层管理者提出如何加以改进的建议。

在很多情况下，中层管理者的这些建议会极大地提高组织的绩效水平，其工作职责的一个主要部分就是发展、改进工作中的某种专业技术，像生产专业技术、营销专业技术等，以使组织更加有效率和效益。中层管理者在产品生产或服务的过程中需要做出成千上万的决定：哪些基层管理者应该被选入某个特定的项目？到哪里找到最佳质量的资源？怎样组织员工才能够最佳地利用资源？

在一支一流的销售队伍后面一定有一支负责培训、激励和报酬管理工作的一流中层管理者队伍；在一群敬业尽职的教师后面一定有一位鼓励、激发他们去寻找和利用资源，以做出杰出创新性教学成果的校长。

3. 高层管理者

与中层管理者不同，高层管理者对组织的所有部门负责，他们负有跨部门的职责。高层管理者负责确立组织的目标，像决定公司应该提供何种产品或服务；决定不同部门之间如何联系协作；监控各部门中的中层管理者利用资源以实现目标的进展情况。高层管理者对于组织的成败负有最终责任，他们的工作绩效受到组织内外的员工、投资者等细致考察。

高层管理者向公司的CEO或者居于组织第二位的总裁负责。如通用电气公司CEO杰克·韦尔奇（Jack Welch），克莱斯勒公司CEO罗伯特·伊顿（Robert Eaton）、总裁罗伯特·鲁兹（Robert Luzi），雅芳公司（Avon）总裁兼CEO钟彬娴。CEO和总裁的职责是在负责各个部门的高层管理者之间建立发展良好的工作关系。CEO的中心任务就是建立一支运作良好的高层管理团队，一个由CEO、总裁和部门主管组成的为实现组织目标而奋斗的团队。

管理的六种职能——决策、计划、组织、领导、控制和创新——对于某一特定管理者的相对重要性取决于他在管理层级中所处的位置。管理者所做的保持、提高组织绩效的计划和组织工作量越多，他在管理层级中所处的位置就越高。高层管理者花费他们绝大部分时间来从事对于组织长期绩效至关重要的计划工作和组织工作。管理者在管理等级中所处的位置越低,他花在领导和管理一线管理人员或非管理层员工上的时间就越多。

近年来,不同层级管理者的任务和职责发生了变化。高层管理者鼓励低层管理者超越他们本部门的目标,采用一种跨部门的视角来发现能够提高组织绩效的机会。国内外激烈的竞争使管理者肩负着提高效率、效益和组织绩效的越来越大的压力。为了迎接这一挑战,许多组织已经开始改变其管理的等级结构。

1.3.2 管理者的角色类型

加拿大学者亨利·明茨伯格(Henry Mintzberg)将管理者计划、组织、领导、控制组织资源过程中需要履行的特定职责简化为10种角色。管理者通过这些角色的履行以影响组织内外个人和群体的行为。组织内的人包括其他的管理者和员工,组织外的人包括投资者、消费者、供应商和组织所在社区的居民,以及任何与组织及其活动有关的政府或当地机构。明茨伯格将10各角色划分为三大类:人际关系型、信息型和决策型(见表1-2)。管理者往往同时扮演上述几种角色。

1. 人际关系型角色

管理者扮演人际关系型角色的目的是与组织其他成员协作互动,并为员工和组织整体提供导向和监督管理。管理者的第一个人际关系角色是挂名首脑,即所在组织或部门的象征。作为挂名首脑,CEO需要决定组织的使命与目标,并将它传达给员工和其他的有关群体。处于各等级的管理者都扮演着挂名首脑这一角色,通过在组织内建立起适当或不适当的行为方式而成为人们的角色模型。

管理者的领导者角色意味着他需要鼓励下级发挥出高水平的绩效,还需要有计划地去培训、指导下级以促使他们发挥全部潜能。管理者的权力来源于两个方面:他在组织等级中所处位置的正式授权及他的个人品质,包括声誉、技能、个性等。领导者的个人行为影响着员工的态度和行为。事实上,下属是否想要发挥出高的绩效水平,甚至是否想准时上下班,是否想请假,在很大程度上取决于他们是否对在组织里的工作感到非常满意。

管理者的联络人角色意味着他要对组织内外个人和群体的行为进行联系与协调。在组织内部,管理者要协调不同部门的活动以提高其合作水平;在组织外部,管理者需要与供应商、消费者及当地社区建立联系,以获得稀缺的资源。组织外的人们往往将组织与他们所接触的、在电视上看到及在报纸上读到的管理者等同起来。例如,乔布斯通过《财富》、《商业周刊》而成为苹果电脑公司的个人象征。

2.信息型角色

信息型角色与需要获取、传递信息的任务密切相关。作为监听者,管理者需要分析组织内外部的各种信息。有了这些信息,管理者才能够有效地组织、控制人力资源和其他资源。作为传播者,管理者把信息传达给组织成员并影响他们的态度和行为。作为发言人,管理者运作信息提升组织,以使组织内部和外部的人都对组织有积极的反应。

3.决策型角色

决策型角色与管理者所从事的战略规划、资源应用等工作密切相关。作为企业家,管理者必须决定将从事何种项目或计划,决定怎样利用资源以提高组织绩效。作为混乱驾驭者,管理者需要处理可能影响组织运营的突发事件或危机。在这种情况下,管理者还必须扮演挂名首脑和领导者的角色,以保证获得解决问题或危机所需要的资源。

作为一个典型的情况,管理者必须扮演资源分配者这一重要角色,以决定怎样才能够最佳地运用人力和其他资源来提高组织绩效。在扮演这一角色的同时,管理者还必须扮演谈判者的角色,以与其他管理者、组织内外部群体,如投资者、消费者等在资源第三者——分配权方面达成共识。

我们上面关于管理者角色的讨论似乎表明,管理者的工作是高度协调的,管理是一个符合逻辑的、有规则的过程。在这一过程中,管理者做出一系列协调的理性估计和努力,以找到实现组织目标的最佳途径。而实际上,管理者的工作经常依靠本能的感觉,经常是凭感性去行动。管理者的一个重要特点就是对变化做出快速及时的反应,而不是经过深思熟虑、反复斟酌。通常而言,管理者担负了过重的责任。没有时间去分析每种情况的细枝末节,只能在不能确定哪种结果将是最好的情况下去做出决策。而且,特别是对于高层管理者而言,情况每时每刻都在变化,今天做出的正确决定,可能到明天就成为错误的了。

管理者所面对的问题是庞杂(高度多样化)的。管理者经常需要立即处理出现的大量问题(如同碎片般的),经常需要迅速做出决策(简洁的),经常需要依靠多年职业生涯得出的经验以发挥其最大的能力。所以,毫不奇怪,为什么许多管理者声称如果他们有一半的把握就可以把工作做得很好;同样也不难理解,为什么许多经验丰富的管理者把下属犯错误看做是一个正常的学习过程。

表 1-2 明茨伯格界定的管理角色

	角色	描述	范围
人际关系型角色	头面人物	象征性的首脑，需要完成法律性或社交性的例行工行。	出席庆祝大会、查询状况，签署法律文件
	领导者	负责激励和指导下属	针对下属的所有管理活动
	联络人	维持与外部保持联系的社交网络，以获得好处和信息。	处理感谢信，负责外部董事工作
信息型角色	监控者	接受各种各样的信息，对问题和复杂事件进行分析，评估其他人的贡献	处理各种信件与接触，其主要目的在于收集信息
	传播者	把从部门或下属那里获得的信息传递给组织中的其他成员	出于信息交流的目的，把信件转发给组织，涉及向下属传递信息的各种语言交流，如总结会
	发言人	向外界发布组织的计划、政策、行动和结果的信息，以组织所属行业专家的身份出现	参加董事会会议，向外界发布信息
决策型角色	创业者	从组织和环境中寻找机会，推动能够带来变革方案	制定战略、组织推动或设计改进方案的研讨会
	混乱处理者	当组织面临重大的、意外的混乱时，负责采取正确的行动。	针对混乱和危机制定战略和召开研讨会
	资源分配者	做出或批准组织中的重大决策	制定日程、寻求权威、做出预算、安排下属的工作
	谈判者	在主要的谈判中代表组织行使责任	合同谈判

1.3.3 管理者的技能

关于管理者应具备的基本能力，管理学家们提出了各种观点。卡特兹(Robert L. Katz)认为，管理者应具有三种基本的管理技能：技术技能、人际技能、概念技能，如表 1-3 所示。

卡特兹同时指出，成功的管理者应具备较高的技术、人际、概念技能，但由于各个层次的管理者所承担的主要职责不同，因此对于不同层次的管理者而言，这三种技能的重要程度也是不同的。一般地，对于高层管理者来说，最重要的是概念技能，因为要由高层管理者负责的计划、政策、决策都需要有理解各种事物间相互关系的能力。而对于基层管理者来说，由于他最接近现场作业，所在技术技能格外重要。由于管理者的工作对象是人，因此人际技能对于各个层次的管理者来说都是重要的。

表 1-3 管理者基本技能构成

能力分类	能力构成	能力实施
技术技能	诊断技术、决策技术、计划技术、组织设计技术、评价技术、书写技术	履行决策、计划、组织、控制等管理职能的基础
人际技能	表达能力、协调能力、激励能力、领导能力、公关能力	获取信息、履行领导职能、组织落实和创造良好的组织环境所必需
概念技能	分析能力、综合能力、决断能力	履行决策和指挥职责所必需

1. 概念技能

概念技能(conceptual skills)指在分析诊断某一情况、识别因果关系过程中所表现出的技能。在扮演上述管理角色的过程中，计划和组织工作需要较高水平的概念技能。高层管理者应具有最佳的概念技能，因为他们最主要的职责就在于计划工作和组织工作。

正规教育和培训对于帮助管理者发展概念技能非常重要。大学和研究生(工商管理硕士 MBA)阶段的专业培训可以提供许多管理者高效工作所需用的概念性工具(像营销、金融及其他领域的理论和技术)。管理研究可以帮助管理者更好地理解组织所面临的大趋势。对于这种大趋势进行良好把握的能力，可以使管理者在不被眼前形势所迷惑的同时做出抉择，因为他们时刻牢记着组织的长远目标。

今天，持续的管理教育与培训是建立管理技能的必备步骤，因为不断有能够提高组织绩效的新的管理理论和技术提出。随便看一下《商业周刊》、《财富》等杂志，你就会发现大量的关于现代营销、金融、领导、人力资源管理，以及各等级管理者所面临的全球商业环境的专题研讨。在施乐公司、IBM 公司、摩托罗拉公司以及许多其他的组织，每一位管理者个人预算的一部分都被用在管理发展培训计划上，以提高其概念技能。

并且，组织往往希望特定的管理者在某一特定的领域发展其专业技能，如国际债券交易、新项目的实施等。所以很多组织投资付费，让管理者参加此类的学习培训以培养发展上述技能。实际上，一个组织展示其管理人员良好工作状态的标志之一就是对他们技能发展的投资。同样，许多工作表现突出的非管理层员工也会被送去参加相关的管理培训，以提高发展其管理技能，为将来提升为基层管理者做准备。

2. 人际交往技能

人际交往技能(human skills)指理解、改变、领导、控制其他人员和群体行为的能力。有效管理者的突出特征之一就是其具有的良好沟通、协调能力，能够激励人们使其融合为一个团结一致的团队。上面我们所介绍的肯特、乔布斯和斯坦利等都具有卓越的人际交往技能。

同概念技能一样,人际交往技能既可以从经验中获得,也可以通过教育培训来获得。在实施自我管理团队过程中,组织越来越注重运用现代领导技能、团队领导技能等培训计划。为了有效管理好人际间的互动性活动,组织中的每一个人都需要学习如何和他人形成默契,如何理解别人的观点及他们所面临的问题。管理者了解自身长处和不足的方法之一,就是看上级、同仁和下级所提供的,在明茨伯格所界定的管理角色中所表现的绩效反馈。全面直接的反馈对于管理者提高其人际交往技能至关重要。

3. 技术技能

技术技能(technical skills)指与特定工作岗位有关的专业知识与技能。例如,生产技能、财务技能、营销技能等,都属于技术能力的范畴。管理者要想有效工作,须具备一系列相应的技术能力。具体需要掌握何种技术能力,取决于管理者在组织中所处的职位。例如,饭店的管理者也许需要具备烹调技能以在厨师不在时能够替换上阵,也许需要财务会计技能以掌控收入、成本和员工薪资支出,也许需要审美技能以使饭店对顾客充满吸引力。

要想成为有效的管理者,就必须具备上述3种技能——概念技能、人际交往技能和技术技能,缺乏其中任何一种都可能导致管理工作的失败。小型企业的开创者面临的一个重大问题就是缺乏足够的概念技能和人际交往技能。具有技术技能的企业者往往不清楚如何才能够成功地应对风险。类似地,科学家和工程师在从研究转向管理过程中所面临的最大问题就是其缺乏有效的人际交往技能。

管理技能、角色、职能是紧密联系的,明智的或有进取心的管理者会不断地通过最新的教育培训以提高其概念技能、人际交往技能和技术技能,以适应当今不断变化且日益激烈的竞争环境。

【本章小结】

管理(management)就是通过计划、组织、领导和控制组织资源,以有效益和高效率的方式实现组织目标的过程。

管理的基本职能是管理工作所包括的几种基本活动的内容,其中有四项基本职能是多数专家所公认的,即计划、组织、领导和控制。管理的二重性是指管理的自然属性和社会属性。

管理学的广义研究对象是指生产力、生产关系和上层建筑。管理学的狭义研究对象是指管理原理、管理职能、管理方法、管理者和管理历史。管理学的基本原理包括系统原理、人本原理、责任原理、权变原理、效益原理、信息原理。管理学的研究方法大体上可分为三个层次:第一层次是具体管理方法。它是对某种活动过程、某个资源要素实施管理所特有的专门方法,是为解决具体管理问题服务的。第二个层次是一般管理方法。它是从许多领域、类型管理活动中总结概括出来的,往往具有一个范围的通用性。第三个层次是哲学管理方法。哲学思想影响着人们的思维方式并引导人们怎样去观察和认识世界。具体可包括辩证唯物主义与历史唯物主义、定性和定量分析相结合、系统分析方法与结构分析、自组织分析、归纳法、试验法、演绎法等方法。

管理者的角色可划分为三大类:人际关系型、信息型和决策型。管理者有三种基本的管理技能:技术技能、人际技能和概念技能。

【综合案例】

沃尔玛是如何让员工卖力工作的?

沃尔玛的人性化管理,让管理者与员工融为一体,共同为公司发展竭尽全力,这也是它成功的关键。企业能否生存与发展,说到底,关键在于能否在企业内部形成一股凝聚力,能否充分发挥员工的积极性和创造力。

沃尔玛是如何让员工卖力工作的呢?

1. 员工第二,领导第三

沃尔玛是全球最大的私人雇主,但公司不把员工当作“雇员”来看待,而是视为“合伙人”和“同事”。公司规定对下属一律称“同事”而不称“雇员”。即使是沃尔玛的创始人沃尔顿在称呼下属时,也是称呼“同事”。沃尔玛各级职员分工明确,但少有歧视现象。领导和员工及顾客之间呈倒金字塔的关系,顾客放在首位员工居中,领导则置于底层。员工为顾客服务,领导则为员工服务。“接触顾客的是第一线的员工,而不是坐在办公室里的官僚”。员工作为直接与顾客接触的人,其工作质量至关重要。领导的工作就是给予员工足够的指导、关心和支援,以让员工更好地服务于顾客。在沃尔玛,所有员工包括总裁佩戴的工牌都注明“我们的同事创造非凡”,除了名字外,没有任何职务标注。公司内部没有上下级之分,下属对上司也直呼其名,营造了一种上下平等、随意亲切的气氛。这让员工意识到,自己和上司都是公司内平等而且重要的一员,只是分工不同而已,从而全心全意地投入工作,为公司也为自己谋求更大利益。

在沃尔玛,管理者必须以真诚的尊敬和亲切对待下属,不能靠恐吓和训斥来领导员工。创始人山姆·沃尔顿认为，好的领导者要在待人和业务的所有方面都加入人的因素。如果通过制造恐怖来经营，那么员工就会感到紧张，有问题也不敢提出，结果只会使问题变得更坏；管理者必须了解员工的为人及其家庭，还有他们的困难和希望，尊重和赞赏他们，表现出对他们的关心，这样才能帮助他们成长和发展。山姆·沃尔顿自己就是一个好表率。美国《华尔街日报》曾报道，沃尔顿有一次在凌晨两点半结束工作后，途经公司的一个发货中心时和一些刚从装卸码头上回来的工人聊了一会，事后他为工人改善了沐浴设施，员工们都深为感动。

沃尔玛对员工利益的关心有一套详细而具体的实施方案。公司将"员工是合伙人"这一概念具体化为三个互相补充的计划：利润分享计划、员工购股计划和损耗奖励计划。1971年，沃尔玛开始实施第一个计划，保证每个在沃尔玛公司工作一年以上以及每年至少工作1000个小时的员工都有资格分享公司利润。沃尔玛运用一个与利润增长相关的公式，把每个够格的员工的工资按一定百分比放入这个计划，员工离开公司时可以取走这个份额的现金或相应的股票。沃尔玛还让员工通过工资扣除的方式，以低于市值15%的价格购买股票，现在，沃尔玛已有80%以上的员工借助这两个计划拥有了沃尔玛公司的股票。另外，沃尔玛还对有效控制损耗的分店进行奖励，使得沃尔玛的损耗率降至零售业平均水平的一半。

2. 门户开放：让员工参与管理

门户开放是指在任何时间、地点，任何员工都可以口头或书面形式与管理人员乃至总裁进行沟通，提出自己的建议和关心的事情，包括投诉受到不公平的待遇，而不必担心受到报复。若他的上司本身即是问题的源头或员工对答复不满意，还可以向公司任何级别的管理层汇报。门户开放政策保证员工有机会表达他们的意见，对于可行的建议，公司会积极采纳并实施。任何管理层人员如有借门户开放政策实施打击、报复行为，都将受到相应的纪律处分甚至解雇。

沃尔玛与员工之间的沟通方式不拘一格，从一般面谈到公司股东会议乃至卫星系统都有。沃尔玛非常愿意让所有员工共同掌握公司的业务指标，每一件有关公司的事都可以公开。任何一家分店，都会公布该店的利润、进货、销售和减价的情况，并且不只是向经理及其助理们公布，而且向每个员工包括计时工和兼职雇员公布各种资讯，鼓励他们争取更好的成绩。沃尔玛认为员工们了解其业务的进展情况是让他们最大限度地干好其本职工作的重要途径，它使员工产生责任感和参与感，意识到自己的工作在公司的重要性，觉得自己得到了公司的尊重和信任，因此，努力争取更好的成绩。

3. 离了职,还是顾客

沃尔玛给每一位应聘人员提供相等的就业机会,并为每位员工提供良好的工作环境、完善的薪酬福利计划和广阔的人生发展空间。在一般零售企业,没有数年以上工作经验的人很难提升为经理,而在沃尔玛,哪怕是新人经过6个月的训练后,如果表现良好,具有管理好员工和商品销售的潜力,公司就会给予一试身手的机会,如做经理助理或去协助开设新店等;若干得不错,就会有机会单独管理一间分店。事实上,沃尔玛的经理人员大都产生于公司的管理培训计划,通过公司内部提拔起来的。沃尔玛还设立离职面谈制度,确保每一位离职员工离职前,有机会与公司管理层坦诚交流和沟通,从而能够了解到每一位同事离职的真实原因,有利于公司制订相应的人力资源挽留政策,一方面可以将员工流失率降低到最低限度;另一方面,也可让离职同事成为公司的一名顾客。公司设有专业人员负责员工关系工作,受理投诉,听取员工意见,为员工排忧解难。由于沃尔玛能够提供行业内相对优势的条件,所以,人才流出也比较少。

在沃尔玛,常用的培训方法之一就是交叉培训,让不同部门的员工交叉上岗,培训学习,获得更多的职业技能。让员工掌握多种技能具有不可低估的优势。当员工一人能做多种工作时,工作团队的灵活性和适应性就会大为提高。在有人度假、生病和任务突然变化时,他们可以轻而易举代替工作。又如要到新的地方开店,让新招聘的员工来做开店前的准备,常会因经验不足而无法提高工作效率;让老员工去支援,就可避免这样的问题。

沃尔玛公司由于注重加强员工对于整体工作运行的普遍性认识,进行多技能培训,因而保持了员工工作的高质高效。众所周知,由于工作单调乏味,零售业成了人员流动最大的一种职业,适当的岗位轮换和职务调动,有助于消减等级分化,提高员工的工作积极性,也有利于不同部门的员工能够从不同角度考虑到其他部门的实际情况,减少公司的内耗,达到信息分享。譬如让采购部门的同事进入销售部门,销售部门的则到采购部门工作,既丰富其工作能力又强化其全局观念,从而减少公司的经营成本,为公司创造更多的利润。

思考题

1. 试述沃尔玛的管理特点。

2. 沃尔玛的管理给我们什么启示?

第2章

管理思想发展史

引 导 案 例

杜邦:基业长青源自顺时而变

综观杜邦200年历史,我们发现,杜邦总能适时地进行自身管理体制和企业文化的变革,而这种变革往往是伴随着美国历史和世界经济的变化而变化的。

在为数不多经历两次工业革命尚能存活的企业中,杜邦公司的长青不老不能不提。1811年,杜邦成为美国最大的火药生产商;1902年,杜邦家族的堂兄弟缔造了现代杜邦,创造了20世纪美国大公司的组织和管理模式;1938年,杜邦员工发明尼龙,从此改变了整个纺织业的命运;1969年,人类第一次登上月球,宇航员穿着25层夹层制成的太空服,其中有23层是杜邦材料;1981年,杜邦用80亿美元收购大陆石油公司,收购金额为当时美国之最。

亨利·杜邦是杜邦公司的第3任总裁,他成就了杜邦帝国的第一个经济巅峰,为杜邦从火药制造商到化学大王的成功转型奠定了雄厚的经济基础。但是,同样因为军人亨利,杜邦帝国几乎走入末路,险些易主他姓。亨利曾在美国陆军服役,退役后回到公司,他被誉为“天生的企业家”,领导家族长达39年之久。由于接任公司以后完全是一套军人作风,所以人称“亨利将军”。

军人严厉果敢的铁腕统治是亨利的一贯作风,在他任职的39年中,公司实行高度的中央集权制,采用专制独裁的“恺撒式经营管理”,

实际上是单人决策经验式管理。亨利不仅是企业的首脑,也是整个杜邦家族的一家之长。他事无巨细,独立决策所有公司事务,还负责召开家族会议。公司所有决策都由他亲自制定,所有支票都由他亲自开,所有契约也都得由他签订。他一人决定利润的分配,亲自周游全国,监督公司的好几百家经销商,他亲自写的信不下 25 万封。直到 72 岁时,亨利仍不要秘书的帮助。

事实证明,亨利的"恺撒式经营管理"的确使公司得到了快速的发展。因为这时候的杜邦公司经营产品还比较单一,公司规模也不大,市场变化不复杂,只要保证质量,竞争者是难以超越的。

然而,随着公司规模越来越大,亨利的"恺撒式经营管理"已经不能适应市场和企业管理的实际,于是,在亨利去世之后,公司便爆发了危机。亨利的侄子尤金接任后缺乏经验,却试图承袭其伯父的作风来经营公司,结果陷入公司的错综复杂的矛盾中。1902 年,尤金去世。由于死得很突然,既没有培养合适的总裁接班人,也没有留下任何遗言。因此,杜邦家族一片混乱。其合伙人也都心力交瘁,无人敢接重任,家族拟将公司出卖给别人。

在关键时刻,杜邦家族的 3 位堂兄弟及时出面购买了全部的股权,杜邦才没有改姓。1902 年接手杜邦公司后,3 位堂兄弟果断地抛弃了"亨利将军"的那种单枪匹马的管理方式,精心设计了一个集团式经营的管理体制,成为第一家把单人决策改为集团式经营的美国公司。集团式经营管理机制创立后,新的杜邦公司开始了高速并购与扩张,从 1902 年到 1907 年,杜邦收购了 108 家竞争对手,拥有的工人从 1902 年的 800 人激增到 1910 年的 5000 多人。

战争结束后,杜邦已经确立了新目标:为美国消费者服务。因为美国进入了消费者时代,杜邦要想跟上转变了的美国,自己就必须适应并且有效转变。其实早在第一次世界大战期间,当时的第 6 任总裁皮艾尔·杜邦就清醒地感到第一次世界大战很快就会结束,以火药生产发迹的杜邦公司在战后必然不景气。为此,皮艾尔向公司董事会提交了"战后转换战略"。这个战略的根本点就是抑制火药生产,全方位开发与人民生活贴近的化工产品,实施化学工业的辐射式经营。这个战略的第一个瞄准点自然是引人瞩目的染料工业。

企业要想长青,必须革新,而这种革新应该是一种管理理念上的深刻变革。在企业文化上,这种革新应该是一种能够不断自我更新的文化。综观杜邦200年历史，我们发现，杜邦总能适时地进行自身管理体制和企业文化的变革，而这种变革往往是伴随着美国历史和世界经济的变化而变化的。

本章主要内容

1. 早期管理思想。
2. 古典管理理论。
3. 人际关系与行为科学理论。
4. 现代管理理论。

2.1 早期管理思想

有组织的人类活动和管理已经有数千年的历史了。埃及的金字塔和中国的长城表明，人类在几千年前就能够完成规模浩大、动辄由成千上万人参加的大型工程了。金字塔是个十分有趣的例子，仅建造一座金字塔就要动用10万人工，不停地劳作20年。在这些工程中，必须要有人来做计划，必须要有人去组织人力和物力，必须要有人为工人提供具体的指导，实际上，这就是“管理”。尽管这种有组织的活动以及管理者早在工业革命之前就已经存在，但是，也只是在过去的几百年中，尤其是在19世纪，管理才被系统地加以研究，并逐渐形成一种一般性的知识体系，同时也成为了一门正式的学科。

工业革命前后到19世纪，是西方管理思想发展中一个重要时期。由于资本主义社会的初步形成和产业革命的顺利进行，对管理提出了新的要求。这一时期虽然没有形成完整的管理理论，但许多著名的经济学家、思想家、工程学者对管理思想进行了积极的探索。

2.1.1 亚当·斯密

亚当·斯密(1723—1790)认为，国民财富的增加，取决于两个条件：一是增加生产者人数；二是提高劳动生产率。后者更为重要。如何提高生产率呢？他认为应该依靠分工，这是因为“有了分工，同数量劳动者就能完成比过去多得多的工作量。其原因有三：第一，劳动者的技巧因业专而日进；第二，由一种工作转到另一种工作,通常须损失不少时间,有了分工,就可以免除这种损失;第三,许多简化劳动和缩减劳动的机械的发明,使一个人能够做许多人的工作。”在这里,亚当·斯密已经充分地认识到劳动分工和合理组织能够使生产形成专业化、标准化和简化趋势。他对分工理论的系统论述,对以后的管理思想发展产生了深远的影响。

亚当·斯密在提出劳动分工提高经济效率的基础上,还提出“生产合理化”这样一个重要的管理概念。同时还指出,价值高的机器,在用旧以前所做的工作应能赚回本金,并至少能提供正常利润,这实际上是提出了投资效果的问题,是斯密对工业管理思想的一大贡献。

亚当·斯密在研究经济现象时的基本论点是所谓“经济人”的观点,即经济现象是具有利己主义的人们的活动所产生的。他认为:人们在经济活动中,追求的完全是私人利益,但每个人的私人利益又受其他人利益限制。这就迫使每个人必须顾及其他人的利益。由此产生了相互的共同利益,进而产生了社会利益。社会利益正是以个人利益为立足点的。这种“经济人”的观点,正是资本主义生产关系的反映,同样对以后资本主义管理思想的发展产生了深远的影响。

2.1.2 大卫·李嘉图

大卫·李嘉图(1772—1823)是英国古典政治经济学的主要代表人物,其代表作为 1817 年出版的《政治经济学及赋税原理》。在这部著作中,他以劳动价值论为基础,研究工厂工资、利润和地租,论述了资本主义经营管理的中心问题。他认为,劳动者创造的价值是工资、利润、地租的源泉,因此工资越低,利润越高;工资越高,利润就越低。

2.1.3 罗伯特·欧文

罗伯特·欧文(1771—1858)是 19 世纪初英国卓越的空想社会主义者。从 1800 年开始,他在苏格兰新纳拉克经营一家纺织厂,在这个工厂里,他实行了前所未有的实验,推行了许多改革办法。他改善了工厂的工作条件:把长达十几个小时的劳动日缩短为十个半小时;严禁未满 9 岁的儿童参加劳动;提高工资;免费供应膳食;建设工人住宅区,改善工作和生活条件;开设工厂商店,按成本出售职工所需必需品;设立幼儿园和模范学校;创办互助储金会和医院,发放抚恤金等。这些改革的目标是探索既能改善工作生活条件,又有利于工厂所有者的方法。其结果确实改善了工人的生活,也使工厂获得了优厚的利润。欧文这一系列改革的指导思想体现了他对人的因素的重视。他认为:人是环境的产物,对人的关心至少应同对无生命的机器关心一样多。

欧文的管理理论和实践突出了人的地位和作用，实际上是人际关系和行为科学理论的思想基础，对以后的管理产生相当大的影响，有人称他为“人事管理之父”。

2.1.4 查尔斯·巴贝奇

查尔斯·巴贝奇(1792—1871)是英国有名的数学家，剑桥大学数学教授，他的好学精神引导他研究了不少手工业工场和工厂的实际问题，从而在经济学和管理思想上也做出了让人称赞的贡献。

巴贝奇指出分工可以提高劳动生产率，这是因为分工节省了学习所需的时间。如果生产中包含的不同工序越多，所需的学习时间就越长。而一个工人只做其中一道工序，学习时间就缩短了；由于劳动分工所需学习的内容减少，学习时间缩短，学习所需耗费的材料也就相应地减少；由于分工节省了由一道工序转变到另一道工序所耗费的时间，而且还可以保证工人有足够的体力来完成繁重的工作；由于分工节省了改变工具所耗费的时间，使工人较快地熟练工作，大大提高效率；由于分工，劳动时较容易集中在比较单纯的作业上，出现问题容易发现，有利于改进工具和机器，也容易设计出更加精密适用的工具和机器。

巴贝奇虽然是数学家，却没有忽视人的作用。他认为工人与工厂主之间能够存在利益的共同点，由此他竭力提倡一种工资加利润分成的报酬制度。工人可以按照他对生产率所做出的贡献，分得工厂利润的一部分，主张工人的收入应该由三个部分组成：按工作性质所确定的固定工资；按对生产率所做的贡献分得的利润；为增进生产率提出建议而应得的奖金。按生产率高低来确定报酬的制度，是巴贝奇的一个重大贡献。

2.1.5 工业革命对管理实践的影响

20世纪之前曾对管理产生过最为重要影响的事件应该是18世纪在英国所爆发的工业革命(Industrial Revolution)。美国独立战争结束之后，工业革命的影响又迅速传到了美国。最终，机械力迅速取代了人力，机器的使用也使得工厂中的商品制造更具经济性。

机械力的出现，大批量生产，由于铁路系统迅速扩展所带来的运输成本的降低，以及政府管制的缺失，这一切都促进了大公司的成长。于是，约翰·D.洛克菲勒(John D. Rockefeller)建立了具有垄断性的美国标准石油公司(Standard Oil)，安德鲁·卡内基(Andrew Carnegie)控制了全美钢铁工业的2/3，类似的企业家们建立了其他需要进行正规化管理的大型企业。这时,那些能够指导管理者进行管理运作的正式理论已是呼之欲出了。然而,直到 20 世纪 90 年代初,建立正式管理理论的尝试才迈出了实质性的第一步。

2.2 古典管理理论

2.2.1 科学管理理论

1. 科学管理之父——泰勒

泰勒(Frederick W. Taylor)于 1856 年出生于美国费城的一个律师家庭。青年时期考取哈佛法学院,1875 年到一家水力机械厂当学徒工,1878 年到米德瓦尔钢铁公司当普通工人,先后被提升为工长、机修车间主任、总机械师、总工程师。从 1891 年开始,泰罗离开米德瓦尔钢铁公司,专职从事管理咨询和宣传活动,直至 1915 年去世。为了纪念他对管理理论和方法的贡献,人们在他的墓碑上刻下了“科学管理之父”几个字。

(1)泰勒的科学实验

泰勒中学毕业后由于眼疾无法继续深造,曾先后进入美国米德瓦尔和伯利恒钢厂当技工,由于工作勤奋,1884 年被提升为总工程师。泰勒在工作期间,深切感到工人劳动效率不高,他认为原因在于:①工人消极怠工,普遍存在磨洋工和偷懒现象;②工人缺少培训,没有正确的操作方法和适合的工具,影响生产率的提高。

为了解决这些问题,泰勒从 1898 年起进行了一系列著名的实验。

1)搬铁块试验。伯利恒钢厂有 5 座高炉,生产的生铁块由 75 名装卸工负责将其装运到货车车厢,搬运距离为 30 米。由于工作效率不高,每人每天平均只能搬运 12.5 吨。泰勒通过观察分析,并挑选一名叫施米特的工人进行试验。由于改进了操作方法和作息时间,试验获得了成功,使班组每人每天的劳动定额都提高到 47.5 吨,即比原来提高了 3 倍,工人的工资也由当时每天的 1.15 美元提高到 1.85 美元。

2)铁锹试验。泰勒对伯利恒钢厂堆料厂工人的铁锹进行了系统研究,并重新进行了设计,使每种铁锹的载荷都能达到 21 磅左右,同时训练工人使用新的操作方法,结果使堆料场的劳动力从 400—600 人减到 140 人,平均每人每天的工作量从16吨提高到59吨，每吨操作成本从7.2美分降至3.3美分，每个工人的工资由每日1.15美元增至1.88美元。

3)金属切削试验。泰勒从米德瓦尔工厂工作开始，先后对金属切削进行了长达26年之久的各种试验，试验次数共计3万次以上，耗费80万磅钢材，资金15万美元。试验结果发现了能大大提高金属切削加工产量的高速钢，并取得了各种车床适当转速和进刀量的完整资料。

泰勒致力于寻求做每一件工作的最佳方法，然后，选择适当的工人并培训他们严格按最佳方法从事工作；为了激励工人，泰勒主张采用刺激性工资计划。总的来说，泰勒取得了生产率在200%甚至更高范围内的持续改进。

(2)泰勒"科学管理"理论的主要内容

1)工作定额原理。这是整个定额制度的基础。为此，他进行了大量的工时与动作的研究。他把第一个工作都分成尽可能多的简单的基本动作，把其中没有的动作去掉，并通过对最熟练的工人的每一个操作动作的观察，选择出每一个基本动作的最快和最好的方法，把时间记录下来。这就构成了他制订每个工作日标准定额的基础。当然，他这样做时还要考虑到不可避免的耽误和停顿所需要的百分比，工人干工作"没有经验"所需的百分比以及休息间隙所需的百分比。最后为保证其落实，还要把工具、机器、原料、方法和其他各有关要素都实现标准化。这样的标准定额，就是对工作进行管理的依据。

2)实行新的奖励制度。泰勒批评了过去的计时工资制度，也批评了利润分享计划。他认为，这都解决不了鼓励工人大量生产的问题。他建议实行一种新的工资制度，内容包括三个部分：①通过工时研究进行观察和分析以确定工资标准；②实行差别计件工资制，即完成定额的可按工资标准的125%计算工资，而完不成定额的只能按80%计算工资，以鼓励工人千方百计采用正确方法工作；③把钱给人而不是给职位。这是实行工人个人化的重要举措，它意味着同一岗位甚至同一级别的工人，都将得到不同的工资。

3)职能工长制。泰勒认为，每一个职位都要安排上该职位的头等工人。其标准是，在不损害健康情况下他完全胜任该职务的工作；他有工作的积极性并愿意从事该项工作；具有坚强的意志力。每个岗位的定额，都要是头等工人安排确定的，而非头等工人，则要进行调换。管理部门的任务就是为每个雇员寻找最适合的工作，使之成为头等工人。

4)设置计划层，实行职能制。泰勒知道，他的制度取决于事先精心的制定出计划，而计划又必须依据精确的时间动作研究。完成一系列工作，需要有专职的管理人员。他们要每天分配每个工人一项具体任务，并附有关于这项任务的每一个组成部分的详细的书面指示及确切的时限规定,还要承担具体组织工作,指导完成任务并做好统计记录。倘若由一位"全面"的工长做这些工作,他将需要具备多种优秀素质,而这种人几乎是找不到的。因此,要按不同的职能,分别设立职能工长去完成不同任务。

5)贯彻"例外管理"。提出例外原则是泰勒比较重大的贡献之一。其目的主要是解决总经理职责权限问题。泰勒认为在设置了计划层和实行职能制之后,总经理应避免处理工作中的细小问题,而只有"例外"情况和问题才交由他处理。这样,他才有时间去考虑更广泛的方针政策及重要的人事问题。

6)"大饼原理"。这种以例外原则为依据的管理控制原理,以后发展成为管理上的分权化和实行事业部的管理体制。是工人与雇主间一次彻底的"精神革命"与"思想变革"。增强责任观念,使工人和管理者双方把注意力从盈利分配转到增加盈余上来,并用友好合作和互相帮助代替对抗与斗争。即只有大家共同把饼做大以后,每个人才能分到更多。

(3)泰勒管理四原则

泰勒试图在工人和管理者之间掀起一场"智力革命",其方式是提供一个用于提高生产率的明确指导。他定义了管理的四原则(表 2-1),认为遵循这些原则会给工人和管理者之间带来双赢的结果;工人们会获得更多的报酬,而管理者也会获得更多的收益。

表 2-1 泰勒的管理四原则

1. 为每一个工人的工作要素建立一个科学方法,用以代替过去的经验方法。
2. 科学地挑选工人,并对他们进行培训、教育和开发(而在以往,则是由工人自己挑选工作,并尽其所能进行自我培训)。
3. 与工人之间进行诚心友好的合作,以确保所有的工作都能按已建立的科学原则去做。
4. 管理者与工人之间在工作和职责的划分上几乎是平等的。管理者要把那些自己比工人胜任的各种工作都承揽过来(以往,几乎所有的工作和大部分责任都推到了工人们头上)。

2. 其他重要的管理思想

与泰勒同时代的对管理做出过贡献的还有亨利·甘特、弗兰克·杰布雷斯夫妇、福特等。

甘特(Henry Gantt,1861—1919)曾是泰勒的同事,后来独立开业,从事企业管理技术咨询工作。重要贡献之一是设计了一种用线条表示的计划图表,称甘特图。这种图现在常用于编制进度计划。甘特还提出了"计件奖励工资制",即除了支付日工资外,超额完成定额部分,再计件给以奖金;完不成定额的,只能拿到日工资。这种制度比泰勒的“差别计件制”更利于激发员工劳动积极性。这个事实第一次说明,工资收入有保证也是一种工作动力。甘特的代表作是1916年出版的《工业的领导》和1919年出版的《工作组织》。

机械师弗兰克·杰布雷斯(Frank Gilbreth,1868—1924)和他的妻子,心理学者莉莲·杰布雷斯(Lillian Cilbreth,1878—1972)两人以进行“动作研究”而著称。他们开始是在建筑行业分析研究用哪种姿势砌砖省力、舒适、效率高。经过试验,制定出了一套砌砖的标准作业方法,可使每人每日砌砖量增加两倍。他们还在其他行业进行过动作研究,并把工人劳动时手臂的活动分解成了17项基本动作。他们的动作研究比泰勒的研究更为细致和广泛。他们的研究成果反映在1911年版的《动物研究》一书中。

美国的亨利·福特(Henry Ford,1863—1947)在泰勒的单工序动作研究的基础上,对如何提高整个生产过程的生产效率进行研究。他充分考虑了大量生产的优点,规定了各个工序的标准时间,使整个生产过程在时间上协调起来,创造了第一条流水生产线——汽车流水生产线,提高了企业的生产效率,降低了成本。福特为了利于企业向大量生产发展,进行了多方面的标准化工作,包括:①产品系列化——减少产品类型,以便实行大量生产;②零件规格化——以利提高零件的互换性;③工厂专业化——不同的零件分别由专门的工厂或车间制造;④机器及工具专用化——以提高工作效率,为自动化打下基础;⑤作业专门化——使各工种工人反复地进行同一简单作业。

泰勒及其他同期先行者的理论和实践构成了泰勒制。泰勒制解决的是用科学的方法提高生产现场的生产效率问题。所以称以泰勒为代表的这些学者所形成的学派为科学管理学派。

泰勒的科学原理,以生产管理为重点,强调以提高劳动生产率为中心。其主要贡献是:①采取各种措施提高劳动生产率,突出强调了提高劳动生产率的重要性;②采用科学方法进行各种试验和研究,把管理置于科学基础之上;③把工人的报酬同他们的贡献紧密结合起来,调动了工人的积极性;④明确纵向和横向管理的职责划分和分工负责;⑤重视用科学方法培训工人。

泰勒的科学管理也有一定的局限性。①泰勒对工人的看法是错误的。他认为工人的主要动机是经济的,工人最关心的是提高自己的金钱收入,即坚持“经济人”假设。②泰勒的科学管理仅重视技术因素,不重视人群社会的因素。③“泰勒制”仅解决了个别具体工作的作业效率问题,而没有解决企业作为一个整体如何经营和管理的问题。

2.2.2 一般管理理论

亨利·法约尔(1841—1925)是欧洲最伟大的管理学先驱者,被称为"现代经营管理之父"。其代表作有《工业管理与一般管理》等。

法约尔的管理思想重点在于分析高层管理效率和一般管理原则。他认为经营和管理是两个不同的概念。经营是指导和引导一个组织趋向一个目标。经营则有:一是技术活动;二是商业活动;三是财务活动;四是安全活动;五是会计活动;六是管理活动。其中管理活动是最重要的一项,它普遍存在于各种组织当中。法约尔认为,管理就是实行计划、组织、指挥、协调和控制。可见,法约尔在这里提出了管理的五项职能。

(1)计划职能。计划,就是探索未来,制定行动计划。它是管理活动中的第一个环节。而要做好计划工作,首先必须进行预测,对未来进行估计,为未来做准备,预测本身已经是开始行动了。其次,制定行动计划。计划工作的"主要表现、明显标志和最有效工具,就是行动计划"。而制定行动计划的依据则是:其一,企业的资源,如厂房、工具、原料、资本、人员、生产能力、销售能力、公众关系等;其二,目前正在进行的工作性质和重要性;其三,企业的未来发展趋势,它部分地取决于技术的、商业的、财政的及其他条件。当然在制定计划的过程中,还要考虑到下级管理人员以至一般工人的意见,这样才能使所有的资源不致被遗漏而有利于企业的发展。这种想法日后成为了"参与管理"思想的萌芽。法约尔还提出判断行动计划成功与否的标准:一是统一连续性。企业既要有一个全面的计划,又要有每一项活动的专门计划,并且企业要有短期计划、长期计划,相互衔接,连续不断;二是灵活准确性……计划除了要灵活地适应意外事件外,还要尽可能做到精确而排除臆测。

(2)组织职能。组织,就是建立企业的物质和社会的双重结构。包括:有关组织结构,活动和相互关系的规章制度,以及确定完成任务所需要的机器、物资和人力的恰当结合。法约尔认为,组织应该完成下列管理任务:一是注意行动是否深思熟虑,并坚决地执行;二是注意人、财、物是否与组织目标、资源、需要相适应;三是做出清楚、明确的决策,协调力量,配合行动;四是有效配备人员,成立强有力的领导班子;五是提倡创新精神与责任感;六是明确规定职责,对工作给予公平而合适的报酬,惩罚过失和错误;七是使大家遵守纪律;八是强调指挥统一,个人利益要服从整体利益;九是全面控制,注意物品秩序和社会秩序;十是克服官僚主义、形式主义与文牍主义等弊端。

(3)指挥职能。指挥,就是组织建立起来以后,使其发挥作用。法约尔指出:

“对每个领导来讲，指挥的目的是根据企业的利益，使他单位里的所有的人做出最好的贡献。”这里指明了指挥的目的，为了达到此目的，担任指挥工作的领导就必须做到：一是对自己的下属要有透彻的了解，对下属的个性和他对企业所持的工作态度要有掌握；二是淘汰没有工作能力、不称职的人；三是深入了解企业与职工之间的协定，增进双方的沟通；四是做出良好的榜样，尤其是企业的领导和高级管理人员；五是定期对企业进行检查，并用概括的图表来表示；六是召开会议，充分发挥助手的作用，以便达到指挥的统一和提高办事效率；七是领导者要从企业琐碎事务中摆脱出来，不能把精力耗费在工作细节上；八是尽量使员工保持团结、积极工作、勇于创新和忘我工作的精神。

(4)协调职能。协调，就是连接、联合、调和所有的活动及力量。法约尔认为：“协调就是指组织的一切都要和谐地配合，这样做的目的就是使组织的工作能够顺利地进行，并有利于组织获取成功。协调的另一种功能就是使社会组织机构和物资设备机构之间保持一定的比例。这个比例是每个机构高效、保质、保量完成自己任务的保证……总之，协调的目的是为了事情和行为都有一个合适的比例”。可见协调的目的便是通过组织各单位、各职员之间的分工合作的协同一致的活动，达到组织的预定目标。这便要求组织的管理人员在综合分析组织人员、资金、设备、材料、能源等在时间上、空间上所处的各种状态，及其产生摩擦和矛盾原因，并考虑到组织所受的外部条件的影响和制约，不断调和它们之间的关系，使组织保持一种动态的、团结的、和谐的工作状态。而这种协调的有效性可体现在以下三个方面：第一，组织中每个部门的工作都与其他部门步调一致，工作能够有条不紊地进行；第二，组织中各部门工作相互协助，并能合作共事；第三，各部门的计划安排能随情况变动而调整。

(5)控制职能。控制，就是检查所进行的一切活动是否都按已制定的计划和下达的命令进行。控制的目的在于查明工作中的缺点和错误，以便加以纠正和防止重犯。法约尔认为，在管理中，“对物、对人、对行动都可以进行控制”，以确保管理活动不偏离组织的目标。为此，法约尔对组织的内部控制，提出了以下三点要求：一是控制要及时、迅速。为了有效地进行控制，必须快速、及时地采取行动，控制不及时就发挥不出控制的应有作用，拖得愈久造成工作损失就愈大。并且控制的同时，就辅之以奖惩措施；二是控制人员要保持适度的独立性，应把执行控制职能的检查人员与被检查人员分开，以保证控制这一要素的独立性；三是控制要避免过多干预，管理人员实施控制要在合理的限度内，如果在控制中出现过多的越权行为，则易引起管理工作的混乱，不利于发挥控制的作用；四是控制方式多样化，管理者应该根据实际问题因地制宜地采用不同控制方式来解决问题。

法约尔认为,管理实践有别于会计、财务、生产、分销以及其他类型的企业职能。他强调指出,管理是企业、政府甚至家庭中都要涉及的有关人的一种共同活动。他进一步提出了14条管理原则(principles of management),即基本的和一般性的原理,并在大、中、小学中被传授,这些原则如表2-2所示。

表2-2 法约尔的14条管理原则

1.工作分工	这条原则与亚当·斯密的"劳动分工"原则是一致的。专业化使雇员的工作更有效率,从而提高了工作量。
2.职权	管理者必须能够发布命令,职权赋予管理者这种权利。但是,责任应当与职权相对应,凡行使职权的地方,就应当建立责任。
3.纪律	员工必须遵守和尊重组织中的督导规则,良好的纪律是有效领导的结果。对管理者与工人间关系的明确认识事关组织的规则。公平运用惩罚可以抑制违规行为。
4.统一指挥	每一位员工应当只接受来自一位上级的命令。
5.统一领导	每一个具有同一目标的组织活动,应当在一位管理者和一个计划的指导下进行。
6.个人利益服从整体利益	任何一位员工个人或员工团体的利益,不应当置于组织的整体利益之上。
7.报酬	对工人的劳务必须付给公平的工资。
8.集中	集中是指下级参与决策的程度。决策是集中好(集中于管理层)还是分散好(分散给下属),涉及一个适度的问题,管理当局的任务是找到在每种情况下最适合的集中程度。
9.等级链	从最高层管理到最低层管理形成的职权直线代表了一个等级链,沟通应当按这种等级链进行传递。但是,如果遵循等级链会导致信息传递的延迟,而所有当事人都同意并通知了各自的上级,则可以允许横向交叉沟通。
10.秩序	人员和材料应当在恰当的时候放到恰当的位置上。
11.平等	管理者应当诚恳和平等地对待下级。
12.人员的稳定	过高的员工离职率是低效的。管理当局应当提供有章法的人事计划,并保证有合适的人选接替职务的空缺。
13.首创精神	允诺员工自发制定和实施计划将会极大地调动他们的积极性。
14.合作精神	鼓励团队合作精神将会在组织中建立起和谐团结的氛围。

2.2.3 行政管理理论

马克斯·韦伯(1864—1920),德国社会学家,他的主要著作有:《新教伦理和资本主义精神》、《社会和经济组织理论》。

韦伯研究了工业化对组织结构的影响,他不仅研究组织的行政管理,而且广泛地分析了社会、经济和政治结构,他在组织管理方面有关行政组织的观点是他对社会和历史因素引起复杂组织的发展的研究结果,也是其社会学理论的组成部分,因而在管理思想发展史上被人们称为"组织理论之父"。

韦伯在管理思想上的最大贡献是提出了理想的行政组织模式——科层制。科层制又称官僚制,是指符合现代化社会发展的具有专业化、综合化的设层分职能的行政组织制度。

科层制理论是建立在对统治类型的研究之上的,韦伯运用社会科学的方法论将统治分为三类,即传统型统治、魅力型统治、合法型统治。这种对统治的划分,依据的是人们服从的动机。传统型统治是根据人们遵从和信仰从古沿袭至今的神圣风俗习惯和道德规范,以及服从由此而来的权威而获得的。魅力型统治则是人们对某人的特殊的神圣、英雄主义或模范品质的忠诚、崇拜和拥戴为依据的。合法型统治是依据人们对法律、法规以及执行者的信仰而获得的。

1.传统型统治

如果一种统治的合法性是建立在遗传下来的("历来就存在的")制度和统治权力的神圣的基础之上,并且也被相信是这样的,那么这种统治就是传统型的。统治者(或者若干统治者)是依据传统遗传下来的规则确定的,对他们的服从是由于传统赋予他们的固有尊严。在最简单的情况下,这种统治集团首先是一个由于教育共性所决定的恭顺的团体。统治者不是"上司",而是个人的主子,他的行政管理班子不是由"官员"组成,而是他个人的"仆从",被统治者不是团体的"成员",而是"传统的同志",或者是"臣仆"。决定行政管理班子同主子的关系,不是事务上的职务职责,而是奴仆的个人忠诚。可以看出,传统型统治在行政组织及管理上的特征是:缺乏严密的科层管理体制,没有依照法律建立起合理的等级结构体系,行政人员没有明确的法定职权,缺乏依法行政;官吏的任用没有合理、公正、客观的标准,容易任人唯亲;官吏处理事务的依据不明确、不固定;多实行长老制、家长制、世袭制管理模式。

2.魅力型统治

关于魅力的适用是由被统治者承认决定的,这种承认是由实际的考验——原先总是由奇迹——保障的,产生于献身的默示,对英雄的崇拜和对领袖的信赖。从心理学上讲,这种"承认"是一种产生于激情或困顿和希望的信仰之上的,纯属个人的献身精神。在魅力型统治下,组织的领袖往往被赋予超自然、超人的权力,成为超脱凡人的神秘人物,组织成员或者追随者对领袖的热情、信赖和崇拜是这种统治的基础。这种魅力型统治在行政组织及管理上的特征是,领袖的命令决定一切,实行"人治",领袖与组织成员、追随者之间是主仆关系,没有固定、合理的等级结构体制、领袖唯自己的意志任命官吏,标准则完全取决于其对领袖的效忠程度。官吏没有明确的法定职权。这种靠领袖的才能、权威、情感煽动力等维持的组织形态具有暂时性和不稳定性的特点,易出现"人存政举,人亡政息"的现象。当这种具有魅力的领袖缺位或者死亡时,往往通过以下方式解决:

第一,重新寻找一位按其特点有资格当统治者的人,作为魅力的体现者。

第二,通过神的默示:神谕、抓阄、神的宣判或其他的选择技术,这是一种从技术派生出来的合法性(合法化)。

第三,通过迄今为止的魅力体现者对接班人的指派,并由该组织予以承认。

第四,通过具有魅力资格的行政管理班子对接班人指派,并由组织予以承认。

第五,这种魅力是一种血缘品质的观念,即魅力附着于宗族,尤其是附着于魅力体现者的最近亲的观念——继承魅力。

第六,认为魅力是一种其体现者采取宗教仪式手段可以转移给他人或者可以产生的(原来是魔力的)品质的观念。这时,对合法性的信仰不再针对个人,他是针对宗教仪式行动所获得的品质和效果。例如,牧师的魅力,通过涂圣油、授圣职仪式,国王的魅力则通过涂圣油和加冕移交或确认。但是通过以上方式产生的接班人,并不一定被组织成员所接受。因此,韦伯认为,在魅力型统治的组织中,具有魅力的领袖死后,组织将失去其神秘化的形式,而变成其他两种统治类型中的一种。

3.合法型统治

韦伯认为,合法型统治是一种对正规形式的"法律性"以及对那些升为掌权地位者,根据这些条例发布命令的权力的信任作为基础的。这种组织的管理制度不仅具有合法的公认权威性,并且具有"理性",即能够实现最佳管理目标。合法型统治是建立在下述相互关联的观念的适用之上的:一是通过协议的或强加的合法者可能以理性为取向,即以目的合乎理性或价值合乎理性为取向(或者两者兼而有之),并制订成章程,同时有权至少要求团体的成员必须尊重它;二是任何法,按其本质都是一些抽象的,一般是有意制订成章程的规则的总体,司法就是把这些规则应用于具体的个案中，行政管理就是在法律规则限制之内，并根据一些得到团体制度许可的，甚至没有违背团体制度的，可以普遍标明的原则，合理地维护团体制度所规定的利益；三是典型的合法型的统治者发号施令，要服从非个人的制度，他的号令是以这个制度为取向的；四是服从者仅仅作为团体的成员，并且仅仅服从法；五是团体的成员服从统治者，并非服从他个人，而是服从那些非个人的制度，因此，仅仅在由制度赋予他的，在合理界限的事务管辖范围之内，有义务服从他。合法型统治的组织形态是建立在理性和法律基础上的，一切权力、权威均来自理性和法律原则，以依法治国、实行法治为其主要特征。在管理上，组织成员普遍服从合法等级结构，确立了规范社会生活及管理上的法律原则系统、依法设立特定的管理秩序，组织成员的权力由法律明确地规定，依法授权。

韦伯认为，这种合法型统治是科层制理论的基础。而科层制，又是一种效率最高的组织形式，这是因为从纯技术角度看，科层制强调知识化、专业化、标准化、制度化、正式化和权力集中化，在组织中消除了个人的情感、个人的社会关系、个人的个性特点。能够使组织内的人们行为理性化，具有一致性和可预测性。它的具体特点见表 2-3。

表 2-3 韦伯的理想型科层制的组织特征

1. 劳动分工	工作应当分解成为若干简单、常规性的和明确定义的任务。
2. 职权层级	职务和职位应当依层级来组织。每个下级应当接受上级的控制和监督。
3. 正式选拔	所有的组织成员都要依据经过培训、教育，或正规考试取得的技术资格进行选拔。
4. 正式规章制度	为了确保一贯性并且规范全体雇员的活动，管理者必须倚重正式的组织规则。
5. 非个性化	规则和控制的实施具有统一性，避免掺杂个人感情以及受到个人偏好的影响。
6. 职业导向	管理者是专职人员而不是他所管辖单位的所有者，他们领取固定的工资却寻求自身在组织中的职业发展。

2.3 人际关系与行为科学理论

2.3.1 霍桑试验

人力资源方法对管理最重要的贡献来自霍桑研究(Hawthorne studies),该项研究是在西方电气公司(Western Electric)设在伊利诺伊州西塞罗的霍桑工厂中实施的。此项研究始于1924年,最后在30年代早期又扩大范围继续研究了几年。

最初的研究是由西方电气公司的工业工程师们设计的,目的是检查不同的照明水平对工人生产率的影响。研究人员建立了试验组和对照组,试验组被给予不同的照明强度,而对照组则保持原有的照明强度不变。工程师们原来估计个人的产量与光线亮度有直接关系,但是,他们发现当试验组的亮光度增加时,两个组的生产率继续提高。事实上,只当光线亮度降至月光的水平时,试验组的生产率才有所下降。工程师们得出结论,照明强度与生产率没有直接关系,但他们不解释他们所目睹的工人的行为。

1927年,西方电气公司的工程师们邀请哈佛大学的乔治·埃尔顿·梅约(George Elton Mayo)教授作为顾问加入研究。于是试验又重新开始,一直持续到1932年。

新的试验包含大量的试验方案,其中有工作的重新设计,改变工作周和工作日的长度,在工作中间引入休息时间,以及个人工资计划和群体工资计划的比较等。例如,其中一项试验设计的是用于评估群体计件奖金制度对群体生产率的影响。结果表明,奖金计划对工人生产率的影响小于群体的压力、接纳和安全感的影响,由此得出结论,群体的社会准则或标准是决定工人和个人行为的关键要素。

学者们公认霍桑研究对管理思想的演变方向有显著的影响。梅约的结论是:行为和情绪是密切相关的;群体对个人的行为有巨大影响;群体工作标准规定了单个工人的产量;在决定产量方面,金钱因素比群体标准、群体情绪和安全感的作用要小。这些结论导致在组织如何发挥功能和获取目标方面对人的因素的新的重视,同时也导致家长式管理的增多。

虽然一些人对试验的程度、现象的分析,以及结论的导出提出了批评。但是，从历史的观点来看，霍桑研究在学术上是否严谨，以及其结论是否得到证明并不是很重要的，重要的是，它激起了对人的因素的兴趣。霍桑研究对改变当时那种认为人与机器没有差别的流行观点起了很大作用。

2.3.2 人际关系理论

人际关系理论是由美国哈佛大学心理教授乔治·埃尔顿·梅约在总结霍桑试验成果的基础上提出的。1927—1932 年，以梅约为首的一批学者，在美国西方电气公司所属的霍桑工厂进行了长达五年的一系列试验，他们通过变换车间的照明条件（照明试验）、改变职工的福利条件（福利试验）以及对群体工人工作动机和行为的观察（群体试验），广泛同职工接触和谈话（谈话试验）等方法，仔细地了解和分析了社会与心理因素对职工行为和生产效率的影响，第一次把工业生产中的人际关系问题提到了首要地位。1933 年梅约在《工业文明中的人性问题》一书中，发表了著名的“人际关系理论”。其基本观点是：

(1)人是“社会人”，影响人的生产积极性的因素，除物质条件以外，还有社会与心理因素。

(2)生产率的提高和降低，主要取决于人的士气，而士气是来自家庭的、社会的和企业的人与人的关系。

(3)注意到企业中非正式群体的存在，这种无形的组织有其特殊的规范，影响着群体的行为。

(4)一个新型的领导者应该具备解决技术经济和处理人际关系两种能力。

人际关系理论强调社会人的观点，否定了传统的生产效率与工作条件（工资、福利、劳动条件）之间存在的一种单纯的因果关系，建立了由图 2-1 所体现的管理新模式。

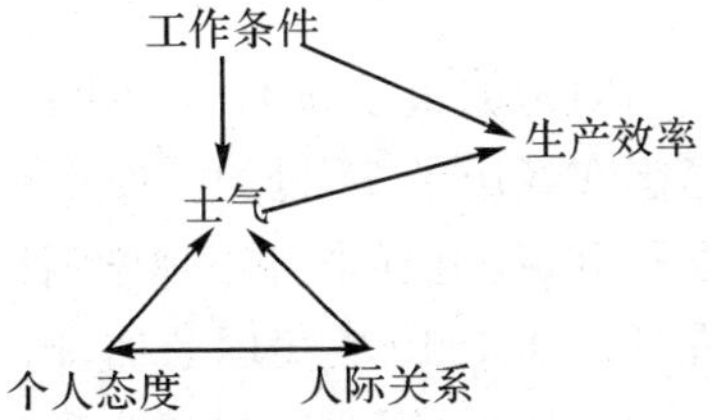

图 2-1 人际关系理论中行为和效率的关系

梅约的人际关系理论的主要贡献包括：

(1)对人性作出了不同的假设，提出人是“社会人”的观点。

(2)首次提出了非正式群体（组织）的概念。强调群体、尤其是非正式群体对职工的影响,这一理论对企业管理思想和组织工作有重大指导意义。

(3)为行为科学的发展奠定了基础。人际关系理论是行为科学最重要的奠基理论之一。

人际关系理论出现不久,有些学者就对其展开批评。其论点主要是:

(1)人际关系理论偏重于非正式组织的研究。非正式组织未必经常对每个人的行为产生有规律的影响,而且构成社会的基本单位不是非正式组织,而是为实现一定目的的正式组织。

(2)人际关系理论过于强调非合理性的感情逻辑。由于理论认为在企业的人与人关系方面起作用的是非合理性的感情逻辑,所以在经济实践中开展以人与人关系为中心的经营活动时,个人决策的合理性往往被企业中非合理的人与人关系所歪曲,结果造成利润率的下降。

(3)人际关系理论对"经济人"假设过分否定。过分否定经济报酬、工作条件、作业标准的影响。例如凯里认为,关于工资不是生产效率的变量的主张是完全错误的。西蒙也说:"不把经济刺激放在重要位置的人的模式,对于大多数人来说,是不完全的模式。"

(4)人际关系理论过于强调"士气"对生产效率的影响。理论认为,生产效率是否能提高是由职工的"士气"决定的,员工的"士气"高低是员工满意度的函数,满足度越高的车间,生产效率就越高。他们认为这种说法不准确。有人提出,感到满足的员工无法激发出为提高生产效率而采取行动的动机。

人际关系尽管受到不少的批评,但它毕竟是第一次以长期的科学实验所取得的成果为基础形成的科学理论,为管理理论的研究打开了一个新的局面,它把心理学、社会学的理论应用于管理,为开创新的管理理论奠定了基础。

2.3.3 行为科学理论

行为管理理想产生之初因为侧重于研究人们之间的相互关系,所以被称作"人际关系学说"。这种思想在经历了20世纪三四十年代的迅速发展后,已经形成了一个庞大而复杂的学科群,吸引着来自心理学、社会学、人类学、管理学、人机工程等众多领域的研究者。在1949年美国芝加哥召开的一次学术会议上,来自各个不同领域的与会者一致认为,围绕行为研究所取得的现有成果已足以证明该类研究具有了独立学科的地位,于是正式将之定名为"行为科学"。但鉴于广义的行为科学是一个研究包括人的行为以至动物的行为在内的涵盖范围广泛的学科体系,20世纪60年代后,有些专门研究行为科学在企业中应用的学者提出了"组织行为学"这一名称。

组织行为学的研究内容大体上可分为三个层面：

(1)有关员工个体行为的研究。这是最微观层面的研究，涉及的内容主要包括人的需要、动机和激励，以及企业中人的特性问题。人际关系学说提出了员工是“社会人”而不是“经济人”的假设，后期行为研究者进一步提出了“自我实现人”的主张。这些基于对员工需要类型和特征的识别而提出的“人性”假设，实际上是对管理者对员工所采取的种种不同管理哲学、理念和管理措施的概括反映。

(2)有关员工群体行为的研究。这一层面的研究突出地强调了企业中的员工不是相互孤立的个人，而是各式各样正式和非正式群体的成员，彼此之间存在着一定程度的相互接触、相互影响和相互作用。将员工置于群体的背景中进行研究，结果发现，人在群体中的行为，与其作为独立的个人时的行为相比较，会表现出许多独特或差异之处。关于群体压力、群体中成员互动过程的动力的研究，以及群体中沟通问题、竞争和冲突问题的研究，构成了群体行为研究的主要内容。

(3)有关组织行为的研究。这是针对组织整体这一最高层次展开行为方面的研究。主要包括“以人为中心”的领导理论，体现“人本”原则的工作设计与组织设计理论，以及组织发展和组织变革理论等。

以上三个层面的研究虽然有各自不同的侧重点，但它们是相互联系，不可割裂的。比如，对员工的人性假设不仅影响到针对个体所采取的激励措施，还影响到了领导行为及其他各项管理措施。在哈佛大学和麻省理工学院长期从事心理学教学与科研工作的道格拉斯·麦格雷戈(Douglas M. McGregor)，就是立足于对现实中企业管理者对员工所采取的管理方式不同而提出“X-Y 理论”两分法。他在 1957 年发表的《企业的人性面》中指出，按“X 理论”来进行管理的传统方式，需要向体现“Y 理论”观点的新模式转变。

1. 个体与团体行为学说

(1)马斯洛——需要层次理论

需要层次理论是美国心理学家和行为科学家马斯洛提出来的。在 1943 年出版的《人类动机的理论》中，马斯洛提出了人的五种需要层次论。即生理的需要、安全的需要、社会交往需要、尊重的需要和自我实现需要。

马斯洛的需要层次理论认为，人的需要是依次要求、依次满足的，是逐级上升的。当生理需要满足后，第二层安全需要就出现了，并要求满足。这种需要是按先后顺序发展的，满足了的需要不再是激励因素。

(2)赫茨伯格——双因素理论

美国著名的心理学家和行为科学家弗雷德里克·赫茨伯格，在他的著作中提出著名的“双因素理论”,即激励因素和保健因素。

激励因素是成就、赞赏、工作本身、责任和进步等五种因素,是属于工作本身和工作内容方面的因素,只有这些因素才能激发起人们在工作中的积极性、创造性、产生使员工不满意,但即使充分具备、强度很高也很难使员工感到满意。保健因素没有激励作用。

(3)弗鲁姆——期望几率模式理论

弗鲁姆在马斯洛和赫茨伯格理论的基础上,提出期望几率模式理论,认为一个人从事某项活动的动力或激励的大小,取决于两项因素,即“该项活动所产生成果的吸引力的大小”和“该项成果实现几率的大小”。

期望几率模式可用公式来表示

某项活动成果的吸引力×期望几率=激励力

为了激励职工,增加激励力,管理部门应该使职工了解某项活动成果的吸引力;尽可能加大这种吸引力,另外要采取措施帮助职工实现其期望,提高其期望率。

(4)麦格雷戈——X-Y 理论

美国行为科学家道格拉斯·麦格雷戈((Douglas M. McGregor))于 1957 年在其《企业中的人性面》一文中提出了著名的“X-Y 理论”。

X 理论对人性假设的内容是:

①人生下来就厌恶工作,只要可能就逃避工作。

②人生下来就缺乏进取心,工作不愿负责任,宁愿被领导,没有什么抱负。

③人生下来就习惯于明哲保身,反对变革,把对安全的要求看得高于一切。

④人缺乏理性,容易受外界和他人影响,做出一些不适宜的举动。

⑤人生下来就以自我为中心,无视组织的需要,所以对多数人必须使用强迫以至惩罚、胁迫的办法,去驱使他们工作,方可达到组织目标。

⑥只有极少数人,才具有解决组织问题所需要的想象力与创造力。从上述的假设出发,管理者必然要采取“命令与统一”、“权威与服从”的管理方式。管理者把人看作物件一样,忽视人的自身特征和精神需要,只注意人的生理需要和安全需要的满足,把金钱作为主要的激励手段,把惩罚作为有效的管理方式,采用软硬兼施的管理办法。X 理论把人放在被动的位置,强调外因和客观因素,远远不能适应人类科学文明水平不断提高的需要。

随着社会科学的发展,麦格雷戈对人的需要、行为的动机进行了重新研究,又提出另一种新的假设,即 Y 理论。

Y 理论对人的本性作如下假设:

①人生来并不一定厌恶工作，要求工作是人的本能。

②人追求的需要与组织的需要并不矛盾，并非必然对组织的目标产生抵触和消极态度，只要管理适当，人们能够把个人目标与组织目标统一起来。

③人对于自己参与的工作目标，能够实行自我管理和自我指挥。

④大多数人都具有解决组织问题的丰富想象力和创造力。

用这种理论作为指导思想的管理实践必然是：能充分利用企业的人、财、物等生产要素，实现企业的经营目标；按照每个人的爱好，安排具有吸引力的工作，发挥其主动性和创造性；重视人的自身特征，把责任最大限度地交给工作者，相信他们能自觉地完成任务。外部控制、操纵、说服、奖惩，不是促使人们努力工作的唯一办法，应该采用启发与诱导方法，对每个工作人员要信任。Y理论强调人的主观因素，注意发挥人的主观能动作用，适应工业化社会经济发展的需要。

2.组织行为学说

(1)有关领导行为的理论

①领导者素质论。美国行为科学家亨利提出，成功的领导者应具备的品质包括：成就需要强烈，把工作成就看成是最大的乐趣；干劲大，工作积极努力，愿意承担新工作；用积极的态度对待上级、尊重上级、与上级关系较好；组织能力强；决断力强；自信心强等。

②“支持关系”的理论。伦西斯·利克特是美国的心理学家、行为科学家，曾长期担任美国密歇根大学研究中心主任，对企业领导方式进行了很长时间的研究。1967年出版了《人群组织：其管理和价值》。对企业领导方式提出了“支持关系”的理论。利克特认为，在一切管理工作中，对人的领导是第一位的；在对人的领导工作中，必须让每个人了解自己的个人价值的重要性，而且让每个人把自己的知识和经验看成是对自己个人价值重要性的支持。这种关系叫支持关系。利克特认为领导方式如何，直接影响到生产效率的高低。如果企业领导者能采用以职工为中心的领导方式，发挥职工的作用，这样的团体士气就高，内部就团结，工人工作决心大，生产率就能提高；相反，领导者只关心生产，不注意团结工人，对职工施加不必要的压力，动辄训斥和处罚，必然影响内部团结，工人士气低，不安心工作，生产效率必然要降低。利克特认为，领导方式有四种，即经济激励、自我激励、安全激励和创造激励。只有按照这些激励形式进行管理，才能完成既定的任务，而参与型管理方式正是按照这种需要建立起来的。

(2)有关组织变革和发展的理论

企业必须随着内外环境的变化而适时调整自己的目标、组织结构和各种规章制度以求最充分地运用人力、财力、物力资源，这种调整就是变革。变革的目的是为了发展。而在组织变革中,必须处理好人的问题,这是变革成功的关键。美国行为科学家卢因提出组织变革有三个基本阶段。

第一个阶段是现状的解冻。变革会造成一定的损失,一些人反对变革。为了实现"现状的解冻",使人们愿意改变现状,可采取以下六种方法:①搜集有关现状不能使人满意的客观证据;②和其他组织进行比较,说明进行变革的必要性;③由企业外部专家来证明进行变革的必要性;④使企业职工集中精力考虑变革问题;⑤提出进行变革的形势和压力;⑥利用领导当局的指令来促使下属进行变革。

第二阶段要转变到新的情况。转变到新的情况后,人们往往不理解,会出现抵触和反对。为减少职工的抵触情绪,可采取下列措施:①让职工都理解,进行变革是形势的需要,而不是某个人的主观意见;②注意保持职工合理的习惯,使职工不至于感到特别突然;③变革之前就职应向职工进行宣传,提供有关信息,使人们都有充分的思想准备;④鼓励职工参与变革计划的拟订和执行;⑤保证职工不遭受损失,但可分享因变革带来的利益;⑥就变革问题向职工提供咨询;⑦对变革出现的问题同职工进行协商和谈判,取得大家都满意的解决办法。

第三个阶段是冻结新的现状。为使变革后出现新的现状稳固下来,最好的办法是:①搜集变革获得成功的证据,提高人们对变革的信心;②用专家和高级领导的证明来加强变革的信心;③使参加变革的职工得到变革带来的利益;④使变革的部分和没有变革的部分协调配合,步调一致。

2.4 现代管理理论

2.4.1 现代管理理论中的主要学派

1961年12月,美国管理学家哈罗德·孔茨发表了《管理理论的丛林》,成为西方现代化管理理论形成的标志。他使用"管理理论的丛林"来描述西方现代管理理论的主要特征,说明第二次世界大战后的西方管理理论领域中对管理问题的观点和结论莫衷一是,众说纷纭,管理理论已发展成为盘根错节、枝繁叶茂的"热带丛林"。

孔茨在1980年出版的《再论管理理论的丛林》将现代管理理论分为11个学派。

1. 管理过程学派

该学派是在法约尔管理思想的基础上发展起来的，其代表人物有美国的哈罗德·孔茨(Harold Koontz)等人。该学派认为管理是一个过程，此过程包括计划、组织、领导、控制等若干个职能。这些管理职能对任何组织的管理都具有普遍性。管理者可以通过对各个职能的具体分析，归纳出其中的规律与原则，指导管理工作，提高组织的效率和效益。

他们把管理看作是在组织中通过别人或同别人一起完成工作的过程。应该分析这一过程，从理论上加以概括，确定一些基础性的原理，并由此形成一种管理理论。有了管理理论，就可以通过研究，通过对原理的实验，通过传授管理过程中包含的基本原则，改进管理的实践。管理过程学派的创始人是法约尔。这个学派把它的管理理论建立在以下七条基本信念的基础上：①管理是一个过程，可以通过分析管理人员的职能从理性上很好地加以剖析。②可以从管理经验中总结出一些基本道理或规律。这些就是管理原理。它们对认识和改进管理工作能起一种说明和启示的作用。③可以围绕这些基本原理开展有益的研究，以确定其实际效用，增大其在实际中的作用和适用范围。④这些原理只要还没有被证明为不正确或被修正，就可以成为形成一种有用的管理理论提供若干要素。⑤就像医学和工程学那样，管理是一种可以依靠原理的启发而加以改进的技能。⑥即使在实际应用中由于背离了管理原理而造成损失，但管理学中的原理，如同生物学和物理学中的原理一样，仍然是可靠的。⑦尽管管理人员的环境和任务受到文化、物理、生物等方面的影响，但管理理论并不需要把所有的知识都包括进来才能起一种科学基础或理论基础的作用。

2. 人际关系学派

这一学派是从20世纪60年代的人类行为学派演变来的。这个学派认为，既然管理是通过别人或同别人一起去完成工作，那么，对管理学的研究就必须围绕人际关系这个核心来进行。这个学派把有关的社会科学原有的或新近提出的理论、方法和技术用来研究人与人之间和人群内部的各种现象，从个人的品性动态一直到文化关系，无所不涉及。这个学派注重管理中"人"的因素，认为在人们为实现其目标而结成团体一起工作时，他们应该互相了解。

3. 群体行为学派

这一学派是从人类行为学派中分化出来的，因此同人际关系学派关系密切，甚至易于混同。但它关心的主要是群体中人的行为，而不是人际关系。它以社会学、人类学和社会心理学为基础，而不以个人心理学为基础。它着重研究各种群体行为方式。从小群体的文化和行为方式，到大群体的行为特点，都在它研究之列。它也常常被叫做“组织行为学”。

4.经验(或案例)学派

经验(或案例)学派,亦称经验主义学派或经验主义。这一派的基本管理思想是:有关企业管理的科学应该从企业管理的实际出发,特别是以企业的管理经验为主要研究对象,将其加以理论和概括化,然后传授给管理人员或向企业经理提出实际的建议。简言之,他们认为,管理学就是研究管理经验。通过研究管理中成功经验或失误,就能理解管理问题,就自然学会了进行有效的管理。

经验管理学派的主要代表人物有彼得·德鲁克(1909—2005)、欧内斯特·戴尔、艾尔弗雷德·斯隆(1875—1996)、威廉·纽曼等。

在关于管理的性质、任务、职责等问题上,经验主义学派的代表人物们的看法分歧很大,但是在下述看法上是一致的;管理是对人进行管理的技巧,是一个特殊的、独立的活动和知识领域。管理的具体概念,随管理客体的类型而有所变化,但管理是一个特定的人群团体用以确定、阐明和实现其目的和目标的技能。

经验主义学派在管理实践方面的一个很大贡献,就是德鲁克针对泰勒重视动作分解而忽视工人劳动兴趣,把计划与执行分开等问题方面的弊端提了出来,于1954年提出目标管理(简称MBO)的设想。目标管理综合了以工作为中心和以人为中心的管理技能及管理制度,能使管理人员和广大员工在工作中实行自我控制,满足自我实现的需要,因而也同时能实现企业的目标。

经验主义学派对企业管理的组织结构问题也非常重视,几乎在他们的代表作中都有较为详细的论述。1957年,德鲁克在他的《今日管理组织的新样板》一文中,把企业管理的组织结构概括为五种类型:①集权的职能性结构;②分权的联邦式结构;③规划—目标结构(矩阵结构);④模拟性分权制结构;⑤系统结构。其中①、③是以工作任务为中心的组织设计;②、④是以成果为中心的组织设计;⑤则是以关系为中心的组织设计。

在研究和总结管理经验的问题上,经验主义学派一般都强调应从企业管理的实际经验出发,而不是从一般原则出发来研究。戴尔1960年出版的《伟大的组织者》一书,断然否认存在有关组织和管理的“普遍原则”。他根本不使用“原则”这个词。他说管理知识的真正源泉就是大公司中“伟大组织者”的经验及其非凡的个性。研究管理问题,主要就是发现并描述它们的“基本类似点”,而这“基本类似点”就是可应用于其他企业的管理知识。

5.社会协作系统学派

它与行为学派关系密切而且常常互相混同。有些人,如马奇和西蒙,把社会系统(即一种文化的相互关系系统)只限于正式组织,把“组织”这个词同企业等同起来,而不是指管理学中最常用的那项职权活动概念。另外一些人则不区分正式组织和非正式组织,而把所有人类关系的各种系统都包括进来。这个学派的创始人是切斯特·巴纳德。这个学派对管理学做出过许多值得注意的贡献。把有组织的企业看成是一个受文化环境的压力和冲突支配的社会有机体,这对管理的理论和实际工作人员都是有帮助的。而在另外一些方面,如对组织职权的制度基础的认识,对非正式组织的影响的认识,以及对怀特·巴基称之为"组织黏合剂"的一些社会性因素的认识,则帮助更大。巴纳德还有其他一些颇有教益的见解,如他的关于激励的经济性的思想,把社会学认识引入管理实践之中等。

6. 社会技术系统学派

这一学派的创始人是特里司特及其在英国塔维斯托克研究所中的同事。他们通过对英国煤矿中长壁采煤法生产问题的研究,发现单单分析企业中的社会方面是不够的,还必须注意其技术方面。他们发现,企业中的技术系统(如机器设备和采掘方法)对社会系统有很大的影响。个人态度和群体行为都受到人们在其中工作的技术系统的重大影响。因此,他们认为,必须把企业中的社会系统同技术系统结合起来考虑,而管理者的一项主要任务就是要确保这两个系统相互协调。

7. 系统学派

其主要代表人物是卡斯特(F、E、Kast)等人。该派理论是以系统为基础来研究管理,强调任何组织都是由若干子系统所构成。企业的经营系统可以划分为战略子系统、协调子系统和作业子系统。在管理工作中,强调通过各个子系统之间的协调,以实现组织大系统的整体优化。

近年来,许多管理学家都强调管理学研究与分析中的系统方法。他们认为系统方法是形成、表述和理解管理思想最有效的手段。所谓系统,实质上就是由相互联系或相互依存的一组事物或其组合所形成的复杂统一体。这些事物可以像汽车发动机上的零件那样是实物,也可以像人体诸组成部分那样是生物的,还可以像完整综合起来的管理概念、原则、理论和方法那样是理论上的。尽管我们给理论规定出界限,以便更清楚地观察和分析它们,但是所有的系统(也许只有宇宙除外)都同它们的环境在相互起作用,因而都受到其环境的影响。

8. 决策理论学派

这一学派的管理思想,其基本观点是:企业管理问题的主要研究对象不是作业而是决策;决策贯穿管理的全过程,管理就是决策;应该按"令人满意"的准则来决策,而不是按"最优化"准则来决策。

决策理论学派的代表人物是美国的经济学家和社会学家赫伯特·西蒙与詹姆士·马奇。他们在巴纳德创立的社会系统理论中也做出了杰出的贡献。后来，以社会系统理论为基础，吸收了行为科学、系统理论、运筹学和计算机科学的有关成果，创立了决策理论学派。西蒙等人认为，组织就是作为决策者的个人所组成的系统。任何一个成员的第一个决策就是是否参加这个组织；倘若做出参加的决策，他个人的目标虽然依旧存在，但需退居第二位并从属于组织的目标，并因此做出其他一系列的种种决策。但是，任何孤立的个人的决策都不能达到高度的客观合理性，只有组织的决策才能做到这一点。

西蒙在《管理决策新科学》一书中提出了“管理的关键是决策”、“管理就是决策”。决策贯穿管理的全过程、决策程序就是全部的管理过程等思想，以及企业中所有成员都是“决策人”的思想，突出了决策的重要性并扩大了决策的时空范围。这种主张否定了传统的决策观。传统的决策观仅仅把决策看成为组织上层管理者的职能以及仅仅把决策看成是决断的瞬间行为。西蒙等人的这种管理思想有利于调动下属的积极性和责任感，参与管理即参与决策，容易加速决策和减少贯彻时的阻力，实现个人目标与企业目标的一致。

这一学派的人数正在增加。他们的基本观点是，由于决策是管理的主要任务，因而应集中研究决策问题。他们认为，管理是以决策为特征的，所以管理理论应围绕决策这个核心来建立。

9. 数学学派或“管理科学”学派

尽管各种管理理论学派都在一定程度上应用数学方法，但只有数学学派把管理看成是一个数学模型和程序的系统。一些知名的运筹学家或运筹分析家就属于这个学派。这个学派的人士有时颇为自负地给自己取上一个“管理科学家”的美名。这类人的一个永恒的信念是，只要管理、或组织、或计划、或决策是一个逻辑过程，就能用数学符号和运算关系来予以表示。这个学派的主要方法就是模型。借助于模型可以把问题用它的基本关系和选定目标表示出来。由于数学方法大量应用于最优化问题，可以说，它同决策理论有着密切的关系。当然，编制数学模型绝不限于决策问题。

10. 权变理论学派

权变理论学派也称权变学派，有的管理者还称之为因地制宜理论。权变管理即权宜管理和应变管理的合称。这一学派基本的管理思想是：在企业管理中，没有什么一成不变、普遍适用的，“最好的”管理理论和管理方法，企业管理必须随着企业所处的内外条件变化而随机应变。管理者应做什么以及怎么做，要取决于当时的既定情况。

权变学派的主要代表人物是美国的管理学者约翰·莫尔斯、杰伊·洛希和弗莱德·E.菲德勒等。权变理论学派的理论基础是“超Y理论”。他们针对美国麻省理工学院教授麦格雷戈提出的“X-Y理论”进行了研究，得出结论是“Y理论”并不是在任何情况下都比“X理论”优越，管理思想和管理方式要依据成员素质、工作特点、环境情况而定，不能一概而论。由此他们在《超Y理论》一文和《组织及其成员：权变方式》一书中，提出了“超Y理论”。其要点如下：①人们是怀着许多不同的需要加入工作组织的，而人们的需要有不同的类型；有的人需要正规化的组织机构和条例规章，但不愿参与决策和承担责任；有的人却需要更多的自治、更多的责任、更多的发挥创造性的机会去实现胜任感。②组织形式和管理方法要与工作性质和人们的需要相适应。③组织机构和管理层次的划分、职工的培训和工作的分配、工资报酬和控制程度的安排，都要从工作性质、工作目标、职工素质等方面来考虑，不能千篇一律。④当一个目标达到以后，要继续激起职工的胜任感，使之为达到新的、更高的目标而努力。

权变学派在企业组织结构方面的共同点，是把企业看成为一个受外界环境影响而又对外界环境施加影响的“开放式系统”，但在模式问题上，这一派的不同学者则有不同的分类。

权变学派在领导方式方面，同组织结构方面一样，认为不存在普遍适用的“最好的”或普遍不适用的“最不好的”领导方式。领导方式应以企业的任务、个人和团体的行为特点以及领导同职工的关系而定；弗雷德·菲德勒在多年实验基础上提出的“领导的权变模式”是三维的，即认为有三个重要因素直接影响着领导效果：①领导与成员的关系——下属对领导人的信任与忠诚程度以及领导者对下属的吸引力；②任务的结构——下属任务的常规化程度；③职位权力——领导职位、官方权威以及相关联的奖惩权，领导从上级和整个组织所得到的支持的大小。菲德勒认为，不应当简单地谈什么好的领导或差的领导；一位在一种情况下取得成功的领导在另一种情况下未必成功；指令性领导和宽容性领导在一定的情况下都能发挥最好的作用。

11.经理角色学派

这是最新的一个学派，同时受到管理学者和实际管理者的重视，其推广得力于亨利·明茨伯格。这个学派主要通过观察经理的实际活动来明确经理角色的内容。对经理（从总经理到领班）实际工作进行研究的人早就有，但把这种研究发展成为一个众所周知的学派的却是明茨伯格。

明茨伯格系统地研究了不同组织中五位总经理的活动，得出结论说，总经理们并不按人们通常认为的那种职能分工行事，即只从事计划、组织、协调和控制工作,而是还进行许多别的工作。

明茨伯格根据他自己和别人对经理实际活动的研究,认为经理扮演着10种角色。

(1)人际关系方面的角色有三种:①挂名首脑角色(作为一个组织的代表执行礼仪和社会方面的职责);②领导者角色;③联系人角色(特别是同外界联系)。

(2)信息方面的角色有三种:①信息接受者角色(接受有关企业经营管理的信息);②信息传播者角色(向下级传达信息);③发言人角色(向组织外部传递信息)。

(3)决策方面的角色有四种:①领导者角色;②故障排除者角色;③资源分配者角色;④谈判者角色(与各种人和组织打交道)。

2.4.2 现代管理理论的新发展

到20世纪90年代,在知识经济和信息化的驱动下,管理手段出现了新变化,管理理论也出现新的发展趋势,影响较大的理论主要有以下三种。

1. 企业再造理论

“企业再造”理论是美国学者迈克·哈默(M. Hammer)与詹姆斯·钱皮(J. Champy)提出的关于企业经营管理方式的理论和方法。1993年,哈默和钱皮出版了《企业再造》一书,该书第一次系统地阐述了企业再造的内容、方法和程序,重点分析了营运流程的再造,使企业变革有了新的系统理论作为指导。

企业再造是指为了在产品和服务质量、顾客满意度、成本、员工工作效率等衡量企业绩效的关键指标上能够取得显著的改善,从根本上重新思考、彻底改造业务流程。它是以先进的信息系统和技术为手段,以顾客的中长期需要为目标,通过最大限度地减少对产品增值无实质作用的环节和过程,建立起科学的组织结构和业务流程,使产品的质量和规模发生质的变化。当然,企业再造的目的是为了提高企业的竞争力,从业务流程上保证企业能以最小的成本将高质量的产品和优质的服务提供给客户。

企业再造是以企业生产作业或服务作业的流程作为审视对象的,它从多个角度重新审视其功能、作业、效率、成本、速度、可靠性、准确性,找出其不合理的因素,然后以效率和效益为中心对作业流程和服务流程进行重新构造,以达到业务上质的飞跃和突破。企业再造强调以顾客为导向和服务至上的理念,对企业整个运作流程进行重新思考和彻底改革。企业必须把重点从过去的计划、控制和增长转移到速度、创新、质量、服务和成本上,目的是为了吸引顾客,赢得竞争和适应变化。在具体实施过程中,企业再造可以按照以下程序来进行:

(1)对原有流程进行全面的功能和效率分析,发现其存在的问题。根据企业现行的作业程序,绘制作业流程图。一般而言,原有的作业程序是与过去的市场需求和技术条件相适应的,并由一定的组织结构、作业规范作为其保证。当市场需求、技术条件发生的变化使现有作业程序难以适应时,作业效率或者说组织结构的效能就会降低。因此,必须从以下几个方面分析现行作业流程的问题:①功能障碍。随着技术的发展,技术上具有不可分性的团队工作,个人可完成的工作额度会发生变化,这就会使原来的作业流程或者支离破碎增加管理成本、或者核算单位太大造成的权责利脱节,并会造成组织机构设计的不合理,形成企业发展的瓶颈。②重要性。不同的作业流程环节对企业的影响是不同的。随着市场的发展,顾客对产品、服务需求的变化,作业流程中的关键环节以及各环节的重要性也在变化。③可行性。根据市场、技术变化的特点以及企业的现实情况,分清问题的轻重缓急,找出流程再造的切入点。为了使对上述问题的认识更具有针对性,还必须深入现场,具体观测、分析现存作业流程的功能、制约因素以及表现出来的关键问题。

(2)设计新的流程改进方案并加以评估。为了设计更为科学合理的作业流程,必须集思广益、鼓励创新。在设计新的流程改进方案时,可以考虑这样来进行:①将现在的数项业务或工作组合,合并为一;②工作流程的各个步骤按其自然顺序进行;③给予职工参与决策的权力;④为同一种工作流程设置若干种进行方式;⑤工作应当超越组织的界限,在最适当的场所进行;⑥尽量减少检查、控制、调整等管理工作;⑦设置项目负责人。对于提出的多个流程改进方案,还要从成本、效益、技术条件和风险程度等方面进行评估,选取其中最为可行的方案。

(3)制定规划,形成方案。制定与流程改进方案相配套的组织结构、人力资源配置和业务规范等方面的改进规划,形成系统的企业再造方案。企业业务流程的实施,是以相应的组织结构、人力资源配置方式、业务规范、沟通渠道甚至企业文化作保证的,所以,只有以流程改进为核心形成系统的企业再造方案,才能达到预期的目的。

(4)组织实施与持续改善。企业再造方案的实施,必然会触及原有的利益格局。因此,必须精心组织,谨慎推进。既要态度坚定,克服阻力,又要积极宣传,形成共识,以保证企业再造的顺利进行。企业再造方案的实施也并不是企业再造的终结。在社会发展日益加快的时代,企业总是不断面临新的挑战,这就需要对企业再造方案不断地进行改进,以适应新形势的需要。

总之,企业再造理论适应了通过变革来创造企业新活力的需要,在欧美的企业中受到了高度的重视,因而得到迅速地推广,并带来了显著的经济效益,这也使得越来越多的学者加入到企业流程再造的研究中来。当然,作为一种新的管理理论和方法,企业再造理论仍然需要不断地发展和完善。

2. 学习型组织理论

彼得·圣吉(Perer M. Senge),学习型组织理论的倡导者。学习型组织理论是他在其1990年出版的代表作《第五项修炼——学习型组织的艺术与实务》一书中提出的。所谓学习型组织,是指通过培养弥漫于整个组织的学习气氛、充分发挥员工的创造性思维能力而建立起来的一种有机的、高度柔性的、扁平的、符合人性的、能够持续发展的组织。这种组织具有持续学习的能力,具有高于个人绩效总和的综合绩效。

学习型组织理论是以五项修炼为基础的。这五项修炼包括:

(1)自我超越。这是五项修炼的精神基础,是指学习不断厘清并加深个人的真正愿望,集中精力、培养耐心,并客观地观察现实。

(2)改善心智模式。即不断适应内外的变化,改变自己的思维定势以及由此决定的假设、成见甚至图像、印象。

(3)建立共同愿景。是指要使组织拥有一种能够凝聚全体成员,并坚持实现的共有的目标、价值观与使命。

(4)团体学习。是指在群体中进行思想交流,分享集体的智慧。当团体真正在学习的时候,不仅团体整体产生出色的成果,个别成员成长的速度也比其他的学习方式要快。

(5)系统思考。这是五项修炼的核心,是指树立系统观念,善于运用完整的知识体系和实用的工具,认清整个变化形态,并了解如何有效地掌握变化,开创新局面。

圣吉认为,以上五项修炼是一个有机的整体,每一项修炼都与其他几项修炼密切相关。其中最关键也是最困难的修炼是系统思考的修炼,所以,圣洁将其著作命名为《第五项修炼》,就是要突出系统思考修炼的重要意义。

学习型组织具有以下八个基本特征:

(1)组织成员拥有一个共同愿景。共同愿景是组织中所有员工的共同理想,它能使不同性格的人凝聚在一起,朝着组织共同的目标前进。

(2)组织由多个创造性个体组成。在学习型组织中,团队是最基本的学习单位,所谓的团队是彼此需要他人配合的一群人,组织的所有目标都是直接或间接地通过团队的共同努力来达到的。

(3)善于不断学习。这是学习型组织的本质特征。所谓善于不断学习,主要是强调终身学习、全员学习、全过程学习和团体学习。学习型组织通过保持不断学习的能力，及时铲除发展道路上的障碍，不断突破组织成长的极限，从而保持持续发展的态势。

(4)"地方为主"扁平式结构。即从决策层到操作层，中间层次极少。它最大可能地将决策权向组织结构的下层移动，让最下层单位拥有充分的自决权、并对由此产生的结果负责。只有这样，企业内部才能形成互相理解、互相学习、整体互动思考、协调合作的群体，才能产生巨大的、持久的创造力。

(5)自主管理。自主管理是使组织成员能够边工作边学习，并使工作和学习紧密结合的方法。通过自主管理，可以让组织成员自己发现工作中的问题，自己选择伙伴组成团队，自己选定改革进取的目标，自己进行现状调查，自己分析原因，自己制定对策，自己组织实施，自己检查效果，自己评定总结。在自主管理过程中，组织成员能够不断进行创新，从而增加组织快速应变、创造未来的能力。

(6)组织的边界将被重新界定。学习型组织边界的界定，建立在组织要素与外部环境要素互动关系的基础上，超越了传统的根据职能或部门划分的"法定"边界。

(7)员工家庭与事业的平衡。学习型组织努力使员工丰富的家庭生活与充实的工作生活相互促进、相得益彰。学习型组织支持每位员工充分地自我发展，而员工也以对组织的发展尽心尽力作为回报。这样，个人与组织的界限将变得模糊，工作与家庭之间的界限将逐渐消失，两者之间的冲突也必将大为减少，从而能够提高员工家庭生活的质量，达到家庭与事业之间的平衡。

(8)领导者的新角色。在学习型组织中，领导者是设计师、仆人和教师。领导者的设计师角色是一个对组织要素进行整合的过程，他不只设计组织的结构和组织政策、策略，更重要的是设计组织发展的基本理念；领导者的仆人角色表现在他对实现共同愿景的使命感上，他自觉地接受共同愿景的召唤；领导者作为教师的首要任务是界定真实情况，协助人们对真实情况进行正确、深刻的把握，提高他们对组织系统的了解能力，促进每个人的学习。

学习型组织理论突破了原有的模式，它以系统思考代替机械思考，以整体思考代替片断思考，以动态思考代替静止思考。现代组织面临日益复杂多变的环境，只有不断增强自身的学习能力，提高整体素质，才能适应新形势的变化。而未来真正出色的组织将是能够设法使各阶层人员全心投入并有能力不断学习的组织——学习型组织。

3. 虚拟组织理论

查尔斯·M. 萨维奇(Charles M. Savage)，美国管理学家。1991 年，他出版了《第五代管理》一书，1996 年他对该书进行了修订再版，书中明确提出通过建立虚拟组织、动态协作团队和知识联盟来创造财富的观点。所谓虚拟组织，就是不仅把公司成员，而且把各种资源。建立虚拟组织，要更多地依靠人员的知识和才干，而不是他们的职能。

萨维奇从管理和组织的角度，将企业的发展划分为五个阶段。第一个阶段是工业时代早期的所有权形式，企业的所有者也是管理者，企业成员主要由家族成员组成，企业主以学徒的形式雇佣工人。第二阶段是严格的等级制度，也就是现在还很常见的金字塔式结构。金字塔式结构具有责任分工明确、便于管理等优势。但这种模式也存在很多问题，许多产品和服务都要求职能部门之间的高度协调，因此，又产生了第三阶段的组织形式，即矩阵组织形式。矩阵组织形式试图克服第二代管理方式固有的一些问题，但由于它没有涉及权力分配问题，所以实际运用的效果并不理想。第四阶段的管理方式则利用计算机和网络来保持水平方向和垂直方向上不同职能部门之间的接触和沟通。第五阶段管理则是组织结构扁平化、对等的知识联网、集成的过程和对话式的工作。组织结构扁平化意味着打破部门之间的界限，任命跨职能的任务团队，进行对等的知识联网，每个人都成为网络上的一个节点。这使得企业能够把人员集合起来去组织跨职能的工作。团队成员彼此依赖各自的能力，形成协作。每个人都有可能成为项目的领导，在一个项目中担任领导，在别的项目中支持别人的领导。人们是网络中的知识贡献点和决策点，可以感受到自己的权利和价值。显而易见，扁平化的组织结构更能够发挥人的主动性和创造性，更适合知识经济时代的要求。

萨维奇认为，在目前的组织管理中，我们只利用了组织潜在知识的5%～15%，而任何其他资源，不论是土地、矿产还是资本的利用率均远远超过这个数。在企业管理的前四个发展阶段，原材料和信息是连续地从一个职能部门转移到另一个职能部门，而到了第五阶段管理阶段，不同职能部门之间并行工作成为可能。萨维奇在研究了许多管理专家的成果和对后工业时代的管理原则进行深刻分析的基础之上，提出需要一套概念性的原则来重新定义管理者和工人在组织内部、各个组织之间单独工作和在复合团队中工作时的中心作用，认为这些概念性的原则应该帮助我们去运用那些依然处于哲学于我们大脑之中的、经营企业所需要的知识70%～90%。这五个原则为：对等联网、集成的过程、对话式工作、人类时间和计时、虚拟组织和动态团队。

虚拟型组织是在两个或两个以上的独立经济实体之间，为了共同开发新技术或新产品迅速把它推入市场而组建的一种暂时的联盟组织形式。它是为了实现企业目标而协调各企业的关系、进行优势分工的组织形式。它是一种将不同地区的现有资源组成一种没有明确的边界，也是不存在固定结构的有机的组织形式。它所表现的基本特征是:①人力资源虚拟,即将不同企业的人员集合在一起,协同工作。②组织结构虚拟化,即虚拟型组织结构是松散的,其空间的分布和功能的确定都是临时的,完全取决于项目和产品。③信息网络虚拟化,即企业成员之间的信息传递和业务往来主要通过信息网络完成。

随着技术进步和经济全球化的加速,虚拟型组织成为企业谋求生存与发展,或者是参与全球化浪潮的途径。虚拟型组织以互联网为基础,以全球经济一体化为背景,以自主、平等为组织原则,以技术合作为基本纽带,通过信息网络构建核心竞争力来创造财富。其优势在于,能够敏锐地把握市场机会,有效地缩减交易期,及时满足客户的要求。

【本章小结】

早期管理思想可以追溯到亚当·斯密、大卫·李嘉图、罗伯特·欧文、查尔斯·巴贝奇等人的思想。之后工业革命对管理实践产生了巨大影响。古典管理理论在工业革命的浪潮中产生。古典管理理论体系包括科学管理理论、一般管理理论和行政管理理论。

科学管理之父泰勒进行了许多科学实验,提出了著名的管理四原则等科学管理思想,亨利·甘特、弗兰克·杰布雷斯夫妇、福特等与泰勒同时代的管理学家们也对管理作出了贡献。亨利·法约尔是一般管理理论的倡导者,被称为“现代经营管理之父”。法约尔最早提出了管理的五大原则,即计划、组织、指挥、协调和控制,这些管理原则影响至今,他提出的管理 14 条原则也影响深远。行政管理理论的建立有赖于马克斯·韦伯的研究,韦伯在管理思想上的最大贡献是提出了理想的行政组织模式——科层制。科层制又称官僚制,是指符合现代化社会发展的具有专业化、综合化的设层分职能的行政组织制度。

霍桑试验后发现了人际关系对管理实践的影响。行为管理理想产生之初因为侧重于研究人们之间的相互关系,所以被称作“人际关系学说”。行为科学理论体系包括个体与团体行为学说和组织行为学说,个体与团体行为学说以研究人的需要为主要立场,组织行为学说则主要强调有关领导行为的理论。

现代管理理论的主要思想体现为孔茨 1980 年出版的《再论管理理论的丛林》一书中概括的现代管理 11 个学派。它们是管理过程学派、人际关系学派、群体行为学派、经验(或案例)学派、社会协作系统学派、社会技术系统学派、系统学派、决策理论学派、数学学派或“管理科学”学派、权变理论学派、经理角色学派等。

现代管理理论的发展新趋势表现在 20 世纪后期的企业再造理论、学习型组织理论和虚拟组织理论的研究和实践上。

【综合案例】

通用电气公司的组织管理

美国各大公司的企业管理体制从20世纪60年代以后，为了适应技术进步、经济发展和市场竞争的需要，强调系统性和灵活性相结合、集权和分权相结合的体制。到70年代中期，美国经济出现停滞，有些企业在管理体制方面又出现重新集权化的趋向。有一种称作“超事业部制”的管理体制，就是在企业最高领导之下、各个事业部之上的一些统辖事业部的机构就应运而生了。美国通用电气公司实行的“执行部制”，就是这种“超事业部”管理体制的一种形式。

1. 公司的基本情况

美国通用电气公司是美国、也是世界上最大的电器和电子设备制造公司，它的产值占美国电工行业全部产值的1/4左右。这家公司的电工产品技术比较成熟，产品品种繁多，据称有25万多种品种规格。它除了生产消费电器、工业电器设备外，还是一个巨大的军火承包商，制造宇宙航空仪表、喷气飞机引航导航系统、多弹头弹道导弹系统、雷达和宇宙飞行系统等。美国《工业研究》杂志举办的1977年度一百种新产品的评选中，美国通用电气公司的新产品获奖最多。闻名于世的可载原子弹和氢弹头的阿特拉斯火箭、雷神号火箭就是这家公司生产的。

2. 不断改革管理体制

由于通用电气公司经营多样化，品种规格繁杂，市场竞争激烈，它在企业组织管理方面也积极从事改革。50年代初，该公司就完全采用了“分权的事业部制”。当时，整个公司一共分为20个事业部。每个事业部各自独立经营，单独核算。以后随着时间的推移，企业经营的需要，该公司对组织机构不断进行调整。1963年，当波契(Boych)接任董事长时，公司的组织机构共计分为5个集团组、25个分部和110个部门。当时公司销售正处于停滞时期，五年内销售额大约只有50亿美元。到1967年以后，公司的经营业务增长迅速，几乎每一个集团组的销售额都达16亿美元。波契认为业务扩大之后，原有的组织机构已不能适应。于是把5个集团组扩充到10个，把25个分部扩充到50个，110个部门扩充到170个。他还改组了领导机构的成员，指派了8个新的集团总经理、33个分部经理和100个新的部门领导。同时还成立了由5人组成的董事会，他们的职责是监督整个公司，并为公司制定比较长期的基本战略。

3. 新措施——战略事业单位

在60年代末，通用电气公司在市场上遇到威斯汀豪斯电气公司的激烈竞争，公司财政一直在赤字上摇摆。公司的最高领导为力挽危机，于1971年在企业管理体制上采取了一种新的战略性措施，即在事业部内设立"战略事业单位"。这种"战略事业单位"是独立的组织部门，可以在事业部内有选择地对某些产品进行单独管理，以便事业部将人力物力能够机动有效地集中分配使用，对各种产品、销售、设备和组织编制出严密的有预见性的战略计划。这种"战略事业单位"可以和集团组相当；也可以相当于分部的水平，例如医疗系统、装置组成部分和化学与冶金等；还有些是相当于部门的水平如碳化钨工具和工程用塑料。通用电气公司的领导集团很重视建立"战略事业单位"，认为它是"十分有意义的步骤"，对公司的发展是一个"重要的途径"。1971年，该公司在销售额和利润额方面都创出了纪录。从该公司60年代到70年代中迅速发展的情况看，这项措施确乎起了不少作用。从1966年到1976年的11年中，通用电气公司的销售额增长了一倍，由71.77亿美元增加到156.97亿美元；纯利润由3.39亿美元增加到9.31亿美元，同时期内的固定资产总额由27.57亿美元上升到69.55亿美元。

4. 重新集权化——执行部制

70年代中期，美国经济又出现停滞，通用电气公司于1972年接任为董事长的琼斯(Jones)，担心到80年代可能会出现比较长期的经济不景气，到1977年底他又进一步改组公司的管理体制，从1978年1月实行"执行部制"，也就是"超事业部制"。这种体制就是在各个事业部上再建立一些"超事业部"，来统辖和协调各事业部的活动，也就是在事业部的上面又多了一级管理。这样，一方面使最高领导机构可以减轻日常事务工作，便于集中力量掌握有关企业发展的决策性战略计划；一方面也增强了企业的灵活性。在改组后的体制中，董事长琼斯和两名副董事长组成最高领导机构执行局，专管长期战略计划，负责和政府打交道，以及研究税制等问题。执行局下面设5个"执行部"(即"超事业部"，包括消费类产品服务执行部、工业产品零件执行部、电力设备执行部、国际执行部、技术设备材料执行部)，每个执行部由一名副总经理负责。执行部下共设有9个总部(集团)，50个事业部，49个战略事业单位。各事业部的日常事务，以至有关市场、产品、技术、顾客等方面的战略决策，以前都必须向公司最高领导机构报告，而现在则分别向各执行部报告就行了。这5个执行部加上其他国际公司，分别由两位副董事长领导。此外，财务、人事和法律3个参谋部门直接由董事长领导。

5. 建立网络系统

通用电气公司在企业管理中广泛应用电子计算机后，建立了一个网络系统，大大提高了工作效率。这个网络系统把分布在49个州的65个销售部门、分布在11个州的18个产品仓库,以及分布在21个州的40个制造部门(共53个制造厂)统统连接起来。在顾客打电话来订货时,销售人员就把数据输入这个网络系统,它就自动进行下一系列工作:如查询顾客的信用状况,并查询在就近的仓库有无这种产品的存货,在这两点得到肯定的回答以后,这个网络系统就同时办理接受订货、开发票、登记仓库账目,如果必要,还同时向工厂发出补充仓库存货的生产调度命令,然后通知销售人员顾客所需货物已经发货。全部过程在不到15秒钟的时间内即可完成。还有一点值得注意的是,除了办事速度快以外,这个网络系统实际上已把销售、存货管理、生产调度等不同的职能结合在一起了。

6.科研组织体制

同样,美国通用电气公司也非常重视科研工作,而且已有悠久的历史。从公司成立后的第二年,就有一位德国青年数学家斯坦梅兹搞科研工作,1900年即成立实验室。据1970年《美国工业研究所》报道,该公司共有207个研究部门,其中包括一个研究与发展中心,206个产品研究部门。共有科研人员17200余人,占公司职工总人数的4%。1973年通用电气公司共有31000名获得技术学位的专业人员,其中半数以上从事研究与发展工作。1972年,公司科研总费用超过8亿美元,其中3亿美元由本公司承担,5亿美元主要用于和美国政府订立合同的研究与发展工作上。

通用电气公司的科研工作分为基础理论和应用研究两个方面。它的研究与发展中心从事于这两方面的工作,而着重于基础理论研究,为全公司服务,同时对各行业共性的一些课题进行联合研究。这个研究与发展中心的前身是该公司在1900年成立的一个实验室,也是美国从事基础研究的第一家工业实验室。它的创始人是美国麻省理工学院的一位青年化学家怀特纳和通用电气公司的两名技术人员。这个实验室的早期研究工作主要是在电灯泡、X射线管、闸流管及有关的化学、冶金方面进行基础研究。在两次世界大战中,这个研究实验室研究战争中使用的通讯和雷达装置。第二次世界大战末期,研究实验室的研究人员扩充到600多人。1968年,这个研究实验室正式命名为研究与发展中心,到1973年共有工作人员17000人,其中325人是物理学博士。目前,由公司的一名副总经理兼任研究与发展中心的主任。这个研究与发展中心下面设两个研究部:即材料学与工程部(分四个研究室)以及物理科学与工程部(分5个研究室)。此外有3个行政管理部:即(1)研究应用部,下设对外联络、计划分析、人事研究、情报研究等四个科室,负责将研究成果迅速推广到公司的各个生产部门,并在通用电气公司以外建立广泛的技术联系;(2)研究管理部,负责管理实验工厂及服务站,领导财会科、设备科和福利科；(3)法律顾问部，由11人组成，负责对专利的审议、发明的评价和专利应用方面的法律事务。此外，公司的206个产品研究部门则一般设在产品生产厂附近，研究人员大致在几十人到数百人之间，重点放在应用研究方面。

思考题

请根据通用电气公司的故事简要分析传统的管理思想内容。

第3章

企业管理环境分析

引导案例

唐狮以变应变铸就逆势上升

2012年7月,博洋集团旗下品牌唐狮服饰"2013年春季服饰订货会"在宁波国际会展中心举行,吸引了2000多位经销商、代理商。唐狮在订货会上收获颇丰。2011年,唐狮服饰实现销售额40多亿元,同比增长20%以上;2012年上半年,增长10%以上。在国内不少休闲装品牌库存增加、销售下降的情况下,唐狮——这家中国休闲服饰知名企业逆势而上,交出一份高分成绩单。剖析唐狮的成功,原因是它以变应变,不断地分析企业的内部和外部的管理营销环境。在产业链整合上,它率先由"大而全"的生产方式转变为虚拟制造;在销售渠道上,它由自营店模式改为代理制;在营销方式上,它开展电子商务、网络互动营销,又试水影视植入式营销等。敢尝鲜,与时尚同行,做一个潮流引导者,这或是唐狮服饰成功的奥秘——只有变化才是唯一不变的。

一、虚拟经营:"长板做长,短板外包"

说到博洋,想必大家所熟知、第一想到的是"博洋家纺"。其实,博洋的服饰板块也相当给力。宁波博洋控股集团的总部似乎显得有些不起眼,它"隐匿"于喧闹的市井小巷——南门启文路。这里曾是纺织厂,如今早已不闻机杼声。空旷的旧厂房、旧仓库,在鲜艳的涂料装点下,有了创意办公基地的韵味。正如这旧厂房的改头换面,"博洋"也早已不是那家做来样加工的小纺织厂。十多年前,"博洋"开始涉足营运服装品牌，如今旗下已有唐狮、艾夫斯、涉趣等品牌。其中，唐狮是中国休闲服饰知名品牌。

目前，唐狮在产业链上游，把生产外包，在长三角、珠三角等地有1000多家企业为其生产服装，每一单产品订单都能及时在公司采购平台向合格供应商公开招标，既降低采购成本，又可优先筛选各项条件具有优势的供货商。这些工厂与“博洋”保持既松散又紧密的关系。说松散，这些工厂和“博洋”没有直接上下属关系，纯粹是一纸合同；说紧密，有的工厂只接“博洋”一家的业务，常年如此。在下游，唐狮采用特许经营，将销售交给加盟的代理商。唐狮的特许加盟店多达2000多家，遍及全国，基本上每个县级以上城市都有经销网点。

这种把“长板做长，短板外包”的虚拟经营模式，使博洋摆脱了传统服装企业用工量大，土地、资金占用多的束缚，将精力、财力集中在品牌塑造、产品设计和市场渠道建设上。“博洋”一年销售的服装已达5000万件，每年的样衣就有20万件，已够一家中型服装厂吃饱。哪怕是衣服的一个小标签，就能给一家工厂带来每年好几百万元的销售额。

“博洋”专门打造一个采购平台，这个平台上活跃着几十名采购经纪人。每当有品牌在平台上下单，这些经纪人就凭自身本事，看谁能拿到最好的产品和价格。“博洋”还有专门的检测中心，一年的检测量达到几十万个批次。博洋将坚持虚拟制造，因为虚拟化经营适度规避了产能扩张的风险，全面特许加盟形式又最大限度地发挥着社会经营力量的作用。

二、市场细分：产品注重格调、个性化

国内青春休闲服市场经历了此前的高速成长，目前受Zara、H&M等国际快时尚品牌的冲击越来越激烈，使得整体增速趋缓，库存压力大，步入稳定调整期。当下，休闲装品牌发展遇到瓶颈，但唐狮坚信，有格调、有个性的产品始终会受到消费者青睐。

为满足各产品线的研发，几年前，唐狮就在上海设立研发中心，每年开发产品款式3000多款。产品结构丰富了，更大限度地满足了个性化需求。唐狮每一季服装的时尚度是有层次的，一部分是基本款式，一部分是时尚款式。今年设计了更多的款式，提升了服装的时尚度。

三、渠道为王：代理商制＋期货订货制

博洋的定位是一家营销驱动型和品牌拉动型企业。在渠道扩张方面，唐狮改变以前自己开店的模式，实施代理商制度。如今，全国各省会城市500平方米以上的大店超过60家。代理制的实施强化了唐狮的市场地位,在核心市场着力开设大型旗舰品牌体验店,大大提升了品牌传播效果。代理商加盟制全面推开后,唐狮推出了期货订货制,即从原来的"配补制"转向"订货制"。

期货制推出前,公司根据往年销售经验来生产。这种模式,存在计划与销售的矛盾。实行期货订货制后,代理商带来的是市场的最新信息。订货会现场,计划、设计、营销部门的员工要向客户推荐本季新品,并能得到最新的来自市场的反馈信息——这样产品更对路。期货订货制推出后,唐狮的销售额、利润迅速增长。

每年,唐狮投入巨资对终端形象进行优化、调整、提升,2007年就制定"旗舰"扩张战略计划——在全国各核心城市布局500平方米以上规模的体验店铺。在品牌传播上,先后聘请SHE、飞儿乐队、萧敬腾等明星担任形象代言人,举办各类型音乐歌会及公益活动,更好地推广品牌。面临新一轮的发展,唐狮计划到2015年,实现销售网点5000家,销售规模100亿元,建设全国立体化的销售网络,在中心城市建立100家面积超过500平方米的形象店铺。同时,提升品牌竞争力和影响力,综合竞争力进入行业三甲。

本章主要内容

1. 企业环境的概念。
2. 企业外部环境要素。
3. 企业内部环境分析。
4. 企业内外部环境分析的方法。

3.1 企业环境分析概述

3.1.1 企业环境的概念

1. 企业环境的概念

企业环境是指影响企业生存和发展的各种内外因素的组合。总体上看,企业的战略环境包括外部环境和内部环境两个部分。外部环境是企业生存和发展的前提条件,内部环境则是企业生存和发展的基础。企业的生存发展,从根本上来说,取决于利用自身的内部环境条件去适应所处的外部环境。企业战略环境研究就是指企业对外部环境和内部条件的变化进行分析和研究,为企业制定战略和实施战略提供依据。

企业的环境对企业的影响各异,企业利用环境的能力也不同。一般来说,企业的内部条件是企业自身可控制的因素,而企业外部条件对企业来讲是不可控制的因素。企业内部条件主要包括资源要素、管理要素、能力要素三个方面,而企业外部环境因素主要包括宏观环境和经营环境两个方面。

2. 各种环境因素之间的相互关系

从系统的观点来看,企业是外部环境的子系统,企业的生存发展是以外部环境因素为条件,而以内部环境条件为基础的。外部环境因素是企业不可控制的因素,这些因素的变化将给企业带来的可能是机遇也可能是挑战,进而影响企业的发展战略和发展趋势。外部环境对企业的作用又因宏观环境和经营环境不同也存在着较大差异。例如:

(1)从影响范围上看

宏观环境的影响是广泛和持久的。它不仅仅是影响某一个企业,而且会影响多个企业或多个行业,影响整个国民经济的发展。一旦影响产生,则会有一个较长的持续时期;经营环境的影响通常是对一个企业或一个行业,尤其是对企业的某一具体经营领域具有特别重要意义时,其影响往往是短期的。

(2)从影响方式上看

宏观环境因素对企业的影响是间接的,主要是通过以行业和市场的影响进而影响到企业。而经营环境因素是企业的直接环境因素,行业和市场的变化直接作用于企业。

(3)从产生影响的时间上看

宏观环境对企业的影响往往在时间上是滞后的,即如果某一宏观环境因素发生变化,通常是经过一段较长的时间才会对企业产生实质性的影响。而经营环境对企业的影响是短期的,如果某一因素发生变化,就能立即在企业的相应经营领域反映出来。

3.1.2 企业环境分析的意义

任何组织都是在一定环境中从事活动,环境的特点及其变化必然制约组织活动方向和内容的选择。环境研究就是要通过分析组织活动的内外影响因素,揭示活动条件变化规律,预测其未来变化,为活动方向和内容的选择与调整提供依据。

1.企业外部环境研究的必要性

外部环境是组织存在的土壤,它既为组织活动提供条件,同时也必然因此而对组织的活动起制约作用。

以大量存在的从事经济活动的企业组织为例,企业经营所需的各种资源需要在外部环境的原料市场、能源市场、资金市场、劳动力市场去获取。离开外部的这些市场,企业经营便会成为无源之水,无本之木。与此同时,企业转换上述几种资源生产出来的产品或劳动要在外部环境中去实现。没有外部市场,企业就无法销售产品,得到销售收入,生产过程中的各种消耗就不能补偿,经营活动就是无法继续,更谈不上在更大的规模上继续了。

外部环境为企业提供了条件,必然也会限制企业的生存。企业只能根据外部能够提供的资源种类、数量和质量来决定生产经营活动的具体内容和方向;企业的产品既然要通过环境中的市场才能实现,那么在生产之间和生产过程中就必须考虑到这些产品能否被用户所接受,是否受市场欢迎。因此,外部环境在提供了经营条件的同时,也限制了企业的经营。

对组织活动有着如此重要的环境是在不断变化的。如果环境是静态的,那么它的影响更大,对其研究也不需反复强调、高度重视。因为在这种情况下,环境研究可以是一劳永逸的;对一成不变的外部环境深入进行一次细致的分析,便可把握它的特点,制定相应对策。然而,实际情况并非如此,外部存在的一切都在不断变化,比如技术在发展,消费者收入在提高,教育不断普及,就连执政者也在经常更换。

外部环境的种种变化,可能给组织带来不同程度的影响:一是为组织的生存和发展提供新的机会,比如新资源的利用可以帮助企业开发新的产品,执政者的变化可以导致环保政策的修订;另一种可能是环境在变化过程中为组织生存造成某种不利的威胁,比如技术条件或消费者偏好的变化可能使企业产品不再受欢迎,组织要能继续生存,在生存的基础上不断发展,就必须及时采取措施,积极地利用外部环境在变化中提供的有利机会,同时也要积极采取对策,努力避开这种变化可能带来的威胁。

要利用机会、避开威胁,就必须认识外部环境;要认识环境,就必须研究外部环境,分析外部环境。这种研究不仅可以帮助我们了解外部环境今天的特点,而且可以使我们认识外部环境是如何从昨天演变到今天,从而揭示外部环境变化的一般规律,并据此预测它在未来的发展和变化趋势。

2. 企业内部环境研究的意义

内部环境包括组织内部的物质环境和文化环境。其研究意义也可以从这两个方面分析。

(1)物质环境研究的意义

内部物质是指组织内部的资源拥有情况和利用情况。

任何组织的活动都需要利用一定的资源,然而在特定时期,组织能够利用的资源是有限的。这种有限性是由两个因素决定的。首先,资源的稀缺性决定了人类可利用的资源的有限性。任何资源,不论是从自然界直接获取,还是已经经过人类加工,都不是取之不尽、用之不竭的,其数量总是有限的。而与此同时,人类利用这些资源希望满足的欲求是无限的。人类一切经济活动的目的要求是要以尽可能少的资源消耗获得尽可能多的满足。其次,组织财力有限决定了它们能够获取、从而利用的资源是有限的。为了促进和保证对有限资源的充分利用,人类创造并发展了用商品生产和交换的方式来组织经济活动的模式。在商品经济中,任何资源的获取和转让都不是无偿的,都必须通过支付一定数量的货币媒介来实现。然而在任何条件下,任何组织的支付能力总是有限的。组织用有限的财力在稀缺背景下获取的有限资源,必须加倍珍惜,合理利用。

组织不仅在客观上拥有的资源数量是有限的,而且在主观上对这些资源的利用能力也是有限的;同样数量的资源在不同的组织或在同一组织的不同时期的利用情况及其效果也是不同的。因此,要充分、有效地利用资源,就必须研究组织在客观上对资源的占有情况以及在主观上对资源的利用情况,找出组织在资源利用上的优势和劣势,以指导组织正确选择资源的利用方向和方式。

(2)组织内部文化环境研究的意义

所谓组织文化是指组织及其成员的行为方式及这种方式所反映的被组织成员所接受的信仰、价值观念及行为准则。

美国作者肯尼迪尔在《西方企业文化》中指出,“每一个企业都有文化。有时它是支离破碎的、外界难以辨认的”,而有的企业“文化非常强有力和凝聚力,每个人都知道公司的目标并为达到这些目标而努力”。确实,不管人们是否有意识地去建立任何组织,在自己的活动中都会逐渐形成一整套独特的行为方式和行为准则,任何组织都会存在与自己的历史、自己的活动特点、自己的创办人及其后继者的个性有关的文化。

不论是“支离破碎”的组织文化,还是富于凝聚力的组织文化,它们对组织成员及其活动都会产生重要影响。这种影响主要表现在以下三个方面:

第一,从组织成员个人来看,组织文化影响组织成员某些心理需要(如社交、归属感）的满足，从而可能影响他们的士气和积极性的高低，进而影响成员个人及整个组织活动效率；

第二，从组织成员群体来讲，组织文化影响成员间的信息沟通、集体意识的形成，从而影响组织对成员的吸引力和成员对组织的向心力；

第三，从组织整体来看，组织文化作为组织的整体特征，影响组织的外部形象，从而有利于或妨碍社会外界对组织的承认或对组织活动的态度。

就本篇研究的主题而言，组织文化对决策的影响主要表现在两个方面：其一，组织文化可能影响决策者的冒险精神及作为倾向，从而影响他们对不同决策方案的比较、评价和选择；其二，组织文化可能影响组织成员对决策可能引起的变化的态度，从而可能影响决策的组织实施。因此，必须研究组织文化的特点，分析现有组织文化对成员个人的行为倾向，对决策可能引起的变化的态度，从而可能影响决策的组织实施。因此，必须研究组织文化的特点，分析现有组织文化对成员个人的行为倾向、对决策的方案选择、对决策活动的组织实施可能产生的影响，以利于组织正确地选择或调整活动的方向和内容。

3. 企业环境研究的作用

综合起来看，环境研究对组织决策有着非常重要的影响。具体表现在以下三个方面：

（1）环境研究可提高组织决策的正确性

外部环境可以为组织提供大量的能够客观反映环境特点及其变化趋势的信息；内部环境分析可以使组织明确自己的资源状况和利用能力，了解组织文化特点及其组织成员行为倾向的影响。在此基础上，组织可以根据自己的优势和劣势，制定出既符合环境要求，又能为组织成员所接受，从而愿意为其实施而努力的正确决策。

（2）环境研究可以提高组织决策的及时性

环境在变化中提供的发展机会，只有及时加以利用，才能实现组织发展；同样，对于环境在变化中造成的威胁，组织更应及时应对，否则便难以存续。要及时利用机会、避开威胁，必须在机会刚刚出现或威胁尚未来到之时及时发现，这样才能使组织及时制定决策、采取措施。

（3）环境研究可以提高组织决策的稳定性

组织活动必须根据环境的要求来进行，而环境，特别是外部环境的状况和特点又是在不断变化的，甚至说每时每刻都在发生着变化，那么这是否意味着组织活动的方向和内容决策也必须频繁地发生变化？不是的。因为任何决策的制定和执行都是一个过程，都包括了许多工作，这些工作的完成都需要一定的时间，都有一个时期,因此组织的决策必须保持一定的稳定性。

决策的稳定性和活动的适应性之间的矛盾可以通过环境研究来解决。环境研究可以帮助组织认识环境变化的规律,预测环境发展的前景,从而使组织的今天决策不仅适应今天的环境特点的要求,而且能符合明天发生变化后的环境特点的要求,这样决策就可以保持相对的稳定性。

3.2 企业外部环境分析

3.2.1 宏观环境分析

企业所面对的宏观环境是指给企业带来市场机会或环境威胁的主要外部力量。它们直接或间隔接地影响企业的战略,无形地给企业的生存与发展带来重大的影响。具体包括政治环境、经济环境、法律环境、自然环境、社会文化环境、科学技术环境等因素。

1.政治环境因素

企业的政治环境因素是指制约和影响企业的各种政治要素及其运行所形成的环境系统。政治环境对企业的影响有以下三种情况。

(1)政权更迭时期。如战争时期和政权建立初期,政治活动的核心是争夺国家政权,维护和初步巩固国家主权,这时的企业要绝对服从于政治。

(2)改革时期。这是指在不改变社会根本制度的前提下,对经济基础和上层建筑某些方面的自我改造和完善。这一时期的政治环境在范围和程度上对企业的经营管理有较大的影响,往往使企业处于十分复杂的境地。

(3)稳定时期。这一时期政治要素稳定,国家以经济建设为中心,政治的职能表现为经济的管理和协调,企业地位稳定。这是企业的政治环境最为理想的时期。

政治环境具体包括政治制度、政党和政党制度、政治性团体、党和国家的方针政策、政治气氛等方面的内容。

2.经济环境因素

经济环境因素主要是指构成企业生存和发展的社会经济状况及国家的经济政策,主要由社会经济结构、经济发展水平、经济体制和经济政策等要素构成。

(1)社会经济结构。又称为国民经济结构,主要包括产业结构、分配结构、交换结构、消费结构、技术结构等内容,其中最重要的是产业结构问题。社会经济结构如果出现问题，会使相当范围与数量的企业不能正常开展生产经营活动，甚至造成国家的经济危机。企业必须随时关注社会经济结构的变化，积极稳妥地调整企业的经营活动，推动企业的发展。

(2)经济发展水平。即一个国家或地区经济发展的规模、速度和所达到的水准。反映一个国家或地区经济发展水平常用的指标有国内生产总值、人均国内生产总值、经济发展速度、经济增长速度等。

(3)经济体制。就是指国家组织经济的形式。经济体制规定了国家与企业、企业与企业、企业与各部门的关系，并通过一定的管理手段和方法影响社会经济流动的范围、内容与方式。经济体制对企业的生存形式、内容、途径都提出了系统的基本规则与条件。

(4)经济政策。这是国家所制定的一定时期国家经济发展目标实现的战略与策略。它包括综合性的全国经济发展战略和产业政策，国民收入分配政策、物资流通政策、金融政策、劳动工资政策、对外贸易政策等。

3.法律环境因素

企业的法律环境是指与企业相关的社会法律系统及其运行状态。法律环境主要包括国家的法律法规、国家司法与执法机关和企业的法律意识等。法律环保对企业的影响力具有刚性约束的特征，同时也影响企业发展方向。良好的法律环境对企业成长、发展有积极的促进作用。

4.社会文化环境因素

企业的社会化环境主要是人口状况、家庭结构、文化教育程度、宗教信仰、风俗习惯等。这些方面的变化和形成，必然要反映到企业的生产经营活动中，影响到社会对企业产品及服务的需求状况。

5.科学技术环境因素

科学技术环境因素是指企业所处的社会环境的科技要素，以及与该要素相关的各种社会现象的总和。企业的科学技术环境大体上包括社会科技水平、社会科技力量、国家科技体制、国家科技政策和立法等要素，这些要素都会对企业的生产、经营和管理活动产生重大的影响。随着技术寿命的缩短，企业必须及时地在产品上进行调整，随时预测科技的发展趋势，重视新技术、新产品的开发工作，这样才能使企业立于不败之地。

6.自然环境因素

这是指企业所处的地理位置、地形、地质、气候、自然资源等。自然环境对企业厂址选择、原材料供应、设备和生产技术的采用有密切的关系。如在不同的地域环境中，人口构成、收入、消费水平和传统习惯各异，对产品的需求也不一。企业必须认真分析地域环境特点，有针对性地开展生产经营活动。

企业宏观环境分析主要采用 G-PEST 综合分析方法，如图 3-1 所示。

G-PEST 宏观分析方法的内涵如下所述。

(1)G(Geographical)——自然(地理)环境

• 面积、人口、土地、资源、气候、生态等；

• 交通、基础设施、环境保护。

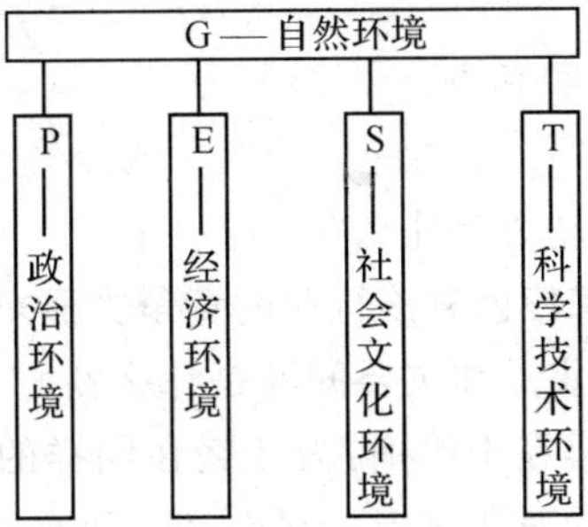

图 3-1 G-PEST 宏观分析法

(2)P(Political)——政治环境

• 制约和影响企业的政治因素；

• 法律体系、法规及法律环境。

(3)E(Economical)——经济环境

• 社会经济结构、经济体制、宏观经济政策等要素；

• GNP、GDP、人均收入和消费水平、失业率、通货膨胀率、通货紧缩率、利率、汇率、货币供应量等指标。

(4)S(Social)——社会文化环境

• 社会结构、社会风俗和习惯、信仰和价值观念、行为规范、生活方式、文化传统；

• 人口因素(人口规模、地理分布、受教育的程度)等。

(5)T(Technological)——科学技术环境

• 科技体制、科技政策、科技水平和发展趋势等；

• 科技创新机制和科技投入；

• 科技人员的素质、水平、待遇和工作条件。

3.2.2 经营环境研究

企业经营环境是指影响企业经营领域的行业环境因素和市场环境因素。在企业战略管理中，着重对行业环境进行研究，研究的目的在于弄清行业中成功的关键因素和行业的特征，确定行业所面临的机会和威胁，确定行业的吸引力，分析竞争对手的实力。

行业环境是指根据企业所处的行业来思考的环境。行业泛指由于产品类似而相互竞争、满足同类购买需求的一组企业。行业环境分析的任务是：明确行业长期利润潜力的来源及其状况，发展影响行业吸引力的相关因素，以确定企业进行行业选择的范围和风险。

1. 行业环境分析的主要问题

- 行业是如何组织的？
- 引起行业变化的推动力是什么？
- 哪些经济要素、经营特色对该行业的竞争方面影响最大？
- 该行业面临的战略焦点和主要问题是什么？

回答这些问题的目的，在于明确：为什么在同样的资源条件下，用同样的努力程度，有的企业经营活动蒸蒸日上，前景光明，而有的企业则是日落西山，难以为继？

2. 行业结构模型——五种力量分析

就目前的情况看，在行业竞争研究方面，最知名的还是迈克尔·波特的行业结构模型分析。他认为，一个行业的竞争状况取决于五种基本力量，这些力量汇集起来决定着该行业的利润率和利润潜力，最终利润潜力是以投资资金的长期收益来衡量的。这五种力量就是：潜在进入者的威胁、行业内现有企业竞争、供应商的讨价还价能力、买方的讨价还价能力及替代品的威胁。如图 3-2 所示。

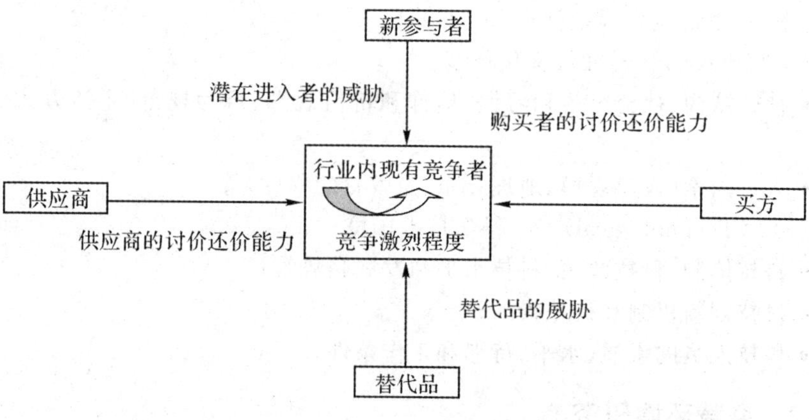

图 3-2　迈克尔·波特的行业结构模型

这五种力量形成一种合力。无论这种合力如何，企业管理者的任务是：

- 进入一个行业之前进行竞争强度的分析；
- 进入某一个行业之后，要运用行业内的竞争结构来确定自己的"位置"；
- 通过行业竞争分析来确定自己的竞争战略。

3. 如何选择具有优势的行业

在激烈竞争的市场环境中，企业对所在行业或准备进入的行业必须要有比较清醒的认识，以便准确地把握企业的投资方向，合理地配置、调整企业的战略资源。以行业进行分析时，应建立两个基本的概念：

进入障碍——企业进入一个行业的难易程度及所花费的代价；

退出障碍——企业退出某个行业时需要付出的代价。

将这两个因素进行不同的组合，就会形成不同的优势行业或劣势行业。进入障碍和退出障碍的分析如表 3-1 所示。

表 3-1　行业进入与退出矩阵

退出障碍 / 进入障碍	低	高
低 高	稳定的低收益 稳定的高收益	低收益高风险 高收益高风险

需要指出的是，进入障碍和退出障碍的高低都是相对的，并没有严格的数量界限。以自行车为例，与修理业相比，它是一个进入障碍高、退出障碍也高的行业；而与汽车业相比，它又是一个进入障碍，对它们的阻碍作用也大不相同。

4. 行业吸引力分析

行业吸引力分析如表 3-2 所示。

表 3-2　吸引力分析表

关键行业特征因素	权数	得分	加权分
市场潜力	0.15	4.60	1.69
销售增长率	0.12	4.50	0.54
行业生产规模	0.15	4.10	0.62
竞争结构	0.05	4.15	0.21
行业盈利水平	0.20	3.12	0.62
政府对企业的政策	0.10	3.00	0.30

续表

关键行业特征因素	权数	得分	加权分
相关科技发展趋势	0.05	3.67	0.18
社会的限制	0.10	0.50	0.05
法律法规	0.08	2.60	0.21
合计	1.00	—	4.42

通过表3-2的分析，行业吸引力是企业进行行业比较、选择的价值标准。行业吸引力分析是在对行业的特征、主要机会、威胁分析基础上，找出关键因素，通过定性定量分析，确定其吸引力的大小。其中，得1分为重大威胁；2分为轻度威胁；3分为无影响；4分为一般机会；5分为重大机会。通过表3-2中的数字可以判别，该行业不存在很大的发展机会，行业吸引力一般。

5. 环境不确定性矩阵

环境不确定性矩阵主要是从环境的变化程度和环境的复杂程度这两个维度来分析环境的不确定性。分别来说，环境的变化程度是指环境要素改变的程度。根据环境要素变化程度的大小，可把环境分为动态环境与稳定环境。如果环境要素大幅度改变，则这种环境可称为动态环境；反之则称为稳定环境。而环境的复杂程度则是指组织环境中的要素数量以及组织所拥有的与这些要素相关的知识广度。根据环境要素数量的多少及识别这些环境要素所需用的知识的多少，可把环境分为复杂环境与简单环境。那么，环境不确定性矩阵就是把环境的变化程度和环境的复杂程度有机结合在一起，对环境进行综合分析，可分为四种基本类型的环境，它们由此便组成了一个矩阵，如表3-3。

表3-3 环境不确定性矩阵

<table>
<tr><td colspan="2" rowspan="2"></td><td colspan="2">变化程度</td></tr>
<tr><td>稳定</td><td>动态</td></tr>
<tr><td rowspan="2">复杂程度</td><td>简单</td><td>单元1
稳定的和可预测的环境，要素少；
要素有某些相似并基本保持不变，
对要素的复杂知识的要求低</td><td>单元2
动态的和不可预测的环境，要素少；
要素有某些相似但处于连续的变化过程中，对要素的复杂知识的要求低</td></tr>
<tr><td>复杂</td><td>单元3
稳定的和可预测的环境，环境要素多；
要素间彼此不相似，但单个要素基本保持不变，对要素的复杂知识的要求高</td><td>单元4
动态的和不可预测的环境，环境要素多；要素间彼此不相似并且处于连续变化中，对要素的复杂知识的要求高</td></tr>
</table>

该矩阵分为四个单元,单元 1 是“稳定”和“简单”的组合,它代表的是不确定性程度最低的一种环境;单元 2 是“动态”和“简单”的组合,它代表的是较高不确定性程度的环境;单元 3 是“稳定”和“复杂”的组合,它代表的是较低不确定性程度的环境;单元 4 是“动态”和“复杂”的组合,它代表的是最高不确定性程度的环境。环境不确定性矩阵把环境分为低不确定性、较低不确定性、较高不确定性及高不确定性四种基本类型,为组织进行环境分析提供了一种有用的工具,其在管理实践中有较高的应用价值。

6. SWOT 分析法

SWOT 分析法是帮助组织进行外部环境的机会与威胁、组织自身的优势与劣势分析,并帮助组织确定与制定发展战略及具体行动方案的一种内外部环境的综合分析技术。SWOT 分析的内容见图 3-3。

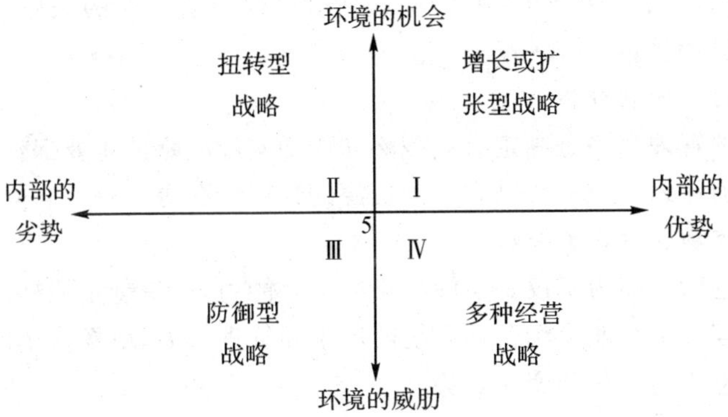

图 3-3　SWOT 分析及战略组合

从图中可以看出,区域Ⅰ有良好的外部机会和有利的内部优势,可以采取增长或扩张型战略来充分掌握环境提供的发展良机。区域Ⅱ虽然面临良好的外部机会,但组织内部存在劣势,因此可以采取扭转型战略,设法消除内部不利的条件,以便尽快形成利用环境机会的能力。区域Ⅲ内部存在劣势,外部环境存在威胁,这时可采取防御型战略,设法避开威胁和消除劣势。区域Ⅳ具有强大的内部优势,但外部环境存在威胁,可以采取多种经营战略,一方面使自己的优势得到更充分利用,另一方面使经营的风险得以分散。

3.3 企业内部环境分析

3.3.1 企业内部环境分析的内容

1. 企业资源分析

企业战略必须与企业资源建立一种协调平衡的关系。也就是说,企业战略的制定要以能够控制的资源为依据。战略实施应有必要的资源为保证。一般说来,对企业资源的分析主要是评估以下四个方面的内容:财力资源、人力资源、物力资源和技术信息资源。对这些资源评估就是要摸清企业的家底,搞清企业拥有资源的数量和质量。

2. 企业内部管理分析

企业内部管理水平是制定有效战略和成功实施战略的重要保证。分析的内容包括企业的计划、组织、激励和人力资源的利用情况等。

3. 企业市场营销能力分析

企业市场营销能力不仅是实施战略的重要能力,也是制定战略的重要依据。其分析的内容包括企业市场营销系统的决策和管理能力,市场营销的生产率、市场营销组合策略的现状和变化趋势。

4. 企业财务状况分析

判断企业实力和对投资者吸引力大小的最好方法是进行财务状况分析。了解企业在财务方面的优势和劣势,对企业有效地配置资源,优化经营领域结构等都具有决定性的意义。分析财务状况,最广泛使用的方法就是各种财务比率分析。

5. 企业科研开发能力分析

是否具有较强的科研开发能力,对于采用扩张战略的企业来说非常重要,因为它直接影响着企业未来在行业和市场中的地位。分析内容包括企业科研开发人员的数量和素质;科研开发部门拥有的设施、设备和信息渠道;与其他科研单位的合作关系;科研经费、研究目标等。

6. 企业生产能力分析

生产系统的设计和管理必须与企业的总体战略相适应。企业在制定新的战略时,势必对内部的物质转换过程及其管理进行认真分析。分析内容有生产工艺状况、生产能力、产品质量、成本控制及其管理水平等。

在具体对企业的资源状况进行分析时，可用表 3-4 企业资源的分类和评估作为分析的工具。

表 3-4　企业资源的分类和评估

资源	主要特征	主要表现
财务资源	企业自有资金的数量和融资的能力，总体上决定了企业的投资能力和资金使用的弹性	资产负债率、资金周转率、各项开支使用制度等
实体资源	企业设备规模、技术水平、占地和建筑面积及地理位置、企业拥有的原材料，它们决定着企业可能的成本、质量及生产能力和水准	固定资产的现值、企业规模、固定资产的用途、折旧率等
人力资源	● 员工培训和专业知识决定他们的基本能力； ● 员工的适应能力表明企业本身的灵活性； ● 员工的忠诚度和奉献精神往往决定企业维持竞争优势的能力； ● 知识水平和结构决定适应能力——灵活性、忠诚度和奉献精神	员工的教育程度，技术状况及工资水平
技术资源	● 技术储备(包括专有技术和专有知识)决定企业的技术应用状况； ● 技术创新方面(包括进行研究的技术装备及科技人员的状况)	重要专利的数量、出让专利的收入、研究开发人员的比重等
声誉	通过品牌、质量及与顾客的关系，建立起在客户心目中的企业声誉，企业在供应商、公众、员工等心目中的声誉形象	品牌知名度，企业经营水平及连续性、产品市场表现的客观评价，相对于竞争产品的价格表现

3.3.2　价值链分析

在市场经济的条件下，企业的经营能力最终是由消费者来决定的。消费者衡量企业产品或服务“价值”的高低，取决于企业的设计、营销及支持性活动等完成的方式和效率。

1.价值与盈利的含义

(1)价值的含义

从用户的角度来定义,“价值”就是用户对企业提供的产品或服务,认定、并愿意接受的价值。具体地讲,就是用户愿意支付的货币值。所以产品的“价值”取决于最终消费者在与该产品相互竞争的产品比较中,愿意为其支付的价格,或企业创造并能够得到的价值——销售收入。

(2)盈利的含义

如果用户愿意接受的价值超过了企业提供产品或服务的代价,差额就是企业的盈利(利润)。

企业创造价值的过程,体现为企业的一系列生产经营活动,这些活动的有机联系,就形成了企业的价值链。

2.价值链

价值链是指企业所从事的各种活动,如设计、生产、营销、发运及支持性活动等的集合体。对于消费者来说,一条价值链显示了产品生产的整体价值,它由价值活动和利润两部分组成。

(1)基本活动(主要活动)

这主要涉及如何将企业的输入有效地转化为输出,这部分活动直接与顾客发生各种联系。它包括以下五个方面。

①来料储运。指资源接收、储存、分配、材料处理、库存控制和运输等。

②生产运营。这一活动过程将各种输入转化为最终的产品和服务,如制造、工艺和测试等。

③外部后勤。包括产品接收、存储和分销活动。

④市场营销。包括消费行为研究、广告和促销活动等。

⑤商务支持与顾客服务。包括安装、维修、培训和提供备件等。

(2)支持性活动

主要体现为一些内部管理活动,具体可以分为以下四个方面:

①基础性活动,即计划、财务和质量控制及法律服务等;

②技术活动,即技术开发、技术创新和发明等;

③人力资源管理与开发,即人员的招聘、选拔、培训、补偿及激励等;

④采购管理,指购买用于价值链中的生产要素投入的职能活动,而不是所购买的要素投入。

综合起来看,迈克尔·波特提出的价值链理论可用图3-4来表示。

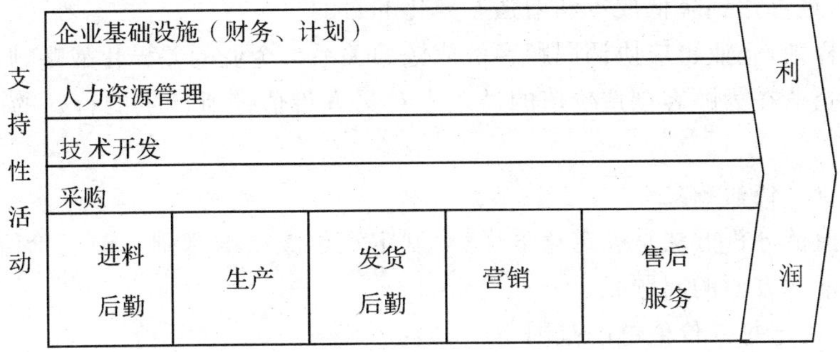

图 3-4 迈克尔·波特提出的价值链理论

3. 企业价值链的内在联系

价值链是由各项价值活动有机联系起来的。其联系表现在：某一活动的实施方法与另一项活动的成本或效益有关。如购买高质量、预先裁切好的钢板可以简化生产过程，减少废料。

竞争优势的取得，不仅依赖于各单项活动，也依赖于各单项活动之间的优化和协调。

(1)优化

这是指在效益相同的情况下，对各种活动进行权衡和取舍。如先进的设计、优质的原材料、精细的加工，都可以降低服务费用。生产部门的成本高一些，可以导致销售、服务方面的成本降低。因此，可能性以根据各单次活动之间的关系进行取舍，以实现整个企业的目标。

(2)协调

活动与活动之间是互相保证和支持的关系。如及时交货需要生产、发运和安装服务的保证和支持。这就要求协调好各活动之间的关系，以实现企业目标。

4. 企业价值链的外在联系

企业价值链的外在联系表现在企业与供应商、销售渠道、顾客和竞争对手相互关系上。企业要根据经营领域中的竞争优势，确定其竞争战略。这不仅与企业自身的价值链有关，而且也与行业结构的价值链密切相关。各条价值链之间的关系是直接受益和制约的关系，它们之间的接触点，在很大程度上影响着企业的成本和差异化的程度。例如，若供应商频繁地发货，可以降低企业的库存。企业与供应商的协调配合，对双方都有利。企业在与销售渠道的关系中，由于销售渠道的加价在最终价格中占有很大比例(50%)，且它进行着推销、广告和营业推广等活动，而这些活动可以代替或补充企业的营销职能。因此，协调和销售渠道的联系,也可达到降低成本和增强差异化的目的。

同样地,企业也应协调同顾客价值链的关系。企业的差异化战略,归根到底产生于企业在为顾客创造价值的过程中对买方价值链所产生的特殊的、积极的影响。

5.价值链的确定

价值链分析方法是确定竞争优势、制定竞争战略的基础。确定价值链时应注意以下两方面的问题。

(1)确定每一价值链的范围

单一产品经营的企业主要从生产经营流程方面确定其价值链范围:多元化生产的企业除了确定每一经营领域的价值链范围外,还应找出每一价值链中各种价值活动的协调关系。

(2)竞争活动的分解和归类

价值链中的各类经营活动都可以再分解为相互独立的多种活动,这样可将某些活动进行选择归类,使它们能够划归到最能代表企业竞争优势的类别。通过这种分类,还可重新确定价值链。这对管理者更深刻地理解价值活动,以获取价值优势有重要意义。这体现在以下三个方面。

①明确价值活动的内在联系。竞争优势一方面来源于价值活动本身,另一方面来源于各项价值活动之间的优化和协调。

②确定每一活动的方式。从用户的角度来确定每项活动的行为方式。不仅影响成本,也影响差异化。

③价值链分析法能使企业清楚地知道:哪些地方是自己的优势,其原因在哪里;行业结构特点怎么样;企业应寻求什么样的优势;怎样获取优势等。

6.形成企业竞争优势的过程

首先,确定价值链中各项价值活动与用户价值活动的联系。因为用户是企业产品或服务的最终消费者,只有找出与用户价值活动最有关的活动,才能更有效地利用自己有限的资源,增加活动的价值。

其次,通过企业价值链中各项价值活动的相互联系,形成企业的竞争优势。各项活动之间的联系形式和协调关系,是企业竞争优势的所在。如生产和销售之间有多种联系方式,对企业来说,究竟哪种方式最能满足用户的需求,这是值得很好研究的问题。

最后,通过比较企业价值链系统与竞争对手价值链系统的差别,找出强化企业竞争优势的方向。

3.3.3 企业内部文化环境的分析

1.组织文化

组织文化是影响或决定组织及其成员行为方式和行为倾向的价值观念和行为准则的总和。它是随着组织的存在和发展而逐渐形成的。

在一定社会背景下存在的组织,其文化必然要打上外部文化环境的烙印,整个社会的价值观念、宗教信仰必然要对其产生影响。比如,儒家文化往往强调群体内部以及群体之间的协作,鼓励共同发展,而传统西方文化强调的是个人奋斗,鼓励竞争,强调实现个人价值。当然,两种社会文化的交融使得东西方的社会经济组织试图从另一种文化中寻求精华以弥补自己的不足,但是,即便在相同的社会文化环境中,不同组织的文化特点亦不相同。因此,研究组织文化则成为必然。

2.组织文化的构成要素

组织文化包括哪些内容,不同的学者看法不同,主要有以下几种情况:

(1)有人认为,组织文化包含了不同层次,它是组织在长期的活动中逐步生成和发育的,具有组织自身特征的精神财富和物质文化精华的有机总和。因此,由组织的物质文化、制度文化以及观念文化等三个不同层次构成。在三个层次中,观念文化是基础、核心和灵魂。它虽然是无形的,但始终制约、调整着组织及其成员的行为倾向和方式。

(2)有人认为,组织文化是一种渗透在组织中的一切活动的东西的总和,它是由四个亚文化构成的一个群体,其核心是“精神文化”。精神文化表现为一系列明确的价值观和行为规范、道德准则以及清新的信念。当人们把精神文化中价值观、道德感等与组织活动中的物资条件有机地糅合起来,便形成了组织的物质文化;精神要素和管理领域的领导体制、领导风格、组织结构、规章制度等要素相结合,则形成了组织的管理文化。从企业内外部环境看组织内部成员愉快地生活给外部留下良好的印象即构成了组织的“形象文化”。

美国作者阿伦·肯尼迪和特伦斯·迪尔认为组织文化主要由以下四个要素构成:

(1)价值观。是组织的基本观念和信念,因而构成企业文化的核心。

(2)英雄人物。是组织价值观的人格化,为其他组织成员提供了成功的楷模,从而成为效仿的榜样。

(3)礼仪和庆典。礼仪是组织的日常表现形式,庆典是组织文化的隆重表现形式。

(4)文化网络。是与正式结构相对应的组织中信息沟通的非正式渠道。

20世纪80年代以来,企业管理出现了从强调硬管理到重视软管理的发展趋势,软管理功能主要表现在优化、激励、约束等方面。

3.4　企业环境分析的程序与一般方法

3.4.1　环境分析的程序

环境分析一般要经过确定课题、提出假设、搜集资料、资料处理、环境预测以及提出报告等几个阶段的工作。

1.确定课题

确定课题是环境研究的前提,只有明确了课题,环境研究的各项工作才有明确的方向和中心。环境研究的课题要围绕着组织活动中存在的问题来确定,可能涉及组织的全部活动,也可能涉及组织活动的某个方面。由于环境研究是为组织活动的决策服务的,研究课题由组织决策者下达。而决策者在下达研究任务时,对任务的描述不一定非常详细、精确,理解不同,研究的方向、内容、重点、结果等均可不同,所以确定研究的主题,内容则非常重要。

2.提出假设

在确定课题的基础上,研究人员还要利用组织现有的资料,根据自己的经验、知识和判断能力,进行分析,找出问题,分析产生问题的原因,找出主要原因,提出各种假设。

3.搜集资料

提出了关于问题原因的假设后,还要对这些假设进行验证。验证假设需要占有能够反映组织内外环境的资料,这些资料可能源于企业内现有的各种资料,也可能源于企业外部各种报刊杂志发表的文献。为了进行正确的验证,还应进行专门的环境调查,以搜集所需的各种其他资料。

4.整理资料

资料搜集后需要对原始资料进行加工整理才能起到作用。整理资料包括以下两项工作:

(1)审核资料的准确性、真实性。去伪存真,去粗取精,消除资料中的错误和不清。如发现资料不完整、不协调、不清楚,应及时处理、补充和纠正。

(2)利用经过整理的资料，分析影响企业活动的各种因素之间的关系。验证前面提出的有关问题原因的假设是否正确。

5.环境预测

环境预测是指利用一定科学方法和环境调查取得的资料，对环境的发展趋势和企业未来的发展进行预估。预测的内容主要包括两个方面：其一是利用对有关资料的分析，找出其环境变化的趋势，然后根据这个趋势预测环境在未来可能呈现的状况；其二是根据对假设原因的验证，以企业活动各种影响因素之间的关系进行分析，采取相应的措施，解决问题，改善企业的未来活动条件。

3.4.2 环境分析的一般方法

1.环境调查

环境调查是预测和决策的基础。所谓环境调查是利用科学的方法，有目的、系统地搜集能够反映与组织活动有关的环境在时间上的变化状况和空间上的分布状况的信息，为研究环境变化规律，预测环境未来变化趋势，进行组织活动的决策提供依据。

为了完整、正确地搜集到反映环境状况及其影响因素的信息，组织在进行环境调查时应做好以下工作：拟定合理的调查表，选择恰当的调查对象，采取适当的调查方法。

(1)设计合理的调查表

许多读者可能有过参加调查或被调查的经历。当我们拿到一张调查表的时候，往往觉得它很简单，不论是对问题的理解还是对问题的回答都比较简单。但是这些看起来很简单的调查表，其设计却不是很容易的。要使设计的调查表既简单易懂，易于回答，同时又能通过这些收集到调查的组织者所希望得到的资料，往往是一件伤透脑筋的事情。为了得到一张合理的调查表，在设计过程中要解决好下述问题：

①选择恰当的提问方式。提出问题的方式主要有两大类：一类是自由回答式问题；另一类是多项选择式问题。自由回答式提问的特点是只提出问题，不给出可供选择的标准答案，调查对象可能性以完全自由地根据自己的情况来发表意见。这种提问方式的优点在于收集资料的范围比较广，种类比较多。被调查者的回答可能超出调查组织者的预先估计。但由于这类问题的回答可以是多种多样的，因此，资料的整理分析比较困难。

多项选择式提问刚好相反。利用这种提问方式调查，在调查中不仅提出问题，而且给出可供被调查者进行选择的两种或两种以上的标准答案。这种提问方式的优点是调查结果的整理比较容易，缺点是资料收集的局限性比较大，被调查者不甘落后能根据自己的特殊情况作答，给出的答案不一定能反映自己的真实情况。

这两种提问方式各有利弊。在设计调查表时，应根据调查的目的和性质，需要收集的资料的类型和特点，合理地选择、交叉地使用这两种不同的提问方式。

②注意问题回答的可行性。调查表中提出的问题要使被调查者易于理解，有能力回答，同时也是不需要占用过多的时间，以尽可能地争取被调查者的配合。如果提出的问题过难，或回答问题需要占用的时间过长，则可能遭到被调查者的拒绝。

③注意问题的准确性。提出的问题不能使被调查者产生误解，以免提供一些不真实的资料。为此，必须注意：问题必须具体，不能一般化；用词必须准确，不能有多种解释；概念必须清楚，有明确的限定。

④注意问题的客观性。调查表中不应提出带有诱导性语句的问题。诱导性问题是指在提出问题时暗示了希望得到的答案，或暗示了调查组织者的观点。

⑤注意问题排列的顺序性。主要是指难易程度排列的顺序。一般来说，在调查表的开端要提出一些容易回答的问题。如果一开始就提出一些需要琢磨、长时间思考才能作答的问题，则被调查者可能不愿意合作，拒绝回答问题。

(2)选择恰当的调查对象

设计了合理的调查表，以正确的方式提出问题以后，还要确定向谁调查，即解决调查对象的问题。

全面调查，也称为普查，是对需要调查的对象逐个调查。这种调查能够收集全面、广泛、可靠的资料，但调查费用较多，时间延续较长，实践中很少采用。

抽样调查是在被调查对象的总体中，抽取若干个体作为样本进行调查，然后根据样本的调查结果来推论总体的一般特征。这种调查方法把对象集中于少数样本，因此所需成本和时间较少，比较经济。但是，采用这种方法，需要调查结论以及据此推论的总体特征与总体的实际特征尽可能相吻合，必须解决两个问题：一是要确定合理的样本容量；二是要使选择的样本具有代表性。

一般来说，样的容量越大，调查结果的正确性、可靠性也越大，但费用和时间不经济；相反，样本容量越小，调查所需的费用和时间越少，但仅根据对少数样本进行调查推论出的总体特征与总体的实际特征可能存在很大差异。因此，在确定样本容量时要综合考虑调查的经济性和调查结论的可靠性这两方面的要求。

样本数目的多少通常与总体的特征有关。当总体的特征差异不大时，样本的数目可少些；反之，如果总体的特征差异很大，样本的数目应多些。比如，消费者的收入水平决定了他们的购买力，从而影响某些产品的市场需求量，预测这些产品的未来购买力，从而影响某些产品的市场需求量。为了预测这些产品的未来需求情况，就必须调查和预测消费者的收入及其变动情况。如果不同消费者的收入水平相差悬殊，则应对较多的消费者进行调查；相反，如果他们的收入水平基本接近，则只需对较少数量的消费者进行调查，便可了解他们的一般水平及其变化趋势。

要使选择的样本具有很好的代表性，必须使用恰当的抽样方法。抽样样本的方法大体上可以分为两类：随机抽样和非随机抽样。

随机抽样是随机原则抽取样本。由于这种方法排除人们的主观选择，被调查对象的总体中每个个体被抽取的机会是均等的，因此样本可以有很好的代表性。这种方法在实际运用中又有许多具体形式，主要由分层抽样与分群抽样两种。分层抽样是先将总体按一定特征划分为若干层次，然后在每层中抽取若干个体作为样本进行调查；分群随机抽样是将被调查对象分成若干群，然后从各群中抽取一个或多个群作为样本进行调查。这两种方法虽然只有一字之差，却有着非常重要的区别。第一区别是"层"与"群"不仅是文字的不同，而且其特征也不一样。分层随机抽样时，总体是按一定特征来分层的，因此层与层特征也不一样。分层随机抽样时，总体是按一定特征来分层的，因此层与层特征不同，而包含在同一层内的不同个体特征则是相同的；分群随机抽样时，"群"的划分并非以被调查的特征为标准，因此各个"群"就是一个缩小了的总体，群体内包含了具有不同特征的个体。由于第一个区别，分层随机抽样时，人们必须在每个层次中随机抽取若干个体进行调查，即样本的单位是个体；而在分群随机抽样时，人们可以在各群中随机地抽取一个或几个群体作为样本进行调查，样本的单位是群体。

非随机抽样是按照调查的目的和要求，根据一定的标准来选取样本。这时，每一个体被抽取的机会是不均等的。在实际运用中，这种方法主要表现为判断抽样和配额抽样两种形式。判断抽样时根据调查人员的判断来选择样本进行调查。这种方法能适应特殊调查的需要，但要求抽样人员对总体中每个个体的特征比较熟悉，否则选取的样本可能不具有代表性。配额抽样是先将总体按调查特征分层，并将样本总额按比例分配给各层，然后由调查人员按每一层的配额，用判断抽样的原则决定具体样本，进行调查。所以利用这种方法选择样本，实质上包含了分层、配额和判断抽样三个步骤的工作。

(3)利用恰当的调查方法

设计了调查表，确定了调查对象以后，还要由环境调查人员利用一定的方法，针对调查表的内容去向调查对象提出问题、寻求答案，即进行现场调查。

现场调查的方法一般有以下几种：

①询问法。询问法是调查者直接向调查对象提出问题以获得所需信息的一种调查方法。根据调查者与被调查者接触方式的不同，询问法又可以分为个人访问、邮寄调查及电话调查。

②观察法。观察法是调查人员在现场直接观察被调查者的行为、态度、反应等的一种方法。这种方法的特点在于被调查者是在没有意识、察觉不到的情况下被观察的，因此表现自然，收集到的资料比较客观、准确。其局限性主要表现在难以观察到决定这些外部反映的内在因素。

③实验法。它是从影响调查问题的若干因素中，选择一两个关键因素，在小范围将其改变，进行试验，观察能否得到积极的结果，然后决定是否值得大规模推广的一种方法。实验或"试点"是我国经济体制改革中常用的一种方法。

2. 环境预测

环境调查是环境预测的前提，环境与城市环境调查的逻辑延续。环境预测是指利用科学的方法，根据环境调查收集的资料，分析环境变化的规律，并据此预测环境在未来的变化趋势。

环境预测的方法很多，通常划分为两大类型：定性预测方法和定量预测方法。

(1)定性预测方法

定性预测方法是根据个人的知识、经验和主观判断，对环境的未来发展趋势作出估计。这种方法的特点是时间短、费用省、简便易行，能综合多种因素。其局限性是预测结果很大程度上取决于人们的经验，不易提供准确的数据。由于在影响环境变化的因素中，有许多是定性的难以量化处理的，所以定性方法在环境预测中仍有用武之地。综合判断法、专家调查法、用户期望法属此类型。

①综合判断法。这种方法是组织若干了解环境情况的人员，要求他们根据对客观情况的分析和自己的经验，对环境的未来状况作出各自的估计，然后将不同个人的预测值进行综合，得出预测结果。这种方法的优点是能综合不同个人的知识，充分吸收他们的意见，得出的预测结果比较全面，其缺点是可能受到预测者了解情况的限制。

②用户期望法。有些组织，其服务对象范围有限，或规模较大，因此数量不多。这时，只要根据这些用户对组织未来的服务需要就可以预测未来活动的合理规模。

③专家调查法。专家调查法，也称为德尔菲法，是采用通信方式将所需要解决的问题征询专家的意见，经过多次信息交换，逐步取得比较一致的预测结果。

应用这种方法进行预测的具体步骤如下：

①拟定调查表。组织者确定需要预测的课题，据此设计调查表，并准备可供预测人员参考使用的背景资料。

②选择专家。选择与预测课题有关的在年龄、地区、专业知识、工作经验、预见分析能力以及学术研究观点上有代表性的专家参与预测。参加预测的专家数量可适当多些，至于究竟要到何种规模，则需根据预测课题的特点而定。

③通信调查。将调查表和背景资料寄给选定的专家，要求他们在规定的时间填好寄回给调查的组织者。第一轮的调查表全部收回后，组织者要进行综合整理，分选出几种不同的预测意见，然后将这种初步结果反馈给每位专家，要求他们修正或完善自己的意见，再次预测。这样经过反复几个回合后，便可逐步取得基本一致的预测结果。

④预测结果的处理。在预测过程中的每一阶段，对收集到的专家意见都要利用科学的方法进行整理、辨误、归纳、分类等工作，以求对下轮的预测提供有用的参考资料，或取得准确的最总预测结果。

专家调查法具有以下优势：

①由于采用通信调查的方式，因此参加预测的专家数量可以多一些，具有较强的代表性。

②由于经过反复几个回合，而且从第二轮预测开始，每次预测时专家都从背景资料上了解别人的观点，这时是继续坚持自己的观点，还是修正自己的预测意见，需要每个专家进行认真的思考。在思考过程中，专家们必须要大量调动头脑中库存的知识来说服自己或“批驳”别人的观点。在此基础上得出的预测结果，其科学成分、正确程度必然较高。

③由于这种方法具有匿名性质，参加预测的专家完全根据自己的知识或经验提出意见，因此预测结果受权威的影响较小。

④由于最终的预测结果综合了全体专家的意见，集中了全体预测者的智慧，因此具有较高的可靠性和权威性。

(2)定量预测方式

定量预测方法是通过分析环境调查收集的资料，用数学模型来描述影响环境变化的多种因素之间的关系，并据此预测环境发展趋势。这类方法一般在利用已知的历史和现状方面的资料预测未来时使用。它的优点是比较客观，得出的结论比较精确，缺点是难以考虑非定量因素的影响，同时对资料的完整性、可靠性和精确性的要求也比较高。定量预测方法又可分为时间序列预测和因果关系分析。常用方法有回归分析、基数叠加等。

①时间顺序预测。

简单平均法。这种方法假设事物在历史各个时期的状况对未来的影响程度是相同的，因此在预测时，将反映事物在历史上各个时期状况的数据看得同等重要，用它们的简单算术平均值来作为下一个时期的预测值。这种方法比较简单，但准确程度较低，特别是当时间序列呈某种上升、下降或周期性变化趋势时，预测结果就很不可靠，所以一般只能用于短期预测。

移动平均法。这种方法假设事物在历史上比较远的时期的状况，对未来的基本上没有影响，有影响的只是近期的状况，所以在利用历史数据时，采取分段平均、逐步推移的方式来分析时间序列的趋势，取离预测期最近的一段时间作为平均值。

指数平滑法。同简单平均法一样，指数平滑法也假设事物在历史上各个时期的状况对未来均有影响，只是影响程度不同，远期的影响要小些，近期的影响要大些。所以在预测时给近期的数据以较大的权数，给远期的数据以较小的权数，算出第 1 至第 T 期的加权平均数，作为第 $t+1$ 期的预测值。

②因果关系分析。许多社会经济现象是相互联系、相互影响的，其中某些因素发生变化以后，另一些因素可能随之而改变。比如，消费者的收入水平下降，会减少市场上对某些产品的需求，从而可能会影响某些企业的经营。因果关系分析就是研究环境中某一些因素发生变化时对其他社会经济现象可能产生的影响。

【本章小结】

企业环境是指影响企业生存和发展的各种内外因素的组合。总体上看，企业的战略环境包括外部环境和内部环境两个部分。外部环境是企业生存和发展的前提条件，内部环境则是企业生存和发展的基础。企业的生存发展，从根本上来说，取决于利用自身的内部环境条件去适应所处的外部环境。企业战略环境研究就是指企业对外部环境和内部条件的变化进行分析和研究，为企业制定战略和实施战略提供依据。

企业所面对的宏观环境是指给企业带来市场机会或环境威胁的主要外部力量。它们直接或间隔接地影响企业的战略，无形地给企业的生存与发展带来重大的影响。具体包括政治环境、经济环境、法律环境、自然环境、社会文化环境、科学技术环境等因素。

企业内部环境分析的内容包括：企业资源分析、企业内部管理分析、企业市场营销能力分析、企业财务状况分析、企业科研开发能力分析、企业生产能力分析等。

环境分析一般要经过确定课题、提出假设、搜集资料、资料处理、环境预测以及提出报告等几个阶段的工作。环境分析的一般方法有：环境调查、环境预测等。

【综合案例】

索尼——如何应对转型?

1955年3月，井深大创建的东京通信开发出第一代晶体管收音机后，为打开美国市场，决定起用"SONY"商标。1958年，东京通信改名索尼股份公司。此后多年以来，日本索尼公司一直在家电产品的开发上保持着自己的优势地位，以walkman和特丽珑电视等标志性的划时代产品笑傲家电产品之江湖。

关于索尼产品的完美品质，是一个近乎传奇的神话。对于众多企业而言，索尼就是他们模仿与超越的标杆。然而，时过境迁，近年来，索尼公司面临重重危机，其竞争对手们也一步步地成长了起来。而索尼公司在历经痛苦而漫长的转型后，是否还能继续保持自己的创造力与领先地位，成了人们关注的一个问题。

1. 重重危机

冰冻三尺，非一日之寒。新世纪开局以来，索尼开始显露颓势，显示出积弊难返的冰山效应，尤其是2005年以来连续发生多起危机事件，标志着索尼正在进入多事之秋。

2003年上半年，索尼公司的市场销售停滞不前，能够引起市场巨大反响的主打产品不多，导致商业利润下滑。2003年4月，索尼宣布，1—3月纯亏损高达9.26亿美元！虽然在4—6月重新开始盈利，但与2002年同期相比，其盈利水平下降了98%。

2005年12月，索尼6个型号的数码相机因质量问题被浙江省工商局责令停止销售并立案调查。同年12月，北京市统计局对在经济普查中提供虚假普查资料的单位予以曝光，其中，索尼(中国)公司被指出瞒报18亿销售额。2006年，索尼的DV危机刚刚过去两个月，又被曝出彩电计时软件存在缺陷。2006年，索尼的问题笔记本电脑VAIOS系列被查出系统无法正常启动，有自动关机等故障。2008年，索尼FZ35款笔记本电脑的主板被曝存在设计缺陷。

随着索尼的完美质量被质疑，其财务方面也出现了重大问题。

2009年5月14日，索尼公布了2008年度财务报告。这是一份满目疮痍——所有业务都出现下降的报告：销售收入下降12.9%至773亿美元；经营利润从2007财年的盈利47.5亿美元到亏损22.8亿美元,这也是索尼14年来第一次年度净亏损9.89亿美元。对所有关注索尼的人来说,这个数字令人震撼。

更为严重的是,索尼亏损的局面还在逐步加剧。2009年第一季度,索尼的经营亏损达到17.2亿美元,同时,在第一季度的液晶电视领域,索尼已经被韩国的LG电子超越并跌至第三。在2009财务年度,索尼公司的营业收入为790亿美元,利润却从历史最高点急转直下,变为亏损10亿美元,而核心业务部门的现金流也从50亿美元骤减到负30亿。2009年12月,索尼发布了该公司自1958年上市以来的首次连续年度亏损的预期。

就在索尼苦苦重组转型之际,2011年3月,一场天灾不期而至。由于突发地震及海啸,迫使索尼关停了日本东北地区8家工厂的运营,海啸冲走了至少12万台PS3和5600台XBOX360,而这些工厂主要负责蓝光DVD、PlayStation和笔记本的生产业务。

2.人事调整

困境中,唯一的出路是变革。多年来,在重重危机的压力下,索尼一直在求索正确的转型良策——人事调整、业务重组、产品创新、企业文化塑造等改革举措,不一而足。

2005年3月,索尼前任总裁出井伸之带领公司内部出身的7位日本董事一起退出了董事会,把权力交给唯一留任的董事——负责电影、音乐及美国业务的霍华德·斯金格,由其同时任索尼董事长与CEO。他本人则具有冒险精神,曾应征入伍,开赴越南,并获取勋章,后在CBS取得巨大的成功。他最得意的"武器"是他英国式的个人魅力和自嘲的幽默,以及当看到别人取得成功时流露出真挚的快乐。2009年4月1日,索尼再给斯金格追加总裁一职,使得这位索尼首位非日籍CEO可以"大权独揽"、大刀阔斧地推动索尼改革。

2009年6月,斯金格任命原IBM电子产业部门高管乔治·贝利为公司首席改革官,显然,这是索尼新一轮架构和商业模式改革的开端。贝利曾在IBM担任了五年的电子产业部门全球主管顾问,擅长改进消费电子产品制造商的业务模式并实现盈利。此外,贝利还曾赞扬苹果在电脑和消费电子产品方面的业务模式,并专门将其与索尼模式进行了比较。贝利直接向斯金格汇报工作,并与索尼消费产品与设备部门、网络产品与服务部门协同工作。

2009年12月,索尼任命斯金格继续担任该公司CEO兼总裁,直到2013年3月,斯金格都将一直负责索尼的工作,以完成此前受全球金融危机影响以及受日元汇率拖累而耽搁的一系列重整计划。

2011年3月，索尼官方宣布，从4月1日起公司将落实一项计划，把全球业务分为两大集团，伴随这一业务重组，索尼还进行了高层调整。索尼全球游戏业务主管平井一夫将负责消费类产品与服务集团，其职位将变成“公司总裁代表兼执行副总裁”，而专业及部件解决方案集团将由公司执行官、执行副总裁吉冈浩领导。

3.业务整合

2008年年底，索尼宣布在全球的18.5万员工中裁员8000人，并裁减8000名季节性员工。2009年1月，索尼又宣布关闭两家工厂以降低成本。

在经济危机的冲击下，所有管理层都在翘首期盼斯金格指明方向。斯金格借机对公司管理架构作了重新调整。2009年2月底，索尼公布重组计划，将索尼规模最大的电子业务分成两块：消费产品及设备集团，包括电视、录像设备、数码相机业务，这是需要降低成本的业务部门；网络化产品及服务集团，包括游戏和产品，还包括个人电脑和移动电话，主要是与网络相关的业务。

为了改善成本效率，索尼2009年设立了一个专门从事原材料采购的部门，汇总了之前分散在各个事业部的职能。2009年5月，索尼再次宣布，对数码影像业务、中小型液晶面板、移动电话制造和光学拾音头的运作进行整合，以提高运营效率。同月，索尼每年一次的全球高管会议出台了一个旨在降低21.6亿美元以上固定成本的计划，对全球供应链进行改革：2009年，准备降低20%的采购成本；至2011年，索尼将裁减50%左右的供应商，将供应商数量由现在的2500家减到1200家左右。

2011年3月，索尼官方宣布，把全球业务分拆为“消费类产品与服务集团”和“专业设备解决方案集团”两大集团，准备以苹果模式挑战苹果。前者主要包括索尼消费电子与网络服务，比如游戏机、电视、手机、PC、数码影像等产品，以及背后的网络服务平台。后者则包括关键零部件业务，如半导体、电池等关键部件。

4.放下身段，重磅出击

在经历了2009年大规模的重组计划后，2010年新年伊始，索尼接连重磅出击，一口气发布了包括11大系列的26款液晶电视新品，欲夺回在中国家电市场的老大地位。除了继续保持大尺寸的攻势，索尼还调整了策略。

一方面，推出了在价格上颇具优势的入门级液晶电视，这令市场颇为震惊。素来强调高端定位的索尼这次选择了在入门级产品落子，26英寸、32英寸液晶电视均在新品之列。事实上，在2010年元旦前后，索尼不到3000元的小尺寸电视新品就悄然上市。另一方面，索尼率先在中国市场展示了3D产品，将3D与蓝光作为下一阶段竞争的法宝。

斯金格对3D寄予极大的期望：正是在10年前，索尼正式迈出3D技术的探索步伐。他最希望看到，他将索尼带入3D时代，而索尼则将全球消费电子行业带入3D时代的局面。

5. 打破传统，新人当家

关于索尼的企业文化，斯金格去年表示："现在，独裁者的时代已经过去了，是时候分享人们的经验了。"事实上，索尼可能从不缺乏创新，缺乏的是对创新的商业化。而这种断层很大原因是因为索尼过去封闭、守旧的做法和企业文化。

IBM前董事长郭士纳就曾指出："索尼最根本的问题，坦率地讲，既和电视业务无关，也不在于PS3是否能够准时发布。"在他看来，索尼最根本的问题是变革企业文化。

索尼首席改革官贝利把当前最重要的工作精力放在了改造企业文化上，他坦言，守旧的企业文化让索尼行动迟缓——缓慢地推出产品、缓慢地做出决定、缓慢地创新。为了解决企业文化中的"筒仓"现象，斯金格成立了五个公司级的委员会，它们打破了原有的垂直结构，可以横跨所有业务部门，以更高的视角协调企业内部各个产品公司，做好顶层设计。或许，只有斯金格这位首位非日籍CEO——一个天生的"叛逆者"，才敢于打破传统，求新求变。加上他是一个外国人，能够做到"当局者迷，旁观者清"；能够看到隐藏在索尼企业内部的许多深层次问题，而土生土长的日本人是难以做到这点的。

此前，索尼拥有永远保留创业元老和各项业务的传统，很多业务即便亏损也被保留。现在，索尼公司将这些亏损业务全部剥离，同样清理出去的还有一批60岁至80岁的工薪族。这批高管退休后，被授予"顾问"头衔。这一传统是由索尼公司创始人设立的。这些顾问过去每人都配有秘书、专车和司机，最糟糕的是，他们还有能力干扰决策，并且在实干者面前放马后炮，如今，不会再有这种情况了。

让年轻人在索尼公司成为主角，是斯金格企业文化改革方案中的关键之处。但这并不容易。长期以来，索尼员工要苦守很长时间才能做到高位。当斯金格提升一位高级经理时，此人竟然犹豫了，他说："可我只有48岁。"对此，斯金格大吃一惊。"你在谷歌绝不可能听到这样的回答。"他说。问题是，索尼公司"有许多50来岁的员工，他们并非不能胜任自己的工作，可他们是生活在数字世界中的模拟人物"，斯金格解释道。"我正想方设法解决这个问题。这可不是什么随随便便就能处理的问题。"他更愿意以自下而上，而不是自上而下的方式激发公司的活力。"我一直努力做的就是要激发一场内部革命，"他说，"我们必须找出办法，打破坚冰。”斯金格提拔了4位较年轻的管理者负责索尼公司重组后的两大业务集团，这4人中，除1人56岁外，其他人都不到50岁，他们都曾有海外工作经历，能说流利的英语。而在日本的企业文化中，40—50岁的管理者绝对属于新生代。

思考题

索尼是如何应对外部压力获得自身发展的？

第 2 篇

计 划

第4章

计划管理

引导案例

马拉松运动员的故事

山田本一是日本著名的马拉松运动员。他曾在1984年和1987年的国家马拉松比赛中,两次夺得冠军。记者问他凭什么取得如此惊人的成绩,山田本一总是回答:“凭智慧战胜对手!”

大家都知道,马拉松比赛主要是运动员体力和耐力的较量,爆发力、速度和技巧都还在其次。因此山田本一的回答,许多人觉得他是在故弄玄虚。

10年之后,这个谜底被揭开了。山田本一在自传中这样写道:“每次比赛之前,我都要乘车把比赛的路线仔细地看一遍,并把沿途比较醒目的标志画下来,比如第一标志是一棵古怪的大树;第三标志是一座高楼……这样一直画到赛程的结束。比赛开始后,我就以百米的速度奋力地向第一个目标冲去,到达第一个目标后,我又以同样的速度向第二个目标冲去。40多公里的赛程,被我分解成几个小目标,跑起来就轻松多了。开始我把我的目标定在终点线的旗帜上,结果当我跑到十几公里的时候就疲惫不堪了,因为我被前面那段遥远的路吓到了。”

本章主要内容

1. 计划的含义、特征、作用及类型。
2. 计划的编制与执行。

3. 目标管理。

4.1 计划管理概述

计划是管理的首要职能。无论是国家、组织还是个人,都会经常遇到“计划”的问题。国家政府为了确保未来的经济发展,要制定五年计划;一个企业要研发新产品,要制定新产品开发计划和销售计划;个人和家庭,为了有效地利用所拥有的经济资源,也需要有一个收支计划。计划是如此重要,以至于几乎任何活动都离不开它。计划是管理者的首要职责。

4.1.1 计划的含义和特征

1. 计划的含义

计划有动词与名词两种词性,相应地,一般所说的计划就有两种含义。

动词意义的计划,准确地说,应该称作计划工作,为实现决策目标而制定计划工作的过程,是一种预测未来、设立目标、决定政策、选择方案的连续程序,目的在于经济地使用现有的资源,有效地把握未来的发展,获得最大的组织成效。

名词意义的计划是计划工作的结果,它是对未来行动方案的一种说明,是用文字和指标等形式表达的,在制定计划工作中所形成的各种管理性文件。它告诉管理者和执行者未来的目标是什么,要采取什么样的活动来达成目标,要在什么时间范围内、按什么进度达到这种目标,以及由谁来进行这种活动。

计划工作的内容通常包括“5W1H”,即做什么(what)、为什么做(why)、何时做(when)、在哪里做(where)、谁来做(who)和怎么做(how)。

2. 计划的特征

计划工作的基本特征可以概括为以下五个方面:目的性、先行性、普遍性、前瞻性、经济性。

(1)计划的目的性

任何组织或个人制定计划都是为了有效地达到某种目标,所有工作都是围绕目标进行的。目标是计划的全部内容的核心,实现目标是计划的出发点和归宿,没有目标就不成其为计划。

(2)计划的先行性

由于管理的组织、控制、领导等职能都是为了支持、保证目标的实现，它们只有在计划工作确定了目标之后才能进行，所以，计划工作在管理的诸项职能中处于先行的地位。计划是实施其他各项管理职能的依据。

(3)计划的普遍性

计划工作的普遍性主要体现在如下几个方面。首先，计划工作涉及组织管理的每个层次。虽然计划工作的特点和范围随各级主管人员的层次、职权不同而不同，但计划工作是每位管理者无法回避的职能工作，只不过不同层次的管理者所从事的计划工作的侧重点和内容有所不同：高层管理者往往侧重于负责制定战略计划，而具体的计划由下级完成；较低层次的管理者偏重于作业计划。其次，现代组织的管理工作纷繁复杂，即使最聪明、最能干的领导人也不可能包揽全部的计划工作。最后，授权下级制定某些计划，有助于调动下级参与组织管理的积极性，进一步挖掘下级的潜力。因此，计划工作是各级管理人员的一个基本职能，具有普遍性。

(4)计划前瞻性

计划工作需要管理者针对组织所面临的新环境来发现和解决新问题。面对出现的新变化和新机会，管理人员要敢于打破旧观念的束缚，及时提出适应本企业特点的一些新思路、新观点和新方法，使计划更加符合客观实际。所以说计划工作是一项创造性的管理工作。

(5)计划的经济性

任何计划都要符合经济性，力争以最少的耗费实现预定的目标，从众多的方案中选择最优的资源配置方案，以求得合理利用资源和提高效率，也就是说计划工作要讲究效率。计划效率通常是用制定计划与执行计划时所有的产出与所有的投入之比来衡量的。需要指出的是，这里所指的投入与产出，不仅包括经济方面的，还包括非经济方面的。

4.1.2 计划的作用

计划是对未来的提前思考，它为组织的发展提供了方向。在复杂多变和充满不确定性的组织环境中，一个科学、准确的计划，会减少各种变化所带来的影响，为管理者实现既定的管理目标起到事半功倍的作用。

1. 指引方向，指导工作

计划为组织确立了明确而具体的目标，计划能使组织置身于复杂多变和充满不确定性因素的环境中而始终把其注意力集中在一定的目标上，使组织所有的行动保持同一方向，管理者可以根据计划来组织人员、分派任务，专注于计划目标的修改和完善，使组织的各项工作得到落实，从而保证组织目标的实现。

2. 降低风险，掌握主动

计划的前瞻性使组织充分分析并了解未来环境的变化规律和变化趋势，掌握未来组织可能出现的机会和面临的挑战，从而将不确定性降到最低限度。使组织能够早作准备，掌握主动，把风险减少到最低限度。

3. 减少浪费，提高效益

计划能从多条实现目标的途径中，通过技术经济论证和可行性分析，选择最适当、最有效的方案，从而减少浪费，以最低的费用或最高的效率实现既定的目标。计划能使组织未来的各项活动均衡发展，使组织中各成员的努力合成一种组织效应，从而大大提高工作效率并带来经济效益。

4. 提供控制标准，计划工作建立的目标和指标是控制的依据和尺度

计划与控制密不可分，计划是控制的必要前提。因为，控制需要建立明确的标准，而计划就是一个可靠的标准，可以使控制有据可依，当出现越界行为时，可以及时发现并采取有效措施加以纠正。

4.1.3　计划的类型

由于组织经营活动的复杂多样，组织的计划种类也很多。常见的分类主要有：

1. 正式计划和非正式计划

计划有正式与非正式计划之分。它们之间的差异表现在：

表 4-1　正式计划与非正式计划的比较

正式计划	非正式计划
正式计划往往要组织形成完整的一套计划书。计划书要详细、明确，并明文规定组织的目标是什么，实现这些目标需要什么样的全局战略	在非正式计划中，没有书面文件的表述。但这并不意味着当事人就一定没有制定出行动的目标和方案。没有正式计划并不简单等同于无计划。许多小企业中就存在大量的非正式计划，只是确定和了解这种计划的人可能不多，但至少企业中会有那么一个所有者兼管理者的人或几个人认真地思考过企业想要达到什么目标，以及怎么实现目标
正式计划的制定是一个包括环境分析、目标确定、方案选择以及计划文件编制这一系列工作步骤的完整的过程	非正式计划内容比较粗略且缺乏连续性。从而，非正式计划不容易在组织中进行交流和扩散。而在规模比较大、管理工作较复杂的组织中，编制正式的计划就显得非常重要

续表

正式计划	非正式计划
正式计划是在计划书的基础上，开发出一个全面的分阶段和分层次的计划体系，综合和协调不同时期和不同部门的活动	非正式计划的确定欠周密也很不正规。通常是对某一问题做出了决定就算有了计划。非正式计划仅限于决策阶段对组织的目标和实现目标的途径做总括性的策划

2. 按计划期的长短，可以将计划分为长期计划、中期计划和短期计划

人们一般把1年或1年以下的计划称为短期计划；1年以上5年以下的计划称为中期计划；5年以上的计划称为长期计划。但这种划分也不是绝对的。例如，一项航天发展项目的短期计划可能需要5年，而一家小服装厂由于市场变化较快，其短期计划可能只适用几个月。

3. 按计划的层次分，可以分为战略计划和战术计划

战略计划是关于企业活动总体目标和战略方案的计划。它又可分为企业整体层次战略（总战略）、事业部层次战略（经营战略、竞争战略）和职能级战略。战术计划是有关组织活动具体如何运作的计划，对企业来说，就是指各项业务活动开展的作业计划。战术计划主要用来规定企业经营目标如何实现的具体实施方案和细节。

战略计划的目的是确保企业"做正确的事"，而战术计划则旨在追求"正确地做事"。

表4-2　战略计划与战术计划的比较

对比变量	战略计划	战术计划
时间跨度	时间跨度长，涉及范围广	时间跨度短，涉及范围窄
内容	内容抽象、概括，可操作性弱	内容具体、明确，可操作的要求高
目标	无既定目标	根据企业总体目标分解而提出的具体行动目标
有效期限	多一次性使用，较少重复性使用	环境因素相同的前提下，可再次使用
确定性	不确定性高、结果具有高风险	风险程度也较战略计划低

4. 从计划内容的详尽程度来划分，计划可以分为指向性计划和具体计划

指导性计划只规定一些重大方针，指出重点但不把管理者限定在具体的目标上，或特定的行动方案上。具体计划则明确规定了目标，并提供了一整套明确的行动步骤和方案。

5. 按计划的对象,可把计划分为综合计划、局部计划和项目计划

综合计划,一般指具有多个目标和多方面内容的计划,如企业的年度生产经营计划。它涉及整个组织或组织中的许多方面,这些方面各有其内容,又互相联系、互相影响、互相制约,从而形成一个有机的整体。局部计划是在综合计划的基础上制定的,其内容专一性强,是综合计划的一个子计划,如企业的年度销售计划、技术改造计划、设备维修计划等。项目计划是针对组织的特定课题做出决策的计划,例如某种产品的开发计划、企业的扩建计划等。

4.2 计划的编制与执行

一项完整的计划一般需要七个步骤才能完成,即估量机会与选定目标、认清前提、发掘备选方案、对方案进行评估、确定方案、拟定派生计划以及通过编制预算使计划数字化。这七个步骤并不一定全部经过,也不一定非按此顺序制定计划不可。在实际工作中,应根据具体情况确定哪些步骤需要,哪些步骤可以省略,哪些步骤可以平行进行。考虑到一般性,我们将逐一介绍每一步骤。

4.2.1 估量机会与确定目标

估量机会是计划行动的起点,组织要充分认识到自身的优势、劣势,分析面临的机会和威胁,在准确估量的基础上,确定可行性目标。

目标是组织行动的出发点和归宿,确定目标是计划的首要的、核心的内容。在确定目标的过程中,要说明基本方针和达到的目标是什么,要告诉人们战略、政策、程序、规划和预算的任务,要指出工作的重点。

确定目标阶段主要解决三个问题:

(1)确定目标的内容和顺序。目标的内容和顺序决定了组织要采取的政策和行动,决定了资源分配的顺序。因此,大至国家,小至个人,正确地确定目标内容和顺序都是至关重要的。组织目标内容和顺序的确定主要和这样一些因素有关,包括社会制度、组织的性质、对组织内外环境的分析(由此找出组织面临的主要问题)以及管理者个人、特别是高层管理者的价值观念等。这里,正确处理国家、集体、个人三者的关系,是指导组织和个人正确确定目标的内容和顺序的两条基本原则。

(2)确定适当的目标时间。这里是指要用多长时间来达成目标。最好的办法是按承诺原则确定目标时间。我们作了某项选择就是对未来将采取的某一串行动做了“承诺”,合理的目标时间应当与合理承诺所包括的时间相同。例如把目标时间规定为充分回收采用某一方案所使用的投资的时间,又如把一项新产品计划的时间规定为该产品的销售和支出相抵而非做出该产品的时间。

(3)目标要有明确的科学指标和数据。目标不能含糊其辞,应尽可能数量化,以便度量和控制。指标作为对目标的细化,应反映出事物的本质并确切地反映目标。例如我国过去以总产值作为衡量企业经营好坏的最重要指标,造成了不良的后果,就是因为总产值不能反映企业经营的本质。在指标体系中,不仅要有数量指标,而且要有质量指标。不仅要有绝对指标,而且要有相对指标,如销售收入、利润、利税及其增长率、利润率、单位流动资金所创造利润、按各种指标在全行业的排名等。当然,并不是所有目标都可以量化的,诸多的非经济目标虽然往往难以量化,但它们的重要性是不言而喻的。

4.2.2 确定计划前提(预测)

确定计划前提,就是要对组织未来的内外部环境和所具备的条件进行分析和预测,弄清计划执行过程中可能存在的有利条件和不利条件。确定计划前提是编制计划的一项基础工作。一个企业要确定其计划前提,主要需进行以下几种预测:

(1)经济形势预测。企业发展与国家经济形势息息相关。(2)技术发展预测。当今世界,科学技术的发展速度越来越快,新技术、新工艺、新产品层出不穷,技术水平在决定企业竞争力方面正显示出越来越大的作用,科技发展的总体水平对企业生产经营的前景正发生着越来越大的影响。(3)社会环境预测。包括对社会、政治、法律、文化等环境因素的发展趋势及其对企业生产经营的影响的预测。其中,政府的政策环境对企业的生产经营有直接的影响,如税收政策、价格政策、信贷政策、能源政策、技术政策等,应密切关注。(4)销售预测。销售是企业经营的核心环节之一,销售预测包括对市场需求情况、市场竞争情况等进行分析和预测。(5)资源预测。企业既要对已有资源的优势和不足进行分析,又要对从外部环境获取资源的可能性进行预测。

4.2.3 发掘可行方案,确定备选方案

发掘各种可行的方案,从中选出最佳方案。从众多可行方案中进行筛选,选出最符合企业实际的若干方案作为备选方案。

4.2.4 评估备选方案

评估备选方案时的注意事项：

(1)注意发现每一个方案的制约因素或隐患。所谓制约因素，是指那些妨碍达成目标的因素。在评估备选方案时，对制约因素认识得越深刻，选择方案时的效率就越高。

(2)在评估时，既要考虑到有形的可以量化的因素，也要考虑到无形的不能量化的因素(即模糊性因素)。

(3)要用总体效益观念来评价方案。要知道，对某一部门有利不一定就对全局有利，对某项目标有利不一定就对总体目标有利。

4.2.5 选定方案

选择方案是计划工作最关键的一步，也是抉择的实质性阶段。在做出抉择时，应当考虑在可行性、满意度和可能效益三方面结合得最好的方案。有时我们在评选中会发现一个最佳方案，但更多的时候可能有两个或多个方案是合适的。在这种情况下，管理者应决定首先采用哪个方案，而将其余的方案进行细化和完善，作为后备方案。

4.2.6 拟订派生计划

派生计划也可称为引申计划、细节计划，其作用是支持主要计划的贯彻落实，如生产计划、销售计划、财务计划等就是企业计划的派生计划。派生计划是由各个职能部门和下属单位制订的。

4.2.7 编制预算，使计划数字化

预算既是计划职能的一部分，也是控制职能的一部分。预算在管理中非常重要，企业各部门的活动几乎无一不直接或间接地和预算相关联。正因如此，编制预算是计划的一个不可缺少的重要环节。

由于实际情况总是在变化，所以预算在必要时也应有所变化，以便能更好地指导实际工作。变动预算的方法有两种：一种是将预算和产量相联系，使预算随产量的变化而变动；另一种是滚动预算，即每隔一定时间就修正预算，使其符合新情况。

4.3 目标管理

4.3.1 目标的含义和特点

目标是组织宗旨的具体化，一个组织根据其任务和目的确定在未来一定时期内所要达到的最终结果。对于组织管理来说，目标是管理行动的出发点，是组织内部各项管理活动的依据；同时目标又是管理行动的归宿，是判断一个组织管理有效性和合理性的标准。

组织目标具有以下几个特点：(1)差异性。不同类型的组织，目标不同；同一类型的组织目标也可能不同。(2)多元性。德鲁克(Peter Drucker)认为成功企业的目标应覆盖八个领域，即利润、市场地位、技术创新、提高生产力、物质和金融资源、人力资源、员工的绩效与工作态度、社会责任。(3)层次性。成熟的目标设计应该有完备的目标体系。(4)时间性。企业为保持发展的连贯性和持续性，应该制定长期、中期、近期目标。

4.3.2 目标管理的含义和特点

目标管理是一种综合的以工作为中心和以人为中心的管理方法。由组织中上下各级管理人员、员工共同制定组织目标，形成并明确各级人员的分目标及责任，组织通过这些目标来进行管理、评价和决定每个成员的奖惩。它由美国著名管理专家彼得·德鲁克(Peter Drucker)在1954年首先提出，后被广泛地应用于企业、医院、学校和政府机构中，取得了明显的效果，被认为是一种科学的管理方法。

目标管理在指导思想上以Y理论为基础，认为在目标明确的条件下，人们能够对自己负责，实行自我控制。在具体方法上是泰勒科学管理吸取行为科学成果之后的进一步发展。目标由上下级共同商定，是自上而下和自下而上的结合，能够有效地把组织的整体目标转换为组织内部单位和个人的目标。

目标管理具有四个基本特征：(1)形成目标体系，总目标决定分目标。(2)以目标为中心，强调系统管理。(3)管理围绕目标展开，以目标为考核依据。(4)重视人的因素。目标管理是一种强调参与、民主和自我控制的管理方法，也是一种把个人目标与组织目标结合起来的管理方法。它能使工作人员发现工作的乐趣和价值，享受工作的满足感和成就感，同时组织目标也得以完成。在这种管理方法下，上级对下级的关系是平等、尊重、信赖、支持，下级在承诺目标和被授权后是自觉、自主和自治的。

4.3.3 目标管理的实施步骤

目标管理的实施，大致可分为目标的制定及目标体系的构建、目标实施和成果评价三个阶段。

1.目标的制定及目标体系的构建

这是实施目标管理的第一阶段，同时也是最重要的阶段。目标定得合理、明确，后两个阶段才能顺利进行。该阶段可以细分为四个步骤：

(1)确定总目标。总目标的提出要注意充分听取职工意见，并尽量做到客观。

(2)重新审议组织结构和职责分工。目标管理要求每一个目标和分目标都有确定的人对其负责，因此，在预定目标之后，往往需要重新审查现有的组织结构并做出必要变动，尽可能做到一个目标只属于一个主管、一个部门；对需要跨部门配合的目标也应明确谁主谁从。

(3)进行目标展开，确立各级的分目标。首先要向下级传达组织的规划和目标，在此前提下和下级商定他们的目标。这是一个自上而下层层展开的过程。

(4)逐级授权。目标展开完成后，上一级就要本着权责相称的原则，根据目标的要求，授予下属部门或个人以相应的权力，让他们有权有责，在职责和权限范围内自主地开展业务活动，自行决定完成目标的方法、手段，实行自主管理。上下级之间还要就实现目标后的奖惩事宜达成协议。

2.目标的实施

目标的实施过程强调员工的自我控制，即由执行人主动地、创造性地工作，并以目标为依据，不断检查对比，分析问题，采取措施，纠正偏差，实行自我控制。目标的实施过程是一个自下而上逐级展开的过程。在此过程中，领导者要深入基层，对工作情况进行定期检查，保证目标实现。

3.成果评价

成果评价是一个目标管理周期的结束，也是下一周期的开始。该阶段主要应做好两方面的工作：一是对目标执行者的工作成果进行考核，并决定奖惩；二是总结经验教训，把成功的经验、好的做法固定下来，并加以完善，使之科学化、系统化、标准化、制度化，对不足之处则要分析原因，采取措施加以改进，从而为下一循环打好基础。

【本章小结】

计划是管理的首要职能。计划工作是为实现决策目标而制定计划工作的过程，是一种预测未来、设立目标、决定政策、选择方案的连续程序，目的在于经济地使用现有的资源，有效地把握未来的发展，获得最大的组织成效。名词意义上的计划是用文字和指标等形式表达的，在制定计划工作中所形成的各种管理性文件。

计划工作的内容通常包括“5W1H”，即做什么（what）、为什么做（why）、何时做（when）、在哪里做（where）、谁来做（who）和怎么做（how）。计划工作的基本特征可以概括为以下五个方面：目的性、先行性、普遍性、前瞻性、经济性。计划有多种分类方式，如正式计划和非正式计划。计划可以分为指向性计划和具体计划、综合计划、局部计划和项目计划等。

一项完整的计划一般需要七个步骤才能完成，即估量机会与选定目标、认清前提、发掘备选方案、对方案进行评估、确定方案、拟定派生计划以及通过编制预算使计划数字化。

目标管理是一种综合的以工作为中心和以人为中心的管理方法。由组织中上下各级管理人员、员工共同制定组织目标，形成并明确各级人员的分目标及责任，组织通过这些目标来进行管理、评价和决定每个成员的奖惩。目标管理的实施，大致可分为目标的制定及目标体系的构建、目标实施和成果评价三个阶段。

【综合案例】

1977年，技术专家史狄夫·渥兹尼克和销售天才史狄夫·雅可布创立了苹果计算机公司，很快公司就取得了非凡的成功。但是，成功没能持续很久，部分原因是IBM个人计算机的问世。在20世纪80年代早期，一些观察家们认为，苹果计算机公司需要更加严格的控制和更为专业化的管理方法。百事可乐公司的约翰·斯科利被请到苹果公司来做指导。

为控制公司，斯科利采用了降低成本的方法来改善盈利状况，并与此同时增加了研究和开发费用以便使公司能保持技术上的领先地位。可后来，斯科利却受到指责，说他研究和开发费用投入不够，广告费用投入过多。为减少重复环节，降低损益平衡点以及部门间的摩擦，苹果公司重组了公司。为提高效益和效率，苹果公司引入了新的汇报程序。此外，在控制库存方面也做了大量的工作，而库存问题又往往是个人计算机公司面对的主要问题。这些措施，连同苹果公司将Macintosh引入IBM占主导的商务公司这样一个成功的战略以及桌面印刷的普及,使苹果公司 1986 年财政年度的收入增加了 150% 多。

思考题

1. 计划和控制二者之间的关系如何?
2. 其他什么样的计划可用于组织的控制?

第5章

决策管理

引导案例

决策故事

在某地森林里住着一群动物。有一天森林里洪水暴发,动物们要逃命。它们找到一条船,所有的动物上船后发现船太小,载不了这么多动物,船随时有沉没的危险。必须下去几个,否则全船动物都会被淹死。

但让谁下船呢?为了公平起见,最后动物们想出这样一个办法,船上的每个动物讲一个笑话,如果它的笑话能让船上所有的动物发笑,它就可以继续待在这条船上,如果有一个动物不笑,它就得下船。最先讲笑话的是老牛。老牛讲笑话很好笑,所有的动物都被逗得大笑,只有猪毫无反应。按照规则,老牛必须得下船。老牛哀求再三无效,只得含泪跳下水里。接下来讲笑话的是羊,羊讲的笑话一点也不好笑,动物们都没笑。动物们一边要把羊放下船,一边纳闷地问猪:"刚才老牛讲的笑话那么好笑你都没笑,羊讲的这个笑话一点也不好笑,你为什么反笑了呢?"猪恍然大悟地说:"我终于明白老牛讲的那个笑话了,真的太好笑了。"

本章主要内容

1. 决策的含义、特征、决策类型。

2.决策的过程。

3.决策的方法。

决策是管理工作的基本环节之一,它贯穿于管理的全过程。诺贝尔经济学奖得主西蒙认为:“从某种意义上说,管理就是决策。”

5.1 决策管理概述

5.1.1 决策的含义与特征

决策是为了实现某一目的而从若干个可行方案中选择一个满意方案的分析判断过程。为了准确把握决策的含义,明确决策的含义和特征非常重要:

(1)决策要有明确目的(目标),没有目标就不存在决策。

目标是组织在未来特定时限内的具体追求,是拟定行动方案、评价和比较这些方案的出发点,是检验未来活动效果的依据。相对于个人决策而言,组织决策更趋理性,具有更加明确的目标性。

(2)决策的关键和实质是选择。

要有若干备选方案。如果只有唯一的方案,决策也就无从谈起。

(3)决策是一个依据一定的程序和规则分析判断的过程,要进行方案间的比较。

组织决策应该基于多种备选方案,根据事先拟定的选择标准,依据一定程序和规则,从多个备选方案中选择最符合组织的决策方案。

(4)决策结果只能是选择一个相对满意方案,不应该以追求最佳结果为决策的目标。

决策是一个非常复杂的分析判断过程,决策过程会受到组织内外部多种因素的影响和干扰。同时决策过程也是人们认识客观事物运行的一个不断深化的过程。由于决策者不可能掌握与决策相关的全部信息,并且组织所处的外部环境也在不断发生变化,因此决策不应该也不可能以最满意方案为目标,相对满意方案是一个现实和可行的选择。也就是说,组织决策通常只是有限理性的决策。

5.1.2 决策的类型

1. 程序化决策和非程序化决策

按照决策问题的重复程度和有无既定的处理程序，可以分为程序化决策和非程序化决策。

组织运转中的常见问题一般包括两类：一类是例行问题，另一类是例外问题。例行问题是指那些重复出现的、日常的管理问题。例外问题是指那些偶然发生的、新颖的、性质和结构不明的、具有重大影响的问题。程序化决策是针对例行问题的决策；非程序化决策是针对例外问题的决策。二者之间的比较见表5-1。

表 5-1 程序化决策和非程序化决策比较表

	概念	针对的对象	处理方式	举例
程序化决策	是指那些例行的、按照一定的频率或间隔重复进行的决策	处理的主要是常规性、重复性的问题	处理这类问题，就要预先建立相应的制度、规则、程序等，当问题再次发生时，只需根据已有的规定加以处理即可	如资金短缺、设备故障、产品质量，这部分决策约占组织决策的80%
非程序化决策	指那些非例行的、很少重复出现的决策	主要处理的是那些非常规性的问题	这类决策往往缺乏信息资料，无先例可循，无固定模式，常常要管理人员进行创造性思维	例如，战略制定、新市场的开拓和新产品的开发、重大投资等

2. 战略性决策和战术性决策

依据决策的重要程度和决策所涉及的时限，可分为战略性决策和战术性决策。二者间的差别见表5-2。

表 5-2 战略性决策和战术性决策比较表

	战略性决策	战术性决策
决策对象	战略决策调整组织的活动方向和内容，解决的是“做什么”的问题，是根本性决策	战术决策调整在既定方向和内容下的活动方式，解决的是“如何做”的问题
涉及的时间范围	战略决策面对的是组织整体在未来较长一段时间内的活动，是战术决策的基础	战术决策须解决组织的某个或某些具体部门在未来各个较短时间内的行动方案，是战略决策的落实

续表

	战略性决策	战术性决策
作用和影响	战略决策的实施是组织活动能力的形成与创造过程,其实施效果影响组织的效益与发展	战术决策的实施是对已形成能力的应用,其实施效果主要影响组织的效率与生存

3. 个人决策和群体决策

根据决策的主体构成,可将决策划分为个人决策和群体决策。个人决策是指由单个人作出的决策。个人决策的优点是决策迅速和果断,缺点是可能比较武断,并可能因个人因素导致决策失误。群体决策是只由若干人组成的集体共同作出的决策。群体决策具有以下两个优点:

第一,决策质量可能更高。群体决策基于更完整的信息和更多的备选方案,并从更广泛的角度对方案进行评价和论证,从而作出更准确、更富有创造性的决策。

第二,决策方案的可接受性更强。决策过程中的参与者比较多,决策中考虑更多人的意见和建议,使决策结果更加客观和可行,可接受性更强。

但是,群体决策也可能附带以下缺点:

第一,决策过程有可能被某一个人控制,名为群体决策,实为"一个声音在说话",这样会影响决策的质量。

第二,达成共识的协调成本高,决策效率低下。参与制定决策的人员越多,群体需要花更多的时间和更多的协调来达成相对一致的意见,导致群体决策效率的低下。

4. 确定型决策、风险型决策和不确定型决策

根据决策环境的控制程度,将决策划分为确定型决策、风险型决策和不确定型决策。

确定型决策是指在稳定(可控)条件下进行的决策,每一方案的结果是已知的,管理者能做出精确的决策。确定型决策一般可以用数学模型来选择,如利用量本利分析法来确定企业的保本销售量等。

风险型决策也称随机决策,是指决策者不能预先确知环境条件,存在几种可选方案,每一种发生的概率是不确定的,但可以估计每一方案发生的可能性。

不确定型决策是指在不稳定条件下进行的决策。在不确定型决策中,决策者不知道有多少种自然状态,也不知道每种自然状态发生的概率,只能根据决策者的直觉、经验和判断能力来决策。

5.单项决策与序贯决策

按决策所要求获得答案的数目及其相互关系的情况来划分,决策可以分为单项决策与序贯决策。

单项决策亦称静态决策,它所处理的问题是确定某个时点的状态或某个时期结果,它所要求的行动方案只有一个(虽然这个方案中可包含几个目标和许多决策变量)。例如,我们要决定今年各种产品的产量,决策结果的回答只有一个,即各产品产量计划应达到多少。

序贯决策则不同,它要做出一系列相互关联的决策。它有三个特点:第一,做出的决策不是一个而是一串;第二,这一串决策彼此相互关联,前一项决策直接影响后一项决策;第三,决策者关心的是这一整串决策的总后果。例如,某企业决定投入一笔资金开发生产一种新产品,它就需要合理安排各年的投资重点,确定连续几年的产值和利润计划,这种决策就是序贯决策。序贯决策可以一次全部决定下来,也可以先决定第一步怎样做,然后为下一步确定几个可行的行动方案,视第一步行动的后果来选用相应的下一步方案或者再制定新的方案。

5.2 决策的过程

决策的一般程序包括下面八个步骤:(1)调查研究,提出问题;(2)系统分析,确定目标;(3)收集信息,科学预测;(4)拟定方案,采取对策;(5)全面比较方案评价;(6)总体权衡,选定方案;(7)进行试点,检验决策;(8)实施决策,控制反馈。

1.提出问题

决策是为了解决一定的问题而制定的,决策者首先要研究组织的现状、发现存在的问题。所谓问题是指目前状况与预期状况之间的差距。分析组织活动中的问题,确定偏差的性质,把纠正偏差作为决策的起点,是组织各层次管理者的共同职责。

2.确定目标

明确决策目标,不仅为方案的制定和选择提供了依据,而且为决策的实施和控制、为组织资源的分配和各种力量的协调提供了标准。

明确决策目标,要注意以下几方面要求:

第一,决策目标要明确具体。一般地说,越是近期目标,就越要求明确具体,远期目标则允许有一定的模糊性。

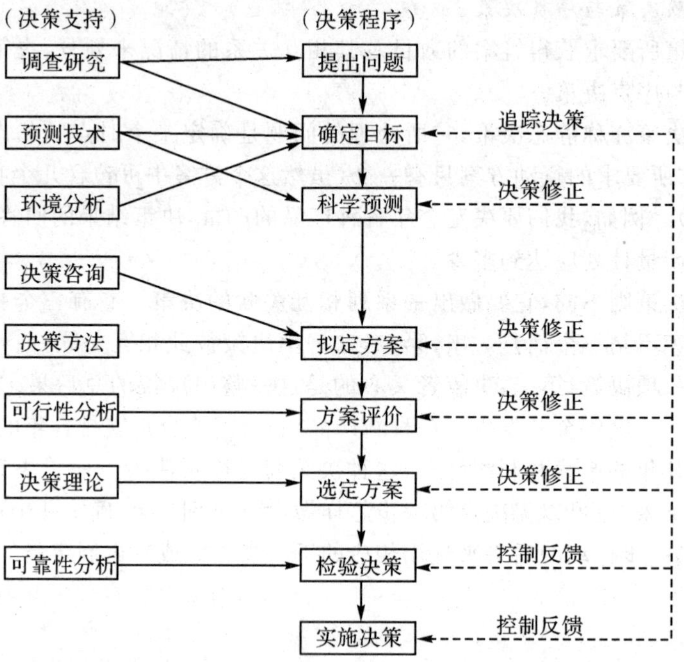

图 5-1　决策的程序

第二,目标要切合实际,这就是说,要防止目标偏高或偏低。目标偏高,按现有条件很难达成目标的要求;目标偏低,按现有条件即使不经过努力也可以达到目标。这两种情况都不利于充分发挥组织的潜能。

第三,多目标应有主次之分。在多目标决策的情况下,应尽可能剔除那些从属性的或不太重要的目标,使决策目标的数量减少,从而更有效地把握主要目标。

3. 科学预测

在决策之前,必须对决策对象及其所处的外部条件可能发生的变化进行预测。在此基础上,才能根据决策的目标和现实条件及未来可能发生的变化,合理地制定决策方案。

4. 拟定方案

在决策过程中,拟定多个备选方案是一个非常重要的阶段,它直接决定了决策的质量。并且,这些备选的不同方案必须是能够相互替代、相互排斥的,而不能是相互包容的。

备选或替代方案产生的过程,可大致分为以下步骤:

• 在研究环境和发现不平衡的基础上，根据组织宗旨、使命和任务，消除不平衡目标，进而提出改进的初步设想。

• 对各种改进设想进行集中、整理和归类，汇总内容较为具体的各种备选方案。

• 对可供考虑的初步方案进行筛选、修改、补充，分别预计可能的结果，制定可替代的决策方案。

5. 方案评价

方案评价基于科学的态度、依据科学的标准来进行。要研究各个方案的限制因素，综合评价各个方案。评估的主要内容有：

• 方案实施所需的条件是否已经具备，建立和利用这些条件需要组织付出何种成本；

• 方案实施能给组织带来何种长期和短期的利益；

• 方案实施中可能遇到的风险及活动失败的可能性。

• 要统筹兼顾。不仅要注意决策方案中各项活动之间的协调，而且要尽可能保持组织与外部结合方式的连续性，要充分利用组织现有的结构和人员条件，为实现新的目标服务。

• 要注意反对意见。因为反对意见不仅可以帮助人们从更广泛的角度去考虑问题，使所制定的方案更加完善，而且可以提醒大家去防范一些可能会出现的弊病。

• 要有决断的魄力。任何方案都有其支持者和反对者，在众说纷纭的情况下，决策者要在充分听取各种意见的基础上，根据自己对组织任务的理解和对形势的判断来做出果敢的决断。

6. 选定方式

选择方案是计划工作最关键的一步，也是抉择的实质性阶段。在做出抉择时，应当考虑在可行性、满意度和可能效益三方面结合得最好的方案。以下方面值得我们注意：

• 追求相对满意而不是绝对满意。

• 选定方案不是简单地挑选一个，而丢弃掉其他方案。最终的方案也许是一个综合几个方案的结果。

• 要综合考虑各种指标，防止片面注重经济效益指标。

7. 检验决策

决策方案选定之后，应在对全局具有典型意义的地方，严格按照选定的决策方案进行试点。如果试点成功，即决策方案被试验证实，选定的决策方案就可以进行普遍实施;如果试点失败,则应及时反馈,进行跟踪检查和决策修正。

8.实施决策

制定、检验决策的完成,并不意味着决策过程的结束,只有把它们和实施、执行决策结合起来,才能构成科学决策的完整过程。

以上步骤表明,决策是一个有一定顺序的、条理化的过程,而不是在瞬间选定某一方案的单纯的决断。虽然决策过程被划分成不同的阶段,但在实际工作中,决策过程的各步骤往往是相互联系、交错重叠的,不能将决策各步骤工作截然分割开来。

5.3 决策方法

5.3.1 定性决策法

定性决策法是建立在心理学、社会学和行为科学等基础上的“专家法”,是在决策过程中利用已知的、现有的资料,充分发挥专家集体的智慧、能力和经验,在系统调查研究分析的基础上进行决策的方法。主要有:头脑风暴法、德尔菲法等。

1. 头脑风暴法

头脑风暴法是比较常用的集体决策方法,相关人员集中在一起,由主持人阐明问题,所有人围绕问题自由发言、畅所欲言。在发言过程中须遵守以下规则:头脑风暴法的创始人奥斯本为该决策方法的实施提出了四项原则:对别人的意见不做任何评价,将相互讨论限制在最低限度之内;建议越多越好,在这个阶段,参与者不要考虑自己建议的质量,想到什么就应该说出来;鼓励每个人独立思考,广开思路,想法越新颖、奇异越好;可以补充和完善已有的建议,使某种意见更具说服力。

头脑风暴法的目的在于创造一种畅所欲言、自由思考的环境,诱发创造性思维的共振和连锁反应,产生更多的创造性思维。这种方法的时间安排在1—2小时,参与者5—6人为宜。

2. 德尔菲法

这是一种对方案进行评估和选择的方法,通过综合专家们各自的意见来对方案做出评估和选择。其基本原则是必须避免专家们面对面的集体讨论,为的是保证每个专家把自己真实的观点充分表达出来。德尔菲法的方法是使用一个中间人，由中间人把在第一轮调查过程中专家们各自单独提出的意见集中起来并加以归纳后反馈给他们，然后重复这一循环，使专家们有机会修改他们的观点并说明修改的原因。一般重复了 3—5 次之后，专家们的意见即趋于一致。德尔菲法主要有三个特点：匿名性、集中反馈、对反馈结果进行统计学处理。

5.3.2 定量决策方法

1. 盈亏平衡分析（量本利分析）

盈亏平衡分析也叫量本利分析（即销售量、成本、利润）分析。

企业的生产成本包括两个组成部分，即固定成本和变动成本。固定成本包括管理费用、工人基本工资、设备的折旧费用等。这部分费用基本上是恒定的，不随着产品的变化而变化。变动成本包括原材料费用、能源费用等，这部分费用与产量成正比例关系。

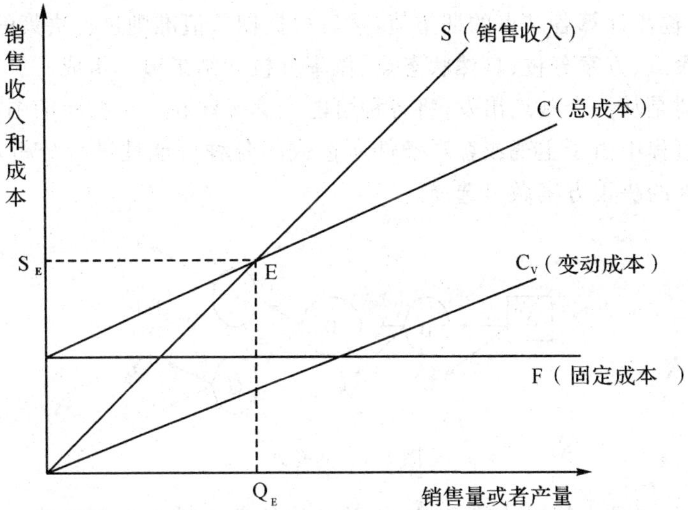

图 5-2　盈亏平衡分析

已知，销售收入＝产量×单价

生产成本＝固定成本＋变动成本

＝固定成本＋产量单价单位产品变动成本

因此，当企业刚好盈亏平衡时，即有，

$$Q_E \times P = F + Q_E \times C_V$$

进一步有，

$$Q_E=\frac{F}{P-C_V}$$

$$S_E=Q_E\times P=\frac{F}{P-C_V}\times P=F/(1-C_V/P)$$

以上各式中,Q_E 叫做保本产量或临界产量,$P-C_V$ 表示单位产品实现的销售收入在扣除变动费用后的剩余,叫做边际贡献。$(1-C_V/P)$表示单位销售收入可以帮助企业吸收固定费用或实现利润的系数,叫做编辑贡献率。如果边际贡献或边际贡献率大于零,则表示企业生产这种产品除可收回变动成本外,还可有一部分收入用以补偿已经支付的固定成本。有些企业尽管产品单价低于成本但还坚持生产,这是一个重要的原因(当然,单价不能低于变动成本,否则从财务角度看就没有意义了)。

2. 决策树方法

决策树法是根据逻辑关系将决策问题绘制成一个树型图,按照从树梢到树根的顺序,逐步计算各结点的期望值,然后根据期望值准则进行决策的方法。决策树由决策点、方案分枝、自然状态点、概率分枝和结果节点组成。

决策树是从一个基点出发,将各种可能全部标注在一个树状的图示中,从而对在决策过程中由于主观或客观条件所造成的各种可能性进行分析,在此基础上再对最终的决策方案做出选择。

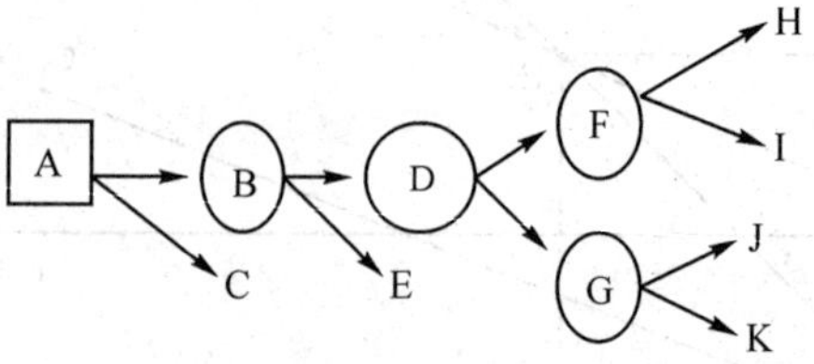

图 5-3 决策树

如图,A 点是决策树的基点,从其引出的各条支线称为方案枝。从 A 点可以引出两条方案枝,或者说有两种可能,这两条方案枝分别可以达到 B 点和 C 点。如果通过分析认定 C 点所代表的情况不可能出现,则可以不再继续分析下去,而专门去考虑从 B 点再往下一步发展的情况。从 B 点引出的两个方案枝分别到达 D 点和 E 点,同样排除 E 点后,再继续分析从 D 点引出的方案枝,这时,两个方案枝分别指向了 F 点和 G 点,从这两点又分别引出两条方案枝。于是,相对于基点 A 我们共得到了四种可能出现的决策方案:H,I,J,K。分别对各种方案进行比较权衡后,就可以从中选取一个最后的决策方案。

为了对某一决策做出判断,必须对其决策树进行全面的分析,其中包括分析决策过程中可能出现的各种情况，并判断在可能出现的不同的状态下，各种不同决策方案的收益大小和为此所要承担的风险。在对这些情况进行综合比较的基础上，就可以进行决策。

3. 不确定型决策方法

不确定型决策是指方案实施可能会出现的自然状态或者所带来的后果不能做出预计的决策。

• 乐观原则

亦称“大中取大”法，或者极大极大损益值原则。如果决策的人认为未来总会出现最好的自然状态，因此他对方案的比较和选择就会倾向于选取那个在最好状态下能带来最大效果的方案。

• 悲观原则

又称极大极小损益值原则。悲观的决策者认为未来会出现最差的自然状态，为避免风险起见，决策时只能以各方案的最小收益值进行比较，从中选取相对收益为大的方案。

• “最大后悔值”最小化原则

这是考虑到决策者在选定某一方案并组织实施后，如果在未来实际遇到的自然状态并不与决策时的判断相吻合，这就意味着当初如果选取其他的方案反而会使企业得到更好的收益，这无形中表明这次决策存在一种机会损失，它构成了决策的“遗憾值”，或称“后悔值”。

决策时应先计算出各方案在各种自然状态下的后悔值，即用某自然状态下各方案中的最大收益值去减该自然状态下各方案的收益值，所得的差值就表示如果实际出现该种状态将会造成多少的遗憾，然后从每个方案在各状态下的后悔值中找出最大的后悔值，据此对不同方案进行比较，选择最大后悔值最小的方案作为拟付诸实施的最满意决策方案。

举例：某企业新产品拟投放市场，生产成本为 4 元，有 3 种定价，即 5 元，6 元，7 元。价格不同，销售量和预期收益也将不同，请决策。

	不同状态下的销量(销售额)		
	畅销	一般	差
低价(5 元)	100(100)	60(60)	46(46)
平价(6 元)	48(96)	36(72)	28(56)
高价(7 元)	30(90)	25(75)	20(60)

不确定型决策方法

	高价		平价		低价	
	损益值	后悔值	损益值	后悔值	损益值	后悔值
销路好	90	100－90＝10	96	100－96＝4	100	0
销路一般	75	75—75＝0	72	75－72＝3	60	75－60＝15
销路差	60	60－60＝0	56	60－56＝4	46	60－46＝14
最小损益值	60		56		46	
最大损益值	90		96		100	
最大后悔值		10		4		15

选择哪一种方案,取决于决策者的风险价值观:

保守型,悲观原则,极大极小损益值原则:60 万→高价 ;

进取型,乐观原则,极大极大损益值原则:100 万→低价 ;

最小后悔值原则,稳妥型 :4 万→平价。

【本章小结】

决策是管理工作的基本环节之一,它贯穿于管理的全过程。决策是为了实现某一目的而从若干个可行方案中选择一个满意方案的分析判断过程。依据分类方法不同,有多种决策类型。

决策的一般程序包括下面八个步骤:(1)调查研究,提出问题;(2)系统分析,确定目标;(3)收集信息,科学预测;(4)拟定方案,采取对策;(5)全面比较,方案评价;(6)总体权衡,选定方案;(7)进行试点,检验决策;(8)实施决策,控制反馈。

有定性和定量两大类多种具体的决策方法。

【综合案例】

李宁公司国际化之殇:管理团队决策明显失误

2011 年李宁公司销售额大幅下滑,今年 1—6 月仅有 38 .8 亿元入账,净利润也从 2010 年高峰期的 15.47 亿元,狂泻至 2011 年的 6 .3 亿元。美银美林预计,李宁公司全年亏损将在 2.26 亿元左右。

2008 年,奥运会在北京召开,虽然赞助金额不敌阿迪达斯而失去北京奥运会官方赞助商的资格,但李宁手擎火炬在空中奔跑并点燃奥运会主火炬的形象,就似在全世界数十亿观众面前播放了一条史无前例的超值广告。尽管一次促销未必能成就一个国际品牌，但曾在李宁品牌部任职的一位中层向记者表示，除北京奥运外，中国运动品牌至少在10年或20年之内，再也遇不到这样国际化的历史机遇。而接下来李宁的一系列措施，无不围绕2008年展开。

这一年，张志勇给李宁找到了一条参与北京奥运的国际化捷径。除中国体操、跳水、乒乓球、射击队等的长期赞助商身份，李宁还迅速签下了西班牙、阿根廷男篮队。北京奥运会前后，市场上流传着一句话“中国穿NIKE，西班牙穿李宁”。

随后2009年8月，张志勇在北大光华管理学院的一个论坛上透露：“李宁已经跨出了国际化的第一步，最终目标要做全球品牌。”李宁战略计划里清晰地写着：2013—2018年，李宁公司的目标是成为世界前5位的体育品牌公司。

其实就在张志勇发言的一个月前，新加坡最繁华的乌节路上ION Orchard购物中心的地下二层，正对入口电梯处的一家店面，门口有半个羽毛球拍模型，巨大的液晶电视里循环播放着羽毛球器材的制作过程和使用方法。这正是李宁进入新加坡开设的首家羽毛球旗舰店。4个月后，位于尖沙咀的香港首家李宁牌羽毛球产品专卖店也随后开业。

“李宁着手国际化市场的渠道模式有三类：一是以西班牙为代表的欧洲‘授权商’；二是以香港、新加坡为代表的东南亚自营优势品类店；三是收购国外电子商务公司、进行网上产品研发和销售的美国模式。”服装业独立评论人马岗表示。

不过在马岗看来，国际化虽然是国内运动品牌未来发展的必然趋势，但李宁选择的时间点并不合适。而更有坦率者认为，这是李宁管理团队的失误，尤其是张志勇决策中的失误更加明显。

思考题

1. 企业经营决策是一种什么样的行为？

2. 什么样的原因导致李宁失利？

第6章

战略管理

引导案例

有一对夫妇，生活很贫困，家中有一只老母鸡。突然，有一天，这只老母鸡下了一个金蛋，而且，以后每天下一个。这对夫妇从此过上了富裕的日子，但他们认为太慢了，既然这只鸡每天都能下一个金蛋，那么，肚里肯定有好多的金子，不如把它杀掉，从肚里把所有的金子都取出来。于是，他们杀了这只鸡，剖开肚子一看，哪里有金子啊。

管理启示：

寓言中，假如这对夫妇能够懂得，这只鸡是金蛋的载体，没有鸡就没有蛋，就不会出现这么巨大的损失了。

管理者的决策是否正确，直接关系到一个项目的成败，甚至是整个企业的成败。有句俗语说："眼光要看到整个森林，不要盯在一棵棵小树上。"也就是说，看问题时，往往先从长远处着眼，切莫被眼前的小利迷惑，而忽视更为重要的东西，这是得不偿失的。企业管理，战略上要从大处着手，战术上要从细节上下工夫，是一个先大后小的过程。所以，决策要思维开阔，目光保持居高临下，才能做到胸有成竹，在部署战术时才能做到有的放矢。

本章主要内容

1. 战略的含义、特征，战略管理的含义，战略管理过程。
2. 不同类型的企业战略。

3. 战略的选择、实施和控制。

6.1 战略管理概述

6.1.1 战略的含义与特征

1. 战略的含义

战略源于军事，其本意是指对战争全局的谋划和指导。著名战略理论家克劳塞维茨认为战略就是为了达到战争的目的而对战斗的运用。毛泽东曾经说过，战略问题是研究战争全局的规律性的东西。

2. 战略的特征

企业经营战略是指企业根据内外部环境的变化合理配置资源，寻求和维持持久的竞争优势，从而实现各方利益相关者的期望。企业经营战略具有如下特征：

(1)全局性。企业经营战略立足于企业全局，确定企业的总体目标，谋划企业的总体行动，追求企业的总体效果。例如，解放战争中毛泽东精准地把握东北战局，认为能否攻克锦州决定了东北战局之胜负。因此决定对于长春、沈阳、锦州采取关门打狗的战略，而不惜一切代价攻克锦州。

(2)长期性。指企业战略的着眼点是企业的未来而不是现在，是为了谋求企业的长远利益而不是眼前利益。

(3)纲领性和相对稳定性。战略目标和发展方向是对企业未来的一种粗线条设计，是对企业未来成败的总体谋划，战略一经确定，不会随意改变。

(4)战略的实质是获得和维持相对竞争优势。战略实施的最终目的是为了获得和维持相对于同行其他竞争对手的相对优势，并最终实现企业的战略目标。

(5)风险性。未来具有不确定性，因而战略必然具有风险性。

6.1.2 战略管理的基本过程

1. 战略管理的含义

战略管理是对确定战略和实现战略目标过程的管理。具体而言，是指企业依据其宗旨和使命,根据组织外部环境和内部条件确立企业战略目标,为保证目标实现进行谋划,并依靠企业内部能力将谋划和决策付诸实施,以及在实施过程中进行控制的一个动态过程。战略管理是为获得竞争优势而进行的一个系统管理过程。

2.战略管理过程

将战略管理视为一个完整的系统活动过程,有助于理解战略管理的全面性和指导性特征,也有助于将战略的制定和实施恰当地联系起来,以战略作为纽带,将企业的各项活动有机地联系为一个整体。战略管理过程大体上可以分为战略分析与制定、战略评价与选择、战略实施与控制三个阶段。图 6-1 是战略管理过程的总体示意图。

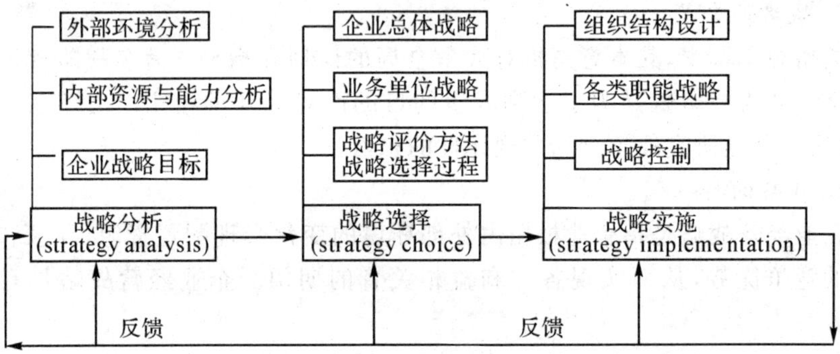

图 6-1 战略管理过程示意图

(1)战略分析

战略分析阶段的任务是根据企业的宗旨和使命,及内外部环境,确定企业的具体战略目标。具体工作内容包括:

①确定或重审企业的使命,决定企业的发展远景。

②分析企业所处外部环境的特征和变化趋势。准确界定外部环境为企业生存和发展提供的有利机会,以及对企业生存和发展造成的威胁,对企业所处外部环境进行客观的评价。

③评价企业内部能力。根据企业的资源配备潜力和企业具备的核心专长(那些能形成企业区别于竞争对手,并被市场认可是有价值的,因而能成为企业核心竞争力来源的有关职能活动方面),决定企业相对于关键竞争对手的竞争优势和劣势,从而找出企业的核心竞争力。

④综合考虑第 2、3 步对于企业所处内外部环境的准确定位,提出企业的战略目标。

(2)战略选择

战略选择阶段的任务是为企业长期目标确定恰当的总体战略和竞争战略目标及实现途径。主要工作包括：

①根据战略分析阶段确定的战略目标，在充分考虑企业内外部环境因素的基础上，提出若干备选的战略方案。

②根据预先确定的评价标准和评价方法，对各战略方案进行分析评价，找出各方案的优缺点，预计实施过程中需要的资源配合，并从中作出选择。

③根据选定的战略，制定具体的实施方案和计划，将战略目标进行层层分解，制定相应的具体目标和实现目标的方法。

(3)战略实施和控制

战略实施阶段的任务是为战略的具体实施安排组织条件，并对战略实施过程进行领导、指挥和控制，以保证战略目标实现，或是根据战略平衡状态的变化及时调整战略目标。主要有以下工作内容：

①根据战略的要求调整组织结构

著名的企业管理学家钱德勒就战略和结构之间的关系，经过有关分析研究后得到如下结论：战略决定结构，结构影响战略。新战略的实施必然会对企业的组织结构产生影响，如可能导致企业业务重心的转移，或者业务范围的改变，这就要求企业的组织结构类型进行相应的改变，以适应新的企业战略。

②调整或者改变企业的各项职能管理系统，包括人力资源管理体系、营销管理体系、财务管理体系、生产运营管理体系等。

上述各种职能管理系统是企业战略实施的具体体现，是企业战略实施的载体，通过这些具体的职能战略，企业确定的新战略得到实施和贯彻。同时，在具体的实施过程中，需要对这些职能战略进行动态控制，如果发现有不合理的地方或者外部的具体环境和实施条件已经发生了变化，则可能要对相应的战略举措甚至战略定位进行修订。

6.2 企业战略类型

6.2.1 企业战略层次

从企业战略的层次划分，可以分为公司层战略、业务层战略和职能层战略三大类。如图 6-2 所示。

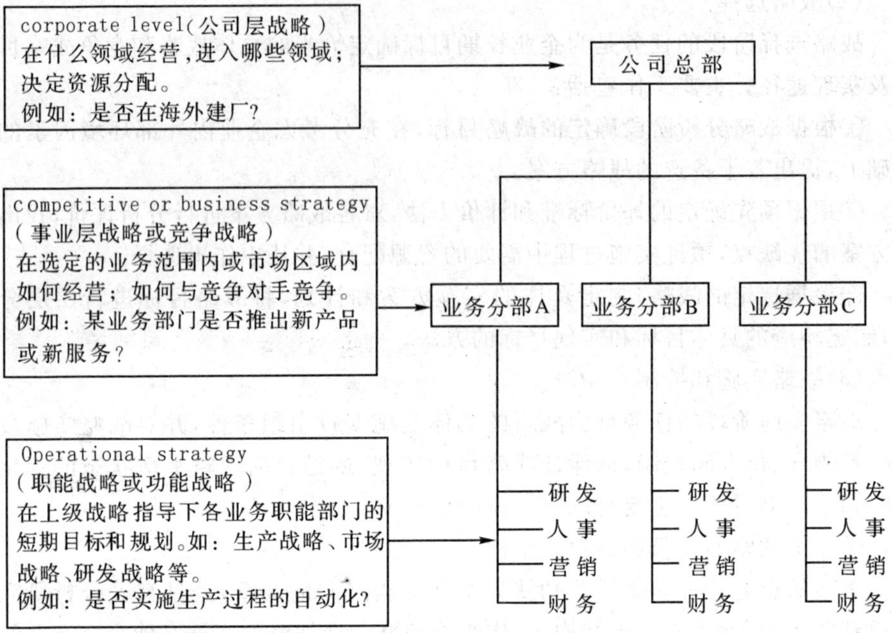

图 6-2 企业的战略层次

1. 公司层战略

公司层战略又称总体战略,是整个企业高层确定的长期发展目标和发展方向。公司层战略的主要任务是确定在什么领域经营,进入哪些领域及企业的业务组合,即决定企业活动所涉及的业务范围种类;合理安排各类业务活动在企业业务总量中的比重和作用等。

公司层战略主要包括成长型战略和防御型战略两类。其中,成长型战略主要有集约型成长战略(intensive strategy)、一体化成长战略(integration strategy)、多元化成长战略(diversification strategy)三大类。防御型战略主要有收缩(retrenchment)、剥离(divestiture)、清算(liquidation)战略三种。(见表 6-1)

表 6-1 常见战略类型

	战略类型	基本含义
集约型成长战略	市场渗透	通过更大的营销努力,提高现有产品或服务在现有市场上的市场份额。
	市场开发	进入新的细分市场;将现有产品或服务打入新的地区(市场)。
	产品开发	通过改进和改变老产品(服务);开发新产品。

续表

	战略类型	基本含义
一体化战略	前向一体化	沿着与企业当前业务的输出端(价值系统中的下端)有关的活动向下延伸;获得经销商(零售商)的所有权或加强对它们的控制。
	后向一体化	沿着与企业当前业务的输入端(价值系统中的前端)有关的活动向上延伸;获得供货方公司的所有权或增强对其的控制。
	横向一体化	获得本公司竞争对手的所有权或加强对其的控制。
多元化战略	集中多元化	增加新的、但与原有业务相关的产品与服务。
	混合多元化	增加新的、与原有业务不相关的产品与服务。
	横向多元化	向现有用户提供新的、与原有业务不相关的产品或服务。
防御型战略	收缩	企业通过减少成本与资产而重组企业,以扭转销售和盈利的下降。
	剥离	出售企业的分部、分公司或任何一部分。
	清算	为实现公司有形资产价值而将公司全部资产分块出售。

2. 业务层战略

业务层战略又称为事业层战略,竞争战略。即各业务管理中心(一般为战略业务单位 SBU)根据公司层战略决定的各具体业务部门的发展方向和发展战略,包括本业务的具体竞争方式和资源使用重点。

3. 职能层战略

职能层战略又称为职能支持战略,是在上级战略指导下各业务职能部门制定的短期目标和具体实施计划和方案,如:生产战略、市场战略、研发战略等。相对于公司层战略和业务层战略而言,职能层战略的内容要详细、具体得多,其作用在于使业务层战略或公司层战略的内容得以通过各职能的活动而具体落实。

以上三层战略是相互包容和相互补充的。通过三层战略的实施,各级战略之间实现了相互补充和完整:职能战略支持业务战略,业务战略支持公司战略。

6.2.2 企业职能战略

重要的职能战略包括人力资源战略、营销战略、生产战略、采购战略、财务战略等。

(1)人力资源战略

知识经济时代,人力资源是企业最宝贵和最重要的资源。人力资源战略关系到企业最根本的、长远的竞争能力。人力资源战略的分析内容包括薪酬体系、不同工种和职务的报酬水平流行方式及其发展趋势、有关人力资源方面的法律法规等因素。根据上述领域企业外部的情况和企业内部的具体配置,企业需要制定有关人力的选择、提拔、考核、奖惩薪酬、员工职业生涯规划等方面的规章制度。

(2)营销战略

营销环节是企业竞争力得以最终表现和实现的关键途径。营销战略的内容包括企业新产品的推出、主要的营销手段和途径、市场细分的变化、定价政策、新出现的分销渠道及发展预期、产品的流动情况和改善服务的方式等。营销战略可进一步细分为:产品战略、新产品开发和推出战略、分销战略、价格战略、促销和广告战略,以及对营销组织的管理等具体的战略。

对营销战略效果的评价可以采用销售额增长率、市场占有率、产品线宽度、用户满意率等指标,还可以通过行业对比和对手对比进行评价。

(3)生产战略

生产战略涉及产品制造的整个过程。生产战略包括以下内容:工艺技术方面的决策、生产环境分析、有关产品线决策、有关产品质量决策等。

(4)采购战略

涉及与供应商的客户关系维护、采购成本预算、库存成本、采购周期等。

(5)财务战略

涉及企业资本预算、并购计划、筹资计划、风险控制等。

6.3 企业战略评价与选择

6.3.1 战略评价常用方法

英国战略学家理查德·鲁梅尔特(Richard Rumelt)提出了战略评价的四条标准,即一致(consistency)、协调(consonance)、优越(advantage)和可行(feasibility)。协调与优越主要用于对公司的外部评估,一致与可行主要用于内部评估。

1. 一致性

一个战略方案中不应出现不一致的目标和政策。鲁梅尔特提出了如下帮助确定组织内部问题是否由战略间的不一致所引起的三条准则:

(1)尽管更换了人员,管理问题仍持续不断,可能存在战略的不一致。

(2)一个组织部门的成功可能意味着或被理解为另一个部门的失败,那么战略间可能存在不一致。

(3)如果政策问题被不断地提交到最高领导层来解决，可能存在战略上的不一致。

2. 协调性

协调指在评价时既要考察单个趋势，又要考察查组合趋势。

3. 可行性

依据企业所处外部环境及企业自身资源，考察战略是否可行。

4. 优越性

良好的企业经营战略应该能够为企业带来持续的竞争优势，这种竞争优势能够使企业适应外部环境，并最大限度地利用企业自身的资源和独特能力。

6.3.2 战略选择的影响因素

企业战略的选择是一个非常复杂的过程，会受到众多因素的影响。主要因素如下：

1. 企业过去的战略

过去的战略是企业选择新战略的起点。尤其如果过去的战略比较成功的话，一个常见的决策是继续沿用过去的战略或者只是做小幅改动。一般而言，如果最高决策层组成人员没有大幅度变动，在进行新战略决策时受到以往战略的影响比较大。

2. 战略决策层对风险的态度

企业战略决策层对风险的态度影响着战略类型的选择：风险承担者一般采取进攻性的战略；风险回避者一般采取防御性战略。风险回避者更注重过去的战略，而风险承担者则可能选择新的进攻性战略。

3. 企业利益相关者的影响

企业的众多内外部利益相关者如股东、竞争者、客户、政府、行业协会、所在社区甚至社会都会对企业的战略决策产生程度不同的各类影响。在不同的时期，或者企业处于不同的运营阶段，不同利益相关者对企业的影响程度是不一样的，从而战略决策受到的影响也就不一样。

4. 企业文化

企业进行战略决策时不可避免会受到企业文化的影响。企业文化有强弱之分。强势的企业文化中，企业的战略决策和选择受到原有战略的影响比较大；而弱势企业文化中，企业受到原有战略的影响就相对比较小。

5. 竞争者的反应

为准确地进行战略选择,还必须分析和预计竞争对手对本企业不同战略方案的反应,并充分估计这种反应对企业后续经营带来的影响。

6.3.3 常见战略选择误区

受到多种因素的影响,如战略决策者的有限理性、外部环境的多边性等,实际中的战略选择不可能是十全十美的。常见的战略选择误区有以下几种:

1. 盲从

在没有仔细分析企业特有的内外环境条件和自身资源的情况下,盲目地追随行业内成功企业的战略选择或者目前流行的战略态势,忽视或者缺乏对企业自身特殊情况的充分考虑,从而造成战略失误。

盲从现象主要发生在两种情况下:一是所在行业正处于上升势头,盲目追随业内其他企业的战略,并且大部分企业会采取发展型战略,这种盲从现象极易导致行业内供大于求的情况出现。二是企业正处于发展上升阶段,企业对自己的估计过于乐观,往往采取多元化的战略,四处扩张,一旦市场环境发生变动,容易导致经营失败。

2. 墨守成规

企业容易受到已经成功的战略的影响,而忽视外部环境和企业相对比较优势的变化,缺乏创新和变革,墨守成规。

3. 战略规划与执行的非系统性

这里是指战略规划在时间上的连续性,与未来的环境的适应性方面不够系统。例如,战略制定出来实施的时间不长,就遇上主要管理人员的调整,由此造成战略态势的重新选择,使企业战略没有连续执行的效率,导致失去长期的总体效益。

6.4 战略实施与控制

6.4.1 战略控制的概念与作用

战略控制主要是指在企业经营战略的实施过程中,依据一定的控制标准,检查各项战略举措的进展情况,与既定的战略目标与绩效标准进行比较,分析产生偏差的原因并纠正偏差,使企业战略的实施更好地与企业当前所处的内外环境、企业目标协调一致,使企业战略得以实现。

战略控制对于保证企业战略的有效实施具有重要作用。战略控制贯穿企业战略实施的全部过程,在实施的每一个环节通过相应的控制标准和控制手段,纠正战略决策和实施的偏差,为战略决策提供重要的反馈,保证战略目标的实现。

6.4.2 战略控制的方式

从控制时间来看,企业的战略控制可以分为如下三类:

1.事前控制

在战略实施之前,依据企业内外部情况,设计有效的战略计划,并在企业内部经过充分沟通后得到最大限度的认同,计划中的有关内容就成为日后战略考核的标准。这种控制多用于重大问题的控制,如任命重要的人员、重大合同的签订、购置重大设备等等。

2.事后控制

在企业的经营活动结束之后,就战略结果与事先拟定的控制标准相比较。这是一种事后的补救措施,意在警示今后尽量避免再犯类似错误。

3.过程控制

在战略实施过程中随时采取控制措施,纠正实施中产生的偏差,引导企业沿着战略的方向进行经营,这种控制方式主要是对关键性的战略措施进行随时控制。

以上三种控制方式所起的作用不同,因此在企业经营当中它们是被随时采用的。

依据控制的具体领域不同,企业的战略控制可以分为相应的不同种类:(1)财务控制。这是使用范围极广的、非常重要的一种控制方式,包括预算控制和比率控制。(2)生产控制。对企业产品品种、数量、质量、成本、交货期及服务等方面的控制。(3)质量控制。质量控制的范围包括生产过程和非生产过程的控制过程。(4)成本控制。除了各种有效和严格的成本控制手段和方式之外,在企业中建立成本控制意识才是最重要的,也是最根本的方法。

6.4.3 战略控制有效的条件

建立有效的战略控制系统,需要一定的条件:

(1)有经营战略规划。企业经营战略控制是以企业的经营战略规划为依据的,战略规划越明确、完整和全面,其控制的效果就有可能越好。

（2）健全的组织机构。组织机构是战略实施的载体，它具有能够具体地执行战略、衡量绩效、评估及纠正偏差、监测外部环境的变化等职能，因此组织结构越是合理、明确、全面、完整，控制的效果就有可能越好。

（3）得力的领导者。高层管理者是执行战略控制的主体，又是战略控制的对象，因此要选择和培训能够胜任新战略实施的得力的企业领导人。

（4）优良的企业文化。企业文化的影响根深蒂固，如果有优良的企业文化能够加以利用和诱导，这对于战略实施的控制是最为理想的，当然这也是战略控制的一个难点。

【本章小结】

企业经营战略是指企业根据内外部环境的变化合理配置资源，寻求和维持持久的竞争优势，从而实现各方利益相关者的期望。企业经营战略具有全局性、长期性、相对稳定性及风险性等特征。战略的实质是获得和维持相对竞争优势。

战略管理是对确定战略和实现战略目标过程的管理。具体而言，是指企业依据其宗旨和使命，根据组织外部环境和内部条件确立企业战略目标，为保证目标实现进行谋划，并依靠企业内部能力将谋划和决策付诸实施，以及在实施过程中进行控制的一个动态过程。战略管理是为获得竞争优势而进行的一个系统管理过程，包括战略分析、战略选择和战略实施控制三个阶段。企业战略可分为公司层战略、业务层战略和职能层战略三个层次。包括集约型战略、一体化战略和防御型战略三个大类，若干具体类型的战略。

战略评价的常见四条标准是一致、协调、优越和可行。协调与优越主要用于对公司的外部评估，一致与可行主要用于内部评估。

战略控制对于保证企业战略的有效实施具有重要作用。战略控制包括事前控制、事后控制和过程控制等方式；依据控制的具体领域不同，企业的战略控制可以分为财务控制、生产控制、质量控制及成本控制等具体手段。

【综合案例】

某省在甲市建有C特种钢生产企业、在乙市建有D特种钢生产企业（以下简称C公司和D公司），均为国有控股公司。2004年，根据市场竞争的需要，省决定C公司和D公司合并组建成为大型特钢集团公司（简称A公司），总部设在甲市。合并后，A公司提高了竞争实力，但许多问题亟待解决：C公司和D公司老国有体制下的大量历史负担同时转移到新公司，急需消化；C公司和D公司的原有战略已不能适应合并公司的要求；为适应公司合并后的新形势，A公司的组织、人事、财务、生产、营销等诸多方面急需变革；A公司的技术改造任务比较迫切等。鉴于A公司目前的情况，A公司董事会决定聘请一家管理咨询公司进行战略规划咨询。以下是A公司提供的资料：

(1)C公司基本情况。总资产32亿元，净资产12亿元，销售额14亿元，净利润0.57亿元，占地180万平方米，属于国有划拨工业用地，产权归C公司所有。从销售量、收入及毛利润贡献看，不锈钢、高合金工具钢、合金弹簧钢、特殊碳结钢是C公司的重点产品。客户主要集中在东北、华东地区，两个地区的销售额占总销售额的73%。

(2)D公司基本情况。总资产26亿元，净资产10亿元，销售额11亿元，净利润0.41亿元，占地162万平方米，属于国有划拨工业用地，产权归D公司所有。从销售量、收入及毛利润贡献看，不锈钢、高合金工具钢、高温合金钢、滚珠轴承钢、特殊碳结钢是D公司的重点产品，客户主要集中在东北、华东、西南地区，三个地区的销售额占总销售额的72%。

(3)C公司与D公司比较。就生产能力来讲，C公司的总体冶炼能力、装备水平高于D公司；C公司的特钢精炼能力大大强于D公司，主要满足军工市场需求；C公司连铸能力、锻造能力明显优于D公司。两公司的轧制能力、配套能力基本相当，C公司的优势在线材及深加工材，D公司的优势在棒材等大中型材。

(4)A公司迁址问题。根据甲市城市总体规划，A公司将在未来几年内进行整体搬迁。甲市对国有企业搬迁改造有一定优惠政策，如按照新的城市规划重新在工业区划拨工业用地，同时原有土地出让用于商业后，政府收取的土地出让金可按较大比例返还给本企业，用于新厂房建设和技术改造。

(5)其他相关资料。特钢产品可以分为高、中、低端三类。高端产品包括：高合金工具钢、高速工具钢、不锈钢、耐热钢、高温合金钢、精密合金钢等；中端产品包括：合金结构钢、合金弹簧钢、碳素工具钢、碳素弹簧钢、滚珠轴承钢、合金工具钢等；低端产品包括：特殊碳结钢、一般碳结钢等。

国内特钢主要有装备工业、运载工具、国防军工等几大市场。研究表明，未来20年我国重大装备市场需求旺盛。国内铁矿石资源不足，主要从国外进口，资源成本呈现快速上升趋势；我国特钢产品进出口极不平衡，出口极少，而进口一直呈现快速上升趋势，目前主要以不锈钢板材等高档进口产品弥补国内产品结构的不足，高端特钢进口占国内市场份额20%；我国特钢市场结构与发达国家相比尚有一定差异，高端产品有较大的需求空间；国家提出建设资源节约型和环境友好型社会，对资源生产性企业提出了节能减排的严格要求。

思考题

1. 分析A公司发展所面临的战略问题。

2. 利用SWOT方法对A公司进行战略综合分析，给出A公司的战略选择。

3. 公司合并后，A公司的现有产品战略存在什么问题？应如何调整？应采取什么措施保证该战略的实施？

第 3 篇

组　织

第7章

组织概述

引导案例

宏基国际化高科技之路

台湾宏基于1976年由五人创业小组成立，资本额仅100万新台币，从事微处理器相关业务工业设计、贸易。目前宏基已成为一个国际化高科技集团，被誉为台湾的IBM，从事个人电脑及硬件周边设备生产，并积极向半导体工业、电讯业等相关产业发展。宏基1994年成为全球第七大PC制造商；在中南美洲、拉丁美洲、东南亚地区市场占有率为第一；1995年，总营业额突破1500亿新台币，60%以上销往海外。据美商泛美公司评鉴，1994年Acer品牌价值1.8亿美元，为台湾价值最高的品牌；《Wall Street Journal》称其为“领导世界进入1999年代的企业新星之一”；“全球品牌、结合地缘”的策略被《世界经理人文摘》称为“第4种国际化模式”；《TIME》、《Business Week》称宏基为“台湾最具国际知名度的企业”，“最受赞誉的亚洲高科技公司”；经《Far Eastern Economic Review》评估取代台塑成为台湾领导企业；入选“1996亚洲十大最受推崇之企业”、“21世纪25个主流家用品牌”。

一、以创新为形象定位

宏基认为，领先的产品、技术与创新的管理模式推出之际是企业形象提升的最重要的契机。因此，宏基建立形象的诉求重点是创新，持之以恒地透过各种有吸引力、有新闻价值的讯息传达同样的精神，用潜移默化的方式，建立一致的形象，“宏基——新鲜的科技，新鲜的产品”。

光靠高喊创新无法赢得创新的形象，因此，宏基每年以营业额的5%（早期）投入R&D，不断以创新产品去塑造创新的形象，《Far Eastern Economic Review》与《Business Week》分别以"亚洲的王牌"与"领先群伦，超越追随"介绍其成就；1995年9月，宏基推出Aspire多媒体家用电脑，更是其形象大幅度提升的契机。墨绿色及深灰色流线型电脑，外型大胆突破，功能领先同级产品，很快吸引国际媒体的注意：美CNN、Cable、News誉为"为家用电脑重新下定义"，美联社、路透社、《Wall Street Journal》都撰文介绍。1992年始，宏基开始渐进式的改造工程，提出三大国际化策略："速食店模式"、"主从架构"分散式管理、"国际品牌、结合地缘"这一创新的管理模式，从另一方面引起了媒体的关注：《World Executive's Digests》称之为第4种国际化模式；哈佛把宏基列为"企业国际化杰出个案"，《Fortune》称其为"宏基向21世纪的独特国际化策略"。

二、长期耕耘，塑造企业形象惠而不费

出版发行《园丁的话》、《0与1科技》、《新电子科技》、《第三波杂志》致力于电脑知识与观念的推广，从接近顾客、教育顾客、培养顾客入手，以扩大市场，经济实惠对宏基其早期的知名度与影响力具有相当的正面效应；1982年，在全台21县市举办"小教授2号"巡回展，所到之处，都造成居民赶看最新科技的热潮；1986年，举行第一届龙腾科技论文奖；1987年，在高雄首创"千台电脑教室"活动，吸引10万人次前往操作；举办国际电脑围棋赛、学生电脑夏令营、关系企业经营策略研讨会。

三、宏基新形象

1986年宏基提出第二次创业，目标为"建立国际化与自由品牌的实力"，宏基步入又一个发展期。1987年9月宏基果断地将品牌价值已达2千万的"Multi—tech"换成"Acer"，放弃行之多年的品牌，并建立新的CIS。Acer从几万个名字中脱颖而出。Acer是拉丁字，意为"主动、敏锐、能干、犀利、强劲、灵巧"，简短响亮，没有负面联想的谐音，符合宏基的企业文化，表明在日新月异的电脑业中宏基正是"敏锐、犀利"地把握市场潮流，"积极主动"地向消费者提供最新鲜的产品。此外，Acer还隐含"ACE（王者）"之意，传达了宏基追求世界级品质、信誉的信念。原有的CIS过于复杂，不易识别，因此在更换品牌的同时，宏基建立了新的CIS，一个被切开的钻石图形。钻石隐含有"长久、高贵、优质”，弓形箭头与菱形钻石，代表了步入第二次创业的宏基的新形象——创新与高科技，更与其最初强调的价值观不谋而合。这一 CIS 的设计理念，来自于中国古代礼器中六器之一“琮”的造型，在 PC 平整的立体面上雕刻出几何面与线，使产品表现出宁静内敛、简洁统一的精神，并在产品颜色上以低明度、高明度的科技来表现科学的意念，传达宏基的特色。

新的品牌、新的 CIS，简洁统一，具有中国特色，合法、易记，与宏基的产品形象一致，具有很强的沟通效果。到 1994 年，Acer 的品牌价值已达 1.8 亿美元，成为台湾价值最高的品牌。

四、速度＋弹性：第四种国际化模式

20 世纪 80 年代末，电脑产业革命来临：电脑业主流由大电脑、迷你电脑转向个人电脑，电脑产业生产由统合模式（Integration Model）趋向分工整合模式（Disintegration Model），电脑业的游戏规则变为“利润低，淘汰快”。一方面没有未雨绸缪，另一方面面临成长的瓶颈，1990 年前后，宏基在国际化过程中发生严重亏损，尤其是以 9400 万美元巨资购进美高图斯公司投资失误，使公司陷入困境。1992 年，宏基开始再造工程，浴火重生，有了独特的“宏基迈向 21 世纪的国际化策略”：“速食店模式”；“主从架构”分散式管理；“全球品牌、结合地缘”。从经营模式、组织结构、经营理念方面进行了改造，被称为“欧、美、日模式以外的第四种国际化模式”。

五、“更像一个朋友”——Aspire 行销专案

1995 年 9 月 Aspire 多媒体家用电脑在美国诞生，全球首部家电造型，是宏基产品发展史中极为重要的里程碑。Aspire 热很快席卷美国。上市之初销量达到 6 万台，十月份达到 8 万台，十一月份突破 10 万台，粉碎了美国大电脑公司在 1994 年圣诞节夸下的海口：“明年圣诞节要将宏基赶出美国市场”。Aspire 带来了滚滚利润，也使宏基再次成为媒体的宠儿，形象大幅提升。宏基 Aspire 的成功来自于领先同级产品的功能、贴心的设计、有力的营销沟通。人性化的设计理念，从消费者的角度设计电脑，使得 Aspire 更像一个朋友，而并非仅仅是台办公机器。

本章主要内容

1. 组织的概念、作用和功能。

2.组织的管理。

3.创建学习型组织。

7.1　组织概述

7.1.1　组织的概念

关于组织，人们曾给予多种界说，可谓众说纷纭。这些定义归纳起来主要有：

(1)组织是追求一定目标的社会实体，其存在是为了实现一定的目标，而组织成员的行为是对这些目标的理性的追求。

(2)组织是目标制定系统，其目的和目标是由其人员制度的管理的。

(3)组织是一个开放系统，是依托环境而求生存的“输入—产出”的转换系统。

(4)组织是一个信息处理系统，通过其纵横交错的各级机构来处理从环境中输入的各种信息，并以信息为基础来进行决策和协调组织的各种活动。

(5)组织是合同或契约的集合体。它是由许多成文或不成文的合同或契约组成的，组织内的每个成员都依据合同的契约的规定进行工作，并据此获得相应的报酬。

(6)组织是一个政治系统。它是由内部各政治利益集团所组成的，每个政治利益集团为了巩固自己的政治地位都意图掌握决策权，或意图加强自己对决策过程的影响力。

(7)组织是各种权力的集合体。它是由各种权力集团组合而成的。为了满足本集团利益的要求，各权力集团都意图用自己的权力来控制或影响组织对种种资源的分配。

(8)组织是控制和统治的工具，每个成员都被分配在一个固定的位置上。对每个成员应该做什么，以及对他们的行为都作了极其严格的规定，每个成员都受一个特定的上司的指挥和控制。

上述的各种提法都从不同的角度阐述了组织的含义，并强调了组织某一方面的特性的功能。但以上的每一种定义都不够全面。全面把握组织的含义，必须将组织动态的含义与静态的含义结合起来分析。正如亨利·西斯克在《工业管理与组织》中提出:“组织这个词有两个不同的意义,其中之一涉及作为实体(Entity)本身的组织,另一个涉及作为一个过程(process)的组织。”

组织作动词用,是指组织活动,即按照一定的目的、任务和形式,对做事的人进行编制并形成工作秩序。

组织是动态活动过程和相对静态的社会构造实体的统一。其实质是特殊的人际关系。

1. 实体组织

从实体角度看,组织是为实现某一共同目标,经由分工与合作,及不同层次的权力的责任制度而构成的人群集合系统。

这个概念的含义:

(1) 组织必须具有的目标。任何组织都是为实现某些特定目标而存在的,不论这种目标是明确的,还是隐含的,目标都是组织存在的前提和基础。最基本的目的是有效地配置内部有限的资源。如大学的目标是传授知识,培养高级人才,这是一个非常明确的目标;而一些非正式组织,它们隐含的目的就是使组织成员受到保护,满足成员在某些方面的特殊要求。

(2)一个组织良好的机构,能使内部的关系得以理顺,并使所投入的资源得到最有效的利用。而一个组织不良的机构,则会使目标的实现受到影响。“1”加1可以大于“2”也可能小于“2”,这说明同样的投入要素可以产生很不相同的总体效果。

(3) 组织必须有分工与协作并是由组织目标限定的。一个组织为了达到目标,需要有许多部门,每个部门都专门从事一种或几种特定的工作,各个部门之间又要相互配合,这就是一种分工和合作。只有把分工与合作结合起来,才能提高效率。例如,剧场里的观众具有相同的目的,彼此没有分工与合作,不能称其为组织,而剧场的全体工作人员则构成了一个实体组织。

(4) 组织要有不同层次的权力与责任制度。组织内部必须有分工,而在分工之后,就要赋予各部门及每个人相应的权力,以便于实现目标。但在赋予权力的同时,必须明确各部门或各人的责任。有权力而无需负责任,就有可能导致滥用权力,影响组织目标的实现。所以,权力和负责任是达成组织目标的必要保证。

2. 无形的“组织”活动

无形的“组织”活动,是指在特定环境中为了有效地实现共同目标和任务,确定组织成员、任务及各项活动之间关系,对资源进行合理配置的过程。正是借助组织的活动、任务及各项活动之间的关系，对资源进行合理配置的过程，正是借助组织活动、过程和文化等所具有的协同或协调作用，各类组织机构内部才有可能形成一个“力量协作系统”，使个体的力量得以汇聚、融合和放大，从而体现组织的作用。其主要内容包括：

（1）组织机构的设计。当组织目标确定以后，管理者首先要对为实现组织目标的各种活动内容，进行区分和归类，把性质相近或联系紧密的工作进行归并，成立相应的职能部门进行专业化管理，并根据适度的管理幅度来确定组织的管理层次，包括组织内横向管理部门的设置和纵向管理层次的划分。无论纵向还是横向的职权关系，都是使组织能够促进各部门的活动并给组织带来协调一致的因素。

（2）适度和正确授权。在确定了组织机构的形式后，要进行造度的分权和正确的授权成功。有利于组织内各层次各部门为实现组织目标而协同工作，同时也使得各级管理人员能够产生满足感。

（3）人力资源管理。人是组织的主体，人群中存在着复杂的人际关系。组织活动包括人员的选择和配备、训练和考核、奖励和惩罚制度，以及对人的行为的激励措施等。

（4）组织文化建设。组织活动包括为创造良好的组织气氛而进行团体精神的培育和组织文化的建设。无数成功组织的事例证明，组织文化是否良好，对于一个组织能否发挥有效作用至关重要。

7.1.2　组织的类型与功用

1.组织的类型

现代组织最重要的形式之一是企业组织。根据组织合成“要素”的性质不同，可以将企业组织划分为三大类：

（1）作业组织。对生产作业活动加以组织，是企业组织的最基本内容。生产作业活动是以物质流为对象，通过人与机器的结合使用和协调配合，达到将原材料的输入转换为一定产品或服务的产生的结果。从历史上看，工业组织经历了家庭手工业、工场手工业、机器大工业和现代化工业几个不同的发展阶段，其生产作业组织也在这个过程中发生了不断的演化与变革。此外，在现代化组织中，与生产现场作业活动相并存的办公室作业活动也日益扩大与发展，从而构成了作业组织的另一内容。

（2）管理组织。管理组织通常被认为是一种纯粹以“人”以对象的组织。但是，随着现代科技的进步，“智能机器”在管理活动中扮演着越来越重要的角色，所以，管理组织也就演变成为一种特殊的人机力量协调系统。管理组织主要包括：日常生产经营管理组织、创新管理组织和战略管理组织。它们是组织中脑力劳动与体力劳动，日常性活动与创新性活动，以及资本所有权与组织经营权相分离的产物。从组织形态上看，它们经历了从“单个人”逐步演化为“组织”，并由组织的低级形态不断地向高级形态发展变化的过程，以及从“机械式”刚性组织到“有机式”柔性组织的演变与发展过程。它从单个管理者（管理活动内部不分工）到直线型简单组织（管理活动纵向分工），再到功能型组织（管理活动横向分工）至分总型组织（业务经营单位划分），形成相对独立于日常管理组织而存在的战略管理组织。

（3）财产组织。企业组织不仅是与机器、原材料等生产要素相结合的结果，更是财务资源集结而成的经济实体，企业从机器大工厂演变为现代公司，是财产组织形式上的一大变化，它体现了企业组织制度的飞跃。而财产组织资本的来源、构成及组织治理结构问题，对管理组织尤其是战略管理组织，具有不容忽视的影响作用。

企业作业组织、管理组织和财产组织在实际中是相互依存、相互促进的，它们共同形成了组织的一个完整体系，如图7-1所示。现代企业正因为在财产组织、管理组织和作业组织的交互影响与变化中不断地强化其生存发展的能力，才能充分地发挥出整体最好的合成和协同效果。

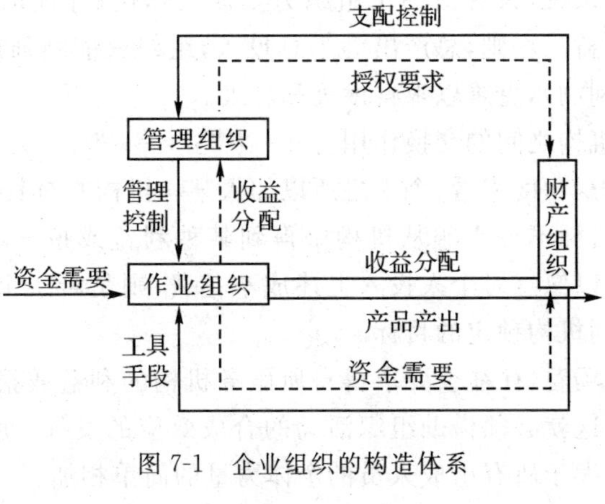

图7-1 企业组织的构造体系

2.组织的功用

组织活动的功用，绝不是仅仅为了简单地把个体力量集合在一起。个体力量的集合可以形成一堆沙，也可能成为一个“抱团”的群体，可以完成单独个体力量的简单总和所不能完成的任务。

在自然科学领域,以都是由碳原子构成的石墨与钻石为例:石墨的碳原子间是独特的"层状结构",而钻石的碳原子之间是独特的"金刚石结构"。由于原子间结构的差异,二者的力量和价值无法相提并论。同样,在社会系统内部,对人的力量所进行的组织不同,也完全可能造成不同的功效。

优良组织的基本功用,就是避免集合在一起的个体力量相互抵消,而寻求对个体力量进行汇聚和放大的效应。一个组织为了有效地发挥和利用其人、财、物资源,必须妥善地开展组织设计与变革工作。

(1)组织的力量汇聚作用。

把分散的个体汇集成为集体,用"拧成一股绳"的力量去完成任务,这是组织力量汇聚作用的表现。用简单的数学公式表示,就是 1+1=2。这种"相和"效果,可以从日常生活中多个纤夫合拉一艘船,伐木工合力搬运木材等实例中,得到具体而生动的说明。

(2)组织力量的放大作用。

比力量汇聚作用的"相和"效果更进一步,良好的组织还能发挥"相乘"的效果。古希腊著名学者亚里士多德(Aristotle)曾提出这样一个有趣的命题:"整体大于各个部分的总和"。组织对汇集起来的力量有放大或相乘的作用,就如同核裂变释放出巨大的能量一样。力量放大作用是在力量汇集作用基础上产生的,但不是简单的 1+1=2,而更多的是 1+1>2。

例如对组织来说,只有借助于组织力量放大作用,才能取得"产生"远大于"投入"的经济效益。否则,总产出等于总投入,组织只能勉强地维持下去,而不可能得到盈余(利润),更难以求得发展和壮大。

(3)个人与机构之间的交换作用。

从个人的要素角度来看,个人之所以加入某一机构并对其投入一定的时间、精力和技能,其目标不外乎想从机构中得到某种利益或报酬,以满足个人的需求。而机构之所以愿意对个人投入上述成本花费,则是希望个人能因此对机构有所贡献,以达到机构预定的目标。

从个人的立场看,往往会要求得自所服务机构的利益或报酬大于其对该机构的成本花费。这就必须借助组织活动的合成效应的发挥,使个人集合成的整体在总体力量上大于所有组成人员的个体力量的简单相加。

这样,个人与机构之间的关系,可以说是建立在一种相辅相成、平等交换的基础之上,形成双方都感到满意的关系。正是在这种意义上,人们将"组织"誉为与人、财、物三大生产要素并重的"第四大要素"。这一要素的成本花费相对较低,但它对机构所作出的贡献可能远远超过其他三要素。

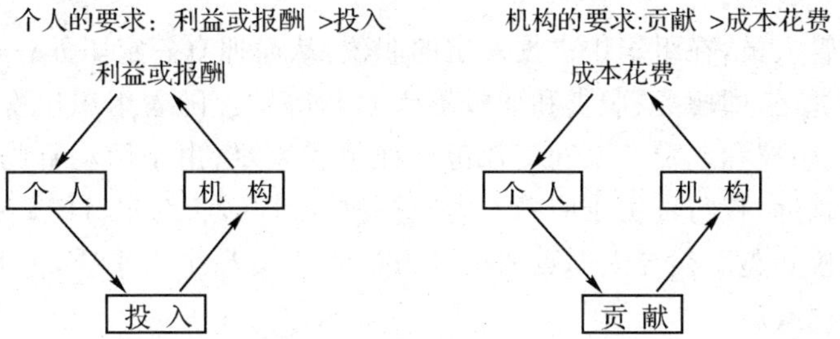

图 7-2　个人与机构之间的交换关系

7.1.3　组织工作原理

组织工作是指为了实现组织的共同的目标而确定组织内各要素其相互关系的活动过程，也就是要设计一种组织结构，并使之运转的过程。组织工作应遵循以下原理，有计划、有步骤地进行。

1. 目标统一原理

目标统一原理是指组织中每个部门或个人的贡献越是有利于实现组织目标，组织结构就越是合理有效。

组织结构的目的在于把人们承担的所有任务组成一个体系，以便有利于他们共同为实现组织的目标而工作。

2. 分工协作原理

分工协作原理是指组织结构越能反映为实现组织目标所必要的各项任务和工作人员以及相互间的协调，组织结构就越是精干、高效。

分工协作一致原理规定了组织结构中管理层次的分工(即分级管理)、部门的分工(即部门划分)和取权的分工。组织层次一般分上、中、下三层，每一管理层次都有相对应的责权，均有相应才能的人与之适应。管理层次须分明。划分部门是为了把整体任务分散化，是为了有效地完成组织目标。因此，总部门划分应该是有利于目标的完成，有利于部门间协调。组织结构中有三种职权类型:直线职权、参谋职权和职能职权。

3. 管理宽度原理

管理宽度原理是指组织中主管人员监督管辖其直接下属的人数越是适当，就越是能够保证组织的有效运行。

4. 责权一致原理

责权一致原理是指在组织结构设计中，职位的职权和职责越是对等一致，组织结构就越是有效。

作为主管人员，在组织中占据一定的职位，从而拥有一定职务、一定职权，必然要负一定责任，即职务、职责和职权三者是相等的。随着组织层次的增高，若要建立职务、职权和职责关系和责任范围便愈益困难；由于活动日趋复杂，事情因果距离就越远，权与责更难明确。为坚持权责对等，法约尔（H．F ayol）认为，避免滥用职权和克服领导人弱点的最佳方法在于提高个人素质，尤其是必须具备高度的道德素质。

5.集权与分权相结合原理

集权与分权结合原理是指对组织结构中的职权的集权与分权的关系处理得越是适中，就越有利于组织的有效运行。集权管理是社会化大生产保持统一性与协调性的内在需要。但集权又有其致命的弱点：弹性差，特别是在社会化大生产的复杂性和多样性面前，无弹性的集权甚至可以造成组织的窒息。因此，必须实行局部管理权力的分散。

6.稳定性与适应性相结合原理

稳定性与适应性相结合原理是指能在组织结构的稳定性与适应性之间取得平衡，就越能保证组织的正常运行。

环境条件的变化必定影响组织的目标以及组织人员的态度的和士气，为此，必须针对这些变化作适应性调整。主管人员必须在稳定与变化之间寻求一种平衡，既保证组织结构的适应性，又有利于组织目标的实现。

7.1.4　组织中人的因素

组织中的人的因素通常要从社会学和心理学的角度去考察。

1.社会学视野中的组织关系

组织的设计固然重要，对于管理者来说，了解人们对组织设计可能做出的反应更为重要。组织通过其管理行为，对其成员有很强的影响着组织成员的行为。尽管对管理者来说，社会传统和非正式的关系可能平添许多麻烦，但它们对于顺利完成每天的工作却是很重要的。一位管理者可能按照他个人的偏好来操纵社会行为，但是他也能够努力设计出一种工作的结构，使社会压力和正式的组织结构互相促进。

“养成”或“学会”某种习惯是通过个人经验来完成的。例如组织结构把工作责任明示给各个职位，公司手册正规地阐明公司的政策和程序。但是，员工们只有通过工作才能建立起习惯，对于任何想通过正式组织和书面计划来管理的管理者来说，强调经验形成的行为对他们应该是一种警告。正式的指示在成为习惯行为之前,必须在实际应用中为人们所接受。如果管理者不坚持员工必须遵循正式的规范,那么其他方面的因素就可能派生出具体的工作模式并成为习惯行为。例如,在工作时,"不准看与工作无关的书刊"的规定,一再被员工无视,而又不会受到惩罚,那么员工可能会把上班时看其他书刊当作是习惯行为。正式的规范,只有当它成为习惯的不可分割的一部分之后,才能充分发挥其作用。

某种习惯是从具体人的反复动作中产生出来的。但是除此之外,各种固定职务角色,具有对适合此项职务的人的良好预期的特性。或言之,每一个已固定下来的职务角色,都会强烈影响在某项职位上的任何人的行为。这诚如我们期望妻子应尽到主妇的责任,教师应该是知识渊博的。当一个人承担了某一职务角色后,他的职责,他的权威,包括他的仪表和服饰都将被固定下来。在管理过程中,理想的情况是,正式组织为职位的描述与来自其他方面的期望融合成为一种统一的、对该职务的相同的理解。

社会群体对正式组织的行为方式有着重大的影响。这表现为社会群体通常会对员工施加压力,以此规约他们遵从群体标准和规定。例如,穿得太土气会受到同僚的嘲笑。一个群体还可能会抵制任何搞乱其正常活动的变革,尤其是当这种变革是由群体外部人发起的时候。因此,管理者在打乱社会形态时,要警醒到这种抵制的作用。由此,也提出一个管理者必须面对的问题,即如何谋求社会群体与正式组织的协调。要做到这一点,有必要首先假定群体的行为和标准可能是好的。经过调查之后,组织可能会做到修改某些非正式的行动使其符合组织决定。

2.员工的满足感与组织设计

工作本身能使人们产生满足感。例如,做好一件工作就会产生一种成就感。这种情况下产生的满足感是工作本身及工作中与其他人的正常关系。与此相对,工作也可给人一种奖酬,这种奖酬形式多样,诸如工资、休假等。在这种情况下,工作只是为以后得到满足的一种手段。这种满足感是工作外的满足感。而从工作中到工作外的满足感,在很大程度上依赖于金钱。组织的管理体制者要经常思考如何把工资、奖酬与做好工作的积极性联系起来,如何通过工作来满足更多安全的、社会的、自我实现的需求。在组织中,满足安全、交往、自我实现的需求是困难的,因为满足上述需求要求员工积极参与,要求员工采取积极主动的行动。但管理体制人员无法强迫他的员工喜欢他的同事,不能强迫他对自己的工作感到自豪并对未来充满信心,也不能强迫他独立,只能创造一种氛围使满足感的需求不会再成为行动的动力,因此,管理者不会把满足感作为报酬发给员工。导致组织成功的组织设计应该同时也是员工取得满足感的源泉。

组织的结构将决定员工在工作时间的环境。这个环境包括正式的规章制度和沟通交往的网络。这样的环境可以满足或阻碍人们的需求,它可以培养良好或恶劣的态度,还可以部分地决定员工想什么/学什么。管理经验告诉我们,下列几种组织结构本身具有能够影响组织成员的满足感的方式。①小型单位。在较小的单位中,员工会得到更多的满足感。②与外界隔绝的工作。与外界隔绝的工作将抵消员工的满员感。③授权。授权产生的等级结构中的地位使人产生满足感。④明确的职位和职责容易让人产生满足感。⑤分权的程度。分权为满足员工的自我实现需求提供了机会。基于上述认识,管理人员应该能适时地调整组织结构以增加部下的直接满足感。

3.组织中的矛盾

组织中的矛盾大致来源于下面几个方面:①组织内的竞争。组织的竞争的前提是不充裕的资源。这种不充裕的资源不光是物质的,人力资源经常也是不充裕的,因此在人员的分配上就会出现竞争。②固有的矛盾。这种固有矛盾是指在进行组织工作的过程中,制度的行为造成的矛盾。③工作性质相异。由于组织各部门工作性质不同,完成不同工作的最好的方法不一定能融洽配合。例如,经营性组织的生产和销售之间的摩擦就是这种矛盾。④个人目标和价值观的差别。个人价值观千差万别。研究人员喜欢创新,而作业人员热衷于解决目前的问题。属性如此不同的人在试图解决一个共同的问题时,往往没有更多的共同语言。进行同一工作的两个人在目标上有时也会显得矛盾,尤其当这项工作与两个人的升任直接相关时。⑤模糊的组织结构。组织内矛盾的另一个常见根源是分工、职责不明朗,难于达成一致意见。而且,这种原因导致的矛盾往往持续很长时间。当然,组织结构的模糊并非设计不周,而是因为组织都普遍存在很大的动态性。

解决组织矛盾,首先要对矛盾进行分析。这种分析至少要搞清楚矛盾双方对于组织行为方案所要实现的目标是否一致,要判断意见导致的结果的不确定性。这样可能出现四种情况:①目标一致,结果一致。②目标一致,结果不确定。③目标不一致,结果确定。④目标不一致,结果不确定。根据不同情况的任何一种,应该具体问题具体分析,注意解决实际问题,而不是被某些框框框住。事实上,矛盾也可以是建设性的,但管理者更注意具有破坏性的矛盾,从而常常会忽略由于积极地解决矛盾而产生的正面影响。在解决矛盾管理过程中,以下三条原则是至关重要的:①防止矛盾导致两败俱伤或一方付出重大的代价。②防止“讨价还价”式的矛盾演化为大的争端。③要关注工作关系紧密者之间的矛盾,因为它会消解合作精神。具体的解决组织矛盾方法大概有以下几种:①制造所希望的矛盾。当然制造的矛盾是建设性的，它有利于竞争和效率。②建立裁决机构。为了防止“讨价还价”式的矛盾升级，需要以共同同意的标准来建立裁决机构。③设计一体化单位。当裁决机构经常被要求解决矛盾时，它就显得迟钝而不知怎么办了。在这种情况下，把矛盾局限于某一局部的最好办法是将互相有关的活动结合在一起。④分离竞争对方，使矛盾的各方不在一起工作。⑤消除不必要的矛盾，例如用管理和行动来避免破坏性的矛盾。

7.2 组织的管理

7.2.1 组织管理过程

所谓组织管理，是把成员组合起来，以有效地实现组织既定目标的过程。组织管理活动是根据已经确定的组织目标，对必须进行的各项业务活动加以分类组织，据此设计出不同的管理机构和部门，划分不同的管理层次，明确规定各个部门、机构、层次及人员的管理职责以及它们之间的相互协作关系，并加以合理授权的过程。

这个过程包括以下的步骤：(1)确定组织的整体目标；(2)对目标进行分解，形成目标体系；(3)对为实现目标所必需的各项业务活动加以分类和组合；(4)划分职能部门，设置管理机构，进行合理分工；(5)明确各部门的职责与权力；(6)合理配备人员；(7)建立和维持一个畅通的信息联系渠道；(8)制定规章制度，确立运作机制，保持组织的灵活性、适应性、开放性和相对稳定性。

7.2.2 组织管理活动分析

一个组织的管理活动做得好不好，组织结构是否合理，其有效性程序如何，可以主要从三个方面来进行分析。

1. 职能分析

职能分析是为了确定各种职能在整个组织结构中的性质、地位及它们之间的相互关系。职能分析的主要内容包括：(1)分析各种职能的性质及类别；(2)明确各种职能的地位与作用，从而区分出关键性能与一般性职能；(3)分析各种职能的执行情况，找出存在问题，并制定改进的措施；(4)在变化的内外环境下，随着组织目标的调整，需要新增加和调整哪些职能？(5)分析各职位人员的活动能力与职能的要求是否相适应?

2.决策分析

决策分析主要内容包括:①为了实现组织的经营目标,应当作出哪些决策?②是何种性质和类别的决策?③这些决策应该分别由哪些管理层次来作出?④决策制定涉及哪些部门和哪些人?⑤决策的准则和决策的依据是什么?⑥谁是决策的负责人和最后的决定者?⑦决策作出后应该通知到哪些部门和哪些人?⑧执行决策的程序和具体保证措施怎样?

(1)决策的性质。这是首先要考虑的问题,如果是常规性、例行性、程序性和重复性的决策,可以授权较低的管理层次和部门来作出;如果是业务性、专业性很强的决策,可以授权各相应的职能部门来作出;如果是牵涉面很广的决策,如工资、奖金、福利的分配办法等,最好交由全体成员共同讨论参与来作出决策;如果是事关全局性利益、重大的、例外的、非程序性的或紧急情况下的决策,则由最高层负责人制定决策。

(2)决策的影响面。如果决策的影响面比较小,如仅仅涉及很有限的部门,就可由较低层次出面召集有关方面集体作出决策,并以较高层次的名义来发布这种决策,以加强决策本身的权威性。

(3)决策的影响时间。如果是短期的临时性决策,可交由较低层次的部门来作出;如果是中长期决策,应当由高级管理层作出。

(4)决策者所具备的能力。作决策的层次应同决策者所具备的知识、经验、能力以及所掌握的信息等相适应。对于复杂的、战略性的决策,必须由具有高度知识、经验与能力,较高层次的决策者作出;对于比较简单的、一般性或事务性的决策,可以放到中下级管理阶层来作出。

3.关系分析

(1)分析各个层次和部门的职权关系;

(2)分析各个层次和部门的职责关系;

(3)分析各个层次和部门间的信息沟通关系;

(4)分析各个层次和部门间的相互协作关系;

(5)分析如何进一步改善组织中的各种关系。

7.2.3 组织管理活动内容

组织管理活动的内容,实际上在组织的过程中已经得到了体现。具体来说,主要包括以下几个方面。

(1)根据组织目标的要求建立一套与之相适应的组织机构。

(2)明确规定各部门的职权关系。

(3)明确规定各部门之间的沟通渠道与协作关系。

(4)在各个部门之间合理地进行人员调配。

(5)根据组织外部环境的变化,适时调整组织和人员配置。

总之,要通过出色的组织活动,使组织结构合理,组织运转高效,资源配置优化,各种关系处理恰当,人的积极性得到充分发挥。

7.2.4 组织管理职能

1. 组织设计

组织管理职能主要包括以下四个方面的内容。

这是以组织结构安排为核心和组织系统设计活动,是组织总体设计的重要组成部分,是有效地实施管理职能的前提条件。组织设计的主要内容包括:

(1)职能分析和职位设计。首先要分析整个组织活动要得以正常有序、有效地进行,应该具备哪些职能,然后根据能设计职位。

(2)部门设计。根据一定的标志和原则划分部门,形成合理的部门结构。

(3)管理层次与管理幅度的分析与设计。首先要对影响管理层次和管理幅度的各种因素加以分析,然后划分出不同的管理层次,并确定适应的管理幅度,目的是要保证整个组织结构安排的精干与高效。

(4)组织决策系统的设计。包括组织的领导体制的确立、高层组织的权力结构设计、组织高层决策机制的设计、各种咨询性或顾问性组织的设计等。

(5)组织执行系统的设计。组织的执行系统和相应职能部门的设计,目的在于有效开展各项组织活动。

(6)横向联合和控制系统的设计。

(7)组织的行为规范设计。

(8)组织变革与发展的规划设计。

2. 组织运用

组织运用就是执行组织所规定的功能,通过开展各种管理活动使组织发挥功效,最终实现组织的目的。因此,组织运用是一个从静态结构到动态活动的过程。主要内容包括:

(1) 制定各部门的活动目标和工作标准;

(2) 制定办事程序的办事规则;

(3) 建立检查和报告制度;

(4) 作好各种原始记录和信息资料的整理;

(5) 具体开展各种管理活动。

3.人员任用

人员任用就是要根据因事设职,因职择人,量才使用的原则,根据职务的需要,在每一个工作岗位的部门配备最适当的人选,同时也为每个人找到最适合的岗位,以使人尽其才。在人员任用时要特别注意以下几点:

(1)要给每一个部门配备一个有能力的领导人;

(2)要注意各类人员性格与能力的互补;

(3)克服因人设事;

(4)不要启用消极和悲观的人;

(5)不要启用对组织缺乏忠诚和奉献精神的人。

4.组织变革

任何组织都不会是一成不变的,任何组织也都不会是完美无缺的。随着组织内部条件和外部环境的变化,一个富有生命力的组织为了适应这种变化,必然会及时地作出相应的调整,也就是进行组织的变革,以达到组织的自我发展和自我完善。

组织的变革有三种基本的方式:

(1) 改良式的变革。在原有的组织结构框架内作些日常的小改小革,修修补补。如局部改变某些科室职能,新设某些机构,新任命某些人员,或小范围地精简、合并或撤销某些部门等。它是一种局部的变革,涉及面不广,震动不太大,引起的阻力也较小。它有利于组织全局的稳定发展,因而在大多数正常情况下是实行组织变革的有效方法。

(2) 革命式的变革。即断然采取革命性的措施,彻底打破原有框架,在短期内迅速完成组织机构的重大改组。如从直线职能制结构改组为事业部制结构,组织与组织之间进行合并,组织内部进行分立等。

这种变革方式涉及面广,波及组织的方方面面,因而引起的动力很大,所引发的阻力也可能不小,因此,需要组织领导人具有非凡的魄力,并事先制定出周密的计划。这种变革一旦取得成功,往往会使组织脱胎换骨,重新焕发生机和活力;而一旦失败了,则也有可能使组织从此一蹶不振,元气大伤。这就需要组织的最高级领导者十分谨慎地从事组织变革。

(3) 计划式的变革。先对改革方案进行系统研究,制定全面规划,设计出理想的变革模式,然后有计划、有步骤、分阶段实施。这是一种比较理想的组织变革方式,在实际工作中得到普遍采用。

7.2.5 组织管理要素

1.管理幅度和管理层次

管理幅度是指一名上级领导人直接领导下级人员的数量;管理层次则是指既定结构中有多少层次的领导。管理幅度宽,则层次少(形成扁平的结构)。

2.部门化

把组织成员组成专业化小组,在一经理的指挥下,完成他们相关的活动,这些专业化小组被称为“部门”。这些部门可按职能、产品、服务对象、区域、时间、过程等各种标准划分。

3.统一指挥

在组织内部必须实行统一指挥,否则会使被管理者无所适从。

4.职权和责任

职权是指组织内每一个管理职位都有它特定的、固有的、合法的权利。要组织发挥作用,必须把职权下放,即“授权”。人们在接受职权的同时也接受了与职权相称的责任。职权和责任是相关的,而且应该是对等的。

5.委员会

这是指从事某些管理方面工作的一组人。它的作用是取得情报,提供信息,进行联络,制定重大决策。

6.结构性

影响组织结构有三个因素:复杂性、形式化和集中化。

(1)复杂性,考虑在组织内部应该怎样进行功能的细化,这包括专业化的程度、部门化,以及在组织等级制度里层次的数目;

(2)形式化,组织依靠其规章和程序来指挥成员行为的程度;

(3)集中化,考虑决策的职权所在层面。

复杂性、形式化、集中化三个变量决定了组织结构,越是复杂化,则形式化程式化程度越大。

7.不确定性

不确定性是决定组织结构的根本因素,各种组织都在积极地谋求减少不确定性,或采取步骤以控制不确定性。控制不确定性主要是控制“技术”和“环境”。

(1)“技术”是指组织经常把输入物转变成输出物。为了达到组织目标,组织必须利用设备、材料、有见识或有经验的人员,并把他们安置在某些类型的活动里。

(2)“环境”,是指一切对组织影响的社会制度和文化。例如顾客的人数和多样性，原料或商品的供应者、竞争者等等。不同的环境需要有相应的结构形式，最有效的结构是能够适应环境要求的结构。

7.3 创建学习型组织

7.3.1 学习型组织的概念

学习型组织是关于组织的概念和员工的角色的一种崭新的态度或理念。在学习型组织中，每个成员都要参与识别和解决问题，使组织能够进行不断的尝试和创新，改善和提高它适应变化的能力。学习型组织的核心在于解决问题和提升员工解决问题的能力，与传统以效率的控制为着眼点的组织有着截然不同的区别。在学习型组织内，员工参与问题的识别，这意味着员工需要与客户保持持续的联系，并能切实了解其的需要；同时，学习型组织中的员工还应该有能力对识别的问题自主地提出并采取解决的措施，这意味着要以一种独特的方式将一切综合起来考虑以满足他们的需要，因此，新时代组织的管理者需要通过在整个组织范围内培养和提升员工的学习能力来确保组织获得和保持竞争优势。如图 7-3 所示，传统的组织通常是通过财务、营销和技术能力来获得竞争优势。财务能力的表现就是高明的投资决策和投资者的利益返还能力。营销和技术能力指的是技术创新、研究开发新产品和最新的生产技术。但是在竞争焦点由机器人、资本转向头脑、知识的信息时代中，企业的竞争优势更多地来源于学习的能力。管理者需要培养组织的学习能力。杰出的学习能力不仅使组织和每个人能够做以前不能做的事情，还能将财务、营销和技术能力推向更高的水平。

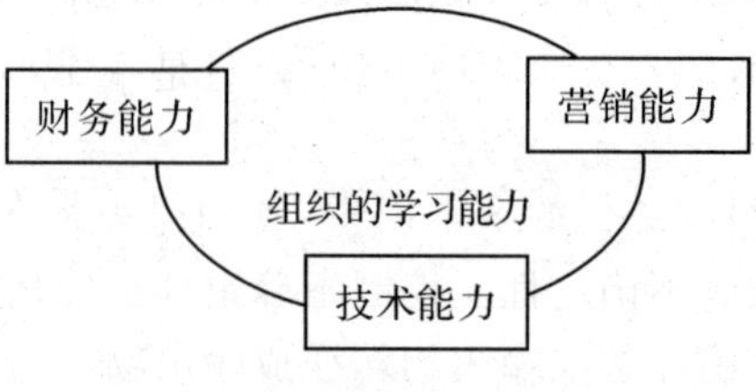

图 7-3　学习能力与竞争优势

要正确理解学习型组织，应着重从以下三个方面分析：

第一，学习型组织是全体成员全身心投入并有能力不断学习的组织。我们过去讲企业竞争,认为说到底是人才的竞争,其实这不完全对。按学习型理论,企业竞争说到底是学习的竞争。所谓学习力就是学习动力、学习力的学习能力三要素。这样说,并不意味着人才不重要。人才很重要,打个比方,A企业有高级人才100名,B企业有高级人才200名,那么是否B企业一定能胜A企业呢?不一定。按照学习型理论,虽然A企业的高级人才只有B企业的一半,但如果A企业员工学习力很强,那么A企业就比B企业更具市场竞争力。因为这不是简单的高级人才对高级人才,而是看他们是否具有更大的创造力。据调查,一个1976年毕业大学生到1986年,他的知识就是基本老化;而80年代到90年代的大学生所学知识不到10年就老化了。现在,很多企业中的一些大学毕业生,有的甚至已经评上高级职称,但对企业的发展到底起了多大作用呢?他们不是没有文凭和学历,关键是他们缺乏学习力。原有的知识老化了,这恰好是制约企业发展的重要因素。

第二,学习型组织是让员工体会到工作中生命意义的组织。今天企业要成功,员工必须能克己奉献。人的需求是多层次的,最低的是温饱,然后是安全感,第三是归属感。更高的需求是实现自身价值。企业只有解决了他们对温饱、客观存在及归属的需求,员工才能有更高的追求。作为管理者,要尊重员工,公平对待员工,如查仍不尊重员工,贬低员工,员工就不会认真工作。企业要成功,让员工只贡献手是不够的,还要让他们贡献脑。当你不尊重你的员工时,他们不肯贡献脑,你的企业就不会成功。

对企业来说,必须注意双元原则。所谓双元,第一就是企业的发展,第二要注意员工的发展。一个只注意企业发展而不注意员工发展的企业是不会成功的。作为员工来讲,既要注意到个人的发展,又要想到企业的发展,没有企业的发展也就没有个人的发展。因此,组织的各层领导,不仅要告诉员工工作中的生命意义,还要让员工体验到工作中生命的意义。

第三,学习型组织是通过学习创造自我、扩大未来能量的组织。一个组织整天学习而不创造那就不是一个学习型组织,而只是一个形而上学的组织。学习型组织的学习强调把学习转化为创造力。改革开放后,我们引进了许多先进的管理理论和科学技术理论,可为什么中国还有许多企业走不出困境?原因之一就是我们虽然学习了许多知识,但未付诸实践,这些知识也就成了无用的了。

科技的发展,知识更新的加快,使终生学习正在成为大多数人工作中的需要。员工还必须学会与他人一起同心协力地学习。一般在工作中,人们比较注重上下级关系,但如今,水平式的人际关系变得越来越重要,在同事之间发挥影响力。彼此合作、共同努力,成了不可缺少的人格素质。

由上可知,所谓学习型组织就是通过不断的学习来改革组织的本身的组织。学习在个人、团队、组织或者组织相互作用的共同体中产生。学习是持续性的并可以战略性地加以运用的过程,而且可以统一到工作中或者跟工作同时进行。学习不仅引起知识、信念、行动的变化,还增强了组织的革新能力和成长能力。学习型组织是把学习共享系统组合起来的组织。

7.3.2 学习型组织的主要作用

(1)学习型组织在人力资源管理中要求高层管理者不再进行简单的监控,而是主要起着协调、激励、支持作用。众所周知,当我们有一种无法改变现存的环境的压力感时,会失去学习的动力;相反,如果我们相信命运是掌握在我们自己的手中时,我们就会努力不断地学习和应变。在我们现有的传统组织中,高层管理者只负责思考和决策,基层人员则负责行动。在一个学习型组织中,每一个人的思考与行动都必须合为一体。

(2)以自主管理为导向,比民主参与管理更有效。民主参与管理是21世纪管理领域中的潮流,曾被誉为现代西方管理体制的一张王牌,其主要目的是使管理者与员工共同作出决策或使管理者与员工在工作场所面对面地作出非正式的决策,它能鼓励部属的成长,鼓励部属加强其承担责任的能力。而学习型组织则是在这种以"目标融合"、"Y"理论为基础的民主参与管理体制的基础上建立起来的一种新的自主管理模式,它不但能让部属学会承担责任,还能让他们学会去争取责任。

现在,许多西方的企业和学校已开始尝试这条途径。全世界在管理上也正在酝酿一个新趋势,这个趋势是由全球竞争所带动的。在全球竞争下,人们日益发觉21世纪的成功关键,将与20世纪的成功关键有很大的不同。传统的管理系统事例是被设计用以开发低廉的天然资源,而发挥自主管理、充分考虑人们的创造力已成为新世纪管理的一个努力方向。

(3)需要很强的自我学习能力。学习型组织很像各种高科技工程上的一项创新,而下文要讲的五项修炼便是这项创新工程中缺一不可的技术。这里强调的自我学习包含以下几个观点:第一,学习是一个终身的过程。彼得·圣吉说过"你永远不能说,我们已经是一个学习型组织",因为学得愈多,愈觉察到自己的无知。第二,学习绝不是简单地模仿某个模范或榜样,一些所谓企业家的做法,常被视为新的管理模式而被大家模仿。然而彼得·圣吉认为"这样做法弊多于利,这只会误导组织,掉入片面仿效与盲目追随的陷阱而已"。第三,潜意识对于我们的学习是非常重要的。人出生后一切都需要学习。只有渐进地学习,儿童才能够学会一切事务。从事任何新的工作，我们起先都需要意识参与才能非常专注与努力。在我们学习的过程中，整个活动从有意识的注意，转变为潜意识来的掌握。透过学习，我们能够做从未能做到的事情，重新认识这个世界及我们跟它的关系，以及扩展创造未来的能量。透过学习，我们重新创造自我。

(4)学习型组织富有弹性，强调时间与速度的竞争。传统的组织经常表现出与时间为故的现象。熊恩在他的《反思的实行者》一书中指出，“立即采取行为”似乎来自学校教室中的学习传统，老师在官僚式组织的束缚下，不会去鼓励同学反思。换句话说，我们现有的学习只是单向地吸收“专家”或“老师”倒出来的信息，学生和老师都是加快教与学的速度，吸收愈多愈好。建立新型的学习型组织就是要强调学习过程中的反思。反思习惯的建立才能有创新思维的产生。如果人们只有很少的时间去进行个人的思考和反省，我们怎能期望他们学习？事实上，我们当前的管理者很少不抱怨时间不够的。我们相当多的管理者确实非常努力地想要获得一些安静反思的时间。

7.3.3 创建学习型组织的方法

学习型组织的构建模式主要有以下五项技能(即五项修炼)。

1. 自我超越(Personal Mastery)

自我超越是学习不断弄清并加深个人的真正愿望，集中精力，培养耐心，并客观地观察现实。它是学习型组织的精神基础。自我超越是一种真正的终身学习。因为一旦精通自我超越，人就能够不断实现他们内心深处最想实现的愿望，他们对生命的态度就如同艺术家对艺术作品一般，全心投入，不断创造和超越。

要做到自我超越，要在下列方面不断地学习：建立个人愿望之景象，即一种从内心真正最关心的事情的目标；保持创造性张力，并且强调这种张力的正面力量，而不是那些焦虑、绝望或担忧等负面力量；看清结构性冲突(Strureal comflict)，这是一个各方面力量互相冲突的结构；诚实地面对事实；运用潜意识学习。

在人力资源管理中要鼓励部属建立可在其中练习自我超越的力量，其中核心的策略是以身作则，也就是要先做到自我超越。

2. 改善心智模式(Lmproving Mental Models)

心智模式是根深蒂固于心中，影响我们如何了解这个世界，以及如何采取行动的许多设想、成见，甚至图像。在管理的过程中，我们许多好的构想往往没有机会付诸实施，这是因为我们脑子所装的是一些事物设想，因此改善心智模式的关键是学会反省。

阿吉瑞斯称这种为“行动中的反省”(reflection in action)。在人力资源管理中，培养组织运用心智模式的能力，必须学习新的技巧，不断地推动组织方面的改革。彼得·圣吉认为，对于管理者而言，此项修炼的两个诱因都是极重要的——增加企业生产力和解决人际问题。增加企业生产力对于务实的管理者而言，由于是业务上所必须了解的事情，因此他们的学习意愿最高。如果只是训练管理者一些与业务不直接相关的技术，他们往往不感兴趣。另一方面，如果管理者不用反思和探询的技巧去处理人际问题，基本上仍然只是适应性地学习，无法形成创造性的学习。21世纪的管理要使组织产生创造性的学习习惯，管理者必须运用反思和探询的技术，而不只是做咨询者和规划者。

3. 建立共同愿景(Building Shared Vision)

愿景(vision)即愿望的景象，共同愿景的建立是要把管理者个人的愿景转化为能够鼓舞组织的共同愿景。发掘共有“未来景象”的技术。它帮助组织培养成员主动而真诚地奉献和投入，而非被动地遵从。建立共同愿景的最终目标是激发共同的奉献精神。

建立共同愿景的方法有下列方面：第一，鼓励个人愿景。因为共同愿景是从个人愿景汇集而成，借着汇集个人愿景，共同愿景才能获得能量。有意建立共同愿景的组织，必须持续不断地鼓励成员发展自己的愿景。第二，塑造整体图像，当组织成员都能分享组织的某个愿景时，每个人都会有一个最完整的组织图像，每个人都会对整体分担责任，而不仅只对自己那一小部分负责。这时，“顾全大局”、“奉献”精神就随之产生。第三，建立共同愿景绝非单一问题的解答，一旦士气低落或策略方向模糊不清的问题解决以后，愿景前后的动力也会跟着消逝。领导者必须把建立共同愿景，激发共同的奉献精神当成日常工作的中心要素，是持续进行、永无止境的工作。

4. 团队学习(Team learning)

在一个管理团体中，大家都认真参与，每个人都有很高的智慧和能力。但集体中却反映出效率下降了，团队学习的修炼即在处理这种困境。团队学习是集体中每个成员整体搭配与实现共同目标能力的过程。当今的组织需要这种团队学习。彼得·圣吉在研究了许多企业组织后提出团队学习要注意三个方面。首先，当需要讨论复杂的议题时，团队必须学习如何摘取高于个人智力的智力；其次，需要既有创新性而又协调一致的行动；第三，团队成员在其他团体中所扮演的角色与影响。

团队学习的管理策略必须精于运用“深度汇谈”(dialogue)与“讨论”，这是两种不同的团队交谈方式。深度汇谈是自由的、有创造性地探究复杂而重要的议题,先暂停个人的主观思维,彼此用心聆听。讨论则是提出不同的看法,并加以辩护。深度汇谈的修炼也包括学习找出有碍学习的互助模式。例如,"自我防护"的心理往往根植于团体的互助中,若未察觉,则会妨碍学习。团队学习之所以非常重要,是因为在现代化组织中,学习的基本单位是团队而不是个人。

5. 系统思考(Sysrems)

系统思考是学习型组织的核心,以系统动力学为基础。彼得·圣吉认为,企业和人类其他活动,也是一种系统,也都被细微且息息相关的行动所牵连,彼此影响着,这种影响往往要长年累月才能完全展现出来。在传统的管理中,我们已习惯于将焦点放在系统中的某一段。正如圣吉博士说的:我们的社会组织已被分割得四分五裂。我们把生理的健康与心理的和精神的健康分割开来探讨,以至于人们虽然活得久些,但整体身心健康却每况愈下,支付的社会成本也愈来愈高。学校的教育成为新知识的传授和烦躁的学术的学习脱节,成效也愈来愈差。在企业,行销部门与制造部门处于对立状态。这一切都需要我们重新审视整体。系统思考作为一项新的创新技能,对前述四项修炼有着十分重要的影响。

7.4 组织管理的新趋势

随着知识经济的发展和信息化程度的进一步提高,今天的工作环境中组织管理出现了一个共同的主题,即不断调整流程以节约成本,使更多的员工参与到组织经营活动的各个方面,所以,目前的组织出现以下新的趋势。

7.4.1 缩短指挥链

典型的组织图说明了将各种职位和管理的各个层次直连起来的指挥链(chain of connand)或权力流程。当组织的规模扩大进,因为更多的管理层加到了指挥链中,所以它们可能会变得更长,这就增加了一般管理费用,拉长了沟通距离,限制了高层次的之间的接触并因此降低了决策速度。这就是为什么具有许多管理层次的"高长型"组织经常被指责缺乏效率和生产力低下的原因。目前的趋势就是取消不必要的管理层次使组织趋于流线型。扁平结构被认为是竞争优势的潜在源泉。

7.4.2　加宽控制幅度

控制幅度(span ofcon trol)是指直接向一个管理者汇报的人员的数量。控制幅度很“窄”时,只有少数人受到直接监督;而“宽”控制幅度则表明一个管理者要同时监督许多人,宽控制幅度组织往往呈现调平型有较少的管理层次,窄管理跨度则呈高长型有较多的管理层次,高长型组织相比调平型组织而言,成本较高,但是效率较低,缺乏灵活性并缺乏对顾客需求的敏感性。目前的趋势是向能缩短指挥链并增加员工授权的宽控制幅度发展。

7.4.3　减少统一指挥

传统的管理论强调统一指挥原则——组织成员向一个并只向一个上级报告。这种一个员工一个主管的观点是为了避免员工从一个以上的来源获取工作指示时可能会产生的混淆。而矩阵结构有意如此并试图以此改善横向关系和项目团队。在利用跨职能团队的结构中,统一指挥的统治地位也有所下降,目前趋势是减少而不是增加组织中的统一指挥。

7.4.4　更多的委托与授权

所有的管理者和团队领导人都应当明确:哪些工作必须由他们自己完成,哪些可以交由其他人完成。这里我们要探讨的就是授权(delegarion),将工作分配和委托给其他人的过程。表7-1给出了关于授权的一些有效方针。不幸的是,管理中一个常见的错误就是授权失败。一旦如此,管理者就很容易由于要分担那些可以并且应该由其他人完成的任务而超负荷工作。并且,授权失败会使其他人无法在工作中充分发挥其聪明才智。与此相对,好的授权使人们可以自由地表现意见,并以最好的方式完成各自的工作。

表 7-1　有效授权的基本原则

• 仔细选择授权对象。
• 明确责任,清楚地分配任务。
• 在绩效目标上达成一致。
• 在时间绩效上达成一致。
• 授权,允许其他人独立行动。
• 对他人表示信任。

续表

● 提供绩效支持。
● 提供绩效反馈。
● 承认并强化进步。
● 在出现意外时提供帮助。
● 不要忘记你对绩效成果的责任。

7.4.5 分权与集权

经理们经常问的一个问题是："大多数决策是应该由高层管理者统一做出呢，还是应该由各管理层次讨论之后分别做出？"前者是集权（cenrralixa-tion）后者就是分权（decentralizarion）。实际上，这并不是一个二选一的选择。现代的组织可以进行较大程度的分权，便不会集中控制。做到这一点可以利用计算机网络和先进的信息系统，它们可以使高层领导更容易地了解大范围内的日常事务。因为高层能够方便地获取经营成果信息，所以就允许更大程度的分权。如果出现意外，信息系统会及时发现警报，高层管理者就可以及时采取纠正行动。目前的趋势是较大程度的分权，同时利用先进的信息系统保持集中控制。

7.4.6 精简参谋人员

组织中参谋人员的任务在很大程度上就是给直线部门的人员提供专家意见和指导。这有助于维持参谋人员具有专长的领域的绩效标准。问题在于，参谋人员的规模可能变得过大，使得一般管理费用超过其具有的价值，这就是为什么在缩减规模的节约成本的努力中，裁减参谋人员通常是组织的首选之举。对任何组织而言，最好是形成具有成本效益的参谋人员成分——当然不要反应过度，以满足运营部门对专门技能的要求。

【本章小结】

组织是动态活动过程和相对静态的社会构造实体的统一。其实质是特殊的人际关系。从实体角度看，组织是为实现某一共同目标，经由分工与合作，及不同层次的权力的责任制度而构成的人群集合系统。无形的"组织"活动，是指在特定环境中为了有效地实现共同目标和任务，确定组织成员、任务及各项活动之间关系，对资源进行合理配置的过程。正是借助组织的活动、任务及各项活动之间关系，对资源进行合理配置的过程，正是借助组织活动、过程和文化等所具有的协同或协调作用,各类组织机构内部才有可能形成一个“力量协作系统”,使个体的力量得以汇聚、融合和放大,从而体现组织的作用。

组织活动的功用,绝不是仅仅为了简单地把个体力量集合在一起。个体力量的集合可以形成一堆沙,也可能成为一个“抱团”的群体的可以完成单独个体力量的简单总和所不能完成的任务。组织的功用包括:汇聚作用、放大作用、个人与机构之间的交换作用等。组织工作原理包括:目标统一原理、管理宽度原理、责权一致原理、集权与分权相结合原理、稳定性与适应相结合原理。

所谓组织管理,是把成员组合起来,以有效地实现组织既定目标的过程。组织管理活动是根据已经确定的组织目标,对必须进行的各项业务活动加以分类组织,据此设计出不同的管理机构和部门,划分不同的管理层次,明确规定各个部门、机构、层次及人员的管理职责以及它们之间的相互协作关系,并加以合理授权的过程。

这个过程包括以下的步骤:(1)确定组织的整体目标;(2)对目标进行分解,形成目标体系;(3)对为实现目标所必需的各项业务活动加以分类和组合;(4)划分职能部门,设置管理机构,进行合理分工;(5)明确各部门的职责与权力;(6)合理配备人员;(7)建立和维持一个畅通的信息联系渠道;(8)制定规章制度,确立运作机制,保持组织的灵活性、适应性、开放性和相对稳定性。

学习型组织是关于组织的概念和员工的角色的一种崭新的态度或理念。在学习型组织中,每个成员都要参与识别和解决问题,使组织能够进行不断的尝试和创新,改善和提高它适应变化的能力。学习型组织的核心在于解决问题和提升员工解决问题的能力,与传统以效率的控制为着眼点的组织有着截然不同的区别。在学习型组织内,员工参与问题的识别,这意味着员工需要保持持续的联系,关能切实了解的需要;同时,学习型组织中的员工还应该有能力对识别的问题主动地提出并采取解决的措施,这意味着要以一种独特的方式将一切综合起来考虑以满足他们的需要,因此,新时代组织的管理者需要通过在整个组织范围内培养和提升员工的学习能力来确保组织获得和保持竞争优势。

今天组织管理的新趋势表现在:缩短指挥链、加宽控制幅度、减少统一指挥、更多的委托与授权、分权与集权、精简参谋人员等方面。

【综合案例】

民企红蜻蜓腾飞

中国红蜻蜓集团是一家以鞋业为主、跨行业发展的全国无区域性集团。

1995年3月成立以来，红蜻蜓秉着“从距离中寻求接近”的核心理念，大力实施“品牌开路，文化兴业”发展战略，将中国传统文化融入企业经营各环节，形成了鲜明特色的企业文化。红蜻蜓积极致力于中华鞋文化的研究与应用，并连创三个全国第一：设立第一家鞋文化研究中心、创建第一家中华鞋文化展馆、编辑出版第一部《中国鞋履文化辞典》，被誉为引领中国鞋业进入“文化时代”的三大标志性事件。红蜻蜓稳健推进“绿草地”连锁专卖计划，现已建立了拥有近3000家销售终端的大型连锁专卖体系，市场占有率稳居同行前列。目前，“红蜻蜓”文化品牌和“绿草地”营销网络已成为其两大核心竞争力。红蜻蜓狠抓产品质量，打造服务品牌。红蜻蜓皮鞋先后荣获“中国鞋业质量龙头”、“全国首批免检产品”、“中国真皮名鞋”、“中国名牌产品”等称号。

一、天——企业环境

1995年创业之初，红蜻蜓所面对的天与别人所面对的天毫无两样，甚至还更恶劣。当时红蜻蜓一无厂房，二无品牌，三无稳定的市场份额，而在当时中国鞋业市场早已硝烟四起，单单温州就有4300多家鞋类企业。但八年后红蜻蜓能一跃而成为中国鞋业的领军企业，市场综合占有率和企业总体实力均位居同行前列，红蜻蜓荣登中国名牌金榜，“绿草地”铺遍全国城乡，形成红蜻蜓文化品牌和“绿草地”营销网络两大核心竞争力。纵观红蜻蜓的发展历程，我们不难看出，要归功于看好了天象，用好了天时，赢得了天下。用红蜻蜓自己的话来说：就是遵循自然法则，整合自然资源，寻求自然发展。

二、地——文化网络

红蜻蜓最大的文化网络有两个：一是数千名生产员工；二是数万名营销员工。红蜻蜓是如何建好这两大网络的呢？秘诀就是：融合地域文化，融入人文关怀。对内部生产员工，我们融入人文关怀，品牌是价值，员工是财富。充分为员工着想，改善员工生活。从最基本的生理需要来考虑。从细节上可以看出：稀饭如此之稠，是怕员工不耐饿；员工生病，钱副总亲自配药给他们喝；伏天煮凉茶送进车间；每年发被子；为员工捐款，抗非典煮中药给员工喝；三桥搬迁首先建员工宿舍；广东鞋业每人发芒果；温州鞋业自己办超市，方便员工等；上海张春仙善做思想工作，留人留心。

红蜻蜓绿草地网络之所以在短短八年中成为全国制鞋业最大的连锁机构，其成功做法是：一是融合永嘉楠溪江独特的地域文化，成就红蜻蜓文化品牌，并将永嘉山水人文诸如町步精神、以利和义、天人合一等优秀思想融入管理之中，形成了既理性务实，又亲和幻想的独特管理特点，红蜻蜓文化品牌无论是在市场准入、市场竞争还是市场拓展与提升上，都提供了极大强大的驱动力。二是着眼长远，与加盟商结成利益分担、共同发展的长期利益同盟，融合了全国各地的地域文化。充分分析当地的地域文化、人文风习、消费水平、市场喜好等实际情况，甚至结合当地的文化活动做一些促销推广。

三、将——英雄人物

红蜻蜓一开始非常注重打造团队，吸纳和打造有综合能力、实践经验的团队领导。1995年初，钱金波在公司创业大会上对全体员工说："如今的红蜻蜓虽然还一无所有，但我们最大的财富就是在座的各位员工。正因为有了你们，我才相信红蜻蜓的事业会把梦想变成现实。我们不但要红一点，还要红成一片。"后来，钱金波身体力行、率先垂范，打造了一支吃苦耐劳、可以手提肩扛、可以用自行车运送皮鞋的营销队伍。而且这批人员又成为全国各大办事处的人员，领导着拥有3000家终端的庞大网络。为适应企业的快速扩张，钱金波又在八年中完成了三次放权，聘请职业经理人作为财务副总、营销副总、执行总裁，这些高级人才的到来，既为红蜻蜓带来更广泛的社会关注，也为红蜻蜓团队的打造奠定了坚实的基础。随后红蜻蜓提出用文化打造不败的团队，进一步健全制度，理顺体制，集聚人才，采用内部使用与外部引进相结合的方式，既相马又赛马。社会上越来越多的优秀人才加入团队，红蜻蜓已提出153人才工程、经理职业化，形成一支纪律严明的军队，一座共同进步的学校、一个亲和温情的家庭，成为名副其实的劳动者的乐园。红蜻蜓的成功，是品牌的成功、通路的成功，更是文化的成功、团队的成功。

四、法——典礼仪式

红蜻蜓一年两次的营销会议、一个半月一次的务虚会、每周一次的例会、评先进、"红五月·红蜻蜓"、企业文化推进、各种主题文化活动、与其他媒体单位合作的活动、捐款活动、广告形象等，都是典礼仪式的最好体现。这些典礼仪式中贯穿始终的是文化，形象风格是谦和、含蓄、亲切、超前、活力、长远、新颖。

红蜻蜓的法是什么，就是红蜻蜓的制度。总裁钟普明说过，规章制度就是企业之法，法不在于多，关键在于精，精在于严，严在于行。红蜻蜓出台四十多项极具针对性、简便性、可行性的规章制度，使红蜻蜓制度文化大大向前迈进了一步，企业运作更为规范，团队氛围更为和谐，管理细节更为精致，可以说真正体现了一个大企业的良好风范。伴随着企业文化的推进，红蜻蜓对制度建设固本强基的同时，还实行精简修改的原则，使制度更吻合实际、发挥有效作用。

思考题

根据红蜻蜓的管理经验，试分析我国民营企业成功的特点。

第8章 组织设计

引导案例

国美电器组织结构大调整

2012年，国美电器对管理层任用方面进行了大范围的调整。在高管团队中，诸多副总裁职位都提升为高级副总裁，职能也有所变化。

3月5日，国美电器对外发布消息称，在2011年11月成功上线ERP系统、完成信息化基础设施布局之后，国美已实施全新组织结构。国美此次组织结构设计的基本思路是建立以品牌及战略规划为龙头，以采购、销售等经营体系事业部制为核心，以IT信息技术、物流、售后、财务、人资等支持体系为服务平台的矩阵式组织机构。

与之相伴，国美电器对管理层任用方面进行了大范围的调整。在高管团队中，除总裁王俊洲、首席财务官方巍职位未变，诸多副总裁职位都提升为高级副总裁，职能也有所变化。其中，原副总裁魏秋立担任人事行政体系的高级副总裁，负责采销的副总裁李俊涛担任主管营运体系的高级副总裁，牟贵先担任主管信息与物流的高级副总裁兼任国美在线公司总经理，邹晓春担任国美电器高级副总裁，主管法务和物流基地开发等，何阳青担任主管客服、门店运营及会员事业等业务的副总裁，史明担任分管售后、定价及门店事业部的副总裁。

在商品采购和销售体系方面，原华北大区总经理宿献华已调任总部任主管采销业务的高级副总裁，原东北大区总经理毛晓军任分管通讯事业部、电脑及数码事业部的副总裁，原北京大中电器总经理尚明权为分管彩电事业部、白电事业部的副总裁，原北京国美（微博）总经理宋林林为分管厨卫事业部、小家电事业部的副总裁。

国美方面表示，组织结构调整目的有三个方面：其一是以消费者体验为导向，重视运营；其二是以供应链整合为焦点，强化采销；其三是以强化未来增长引擎为目标，增设新业务单元。

国美集团总裁王俊洲认为，这次调整后，国美电子商务领域也会得到前所未有的加强，国美电器网上商城和库巴购物网的双品牌布局已经形成，力争到2014年实现集团电子商务占中国网购市场规模15%的目标。

本章主要内容

1. 组织结构的基本概念。
2. 几种主要的组织理论。
3. 组织结构的六个要素。
4. 矩阵组织结构。

8.1 组织结构设计概述

8.1.1 组织结构设计概述

1. 组织结构的概念

组织是企业的主体。企业由不同利益、不同思维方式、不同沟通习惯和行为特点的各种不同类型的人员组成，由此而搭建了企业的利益结构、知识结构和组织结构，形成了组织的价值取向、思维方式、沟通和运作风格。组织的价值取向和思维方式是企业生存发展的主导力量，决定着组织的目标、产品及服务定位、资源配置规划，从而确定了企业的基本业务流程和组织结构模式，决定着企业的实际运营能力。

《现代汉语字典》对组织的定义是：按一定的宗旨和系统建立起来的集体。对结构的定义是：各个组成部分的搭配和排列。

《英汉双解剑桥国际英语词典》对结构的定义是：结构为系统的构件或者物

件被安排或组织的方式。

组织结构是指组织内关于职务及权力关系的一套形式化系统，它阐明各项工作如何分配，谁向谁负责及内部协调的机制(Johns，1995)。组织内各成员的互动模式，例如合作、竞争冲突等，在一定程度上受到组织结构的影响。

2000版ISO9000标准的质量管理体系术语中，组织(organization)的定义为：职责、权限和相互关系得到有序安排的一组人员及设施；组织结构(organizational structure)的定义为：人员的职责、权限和相互关系的有序安排。

组织结构以发挥员工能力，支撑业务流程运行，完成企业业务工作为中心，职责、职权和相互的工作关系为组织结构的核心。

为了使企业流程良好运行，企业设立了组织结构，设置了工作职位，制定了管理制度。由此，组织中的每个成员都明确自己的责任范围和相应的职权，掌握自己的工作职责和他人工作职责的关系，以及自己的工作职权和他人工作职权的关系。

职责为组织结构中的职位职责，规定了某项职位应该完成的工作任务和责任。职责的作用是：其一，保证组织的每个决策被正确地执行，并且对这些决策的后果负责；其二，保证完成工作任务，支撑企业流程良好运行。

职权为组织结构中的职责权力，是经过一定正式程序而赋予某项职位的一种权力。职权的作用是保证职责的执行。职权通常从属于职位，不属于个人。关于职责和职权的关系，法国企业家和管理家亨利·法约尔说过，职责与职权是孪生子。

工作关系是基于工作流程运行的各个职位、职责和职权之间的相互关系。例如，上下级关系，下级有向上级报告工作的责任，上级有向下级指导、监督的权力；再例如工作承接关系，像企业销售部门、生产部门、采购部门以及财务部门之间的业务工作关系。组织结构一般用组织结构图表示，该图可以清晰地显示出一个组织内部各个部门的职权、职责以及相互的工作关系，图8-1所示。

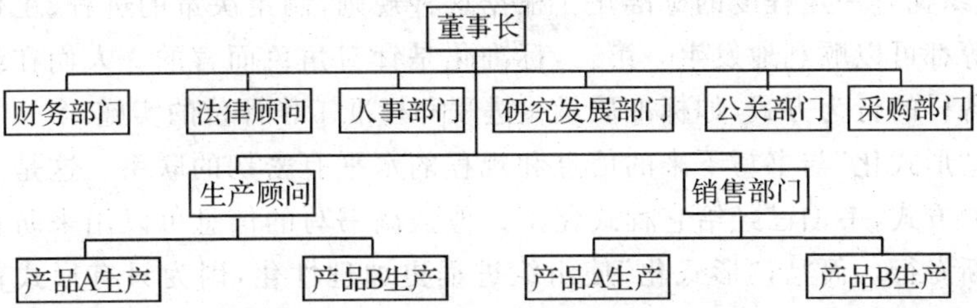

图8-1 某单位组织结构图

综合上述观点，我们给出组织结构的定义：组织结构是对组织各部门整合，实现组织成员责、权、利相互关系协调的一种有序安排。

2.组织设计的概念

组织设计，主要指组织结构的设计，是把组织内的任务、权力和责任进行有效组织协调的活动。其基本功能是协调组织中人员与任务之间的关系，使组织保持灵活性和适应性，从而有效地实现组织目标。

一个健全的组织必然要求动态的组织设计。组织实际上是某种“再组织”(reorganization)，因而组织设计是滚动式的持续规划过程。

组织设计的着眼点和基本问题是确定人员在组织中的位置，即机构设置和人员配置。所谓“适当的位置用适当的人”，做到“因事设人，人得其位；各尽所能，共扬所长”。若位置不当，则难免“贤才变闲才”、“能人变庸人”。

8.1.2　组织结构分析

在许多研究中，人们对组织结构抱有很高的期望，对组织结构与效率之间关系的探索也一直没有停止。较为著名的观点有以下两个。

1.阿什顿学派的观点

阿什顿学派(皮尤等，1969)把组织结构看做是专业化、标准化、形式化、中心化和结构化的过程。

(1)“专业化”指在组织中工作的分类。首先，我们可以将专业化指向单个雇员的水平层次上：在一个给定的组织中专业化的全部数量和专业化的程度(在一个简单的功能中组成的不同的工作的数量)。第二，我们也可以将专业化置于组织单元层次水平上。这里涉及的是一种方法，通过它，不同个体的功能可以集结成为一个组织单位。逻辑上与专业化相对应的是协调：专业化的工作，功能或单元应该通过一定的方式联系起来，使这些设施都达到组织的目标。

(2)“标准化”组织是指根据标准和惯例建立其进程的途径。可以分为两类。第一，组织拥有一定程度的标准化。根据这种规则，制定决策的进程、工作实施的进程等都可以顺利地发生。第二，标准化是针对角色而言的。人们在组织中的各种各样的行为方式，如标准质量化进程和标准工作评价的实施。

(3)“形式化”与书写下来的信息和规程的水平有密切的联系。这是一个相当传统的方式，韦伯已经给它程式化了。他强调书写的信息可以用来防止统治者的独断专行。而且，“形式化”使组织进程更加理性化，因为只有形式化了以后，对组织进程中书面文件的严格的综合的分析才有可能。

(4)“中心化”组织的合法的决策在何种程度上可以被制定出来。中心化的程度可以通过提出下列问题得以确定：在一个计划合法实施之前，谁是组织中签署同意意见的最后一个人？

(5)"结构化"涉及工作、功能和地位的高低层次。在这个意义上，结构化这一概念与"等级化"相对应。当组织带有许多权力阶层时，我们称之为"长等级线"。尽管"等级"这一术语首先在圣经中提到，它叙述了天使的等级制度，但是最经典的等级制度是在军队中。

2. 明茨伯格的观点

根据明茨伯格(H. Mintzberg，1979)的观点，每个组织都是由五个部分以及它们中的人员构成，如图 8-2 所示。战略顶点是由高级管理人员构成；核心操作实现组织的日常工作；中间层解释战略目标，并总结操作过程中出现的各种信息；技术结构层的人员对工作流程进行标准化；支持层的有关人员提供参谋意见。

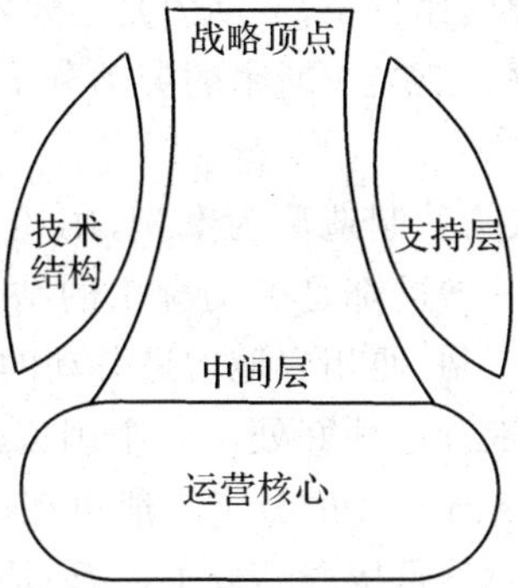

图 8-2　明茨伯格模型

明茨伯格区分了五个结构化形式。在他的每一个结构化形式中，他对组织的五个组成部分都给出了结构的重要性。在他的简单结构中，战略顶点对日常工作起到了直接的监督作用，因此，它是整个结构中最为重要的部分。为一个大企业提供商品的一个小而独立的供应商就是一个典型的例子。在机械统治的官僚主义结构中，为了提高各种生产活动的效率，技术结构部门处理有关工作标准化事宜。如果成功的话，它将对组织最终的结构做出重要的贡献，并因此而变得最为有力。大型装配工业正是这类结构形式的表现。在专业化的官僚主义结构中，核心操作由职业工人组成。这些工人通常受过高级培训，并且有强烈的自治倾向。他们是组织中最有价值的组成部分，而且为了保护他们地位的权威性，对其他组成部分采取抵制的态度。大学机构和医院是存在着这种例子的典型。出现于许多跨国性企业中的“分化形式”的特征则是中间层次实施了事实上的企业行为。在这种企业中,战略顶点部分的行为取代了一种投资银行的职能,而核心操作部门将生产和市场行为结合起来。中间层次部门对新企业的发展负有责任,并且控制该企业的运作。最后,“联合管理”是一种结构化的形式,在联合管理中,核心操作部门和参谋支持部门为了达到他们预期的目标将各自的工作结合起来。因为工作的性质是不断变化的,处理这种工作所必须具备的知识并非可以轻易地获得,因此,他们倾向于通过交互的调整达到联合管理。

8.1.3 组织设计的理论演进与发展

组织设计由塔层制到网络化,由机械化到有机式的变化,是随着组织理论的变化和实际的社会环境变化决定的。

1. 劳动分工论

工业时代初期的企业规模比较小,劳动力是主要的生产力,劳动的分工与组织可以提高企业的生产效率。亚当·斯密的劳动分工理论就是建立在小规模的企业组织之上的。

亚当·斯密利用一家大头针制造厂为案例,阐述了劳动分工的理论。他的结论是:劳动生产力上最大的增进都是劳动分工的结果。他说过:“凡是能采用分工制的工艺,一经采用分工制,便相应地增进劳动的生产力。各行各业之所以各自分立,似乎也是因为分工有这种好处。一个国家的产业与劳动生产力的增进程度如果是极高的,则其各种行业的分工一般也都达到极高的程度。”

斯密认为分工有两种:一种是按产品分工,一种是按职业分工。分工的优势在于:①分工提高了工人劳动的熟练程度和劳动生产率,在单位时间内能够生产出更多的产品。②分工使工人节省了因为经常变换工作或变换生产活动中的不同操作而损失的时间。③分工促使大量有利于节省劳动的机器的问世。

随着时代的进步,人们认识到了分工的局限性,分工越细,交互频率越高,交易费用也就越高;此外,分工固然可以使劳动者的专业技术不断提高,但长期的高度专业化的劳动也使他们丧失了其他方面的技能,成为一个片面发展的人、一个局部工人、一个机器的附庸。

2. 管理分工论

19 世纪 80 年代后,美国铁路公司、电报公司需要扩展它的组织规模来管理跨越广大地区的企业。而后随着工业化的进程而产生的宝洁、西门子等一批大公司,都需要扩展它的组织规模来协调遍布国内外的大批量的生产。因而,它们需要建立新的组织结构来管理规模庞大的企业,由此,“纵向一体化”的组织模式和严格的等级制度产生了。等级制度有较多的管理层次，有一套复杂的权力结构、部门分工、操作规则和程序。权力结构基本分为三层：上层经营决策，中层执行上层命令，指导、监督和控制下属员工，下层执行并完成业务工作。为确保责任制度，组织的命令是直线式的，每个人只有一个上级。职能管理分工是依据专业划分的，例如销售、设计、生产、财务等。等级制度的优点是：管理层的分工、职能部门的分工，使大规模的组织建立了工作秩序、职权等；分清了工作任务、职务职责，建立了清晰的部门之间的工作联系。这种管理的分工、再分工使得大规模的公司容易管理了。等级制度的缺点是：纵向层次过多，横向部门林立，信息从上到下、从一个部门到另一个部门传递的过程中，很可能失真，此外部门壁垒也影响到整体优化。

19 世纪中叶，美国铁路公司首创了现代企业管理机制。1854 年，丹尼尔·麦卡勒姆出任美国伊里公司总监。当时铁路线长几千里，涉及数百个车站，秩序混乱，效率低下，事故频繁。丹尼尔·麦卡勒姆为了旅客安全，减少损失和降低事故率，制定了规范的管理制度，以及实现这些制度所需要的组织结构和机制。丹尼尔·麦卡勒姆制定了一套详细的组织细则，建立了详细的职务说明书，明确规定了上下级的权力、责任层次和各个业务部门的劳动分工，以及迅速的报告制度。丹尼尔·麦卡勒姆绘制了正式的组织图。在其树状图中，直线权力是绝对的，表明了各个部门的劳动分工、职责和职权。

工业时代后期，随着企业组织制度的建立和发展，费雷德里克·泰勒、亨利·法约尔和马克斯·韦伯等一批学者开创和丰富了组织理论。

(1)泰勒的贡献。美国人费雷德里克·泰勒(1856—1915)是一名工程师、企业高级管理者，也是一名学者。他的《科学管理原理》一书总结了 18 世纪至 19 世纪企业管理的经验和研究成果以及自己的管理创新，奠定了管理科学基础，使企业管理成为一门独立的学科。

泰勒在组织理论上的贡献是，将管理职能中的计划职能和执行职能分开。计划职能由企业设置的计划部门承担，其主要任务是：进行调查研究，制定工作定额和标准化的操作方法，拟定计划，发布命令，并进行控制。工人按计划部门制定的方法工作，并完成规定的工作计划和定额。泰勒的职能分工将管理工作从生产活动中分离出来，成为一个专业职业。

泰勒还为组织管理提出了一个重要原则——例外原则。其内容是：企业高级管理人员要把一般的事务性的工作授权给下属人员处理，自己专注例外事务的处理，即把握对企业重要事项的决策权和控制权，例如制定企业战略规划以及任命中上层管理人员等。

(2)法约尔的贡献。法国人亨利·法约尔(1841—1925)和德国人马克斯·韦伯(1864—1920)是古典组织管理论的奠基人。

亨利·法约尔与同时代的费雷德里克·泰勒一样,是一名工程师、企业高级管理者,也是一名学者。他在长期的管理实践和研究中创立了组织管理理论。亨利·法约尔不仅是一个有贡献的管理理论研究者,他还创办了一个管理研究中心,每周主持由各界著名人士参加的研讨会,推动了管理科学的发展。亨利·法约尔的主要著作是《工业管理与一般管理》。

亨利·法约尔将企业的经营活动分为六类:进行生产、制造和加工的技术活动,实施销售、采购和交换的商业活动,筹集、控制和使用资金的财务活动,保护企业财、物和人身的安全活动,记账、算账、成本核算和统计的会计活动,计划、组织、指挥、协调、控制的管理活动。

亨利·法约尔首先将管理和业务细分。技术活动、商业活动、财务活动、安全活动和会计活动是具体的业务职能活动,而管理活动是保障业务活动顺利实施的计划、组织、指挥、协调和控制的活动。①计划就是基于企业的资源、业务活动和未来趋势,制定企业业务计划。计划要有客观性,不带主观臆测;计划应有连续性,既有长期计划,也有短期计划;计划还要有灵活性,能够应对意外事件的发生。②组织的作用是为企业经营提供资本、人力、原材料和设备等资源。组织结构的纵向是等级层次,横向是职能部门。亨利·法约尔重视组织图。组织图可以明确职责,规定权限,防止部门重叠和侵权。③指挥就是组织工作实施,调动员工积极性,保证员工发挥作用。④协调就是使各个部门的工作配合一致,业务流程畅通。各个部门定期召开协调会议,可以保证工作的通力协作。⑤控制就是保障业务工作按计划、命令和制度执行,使企业的工作计划、人、财、物都得到很好的管理。

然后,亨利·法约尔将经营和管理细分。经营是利用企业的资源,实现组织的目标。管理就是优化资源配置,实现组织目标的保证。

亨利·法约尔重视原则,原则能够使人识别方向。他结合多年的管理实践经验,提出了著名的14条管理原则:适度的劳动分工,规定职责范围内的职权,严明的纪律,员工只接受一位上级命令的统一指挥,组织活动应当在一个领导和计划指导下执行统一领导,个人利益服从整体利益,公平合理的报酬,有限度的集中,信息传递和反馈迅速的等级链,人和物应当处于适当位置的秩序,以及公平、人员的稳定、首创精神和团结精神。

亨利·法约尔将泰勒称之为“军队式组织”的直线组织和泰勒设想的职能工长式组织结合,设计成直线职能式组织。亨利·法约尔的理论是管理过程派的理论基础。

(3)韦伯的贡献。马克斯·韦伯与费雷德里克·泰勒、亨利·法约尔是同时代的人,所不同的是,他未曾做过工程师,也没有做过企业高级管理人员。马克斯·韦伯是一位经济学家和社会学家。由于马克斯·韦伯对组织理论的发展具有深远的影响,被管理学界称为"组织理论之父"。韦伯在大学学习法律,他的独立的学术工作是从法学领域开始的。韦伯19岁时曾经接受过1年法定的军事训练,此后又三度回到军队参加军事训练。韦伯对德国军队的组织制度有相当的了解,这必然在他建立的组织理论中烙上了"军队组织的痕迹"。韦伯认为组织应建立"科层制结构"(一种金字塔形的结构)。科层制结构的要点是:①分工。为了组织目标的实现,要把实现目标的全部活动进行分工,直至组织中的每一个成员。②明确规定职位和职务。按等级建立职位和职务制度,每一个职位都有相应的职权范围和相应的工作职责及任务,下级服从上级,接受上级的指挥和监督。③有明确的规章制度,用以保障组织运作的规范性和组织活动的协调。

科层制的优点是等级化和制度化,职位和职务清清楚楚,保证组织的工作井然有序。其缺点是过度的制度约束,使员工把组织制度当做目标,而背离企业的实际目标;下级没有主动性,组织僵化,缺乏适应环境变化的弹性。

3.部门分工论

20世纪初期,随着一些产业链较长或产品线较长的公司的出现,例如杜邦公司经营炸药、化工和纺织等产业,通用汽车公司生产从高档的卡迪拉克到普通的雪佛莱汽车,此时产品职能部门事业部模式的等级组织出现了。

艾尔费雷德·斯隆曾长期担任美国通用汽车公司的总经理和董事长。如何对多产品的企业进行管理,斯隆在《组织研究》的报告中提出了在中央的控制和检查下,实行分权管理和经营的主张,创立了事业部管理体制。

斯隆提出两条原则:①每一作业单位的主要经理人员的职责应该不受限制。组织具备完备的必要的功能,能够充分发挥主动性和得到合理的发展。也就是说,事业部具有产品经营权。②某些公司职能部门对公司活动的合理发展的恰当协调是绝对必要的。也就是说,公司的职能服务部门在专业化工作上向事业部提供意见,并对他们的工作进行评估以便考核事业部职责的执行情况。

期隆的明确目标是:①在专业化的基础上明确分工,明确规定构成公司业务活动的各个事业部的职能,不仅从各个事业部的横向关系看,而且从它们同公司的纵向关系来看。②规定公司的地位,使它能够合理地发挥作用。③把公司的全部经营职能集中于作为公司最高经营者的总经理身上。④在实际可行的范围内尽可能地限制直接向总经理报告的经理人员的人数,授权于下级经理和职能部门予以协调和计划,使总经理能够将工作集中于创新和大政要事。

斯隆创立了分权的事业部制组织结构。根据产品类别划分事业部,各事业部独立核算,自负盈亏,具有较大的自主权。公司设立财务委员会、经营委员会、综合顾问部、财务和会计综合部,主要负责研究制定重大方针、政策,掌握投资、重要人员任免、价格幅度和经营监督等方面的大权,通过利润指标对事业部实施控制。总经理负责协调各事业部的财务活动。

斯密将分工用于生产,斯隆将分工应用于管理。公司决策人员不必精通工程学与制造学,技术专家可以监督那些职能部门。但决策人员必须精通财务管理,只要看一下公司的销售利润、亏损、库存水平、市场份额等数据,就能明白哪些公司经营业绩好。

4.现代组织理论

(1)各种管理理论流派及其观点。20世纪中期以来,新能源、新材料尤其是IT的发展,极大地提高了社会生产力,大规模的跨行业、跨国经营的公司越来越多,世界正在进入以经济全球化和网络化为标志的知识时代。管理科学出现了前所未有的大发展,涌现出各种不同观点的管理理论流派。

①管理过程学派。亨利·法约尔开创的管理过程学派经美国管理学家哈罗德·孔茨等管理学者的发展,成为现代管理理论的主流学派。管理过程学派研究的对象是管理的过程和职能。管理是一个过程,同管理职能是分不开的。哈罗德·孔茨认为管理是一门艺术,管理应划分为计划、组织、人事、指挥和控制五项。哈罗德·孔茨的组织工作原则有15条:目标一致原则、效率原则、管理制度原则、分级原则、授权原则、职责绝对原则、权力和责任对等原则、统一指挥原则、职权管理层次原则、分工原则、职能明确原则、检查部门和业务部门分设原则、平衡原则、灵活原则、便于领导原则。

②社会系统学派。社会系统学派侧重研究组织的决策过程。社会系统学派的创始人是管理学家切特·巴纳德,他指出任何组织都包含3个要素:协作的意愿、共同的目标和信息的沟通。组织由个人组成,没有协作意愿,就不可能协调组织的活动,而共同的目标是员工协作意愿的前提。信息沟通将员工的目标和意愿相互联系,组织就是通过信息沟通认同共同目标的协作系统。

③决策理论学派。诺贝尔经济学奖获得者赫伯特·西蒙是决策理论学派的主要代表人物。西蒙认为决策贯穿于管理的全过程,管理就是决策。组织就是作为决策的个人组成的系统,其主要职责就是能够弥补个人的有限理性,做出令人满意的决策。西蒙在组织理论中提出一个重要的观点,他认为在当代社会中职能的重要性将愈来愈大,而等级地位的重要性将愈来愈小。学习型组织已经

印证了西蒙的观点。

④经验主义学派。经验主义学派以向企业经理人提供企业管理的成功经验和科学方法为目标。彼得·杜拉克是国际著名的管理大师，是经验主义学派最主要的代表人物。经验主义学派认为每一个经理人的主要职责是：确立组织目标，进行组织工作，激励员工，使员工成长，评价企业工作成效。经验主义学派重视组织结构的分析和系统研究，他们认为战略决定结构。战略决定组织的目标，决定组织的关键的业务活动内容。组织结构的设计就是保证这些业务活动的实施，并取得成效。组织结构的设计原则是：有利于决策，职责明确，具有一定的稳定性和适应性等。德鲁克认为目前组织有5种组织结构：职能结构、事业部结构、矩阵结构、分权制造和系统结构。德鲁克正确地阐述了IT对组织结构的影响。德鲁克指出，新的IT将不仅改变组织的工作，还会进一步改变组织的结构。企业，特别是大型企业的唯一出路就是转变为以信息为基础的组织。

(2)学习型组织。随着知识时代的到来，将出现新型组织。美国麻省理工学院教授彼得·圣吉首先提出企业应建立成学习型组织。他在《第五项修炼》中指出，学习型组织要不断地进行五项修炼：自我超越、改善心智模式、共同的愿景、团队学习和系统思维。彼得·圣吉认为"学习不仅是人类的天性，也是生命趣味盎然的源泉"。现代企业必须首先实施第四项修炼——团体学习，通过组织全体员工学习，使员工和企业实现第一项修炼——自我超越和第二项修炼——改善心智模式，进而不断达成第五项修炼——系统思考的方法和第三项修炼——将个人的愿景整合为共同愿景，最终实现建立学习型组织的目标。

企业传统的竞争能力是财务能力（在财务效率上表现为高明的投资决策和对投资者的利益返还）、营销能力（生产对路产品，与顾客建立密切的联系，并且有效地销售产品和服务）和技术能力（技术创新、开发新产品和最新生产技术）。学习能力是能够将财务能力、营销能力和技术能力推向更高水平的能力，见图8-3。学习能力越强，企业的适应和成功能力就越强，流程创新能力就越高。学习变成了组织的统一力量，代替控制成为管理层的基本职责。

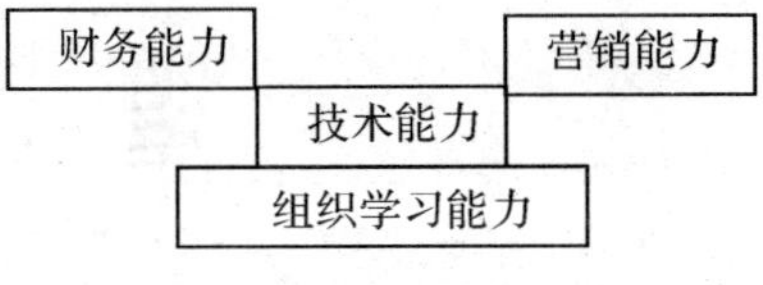

图8-3　企业的竞争能力

传统的组织设计是用来管理以机器为基础的技术，例如大规模生产。现代组织却是以知识为基础的，它的设计是用来处理思想和信息的。学习型组织是用新的思维方式对组织的思考。以知识为基础的企业中的员工都必须不断地学习，并且能够识别和解决其工作中的问题，使组织能够不断地改善和提高它的能力，优化或重组它的工作流程和组织结构。组织管理的责任是创造组织的学习能力。比竞争对手学习和变化得更快的是组织最有力的竞争力。

传统组织的信条是管理与控制，学习型组织的信条是愿景与知识结构。共同愿景与合理的知识结构的整体搭配才能发挥企业整体运作的功能。共同的愿景不是要牺牲个人利益，而是将共同愿景变成个人愿景的延伸。激发个人能量要以提高企业力量为前提。如果个人能量不断增强，但整体搭配不良，只会造成混乱。在未能整体搭配的企业里，员工愿景不同，各自朝交错的目标努力，许多员工的力量一定会被相互抵消而浪费掉，例如某些国营企业存在的管理上的两张皮现象，原因在于没有共同的愿景。当企业能够整体搭配时，就会调和个别力量，使力量的浪费减至最小，汇集出共同的方向，聚集出共同的力量。

学习型组织的高层必须是具有现代管理头脑的服务型领导，具有变革、创新和开拓的能力，积极培养核心价值观，将观念、权力和信息分给员工，创造共同愿景，设计学习型组织的政策、结构和学习程序。学习型组织为员工提供学习机会，使员工具有根据自己的知识进行决策的权力。学习型组织的战略来自于供应商、顾客，甚至是竞争对手的伙伴关系网络。学习型组织提倡企业整体愿景比个人愿景更有价值，拆除部门之间、组织之间的障碍，使边界最小化，使人、思想、信息自由流动。学习型组织重视信息共享，鼓励员工广泛交流想法、信息和知识。学习型组织是横向结构，部门之间的界限被减少，组织之间的界限变得模糊。

学习型组织中的员工具有源源不断的创新的知识源泉，企业业务流程得以不断优化，保证了流程质量不断提高，进而保证了组织结构的合理性。

许多组织正在向学习型组织转型，更大程度地共享信息、授权员工、变革企业文化和组织结构，使企业更具有灵活性和适应性。

8.2 影响组织设计的因素

8.2.1 影响组织设计的因素

哪些因素导致不同行业、不同企业在组织结构方面的差别呢？从事组织研究的学者提出若干重要的情景因素(contextual factors)，包括外部环境、组织目标与策略、规模、科技及企业文化等，都对组织结构有明显影响。

权变理论强调，组织结构必须配合上述情景因素。若配合得宜，企业可以发挥优势，提高效能。因此，管理人员需明确这些情景因素与不同结构之间的关系，从而合理地设计组织结构。

1. 企业战略

为了从竞争中取胜，不同企业采用不同的战略，争取本身独特的优势。各项策略自有其先决条件，同时需要在结构上有所配合，才能使战略更有效地执行。

波特指出，竞争战略大致可分为三种，分别是：①成本领先战略。即凭着高效率营运、低劳动力成本、经济规模、技术专长等，加上生产过程紧密控制，造成比竞争对手成本较低的优势。②差异战略。主要通过优质产品、上佳服务、创意设计或崭新科技，并刻意将商品或服务的独特性呈现于消费者眼前。③聚焦战略。将企业焦点放在一个较狭窄而独立的市场(或顾客对象)，再从不同方面去满足这个市场内顾客的需要。

值得注意的是，要控制成本，并以此为竞争优势，企业需要一个较为复杂(即高度分化、制度化程度高且中央集权)的结构去配合，以方便控制运营；另一方面，当企业采用差异战略，它必须提高弹性及应变能力，因此结构方面具有较多的复杂性，降低形式化程度及权力集中程度。

2. 外部环境

卡斯特曾把结构称作是组织的外部环境与其内部各子系统之间的纽带。组织结构的设计与所处环境的不确定程度关系密切。环境较为确定的组织与部门，可采取较为稳定的机械结构；而环境较不确定的组织与部门，则应采取有弹性的有机结构。劳伦斯和洛奇对二者所做的比较如表8-1所示。

表 8-1 机械结构与有机结构的比较

因素	封闭式/稳定性机械结构	开放式/适应性有机结构
外部环境系统		
一般特性	稳定的	动态的
可预测性	高度的确定性	高度的不确定性
环境对组织的影响程度	低	高
系统结构		
结构类型	正规化结构	弹性结构
规章和程序	甚多，常为正规的书面形态	甚少，常为非正规的书面形态
组织的层级	多来自组织中的地位和权力	少
权威的来源		来自当事人的知识与能力
责任	与地位有关	由个人自行担当

3. 科技条件

概括而言，科技是指在生产过程（包括生产商品或提供服务）中所使用的机械工具、技术知识及操作程序。科技水平的高（复杂）与低（简单）对组织结构有一定的影响。

佩路指出，我们可从两方面去探讨作业所采用的科技的性质。其一是工作多元性，即生产过程是否出现很多的不可预料而奇特的情况；其二是工作活动的可分析法，即工作能否按部就班，依循固有规则即可完成。当一个企业的营运情况简单而重复，鲜有不可预测的处境，并且生产过程是根据既定程序进行，则该企业采用“常规科技”，如家用电器、纺织及制衣工厂便是明显例子。与常规科技配合的结构特点包括：高度的形式化及标准化，中央集权及低的专业化程度。与此相反，当一个企业的营运过程既有高的多元化，难于预测，且分析性低，工作活动变化万千，无章可循，则企业应采用“非常规科技”，例如，商业研究、公关及市场策划工作。在该种科技情况下，企业应采用一个具有弹性的组织结构，下放权力，提高专业化程度，减低形式化程度，使企业变得更为灵活。

4. 组织规模

一般来说，组织规模是以雇员人数多寡来显示。一个大企业，人数众多，内部分工也较细。为了方便对员工的监管，大企业会多设层级和部门，也会较多采用规章条文去影响员工行为及工作进度。此外，在大规模的企业内，决策众多，高层管理人员未能处理全部决策，故此有下放权力的趋势。

5. 企业文化

企业文化是指组织内各成员所共同分享及认同的价值观、规范与信念，用以维系及凝聚众人。如前所述各环境性因素，企业文化需要组织结构互相配合，方可发挥其效用。例如，强调企业对外应变的"适应文化"，企业便需要一个宽松且有弹性的结构，减低形式化、标准化集权程度。相反，若企业采用一个重视内部稳定的"贯彻文化"，则组织结构倾向紧密，以较高的形式化、标准及中央集权去加强内部控制，保持内部稳定状态。

8.2.2 组织设计的关键技术

罗宾斯(Stephen P. Robbins)认为，结构界定了对工作任务进行正式分解、组合与协调的方式。管理者在进行组织结构设计时，必须考虑六个关键要素：工作专门化、部门化、命令链、控制跨度、集权与分权、正规化。见表 8-2。

表 8-2 在设计适当的组织结构时需要回答的六个关键问题

关键问题	答案提供
1.把任务分解成各自独立的工作应细化到什么程度？	工作专门化
2.对工作进行分类的基础是什么？	部门化
3.员工个人和工作群体向谁汇报工作？	命令链
4.一位管理者可以有效地指导多少个员工？	控制跨度
5.决策权应该放在哪一级？	集权与分权
6.应该在多大程度上利用规章制度？	正规化

1. 工作专门化

20 世纪初，亨利·福特通过建立汽车生产线而富甲天下，享誉全球。他的做法是，给公司每一个员工分配特定的、重复性的工作。例如，有的员工只负责装配汽车的左前轮，有的只负责安装右前轮。通过把工作分化成较小的、标准化的任务，使工人能够反复地进行同一操作。福特利用技能相对有限的员工，每 10 秒钟就生产出一辆汽车。

福特的经验表明，让员工从事专门化的工作，他们的生产效率会提高。我们用工作专门化(work specialization)这个术语来描述组织中把工作任务划分成若干步骤来完成的细分程度。实质是：每个人专门从事工作活动的一部分，而不是全部活动。

20 世纪 50 年代以前，管理人员把工作专门化看做是提高生产率的不竭之源。但到了 60 年代以后，越来越多证据表明，在某些领域，达到了这样一个顶点：由于工作专门化，人的非经济因素的影响(表现为厌烦情绪、疲劳感、压力感、低生产率、低质量、缺勤率上升、流动率上升等)超过了其经济性影响的优势，如

图 8-4 所示。在这种情况下，通过扩大而不是缩小工作活动的范围，可以提高生产率。另外，许多公司发现，通过丰富员工的工作内容，允许他们做完整的工作，让他们加入到需要相互交换工作技能的团队中，他们的产出会大大提高，工作满意度也会增强。

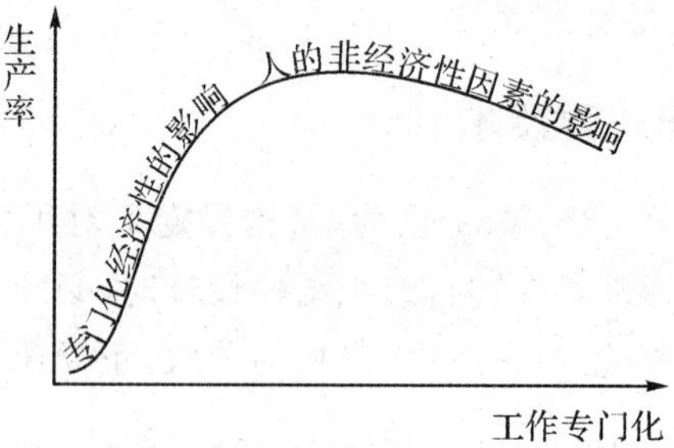

图 8-4　工作专门化的经济性和非经济性

2. 部门化

一旦通过工作专门化完成任务细分之后，就需要按照类别对它们进行分组以使共同的工作可以进行协调。工作分类的基础是部门化。

对工作活动进行分类主要是根据活动的职能。制造业的经理通过把工程、会计、制造、人事、采购等方面的人员划分成共同的部门来组织其生产。根据职能进行部门的划分适用于所有组织。它的主要优点在于：把同类人员集中在一起，能够提高工作效率。

工作任务也可以根据组织生产的产品类型进行部门化。例如，在某石油产品公司中，三大主要领域（原油、润滑油和蜡制品、化工产品）各置于一位副总裁管辖之下，在公司中与同一特定产品有关的所有活动都由同一主管指挥。

还有一种部门化方法，依据地域进行部门划分。例如，营销工作按地域设置部门。如果一个公司的顾客分布地域较宽，这种部门化方法就有其独特的价值。

还可以根据生产过程进行部门化。例如，某工厂的生产过程由五个部门组成：铸造部、锻压部、制管部、成品部、检验包装运输部。在生产过程中，由每个部门负责一个特定生产环节的工作。由于不同的环节需要不同的技术，因此这种部门化方法对于在生产过程中进行同类活动的归并提供了基础。

最后一种部门化方法是根据顾客的类型进行部门化。例如，一家销售办公设备的公司下设零售服务部、批发服务部、政府部门服务部三个部门，比较大的法律事务所可根据其服务对象是公司还是个人来分设部门。根据顾客类型来划分部门的理论假设是，每个部门的顾客存在共同的问题和要求，因此通过为他们分别配置有关工作人员，可以更好地满足他们的需要。

大型组织进行部门化时，可能综合利用上述各种方法，以取得较好的效果。例如，一家大型的日本电子分公司在进行部门化时，根据职能类型来组织其各分部，根据生产过程来组织其制造部门，把销售部门分为七个地区的工作单位，又在每个地区根据其服务类型分为四个顾客小组。

20世纪90年代以来有两个倾向较为普遍。一是以顾客为基础进行部门化越来越受到青睐。为了更好地掌握顾客的需求，并有效地对顾客需要的变化作出反应，许多企业更多地强调以顾客为基础划分部门的方法。二是固定的职能性部门被跨越传统部门界限的工作团队所替代。随着工作内容日益复杂，所需要的技术日趋多样化，管理人员开始将注意力转向多功能型团队。

3. 命令链

命令链是一种不间断的权力路线，从组织最高层扩展到最基层。它能够回答员工提出的这种问题："我有问题时，去找谁?""我对谁负责?"

在讨论命令链之前，应先讨论两个辅助性概念：职权和命令统一性。职权是指管理职位所固有的发布命令并期望命令被执行的权力。为了促进协作，每个管理职位在命令链中都有自己的位置。每位管理者为了完成自己的职责任务，都要被授予一定的职权。命令统一性原则有助于保持职权链条的连续性。它意味着，一个人应该对一个主管，且只对一个主管直接负责。如果命令链的统一性遭到破坏，一个下属可能不得不穷于应付多个主管的不同命令之间的冲突或优先次序的选择。

随着电脑技术的发展和给下属充分授权的潮流的冲击，命令链、职权、命令统一性等概念的重要性已大大降低。计算机技术的发展日益使组织中任何位置的员工都能同任何人进行交流，而不需通过正式渠道。职权和命令链的维持越来越无关紧要，因为过去只能由管理层作出的决策现在已授权给操作员工自己作决策。除此之外，随着自我管理团队、多功能团队和包含多个上司的新型组织设计思想的盛行，命令统一性的概念也越来越无关紧要了。当然，仍有不少组织坚持认为通过强化命令链可以使组织的生产率最高，但这种组织今后只会越来越少了。

4. 控制跨度

一个主管可以有效地指导多少个下属这种有关控制跨度的问题非常重要，因为在很大程度上，它决定着组织要设置多少层次，配备多少管理人员。在其他条件相同时，控制跨度越宽，组织层次越少，所需配备的管理人员也相应减少，组织效率也就越高。但如果控制跨度过宽，由于主管人员没有足够的时间为下属提供必要的领导和支持,组织的绩效会受到不良影响。

近来的趋势是加宽控制跨度。例如,通用汽车公司控制跨度已达10人至12人,是15年前的两倍。加宽控制跨度,与各个公司努力降低成本、加速决策过程、增加灵活性、缩短与顾客的距离、授权给下属等趋势是一致的。为了避免因控制跨度加宽而使员工绩效降低,各公司都大大加强了员工培训的力度和投入。管理人员已认识到,自己的下属充分了解工作之后,或者有问题能够从同事那儿得到帮助时,他们就可以加宽控制跨度。

5. 集权与分权

集权化是组织中的决策权集中于一点的程度。这个概念只包括正式职权,也就是说,某个职位的固有的权力。一般来讲,如果组织的高层管理者不考虑或很少考虑基层人员的意见就决定组织的主要事宜,则这个组织的集权化程度较高。相反,基层人员参与程度越高,或他们能够自主地做出决策,组织的分权化程度就越高。

集权式与分权式组织在本质上是不同的。在分权式组织中,采取行动、解决问题的速度较快,更多的人为决策提供建议。这与使组织更加灵活和主动地作出反应的管理思想是一致的。

6. 正规化

正规化是指组织中的工作实行标准化的程度。如果一种工作的正规化程度较高,就意味着做这项工作的人对工作内容、工作时间、工作手段没有多大自主权。人们总是期望员工以同样的方式投入工作,能够保证稳定一致的产出结果。在高度正规化的组织中,有明确的工作说明书,有繁杂的组织规章制度,对于工作过程有详尽的规定。而正规化程度较低的工作相对来说,工作执行者和日程安排就不是那么僵硬,员工对自己工作的处理权限就比较宽。由于个人权限与组织对员工行为的规定成反比,因此工作标准化程度越高,员工决定自己工作方式的权力就越小。工作标准化不仅减少了员工选择工作行为的可能性,而且使员工无需考虑其他行为选择。

8.2.3 企业组织结构的分类与内部特征

1. 企业组织结构的分类

(1)治理结构。企业的治理结构是一组规范与法人财产相关各方的责、权、利的制度安排,其中包括股东、董事会、管理者和员工。企业的治理结构是法人财产制度的组织结构形态。治理结构通过权利制衡来实现对管理者的约束与激励,以最大限度地满足股东和相关方的利益。

某公司治理结构如图 8-5 所示。

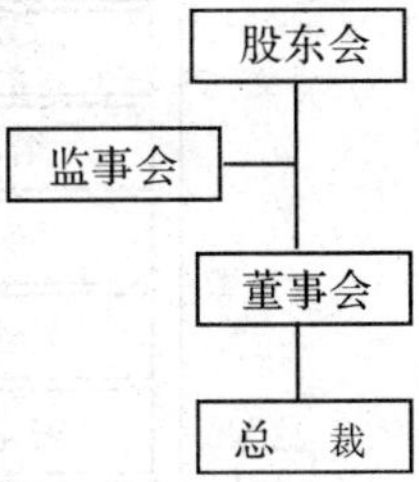

图 8-5 某公司治理结构

(2)经营结构。企业的经营结构是实现其产品或服务输出的组织业务结构形态。

企业的经营是企业从市场调查开始,直至将商品和服务送到市场所发生的一系列的业务工作的全部过程。企业的业务始于顾客需求调查,终于满足顾客需求。

企业的经营组织结构可分为经营部门、管理部门和业务部门三大类,具体的组织结构设置可以分为总经理办公室、副总经理办公室、人力资源部、市场营销部、设计开发部、生产管理部、质量管理部、销售管理部、储运管理部、财务管理部、服务管理部等。企业业务的基本经营结构还可以进一步细分。

某造船厂组织结构如图 8-6 所示。

2. 企业组织结构的内部特征

组织结构内部特征包括:规范化、专门化、标准化、权力层级、复杂性、集权性、职业化特性和人员比例。

规范化是指组织中书面文件的数量,这些文件包括企业的制度、程序文件等,例如 ISO9000 质量管理体系文件。这些文件描述了组织的行为和活动。

专门化是将组织的任务分解成单个工作的程度,也就是员工工作范围的大小。专门化程度越高,员工的工作范围越小。

标准化是指相类似的工作活动以统一的方式来执行的程度。所有工作被详细描述,并且所有相似的工作在所有的地方都以同样的方式完成。

权力层级是组织管理的跨度。管理跨度狭窄,层级就多;管理跨度较宽,层级就少。

复杂性是指组织活动或子系统的数量。纵向的复杂性是层级的数量,横向的复杂性是横向跨越组织的部门数量,空间复杂性是指组织地理位置等方面的数量。

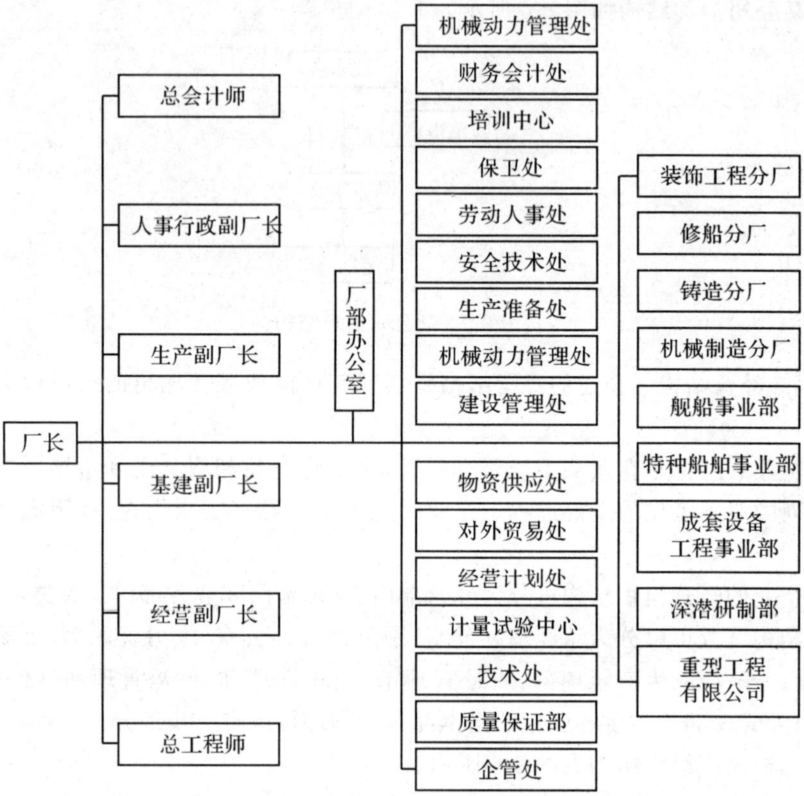

图 8-6　某造船厂组织结构图

集权性是指有权做出决策的层级。当决策处在高层上，组织就被集权化；当决策处在较低的层次上，组织就是分权化。

职业化特性是员工培训和正规教育的程序。员工需要较长时间训练才能掌握工作的组织具有较高的职业化特性。

人员比例是指组织人员在不同部门及功能间的配置，包括管理人员、专业人员和工人的比例。

上述企业组织结构的内部特征反映了组织结构的展开，有利于组织各成员职、权、利以及相互关系的有序安排。

3. 企业组织结构设计有不同阶段中的变化

组织设计不仅是企业新建时才需要，老企业组织的改革和完善也需要组织设计。把组织设计仅仅理解为新建企业才需要，会使企业组织结构凝固化，影响企业组织适时变革。

组织设计和组织协调、组织控制、组织变革等一起构成组织工作的主要内容,组织设计在组织工作中具有首要地位。因为组织是企业运营和发挥作用的载体,组织设计是否科学顺应管理规律,是否符合企业自身特点,是有效组合企业各种要素、最大限度发挥它们作用的基本条件。许多情况下,因为组织设计不合理,或者环境与条件变化后组织没有作相应调整,导致企业内部员工苦乐不均,部门职责不清,相互埋怨,扯皮不断,矛盾重重。究其根源,主要不是干部和员工的素质问题,而是组织设计不当造成的种种隔阂和混乱。因此,巴纳德曾明确提出,一个领导者上台伊始就应该把主要精力放在组织上,把它作为自己全部活动的基础。同时,他指出许多人不了解这一点,他们把精力放在设备、机构、技术和抽象的规章制度方面,对组织及其重要作用知之甚少。这说明人们对组织设计的认识离组织设计自身的重要性还有较大距离。

下面是一家公司在不同阶段所采取的相应组织结构设计例子。

20 世纪 80 年代初期,某公司以计算机贸易和售后服务为主,处于原始积累扩张市场阶段。此时它的基本结构如图 8-7 所示。

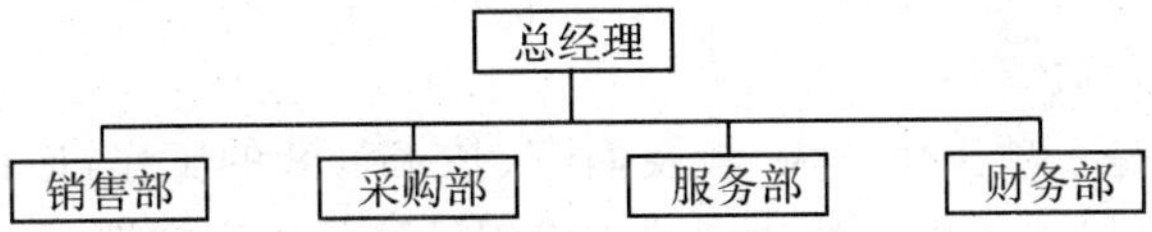

图 8-7 扩张市场阶段的基本结构

20 世纪 80 年代后期至 90 年代初期,由于积累了一定的资金,并且计算机市场需求直线上升,该公司成立研发部和生产部,处于技术促进、产品或服务领先阶段。此时它的基本结构如图 8-8 所示。

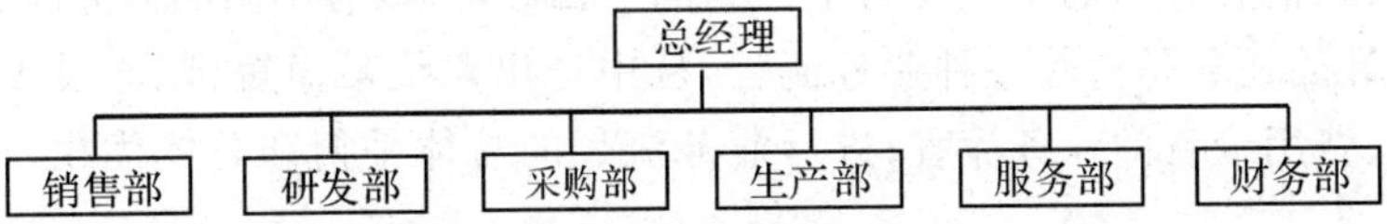

图 8-8 产品或服务领先阶段的基本结构

20 世纪后期,该公司建立信息中心,引进信息化管理,处于提高动作能力阶段,并且在国内上市,成为一个股份有限公司。此时它的基本结构如图 8-9 所示。

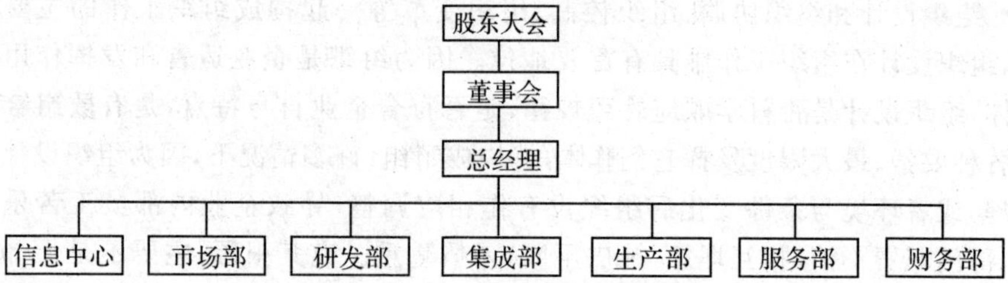

图 8-9　提高运作能力阶段的基本结构

8.3　组织设计方案

8.3.1　组织设计的程序和内容

1. 组织设计的程序

组织设计是一项工作量大、涉及面广、技术复杂的工作，应该按一定程序有步骤地进行，以提高组织设计的成效。组织设计的程序如下：

(1)确定目标。这是设计组织机构首先要解决的关键问题。其任务是：明确组织总目标，进行目标分解形成各层次、各部门组织的目标，列出各级组织目标任务一览表。只有确定较好的目标系统，才能使组织设计有所依据。

(2)业务流程设计。组织内人员活动的逻辑关系叫业务流程。它是组织内权力传递、信息传递的路线。为了达到同一目标，可以有不同的业务流程。业务流程设计的任务是比较各种业务流程，从中选出路线最简短、职务设置少、配备人员少、费用最省的业务流程；进行业务流程的总体平衡和总体优化；列出业务流程图。

(3)按业务流程设立职位。职位是组织结构的基本要素，是业务流程的基本环节。设计职位的任务是：确定职位划分标准，划分职位，进行平衡，列出职位体系表。

(4)规定职位的内容。对每一个职位都应该明确规定该职位的职权范围，即告知该职位的成员应做哪些工作，有多大的权限，任职者对主要的最终成果应负什么责任。该步骤的任务是：确定职权内容，建立考核指标，编写职位说明书。

(5)配备人员。每个职位都应配备合适的人员。该步骤的任务是：确定本职位所需要人员的素质，即根据职位要求考核成员的能力；确定本职位所需人员的数量，即根据任务工作量制定人员编制定额；编制在职人员一览表。

(6)设置组织机构。将组织目标、职权关系、职位内容、各职位的人员等各种因素进一步综合起来，形成一个整体，就构成了组织机构。该步骤的任务是：确定职位组合形式；成立职能部门，划分权责关系；审议、修改组织形式，编制职权系统图和组织结构图。

以上六步组织设计的基本程序如表8-3所示。

表8-3　组织设计程序表

程　　序	任　　务	图　表
1.确定各级组织目标	确定总目标，进行层层分解	组织目标任务一览表
2.业务流程设计	设计业务流程，比较、选择总体平衡和优化	业务流程图
3.设立职位	确立职位划分标准，划分职位，进行平衡	职位体系表
4.规定职位内容	确定职权范围，建立考核指标体系	职位说明书
5.配备人员	考核人员素质，确定人员数量	在职人员一览表
6.设置组织机构	确定职位组合形式，设立职能部门，划分权责关系，审议、修改、确定组织形式	职权系统图 组织结构图

2.组织设计的内容

(1)对企业经营和发展战略目标的认识与分解。企业的所有管理相对于其经营和发展战略目标都是第二位的，即目标是最重要的，其他都是为实现目标服务的。组织作为企业各种要素结合相对稳定的构架，在设计时当然更要体现这一要求。在为新企业设计组织构架时，了解和借鉴同行、同地区高效运营企业的组织模式是必要的。毕竟它已经受实践检验，模仿它们风险低，成功把握大。当然，还需考虑本企业特点，不能全盘照搬。为老企业组织改行和变革而设计的，需要对照企业经营和发展战略目标，查清原来存在的组织问题，这样的变革设计就有针对性和实用性。企业目标的分解一般按工艺和流程展开，但不能单纯为生产而生产。必须随时考虑能否有效满足用户的需求，并由此检测目标分解的合理性。

(2)服务分析与设计。这是在目标认识和分解的基础上排列各项必要的作业活动，并根据相关性原则，对它们进行合理的归并，使每个岗位或职位有充足的工作量。然后分析并明确这些岗位或职位应有的职权和需承担的职责，以及为满足这些要求相关人员应具备的知识和技能。

(3)部门划分和层次设计。这是根据每个职务所从事工作的性质、内容及职务间的相互联系,按照一定原则,采用一定的部门化方式,将各个职务组合成被称为“部门”的作业小组。这些“部门”又可以按一定的方式组合成上一层更大的部门,从而形成企业中的组织“层次”。

(4)整合。这是在部门和层次形成基础上,把它们联结成一个有机整体,使各方面行动相互协调与配合。这方面的主要内容是明确各部门在联系和协调中的责任、权力,避免组织安排交叉、重叠或出现真空。

综上所述,组织设计按顺序讲是整体把握、科学分解和组织综合的过程,按层次分包括微观职位设计、中观部门和层次设计、宏观整体联结设计。组织设计的具体操作由企业决策层下达指令,以组织人事部门为主,在相关直线部门人员配合下进行研究设计,一般应产生 2—3 个初步方案,最后由企业最高决策层研究确定。

8.3.2　组织设计的原则

企业组织结构设计的基本原则是:遵循环境要求原则、顾客满意原则、资源约束原则、权力分配原则和管理跨度原则。

1. 遵循环境要求原则

企业组织结构设计的前提是遵循环境要求原则。

企业的外部环境为存在于企业边界之外的并对企业有影响的所有因素。任何企业都是在一个特定的外部环境中运营的,它必然要受到外部环境的影响和约束。为了使组织更有效率,组织结构和外部环境及内部资源必须处于“最佳适应状态”。

企业的外部环境主要有两部分:社会环境和经营环境。社会环境包括那些对企业的日常经营没有直接影响但有间接影响的因素。例如,社会发展现状,政府的法律法规等。企业的组织结构必然受到上述社会环境因素的制约。经营环境包括与组织相互作用和对企业实现其目标的能力具有直接影响的因素,例如,产业、市场、资源、顾客、供应商等。

2. 顾客满意原则

企业组织结构设计的核心是顾客满意原则。企业业务流程是企业为实现既定目标而开展的系列有序的活动,是以提高产品和服务,满足顾客需要的能力为中心的。组织结构作业业务流程运行质量的支撑,其设计的核心原则同样是以顾客满意为中心,始于顾客需求,终于顾客满意。

20 世纪 90 年代以来,由于顾客成为稀缺资源,市场逐步由卖方市场转变为买方市场。企业也逐步由以产品为中心转向以顾客为中心,组织结构进行优化,成立了专职调查研究顾客需求的市场部门,建立了以顾客为中心的组织结构和业务流程。市场部的重要职责之一,就是通过市场调查和汇总顾客反馈,把握顾客的需求。

惠普公司的创始人戴维·帕卡德说过,我们鼓励公司的每一个人经常考虑使自己的活动围绕为我们的顾客服务这一中心目标。美国沃尔玛公司的第一个价值是,如果你不为顾客服务,或不支持为顾客服务,那么我们不需要你。

图 8-10 是一个以顾客为中心的组织结构。

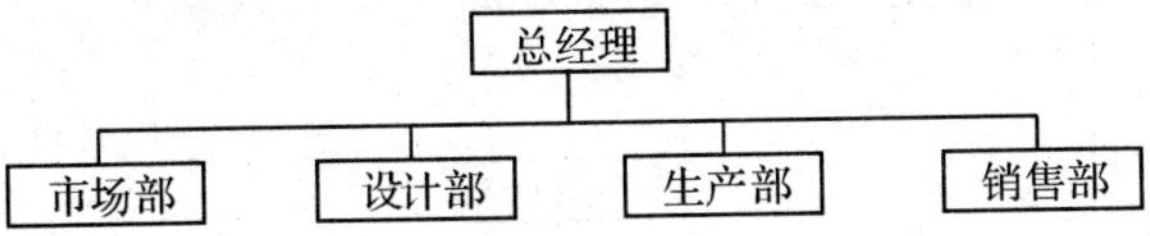

图 8-10　以顾客为中心的组织结构

在这种企业中,顾客需求是业务流程的起点,市场部门承担专职的顾客需求调查、研究、整理和提交的工作职责;设计部门依据顾客需求设计产品;销售部门在将产品卖出去的同时,收集顾客反馈意见。由于从顾客需求和满意出发,产品需求的试错成本低,最终降低了产品的价格。

3. 资源约束原则

组织结构受组织外部环境和内部资源的约束。为了使组织更有效率,组织结构和外部环境及内部资源必须是"最佳适应状态"。企业的资源主要是组织资源和技术资源。组织资源包括人(决策者、员工)、顾客、渠道(供应商、销售商)、知识、制度和文化等。技术资源包括信息技术、设计技术、生产技术、仪器设备等。企业的组织结构必然要受到企业组织资源和技术资源的约束,最后形成切合实际的企业组织结构。产品或服务相同的企业,资源不同,组织结构就会不同。

企业必须根据自己的资源,把握自己的核心竞争力,确定企业的核心业务工作内容,建立自己的组织结构。

知识结构完善、资源全面、综合能力高的制造业企业,市场营销、产品开发和生产等业务可以一体运作。其基本组织结构如图 8-11 所示。

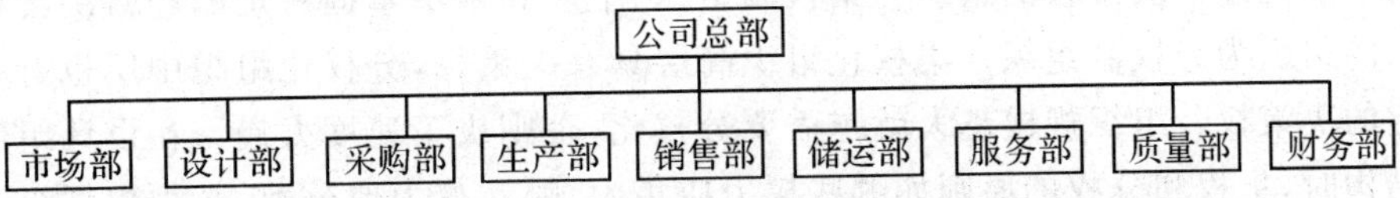

图 8-11　知识结构完善、资源全面、综合能力高的制造企业组织结构

以产品设计和客户资源为核心竞争力的企业,可以将生产和售后服务外包,其基本组织结构如图 8-12 所示。

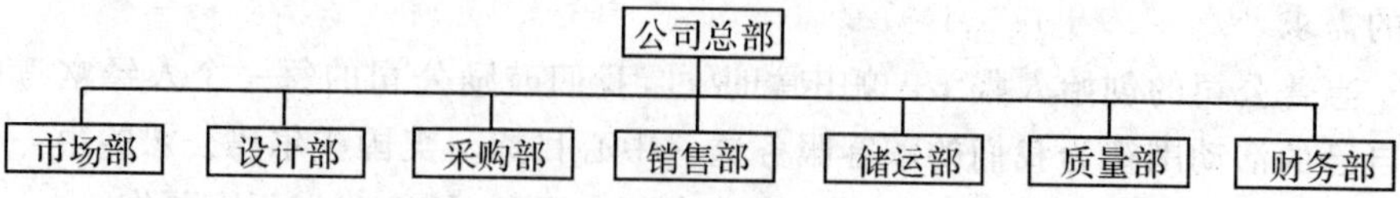

图 8-12 以产品设计和客户资源为核心竞争力的公司组织结构

市场资源不足的企业,也可以专职产品生产。其基本组织结构如图 8-13 所示。

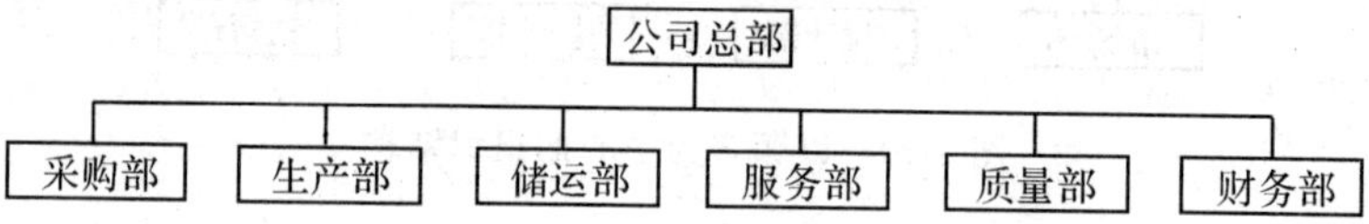

图 8-13 市场资源不足、专职产品生产的公司组织结构

4. 权力分配原则

权力是组织生存发展的决策权,是组织运行的指挥棒,是组织收益分配的基本尺度。

企业有两种基本的权力分配模式:集权制和分权制。

为使组织结构有效运转,企业必须设计组织权力的分配模式,把握集权与分权的制衡。

集权制企业的经营管理决策权集中在组织的高层,中层掌握业务管理决策权,基层只有日常业务计划的执行权。下级在决策前必须经过上级审核,上级对下级控制较多。企业统一经营,统一管理,统一核算。

分权制企业把经营管理决策权一定程度地分散在组织的中下层。中下层具有一定的决策权。企业上级对下级控制较少,以目标管理为主。例如,已经建立事业部结构的企业,他们的经营方针是:企业统一规划,集中管理;事业部自主经营,独立核算。

企业究竟是集权制还是分权制,可以根据各个管理层拥有的决策权来衡量。高层掌握经营决策权的组织为集权制组织,中层和基层掌握一定的经营决策权力的组织为分权制组织。集权化组织高层具有决策权,分权化组织中层也有一定的决策权。组织规模越大就越需要分权化,否则决策速度太慢。在设计组织结构时,集权和分权的原则如哪些权力应集中,哪些权力要分散,必须根据组织的实际状况决定。组织的集权和分权一定要控制在合适的基准之上,既不能影响组织工作效率，又不影响干部和员工的积极性。

5. 管理跨度原则

管理跨度为单位主管直接有效的指挥、监督其直接下级的能力限度。当管理跨度超过这个限度时，单位主管的管理效率就会下降。为了避免管理效率下降，在管理跨度超过限度时，必须增加管理层次。管理层次与管理跨度的关系是：管理跨度大，则管理层次少；管理跨度小，则管理层次多。

从组织管理层次的多少和管理跨度的大小的角度来细分，组织结构可分为扁平式结构和直线式结构。扁平式结构是管理层次少而管理跨度大的组织结构，直线式结构是管理层次多而管理跨度小的组织结构。

(1)扁平式结构。扁平式结构的优势是：由于管理层次少，上下级沟通距离短，易于密切上下级关系，上下沟通快，信息纵向流通快，组织效率高，并且管理费用低；由于管理跨度大，被管理的员工自主性较高，易于提高积极性，获得满足感。扁平式结构的缺陷是：由于管理跨度大，增加了同级员工之间的沟通和协调的难度。

(2)直线式结构。直线式结构的优势是：由于跨度小和层次多，分工精细，管理严密。直线式结构的缺陷是：由于管理层次多，管理人员增加，协调工作难度较大，并且管理费用增大；同时，由于管理层次多，企业高层与基层的层级过多，造成沟通阻隔，上层对下层的动态难以把握，下层对高层的政策、战略知之甚少，易于造成企业整体性的断裂。此外，由于管理跨度小，员工能动性差，影响员工的主动性和积极性。

8.3.3 一般组织设计方案

图 8-14 图解了一般组织设计的七种方法。从组织设计中的关键因素出发，对这些方法以及它们最可能有效的条件作了比较。环境因素构成了垂直轴上的一个连续体，变化范围从简单、稳定的环境到复杂、动态的环境。技术上的相互依赖构成了水平轴上的一个连续体，变化范围从分享的相互依赖关系到互惠的相互依赖关系。在这个连续体的一端是一组在顾客、技术以及地域上都比较划一的选择，这样的公司例子有美国阿维斯汽车出租公司(Avis Rent-a-Car)、好事达保险公司(Allstate Insurance Company)；在连续体的另一端是一组在顾客、技术以及地域市场上富有多样化的选择，这样的公司代表有宝洁公司、杜邦公司，以及通用电气公司等。

比较框架广泛描述了组织设计如何由于环境和技术因素多样而不同和变化。最简单的环境(左下)可能比较适合某种职能组织设计，最复杂的环境(右

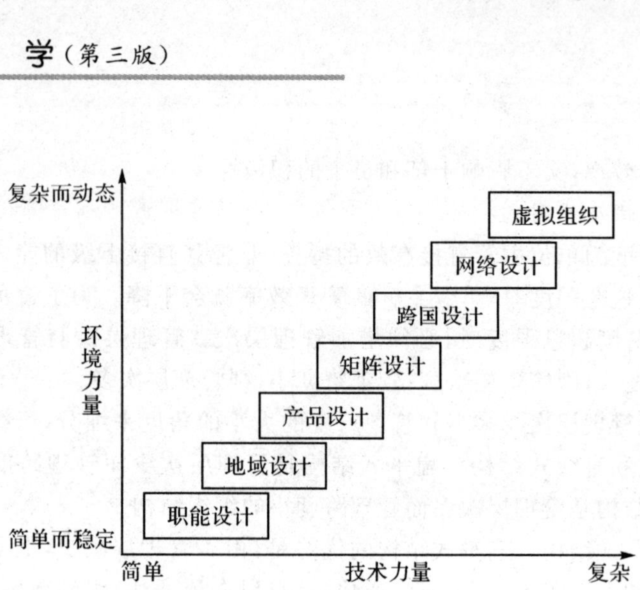

图 8-14 现代组织设计的方法

上)可能比较适合某种网络组织设计。一般而言,随着组织从职能设计向网络设计移动,设计也变得越来越复杂。而且,随着组织设计越来越复杂,组织设计也需要人们及其行动有越来越多的协调。

1. 职能设计

职能设计涉及基于特定活动来设计职位和部门。对员工按照职能来进行划分是应用最广也是最为接受的部门化形式。尽管各组织的职能变化很大(如美国银行就没有生产部门),但根据职能对任务和员工进行划分还是既有效又合算。

(1)重要特征。拥有一条生产线的典型制造公司的部门经营是按照职能来划分的——工程、人力资源、制造、装运、购买、销售以及财务。任务经常也被使用过程按照职能来划分——收受、印花、电镀、装配、油漆以及检查。克拉维高尔夫公司(Callaway Golf),美国最大的高尔夫俱乐部建筑商,在它的组织设计中就既应用了管理职能也应用了过程。支持职能设计的一个主要观点就是无论何时,都希望使重复性任务标准化和变得例行。这个方法有助于减少错误和降低成本。管理者于是可以将注意力集中在例外事情上,以消除缺漏或重叠。

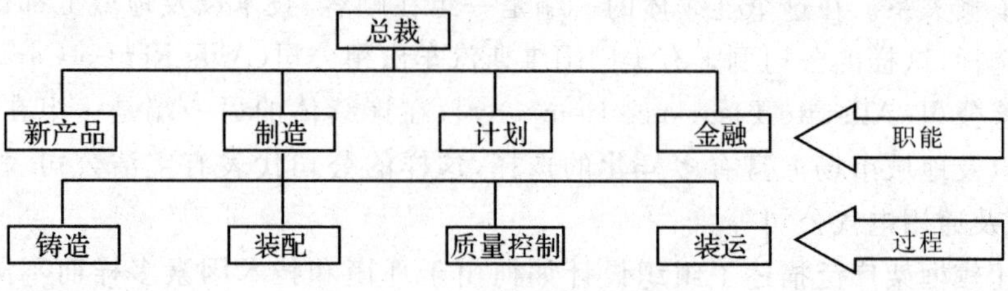

图 8-15 职能设计的范例

(2)实践上的重要性。职能设计既有优点,也有缺点。从正面来说,它允许对责任进行清晰的确定和分配,从而员工能容易地理解。人们一起工作,做相似的事情,面临相似的问题,这样就增加了交流的相互支持的机会。职能设计的一个缺点就是助长只关注部分任务的狭隘视角。员工也许不能从整体上来看组织。随着公司服务的地理区域越来越宽,提供的产品和服务范围越来越广,跨职能部门的水平整合也变得困难。除了营销部门,以职能来设计的组织中大多数员工与顾客没有直接的联系,于是会与达成或超过顾客期望的需要离得越来越远。

2. *产品项目组织设计*

项目组织(project organization design)的应用近年大为增加。这种组织是在一定时间内,集中人力和资源完成某一特定项目的复杂任务,当任务完成后,组织即行撤销。这种组织的主要优点在于项目管理人员及在其领导下的团体可以专心致力于他们特定的任务,不因组织中各种业务的调整而受到影响。不过,这种组织形式的适用性也有局限。斯图尔特(J. M. Stewart)曾对项目组织的应用提出了几项特殊要求:第一,应有特定的目的;第二,应是现有组织所不熟悉的特殊任务;第三,各项工作之间确有相当复杂的相互依存关系;第四,其成果对组织具有关键性的利害关系;第五,属于临时性质。

进行项目组织设计,要制定该项目的目标,征集所需的人员,选定组织结构,并设计一项控制制度,以期取得所需的反馈资料。项目的组织虽较通常的直线—参谋组织灵活,但仍需一一确定职权与责任。

图 8-16 为联合技术公司以产品设计为主题的组织设计。比起纯粹职能组织设计,它可以减少管理者超载的信息。在一个纯粹的职能设计中,联合技术公司专管营销的副总裁要有能力营销多种产品,掌握许多行当的竞争力量,以及在每个行当都要精心制定竞争策略。当公司生产的产品或提供的服务多样化到一定程度时,就不得不多设几名营销的副总裁,这样才能有效地应付业务的复杂性。每个分公司自己评价自己的绩效。而且,当每个产品线的环境和技术因素都不同时,采用产品设计的组织通常开始时是采用职能设计,然后当它们在新的地域市场提供产品或服务时,就在组织设计中加入一些地域设计的特征。最终,顾客的多样化导致单单由职能设计及地域设计解决不了的管理问题。投入新产品线、多样的顾客以及技术进步都会增加组织商业环境的复杂性和不确定性。然而,当组织向产品设计转变时,它们也常常并不完全抛弃职能设计或地域设计。相反,产品设计会融入职能设计以及地域设计的特征到组织的每个产品分部。例如,奥梯斯升降机(Otis Elevator)公司在俄罗斯、日本、韩国等国的国际工厂都有广告、金融、制造以及分配等职能部门。

项目组织与传统的职能组织有很大差别,表 8-4 是两者之间的比较。

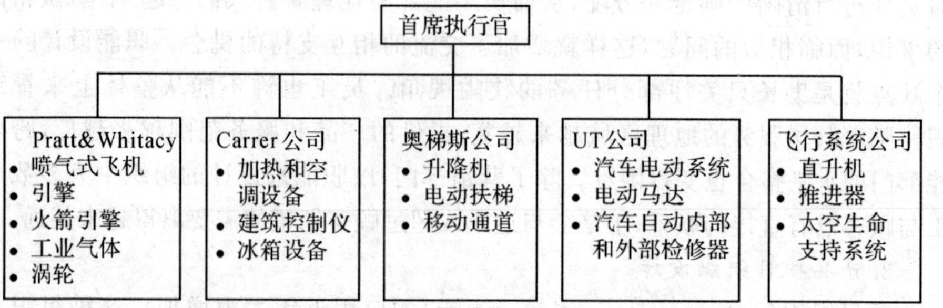

图 8-16 联合技术公司以产品设计为主题的组织设计

表 8-4 职能组织和项目组织的比较

问 题	项目组织	职能组织
直线—参谋的组织划分	形式上虽仍保持层次的模式,但直线职能仅居于支援的地位,职权和职责形成一个网状的关系	直线职能对目标的达成负有直接责任,所以直接负责指挥,而参谋则为咨询
组织层次原则	垂直的层次虽仍存在,但主要点放在横向及斜向的工作流。重要的工作事务,按任务的要求情况决定其执行方式	职权关系是从上级主管到下属,贯穿于整个组织之中。中心的、关键的和重要的事务,均系经过垂直层次的上下关系来完成
上级主管和下级部属的关系	大部分突出的事务,均通过主管人员之间、经理人员与技术人员之间及同事与同事之间的关系来进行	这是最重要的关系。如果关系正常,便有成功的希望。一切重要事务均通过上级与下属之间的金字塔式的结构关系来进行
组织的目标	项目的管理成为许多相互依存的单位的一项联合任务。因此,组织目标为多方面的目标	组织目标是由在其环境中活动的母体(各分支组织合成的总组织)来制定。故组织目标是一种单向的目标
指挥的统一	项目经理需越过职能线和组织线,才能达成各单位间的共同目标	总经理是总理各项活动的首脑,各项活动都以共同的计划为依据
职权和职责的配合	项目经理的职责往往大于他的职权,其所属支援人员的有关工资成果报告、晋升等问题,通常是对另一经理(职能经理)负责	职能管理具有一致性。由职能职权和参谋咨询服务等来维持主管和下级之间关系的完善
时间幅度	项目的时间幅度有一定限度,所以项目组织的时间幅度也有一定限度	组织可以永久存在,不断地自行提供存在所需的支持

3. 地域设计

地域设计是指按照地域来建立组织的主要单位，同时也保留了职能设计的重要方面。一个地区的所有职能部门都在一个地方。在宝洁公司采用新的产品线结构前，该公司就是按照地域来设计组织的，主要关注全球的四个区域，因为公司的高层认为每个地区面临独特挑战。那些密集营销、需要对本地市场环境或顾客需要作出反应的公司一般都采用地域设计。

(1)重要特征。许多在一个地域里进行的任务都应该由一名经理来掌管，而不是拥有不同经理的职能部门，也不是把所有任务都交给一个重要的办公室。诸如美国航空公司、联邦捷运(FedEx)、好事达保险公司之类的大公司在设置区域办公室时都是采用地域设计。相似地，诸如联邦储备委员会、联邦法庭以及美国邮政等许多政府部门也都应用地域设计来提供服务。

(2)与国际化的联系。许多跨国公司应用地域设计来应付不同国家的文化和法律差异，以及不同地域顾客的差异。例如，美国 Ken－dall 医疗产品公司在德国建立一家分工厂以在本地生产，并卖掉了美国为德国消费者而建立的一条主要生产线。在这个案例中，本地化的生产变得重要是因为各个国家的健康保健产品标准不一样。而且，德国的健康保健体系已经是 Kendall 产品的主要顾客。

(3)实践上的重要性。地域设计有一些潜在的优点。每个部门在分公司直接和本地的顾客联系，从而更能适应他们的需要。对组织而言，应用地域设计的一个最大的优点就是快速反应。对于美国 Hoechst Celanese 化学品公司而言，地域设计意味着把工厂建立在离原材料和供应商比较近的地方。这样做的潜在收益也许包括降低原料、装运以及(也许是)劳工的成本。在 1998 年，Hoechst Celanese 在新加坡开了一家新工厂，以满足公司对该产品不断增加的需要。它节约了数百万的装运成本(从美国装运)，并且能比以前更快地向香港、马来西亚、老挝等国家和地区的顾客提供产品。对于销售而言，离顾客越近意味着更低的成本以及(或)更好地服务。销售员能有更多的时间销售，更短的时间用于旅行，离顾客更近可以帮助他们更精确地制定营销策略，从而在该地区更可能成功。

以地域来设计组织会使控制和协调问题明显增加。如果地区单位有不同的人事、购买和分配程序，管理层也许会难以达成整合的目标。而且，各地域经理都想控制他们自己的内部活动以满足顾客。员工可能会强调他们自己单位的目标和需要，而不是从整个组织入手，为了确保一致和协调，诸如美国国内税务局(IRS)、梅塔格公司(Maytag)、三洋(Sanyo)、希尔顿宾馆之类的组织都大量使用可以用在所有地方的规则。

4.跨国设计

跨国设计尽力维持产品、职能以及地域间的协调。要满足三个方面的广泛合作需要是很难的,因为各分公司被地域和时间分割开了。更深层次的含意就是管理者经常被文化和语言隔离开来。如果这是可能的话,一个"完美的"平衡需要一个非常复杂的矩阵设计。因此,大多数跨国设计都特别强调地域和产品设计。

图 8-17 在达成一个跨国设计时可以选择的各种组合形式。它也表明了主要基于地域或产品设计可能会带来的效果。在美国 Camp-bell Soup 公司,对各个国家或地区的经理充分授权,让其有对当地食品偏好作出反应和适应的权力。相反,生产线上的经理拥有的权力集中在:在生产方面实现综合效能(整合)以及一致(标准的)产品。

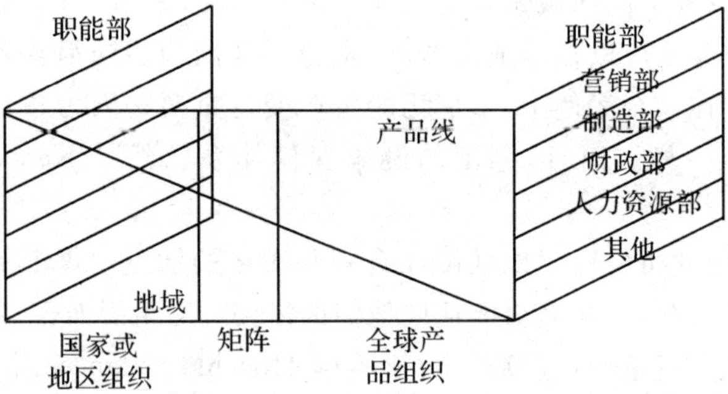

图 8-17 跨国设计的基本选择

实践上的重要性。引发许多大公司进行程度较大的全球整合的因素包括:①全球竞争者和顾客越来越多,也越来越重要;②全球对产品的需求越来越多;③新信息技术;④一些有能力的工厂能为全球的顾客制造产品。公司的全球产品分公司在应付这些因素时,很可能占主角,同时无法抗拒基于分公司的地域利益。来自国家政府和当地市场的压力可能很强大,经常需要跨国组织在它服务的主要国家销售所有的产品线。如果它们不与当地政府达成一致协定的话,市场机会可能不再对这些公司敞开。因此,一个全球范围的产品线分公司在开辟新市场时可能按地域来设计分公司更有效,因为地区经理能对当地政府所关心的问题作出更有效的反应。按照地域设计运作的分公司经常能和当地政府建立良好的关系,能对分发渠道进行投资,能形成品牌认知。对于国家和地区(欧洲、北美、拉美、太平洋环岸,以及中东)组织而言,仍然存在这些有效原因。

5. 矩阵式组织设计

当一个项目结构叠加在一个职能型结构上时，就形成矩阵式结构。所以矩阵式结构是一种混合式的组织，它合并了项目结构和职能结构两者的特性，如图8-18所示。矩阵结构有时也被称为项目结构，虽然事实上两者差别极大。主要表现在：矩阵结构中的成员并不专门设置，而是从职能组织中抽调借用。因此，这个组织中的人员几乎都有双重的责任：第一，他们仍需对其原属的职能部门负责，职能部门的主管仍然是他们的上级；第二，他们又必须对项目经理负责，项目经理对他们拥有“项目职权”。

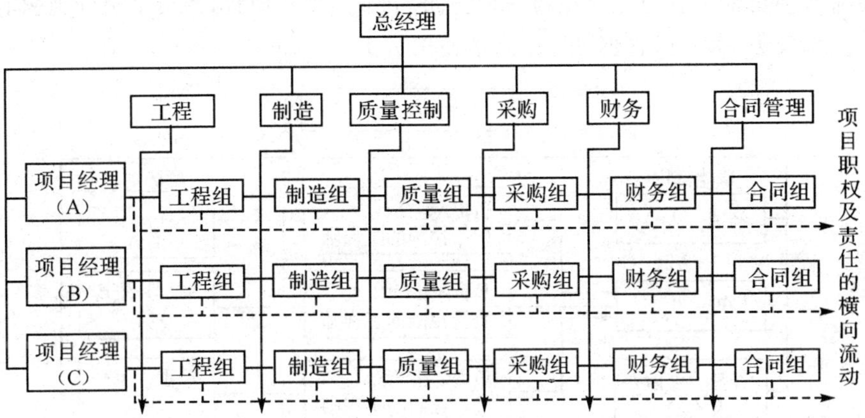

图 8-18 职能职权及责任的垂直流动矩阵组织的结构

在矩阵组织中，项目经理没有完全的职权，存在着“职权差距”(authority gap)。项目经理对他所领导的队伍不拥有直线职权或直接职权，必须通过向他提供人力支持和职能经理，才能顺利进行他所负责的项目。他必须与职能经理保持密切关系，说服职能经理支持他的项目。项目经理为了弥补项目职权的不足，克服其职权差距，必须具备适当的领导艺术，重视横向关系以及非正式组织的有效运用。

矩阵组织的优点在于决策点集中，对专业人员的使用富有弹性，同时在项目作业中有内在的控制和平衡。在项目组织与职能组织之间也建立了沟通渠道，可以不断协商谈判，故在时间、成本与绩效方面均能获得较佳的平衡。因而，这一组织形式在西方大公司中相当流行。美国得克萨斯仪器、通用电气、壳牌石油公司都已采用这一组织形式。

矩阵设计是以多支持系统和权力关系为基础的，在这种设计中，一些员工向两个而不是一个上级汇报。如图8-19所示，矩阵设计通常是通过使用双重权威、信息以及报告关系和风格把职能设计和产品设计结合起来。每个矩阵都包含了三套特殊的角色关系：①总经理，他掌管和平衡双重命令链；②职能部和产品部经理，他们一起共享下属；③既向职能部门经理报告，也向产品经理报告的管理者（或专家）。对一个在全球都有大量业务的组织而言，在公司的每个主要地域（例如，欧洲、南美、北美、太平洋环岸以及中东）都可指派矩阵经理。

实践上的重要性体现在：①当员工对职能或产品线（或地域）问题要有高度反应时；②当组织面临复杂、动态而需要员工大量数据和信息不明技术时；③当组织有很多的产品，同时资源有限时，采用矩阵设计是合适的。这种类型的设计使所有项目都可获得专业化的、职能化的员工知识。而且，当员工被分到职能和产品部门去的同时，它也可以随意地使用员工。

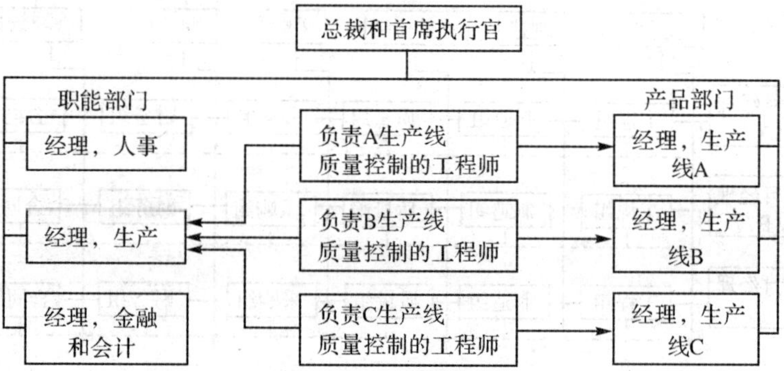

图 8-19　矩阵设计

注：这些生产经理也对与他们自己产品线有关的营销活动负全责

矩阵设计需要大量的来自管理层的支持，同时员工要学会如何在一个新的组织中工作。学习可能要 2—3 年，因为在态度和行为方面将会有重大的变化。习惯于统一命令、明晰权威结构，以及从上至下命令的员工对矩阵设计所要求的双重权威结构会不适应。因此，为了推行新的设计，就有必要对其进行特殊的培训。为了正常的工作，矩阵设计必须在许多方向（例如，职能专家和生产线）间维持一个持续的张力，这个张力，反过来需要沟通、冲突解决以及协调等方面的有效的人际技能。

6. 网络设计

网络设计就是为了克服这些缺陷，使牵涉多部门和多员工的高度多样而复杂的组织的管理变得容易。所有别的组织设计主要关心的是如何在职位、团队、部门以及分公司中分配权威和资源。网络设计则主要关心在员工和部门中共享权力、责任以及资源，这些员工和部门为了实现共同的目标经常需要合作和沟通。当要完成的任务和要实现的目标发生变化时，网络组织也必须应用各种设计（职能、产品或地域）。

（1）关键特征。网络设计有时也经常称为蛛网或群集组织（像美国伊斯曼化学公司那样）。它好像是由相互依赖的部门和管理过程组成的马赛克。这种马赛克不能从传统的表现出垂直权威和报告关系的组织中编织出来。只有当下列因素相互支持时，网络组织才会存在。

①出众的能力。组织以新异的方式对主要来自组织不同部分的资源进行整合，实现创新和适应，从而保持优势。

②责任。在完成任务中要合作的员工分享责任。组织设计包括广泛建立跨功能团队、特殊目的团队，以及自我管理团队。

③目标设定。制定能满足一个或更多外部利益人（例如，顾客或客户、供应商、股东、借贷者）需要的目标。绩效较少是内部驱动的，更多的是满足顾客的需要加速产品的发展。

④沟通。主要的焦点是横向沟通而不是垂直沟通。对做出决策有必要的信息被广泛分享和分配，并且沟通标准就是开放。

⑤信息技术。许多信息技术（包括组件）都帮助网络内部的员工（例如组织中可能被远距离等地域因素分隔开来的员工）或者外部的人员（例如顾客、供应商以及其他的人员）。一般的信息技术与相关的组件包括电子邮件、特殊的有助于决策的 PC 软件、有声邮件、移动电话、传真、远程交换、远程会议、当地的以及广泛地域的计算机网络，以及其他类似的技术等。

⑥组织文化。文化中有一个偏见，以为组织层级越少越好。这是对团队中个人创造力和合作的有力支持。

⑦均衡的观点。个人、团队以及分公司并不将自己视为孤岛，他们视自己与他人是有共同目标和奖赏的。在整个过程中，基于过去绩效的历史，协作和信任的形式不断演化。对信任的一个基本假定是：每个人或部门都依靠他人控制的资源，通过共享资源和寻求双赢的解决方案可以获得共同的收益。

（2）实践上的重要性。网络设计在创造弹性的合伙联盟方面特别有效。一个联盟中的合伙者可能是顾客、供应商，以及在不同环境中可能被定义为竞争者的公司。美国 Corning 公司与西门子（德国）、三星（韩国）、Asahi Chemical（日本）等外国公司建立了 23 家合资企业，以在越来越多的与高技术有关的市场中竞争。Corning 公司以灵活的方式来接近其合作者——让合作的形式由目标来决定，也让合资企业逐步演化——这就是其成功的原因之一。但是更为重要的原因是 Corning 公司的执行官们为长久的、共同受益的关系创造条件时所花费的时间和努力。

网络设计的目的就是通过适当使用“六个 I”来创造成功的外部联系。这六个 I 是:重要性(importance)、投资(investment)、相互依赖(interdependence)、整合(integration)、信息(information)以及制度化(institution)。因为这些联系很重要,他们得到了足够的资源、管理层的关注,以及赞助者地位等。对长期投资达成一致协议有助于任何时候都平衡收益与成本。参与者是相互依赖的,这有助于维持权力的平衡。为了维护必要的联系和沟通,参与者要进行整合。每个合伙人被告知另一方的计划和说明。最后,当网络设计制度化时,它被由支持机制组成的框架支撑着,这些支撑机制包括法律规定、社会联系、共享的价值观。这些机制加强了彼此间的信任。

图 8-20 是伊斯曼化学用品公司新网络设计的一个图解描述。“我们的组织图现在被称为比萨饼,因为它看起来像一个比萨饼,上面有很多胡椒粉。”Ernest W. Davenport Jr 说道,他是公司总裁,也就是饼中间的那粒胡椒。“我们按照一个圆圈的形式来设计,就是要表明组织中的每个人都是平等的。每一个人统治他人。圆圈中的空白处比中间的线条更为重要。”

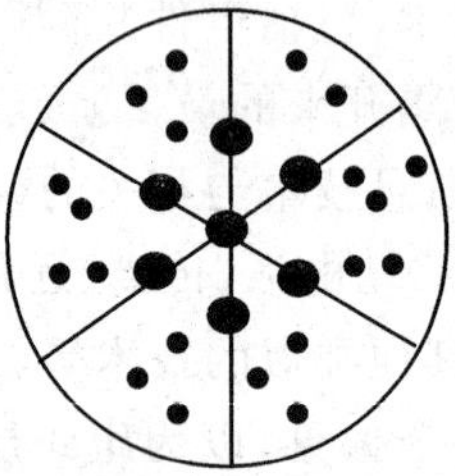

图 8-20 伊斯曼化学用品公司的网络(比萨饼式)设计

个人“切片”中的“胡椒”代表对管理一条重要产品线、一个地域、一个职能部门,或在特定的技术或领域中“核心能力”(例如创新)负责的主要跨功能团队。“胡椒”周围的空间就是期望发生协作的地方。小的胡椒一般代表支持团队(例如人力资源)或者特殊项目团队,这些团队一般在目标达到之后就解散了。

自我管理代替了一些高级副总裁,而这些副总裁过去是对一些重要职能负责的。例如,现在不再有制造经理,公司现在使用由所有工厂经理组成的团队。按照 Davenport 的说法,这个变化在公司的历史中是最富戏剧化的。他进一步表明,团队给管理者和员工同样更广泛的看法,也至少把决策权放到了下一个层级。

在创设新组织时,公司的高级经理同意职能部的主要角色就是支持伊斯曼化学用品公司在化学用品、塑料、纤维以及合成材料方面的业务。用另外的话来说，职能部不能有自己独自的使命。但是多年来，职能部门逐渐变得强大，权力也很大了。当他们在保护自己的草皮、修建自己的帝国时，总是以整个公司作为代价。现在公司的经理至少在一个跨职能部门工作，大多数在两个以上。美国Tom Nethery是一名团队副总裁，他领导着一个业务团队。他同时也在三个处理不同问题的团队工作，例如人力资源团队、纤维素技术团队，以及产品支持服务团队。

【相关链接】

联想2005年9月30日宣布全球架构大调整，原本2006年6月才解散的联想国际(IBM个人电脑事业部)将在10月15日消失，这意味着联想提前8个月"消化"了IBM个人电脑事业部，中国首家真正意义上的世界500强启动全球争霸程序，对手是戴尔与惠普。此次整合，原联想中国COO(首席运营官)刘军升迁为全球首席运营官，负责供应链管理。联想集团副总裁陈绍鹏则成为中国区总经理。联想同时宣布，将把设在中国北京、日本大阪和美国北卡罗来纳州罗利的研发中心整合到一起，由现任的联想集团首席技术官贺志强负责。

7. 虚拟组织

在过去10年里信息技术的主要发展促进组织，也使组织有能力向一个虚拟组织转变。虚拟组织就是一个这样的组织，人们能借助它可以不顾时间、距离，以及组织边界，利用计算机网络一起工作，迅速而容易地共享知识。在一个虚拟组织中，复杂的个人电脑使用者能轻松地进入公司的数据库，并可以像在一间屋里一样工作。这些电脑具备电视会议的功能，也有电子公告牌、扫描仪、传真机以及组件。这些个人电脑与公司的局域网相连，而公司的局域网包含了许多职能部门和信息资源的主页。

(1)四个进步。信息技术的四个进步使组织能采用虚拟设计形式，并促进内部和外部网络的发展。这四个进步是开放的系统、分散的计算机体系、实时性以及全球网络。

①开放的系统。现在有了便携的软件和共享的技术，并且已经被广泛使用着。这些能力扩展到供应商、顾客、管制机构，甚至竞争者等的外部网络中。这些能力从拥有独特计算能力的部门或分公司向与业务过程有关的网络转移。而且，组织能与其顾客、供应商以及其他人保持更紧密的联系。这也使人们不仅根据其自我利益采取行动，而且有一个共同的愿景和承诺。开放的系统也意味着团队能与其他追求共同任务的团队一起自由工作。这些其他的团队经常代表的

是供应商和顾客。

②分散的计算机体系。信息通道及其使用已经从仅局限于一些人或一些部门的集中化的计算机系统转变为主要的信息使用者都可以从中获得信息的计算机网络系统。集中化的、通道有限的计算机系统是一种典型的机械体系。对照的是,有机体系通过授权给个人和团队,来处理和传播计划、信息加工,以及将知识应用到业务问题中去。

③实时。新信息技术现在能捕捉在线信息,更新实时数据。这些能力为许多过程(例如销售、生产以及现金流)提供了一个迅速、准确的图景。在美国Frito-Lay,实时网络公司的制造工厂能持续地根据不断变化的市场条件来进行调节,从供应商那里及时收到原材料,以及及时把产品发送给顾客,这些都能使库存变得最小,并且也使得 Frito-Lay 从批量生产向自定义在线生产转变成为可能。顾客的订单以电子方式传来,它们也能马上就被处理。相应的发票也以电子方式发送出去,并且数据库自动更新。

美国 Oracle,Siebel Systems 发明的新软件使得组织能够从销售员那里收集和发布即时的销售预报和销售情况。因为这些销售员通过公司的局域网彼此进行沟通。

④全球网络。信息网络是虚拟组织的支柱。全球网络使得实时沟通和在全球任何地方随意获得电子方式储存的信息成为可能。对于英国石油公司、得克萨斯仪器公司、福特、三星等跨国组织而言,虚拟组织设计为员工、供应商、顾客以及竞争者等对时间和空间进行了重新定义。例如,在福特公司,公司利用网页作为一种途径,使供应商与实验室或测试站点的设计师更紧密地一起工作。在虚拟设计中,任何个人、团队或部门能迅速与其他个体、团队或部门进行沟通和分享信息。随着办公室越来越成为网络的一部分,而不再是一个地点,工作能在很多地方完成,包括员工的家里。

英国石油公司有 53000 多名员工,在全世界 60 个国家有业务,每年的销售额超过 700 亿美元。它在墨西哥湾、南美、西非、里海、中东以及昔得兰群岛的太平洋西岸地区探测天然气和石油储量。它的探测和发展成本是该行业中最低的。

(2)在实践上的重要性。虚拟组织设计是管理者用来满足顾客需要的最近的一种发展形式,虚拟组织允许管理者迅速改变组织架构以适应不断变化的条件和情境。内部和部门、工作责任以及权威链都按照需要进行转变,在组织与顾客以及供应商之间的界限模糊。事实上,一些顾客和供应商开始花更多的时间在该组织上而不是它自己的顾客。通用电气公司在 20 世纪 90 年代不管内部还是外部，受到顾客和供应商的攻击也变得更加没有界限。

（3）特征。除了持续地革新组织结构外，虚拟组织还有以下一些特征：①员工持续掌握新的制造和信息技术，这加速了生产过程和组织中的信息流动。②员工以任何地点和时间都可获得个性化产品，对持续变化的顾客需要作出迅速的反应。③员工间是一种互惠的相互依赖关系。所有工人都必须掌握能给顾客提供有效服务所有需要的所有能力。④管理者在向员工描述组织目标和目的等清晰愿景时，向员工下放权力和责任。

【本章小结】

组织结构是对组织各部门整合，实现组织成员责、权、利相互关系协调的一种有序安排。组织设计，主要指组织结构的设计，是把组织内的任务、权力和责任进行有效组织协调的活动。其基本功能是协调组织中人员与任务之间的关系，使组织保持灵活性和适应性，从而有效地实现组织目标。

影响组织设计的因素包括企业战略、企业外部环境、企业科技条件、控制跨度、集权与分权、正规化等。

组织设计的程序包括确定目标、业务流程设计、按业务流程设立职位、规定职位的内容、配备人员、设置组织机构等六个步骤。组织设计的内容包括对企业经营和发展战略目标的认识与分解、服务分析与设计、部门划分和层次设计、整合等。企业组织结构设计的基本原则是：遵循环境要求原则、顾客满意原则、资源约束原则、权力分配原则和管理跨度原则。

一般组织设计方案包括职能设计、产品项目组织设计、地域设计、跨国设计、矩阵式组织设计、网络设计、虚拟组织等。

【综合案例】

乐百氏组织结构乐百氏组织结构“悄然变脸”

在乐百氏的历史上，经历了三种业态的架构模式：从1989年创业到2001年8月，乐百氏一直都采取的直线职能制，按产、供、销分成几大部门，再由全国各分公司负责销售；从2001年8月到2002年3月，实施了产品事业部制，这在乐百氏历史上虽然实施的时间很短，但为现在实施区域事业部制奠定了基础，实现了组织结构变革中的平稳过渡。架构调整无疑是一个公司的重大战略转变，也必然是外界甚至内部的各种环境变化促成的。值得令人关注的是，乐百氏在不到8个月的时间里，就进行了两次架构调整。

直线职能制

乐百氏创立于1989年,在广东中山市小榄镇,何伯权等五个年轻人租用"乐百氏"商标开始创业。据乐百氏一位高层人员介绍,创业伊始,何伯权等与公司的每个员工都保持一种很深的交情,甚至同住同吃同玩,大家都感觉得到,乐百氏就是一个大家庭,"有福同享,有难同当",公司的凝聚力很强。这时采用直线职能制这种架构模式,使乐百氏在创业初期得到快速稳定的发展。12年间,五位创始人不但使乐百氏从一个投资不足百万的乡镇小企业发展成中国饮料工业龙头企业,而且把一个名不见经传的地方小品牌培育成中国驰名商标。然而,随着乐百氏的壮大,原来的组织结构显得有点力不从心。此时,再按前面那位高层人士的话说,何伯权不可能再与公司的每一个员工同吃同住,原来的领导方式发生了变化,起不到原有的作用。何伯权有些迷茫了。特别自2000年3月与法国最大的食品饮料集团达能签订合作协议,并由达能控股后,直线职能制的弊端更加暴露无遗。为了完成销售任务,分公司都喜欢把精力放在水和乳酸奶这些好卖的产品上,其他如茶饮料那些不太成熟的产品就没人下工夫,这对新产品成熟非常不利。更糟糕的是,由于生产部门只对质量和成本负责,销售部门只对销售额和费用负责,各部门都不承担利润责任,其结果就变成了整个集团只有何伯权一个人对利润负责。

近几年来,乐百氏的销售额直线下降,有着50年国际运作经验的达能肯定不愿看到这种局面,因此,寻求变化势在必行,其中组织架构的改革就是为适应新形势的举措之一。

产品事业部

2001年8月,一次在乐百氏历史上最为关键的组织结构变革在月间完成:75%员工换座位,原五人创业组合中的四大元老位置同时发生重要变化,都退出原先主管的实力部门,何伯权是唯一的不变,仍然任总裁。

改革后,乐百氏的事业部制架构变为:在总裁之下设5个事业部、8个职能部门和一个销售总部。其目的是利润中心细分,瓶装水、牛奶、乳酸奶、桶装水和茶饮料共5个事业部每一个都将成为一个利润中心。同时减少了中间层,集团的权力结构由从前的5人会议,变为一个总裁和14个总经理,成为一个比较扁平化的组织架构。这是公司首次将战略管理和日常营运分开,形成多利润中心的运作模式,促成这次改革的重要力量是达能这个欧洲第三大食品集团,它自1987年进入中国成立广州达能酸奶公司后,就开展了一系列"收购行动",并且每次都神秘莫测,"收购刀法极其温柔"。尤其是在水市场上对行业内领袖企业的浙江娃哈哈、深圳益力、广州乐百氏、上海梅林正广和的控股或参股分别达到

41%、54%、2%、50%的股份,足以让人相信达能已经完成了它在中国水市场的布局,已经成了当之无愧的老大。但这老大只是表面现象,许多问题都摆在达能管理者的面前,收购的这些企业能够赢利的很少,它需要整合资源,减少运行成本。乐百氏连年亏损的状况,迫使何伯权痛下决心实施组织结构改革。

然而,新的架构还没实施几天,就在2001年11月底,乐百氏爆出大新闻:何伯权、杨杰强、王广、李宝磊、彭艳芬等五位乐百氏创始人向董事会辞去现有职务,并决定由达能中国区总裁秦鹏出任乐百氏总裁。何伯权称,五位元老集体辞职的原因是与董事会的战略思路发生重大分歧,无法达成一致,并且,还因为没有完成董事会下达的销售任务。还没有来得及检验自己的改革成果,何伯权就匆匆退出了乐百氏的历史舞台。

区域事业部

2002年3月11日,区域事业部正式出台,乐百氏按地域分为五大块:西南、中南、华东、北方和华北。这次架构改革距上次仅仅7个多月的时间。据业内人士分析,速度之所以这样快,其中一个重要原因是达能的全国战略思路在操纵着这次变革。随着达能旗下产品的不断增多,它也在寻求一种更能整合现有生产和销售资源的最佳方法,来改变许多品牌因为亏本,反而成为它的负担的局面。据可靠消息,达能为了加强对自己绝对控股的乐百氏的支持,要求乐百氏扮演更加重要的角色,甚至欲将其他如深圳益力、上海梅林正广和、广州怡宝等在外地的工厂和销售渠道交由乐百氏托管。并且,除了上述一些已收购的品牌,达能的收购行动远未停止,前不久,达能将持有豪门啤酒和武汉东西湖啤酒分别62.2%和54.2%的股份转让给华润;华润则以桃报李,心甘情愿让达能收购其旗下的怡宝公司。

然而,正如达能一位高层人士所说,这还只是它欲将中国水市场进一步控制在自己手中的一个很小的行动计划。据一些媒体报道,达能已将触角伸到了许多地方品牌。乐百氏也因拥有良好、稳定的经销商网络,使达能委以重任,它在中国市场上的战略地位将愈来愈重要。随着乐百氏托管的产品增多,每个市场的产品更加复杂,各种产品的销售情况各不相同。原来的产品事业部制可能对客户的变化需求反应不再迅速,很快不再适合新的发展,于是地域事业部制,这种以工厂为中心、更扁平的组织结构应运而生。因为它将更有助于了解消费者的需求,能更灵活地进行品牌定位。

其次,区域事业部将更有利于培养事业部的全局观念。负责人注重利润的追求,使决策和运营更加贴近市场,对市场形势和客户需求做出快速预测和反应,加强了区域的市场主动权和竞争力,对资源的调控更为快捷和趋于合理。同时，让总部从日常业务中脱离出来，多进行一些宏观性的战略决策。换句话说，原来的乐百氏只有何伯权一人是企业家，现在的乐百氏可以造就五个甚至更多有全局观念的企业家。

有业内人士开玩笑说，善于资本运作的达能将乐百氏一分为五之后，如果到了一定的时候，它可以把其中的任何一个事业部单独转让，既灵活，并且分开卖比整体卖更赚钱。但达能一位高层人士矢口否认这种说法，他认为，因为“水”是达能的三大主业（其余两项是乳制品和饼干）之一，达能只有加强水市场的投资力度和资源整合，没有理由把自己的主业都卖掉。

当然，这次改革还有一个不容忽视的原因，那就是随着领导的更替，特别是前者是有极强影响力的何伯权，他与其他四位创业者亲密无间的合作一直被业内和传媒传为美谈，何伯权的名字一直与乐百氏紧密相连。何伯权等五位创业元老在乐百氏的关系错综复杂，根深蒂固，他们这些高层领导的出局，肯定在乐百氏内部布下一层阴影，带来一些消极因素。新的领导上任后，不得不采取一些有效的措施改变这种被动局面。组织架构的重新调整，必然会导致各种人事关系、职位的变动，所谓“一朝天子一朝臣”，新的领导把老的人才重新分配，把涣散的人心收拢，尽快摆脱“何伯权时代”的阴影，提出新的发展方向，有利于增强公司的凝聚力。

事实证明，乐百氏人并未受这次“乐百氏地震”的高层领导更替事件的影响，没有外界想象中的动荡和冲突，顺利进入了“秦鹏时代”。3 月 16 日西南事业部会议开完后的当天晚上，几位核心人士聚到一起，他们为这种给予了他们更多自主权的架构模式感到兴奋，无不摩拳擦掌，对今年能取得更好的业绩充满信心。

思考题

1. 乐百氏的早期组织结构为什么是有效的，而后来却不适应了？

2. 结合本案例，谈谈乐百氏组织结构变化的历程。

3. 结合本案例，讨论各种组织结构的适用性及特点，是否存在一种完美无缺的组织结构？

第9章 组织文化

引导案例

源远流长的古井文化

古井酒厂建于1957年。建厂初期，共有32名职工，12间简陋厂房，1口酿酒锅甑，7条发酵池。1963年“古井贡酒”被评为8大名酒第二名，30多年来荣获各种奖项近100种。目前，古井酒厂已发展成为以名优白酒生产为龙头，致力多元化经营和国际化发展、集科工贸为一体的大型集团公司，拥有50多家子公司。古井集团现有员工6000余人，总资产约25亿元，净资产15亿元。

近20年来，古井集团乘改革的风帆，凭借现代化的经营管理，以人为本，强化管理，开拓市场，取得了卓越的经营业绩。近年来，公司每年的投资规模大约2亿元，其中国有资金70%。先后投资建设的项目有：合肥古井大酒店、九方制药公司项目、热电站项目、乳制品项目等。值得一提的是，古井集团还积极利用收购、控股、兼并等经营手段，来扩大集团资产经营规模，取得了良好的效果，为古井集团的发展注入了强大的活力，保持了企业强劲的发展势头，实现了企业快速健康的发展。

古井集团在从一个传统的手工酿酒作坊向多元化经营的企业集团发展过程中，以“效忠古井、业绩报国”的使命，树立了“敢为人先”的古井精神，通过“两场效应”管理法，走出了一条“名牌、名企、名人”的发展道路，培育了独具特色的“以人为本、天人合一”的古井文化。

一、"四子"立业学说

所谓"四子"立业学说就是"抓班子、立柱子、上路子、创牌子"。这是古井文化的凝练。董事长王效金认为，企业家是企业凝聚力的核心，企业家并非企业中的某一个人，而是由具有帅才、将才、管家、参谋和监督等才能且博与专相结合的一群人所组成的领导班子集体。企业要想取得良好发展，首先得有一个好领导班子。王效金强调"立柱子"思想，高度重视企业的支柱性产品的发展，并形成支柱产品群，以支撑企业发展。古井人的"上路子"思想是指管理规范化、高效化、现代化，向管理要质量，要效益。强调企业管理练内功只有日积月累，执著追求，坚持不懈，才能不断优化。古井人力创民牌与名牌的统一，铸就属于广大消费者心目中的金牌，属于人民大众的名牌。

二、"三层文化"的系统运作

在精神文明层面上，古井人以"提高广大人民的生活质量，建设'富有、文明、民主'的新古井"的经营哲学思想为指导，讲求"业绩报国，双向效忠"的企业道德，以"爱国、爱厂、爱岗位"的爱国思想和敬业精神塑造企业全体员工的灵魂，树立企业的精神支柱。在制度文化层面上，古井人极力强化制度建设，先后制定了《生产工艺法规》、《产品质量法规》、《现场管理法规》等15种企业内部规章制度，以约束员工行为，维护企业经营活动的正常秩序。同时，古井人还坚持"以人为本"，讲求以情动人、以理服人、以德信人的"情、理、德"相结合的柔性管理，做到软硬结合，优化企业管理行为。在物质文化层面上，古井人在厂容、厂貌、产品构成和包装、装备特色、建筑风格、厂旗、厂服、厂标、纪念物、纪念性建筑物等方面大作"文化"文章，创建了"花园式工厂"。"古井亭"、"古井"、"古槐"、"古井酒文化博物馆"向人们展示了千年古井酒文化的历史渊源。

三、"两场效应"的管理文化

古井的"两场效应"管理法，简单来说就是"抓市场、促现场，抓现场、保市场"。利用现场与市场之间的"促保"互动关系，下真功夫做实做细。古井人抓市场就是抓经营，把眼睛向外，开辟市场、培育市场、建设市场，不断提高产品市场占有率、覆盖率和品牌美誉度；抓现场，就是抓管理。古井人实行综合管理，质量、成本、设备、技术、人事、信息、纪律、工艺安全等系统运作，达到整体优化，形成了"一严、二细、三洁、四无、五不准、六统一"的十四字现场管理标准。市场的深入发展，不断向企业管理提出新要求。古井人始终围绕着市场需要不断改进管理，进而保证满足市场需求，两场彼此促进，周而复始，螺旋上升，形成良性循环。

本章主要内容

1. 什么是组织文化？
2. 组织文化的特征与功能。
3. 组织文化的基本要素。
4. 组织文化的创立与维护。
5. 组织文化的变革。

9.1 组织文化概述

9.1.1 组织文化的概念

20 世纪 70 年代末 80 年代初，组织文化首先兴起于美国。它是在美国企业经济效益下降，开始落后于日本及西欧一些国家的历史背景下产生的。70 年代，日本的产品旋风似的大举进入世界市场，所向披靡，许多欧美产品的传统市场都被日本的产品夺占。这使素以经济实力强大，企业管理的理论与实践蜚声全球的美国也尝到了竞争失败的苦果。美国人不得不开始自我反省，并开始重视对日本的研究，探索其经济和企业成功的奥秘。1982 年美国出版的《公司文化》首先提出了企业文化的观念。美国人的研究发现，传统的管理理论已无法解释日本经济和企业成功的原因，日本企业的成功在于它重视了人，强调以人为中心，面向职工，提出了共同价值准则和文化的概念。企业文化在日本企业成功中发挥了极其强大的积极作用。他们把企业文化上升为一种新的管理理论，并认为企业文化是一种新的管理革命。美国著名的管理学家、文化管理学派的主要代表人物劳伦斯・米勒就指出：管理正在重新寻找它的灵魂，美国最卓越的公司与最优秀的管理人员，正在辩论自己的企业应建立在哪些价值观上，他们日渐认清价值观、行为以及生产力之间的关联，他们正塑造自己的公司文化，以便诱导员工对公司忠心耿耿，发挥创造力，并替自己带来最大效益。

关于组织文化的定义,不同的学者从不同的角度作了广泛的阐述,其中有影响的观点如下:

希恩在1984年对组织文化新下的定义是:"组织文化是特定组织在处理适应外部环境和内部整合过程中出现的种种问题时所发明、发现或发展起来的基本假说的规范。这些规范运行良好,相当有效,因此被用做教导新成员观察、思考和感受有关问题的正确方式。"

克拉克、霍恩则认为组织文化是"主要依靠符号来获得知识和传递思想、感受和反应的方式","其基本核心是传统意识和价值观"。

哈佛大学的迪尔和肯尼迪,在他们合著的《企业文化》一书中指出:"企业文化由价值观、神话、英雄和象征凝聚而成,这些价值观神话、英雄和象征公司的员工具有重大的意义。"

日裔美籍教授威廉·大内指出:"公司文化是由其传统风气所构成的。同时,公司文化意味着一个公司的价值观,诸如进取、守势或是灵活,这些价值观构成公司职工活动、意见和行为的规范,管理人员身体力行,把这些规范灌输给职工并代代相传。"

综合上述观点,我们认为组织文化是一个组织内共有的价值体系。这种组织内共有的价值体系有三个特点:一是这种价值体系是有关价值、象征物、仪式、传说和习惯的综合物;二是共有的价值体系会随时间的变化而不断发展;三是这些共有的价值观在很大程度上决定员工的看法和对周围世界的反应。

我们知道每个人都有心理学家们所说的个性,个性是指一些相对持久和稳定的个人特征。当我们把某人描述成热心的、求变的、随意的和保守的,我们就是在描述个性特征。一个组织同样有个性,我们称之为组织文化。

9.1.2 组织文化的特征

组织的文化通常反映了组织创始人的远见和使命。因为创始人有着最初的构思,同时对如何实现这些构思存在一定的倾向性。他也不会受传统习惯和意识形态的束缚。创始人通过设计出组织前景的方式来建立组织早期的文化,许多新组织的规模较小,使得创始人能够以其远见影响组织的全体成员。所以,一个组织文化是以下两方面相互作用的结果:(1)创始人的倾向性与假设;(2)第一批员工从他们自身体验中领悟到的东西。例如,IBM公司的创建者托马斯·沃森(Thomas Watson)建立了"追求完美,为顾客提供最佳服务,尊重雇员"这样一种文化。具有讽刺意味的是,大约75年后,总裁路易斯·郭士纳(Louis Gerstner)意识到市场所带来的必须满足顾客期望的紧迫感,他以其高度的"顾客导向的敏感性”提升这种文化。西南航空公司的赫伯·科勒尔(Herb Kelleher)通过诸如提供高于行业平均水平的薪酬和福利等方式加强了“以人为本”的文化。

所以罗宾斯认为,尽管还没有规范性的方法来衡量组织文化,但已有的研究表明组织文化具有10个特征。正如一个人的个性是持久和稳定的一样,这10个特征对于组织来说也是相对持久和稳定的。10个特征见表9-1。

表9-1 组织文化的10个特征

1.成员的同一性	员工与作为一个整体的组织保持一致的程度,而不是只体现他们的工作类型或专业领域的特征。
2.对团体的强调	工作活动在多大程度上是以团体而非个体方式组织的。
3.人员关注	管理决策结果对组织成员所造成的影响的被关注程度。
4.单位的一体化	鼓励组织中各单位以协作或相互依存的方式运作的程度。
5.控制方式	在多大程度上以制度条例和直接监督方式对员工进行控制和监督。
6.风险承受	在多大程度上鼓励员工进取、革新并乐于尝试风险。
7.酬劳标准	加薪在多大程度上取决于员工的绩效水平而非资历、偏爱或是其他的非绩效因素。
8.冲突的宽容度	鼓励员工自由争辩及公开批评的程度。
9.手段—目的倾向性	管理层在多大程度上关注组织成果而非达到成果的方法和过程。
10.系统开放程度	组织掌握外界环境变化并及时对这些变化做出反应的程度。

9.1.3 组织文化的功能

1.自我凝聚功能

组织文化是一种强力黏合剂,它以种种微妙的方式来沟通人们的思想感情,融合人们的理想、信念、作风、情操,培养和激发人们的群体意识。在特定的文化氛围之下,员工们通过自己的切身感受,使员工把自己的思想、感情、行为与整个组织联系起来,从而使组织产生一种强大的向心力和凝聚力,发挥出巨大的整体效应。组织文化通过培育组织成员的认同感和归属感,建立起成员与组织之间的相互依存关系,使个人与整个组织有机地统一起来,形成相对稳固的文化氛围,凝聚成一种无形的合力与整体趋向,以此激发出组织成员的主观能动性,为指向组织的共同目标而努力。正是组织文化这种自我凝聚、自我向心、自我激励的作用,才构成组织生存发展的基础和不断成功的动力。从这个意义上来说,任何组织若想取得非凡的成功，其背后无不蕴藏着强大的组织文化作为坚强的后盾。但是，要指出的是，这种内聚力量不是盲目的、无原则的、完全牺牲个人一切绝对服从，而是在充分尊重个人价值、承认个人利益、有利于发挥个人才干的基础上凝聚的群体意识。

2. 自我改造功能

组织文化能从根本上改变员工的旧有价值观念，建立起新的价值观念，使之适应组织正常实践活动的需要。尤其对于刚刚进入组织的员工来说，为了减少他们个人带有的家庭、学校、社会所养成的习惯、思维方式、行为方式与整个组织的不和谐或者矛盾冲突，就必须接受组织文化的改造、教化和约束，使他们的行为趋向组织的一致和谐。一旦组织文化所提倡的价值观念和行为规范被成员接受和认同，就会在不知不觉中做出符合组织要求的行为选择，员工在企业中的行为如果得到承认和赞许，就能获得心理上的平衡与满足，相反，倘若违反了组织规范，就会感到内疚、不安或者自责，就会产生挫折感与失落感。这就是说，人人都生活在文化之中，接受文化指令而不能脱离文化规范。如果有人强行与自己所在的文化群体背道而行，那就会成为“文化异类”而被组织抛弃。在这个意义上说，组织文化具有某种程度的强制性和改造性。

3. 自我调控功能

组织文化作为团体共同价值观，并不对组织成员具有明文规定的具体硬性要求，组织需要严格的管理制度。硬性的厂规厂纪对组织管理起关键性的作用。这种硬性约束不是企业文化的主要内容，企业文化的约束功能偏重于软约束，软约束产生的依据在于人的文化性和社会性，这样就决定了它只是一种软性的理智约束。它通过组织的共同价值观不断地向个人价值观渗透和内化，组织文化是无声的号令、无形的管制，使组织自动地生成一套自我调控机制，以“看不见的手”操纵着组织的管理行为和实务活动。这种以尊重个人思想、感情为基础的无形的非正式控制，会使组织目标自动地转化为个体成员的自觉行动，达到个人目标与组织目标在较高层次上的统一。组织文化具有的这种软性约束和自我协调的控制机制，往往比正式的硬性规定有着更强的控制力和持久力，因为主动的行为比被动的适应有着无法比拟的作用。

4. 自我完善功能

组织在不断的发展过程中形成的文化积淀，通过无数次的辐射、反馈和强化，会不断地随着实践的发展而不断地更新和优化，推动组织文化从一个高度向另一个高度迈进。也就是说，组织文化不断地深化和完善一旦形成良性循环，就会持续地推动组织本身的上升发展，反过来，组织的进步和提高又会促进组织文化的丰富、完善和升华。国内外成功组织和企业的事实表明，组织的兴旺发达总是与组织文化的自我完善密不可分。

5. 自我延续功能

组织文化的形成是一个复杂的进程，往往会受到社会、人文和自然环境等诸多因素的影响，因此，它的形成和塑造不是一朝一夕就能一蹴而就的，必须经过长期的耐心倡导和精心培育，以及不断地实践、总结、提炼、修改、充实、提高和升华。同时，正如任何文化都有历史继承性一样，组织文化一经固化形成之后，也会具有自己的历史延续性而持久不断地起着应有的作用，并且不会因为组织领导层的人事变动而立即消失。

6. 激励功能

组织文化是企业青春的激发剂，是组织活力的加压泵。所谓激励，就是通过外部刺激，使个体产生出一种情绪高昂、奋发进取的力量。研究激励理论的学者认为，是有力的激励手段让被激励者觉得自己确实干得不错，那倒是次要的。在一种“人人受重视，个个被尊重”的文化氛围中，每个人的贡献都会及时受到肯定、赞赏和褒奖，而不会被埋没。这样，员工就时时受到鼓舞，处处感到满意，有了极大的荣誉感和责任心，自觉地为获得新的、更大的成功而瞄准下一个目标。这就应了一句西方谚语：“没有什么比成功更能导致成功的了”。组织文化的激励是着眼于整体的文化建设和人的不断完善，应将之提升到人创造文化、文化塑造人的因果循环的高度来看待。

7. 辐射功能

组织文化是一团很好的酵母、一种热力强大的辐射源。当大型企业（跨国企业）的组织文化发展到一定程度，形成较为完整的模式时，则不可避免地对社会产生影响。

并非所有的组织都有成熟的组织文化，只有那些经过一定历史发展并形成一定规模的组织才能形成比较稳定的组织文化。一般说来，世界著名的跨国公司都形成了其独特风格的组织文化。那么，这些组织在发展过程中是如何塑造和培养组织文化的呢？其关键在于培养组织的价值观。因为价值观是组织文化的基石，是组织得以成功的精神源泉，为全体员工提供共同努力的方向以及个人行为的准绳。所以，组织首先必须找出自己的价值系统，确立一套完整的信念，使之成为组织策略的根本依据和员工行动的最高准则。

9.2　组织文化的基本要素和类型

9.2.1　组织文化的基本要素

组织文化是一个有着丰富内涵的系统体系，其中包括许多相互联系、相互制约的基本要素。迪尔和肯尼迪认为构成组织文化的要素有五种：(1)环境条件；(2)价值信仰；(3)英雄人物；(4)习俗礼仪；(5)文化网络。

而美国学者彼得斯和沃特曼认为至少有七种子要素：(1)经营战略；(2)组织结构；(3)管理风格；(4)工作程序；(5)工作人员；(6)技术能力；(7)共同价值。这七种要素称为"麦金瑟7S结构"，如图9-1所示。

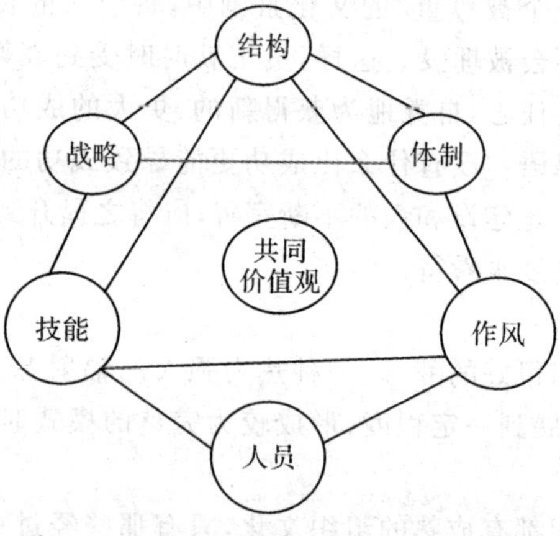

图 9-1

如果从现代系统论的观点看，组织文化的结构层次有三个：表层文化、中介文化、深层文化。

它的表现形态有：物化文化、管理文化、制度文化、生活文化、观念文化。

它的构成要素有：组织精神、组织理念、组织价值观，组织道德，组织素质、组织行为，组织制度，组织形象等，由此构成一个有着内在联系的复合网络图，如图9-2所示。

如果从最能体现组织文化特征的角度看，组织文化的基本要素包括以下几点。

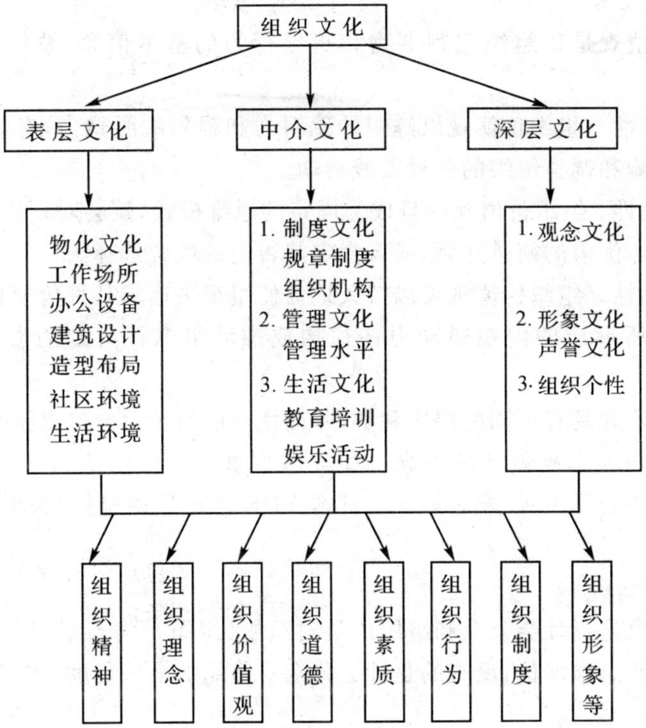

图 9-2

1. 组织精神

如同人类和民族有精神一样，组织作为有机体也是有精神的。正如美国管理学家劳伦斯·米勒在《美国企业精神》中所说："一个组织很像一个有机体、它的机能和构造更像它的身体，而坚持一套固定信念、追求崇高的目标而非短期的利益，是它的灵魂。"

作为组织灵魂的组织精神，一般是指经过精心培养而逐步形成的并为全体组织成员认同的思想境界、价值取向和主导意识。它反映了组织成员对本组织的特征、地位、形象和风气的理解和认同，也蕴含着对本组织的发展、命运和未来所抱有的理想与希望，折射出一个组织的整体素质和精神风格，成为凝聚组织成员的无形的共同信念和精神力量。组织精神一般是以高度概括的语言精练而成的，如日本松下电器公司的"七精神"："工业报国、光明正大、团结一致、奋发向上、礼貌谦让、适应形势、感恩报国"；美国国际商业机器公司的精神："IBM 就是服务"等。

2．组织观念

组织价值观是指组织评判事物和指导行为的基本信念，总体观点和选择方针。

(1)调节性。组织价值观以鲜明的感召力和强烈的凝聚力，有效地协调、组合、规范、影响和调整组织的各种实践活动。

(2)评判性。组织价值观一旦成为固定的思维模式，就会对现实事物和社会生活作出好坏优劣的衡量评判，或者肯定与否定的取舍选择。

(3)驱动性。组织价值观可以持久地促使组织去追求某种价值目标，这种由强烈的欲望所形成的内在驱动力往往构成推动组织行为的动力机制和激励机制。

组织价值观具有不同的层次和类型，而优秀的组织总会追求崇高的目标、高尚的社会责任和卓越创新的信念。如美国百事可乐公司认为“顺利是最重要的”；日本三菱公司主张“顾客第一”；日本 TDK 生产厂则坚持“为世界文化产业做贡献”。

3．组织形象

组织形象是指社会公众和组织成员对组织、组织行为与组织各种活动成果的总体印象和总体评价，反映的是社会公众对组织的承认程度，体现了组织的声誉和知名度。

组织形象包括人员素质、组织风格、人文环境、发展战略、文化氛围、服务设施、工作场合和组织外貌等内容，其中对组织形象影响较大的因素有五个。

(1)服务(产品)形象。对于企业来说，社会公众是通过产品和服务来了解企业的，在使用产品和享用服务的过程中形成对企业的感性化和形象化的认识的。因此，那些能够提供品质优良、造型美观的产品和优质服务的企业，总是能够赢得良好的社会形象。

(2)环境形象。这主要指组织的工作场所、办公环境、组织外貌和社区环境等，它反映了整个组织的管理水平、经济实力和精神风貌。因为整洁、舒适的环境条件不仅能够保证组织工作效率的有效提高，而且有助于强化组织的知名度和可信赖度。

(3)成员形象。这是指组织的成员在职业道德、价值观念、文化修养、精神风貌、举止言谈、装束仪表和服务态度等方面的综合表现，是组织形象人格化的体现。一般而言，组织成员整洁美观的仪容、优雅良好的气质、热情服务的态度，再加上统一鲜明的衣帽服装，既反映了个人的不俗风貌，也反映了组织的高雅素质，有利于在社会公众之中树立良好的组织形象。

(4)组织领导者形象。组织领导者(也指企业家)的形象是指其在领导行为、待人接物、决策规划、指导监督、人际交往乃至言谈举止之中的文化素质、敬业精神、战略眼光、指挥能力上的综合体现。那些富有领导能力、公正可靠、气度恢弘、勇于创新、正直成熟、忠诚勤奋的组织领导者不仅能以无形的示范魅力潜移默化地影响组织中的每个成员,而且也会在社会公众中争取对组织的信赖和支持,以有利于不断扩大和巩固组织的知名度。

(5)社会形象。这是指组织对公众负责和对社会贡献的表现。组织要树立良好的社会形象,一方面有赖于与社会广泛的交往和沟通,实事求是地宣扬自己的社会形象;另一方面在力所能及的条件下积极参与社会公益活动,例如支持公益事业,支援受灾地区,开展社区文明共建活动等。这样,良好的社会形象就会使组织在社会公众的心目中更加完美,使之增加对组织的认同。

9.2.2 组织文化的类型

由于不同的外部环境和内部条件,也由于不同的分类标准,组织文化呈现出不同的类型。

1.迪尔与肯尼迪的分类

美国学者特伦斯·迪尔和阿伦·肯尼迪在《企业文化》一书中,把组织文化划为四种类型:

(1)硬汉文化(又称挑战型文化或强悍组织文化)。这种文化往往是风险很高,决策结果反馈最快的企业。这类公司决策时赌注高、决心大,冒大风险,企业内充满竞争气氛。由于要求在短期内获得利益,企业人员合作精神差,不重视长期投资,人员流动率高,很难建立坚强而又一贯的企业文化。

(2)努力工作—尽情享受文化(又称柔性组织文化)。这种文化要求精力充沛,拼劲十足,但工作之后尽情玩乐,工作与玩乐并重。此种公司一般风险不大,但工作紧张。“有活快干,干完就玩”很合青年人胃口。这种文化在遇麻烦时,会采取短期行为。

(3)长期赌注文化。这是一种风险很大、反应缓慢的文化。其价值观集中在对未来投资,需要人们具有坚强的信心和长期经受考验的能力,这类文化尊重权威和专家,不能容忍心理不成熟的人和工作不认真的现象。其优点是有助于发明创造和技术突破,缺点是行动速度缓慢,对迅速变化的环境不会作出灵敏的反应。

(4)过程文化。这是一个低风险、慢反馈的领域,员工对自己工作效果好坏全无概念,因此会促使他们把注意力放在“如何做”上面,而不是“做什么”上。这种文化下的人,工作井然有序,完全照章行事,因而容易抑制人的创造性,产生僵化体制和官僚主义。表 9-2 表示了这四种文化的特征和适应企业。

表 9-2 组织文化的类型及特征

文化名称	风险程序	决策后信息反馈	一般采用此种文化的组织	榜样的行为
硬汉文化	高	快	建筑、电视、无线电、管理咨询	态度强硬、个性强、能够耐受高度风险
努力工作—尽情享乐文化	低	慢	房地产、计算机公司、串户销售人员	属于超级销售人员、态度友善
长期赌注文化	高	慢	石油、航空、资本货物制造厂家、军事	可耐受长期的不明确指示,总是反复检查其决策,有技术才干,特别尊重职权。
过程文化	低	慢	银行、保险公司、公共事业、政府机关	处理事务谨小慎微,守时守纪,善于注意细节,循规蹈矩

2.哈里森的分类

这是一种很有参考价值的分类,值得我们研究和借鉴。

(1)权力文化。这种文化结构像一张蜘蛛网。中心有权力源泉,从中心放射出权力射线和影响,并由职能的或专家的"绳子"相联结。适应这种文化的组织,依赖于信任和感情来取得效率,依靠"心灵感应"和个人交谈而相互沟通。这种组织只有很少的规则和工作程序,不大讲究规范化形式。

这种文化和基于这种文化的组织,是自豪和强有力的。它们有能力迅速前进,对于威胁和危险能很好地作出反应。但是,它是否前进,前进方向是否正确,都取决于处于中心地位的人物,这些人物的素质在组织中极其重要。组织规模的大小对于权力文化是一个问题,假如联结的活动过多,这个网络就将破裂,只有靠"兼并"另外的"蜘蛛"才能保持自己,并获得发展。

(2)角色文化。与角色文化相应的组织结构可用希腊的庙宇来描绘(见图 9-3)。这种文化是按逻辑和理性来运行的。角色组织把它的力量寄托在支柱——即它的职能或事业上。支配支柱运行及其相互作用的因素是:①为角色而制订的程序,如职务描述、职权定义;②为交往而制订的程序;③为解决争端而制订的规则。这些支柱在高级管理部门——"庙顶"取得协调。这是唯一所需的人际协商。

在角色文化中,角色或职务表述,通常要比担任职务的人更为重要,角色通常被描述为一批人都能够承担的东西。角色文化中的主要权力来源是职位原因,规章制度是主要发挥影响作用的手段。角色文化的效率取决于工作和责任

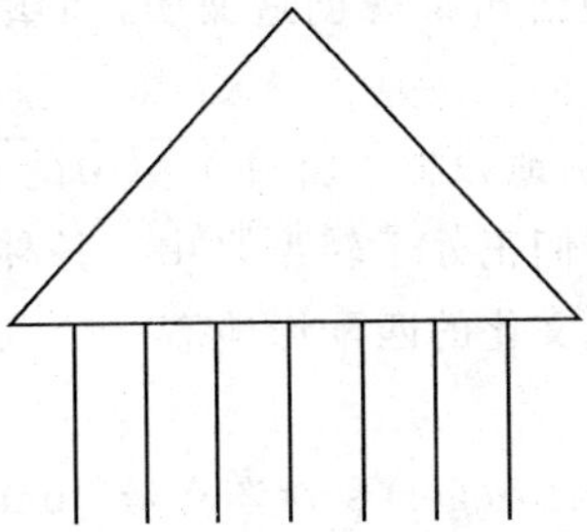

图 9-3 庙宇形态的组织结构

分配的合理性，而不依赖于人的个性。角色文化在稳定的环境中的组织将会取得成功的。角色文化感觉到改变的需要是缓慢的，角色文化给个人提供了安全和可预期性，其安全过分依赖于组织而很少依赖于个人能力。

(3)任务文化。任务文化是职务或项目取向的，其结构可用网络来代表，其中若干网绳比其他网绳更粗更强些。许多权力和影响位于网络的隙缝和节点上。“短阵组织”就是任务文化的一种结构形式。任务文化把适当的资源积聚在一起，把适当的人安置在适当的层次上，并让他们放手工作。这是一种团队文化，它利用团队的统一的力量去提高效率。这种文化适应性极强，它适合于需要灵活性和敏感性的市场和环境。在任务文化的组织中，实行控制较为困难，本质上属不稳定的文化，是一种强调专家权力、奖励工作结果，把个人与群体目标结合进来的文化。

(4)人的文化。在这个文化中，个人是中心点。与其相应的结构式组织只是为了服务和帮助其中的个人。成员们的心理契约表明，组织从属于个人并依赖于个人而存在。凡有个人取向的人员是不易管理的。也难以对他们施加影响。

3. 艾莫瑞(Emory)大学的杰弗里·桑南菲尔德(Jeffrey Sonnenfeld)的分类

他提出了一套标签理论，有助于我们认识组织文化之间的差异，认识到人与文化的合理匹配的重要性。

(1)学院型。学院型公司是为那些想全面掌握每一种新工作的人准备的地方。在这里他们能不断地成长、进步。公司喜欢雇佣年轻的大学毕业生，为他们提供大量培训，然后指导他们在特定的职能领域内从事各种专业化工作。

(2)俱乐部型。俱乐部型公司非常重视适应、忠诚感和承诺。公司中资历是关键因素，年龄和经验都至关重要。与学院型相反，这种公司把管理人员培养成通才。

(3)棒球队型。这种公司是冒险家和革新家的天堂。公司根据员工产出状况付给他们报酬。由于这种奖酬制度，员工一般都拼命工作。

(4)堡垒型。棒球队型公司重视创造文明，而堡垒型公司则着眼于公司的生存。

许多组织不能纯粹明晰地归类于哪种类型中的某一种，因为它们拥有混合型的组织文化，或者因为它们正处于转型之中。各种不同的文化能够吸引不同个性的人，员工个性与组织文化的匹配影响着一个人在管理层级上升迁的高度和难易程度。

4. 赫尔雷格尔(Don Hellriegel)和斯洛克姆(John W. Slocum, Jr.)的分类

他们用一个矩阵框架，建立了企业文化的一个分类模型，如图 9-4 所示。在这个模型中，纵轴表示组织的相对控制取向，从稳定的到弹性的。横轴表示组织的相对注意中心，从内部职能到外部职能。四个象限的极端角代表了四种组织文化类型：官僚文化(bureaucratic culture)、氏族文化(clan culture)、企业家文化(entrepreneurial culture)和市场文化(market culture)。在文化同质的组织中，如西南航空公司，这些基本文化类型的某一个会占统治地位。在百事可乐、洛克希德·马丁(Lockheed Martin)公司、美国银行和其他文化异质的组织，多种文化不仅可能存在，而且彼此竞争。

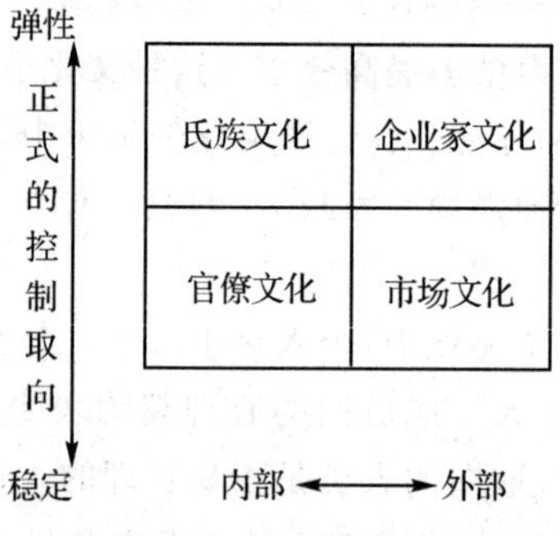

图 9-4　文化类型框架

(1)官僚文化

重视正式化、规则、标准操作程序和等级协调的组织有着官僚文化，官僚组织长期关注的是可预测性、效率和稳定性。它的成员高度重视标准化的货物和顾客服务。行为准则倾向于正式而不是非正式。管理者认为他们的角色是协调者、组织者和书面规则与标准的强化者。任务、责任和权威对所有员工是明确定义的。组织的许多规则和过程在厚厚的手册中写出来，员工认为他们的责任是“按书本行事”，按照法律程序办事。

(2)氏族文化

传统、忠诚、个人承诺、广泛社会化、团队工作、自我管理和社会影响是氏族文化的特征。它的成员承认薪酬与劳动交换的义务。他们明白对组织的贡献(如每周工作的时间)可能超出了任何协议。个体长期组织的承诺(忠诚)与组织长期以个体的承诺(安全)相交换。因为个体相信组织在薪水增加、提升和其他形式的承认方面,会公平地对待他们,所以他们以自己的行动来对组织负责。氏族文化要经过长期的社会化过程才能形成。在氏族文化中,组织成员有着强烈的认同感,他们彼此相互依赖。

(3)企业家文化

企业家文化的特征是高度的冒险性、动力性和创造性。这种文化有巨大的热情去试验、创新和引导新潮流,对环境变化有迅速的反应力。在这种文化中,个人的首创性、弹性会受到很好的鼓励。企业家文化普遍存在于小到中等规模的企业中。

(4)市场文化

市场文化的特征是以市场为导向,强调销售成长、利润率和市场份额。市场文化有强烈的看得见的目标驱动性。这种组织里盛行竞争和利润取向。在市场文化中,个体和组织是一种协议关系。市场文化不重视增进社会系统中成员之间的感情,而是更重视独立和个体化,鼓励员工追求并实现自己的利润目标。

9.3 组织文化的创立与维系

9.3.1 组织文化的创立

1.组织文化的形成

一个组织的组织文化究竟是如何形成的?埃德加·沙因指出,一个组织的组织文化的形成过程,是其应对外部适应性挑战、生存挑战和内部融和挑战的过程;组织是在适应外部环境求生存和建立内部一体化而作出反应时形成自己的组织文化的。

适应外部环境求生存是指一个组织该怎样在外部环境中找到一个适应的位置,并与不断变化的外部环境相适应。适应外部环境求生存包括以下问题:

①宗旨和战略:确定组织的基本宗旨并选择实行其基本战略。

②目标：确立组织的具体目标。

③方法：确定如何实施组织目标的方式方法、手段、工具等。

④衡量：确定标准以衡量个人和群体完成目标的状况。

内部一体化是指一个组织中的成员之间在建立和保持一致有效的工作关系和组织关系过程中，人们的行为和活动所形成的以组织目标为中心的规范化的整体。组织的内部一体化主要包括以下问题：

①语言和概念：确定组织成员间相互交流的方式方法，形成对重要理念和概念含义的共同认可。

②群体和团队的界限：建立群体和团队成员的身份标准。

③权力和地位：确定获得、保持和剥夺权力和地位的规则。

④奖励和惩罚：建立鼓励适当行为以及阻止不适当行为的制度和规则。

总之，当一个组织的组织成员把他们共享的知识、假定、行为规范等用于解决组织的外部适应性和内部一体化问题的方式时，该组织的组织文化便会产生和形成。组织文化产生的一般模式如图 9-5 所示，图中展示了一般组织的组织文化形成的一种共同范式。在新的公司（或组织）里，其创始人或少数的关键人物在很大程度上影响或决定着组织的文化。在组织后来的生存和发展活动中，其文化将主要反映那些创始人或早期高层管理者的价值观、思想理念和假定以及组织成员后来的经历与学习过程的复杂混合物。如松下幸之助对松下企业文化的影响，韦尔奇对通用电器企业文化的影响，张瑞敏对“海尔文化”的影响都说明了这一道理。

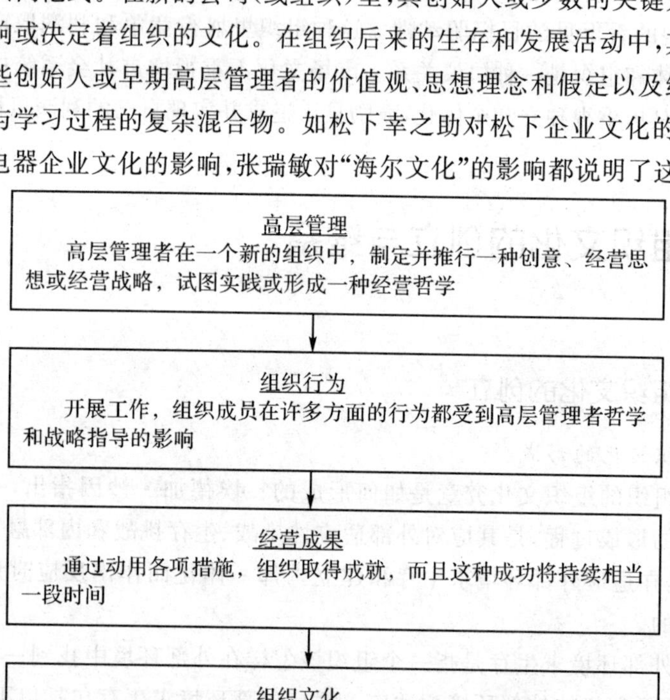

图 9-5　组织文化产生的一般模式

组织文化的形成和形式也会受到组织在其中生存与活动的较大的社会文化的影响，如组织所在的国家或地区的民族文化、风俗习惯、社会规范、道德标准等，都会强烈地影响到组织文化的形成。

2. 组织文化的创立

组织文化的创立是指一个组织在对本组织现实文化认识和评价的基础上组织高层领导者正式提出并在组织成员中倡导的，以共同价值观、行为规范、经营哲学等为中心的组织文化。

创立或改造组织文化时，要有正确的指导思想和组织文化目标，强调组织文化的主体性和个性特色，强调组织文化的群众性和参与性，面向未来，面向时代，面对实际，结合组织的有关改革，同步地进行组织文化的创立和改革。组织文化的创立和改适应当借鉴以下原则和程序。

(1)组织文化创立的原则

①继承、借鉴与创新相结合的原则。即应在继承和吸取本组织现实文化的积极部分并借鉴其他组织文化的长处的基础上，创新和发展本组织文化。

②可行性、现实性与发展性相结合的原则。即在创立或改进组织时，不仅要考虑目标组织文化的现实性与可行性，又要考虑目标组织文化对未来组织发展前景和组织内部环境的适应性。

③促进组织文化与组织战略相统一的原则。

④注意适应组织的外部环境与内部一体化相统一的原则。

⑤以确立的组织价值观创立组织文化，指导组织运行的原则。

⑥重视精神激励与物质激励相结合的原则。

⑦重视典型和榜样的力量与群众的认同和参与相结合的原则。

(2)组织文化创立的程序

组织文化的创立一般要经历如图 9-6 所示的六个阶段：

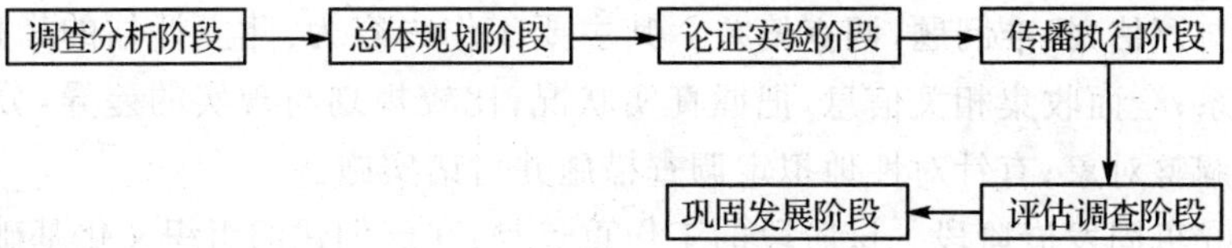

图 9-6 组织文化创立的六个阶段

①调查分析阶段。该阶段旨在客观、全面、准确地了解和反馈现有组织文化基础，组织成员的心态舆论状况等，为创立组织文化提供依据。调查分析的主要

内容为:组织文化发展史的调查;组织文化发展的"硬件"与"软件"状况以及发展的机制的调整;组织文化发展环境的调查分析组织成员的素质分析以及组织文化发展战略和组织价值观的调查分析等。

②总体规划阶段。该阶段旨在增强组织文化工作的计划性和创立组织的目的性与有效性。需要在尊重客观事实的基础上,综合平衡全面性与重点性、计划性与灵活性、独创性与连续性等关系,完成以下基本内容:拟定创立组织文化的目标和指导思想;提出准确的组织文化价值观;提出以组织价值观为中心的组织精神、哲学、理念等;依据组织战略目标,明确物质文化要达成的目标;提出切实可行的行为文化方案;提出对现有组织文化的评价和继承部分,最后拟定组织文化创立的总体方案。

③论证实验阶段。该阶段旨在论证上述工作的可行性,了解各方面对拟定方案的认可和支持程度,及时发现并修改其中的不合理部分,完善方案,减少盲目性。此阶段应坚持"从群众中来,到群众中去"的工作路线,完成以下工作内容:把总体规划通过恰当的渠道"上情下达",接受检验,并通过多种方式收集反馈信息;确定试验区域,实地调查并记录数据;分析信息数据,归纳总结有意义的"闪光点",修改总体规划中不切实际的内容;再一次论证实验修正后的规划,直到大多数组织成员认可为止。

④传播执行阶段。该阶段是创立组织文化的中心环节,是将规划变为现实,解决旧问题,创立新文化的阶段。该阶段是创立组织文化过程中最关键、最费时,既复杂多变又具有广泛影响性的阶段。该阶段的主要工作内容有:利用各种媒介和方式加强宣传,总体规划传达到人;及时收集整理反馈信息,有针对性地开展教育解释,重新传播规划;建立专门的组织机构,协调工作,解决执行中的问题;建立或疏通组织文化倡导者、执行者和接受者之间的信息通道,双向沟通,引导舆论走向;扶正祛邪,及时克服传播障碍和执行障碍。

⑤评估调查阶段。该阶段旨在对组织文化总体规划及执行效果进行测量、检查与评估,找准问题,调查偏差。其主要工作内容为:建立评估的指标体系和参照系;全面收集相关信息,把握真实状况;比较规划与现实的差异,分析原因,确定调整对象;有针对性地拟定调查措施并付诸实施。

⑥巩固发展阶段。该阶段的工作重点是:在已创建的组织文化基础上,采用切实有效的多种途径和措施,从精神层面、制度层面、行为层面和物质层面等多层面贯彻和渗透组织文化,稳定和巩固已取得的成果,进一步突出和弘扬组织文化个性,并以此推动组织发展,在组织的进取发展中,使组织文化走向成熟。

(3)创立组织文化需要注意的其他问题

①慎选组织的价值标准,培育优良的价值观念,奠定组织文化建设的基础。

②坚持以人为中心,进行感情投资,提高员工素质,增强人们对组织的忠诚感和归属感,促使其认同组织共同的价值观和文化。

③注意物质文化、行为文化、制度文化和精神文化的有机统一,协调发展建设。

④找准组织文化建设的切入点,提倡先进的管理制度和行为规范。

⑤加强礼仪建设,注意以成员喜闻乐见的故事、仪式、物质象征和语言等形式传递组织文化,促进文化的习俗化。

⑥改善物化环境,塑造组织的良好形象。组织形象与组织文化有着密切的关系。组织文化是组织形象的本源,组织形象是组织文化的外显,组织形象塑造是组织文化建设的重要组成部分。

组织形象塑造的主要方法是 CIS 策划。CIS 策划又称组织识别系统(Corporation Image System,简称 CIS)。它包括三个层次:理念识别(MI),主要包括组织目标、组织哲学、经营宗旨、组织精神、组织道德等;行为识别,主要包括(BI):对内有组织管理、人员培训、组织礼仪和风尚、工作环境与气氛等,对外有市场调查、产品推广、服务态度和技巧、公共关系活动等;视觉识别,主要包括(VI):其基本部分包括组织名标标志、标准字、标准色、精神标语、手册等,应用部分涉及产品及其包装、招牌与旗帜,办公用品、衣着制服、建筑风格、厂容厂貌、纪念物、广告等。

显然,CIS 三个层次与组织文化的三个层次——观念层(深层)、制度层(里层)、器物层(表层)是一一对应的,在内容上也是相互重叠和大体一致的。

9.3.2 组织文化的维系

组织文化一旦形成或创立,就需要一系列有效的管理措施和方法来维系,保持组织文化的活力和特色。

1. 组织文化的维系过程

组织文化形成或创建后,有关的领导管理层应当采取人力资源管理等必要的管理措施,通过给组织成员提供一系列相似的经历来维系组织文化,从而保持组织文化的活力。以人力资源管理为主的组织文化维系过程如图 9-7 模式所示。

图 9-7 所示的组织文化维系过程含义如下:

首先,组织创建者的经营理念不仅决定着组织文化的创建,而且会强烈地影

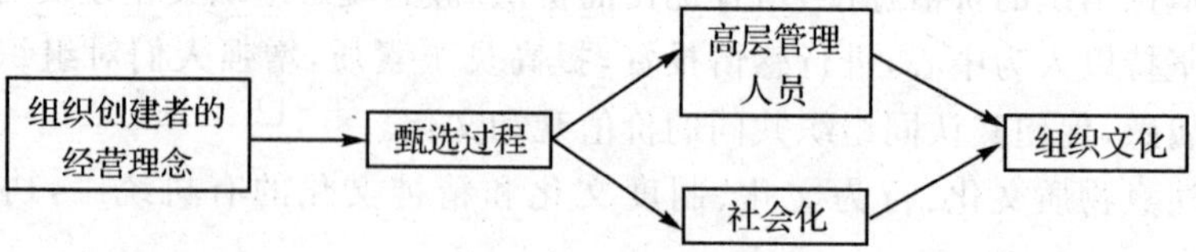

图 9-7　组织文化维系过程

响到组织对其他成员的甄选标准和甄选过程。

其次,组织的甄选标准和甄选过程会决定其对组织成员的挑选,并且会影响或设定组织成员的行为标准,限定高层管理人员的行动范围和组织成员的社会化过程。甄选过程是指组织按照规定的甄选标准挑选和聘用适合在本组织工作的人员。好的甄选过程也是一种文化价值观双向选择过程:一方面,招聘工作者要认真判断应聘者的价值观与组织的价值观是否匹配,筛选掉那些可能对本组织核心价值观存在威胁的人;另一方面,应聘者也可在此过程中得到一此组织信息,若发现自己的价值观与组织的价值观相互冲突时,便可以自行退出候选人之列,从而起到维系组织文化的作用。

再次,高层管理者的言行举止对组织文化产生重要影响。他们的所作所为会告诉或暗示组织成员什么是可接受的行为,晋升、奖励什么,什么衣着得体等。他们的偏好会决定该怎样对员工进行社会化,进而影响组织文化的维系。

最后,组织员工的社会化——帮助组织成员特别是新成员适应和奉行组织文化的过程,在维系组织文化过程中起着特别重要的作用。无论甄选标准和过程多么科学严密,新的组织成员对组织文化都有一个熟悉和适应的过程,他们总是容易干扰组织已有的观念和行为习惯;一些老的组织成员,有时也会因为多种原因,难以完全适应组织文化的要求。因此,帮助组织成员特别是新成员完成社会化过程,适应和奉行组织文化,是维系组织文化的重要工作。其中,最关键的社会化阶段是人员刚加入组织的时候,组织要尽力把外来者塑造成一个合格的员工。每完成一个员工的社会化过程,就进一步起到了维系组织文化的作用。

组织的社会化过程尤其是一个组织将其新雇员带入自身组织文化系统,转变为“自己人”的一般 过程步骤如图 9-8 所示。美国的 IBM、宝洁、德尔塔航空公司等具有强势文化的组织,往往按此步骤实施组织社会化。

2.组织文化的保持方法

组织文化的维系除了招募和甄选适应组织文化的个人,对新雇员进行社会化外,还可以通过解雇那些不断违背组织文化的人来保持组织文化。此外,维持

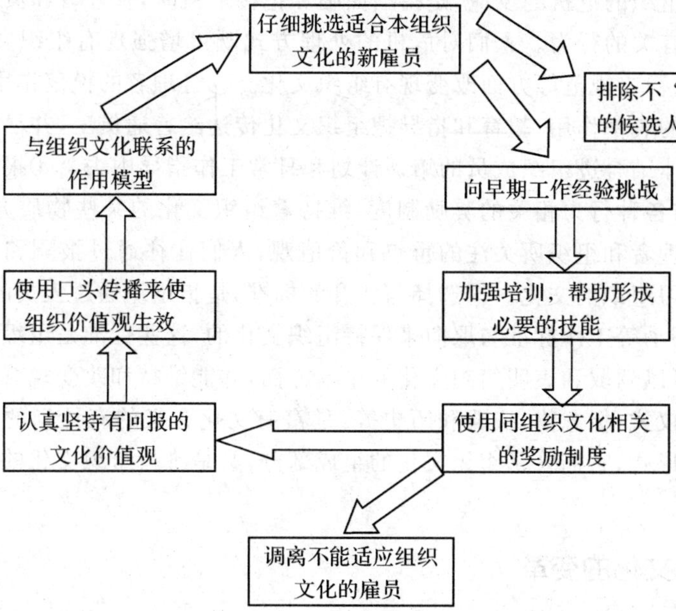

图 9-8 组织社会化的过程

一个组织的组织文化还有许多常规的方法，这些具体方法大部分都比单纯雇用或解雇人员要复杂得多，如图 9-9 所示：

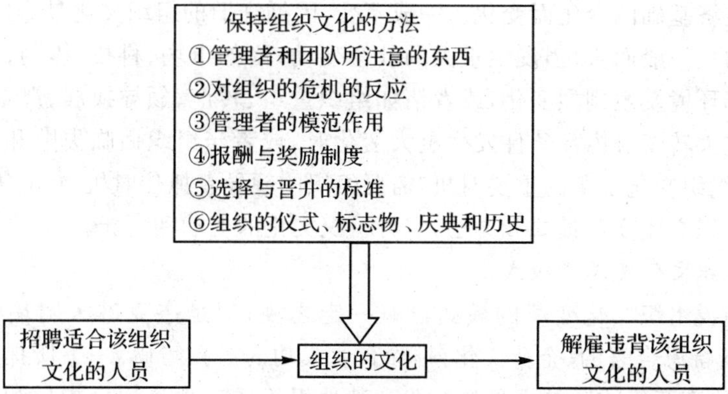

图 9-9 组织文化的保持方法

图示的维持组织文化的方法是组织文化最有力的强化剂。其中：①管理者和团队所注意的东西，是指那些得到管理者和组织注意和赞扬的过程和行为。有规则地处理这些事，将向组织成员发出强烈信息：什么是重要的？期望他们去做什么？②对组织的危机的反应，是指当面临和把握危机时，管理者和员工表现出大量与文化有关的行为。人们对危机的处理方式既可增强现有组织文化，又可能在价值观、行为规范等方面改变现有组织文化。③管理者的模范作用，是指通过管理人员的表率作用、教育和指导把组织文化传达给普通员工，并尽量把组织文化信息具体结合进组织成员的培训计划和日常工作指导中去。④报酬与奖励制度，是指与各种行为相关的奖励制度，维持着组织文化的某些物质方面，向员工表达了管理者和组织所关注的重点和价值观，人们往往通过报酬和奖励制度来认知和学习组织的文化。⑤选择与晋升的标准，是指组织通过人员的招募、甄选、提拔和调动等工作标准与取向来保持组织文化的，这些标准是组织成员所通晓的，它们可以驾驭和表明组织文化的基本方面，并能维持和改变现有组织文化。⑥组织的仪式、标志物、庆典和历史等，是富有文化含义的有计划的组织活动和组织文化形式，它们既是组织文化的组成部分，又是维持组织文化的必要惯例和行为规范。

9.3.3　组织文化的变革

1.组织文化变革的时机

组织文化不仅需要创立和保持，而且需要变动和革新。这是因为任何组织都生存于社会这个大的开放系统之中，其组织文化作为上层建筑的一部分，仅仅是受到社会文化制约和影响的一种亚文化，必须受到社会文化的制约和影响，必然随着经济基础的变化而变化。一成不变，因循守旧的组织文化是难以存续、缺乏活力的。一般而言，当发生重大的社会变动，诸如市场、科技、体制、竞争等组织的外部环境发生剧烈变化，或者诸如组织重组、转产、领导换届、严重亏损、发展战略重大转变等内部条件发生重大变化时，或者当组织面临失败和重大挫折时，都是组织文化变革的重要时机，需要组织的领导者抓住时机，精心策划，采用恰当的组织文化变革模式和方法，实行组织文化的变动和更新。

2.组织文化变革的模式

应当说组织文化变革的模式没有一定之规，但是杰克琳·谢瑞顿和詹姆斯·L.斯特恩合著的《企业文化：排除企业成功的潜在障碍》一书所提出的一套"企业文化变革模式"，被大量的企业和其他组织成功地运用于指导和实施组织文化的变革之中，改进了人们领导和管理组织文化变革的艺术，值得我们学习借鉴。

杰克琳·谢瑞顿和詹姆斯·L.斯特恩提出的由六个必不可少的部分所组成的文化变革模式如图9-10所示。

①需求评估。需求评估是指要搞清组织现存文化和渴望文化的状况。通过收集数据，分析测定组织文化的现状和向往状态之间的差距，评估鉴定组织文化变革的原动力之一。

②行政指导。组织管理者必须在组织文化变革的目标、方向、理由和路径等方面对组织成员进行行政指导，并对组织文化的变革保持步调一致，这是组织文化变革的原动力之一。

③基础结构。组织文化变革的基础结构是由选拔制度、管理制度、成果认定制度等导致组织正常运转的制度和过程所构成。

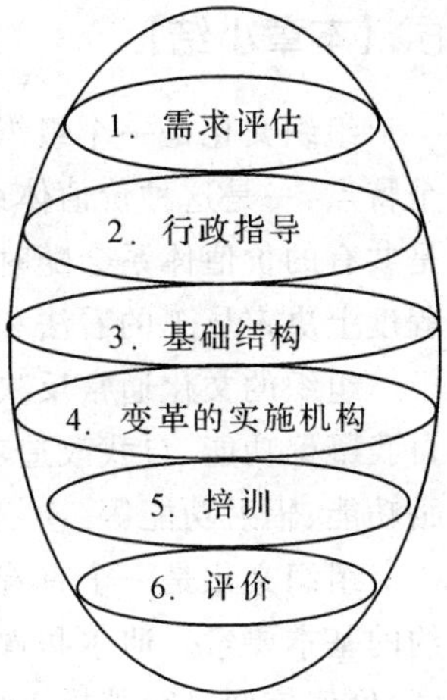

图 9-10

一个有利的基础结构对文化变革的成功至关重要，所以应当使组织的各项制度向着有利于确立新的组织文化的方向而加以调整。

④变革的实施结构。组织文化变革需要建立变革过渡时期的临时性组织结构——变革的实施机构，以处理那些需要特别关注的基础结构部分的问题，帮助实施组织文化变革，其成员还担负着组织文化变革使者的基本职责。

⑤培训。培训是任何组织文化变革的基础之一，通过培训教育，组织成员才能较好地认识和否定旧文化弊端，认同和拥护新文化。

⑥评价。组织文化变革需要测定和评估变革的预期成果，需要能反映出对组织文化实施变革的内在原因和成效。评价既是衡量组织文化变革成果的一种手段，又是对其进行干预的一种方法。

3.组织文化变革的方法

前述保持组织文化的一些基本方法，也可以用来变革组织文化。组织文化的变革常常用到以下方式：①改革管理者和组织所注意的东西；②改变把握和处理危机的方式；③改变招募和甄选组织新成员的标准；④改变组织内部提升的标准；⑤改变报酬分配和奖励的标准；⑥改变组织的礼仪、庆典等。

此外，成功地变革组织文化还需要把握以下要点：①了解旧文化，确定创造新文化的起点和目标；②发现和支持员工和团队较好的文化思想和变革的愿望；③发掘组织中最有效的次级文化，并把其树为样板；④不要把抨击文化放在首位，而是要重在找出恰当的方法，帮助员工和团队更有效地做好工作。⑤组织文化变革要有耐心，重大的组织文化变革可能需要5—10年的时间才能最终完成；⑥把新的文化观点作为变化的指导原则，要坚持不懈地实践和巩固变革后的新文化。

【本章小结】

组织文化是一个组织内共有的价值体系。这种组织内共有的价值体系有三个特点：一是这种价值体系是有关价值、象征物、仪式、传说和习惯的综合物；二是共有的价值体系会随时间的变化而不断发展；三是这些共有的价值观在很大程度上决定员工的看法和对周围世界的反应。

组织的文化通常反映了组织创始人的远见和使命。组织文化的功能包括：自我凝聚功能、自我改造功能、自我调控功能、自我完善功能、自我延续功能、激励功能、辐射功能等。

组织文化是一个有着丰富内涵的系统体系，其中包括许多相互联系、相互制约的基本要素。迪尔和肯尼迪认为构成组织文化的要素有五种：(1)环境条件；(2)价值信仰；(3)英雄人物；(4)习俗礼仪；(5)文化网络。彼得斯和沃特曼认为至少有七种子要素：(1)经营战略；(2)组织结构；(3)管理风格；(4)工作程序；(5)工作人员；(6)技术能力；(7)共同价值。从最能体现组织文化特征的角度看，组织文化的基本要素包括以下几点：组织精神、组织观念、组织形象等。由于不同的外部环境和内部条件，也由于不同的分类标准，组织文化呈现出不同的类型。

一个组织的组织文化的形成过程，是其应对外部适应性挑战、生存挑战和内部融和挑战的过程；组织是在适应外部环境求生存和建立内部一体化而作出反应时形成自己的组织文化的。

组织文化形成或创建后，有关的领导管理层应当采取人力资源管理等必要的管理措施，通过给组织成员提供一系列相似的经历来维系组织文化，从而保持组织文化的活力。组织文化维系过程要经历以下过程：首先，组织创建者的经营理念不仅决定着组织文化的创建，而且会强烈地影响到组织对其他成员的甄选标准和甄选过程。其次，组织的甄选标准和甄选过程会决定其对组织成员的挑选，并且会影响或设定组织成员的行为标准，限定高层管理人员的行动范围和组织成员的社会化过程。再次，高层管理者的言行举止对组织文化产生重要影响。最后，组织员工的社会化——帮助组织成员特别是新成员适应和奉行组织文化的过程，在维系组织文化过程中起着特别重要的作用。

【综合案例】

Microsoft:别具一格的文化个性

1975年,保罗·艾伦和比尔·盖茨合伙创建了微软公司。产品是微软BASIC,雇员为3人,当年收入16000美元。1977年在日本推BASIC。1982年,在英国建立欧洲分部。1986年,微软在NASDAQ上市。

1986年上市后,经营利润率持续保持在30%以上,到1995年,年收入已达59亿美元,拥有大约200多种产品,约17800名雇员。微软控制了PC软件市场中最重要的部分——操作系统的80%~85%。这些软件在操作系统上运行,使用户能在计算机上执行特定的任务。没有哪一个与计算机或信息技术有关的行业和用户不受到微软及其产品的影响。

微软从最早卖程序设计语言,到出售操作系统,再到向零售店出售各种应用软件产品,从国内到国外,不断获得发展。但微软始终保持着公司早期结构松散、反官僚主义微型小组文化等特性的基本部分,从而与顾客更接近,更了解市场的需要。

面对市场和技术方面的挑战,微软总是奉行最基本的战略,向未来进军。它拥有出色的总裁和高级管理队伍,以及才华过人的雇员,拥有高度有效和一致的竞争策略和组织目标,组织机构灵活,产品开发能力强、效率高。微软人有一种敢于否定自我,不断学习提高的精神。当然,在其优点和成绩之后也潜藏着很多弱点。但微软正是在克服弱点和发挥优势的过程中不断向前发展。

微软公司令人吃惊的成长速度,引起世人的广泛关注。透过辉煌业绩,我们不难发现其成功不仅在于科技创新和优异的经营管理,更重要的是创设了知识型企业独特的文化个性。

一、比尔·盖茨缔造了微软文化个性

比尔·盖茨独特的个性和高超技能造就了微软公司的文化品位。这位精明的、精力充沛且富有幻想的公司创始人,极力寻求并任用与自己类似的既懂得技术又善于经营的经理人员。他向来强调以产品为中心来组织管理公司,超越经营职能,大胆实行组织创新,极力在公司内部和应聘者中挖掘同自己一样富有创新和合作精神的人才并委以重任。比尔·盖茨被其员工形容为一个幻想家,是一个不断积蓄力量和疯狂追求成功的人。他的这种个人品行,深深地影响着公司。他雄厚的技术知识存量和高度敏锐的战略眼光以及在他周围汇集的一大批精明的软件开发和经营人才,使自己及其公司矗立于这个迅速发展的行业的最前沿。盖茨善于洞察机会，紧紧抓住这些机会，并能使自己个人的精神风范在公司内贯彻到底，从而使整个公司的经营管理和产品开发等活动都带有盖茨色彩。

二、管理创造性人才和技术的团队文化

知识型企业一个重要特征就是拥有一大批具有创造性的人才。微软文化能把那些不喜欢大量规则、组织、计划，强烈反对官僚主义的PC程序员团结在一起，遵循“组建职能交叉专家小组”的策略准则；授权专业部门自己定义他们的工作，招聘并培训新雇员，使工作种类灵活机动，让人们保持独立的思想性；专家小组的成员可在工作中学习，从有经验的人那里学习，没有太多的官僚主义规则和干预，没有过时的正式培训项目，没有“职业化”的管理人员，没有耍“政治手腕”、搞官僚主义的风气。经理人员非常精干且平易近人，从而使大多数雇员认为微软是该行业的最佳工作场所。这种团队文化为员工提供了有趣的不断变化的工作及大量学习和决策机会。

三、始终如一的创新精神

知识经济时代的核心工作内容就是创新，创新精神应是知识型企业文化的精髓。微软人始终作为开拓者——创造或进入一个潜在的大规模市场，然后不断改进一种成为市场标准的好产品。微软公司不断进行渐进的产品革新，并不时有重大突破，在公司内部形成了一种不断地新陈代谢的机制，使竞争对手很少有机会能对微软构成威胁。其不断改进新产品，定期淘汰旧产品的机制，始终使公司产品成为或不断成为行业标准。创新是贯穿微软经营全过程的核心精神。

四、创建学习型组织

世界已经进入学习型组织的时代，真正创建学习型组织的企业，才是最有活力的企业。微软人为此制定了自己的战略，通过自我批评、信息反馈和交流而力求进步，向未来进军。微软在充分衡量产品开发过程的各要素之后，极力在进行更有效的管理和避免过度官僚化之间寻求一种新平衡；以更彻底地分析与客户的联系，视客户的支持为自己进步的依据；系统地从过去和当前的研究项目与产品中学习，不断地进行自我批评、自我否定；通过电子邮件建立广泛的联系和信任，盖茨及其他经理人员极力主张人们保持密切联系，加强互动式学习，实现资源共享；通过建立共享制影响公司文化的发展战略，促进公司组织发生着变化，保持充分的活力。建立学习型组织，使公司整体结合得更加紧密，效率更高地向未来进军。

思考题

1. Microsoft 企业文化的特征是什么？

2. 根据 Microsoft 的文化特征谈谈你对企业文化重要性的认识。

第 4 篇

领　导

第10章

领导概述

引导案例

一个人去买鹦鹉，看到一只鹦鹉前标着：此鹦鹉会两门语言，售价两百元。另一只鹦鹉前则标着：此鹦鹉会四门语言，售价四百元。该买哪只呢？两只都毛色光鲜，非常灵活可爱。这人转啊转，拿不定主意。结果突然发现一只老掉了牙的鹦鹉，毛色暗淡散乱，标价八百元。这人赶紧将老板叫来：这只鹦鹉是不是会说八门语言？店主说：不。这人奇怪了：那为什么又老又丑，又没有能力，会值这个数呢？店主回答：因为另外两只鹦鹉叫这只鹦鹉老板。

这故事告诉我们，真正的领导人，不一定自己能力有多强，只要懂信任，懂放权，懂珍惜，就能团结比自己更强的力量，从而提升自己的身价。相反，许多能力非常强的人却因为过于完美主义，事必躬亲，觉得什么人都不如自己，最后只能做最好的公关人员、销售代表，而成不了优秀的领导人。

领导是一种重要的管理职能，也是人类活动的一项重要活动。任何一个组织都离不开领导和领导者。领导是有效管理的一个重要方面。领导水平的高低不仅直接影响组织的兴衰和绩效的高低，而且还影响到其他管理职能发挥作用。如何有效地进行领导是现代管理者必须掌握的一种基本技能。那么，如何做一个有效的领导者呢？本章就将此问题进行深入的讨论。

本章主要内容

1. 领导的概念、作用。
2. 领导与管理的区别。
3. 领导素质和领导集体结构。
4. 领导的方法和艺术。

10.1　领导概述

研究领导职能，首先要明确领导的含义、领导特点、领导作用、领导影响力的来源是什么、领导与管理等几个基本问题。

10.1.1　领导的含义

通常讲的领导实际上有两种含义。一是指领导者，再一个是指领导者的领导行为。领导的定义很多，在有关管理的文献中，关于什么是领导者，什么是领导行为，有各种不同的看法，比较有代表性的看法有以下几种：

(1)美国学者唐·赫尔雷格尔和小约翰·瓦·斯洛克姆说："领导人是能把别人吸引到自己周围来的人，从这个意义上讲，领导人就是别人想要跟随的人，是能够得到别人的信任和忠诚的人。……而所谓领导，是影响群体的活动使之实现目标的过程。"

(2)美国学者 R. M. 霍德盖茨则认为："领导就是对人们施加影响并把他们的努力引向某个特定目标的过程。"

(3)印度学者 R. A. 沙曼则指出："领导者是领导其他人的人，他能带领某一个人或某一个组织去达到一个共同的目标。……因此，可以把领导看成是在特定情形下影响一个人或一个组织努力实现其目标的活动过程。"

(4)切斯特·巴纳德认为："领导是上级影响下属的行为 以及劝导他们遵循某个特定的行动方针的能力。"

从以上关于领导的不同定义可以看出：所谓领导，就是组织中引导、影响他人去实现组织目标的过程。领导者是指担负领导职责、负责实施领导过程的个人，是领导行为的主体。为了准确把握领导的含义，有必要明确与领导有关的三个概念：职权、权能、影响。

职权:组织中某一职位所赋予的权力。权能:领导者对于组织所赋予的职权的控制能力。这是个人所拥有的并施加给别人的控制力。影响:领导者自觉或不自觉地运用权力对别人施加作用的过程或结果。领导者拥有影响被领导者的能力,这些能力既包括组织赋予领导者的职位权力,也包括领导者个人所具有的影响力。三者之间有密切的内在联系。

领导的目的是影响下属实现所期望的目标。领导对其下属实施指导和影响,目的就是为了有效地实现组织的既定目标。领导必须有领导者和被领导者(即下属和追随者),没有追随者就不称其为领导。领导是一门艺术,组织成员追随或者服从其领导者的指导,其原因之一就是领导者能巧妙地将个人愿望和需求与实现组织目标结合起来,这样在实现组织目标的同时,个人愿望和需求也得到了满足,这就是领导艺术的具体体现。

【相关链接】

关于领导的概念认识

- 领导是组织的工作核心
- 领导是人的个人品质及其产生的效力
- 领导是一种行为
- 领导就是为了达到目标所发出的各种指示和命令
- 领导是相互作用产生的一种效果
- 领导是一种与众不同的角色
- 领导是组织结构的建立者
- 领导是一种使他人服从的艺术
- 领导是影响力的施加过程
- 领导是劝学的一种形式
- 领导是一种基于权力的关系

10.1.2 领导的特点

1. 领导体现了组织内人与人之间的关系

领导者通过领导与被领导、控制与被控制、指挥与被指挥的关系实现领导。通过这些关系,可以激发每个人的积极性和创造性,使组织内人力资源得到充分发挥,以实现组织的目标。

2.领导是一种"投入"和"产出"

领导实质上是一种"投入",而其"产出"却表现为他人的行为。因此,领导效率的高低和领导工作的成功与否,并不反映在领导行为的本身,而主要应该从被领导者行为效率来评定。作为一个领导者,不管他自己是否意识到,实际上他们的行为无时不在影响着被领导者的工作。

3.领导是领导者、被领导者及环境的函数

在现代组织中,领导过程实际上是由领导者、被领导者和他们所处的环境所组成的复合函数。用公式表示如下:

领导=F(领导+被领导者+环境)

领导过程的实际效果既取决于领导者自身的能力与素质、被领导者的素质与接受领导的程度和环境条件这三个因素,又取决于这三个因素的内在联系,如领导者与被领导者的关系、领导对环境的适应与应变能力等。

10.1.3 领导的作用

总的来说,领导的作用就是对被领导者的行为进行影响,以激励和引导被领导者为实现组织的目标积极努力地工作。具体地讲,领导者要发挥指挥、协调和激励等三个方面的作用。

1.指挥作用

在组织活动中,需要有胸怀全局、思维敏锐、能高瞻远瞩的领导者把握所处的环境,明确组织的发展目标和实现目标的途径。因此,领导者有责任引导和带动下属认识和适应组织内外的变化,使组织成员有效地领会组织目标并掌握实现目标的途径;指导组织的各项活动的开展,使组织成员尽最大的努力去实现既定目标。这是领导者的重要作用之一。

2.协调作用

组织是由人组成的,组织目标的实现要依靠组织全体成员的努力,而配备在组织机构各岗位上的人员,由于各自的个人目标、需求、偏好、性格、素质、价值观及工作职责和掌握信息等方面存在着很大的差异,在相互合作中必然会产生各种矛盾和冲突。因此就需要有权威的领导者进行领导,指导人们的行为,沟通人们之间的信息,增强相互之间的理解,统一人们的思想和行动,通过协调人们之间的关系,使每个成员自觉地为实现组织目标共同努力。

3.激励作用

尽管大多数人都具有积极工作的愿望和热情,但是这种愿望并不能自然地变成现实的行动,这种热情也未必能自动地长久保持下去。因此,作为领导者就要设法使每一个员工都保持旺盛的工作热情，最大限度地调动他们的积极性，使下属能尽最大的努力工作。领导者需要具备一定的领导艺术，诱发下属的事业心、忠诚感和奉献精神，充实和加强他们积极进取的动力，自觉地为实现组织目标做出贡献。由此可见，领导者的作用是帮助下属尽其所能以达到目标。领导者不是在群众的后面推动和鞭策，而是在群众的前面引导、鼓励群众实现共同目标。

10.1.4 领导的权力

领导权力指领导者有目的地影响和改变下属心理行为的潜在能力。主要表现为领导者对他人的支配、控制和统御，有目的地左右和改变他人行为的能力。权力是领导的基础，也是领导者发挥功能的基本条件。在组织中，各级领导者之所以能对下级员工施加影响，率领和引导员工为实现组织目标而努力，原因就在于他们拥有相应的领导权力。领导是一种影响力，影响力来源于权力。组织中的权力可分为职位权力和非职位权力两大类。

1. 职位权力

职位权力是指领导者在组织中担任一定的职务而获得的权力，它是由组织正式授予管理者并受法律保护。这种权力与特定的个人没有必然的联系，它只同职务相联系，是管理者实施领导行为的基本条件。职位权力有以下几个方面。

(1)法定权。法定权就是领导者具有的由组织正式授予或法律规定的法定地位和权力。如在职责范围内决定如何做工作、有谁来做、何时完成、信息的发布等。组织正式授予领导者一定的职务，从而使领导者具有了权势地位和支配地位，使其有权对下属进行指挥和命令。这种支配权是管理者的地位或在权力阶层中的角色所赋予的。

(2)强制权。领导者对下属进行各种惩罚的权力，这种权力的基础是下属的惧怕。在组织中，当下属人员意识到违背上级的指示或意愿会导致某种惩罚，如降薪、扣发奖金、降级、调任、免职等，就会被动地遵从其领导，这种权力对那些认识到不服从命令就会受到惩罚或承担其他不良后果的下属是最有效的。

(3)奖励权。奖励权是决定给予还是取消奖励报酬的权力。这种奖励包括物质的，如奖金、晋职等，也包括精神的，如表扬等。奖励权建立在利益性遵从的基础上，当下属认识到服从领导者的意愿能带来更多的物质或非物质利益的满足时，就会自觉接受其领导，领导者也因此享有了相当的权力。

2. 非职位权力

非职位权力是由领导者自身的素质和行为造就的影响力，它属于非权力影响力。在领导者从事管理工作时,它能增强领导者的影响力。这种影响来源于下属服从的意愿,有时会比正式权力显得更有力量。主要表现在以下四个方面。

(1)专长权。专长权是指领导者具有各种专门的知识和特殊的技能或学识渊博而获得同事及下属的尊重与佩服,从而在各项工作中展现的对下属的影响力。专长权与职位没有直接的联系。许多专家学者,虽然没有什么行政职位,但是在组织和群体中具有很大的影响力,其基础就是专长权。

(2)感召权。感召权是指由于领导者有优良的领导作风、思想水平、品德修养,而在组织工作中树立德高望重的影响力。这种权力是建立在下属对领导者承认的基础之上的,它通常是与超凡魅力或名声卓著的领导者相联系。

(3)背景权。背景权是指个体由于以往的经历而获得的权力。例如某人是战斗英雄、劳动模范等,只要人们知道他的特殊背景和荣誉,在初次见到他的时候,就倾向于听从他的意见,接受他的影响。

(4)感情权。感情权是指人体由于和被影响者感情较融洽而获得的权力。如果多年的老朋友提出要求,请求一些帮助,无论在工作上有没有关系,人们都会感到难以拒绝,从而接受他的影响。

从以上分析可知,一个领导者,其影响力的大小对其实施领导职能,做好管理工作有着十分重要的影响。领导者能否建立其真正的权威,有效地进行领导,主要不在于其职位权力的影响力,而决定于非职位权力的影响力。领导者的职务和权力可以通过法定方式取得,威望、威信却只能靠自己的努力建立起来。当一个领导者有了很高的非职位权力的影响力,树立了很高的威信,其权力才能真正地发挥作用,其管理效率才能达到最佳的境界。

10.1.5 领导与管理

领导是管理的一个方面,属于管理活动的范畴。但是除了领导,管理还包括其他内容,如计划、组织和控制等等。人们常把领导者与管理者混为一谈,但其实他们并不是完全相同的。管理者是被任命的,他们拥有合法的权力进行奖励和处罚,其影响力来自于他们所在职位所赋予的正式权力。相反,领导者则可以是任命的,也可以是从一个群体中产生出来的,领导者可以不运用正式权力来影响他人的活动。所有的管理者都应是领导者,但是,并不是所有的领导者都是管理者。

1.领导行为与管理行为

管理是一种协调他人活动的活动,管理的目的是为了组织目标的有效实现。在这个定义中,对“协调”的理解是广义的。它包括使单独的个人活动能成为一个整体地发挥作用的所有的管理活动。而狭义的"协调"是指为了使组织的各个方面能保持合理的比例关系的一种管理活动。领导是"组织中引导他人去实现组织目标的一种行为"。可见,我们是把领导行为作为管理行为之一来理解的,领导活动是组织中诸多管理活动中的一种。也可以说,领导职能是管理职能的一部分,管理职能的范围要大于领导职能。

再者,领导活动和管理活动的着重点也有所不同。领导活动是与人的因素密切关联的,侧重于对人的指挥和激励,更强调领导者的影响力、艺术性和非程序化管理,而管理活动更强调管理者的职责以及管理工作的科学性和规范性。

2.领导者与管理者

实施领导行为的人称为领导者,而管理活动的主体是管理者。那么,领导者与管理者之间有什么区别与联系?按照人们一般的观念,领导者是与权力及在组织中的地位联系在一起的。领导者与被领导者之间,是上级与下级之间的关系。而管理者却是与组织中的分工不同联系在一起的。管理者与被管理者之间,只是组织中分工不同的协作劳动关系而已。这种认识实际上仅仅正确了一半。即领导者除了以其在组织中的地位和所拥有的权力从事领导活动外,还应以其个人的能力和素质为基础从事领导活动。所以领导者与被领导者之间,并不只存在着上级与下级之间的关系。而管理者所从事的活动固然是组织的各种专业化活动中的一种,但是,管理者所从事的管理活动除了要以管理者本人的能力和素质为基础外,更多的还要以其所拥有的各种合法的奖惩权力为基础。

因此,一个人可能既是管理者,也是领导者,但是管理者和领导者两者分离的情况也是有的。一个人可能是领导者但并不是管理者。非正式组织中最具影响力的人就是典型的例子,组织没有赋予他们职位和权力,他们也没有义务去负责企业的计划和组织工作,但他们却能引导、激励、甚至命令自己的成员。一个人可能是个管理者,但并不是个领导者。领导的本质就是被领导者的追随和服从,它不是由组织赋予的职位和权力所决定的,而是取决于追随者的意愿,因此,有些具有职权的管理者可能没有部下的服从,也就谈不上真正意义的领导者。

10.2 领导者和领导集体

10.2.1 领导者素质

领导者是领导活动的主要角色，领导的素质直接关系着领导活动的成败。一个好的领导者应该具备哪些条件呢？一些研究表明，个人品质或特征是决定领导效果的关键因素。通过比较和分析可以确定哪些品质或特征是一个好的领导者所必备的。但是，这些研究的成果很不一致，甚至互相矛盾，往往有的品质在某项研究中对领导的成就有积极的影响，但在另一项研究中则是否定的结论。尽管如此，作为好的领导者，却是必须具备一些基本的素质。

1. 思想素质

领导者应有强烈的事业心、责任感和创业精神，有良好的思想作风和工作作风；能一心为公，不谋私利，谦虚谨慎，戒骄戒躁，不掩过是非，严于解剖自己；深入基层，善于调查研究，工作扎实细致，有布置有检查，实事求是，不图虚名，艰苦朴素，与群众同甘共苦，不搞特殊化，品行端正，有较高的情商，具有影响他人的魅力；平等待人，和蔼可亲，不计较个人恩怨，密切联系群众，关心群众疾苦，多为群众办好事。

2. 业务素质

领导者应具有管理现代组织的"T"型知识结构。"T"型是一种形象的表示。领导者在纵向上要具备比较精深的专业知识，在横向上应具有较为广博的相关学科知识。领导者应在"专"的基础上向"博"的方向扩展，即由"I"型向"T"型转变。领导者只有对相关专业知识有一定的了解，才会与下属有共同语言，避免瞎指挥；同时，广泛吸取相关学科知识，才能更好地发挥影响力，进行有效的领导。简单地说，领导者应掌握的业务知识包括：

(1)市场经济的基本运行规律和基本理论，如经济学、市场营销学、广告学等。

(2)管理的基本原理、方法和各项专业管理的基本知识。此外，还应学习统计学、会计学、经济法、时政金融和外贸等方面的基本知识。

(3)生产技术有关自然科学、技术科学的基本知识，掌握本行业的科研和技术发展方向，本企业产品的结构原理、加工制造过程，熟悉产品的性能和用途。

(4)思想工作、心理学、行为科学、社会学、公共关系学等方面的知识,以便做好政治思想工作,激发职工士气,协调好人与人的关系,充分调动人的积极性。

3. 业务技能

在掌握各方面的业务知识的基础上,领导者要通过不断的实践探索培养自己较强的业务技能,能应对自如地开展工作。这些技能主要表现在:

(1)较强的分析、判断和概括能力。领导者要能在纷繁复杂的事务中,透过现象看清本质,抓住主要矛盾,运用逻辑思维,进行有效的归纳、概括、判断,找出解决问题的办法。

(2)决策能力。决策、特别是经营决策正确与否,对企业生产经营的效果影响巨大。因此,现代工业企业十分重视决策问题。作为企业的领导者,必须要有决策能力。决策是多种能力的综合表现。

(3)组织、指挥和控制的能力。领导者应懂得组织设计的原则,如因事设职、职权一致、命令统一、管理幅度等,熟悉并善于运用各种组织形式,协调人力、物力和财力,以期达到综合平衡。控制能力要求在实现企业预定目标的过程中,能够及时发现问题并采取措施予以克服,从而保证目标的顺利实现。

(4)沟通、协调企业内外各种关系的能力。善于与人交往,倾听各方面的意见,应是交换意见沟通情况的能手。

(5)不断探索和创新的能力。对做过的工作能及时认真总结经验,吸取教训,善于听取不同意见,从中吸取有用的东西。对新鲜事物要敏感,富有想象力,思路开阔,善于提出新的设想、新的方案,对工作能提出新的目标,激励下属去完成任务。

(6)知人善任的能力。要重视人才的发现、培养、提拔和使用,知其所长,委以适当工作;重视教育、提高部属的业务能力,大胆提拔善于起用新人。

4. 身体素质

领导者负责指挥、协调组织活动的进行,是一项不仅需要足够心智、而且消耗大量体力的工作。因此,领导者必须有强健的身体,充沛的精力。

10.2.2 领导集体的结构

组织中的领导者常常是一群人,通常称为领导集体或领导班子。一个结构合理的领导集体,不仅使每个成员人尽其才,做好各自的工作,而且能通过有效的组合,发挥巨大的集体力量。领导集体结构是否合理有三个基本标志:一是稳定性,领导成员团结协调,配合默契,相辅相成,故较稳定;二是高效性,领导集体成员联系紧密,沟通较好,结合性强,故效率高;三是自适性,集体成员之间自觉适应，提高结合性；领导集体与外界环境也能积极适应，为本组织发展创造条件，故自适应性强。领导集体结构一般包括年龄结构、知识结构、能力结构、气质结构、专业结构等。

1. 年龄结构

年龄结构要形成老、中、青三结合的梯形结构，并且向年轻化的趋势发展。这三种人各有长处，各有短处，可以取长补短，既能发挥各年龄区段的最佳效能，又能发挥集体的整体功效。领导集体实现梯形年龄结构，也有利于新老成员的交替。在合作中交替，既能使领导集体有条不紊地实现新陈代谢，永葆青春活力，又能保证领导活动的稳定性和连续性。

2. 知识结构

知识结构是指领导班子中不同成员的知识水平构成。要使领导成员的各种专业知识进行合理组合，达到互相补充，使整个领导集体成为具有多学科知识的群体。既要有专才，也要有通才。不同层次、不同类型的领导集体要实行不同文化程度、不同专业知识的合理搭配。一般说，层次越高的领导集体，其成员的知识水平应越高；综合性的领导集体中通才应多于专才；专业性的领导集体中专才应有较大比重。

3. 能力结构

领导的效能不仅与领导者的知识有关，而且与他运用知识的能力密切相关。在一个领导集体中，既要有富于远见卓识、善于分析、有决断魄力的挂帅人物，又要有沉着冷静、足智多谋的智囊人物；既要有善于做深入细致思想组织工作的组织工作者，又要有善于交际和宣传鼓动的公共关系专家；还要有兢兢业业、埋头苦干的实干家。这样不同智能类型的成员协调配合起来，就可以组织一个多功能、高效率的领导集体。智能类型要科学组合，智能水平也要合理搭配。智能水平的搭配中，特别要选好领导集体的主要领导者。

4. 气质结构

领导班子合理的气质结构应该是拥有不同气质类型的成员，以利于相互补充、取长补短。气质是个性的重要特征，一般所说的性情和脾气就是指气质而言。通常把气质分为四种类型：①多血质（活泼型）；②黏液质（安静型）；③抑郁质（抑制型）；④胆汁质（兴奋型）。气质是先天的，是受生理因素制约、受遗传基因决定的，是一种稳定而典型的心理特征。但后天在一定的条件下是可以改变的。不同气质类型的人可以形成同样性格特征；同一气质的人也可以养成不同性格特征。气质类型虽不都决定一个人活动内容，但往往能影响一个人活动效率。不同的工作由合适气质的人去担任，往往能取得事半功倍的效果。气质无好坏之分，各有特点。

5.专业结构

专业结构是指在领导班子中各位成员的配备应由各种专门的人才组成，形成一个合理的专业结构，从总体上强化这个班子的专业力量。在现代企业里，科学技术渗透一切领域，科学技术是提高生产经营成果的主要手段。因此，领导干部的专业化，是搞好现代企业生产经营的客观要求。

10.3 领导方法与艺术

领导方法就是企业领导者在进行领导活动时，所采取的方式和手段，它是企业领导者实施领导工作的重要保证。同时，要实行有效的领导，现代领导者不仅要掌握正确的领导方法，而且要有高超的领导艺术，才能创造性地行使领导职能，完成领导任务，达到预期的目标。

10.3.1 领导方法

领导方法，指的是在领导活动中具有普遍指导意义的方法，是领导者研究和解决诸多实际问题的一般性原则。主要包括以下几种领导方法。

1.调查研究方法

所谓调查研究就是指通过深入实际，大量占有第一手资料，并运用科学的理论和方法，对这些感性材料进行理性的抽象和概括，从中得出规律性的正确认识，用以指导实践的一种认识方法。制定决策与实施决策都同调查研究形影不离，所以，调查研究是企业领导的基本功。毛泽东同志曾经说过："没有调查就没有发言权"。调查研究是领导活动的起点，并且贯穿于领导活动的全过程，是领导者的一项基本功。从一定意义上说，调查研究既是重要的领导职能，又是领导者履行工作职责的有效方法，它在整个领导过程中具有特别重要的意义。

2.系统分析方法

系统分析方法作为企业领导工作方法，就是指企业领导者按照事物本身的系统性，把对象放在系统的形式中加以考察的方法。具体来说，就是企业领导者从系统的思想出发，着重以整体与部分(要素)、内部与外部环境的相互作用、相互制约的关系中综合地、精确地考察对象，以达到优化地处理问题的方法。系统领导方法的实施步骤有：提出系统优化的领导活动目标；提出系统优化目标的构成要素；进行系统方案的优化结构设计；组建实施机构并分解目标任务；找出具体实施的步骤和时间程序；根据时空两方向部署具体的实践方案。

3.合理授权法

授权就是下放权力，是上级企业领导者把一定的权力和责任交给下级组织和领导者及相关人员，使其能更好地为上级领导分担一部分工作。授权有双重目的。首先，它可以使企业领导者从琐碎的事务中解脱出来，集中精力处理事关全局的重大问题。另一方面，授权是培养下属成长的重要措施，通过授权可以增强下属的责任感和工作积极性，可以逐步提高下级领导者的工作能力和才干。合理用人是企业领导者的基本职能和工作方法，也是实现领导工作目标的重要因素。知人善任就是要了解人和用好人，使人尽其才，人尽其用。

4.运筹时间的方法

一切领导活动，都是在一定的时间和空间条件下进行的。因此每一个领导干部都要把合理利用时间作为顺利完成领导任务的必备知识和能力。

“时间就是金钱，时间就是生命”。每一个人都必须珍惜时间，都应充分、有效、合理地使用时间。管理时间的方法很多，这里列举一些方法：

(1)ABC 分类法。“ABC 时间管理分类法”的具体做法是：首先把每天要经办的工作，按其地位、作用和轻重缓急分成 A、B、C 三类工作。A 类占工作数量的 20%～25%，每天 1—3 件，最重要，也最迫切，因此，其花费时间约占 60%～75%。B 类占工作数量的 25%～30%，每天 3—5 件，比较重要，时间也较紧迫，可以采取一般管理的方法，最好自己亲自做，也可授权他人办理，其花费时间约占 20%～25%。如果能把 A 和 B 两类工作做好，就是抓住了关键的环节，等于完成了当天工作的 80%～95%，可以算作高效率了。C 类占总工作数量的 50%～55%，属于次要的工作，时间要求也不太紧迫，在 C 类工作上花费的时间越少越好。

时间的安排，可以是一天，也可以是一段时期。由于企业内外环境的变化，ABC 的顺序也会变化，工作日程表也要随之变化。比如有人打电话来催办 C 类的事情，就要把这件事归到 B 类中去；又有人亲自登门交涉 C 类的事情，就应该把这件事作为 A 类办理。这种分类法，可以分清工作的轻重缓急，灵活地运用时间。对领导人员来说，可以用以下模式：

每天工作的 A、B、C 三类应记录在卡片上。做出完整的记录，这样就可以不断总结经验和教训，驾驭时间的能力就会越来越强。

【相关链接】

“华为人”管理时间的四大法宝

法宝一：以SMART为导向的华为目标原则

SMART标准是指：具体的(Specific)；可衡量的(Measurable)，这是指目标必须用指标量化表达；可达到的(Attainable)，一是目标应该在能力范围内，二是目标应该有一定难度；相关的(Relevant)，这里的“相关”是指与现实生活相关；基于时间的(Time-based)，是指目标必须确定完成的日期。

法宝二：关注第二象限的华为四象限原则

根据重要性和紧迫性，“华为人”将所有的事件分成4类(即建立一个二维四象限的指标体系)。它们分别是：第一类是“重要且紧迫”的事件；第二类是“重要但不紧迫”的事件；第三类是“不重要但紧迫”的事件；第四类是“不重要且不紧迫”的事件，即“浪费时间”的事件。

法宝三：赶跑时间第一大盗的华为韵律原则

“韵律原则”是指：一是保持自己的韵律，具体的方法包括：对于无意义的打扰电话要学会礼貌地挂断，要多用打扰性不强的沟通方式(如e-mail)，要适当地与上司沟通减少来自上司的打扰等；二是要与别人的韵律相协调，具体的方法包括：不要唐突地拜访对方，了解对方的行为习惯等。

法宝四：执着于流程优化的华为精简原则

“崔西定律”是指：“任何工作的困难度与其执行步骤的数目平方成正比：例如完成一件工作有3个执行步骤，则此工作的困难度是9，而完成另一工作有5个执行步骤，则此工作的困难度是25，所以必须要简化工作流程。”

无论对于个人的工作流量，还是部门的工作流量，“华为人”都是“能省就省”。

“不能管理时间，便什么都不能管理。”这是现代管理大师彼德·德鲁克的名言。追求自我突破的华为人不但听懂了而且做到了。

(2)合理利用时间的方法

集中使用法。集中使用法就是集中主要的时间用于从事主要的工作、学习任务。例如集中一段时间去调研，抽出一段时间去进修。在一天之中，也要集中最多与最佳的时间去做最重要的事情，而不要把整段的时间去干杂事。

细水长流法。细水长流法就是把每天零零星星的时间都充分利用好，长期坚持，就积少成多，可以完成一件大事。例如每天利用上下班乘车的时间听广播或学点外语,利用茶余饭后看报纸杂志,久而久之,就可大见成效。

网络计划法。网络计划法就是把很多要办的事情通过网络计划的并联与串联,使所用时间最少,办事效率最高。例如一边乘车,一边吃早点,一边听广播,同一时间并联办了三件事。又例如外出取牛奶,连发信带买点青菜一次完成,同一次串联办了三件事,大大节省了时间。

排除干扰法。就是当自己正在按计划进行工作时,常常会出现各种意外的干扰,如不速之客登门拜访,一个下级突然闯进办公室诉说自己的苦衷。当自己正在专心致志地学习或写文章时,突然电话一个接一个地打来。对于这些干扰,要采取措施排除。例如,在房门口贴上一个纸条,说明请勿打扰,或者事先请人代接电话,除非急事,一律以后回话。

决不负债法。决不负债法就是坚持当日事当日毕,不要拖拉。凡事赶前不赶后,不要负债。因为时间的债务是无法偿还的。

先进手段代用法。先进手段代用法就是为了省时间,能打电话办的事情,就不要走路去办,能发文件的工作就不要专门召开会议。

控制会议法。控制会议法就是领导干部往往会议多,会议长,如不控制,很容易陷入会海之中不能自拔。因此要精简会议,要准时开会与散会,要在会上控制发言时间,不许超时,要使会议议题集中,及时形成决议。领导还要克服"开会必到"、"到会必言"的做法,能不参加的会不要参加。

授权分时法。授权分时法就是领导干部不可能事必躬亲,也没有那么多时间,因此要善于授权给下级,把需要的时间分散给下级去分担,这样可以腾出时间来指导检查工作。

10.3.2　领导艺术

作为富有创造性的领导方法的体现,领导艺术是指领导者在行使领导职能时所表现出来的技巧。他是建立在一定知识经验基础上的,非规范化、有创造性的领导技能。

1. 用人艺术

(1)要用人所长,扬长避短。每个人都有优点和缺点,领导者在用人时必须坚持用人所长,扬长避短的原则。用人贵在善于发展、发挥人才之长,对其缺点的帮助教育固然必要,但与前者相比应居于次。而且帮助教育的目的,也是使其短处变为长处。如果只看短处则无一人可用,反之若只看人长处则无不可用之人。

【相关链接】

区别对待具有不同能力的员工

杰克·韦尔奇按照学历、过往业绩等几种标准，把员工分为A、B、C三类，其中A类属于优秀员工，B类属于中等员工，C类则是企业所要淘汰的"次等"员工，这种管理员工的方法后来被很多企业采用。

A类是指这样一些人：他们激情满怀、勇于任事、思想开阔、富有远见。他们不仅自身充满活力，而且有能力带动自己周围的人，他们能提高企业的生产效率，同时还使企业经营充满情趣。他们拥有韦尔奇所说的"GE领导能力的四个E"：有很强的精力(energy)；能够激励(energize)别人实现共同的目标；有决断力(edge)，能够对是与非的问题作出坚决的回答和处理；最后，能坚持不懈地进行实施(execute)并实现他们的承诺。

韦尔奇指出："四个E是与一个P(激情，passion)相联系的。"

正是这种激情，也许是比任何其他因素都更为重要的因素。是这种激情将A类员工和B类员工区别开来。B类员工是公司的主体，也是业务经营成败的关键。GE公司投入了大量的精力来提高B类员工的水平。管理者希望他们每天都能思考一下为什么他们没有成为A类，经理的工作就是帮助他们进入A类。

C类员工是指那些不能胜任自己工作的人，他们更多的是打击别人，而不是激励；是使目标落空，而不是使目标实现。你不能在他们身上浪费时间，尽管GE公司要花费资源把他们安置到其他地方去。

对ABC三类员工，韦尔奇是怎样做的呢？

A类员工得到的奖励应当是B类的两到三倍。每一次评比之后，GE公司会给予A类员工大量的股票期权。

对B类员工，每年也要确认他们的贡献，并提高工资。大约60%到70%的B类员工也会得到股票期权，尽管并不是每一个B类员工都能得到这种奖励。

对于C类员工，不仅什么奖励也得不到，还有可能被赶走！韦尔奇说得很明白——毫不"慈悲"，立即剔除！

(2)宽容大度，用人不疑。领导者在用人时要有宽广的胸怀，要宽容人才的独特个性乃至缺点失误，要能用比自己才能高的人，要能用曾经反对过自己或意见不一致的人。领导者只有充分信任下属，大胆放手让其工作，才能使下属产生强烈的责任感和自信心，从而焕发下属的积极性、主动性和创造性。

(3)关怀备至,保护人才。领导和下属之间,既是上下级关系、领导与被领导关系,又是一种同事关系、同志关系,甚至是朋友关系。前一种关系顺理成章,一般能处理好,而后一种关系有一些领导就处理不好。有的领导把自己看得高人一等,随意贬低下属,出口就是命令,很少用商量口吻说话;有的领导提升前同事间很好相处,提升到一定位置上后,反而盛气凌人,与老同事不能平等相处,根本不知道用感情去处理,不考虑相互间是同事关系和同志关系。如此种种,有意无意地给下属造成反感,甚至导致心理隔阂。领导者要对人才充满爱心,善待下属,保护下属。

2.协调人际关系的艺术

领导工作的核心内容是管好人、用好人,协调好各方面的人际关系,充分调动各方面的积极性和创造性,以有效地完成组织目标。高明的领导者正是巧妙地运用待人艺术,正确处理上下、左右各种复杂的人际关系,形成一股有利于达到组织目标的最佳合力。领导者协调人际关系的艺术主要包括以下三个方面。

(1)与下级协调人际关系的艺术。第一,知人善任的艺术。用人之长是处理同下级关系的诀窍。因为领导者善于用下级之长,使其才干得以充分发展,他的工作得到组织和领导的承认,自然就乐于在领导手下工作,上下级关系也就必然融洽。否则,如果用其所短,硬要他干自己不善于干的工作,就难以收到明显的成效,领导也会对其工作不满意,他本人也感到委屈,久而久之,上下级的关系也就必然紧张。第二,批评教育的艺术。对下级的缺点和错误给予批评教育,是完全必要的。但对下级的批评教育必须掌握方式方法,注意分寸。开展批评时,要区别不同对象,采取不同形式。比如,对于脾气急躁、容易冲动者,宜采用商讨式批评;对于自尊心强、固执己见者,宜采用渐进式批评;对于下级所犯错误与领导布置工作要求高、脱离实际有关时,宜采用自责式批评。第三,关心、爱护的艺术。善于尊重、关心、爱护、体贴下级,是处理上下关系的一个技巧。领导者要善于用爱抚亲和的艺术,理解、关心、信任、包容和尊重下级,着意创造心情舒畅的氛围,发挥情谊的作用。第四,助人发展的艺术。“人往高处走”是一般人的心理倾向,作为上级领导者,应该关心下级的进步和成长。那些紧紧吸引着下级的领导者,大多是尽力帮助下级向上发展的人。所以,领导者不仅要让下级感到领导理解他、信赖他,而且要让他感到领导有鼓励人才脱颖而出的胸襟与热诚。

(2)与同级协调人际关系的艺术。概而言之,与同级协调人际关系的艺术可以总结为五句话:积极配合而不越位擅权;明辨是非而不斤斤计较;见贤思齐而不嫉贤妒能;相互沟通而不猜忌怨恨;支持帮助而不揽功推过。

(3)与上级领导协调人际关系的艺术。找准自己的角色和位置,做到出力而不越位；善于领会上级领导的意图；适应上级的特点和习惯开展工作；在上级面前规矩而不拘谨；运用“等距外交”，避免交往过密或亲疏不一；处理好与上级关系的着眼点应放在努力将自己所承担的工作做好。

3.处事艺术

领导是一门学问，也是一门艺术。要想在相应的位置上站稳脚跟，既要保持自己严正清明的本色，又要学会一套处事的本领和技能，这样才能赢得上级的赞赏和下级的尊重。组织中各项事务千头万绪，有轻有重，有先有后，有急有缓。领导者应分清主次，科学处理。

(1)领导者必须注意合理授权。领导者做领导的事，这是提高领导工作效率的第一条。领导者必须时时记住自己的工作职责，不能让精力和时间做不必要的消耗。这就要做到不干预下一领导层次的事，不越级指挥。所以，要合理授权，放手让下属努力完成工作任务。另外，不要颠倒工作主次，领导者要抓全局性重大决策问题，应带领群众前进，而不是代替群众前进。样样都要管是小生产者的习惯，事必躬亲是小生产者的“美德”，这些都是现代领导者应该力求避免的。

(2)抓住事务的关键环节。“抓大事、懂全局”是领导者处理各项事务的基础。在企业各项活动中，领导者不可能什么事都管，应抓住关键环节，这样才能把工作做好，完成组织的核心目标。领导要掌握和运用抓住关键环节的工作艺术，首先需要在繁杂的工作中找出哪项工作是关键环节。现代组织活动复杂多变，要从中找出关键环节并不是件容易的事。许多领导整天忙得焦头烂额，却没有什么工作成效，主要是未能理清领导工作的中心环节。领导应抓住矛盾的主要方面，即关键环节，就能带动其他工作的展开。

(3)善于安排工作。企业领导要会安排工作，合理高效地利用时间。对重要的，优先处理；一般的，随时处理；可办可不办的，暂时缓办；紧急事情，立刻就办。企业领导要合理地运筹时间，科学地管理时间，能有效地集中时间考虑和处理重大问题。

(4)处置冲突的艺术。现代领导者如何处置冲突，这是一个棘手的问题：处理不好，会影响全局工作；处理得好，化干戈为玉帛。领导者与下属是一对矛盾体，一方面下属在经营活动中，与领导者的指示和意见发生冲突，或者发现领导者的指导与实际情况不相符合，需要纠正，另一方面，下属之间由于各种原因发生摩擦，产生冲突。就领导方面而言，企业领导者与下属的冲突主要起因于领导行为或领导方法的不当。就下属方面而言，一是与领导者认识方面产生分歧，个性冲突。二是下属之间因利益、责任、归属、权力分配、个性产生冲突。

领导者必须清楚地认识到冲突并非都是消极的，有的冲突有积极作用。必须区别对待，化不利为有利。从领导者方面来讲，领导者要发扬民主，尊重下属，勿以权势压人，客观地看待事物，寻找到处理冲突的措施和方法，将消极的冲突化为积极的合作。当下属之间出现矛盾时，处理这种矛盾冲突能反映出领导者的水平。处理得好，化干戈为玉帛，共同进步；处理不当，矛盾冲突扩大，导致组织利益受损。有以下几种策略可供选择：冷静处理 择机行事；适当沉默，迂回解决；公正合理，积极裁决；加强沟通，完善机制。

【本章小结】

领导的概念和实质和来源。领导，就是组织中引导、影响他人去实现组织目标的过程。领导者是指担负领导职责、负责实施领导过程的个人，是领导行为的主体。领导的实质是影响别人。领导者可以是任命的，也可以是从一种群体中产生的。

领导的特点。领导体现了组织内人与人之间的关系；领导是一种“投入”和“产出”；领导是领导者、被领导者及环境的函数。

领导的作用。指挥作用；协调作用；激励作用。

领导的权力。领导权力指领导者有目的地影响和改变下属心理行为的潜在能力。主要表现为领导者对他人的支配、控制和统御，有目的地左右和改变他人行为的能力。领导是一种影响力，影响力来源于权力。组织中的权力可分为职位权力和非职位权力两大类。其中职位权力包括：法定权；强制权；奖励权。非职位权力包括：专长权；感召权；背景权；感情权。

领导与管理。领导职能是管理职能的一部分，可以说管理职能的范围要大于领导职能。一个人可能既是管理者，也是领导者。但是，管理者和领导者两者分离的情况也是有的。一个人可能是领导者，但并不是管理者。领导者可以不运用正式权力来影响他人。管理者是被任命的，其影响力来自于其所在的职位赋予的正式权力。

领导者素质及条件。领导者素质包括：思想素质；业务素质；业务技能；身体素质。

领导集体的结构。领导集体结构一般包括年龄结构、知识结构、能力结构、气质结构、专业结构等。

领导方法与艺术。领导方法主要包括：调查研究方法；系统分析方法；合理授权法；运筹时间的方法。领导艺术主要体现在：用人艺术；协调人际关系的艺术；处事艺术；处置冲突的艺术。

【综合案例】

中国互联网十大创业型CEO做事风格

中国互联网通过第19次互联网报告得出很多数据，综合成一句话就是："发展速度惊人。"面对如此庞大的市场，国外网络巨头虎视眈眈，总想找机会跨进国门，却因为不了解中国互联网运营规范及网民的习惯，或是犹豫不决或是屡遭搁浅。而与此同时，国内众多网站正在疯狂抢夺这块蛋糕。在这些网站的背后出谋划策的人都是大众较熟悉的，他们的思路以及做事风格，值得现在的互联网创业者学习、借鉴，有相似者可对号入座。

1. 李彦宏低调型——百度总裁兼CEO

在业界看来，技术出身的他是较成功的一位互联网CEO，在NASDAQ上市以骄人的成绩(股市创造三大奇迹)为中国争了一口气，而在媒体方面不经常露面，所以关于他个人的新闻少过其他CEO。

百度一下，你就知道。这是网民们习惯用的一句口头禅，也是各大企事业单位常用的搜索工具。

2. 马化腾企鹅型——腾讯控股董事会主席兼首席执行官

当今中国互联网蔓延速度最快的聊天工具应该是QQ，它的代表形象是一只憨憨的企鹅。1999年2月第一款QQ问世后，深受网民的热捧；到如今，它在中国即时通信领域里所占的份额接近了80%。马化腾携此之威，再进军本地化门户拓展地区化市场，先给各大门户一个下马威。谁承想，曾在创业伊始，缺钱运作的马化腾曾经想把它(QQ)卖掉？但也正是企鹅不畏惧严寒的特性，让马化腾及他的团队挺过了泡沫之后的互联网寒冬，成就了令当今互联网各大领域之大鳄担忧并奋起而"围攻"的腾讯公司。

你的QQ号是多少？我加你！——这句话，已经成为国内乃至国外稍微熟悉网络的华夏儿女们交流的常用语了。

3. 丁磊隐居型——网易首席架构师

似比尔一样成为一个幕后操作人，市场有大动静时就出面，没事不见人影，在媒体上也常见不到他人，难道真的置身事外隐居深山？据说他广州的房子是在番禺的某个豪华社区。

网易是一个大众企业，用过邮箱或玩过游戏的朋友大都知道163.COM，运营的大话西游五年之久长盛不衰。

4. 陈天桥豪赌型——盛大网络董事长

盒子计划向全国网游爱好者公布盛大的网络游戏免费，没有一定的胆量及市场前瞻性的企业家是不敢出此口言及市场策略，对于他就是一个赌徒的性格，敢在盛大未来的发展上下如此赌注。

盛大推出的网络游戏“传奇”深受网民的爱戴，同时也遭到众多家庭的指责。

5. 张朝阳狐狸型——搜狐划划董事长兼CEO

以狐狸为形象代表的SOHU，一直都是三大门户之间的骄傲，也是中国人的骄傲。而在今年，SOHU跌出门户前三甲，成为互联网界一个重大的话题。屋漏偏逢下雨，连张朝阳本人也在媒体公开宣布：搜狐正在经历变革阵痛。难道SOHU现在开始走下坡路？还是隐忍待发，准备在2008年奥运会上大摇狐狸尾巴？

SOHU博客群使众多草根博客成为焦点，不过他们打出的那个“个性化的博客”终究没有列入博客前三的排行榜中。

6. 马云张扬型——阿里巴巴创始人兼CEO

他的做事风格及个人魅力是大多数企业家学习的榜样，那张有说不完话的嘴在媒体上经常唾沫横飞。不过，就以Yahoo的搜索技术要超越百度一事来说，对于一向做事低调的李彦宏却没管用。在国外的一些媒体、论坛上也不忘吹嘘两下。结果工夫不负有心人，《外刊评网络最具影响力50人中国仅马云列第20位》——从这则新闻报道中，我们就可以窥知一二了。

7. 周鸿祎流氓型——奇虎网董事长

2006年，这一年我们听到的大都是哪里哪里又开始流氓了，关于流氓这个名词已经成为网民的口头禅。而周鸿祎却是为了流氓事业整天奔波的大忙人，卫士360杀出了众多流氓软件，其中就有一款曾是他带领的团队开发的3721（即雅虎助手），这有似于贼喊捉贼的倾向。

奇虎网是一家专业社区搜索引擎服务商，推出卫士360的同时与国际杀毒软件厂商卡巴斯基合作。

8. 郭凡生无聊型——慧聪网CEO

当年一直处于亏损状态的慧聪网出售了兄弟公司“中搜网”，还是没有扭亏为盈，迫不得已与环球资源合并。并购之后，郭某人也开始张扬起来，说张朝阳不上市还能咋的，又与马云吆喝起来每天纳税100万是空虚之谈没有的事，结果被杭州市财政局弄了个超级盖帽，史上认为较无聊的。

在国内遥遥领先的慧聪邮购杂志，结合了网上服务推出64个商业通道就是现在慧聪网。

9. Booksir 神秘型——厦门书生网创始人

无声无息地创建书生网，全球第一个提出企业信息化一站式服务、倡导并专注服务中国微小中型企业信息化。关于他的真名似乎在外界没有多少人熟悉，而他有似孙正义“疯子”的称号让我们听得稍微习惯外，就是 Booksir 这名字了。

Booksir 从警察工作跨入互联网行业正值互联网泡沫经济年代，而他却凭借着自己的信念：“没有不可能的事”、“颠覆才是硬道理”，以超前的战略眼光，坚实的研发力量，优秀的产品理念带领自己的团队走过了风风雨雨，让 booksir.com 笑傲互联网。

10. 蔡文胜投机取巧型——Web2.0 网站导航 CEO

这个名字或许是在福建商人圈子里较熟悉的一个，高中没念完就开始学习做买卖，曾经游历过好多个国家。在一次回家途经香港，蔡文胜开始接触互联网。到现在我们还是会发现一些不错的域名的注册人就是他。当年蔡文胜就是靠这些域名卖了不少钱，也就是那时候开始，他尝到了互联网带来的甜头。这个花了两年时间才学会打字的传奇人物，将传统商业思维应用于互联网，让一直由 IT 精英们掌控的网络世界变得更加“草根”和简便。

思考题

领导者性格的不同造成了领导方式的不同，但是成功的领导者都能带领企业走向成功。除了上述所讲的例子外，你还知道哪些？

第11章 领导理论

引导案例

董明珠的"四公"管理法

董明珠一直坚持"公平公正、公开透明、公私分明"这12字军规，成为其特殊的管理哲学。中国有句古语，"水至清而无鱼"，意思是水太清，鱼就存不住身，对人要求太苛刻，就没有人能当他的伙伴。董明珠则不认同："只要给予足够的阳光和养料，我就是要做到水至清而有鱼。"

一、公平公正 对股东一视同仁

格力电器(000651.SZ)发布业绩快报显示，2012年上半年，公司实现营业收入483亿元，同比增长20.04%；实现归属上市公司净利润28.7亿元，同比增长30.08%。

今年5月，"营销女皇"董明珠跃升珠海最大企业格力集团董事长，并就任新一届格力电器董事长及总裁，这是其上任后首次交出的完美答卷。

"企业变大以后，是否人尽其才，我们的干部能否保持清醒的头脑，干部有没有自我膨胀、以权谋私？我一去(担任格力集团董事长)，就给我们的管理层提出了12个字，公平公正、公开透明、公私分明，只要我们的管理者能做到这12个字，就能战无不胜。"

董明珠说，我自己公平公正，对股东一视同仁，中层干部就不会有委屈，就没有人颠倒是非，打小报告，就不会伤害企业中真正优秀的人才。

二、公开透明 质量是最好的广告

近日，国内制冷暖通领域权威机构《暖通空调资讯》发布2012年上半年中国中央空调行业发展报告(以下简称报告)。报告指出,格力中央空调在逆势中依旧取得了超过20%的增长,并以14.5%的市场占有率打败外资品牌,成为2012年上半年中央空调市场的销量冠军。行内专家预测,以其强劲发展势头,格力中央空调有望成为2012年度的销量冠军。此外,第三方市场调查机构"产业在线"公布的最新数据显示,虽然今年6月变频空调产销一改前5个月的持续增长态势,呈现略微下滑,但空调第一品牌格力仍然维持增长,并以2012年40.07%市场占有率持续稳居冠军,市场份额约等于第二名到第五名的总和。

对于这种逆境中的增长,格力官方将其归功于"掌握核心科技、品质保证"。据悉,从2011年下半年开始,随着高效直流变频离心机、多功能户式中央空调等国际领先产品的陆续问世,格力在空调领域一直占据着第一的位置。

"面对消费者,格力从不玩那些虚的,质量就是最好的广告。"董明珠如是说。

据悉,为控制零部件质量,格力建立了行业独一无二的筛选分厂。一台空调是由成百上千个零部件组成,每个零部件合格与否直接决定着整机的性能。格力要进厂的每一个零配件,都要经过重重筛选和检测,连最小的电容都必须经受严格的测试。

董明珠还特别喜欢"找麻烦"。"其他企业在空调质检的时候,都要求对方开方便之门,如果问题不是很严重,就算了。只有我和质检机构的人说,哪怕差一点点,都给我打回来,你对我们的产品质量越苛刻越好。格力就是公开透明,保证质量。"

据悉,格力投入巨资建立模拟环境实验室和噪音实验室,"格力空调什么都好,就一个缺点噪音太低,以至于下班时总是忘记关空调。"这被认为是对格力品质的最高赞誉。

本章主要内容

1. 领导特质理论。
2. 领导行为理论。
3. 领导权变理论。

早在20世纪30年代，心理学家就对领导行为进行了大量的研究，希望发现领导者和非领导者在个性、社会、生理和智慧因素方面的差异。这些研究结果被称为领导特质理论。20世纪40年代末至20世纪60年代中期，有关领导行为的研究着重于对领导者偏爱的行为风格的考察，试图根据个体所采取的行为解释领导行为，称为领导行为理论。20世纪60年代后期出现的权变领导理论运用权变理论弥补了先前理论的不足，并将各种研究发现综合在一起。

从本质上来说，领导理论就是研究领导的有效性的理论。领导的有效性主要从三个方面进行研究：权力，品质，行为。领导理论也相应地分为三大部分，即领导特质理论，领导行为理论，领导权变理论。领导特质理论着重从研究领导的品行、素质、修养出发来探索领导的有效性，目的是要说明好的领导者应具备怎样的素质；领导行为理论则着重分析领导者的领导行为和领导风格对组织成员的影响，目的是找出所谓最佳的领导行为和风格；领导权变理论则是着重研究影响领导行为和领导有效性的环境因素，目的是要说明在什么情况下，哪一种领导方式才是最好的。总之，三大类领导理论是根据各自对影响领导有效性因素不同的认识来探讨如何提高领导有效性的。

11.1 领导特质理论

领导特质理论（Trait Theories）又叫领导品质理论或领导特性理论。领导特质理论试图说明有效的领导者与无效的领导者之所以具有很大的差异，主要是有效的领导者具有与众不同的品质使他们发挥出杰出的领导作用。因此领导特质理论着重于研究领导者的个人特性对领导有效性的影响。该类理论的基本分析方法是归纳分析法，即根据领导效果的好坏，找出有效的领导者与无效的领导者在个人品质或特性方面存在哪些差异，由此确定有效的领导者应具备的特点，然后通过考察组织中的领导者是否具备这些特点，就可判定其是不是一个优秀的领导者。

领导特质理论按其对领导特性来源所作的不同解释，可分为传统领导特质理论和现代领导特质理论。

11.1.1 传统领导特质理论

20世纪50年代之前，学者们力图分析领导者的个人品质、特性，并以此描述和预测其领导成效，认为领导者与被领导者之间存在着个性品质的明显差异，并且认为领导者的品质是与生俱来的，只要是领导者就一定具备超人的素质。他们研究了马丁·路德·金、林肯、罗斯福和肯尼迪等一些美国名人的素质和心理特征，得出了一些领导者必须具备的天赋条件。

拉尔夫·M. 斯托格迪尔(Ralph M. Stogdill)考察了124项研究，查阅整理了5000多种有关领导者素质的书籍和文章后，把领导者的素质归纳为5项体质特征、16项个性特征(有良心，可靠，勇敢，有责任心，有胆略，力求革新进步，直率，自信，有理想，有良好的人际关系，风度优雅，胜任愉快，身体健康，智力过人，有组织能力，有判断力)、6项工作特征和9项社会特征，其中包括：精力、外貌、年龄、适应性、进取心、独立性等。他发现了某些领导者都具备的一些共同特性，但和其他有关领导特性的研究一样，斯托格迪尔的研究结果存在的问题是这些共性特性总有许多例外。

吉普(Gibb)通过研究认为，天才的领导者应该具备：善言辞，外表英俊潇洒，智力过人具有自信心，心理健康，有支配他人的倾向，外向而敏感。

不可否认，领导者的某些个性品质是与生俱来的，但不能简单地说领导者是天生的。

11.1.2 现代领导特性理论

现代特性理论认为，领导是个动态的过程，领导者的特性或品质是在实践中形成的，可以通过实践或专门的训练来培养领导者所需要的某些个人特性。巴斯通过研究认为，有效的领导特性是："在完成任务中具有强烈的责任心，能精力充沛地执著追求目标，在解决问题中具有冒险性和创造性，在社会环境中能运用首创精神，富于自信和特有的辨别力，愿意承受决策和行为结果，愿意承受人与人之间的压力，愿意忍受挫折和耽搁，具有影响其他人行为的能力。"许多学者根据自己本国的情况提出了应该培养和训练领导者所必须具备的特性条件。

日本企业界要求一个领导者要有十项品质、十项能力。十项品质是：使命感，责任感，信赖感，积极性，忠诚老实，进取心，忍耐性，公平，热情，勇气。十项能力为：思维决策能力，规划能力，判断能力，创造能力，洞察能力，劝说能力，理解人的能力，解决问题的能力，培养下级的能力，调动积极性的能力。

不少学者认同领导者有6项特质不同于非领导者：

(1)进取心。领导者进取心强，精力充沛，主动，坚持不懈。

(2)领导愿望。领导者有强烈的愿望去影响别人。

(3)诚实与正直。领导者通过真诚、言行高度一致在他们与下属之间建立相互依赖的关系。

(4)自信。为了使下属相信其目标及决策的正确性,领导者必须表现出高度的自信、智慧。

(5)领导者收集、整理大量信息,能够确立目标、正确决策和解决问题。

(6)工作相关知识。领导者具备与工作相关的知识,有利于做出富有远见的决策。

11.1.3 领袖魅力领导理论

领袖魅力领导(Charismatic Leadership)理论指的是当下属观察到某些行为时,会把它们归因为伟人式的或杰出的领导能力。大部分领袖魅力的领导研究是确定具有领袖气质的领导者与无领袖气质的对手之间的行为差异。被公认为具有领袖魅力的领导人有:富兰克林·罗斯福,约翰·肯尼迪,马丁·路德·金,沃尔特·迪斯尼等人。

有些学者主要研究具有领袖魅力的领导者的个性特点。如罗伯特·豪斯确定了3项因素:极高的自信,支配力以及对自己信仰的坚定信念。瓦伦本尼斯(Warrren Bennis)研究了90位美国最杰出和最成功的领导者,发现他们有4种共同的能力:有令人折服的远见和目标意识;能清晰地表述这一目标,使下属明确理解;对这一目标的追求表现出一致性和全身心地投入;了解自己的实力并以此作为资本。麦吉尔大学的康格(Conger)和凯南格(Kanungo)的研究得出的结论是,具有领袖魅力的领导人具有如下特点:他们有一个希望达到的理想目标;为此目标能够全身心地投入和奉献;反传统;非常固执而自信;是激进变革的代言人。

【相关链接】

领袖魅力领导者的关键特点

1. 自信。领袖魅力的领导者对他们的判断和能力充满信心。

2. 远见。他们有理想的目标,认为未来定会比现状更美好。理想目标与现状相差越大,下属越有可能认为领导者有远见卓识。

3. 清楚表述目标的能力。他们能够明确地陈述目标,使其他人都能明白。这种清晰的表达表明了对下属需要的了解,然后,它可以成为一种激励的力量。

4. 对目标的坚定信念。他们被认为具有强烈奉献精神,愿意从事高冒险性的工作,承受高代价,为了实现目标能够自我牺牲。

5. 不循规蹈矩的行为。他们的行为被认为是新颖、反传统、反规范的。当获得成功时，这些行为令下属们惊诧而崇敬。

6. 作为变革的代言人出现。他们被认为是激进变革的代言人而不是传统现状的卫道士。

7. 环境敏感性。他们能够对需要变革的环境加以限制和对资源进行切实可行的评估。

（资料来源：[美]斯蒂芬·P. 罗宾斯：《组织行为学》（第7版），中国人民大学出版社2002年版）

另外一些学者的研究提出，有领袖魅力的领导者与下属的高绩效和高满意度之间有着显著的相关性。并且大多数学者认为个体可以经过培训而展现领袖魅力的行为，成为有领袖魅力的领导者。

领导特性理论强调了良好的个人特性或品质对于领导工作与提高领导效能的重要意义，有助于选拔和培养领导人才。但该理论也有其局限性，不少学者提出证据认为领导者的特性与非领导者的特性没有质的差别，同时领导者的特性与领导效能的相关性并不大。也有人认为该理论只对领导者的品质做静态分析，忽略了其活动过程和被领导者与环境因素的作用，因而有较大的片面性。

11.2 领导行为理论

由于领导特质理论在解释领导行为的有效性问题上出现了困难，于是人们把研究的重点转移到领导者的工作行为本身，试图从工作行为的特点来说明领导的有效性，也就产生了领导行为理论。

11.2.1 勒温的领导行为理论

著名心理学家、美国依阿华大学的勒温（Kurt Lewin）教授和他的同事在20世纪30年代就进行了关于领导风格的研究。他们发现，领导者们并不是以同样的方式表现他们的领导角色，领导者们通常使用不同的领导风格，这些不同的领导风格对组织成员的工作绩效和工作满意度有着不同的影响。他们把领导者在领导过程中表现出来的工作作风分为三种基本类型：专制作风、民主作风、放任自流作风。

1. 专制领导作风

专制领导作风是指依靠权力和强制命令让人服从的领导作风，它把权力定位于领导者个人。专制领导作风的主要特点为：①独断专行，从不考虑别人意见，所有的决定都由领导者自己决定；②领导者自己设计工作计划，指定工作内容和实行人员的安排，从不把任何消息告诉下属，下属没有参与决策的机会，而只能察言观色，奉命行事；③主要依靠行政命令、纪律约束、训斥和惩罚，只有偶尔的奖励，有人统计具有专制作风的领导人与别人谈话时，有 60% 左右采取命令和指示的口吻；④领导者很少参加群众活动，与下属保持一定的心理距离，没有感情交流。

2. 民主领导作风

民主领导作风是指以理服人、以身作则的领导作风，它把权力定位于群体。具体特点是：①所有的政策是在领导者的鼓励下由群众讨论决定的，是领导者和其下属共同智慧的结晶；②分配工作时，尽量照顾到个人的能力、兴趣和爱好，对下属的工作不安排得太具体，下属具有较大的工作自由，较多的选择性和灵活性；③主要应用个人权力的威信，而不是靠职位权力和命令使人服从，谈话时多使用商量、建议和请求的口气；④领导者积极参与团体活动，与下属无任何心理上的距离。

3. 放任自流的领导作风

这种领导者把权力完全给予组织成员或群体，自己对于工作尽量不参与，也不主动干涉，毫无规章制度。其主要特点是：极少运用权力，给下属高度的独立性，工作事先无布置、事后无检查，无可循的规章制度，整个企业处在一种无政府主义状态。

勒温根据研究认为，放任自流的领导作风工作效率最低，只能达到组织成员的社交目标，但完不成工作目标；专制的领导作风虽然通过严格管理能达到工作目标，但群体成员没有责任感，情绪消极，士气低落，争吵较多；民主的领导作风工作效率最高，完成工作目标，而且组织成员之间关系融洽，工作积极主动，富于创造性。

勒温在试验中发现，在专制型领导的团体和在民主型领导的团体中，成员间的关系与成员行为存在着巨大的差别。在专制型领导的团体中，各成员之间攻击性言论显著；成员对领导服从，但表现自我或引人注目的行为较多，成员多以“我”为中心，当受到挫折时，常彼此推卸责任或进行人身攻击；当领导不在场时，工作热情大为下降，也无人出来组织工作。在民主型领导的团体中，成员间彼此比较友好，很少使用“我”字，而具有与团体融为一体的感觉；遇到挫折时，成员们团结一致努力解决问题；当领导不在场时，就像领导在场一样继续努力工作；成员对团体活动有较高的满足感。

勒温能够注意到领导者的风格对组织氛围和工作绩效的影响，区分出领导者的不同风格和特色，这对实际管理工作和有关研究非常有意义。许多后续的理论都是从勒温的理论发展而来的。

11.2.2 利科特的领导行为理论

美国行为科学家密歇根大学教授伦西斯·利科特（Rensis Likert）从20世纪40年代就开始了对领导问题的研究。他领导的研究小组也将领导行为划分为两个维度，称之为员工导向和生产导向。员工导向的领导者被描述为重视人际关系，他们总会考虑到下属的需要，并承认人与人之间的不同；相反，生产导向的领导者倾向于强调工作的技术或任务事项，主要关心群体任务的完成情况，并把群体成员视为达到目标的工具。它通过对数百个组织机构的研究，把领导方式归为以下四种。

1. 专制—权威式

领导者对下属缺乏信心，权力集中在最高一级，很少让下属参与决策；决策大都由管理层做出，然后以命令宣布，必要时以威胁和强制方法执行；有自上而下的沟通，上级与下级之间的接触都是在互不信任的气氛中进行。在这种方式下，最容易形成与正式组织目标相对立的非正式组织。

2. 开明—权威式

领导者对下属有一种谦和的态度，但下属仍小心翼翼；决策权力仍控制在最高一级，下属能在一定的限度内参与，但仍受高层的制约；有一定程度的自下而上的沟通；激励方法是奖赏与惩罚并用。在这种方式下，通常也会形成非正式组织，但其目标不一定与正式组织的目标相对立。

3. 协商式

上级对下级有相当程度的信任，但不完全信任；主要决策权掌握在高层，下级可以作具体问题的决策；双向沟通在相当信任的情况下进行；激励基本采用奖励方法，偶尔也实行惩罚。在这种方式中，可能产生非正式组织，但它可能支持组织的目标，只有部分反对组织的目标。

4. 群体参与式

这种领导方式体现出管理者向下属提出挑战性目标，并对他们能够达到目标表示出信心。在制定目标和评价目标所取得的进展方面，让下属参与并给予物质奖励，即使上下级之间的信息通畅，也使同级人员之间的信息通畅，鼓励各级组织做出决策。

利克特发现，采用参与式的民主领导方式去进行管理活动的领导者，大都是最有成就的领导者。他们所领导的组织在制定目标和实现目标方面是最有效率的，一般说来也是最富有成果的。他把这些主要归功于员工参与管理的程度，以及在实践中相互支持的程度。

可见，密歇根大学研究者的结论对员工导向的领导者十分有利，他们与高群体生产率和高工作满意度成正相关，而生产导向的领导者则与低群体生产率和低工作满意度联系在一起。

11.2.3　领导行为四分图

这一理论是美国俄亥俄州立大学（Ohio State University）的研究人员提出来的。研究人员收集了大量有关下属人员对领导行为描述方面的资料，他们经过调查列出了1790种刻画领导行为的因素，通过逐步概括，把领导行为的内容归结为两个方面：以工作为重和以人为重。

一个方面是“抓工作”。这种行为主要以工作为中心，领导者通过设计组织结构，明确职责、权力，确定工作目标与要求，制定工作程序、工作方法与制度来引导和控制下属的行为表现。

另一个方面是“关心人”。这种行为主要以人际关系为中心，关心和强调下属个人的需要，尊重下属意见，给下属以较多的工作主动，注意建立同事之间、上下级之间的相互信任气氛。他们按照这两类内容设计了调查问卷，结果发现，两种领导行为在一个领导者身上可能一致，也可能不一致，它们并不是相互矛盾、相互排斥的。具体组合方式可用领导行为四分图表示，如图11-1所示。

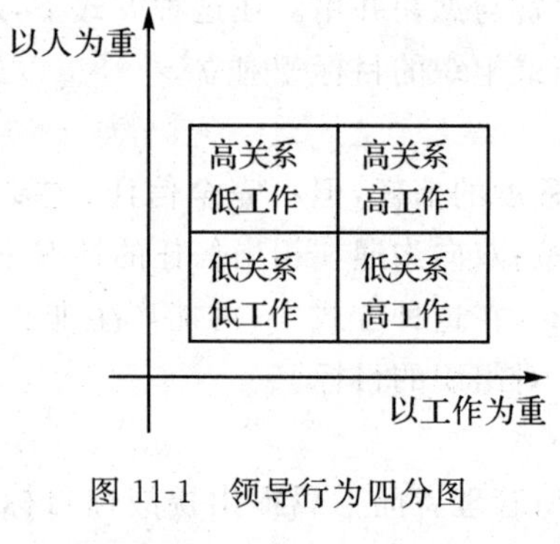

图11-1　领导行为四分图

通过四分图，就可以鉴别领导，评定领导的类型。属于低关系高工作的领导行为,最关心的是工作任务。属于高关系低工作的领导行为,注重关心领导者与下属之间的合作,重视相互信任和尊重气氛。属于低关系低工作的领导行为,对人对工作都不关心,一般来说,这种领导行为的效果差,会带来更多的旷工、事故和怨言。而属于高关系高工作的领导行为对人对工作都很关心,一般来说,这种领导行为的效果好。到底哪一种领导行为效果好呢?结论是不肯定的,要根据具体情况而定。

一般认为,以人为重和以工作为重的领导方式是相互联系的。一个领导者只有把两者相互结合起来,才能进行有效的领导。

11.2.4 管理方格图理论

在俄亥俄州立大学提出的领导行为四分图的基础上,美国学者布莱克(Robert R. Blake)和莫顿(Jane S. Mouton)提出了管理方格图。他们将四分图中对人的关心度和对工作的关心度这两类领导行为的坐标各划分为9等分,这样在二维平面上就形成了81个方格,每个小方格就表示关心人和关心生产这两个基本因素以不同程度相结合的一个领导方式,如图11-2所示。主管人员对生产的关心,一般表示为他对各种事物所持的态度。例如,政策决定的质量、程序与过程、研究的创造性、职能人员的服务质量、工作效率以及产品的质量等。对人的关心表现为:个人对实现目标能承担的责任、保持工人的自尊、建立在信任而非顺从的基础上的职责、保持良好的工作环境以及具有满意的人际关系等。在根据管理方格图评价领导者的领导行为时,应按他们这两方面的行为程度在方格图中寻找交叉点,这个交叉点就是其领导行为类型。横轴数值越高,表示他越重视生产;纵轴数值越高,表示他越关注人的因素。

布莱克和莫顿在管理方格图中列出了五种典型的领导行为。

(1.1)贫乏型。采取这种领导方式的管理者希望以最低限度的努力来实现组织的目标,对职工和生产均不关心,是一种不称职的领导方式。

(1.9)俱乐部型。管理者只注意搞好人际关系,创造一个舒适的、友好的组织气氛和工作环境,不太注重工作效率,是一种轻松的领导方式。

(9.1)任务型。管理者全神贯注于生产任务的完成,很少关心下属的成长和士气,在安排工作时尽力把人的因素干扰减少到最低限度,是一种只关心生产不关心人的领导方式。

(9.9)团队型。管理者对人和生产都很关心,努力协调各项活动以提高士气促进生产,这是一种协调配合的领导方式。

(5.5)中间型。管理者对人和生产都有适度的关心,保持完成任务和满足人

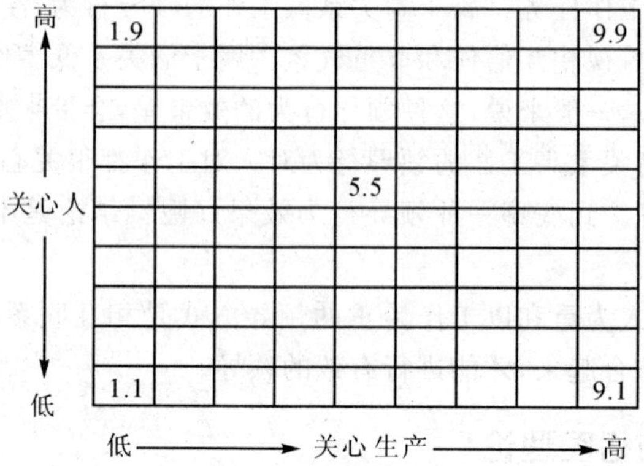

图 11-2 管理方格图

们需要之间的平衡,既有正常的效率来完成工作任务又保持一定的士气。这种领导方式追求平衡,但不追求卓越,从长远看,可能使企业落伍。

到底哪一种最好呢?布莱克和莫顿组织了很多研讨会,绝大多数参加者认为(9.9)型最佳,但也有不少人认为(9.1)型最佳,还有人认为(5.5)型最佳。后来,布莱克和莫顿指出哪种领导型态最佳要看实际工作效果,最有效的领导型不是一成不变的,要依情况而定。管理方格图理论对于培养有效的管理者是有用的工具,它提供了一种衡量管理者所处领导型态的模型,可使管理者较清楚地认识到自己的领导行为,并指出改进方向。

11.2.5 领导行为连续统一体理论

美国学者坦南鲍姆(R. Tannenbam)和史密特(W . H . Schmidt)在 1958 年提出了领导连续统一体模型。他们指出,领导风格并不是只有独裁和民主两种极端的方式,而是在这两种极端的方式之间存在着一系列领导方式,这些领导方式是随着领导者或主管人员授予下属的自主权程度而连续变化的,如图 11-3 所示。

这种理论描述了以领导者权力运用的程度为依据划分的领导方式,实际上是一个连续变化的系列,图的左右两端分别是独裁式和民主式两种极端的领导方式,从左到右,领导和运用职权逐渐减少,下属的自由度逐渐增大。随着领导者授权程度以及决策方式的不同,就形成了一系列的领导方式,在他们之间存在着七种有代表性的中间状态的领导方式。

坦南鲍姆和史密特经过研究认为没有哪一种领导方式总是正确的,而另一种总是错误的;也没有哪一种是最好的或最坏的。因为领导方式实际上有从以领导者为中心到以下属为中心的多种多样的方式。故不应仅在专制的和民主的两种领导方式中做出选择,而是应在这一系列连续变化的领导方式中做出选择。

基于这种观点,他们提出了领导行为连续统一体理论,也称为领导连续带模式或称作主管者—非主管者的行为连续流。

领导行为连续统一体理论认为,在这一系列的领导方式中何种领导方式是最适合的,取决于领导者的能力、下属的能力和当时的情境。此外组织环境和社会环境也会对领导风格产生影响。

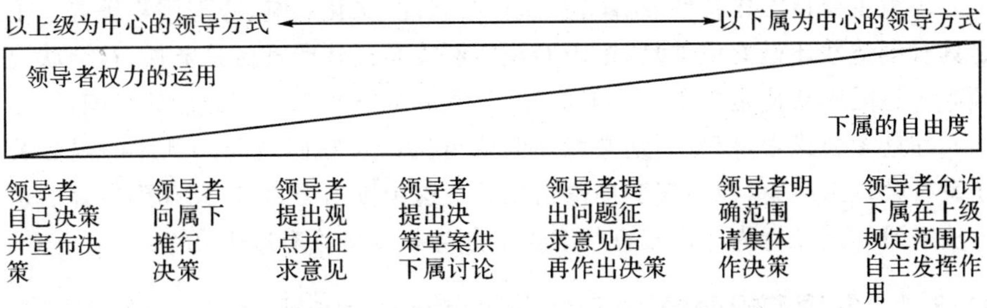

图 11-3　领导行为连续统一体模型

11.3　领导权变理论

领导权变理论又叫情景理论。此理论着重研究影响领导行为和领导有效性的环境因素。该理论认为,领导效能不单纯取决于领导者的个人行为,某种领导方式 在实际工作中是否有效主要取决于具体的场景和场合。在一种情境下具有相当效能的领导方式,在另一种情境下可能失去效能。因此不存在一种普遍最好的领导方式,有效的领导方式是因情境而变的。

领导权变理论认为,若使领导行为有效,除取决于领导者的素质、才能,还取决于领导方法所应用的情境,如被领导者的素质、工作性质等,它是诸多因素相互作用、相互影响的过程。因此,有效的领导行为应当随着被领导者的特点和环境变化而变化。这个关系可用公式表示如下:

$$S=f(L,F,E)$$

式中:S——领导者的有效性;

L——领导者;

F——被领导者;

E——环境。

领导者的特征主要指领导者的个人品质、价值观和工作经历。如果一个领导者决断力很强,并且信奉X理论,他很可能采取专制型的领导方式。

追随者的特征主要指追随者的个人品质、工作能力、价值观等。如果一个追随者的独立性较强,工作水平较高,那么采取民主型或放任型的领导方式比较适合。

环境主要指工作特性、组织特征、社会状况、文化影响、心理因素等等。工作是具有创造性还是简单重复,组织的规章制度是比较严密还是宽松,社会状况是倾向于追随服从还是推崇个人能力等,都对领导方式产生了强烈的影响。

在这个公式中,变量的定义域和取值范围以及它们之间的具体的函数关系还没有公认的结论,领导权变理论正在朝着这个方向努力,以期找到更好的定量方法来研究领导行为。比较有代表性的领导权变理论有以下几个。

11.3.1 费德勒权变模型(Fiedler contingency model)

美国学者弗雷德·费德勒(Fred E. Fiedler)从1951年起,经过长达15年时间对1200个团体做了调查,从组织绩效和领导态度之间的关系着手进行研究,提出了"有效领导的权变模型",他认为任何领导形态均可能有效,其有效性完全取决于是否与所处的环境相适应。

1. 影响领导形态有效性的环境因素

(1)上下级关系。上下级关系指下属对领导者的信任、喜爱、忠诚和愿意追随的程度以及领导者对下属的吸引力。领导者与下属之间相互信任、相互喜欢的程度越高,领导者的权力和影响力就越大;反之,其影响力就越小。

(2)职位权力。职位权力指组织赋予领导者正式地位所拥有的权力。即领导者所处的职位能够提供的权力和权威是否明确、充分,在上级和整个组织中所得到的支持是否有力,直接影响到领导的有效性。一个领导者对其下属的雇佣、工作分配、报酬、提升等直接决定性权力越大,其对下属的影响力越大。

(3)任务结构。任务结构指的是任务的明确程度和人们对这些任务的负责程度。当任务明确、组织纪律明确、成员有章可循、个人对任务负责,则工作质量比较容易控制;反之,工作规定不明确,成员不知如何去做,领导者就会处于被动地位。

2. 领导风格

费德勒开发了"最不喜欢的同事(Least-Preferred Co-worker questionnaire)"问

卷，简称 LPC 问卷，来反映和测定领导者的领导风格。它把领导方式假设为两大类：以人为主和以工作为主。一个领导者如果对其最不喜欢的同事都能给予好的评价（即 LPC 量高），就被认为对人宽容、体谅、注重人际关系和个人的声望，是以人为主的领导，这被称之为“关系导向型”领导风格；如果领导者对其不喜欢的同事批评得体无完肤（即 LPC 量低），则被认为对人苛刻，惯于命令和控制，只关心工作的领导者，这被称之为“任务导向型”领导风格。

3. 领导风格与领导情景关系

费德勒将三个环境变数任意组合成八种群体工作环境，对 1200 个团体进行调查，收集了把领导风格与工作环境关联起来的数据，得出了在不同情况下使领导有效的领导方式，其结果如图 11-4 所示。

上下级关系	好				差			
任务结构	明确		不明确		明确		不明确	
职务权力	强	弱	强	弱	强	弱	强	弱
情境类型	1	2	3	4	5	6	7	8
情境特征	有利			中间状态				不利
有效领导方式	任务型			关系型				任务型

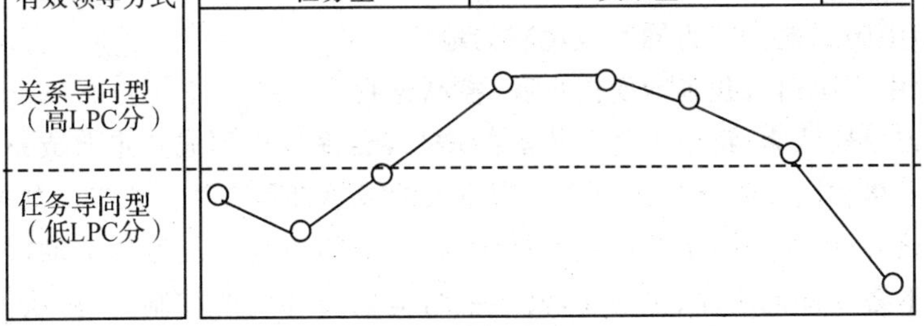

图 11-4　费德勒权变领导模型

费德勒的研究结果表明，根据组织工作的情境，应采取适当的领导方式。当环境有利和最不利的情况下（例如 1,2,3,8），采取以“任务导向型”领导风格，效果较好。而对处于中间状态的情境（例如 4,5,6,7），则采取以“关系导向型”领导风格较好。

4. 费德勒模型的意义

首先，这个模型特别强调效果，强调为了领导有效，需要采取什么样的领导方式或领导行为，不是从领导个人的素质出发，这对研究领导行为提供了新方向；其次，这个模型最突出之处是将领导行为和情境的影响、领导者和被领导者之间关系的影响联系起来，它表明并不存在绝对的最好的领导型态，企业领导者必须具有适应力，自行适应变化的情况；再次，管理阶层必须依照情况来选用领导者；最后，费德勒还主张有必要改造环境，以符合领导者的风格，并提出了一些改善上下级关系、任务结构和职位权力的建议。例如，上下级关系可以通过改组下属组成加以改善，使下属的经历、文化水平和技术专长更为合适；任务结构可通过详细布置工作内容而使其更加定型化，也可以对工作只作一般性指示而使其非程序化；职位权力可以通过变更职位，充分授权而增加其权威性。

11.3.2 不成熟—成熟理论

不成熟—成熟理论是由美国学者克里斯·阿吉里斯(Chris Argyris)提出的，其目的在于探索领导方式对个人行为和下属在环境中成长的影响。阿吉里斯认为，一个人由不成熟转变为成熟，主要表现在以下七个方面：

(1)由被动转为主动；

(2)由依赖转为独立；

(3)少量的行为转为多种行为；

(4)由错误而浅薄的兴趣转为较深和较强的兴趣；

(5)由只知眼前到能总结过去、展望未来；

(6)由附属地位转为同等或优越的地位；

(7)由不明白自我到能明白自我、控制自我。

阿吉里斯认为，每个人随着年龄的增长，会逐步从不成熟走向成熟，但成熟的进程不尽相同。领导方式是否得当对人的成熟进程有很大影响。如果把成年人当小孩对待，总是指定下属从事具体的、过分简单或重复性的劳动，使其无法发挥也不必发挥创造性、主动性，就会束缚他们对环境的控制能力，从而阻碍下属的成熟进程；反之，如能针对下属不同的成熟程度采取不同的领导方式，对不成熟的人适当指点，促其成熟，对较成熟的人创造条件，增加其责任，给予更多的机会，则能激励其更快地成熟。

11.3.3 应变领导模式理论

应变领导模式理论是由何塞(Hersey)和布兰查(K. Blanchard)提出的。该理论把注意力放在下属的研究上，认为成功的领导者应根据下属的成熟程度选择合适的领导方式。在领导有效性的研究中，注重下属反映了下属决定接受或拒绝接受领导者这一事实，不管领导者做什么，有效性取决于下属的行为。何塞(Hersey)和布兰查(K. Blanchard)认为，所谓成熟度是指人们对自己的行为承担责任的能力和愿望的大小。这取决于两个方面：任务成熟度和心理成熟度。任务成熟度是相对于一个人的知识和技能而言的，若是一个人具有无须别人指点就能完成工作的知识、能力和经验，那么他的工作成熟度就高；心理成熟度与做事的愿望或动机有关，如果一个人能自觉地去做，而无须外部的激励，则认为他有较高的心理成熟度。

应变领导模式理论是建立在管理方格图理论和不成熟——成熟理论基础之上的。应变领导模式是由关系行为、任务行为和成熟度组成的三维领导理论。横坐标为任务行为，纵坐标为关系行为，在下方再加上成熟度坐标。任务行为是指领导者和下属为完成任务而形成的交往形式；关系行为是指领导者给下属的帮助和支持的程度。由这两方面，何塞和布兰查提出了四种领导方式：命令式、说服式、参与式、授权式。

①命令式（高工作—低关系），领导者对下属进行分工并具体指导下属应当干什么、如何干、何时干等，它强调直接指挥；②说明式（高工作—高关系），领导者既给下属以一定的指导，又注意保护和鼓励下属积极性；③参与式（低工作—高关系），领导者与下属共同参与决策，领导者着重给下属以支持，促其搞好内部的协调沟通；④授权式（低工作—低关系），领导者几乎不加指点，由下属自己独立地开展工作，完成任务。

同时，把成熟度分成四个等级，由不成熟到成熟分别用 M1、M2、M3、M4 来表示：M1 表示下属缺乏接受和承担任务的能力和愿望，他们既不能胜任，又缺乏自信；M2 表示下属愿意承担任务但缺乏足够的能力，他们有积极性但没有完成任务所需的技能；M3 表示下属具有完成领导所交给任务的能力，但没有足够的动机；M4 表示下属能够而且愿意去做领导要他们做的事。

根据下属的成熟度和组织所处的环境，何塞和布兰查提出了如图 11-5 所示的应变领导模式。根据下属的不同成熟程度采取适合的领导方式。

应变领导模式认为，领导的有效性在于把组织内的工作行为、关系行为和下属的成熟度结合起来考虑，随着被领导者从不成熟走向成熟，领导行为也要随之调整才能有效。随着下属从不成熟走向成熟，领导者不仅要减少对活动的控制而且要减少对下属的帮助。

当下属的成熟度为 M1 时，下属缺乏接受和承担任务的能力和愿望，他们既无能力接受任务又没有自信承担责任。领导者要给予明确而细致的指导和严格的控制，应采用命令式领导方式。

当下属的成熟度为 M2 时，下属愿意承担任务但缺乏足够的能力，他们有积极性但没有完成任务所需的技能。领导者既要保护下属的积极性，交给其一定的任务，又要及时给予具体的指点，以帮助其较好地完成任务。应采用说服式领导方式。

当下属的成熟度为 M3 时，下属已经比较成熟，基本能够胜任工作，但没有

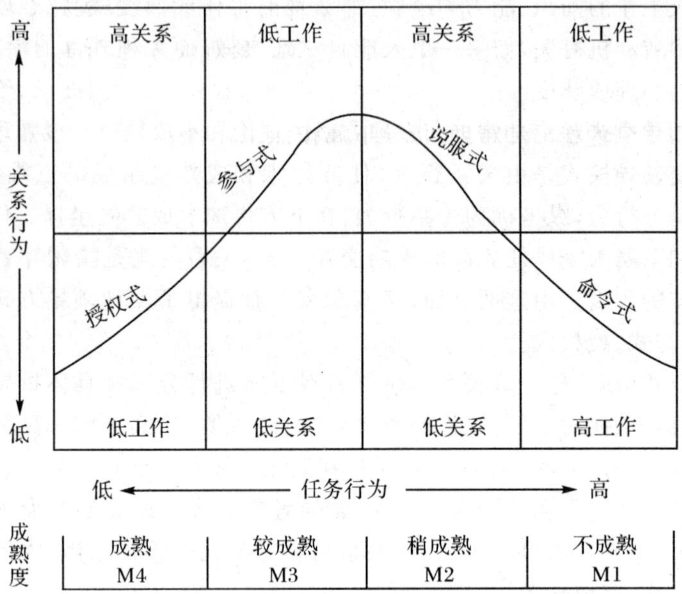

图 11-5　应变领导模式理论

足够的动机。领导者可通过肯定和表扬以及一定的帮助和鼓励，树立下属的信心，领导者与下属共同参与决策，着重双向沟通，悉心听取下属的意见，发挥下属的积极性，宜采用低工作—高关系参与式的领导方式。

当下属的成熟度为 M4 时，下属高度成熟，有能力承担任务，又有积极性，领导者可采用授权式，赋予下属一定的权力，让下属自己决策自己控制，领导者只起一个监督角色。

11.3.4　路径—目标理论

路径—目标理论是加拿大多伦多大学教授罗伯特·豪斯(R. J. House)教授 1971 年提出的一种领导权变模型。这一理论以期望理论为依据。期望理论认为，激励因素的大小受个人实现目标的可能性大小和目标的价值决定。该理论认为，领导者可以而且应该根据不同的环境因素来调整自己的领导方式和作风。领导方式是由环境因素决定的。环境因素包括两个方面：一是下属的特点，包括受教育的程度、领悟能力、下属参与管理的程度、承担责任的态度、对本身独立自主性的要求程度等，领导者对于改变下属的特点一般收效甚微，但可通过改变工作环境来充分发挥下属的特长；二是工作环境的特点，主要指工作本身的性质、奖励制度、组织性质等。

路径—目标理论认为，对于一个领导者而言，没有什么固定不变的领导方式，要根据不同的环境，选用不同的领导方式。豪斯认为，领导方式一般有四种。

(1)指导型领导方式。给下属明确任务目标和职责，提出要求；给下属提供他们所希望得到的指导和帮助，指导下属按照工作程序去完成自己的任务和目标。当工作任务模糊不清、变化大或下属对工作不熟悉，没有把握时，这种方式是合适的。

(2)支持型领导方式。对下属友好，关心下属的生活福利等，努力营造愉快的组织气氛。这种领导方式特别适合于工作高度程序化，让人感到枯燥乏味的情境。这时候，下属就希望上司能成为满意的源泉。

(3)参与型领导方式。注重征求下属的建议，并认真考虑和采纳下属的意见，尽量让下属参与决策和管理。当任务相当复杂需要组织成员间高度的相互协作时，或当下属拥有完成任务的足够能力并希望得到尊重和自我控制时，采用这种方式是合适的。

(4)成就型领导方式。树立具有挑战性的组织目标，相信并鼓励下属去实现目标。

路经—目标理论强调领导的有效性取决于领导行为、下属、任务之间的协调配合。其基本观点是：领导者的主要职责在于帮助其下属实现个人目标并确保这些个人目标与组织目标或群体目标相一致。所谓途径——目标是指有效的领导者要支持组织成员为实现组织目标所作的种种努力，为其完成任务提供各种必要条件。领导者如何为下属提供实现目标的有效途径，是和下属的能力、任务性质以及工作环境有直接关系。领导者必须根据具体情况为下属提供帮助，即采取不同的领导方式。

【本章小结】

从本质上来说，领导理论就是研究领导的有效性的理论。领导的有效性主要从三个方面进行研究：权力，品质，行为。领导理论也相应地分为三大部分，即领导特质理论，领导行为理论，领导权变理论。领导特质理论着重从研究领导的品行、素质、修养出发来探索领导的有效性，目的是要说明好的领导者应具备怎样的素质；领导行为理论则着重分析领导者的领导行为和领导风格对组织成员的影响，目的是找出所谓最佳的领导行为和风格；领导权变理论则是着重研究影响领导行为和领导有效性的环境因素，目的是要说明在什么情况下，哪一种领导方式才是最好的。总之，三大类领导理论是根据各自对影响领导有效性因素不同的认识来探讨如何提高领导有效性的。

领导特质理论着重于研究领导者的个人特性对领导有效性的影响。领导特质理论按其对领导特性来源所作的不同解释,可分为传统领导特质理论和现代领导特质理论。领导行为理论一般包括勒温理论、四分图理论、领导行为连续统一体理论、利科特的领导行为理论和管理方格图理论。领导权变理论主要包括费德勒模型、不成熟—成熟理论、应变领导模式理论和路径—目标理论。

【综合案例】

苏珊·帕克斯是马拉松运动用品商店的共有者和经理。这家商店主要经营跑鞋及其附属产品。商店大约有10名员工,几乎都是兼职的大学生。他们在非周末的时间里只工作一部分时间,而在周末则是全职工作。马拉松运动用品商店是有着125万人的大学城里仅有的一家经营该类产品的商店。在过去的7年中,商店的销售量年增长指数持续以15%的增长率稳定发展。帕克斯女士向这家商店投入了很多资金,同时还很努力地工作以保证商店的信誉和增长率。每周她在店里工作都达到50个小时,其间往往同时扮演多种角色:顾客、调度员、培训者、计划制定人和销售人员。她几乎没有停下来休息的时候,有人甚至说她是站着吃午饭的。

员工对于帕克斯女士的反映则是强烈且多样的。一些人喜欢她这种行为方式,而另一些人则不以为然。赞成的员工认为这家商店在她的管理下显得井井有条,效率很高。苏珊为每个员工都指明了清晰的目标和任务,使他们忙碌起来,从而在每天下班回家的时候都有一种做了实事的充实感。他们喜欢为苏珊工作,因为她知道自己在做什么。而那些反对她的员工则抱怨说她的紧迫感太强,以至于似乎她待在商店里的唯一目的就是把工作做完。她几乎从不与员工一起休息一会儿,甚至从来没有见过她停下手头的工作。这些人认为很难与苏珊进行沟通和交流,因此在马拉松运动用品商店里工作让人觉得很没有乐趣。

苏珊也开始意识到员工对她的领导模式有着不同的意见。这个问题很困扰她,但是她不知道该如何应对。因为除了忙碌的工作,苏珊还要尽力扮演好妻子和3个孩子母亲的角色。

思考题

1. 根据领导行为理论,你会如何描述苏珊·帕克斯的领导行为?
2. 为什么苏珊的下属们对于她的领导模式会产生如此反应?

第12章 激励

引导案例

领导激励下属士气的五大诱惑兵法

领导者怎么样才能鼓动下属士气？领导者必须了解所有员工的困难，心态和目标。通过下面五个诱惑，你认为你可以抵抗吗？

一、利诱

利诱，顾名思义，就是以“利”诱之。这里并不是说只有钱，钱只是其中一种。“利”，用一定的好处作为激励物资，最终达到使其他人为我所动的目的，谈到“利”，就是“钱”，这是不全面的，这其中的“利”是包罗万象的。

三国时，曹操带兵打仗，天气炎热，军士们口渴难忍，行军出现困难。但前不着村，后不着店，曹操灵机一动，用马鞭指着山的另一头，对军士们说前方有片梅林，军士们一听，口中生津，有了动力，继续前进。“望梅止渴”的典故是典型的“利诱”手段，只不过其中的“利”是虚幻的，但同样能够达到效果。

但这只可以是一次，不能实现的“利”员工是不会相信的，也就不能产生效果。而且领导者也必须做好下面三点：

——领导必须了解所有员工的困难。

——领导必须了解所有员工的心态。

——领导必须了解所有员工的目标。

二、顺诱

顺诱,就是通过赞美对方的方法来达到对方为我所动的目的。赞美的力量是不容忽视的,有时甚至比金钱更重要。

战国时,秦统一六国,独霸天下,燕国不甘败北,此时民间有位侠士,叫荆轲,此人勇力过人,而且相当自负,燕王想让此人去刺杀秦始皇,但人们心里都清楚,此次行动,不是凶多吉少,而是有去无回。怎么办呢？燕王便利用了荆轲自负的弱点,为他广为宣扬,说此人如何高尚,如何侠义,总之给他戴了好多的大帽子,最后在民间形成了极佳的口碑,然后再聚众宴请他,当着百姓的面请求他去刺杀秦王,才有了"荆轲刺秦"的历史典故。就是这块"贞节牌坊",使这位勇士乘着萧瑟的秋风,长眠于他乡。从这则故事中不难看出"顺诱"巨大的威力。

把它运用到企业管理中,就是人们常说的"零成本激励"。作为领导,首先应该明白自己员工的心理,其次学会赞美下属。做到这些,其实是很不容易的。员工也是人,只要是人就爱听好听的话,你我都是一样的,所以领导者不能吝啬你的赞美。

三、逆诱

逆诱,就是我们常说的"激将法",通过贬低他人以增强其求胜欲望而达到为我所动的目的。

南宋时期,岳飞与金兵打仗,双方对阵。金兵太子金弹子出战,此人凶猛异常,连胜数阵。岳飞的大儿子岳云请求出战,但岳飞怕他年少无知,犯下轻敌的错误,就说:"金弹子勇力过人,非寻常人可比,还是为父亲自出战吧。"这句话惹恼了小将岳云,立下了军令状,不杀金弹子,誓不回营。结果经过苦战,一锤打死金弹子,得胜回营。岳飞巧用激将法,使儿子心中产生必胜的信念,这样才能足够地重视对手,使出百分百的力量。

有些确有能力的员工,不是自信力不够,而是自负,认为什么事都难不倒他。对于这样的员工,领导仍然可以用"逆诱"的办法来打击他的自负,让他考虑到问题的后果,才能足够地重视,胜算才能多一些。

人们往往都有逆反心理,你越不让他干什么,他偏干什么,尤其是在气氛激烈的情况下,对于那些好胜心强并且脾气暴躁的人,用"激将法"来达到用他的目的是最好的办法。逆诱的技巧在于恰到好处,用得要准,过犹不及,而且不能让对方看出你在激他,否则就会产生负面作用。

四、痴诱

痴诱，是一种有战略眼光的办法。要想用人，必先让人服你。"痴"就是假装糊涂，但却能让对方看出你是装糊涂，比如你的下属犯了错误，出于无心，你装一次糊涂，放他一马，他会感激你的，今后，无论怎么用他，都会义无反顾。

《宋史》记载，有一天，宋太宗在北陵园与两个重臣一起喝酒，边喝边聊。两臣喝醉了，竟在皇帝面前相互比起功劳来，他们越比越来劲，干脆斗起嘴来，完全忘了在皇帝面前应有的君臣礼节。侍卫在旁看着实在不像话，便奏请宋太宗，要将这两人抓起来送吏部治罪。宋太宗没有同意，只是草草撤了酒宴，派人分别把他俩送回了家。第二天上午他俩都从沉醉中醒来，想起昨天的事，惶恐万分，连忙进宫请罪。宋太宗看着他们战战兢兢的样子，便轻描淡写地说："昨天我也喝醉了，记不起这件事了。"

东汉末年，官渡之战后，曹操大获全胜，在打扫袁绍住地时发现了很多战将私通的信件，当时心里有鬼的将士们个个都胆战心惊，有的都已经站不住坐到地上了，心想这回死定了。但曹操下令，将搜来的信件付之一炬。有人问，为什么要这么做呢？曹操答道，与袁绍开始交兵时，敌强我弱，我尚且不知胜负，手下的将士能预料吗？这一举动，曹操不知收买了多少人心，这也是他日后能够得以成功的重要保证。

在现代企业管理中，宽容，是领导者的一种美德，也是一个领导的修养。痴诱的前提，要求领导者要有宽大的胸怀，才能痴得真，痴得让人感动，同时还要让人感觉到一种威严，认为这次是侥幸，再犯就没有机会了。

五、反诱

反诱，是指领导对下属的充分授权，鼓励其失败，反而会收到意想不到的效果。正所谓"用人不疑，疑人不用"。它的基础是信任，没有信任，反诱无从谈起。

《水浒》中有这样一段，杨志被梁中书派去押运生辰纲，还要派一个老总管监视他。这是一种不信任，使杨志不能令行禁止，才着了吴用的道，把生辰纲给丢了。大家可以想象得到，假如梁中书不派老总管去监督杨志，假如梁中书在临行前对杨志说："手下的兵士你随意调遣，即使有什么意外，我也不会怪罪你的。"那么，吴用纵有天大的妙计，恐怕也无计可施了。难怪金圣叹在评水浒时，由衷地说道："用人不疑，疑人不用。”金圣叹叹得有理，杨志活得无奈。

鼓励失败，并非去让对方失败，而是让对方放下面对失败的包袱，轻装上阵。失败的结果，双方都心照不宣，其结果一定不利，都不希望发生，如果上级采取宽容的态度来对待下属，这无疑是一针强心剂，给下属输入一股暖流，让他感受到你对他的信任，才能全身心地避免失败的发生。这也正是反诱的精妙之处。

反诱与逆诱最大的不同在于，反诱是以信任为基础，而逆诱是以不信任为基础，但殊途同归，目的是一样的。

领导，必须要掌握鼓动下属士气的技巧，众人拾柴火焰高，这五种诱惑方法有一个共同的基础，就是要求领导完全了解自己的下属，对号入座。

通过本章的学习，你会学到更多的激励理论。

本章主要内容

1. 激励的概念、作用与基本模式。
2. 激励理论。
3. 激励理论在管理中的应用。

现代管理的核心是对人的管理。任何组织都是由人创建，由人来管理的，组织内的一切物流、资金流、信息流都是由人来运作的，人是决定组织成败最关键的因素。员工的工作绩效，不仅取决于员工的工作能力，还取决于员工的工作积极性，而提高人的工作积极性，就离不开激励。管理者面临的首要任务就是引导和促进员工为实现组织的共同目标做出贡献。因此，本章要讨论的激励的各种理论和实务就是为了围绕“调动组织成员的工作积极性”而服务的。

12.1　激励概述

激励是管理者工作的重要方面。激励能使人的潜力得到最大程度的发挥。但员工的积极性不会因领导者的良好意愿而自动激发出来。管理者要诱导和激发员工朝着所期望的目标采取行动，必须首先了解与人们工作有关的需要、动机、目标和利益等要求。从心理学的角度看，人的行为是由动机所支配的，动机是由需要引起的，行为的方向是寻求目标，满足需要。

12.1.1 需要、动机与行为——激励的心理机制

1.需要

人的一切行为都是由需要引起的。需要是一种人类心理反应过程，指人对某种事物的渴求或欲望。当人们缺乏所需事物引起生理或心理紧张时，就会产生需要，并为需要而采取行动。所以说，需要是人产生积极行动的根源和原动力。

形成一种需要必须具备两个条件：一是人们感到缺乏什么，有不满足的感觉，这种不满足的感觉可以由他人的引发而产生；二是人们对所缺乏的东西有一种得到的渴望，主观上有需求之感。认识到缺乏的东西，若是人们不需要它，也就难以产生对这种东西的需求。人的需要是发展着的，总是表现为一种需求的产生→满足→新的需求产生→再满足的过程。

人需要的特性主要表现在以下几个方面。

(1)多样性

由于人的社会实践活动范围极其广泛，在此基础上形成的需要也是多种多样的，除了衣食住行等基本生活需要外，人们还有知识、交往、尊重、成就等社会和精神方面的需要。

(2)选择性

人的需要很多，但不可能同时满足，人们总是选择满足主要需要，而牺牲另外一些需要。

(3)结构性

在人的需求结构体系中，各种需要处于不同层次地位，从而对行为产生不同程度的影响。其中占据主导地位的需要对人的行为具有决定性支配作用，称为优势需要；其他需要则处于次要地位，对行为的影响作用相对较弱。不同个人在不同时期或环境下有着不同的优势需要，而优势需要与其他需要的不同组合结构又决定了人们行为方式的差异。

(4)社会性

人的需要不同于动物的本能性要求，还要受历史条件的制约。归根到底，人的需要是由特定历史条件下的生产力水平、社会关系性质及个人的社会角色地位决定的。

(5)发展性

人的需要就其内容和满足方式来说，并不总是停留在一种水平上，而是不断发展变化的，社会历史条件的变化，也会引起需要的内容范围以及满足方式的相应变化。

需要是人心理活动的动力，它能推动人以一定的方式进行积极的活动，人们对某种需要越强烈，所引起的这方面的活动也就越积极。在管理中运用激励方法，正是利用需要对行为的原动力作用，通过提供外部诱因，满足员工需要，进而引发员工的积极性行为。

2. 动机

动机是引起和维持个体行为并将此导向某一目标的愿望和意念，它是鼓励和引导一个人为实现某一目标而行动的内在力量，是一个人产生某种行为的直接原因。动机是由需要产生的。了解动机，对于管理者调动员工的积极性十分重要。

虽然在人的行为过程中，需要具有原动力的作用，但是需要作为一种潜在的心理状态，并不能直接引起行为。只有当需要指向特定目标，并与某种客观事物建立起具体的心理联系时，才能由潜在状态转为激发状态，成为引发人们采取行动的内在力量。这种在需要与目标对象衔接基础上形成的、直接驱动行为的内在力量即为动机。动机产生依赖于两个条件：一是个体的生理或心理的需要；二是能够满足需要的客观事物，又称为外部诱因。若根据需要施予特定的外部诱因，就可以合成或激发某种动机，引起期望的行为。

在认识动机时，要把握以下几个要点：(1)动机具有行为指向、行为驱动、行为维持等功能。(2)在动机系统中，对行为起决定作用的主要是主导动机。(3)动机是行为的直接原因，但不是全部原因，相同的动机可能引发不同的工作行为；相同的行为表现可能有不同的动机；良好的动机有时可能导致错误的行为，不良的动机时常会被积极行为所掩盖。

3. 行为与目标

行为是指个体在环境影响下所引起的内在生理和心理变化的外在反应。行为指向目标，目标是行为所要实现的结果。一般来说，在目标没有实现之前，行为不会终止。目标在行为过程中具有双重意义：一方面，目标表现为行为的结果，目标达到，需要得到满足，行为即结束；另一方面，目标又表现为行为的诱因，构成目标内容的是能够满足需要的各种对象性事物，如职位、金钱、荣誉等，它们在行为过程中推动着动机的产生，引导和调节着行为的方式与方向，从而成为诱导行为的主动因素。

4. 需要、动机与行为关系模型

通过以上分析可以看出，需要是行为的内在动力，动机是行为的直接动力，需要、动机和行为三者之间的关系，当如图 12-1 所示。人产生需要而未得到满足时，会产生一种紧张不安的心理状态，在遇到能够满足需要的目标时，这种紧张的心理状态就会转化为动机，推动人们去从事某种活动，去实现目标。目标得以实现就获得生理或心理的满足，紧张的心理状态就会消除。这时又会产生新的需要，引起新的动机，指向新的目标。这是一个循环往复、连续不断的过程。由此，需要是动机和行为的基础，人们产生某种需要后，只有当这种需要具有某种特定的目标时，需要才会产生动机，从而成为引起人们行为的直接原因。每个动机都可以引起行为。但是，在多种动机下，只有起主导作用的动机才会引起人的行为。

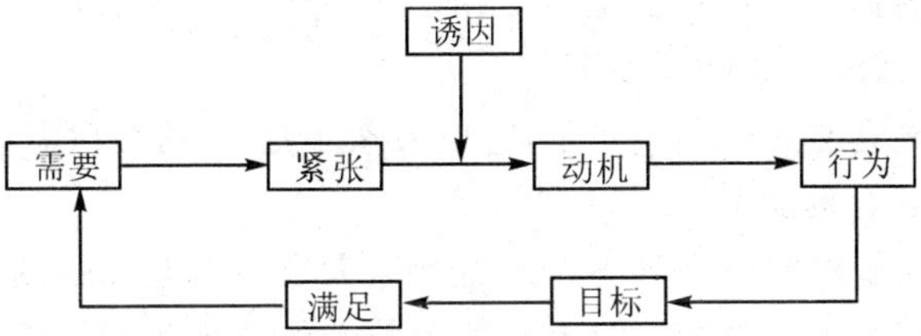

图 12-1　激励过程

5. 激励的含义

激励，其词义就是指激发、鼓励。在心理学上指的是指激发人的动机，鼓励人充分发挥内在的动力，朝着所期望的目标采取行动的心理过程。管理学中，激励则是指管理者促进、诱导下级形成动机，并引导行为指向目标的活动过程。即是根据人的需要，通过一定的手段使人的需要得到满足，从而激发人的动机，诱导人的行为，使其充分发挥出内在潜力，为实现所追求的目标而努力的过程。

激励的过程，就是激发人的动机的心理过程，也就是人的需要、动机、行为和目标相互联系、相互作用、彼此制约的过程，如图 12-1 所示。

由此可见，激励的实质是以未满足的需要为基础，利用各种目标、诱因激发动机，驱动和诱导行为，促进实现目标，提高需要满足程度的连续的心理和行为的过程。一个人可能同时有许多需要和动机，但是人的行为却是由最强烈的动机引发和决定的。因此，要使员工产生组织所期望的行为，应根据员工的需要设置某些目标，并通过目标导向使员工出现有利于组织目标的优势动机，并按组织所需要的方式形成动力，对组织管理尤为重要。

12.1.2　人性假设理论——激励理论对人的认识

对组织中人的不同假设,将直接影响到主管人员的管理行为及其采取的激励措施。因此,当我们探讨如何有效激发员工的工作积极性来提高管理的有效性时,就不可避免地需要了解管理学中关于人性假设的研究。

1."经济人"(Rational-economic Man)假设

"经济人"又称为"理性—经济人",这种假设起源于享乐主义。"经济人"假设认为人的一切行为都是为了最大限度地满足自己的利益,工作的动机是为获得经济报酬。所以组织就以权力与控制体系来维护组织本身及引导员工,以经济报酬来使人们服从和做出绩效。其管理的重点在于提高效率,完成任务。激励的主要手段就是"胡萝卜+大棒",即运用奖励和惩罚,来激励员工产生管理者和组织所要求的行为。泰罗制就是"经济人"观点的典型代表。

2."社会人"(Social Man)假设

霍桑实验研究的最大意义在于,它使大家注意到:社会性需求的满足往往比经济上的报酬更能激励人们。

"社会人"的基本假设是:(1)人是由社会需求而引起工作动机的,并且通过与同事的关系而获得认同感;(2)工业革命与工作合理化的结果,使工作本身失去了意义,因此只能从工作上的社会关系去寻求意义;(3)职工对同事们的社会影响力,要比管理者所给予的经济诱因及控制更为重视;(4)职工的工作效率随着上司能满足他们社会需求的程度而改变。

由此假设得出的管理方式与根据"经济人"的假设得出的管理方式完全不同。总之,"社会人"假设认为社会性需求的满足往往比经济上的报酬更能激励人们,所以组织应更加注意从事工作的人们的要求,重视员工之间的关系,培养和形成员工的归属感,提倡集体奖励制度。

3."自我实现人"(Self-actualizing Man)的假设

"自我实现人"是马斯洛提出来的。所谓自我实现,指的是人都需要发挥自己的潜力,表现自己的才能,只有人的潜力充分发挥出来,人的才能充分表现出来,人才会感到最大的满足。这就是说,人们除了上述的社会需求之外,还有一种想充分运用自己的各种能力,发挥自身潜力的欲望。因此,组织应创造条件,提供富有挑战性的工作,在让人们的这种成就感得到满足的同时,也让组织的目标得以实现。

4."复杂人"(Complex Man)的假设

"复杂人"是20世纪60年代末至70年代初提出的假设。上述三种假设虽各有一定的合理性,但不能适用于一切人。因为人是复杂的,不仅因人而异,相同的年龄、地点、时期也会有不同的表现。人的需求随着各种变化而改变,人与人之间的关系也会改变。根据上述假设,提出了新的理论,称为超Y理论。涵义如下:

(1)人的需要是多种多样的,而且这些需要随着人的发展和生活条件的变化而发生改变。每个人的需要都各不相同,需要的层次也因人而异。

(2)人在同一时间内有各种需要和动机,它们会发生相互作用并结合成统一的整体,形成错综复杂的动机模式。

(3)人在组织中的工作和生活条件是不断变化的,因而会产生新的需要和动机。

(4)一个人在不同单位或同一个单位的不同部门工作,会产生不同的需要。

(5)由于人的需要不同,能力各异,对不同的管理方式会有不同的反应,因此没有适合于任何组织、任何时间、任何个人的统一的管理方式。

复杂人假设认为现实组织中存在着各种各样的人,不能把所有的人都简单化、一般化地归类为前述某一种假设之中。人是复杂的,人的需求随着各种变化而变化,因此要求管理者根据不同的人,因人因事而异,灵活采取不同的管理措施,即用"权变理论"做指导,来达到激励人的目的。

事实上,实际生活中的人是千差万别、千变万化的,绝不是用几种类型就能简单归纳的。实践证明,偏信某种"人性"假设都可能会陷入误区。然而也应该看到,这些"人性"假设对管理工作还是有一定的启示和帮助作用的,至少每种假设都给管理者提供了一种识别人们需要的重要标准。综合这些假设,可以把以下两点认识作为激励工作的依据。

第一,人的需求是复杂的,有经济的、社会的等,不能单纯地将某人当作"经济人"、"社会人"或是"自我实现的人"来对待,人在不同程度或不同时期,这些特性可能都具备,所以如何全面综合地识别人的需求,成了激励工作中的重要问题。

第二,人的需求是变化的,可因人而异、因时而异、因事而异,是处在变化中的,这就使得在激励过程中对人的需求引导和改变成为可能。

12.2 激励理论

自20世纪20年代以来,国外许多管理学家、心理学家和社会学家从不同的角度对怎样激励人的问题进行了大量的研究,并提出了许多激励理论。这些理论从不同的侧面研究了人的行为动因,但每一种理论都具有其局限性,不可能用一种理论去解释所有行为的激励问题。各种理论可以相互补充,使激励理论得以完善。组织的管理者,要想有效激励员工,必须较全面地了解各种激励理论。通常我们把各种激励理论归纳划分为三大类,即内容型激励理论、过程型激励理论和行为改造型激励理论。

12.2.1 内容型激励理论

内容型激励也称需要型激励,它着重对引发动机的因素及激励的内容进行研究。这种理论基本上都认为人的动机是由需要引起的,了解人的需要特别是优势需要是激励的出发点。这类理论是从静态的角度探讨激励问题的。

1.马斯洛的需要层次理论

需要层次理论是由美国的心理学家马斯洛(A. Maslow)在1943年所著的《人的行为动机》一书中第一次提出,在世界得到广为流传,成为应用最普遍、最主要的激励理论之一。马斯洛的需要层次理论有三个要点。

(1)人的多种需要分为五个层次。

第一,生理需要。生理需要是人类为了维持其生命最基本的需要,也是需要层次的基础。包括衣、食、住、行、水、空气和阳光以及其他方面的生理需要。这是人类赖以生存和发展的基本条件,生理的需要是推动人类行为的强大动力。

第二,安全需要。当一个人的生理需要得到基本满足后,就希望在生理上和心理上获得安全、受到保护。安全的需要包括劳动安全、环境安全、就业保障、经济上的保障、心理安全感等。安全的需要是人类安居乐业的基本保证。

第三,社交需要。社交需要也称交往和归属需要。人在基本满足生理需要与安全需要后,便产生了社交的需要,希望从社交活动中得到别人的安慰和支持,达成人与人之间的相互信任和帮助,建立融洽的人际关系。同时,人们都希望归属于一个团体以得到关心、爱护、支持、友谊和忠诚,从而消除孤独感,在心理上产生一种满意的归属感。

第四，尊重的需要。当一个人满足社交需要后，他通常不只是满足做群体中的一员，而且要产生自尊的需要。即希望别人对自己的工作、人品、能力和才干给予较高的评价，希望自己在同事之间有一定的声誉和威望，从而得到别人的尊重并发挥一定影响力。

第五，自我实现的需要。自我实现的需要是人的最高层次的精神需要。它要求发挥自我内在的潜力，实现自己的理想和抱负。产生这种需要的人都决心发挥自己最大的能力完成难度较大的工作任务，成就一番事业，努力使自己成为理想的人。这种需要往往是通过胜任感和成就感来获得满足的。

(2)人的需要分等分层，呈阶梯式逐级上升

马斯洛认为，人的五个层次的需要是由低向高排列的，如图12-2所示。人的最基本需要是生理需要。一般来说，只有在低层次的需要满足以后，人才会进一步追求较高层次的需要，而且低层次的需要满足的程度越高，对高层次需要的追求就越强烈。人在不同的发展阶段，其需求结构也不同。一般来说，人们的行为是由优势需要决定的，优势需要是指在人们的全部需要结构中最重要、最强烈的需要，它决定着人们的行为方向。马斯洛将五种需要划分为高、低两级。生理需要和安全需要属于低级需要，归属需要、尊重需要属于高级需要。低级需要主要从外部使人满足，高级需要主要从内部使人得到满足。

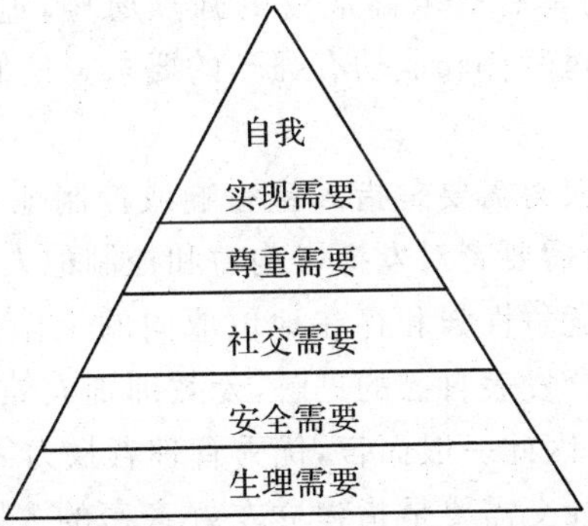

图12-2　需要层次理论

(3)未被满足的需要才有激励作用

需要的存在是促使人产生某种动机的行为基础。当一个人一无所求时，也就没有什么动力与活力；反之，若一个人有所需求，就必然存在着激励的因素。五个层次的需求是人生来就有的，只不过每个人的需求强度、显露程度可能不同。对大多数人的共同需要，可以采取共同的方法来激励，而对不同的需要则要

采取不同的方法。

(4)当某种需要得到满足以后,这种需求也就失去了对行为的唤起作用

当某一层次需要得到满足以后,下一层次的尚未满足的需求就会成为人们行为的动机。高层次的需求,不仅内容比低层次需求广泛,实现的难度也大。据马斯洛估计,80% 的生理需要和 70% 的安全需要一般会得到满足,但只有 50% 的社交需要、40% 的尊重需要和 10% 的自我实现需要能得到满足。

马斯洛的需要层次理论第一次系统地阐述了人的需要与行为之间的关系,对现代管理具有很大的应用价值。管理者可以根据五种需要对职工的多种需要加以归类和确认,然后在对未满足的或正在追求的需要提供诱因,进行激励,同时要更加注重高层次需要的激励作用。

2. 麦克利兰的成就激励论

美国心理学家戴维·麦克利兰(David McClelland)经过对成就动机的几十年研究,于 20 世纪 50 年代初提出了成就激励理论。该理论认为人们在工作中有三种主要的动机或需要,即成就需要、权力需要和社交需要。麦克利兰成就激励论主要观点如下。

(1)当人的基本生理需要得到满足后,主要表现为追求成就需要、权力需要和社交需要。

第一,成就需要,指具有追求高成就的强烈愿望,追求卓越、争取成功的需要。高成就需要的人,对胜任和成功有强烈的要求。他们把做好工作、取得成就看成人生最大的乐趣。

第二,权力需要。权力需要是指渴望影响或控制他人,为他人负责,对他人具有权威。具有高权力需要者对发挥影响力和控制他人都特别重视。这类人的主要行为特征是:喜欢竞争性强和存在地位取向的工作环境;性格坚定,喜欢承担责任;喜欢在公开场合发表自己的见解,爱教训别人等。权力需要是管理者取得成功的最重要因素。因此一般而言,优秀管理者权力需要高,而社交需要低。

第三,社交需要。社交需要是指建立友好亲密的人际关系的愿望。有高度社交需要的人具有如下的特征:建立并保持与他人的友好关系;乐意参加各种社交活动,结交知己朋友;乐于关心和帮助有困难的人;喜欢合作,希望彼此沟通和理解等。

(2)不同的人对这三种基本需要的先后次序和重视程度是不同的,受个体所处环境的影响。如追求事业的人,一般更重视追求成就需要和权力需要,而对社交需要的追求则相对弱些。

(3)有高成就需要的人有以下主要特征:渴望把事情做得更完美;寻求那种

能发挥其独立处理问题能力的工作环境；有承担责任、解决问题、寻求答案的欲望；寻求适度挑战性的目标，即不喜欢接受特别容易或特别困难的工作任务；希望得到有关工作绩效的明确具体的及时反馈；对工作热忱，执著于所完成的任务。

(4)高成就需要者并不全是天生的。通过教育和培训来培养和造就人的成就需要。

成就需要理论探讨了高层次需要的内容和作用，是对需要层次理论的补充和发展。该理论提出成就需要是可以通过教育和培训来培养和造就的。它对于管理者发现高成就需要的人及培养下属的成就需要是非常有用的。但成就需要理论对于管理者如何激励占绝大多数的低成就需求者的问题没有进行深入研究，有关这方面的理论是由赫茨伯格提出的。

3. 双因素理论

20 世纪 50 年代末，美国心理学家赫茨伯格(F. Herzberg)在匹兹堡地区对 11 个工商机构的 200 多名会计师、工程师进行了工作满意感方面的调查，发现使受访人员不满意的因素多与他们的工作环境有关，而使他们感到满意的因素通常是由工作本身所产生的。根据调查结果，赫茨伯格提出了双因素理论，把企业中影响人的积极性的因素，分为激励因素和保健因素两大类。其主要观点如下所述。

(1)满意的对立面是没有满意，不满意的对立面则是没有不满意

赫茨伯格修正了传统的认为满意的对立面就是不满意的观点，认为满意与不满意是质的差别。传统的观点与赫茨伯格的观点比较如图 12—3 所示。他发现，人们对工作“满意”和“不满意”不属于同一类，人们对工作“满意”的因素主要与工作内容、工作性质有关，人们对工作“不满意”的因素主要与工作环境和工作条件有关。他把影响人的工作动机的种种因素分为两类，能够使员工感到满意的因素叫激励因素，能够使员工感到不满意的因素称为保健因素。据调查，激励因素，往往与工作内容或工作成果有关。这类因素有成就、赏识、工作本身具有挑战性、负有较大责任、在职业上得到发展等。这些因素能产生直接的激励作用，使职工对工作有一种满足感，这是影响人们工作的内在因素，能够促使人们积极进取，不断提高工作效率，因此将这类因素称为激励因素。

保健因素，大多属于工作之外的因素，如公司政策与行政管理、监督、工作条件、人际关系、地位、安全和薪金等。这类因素改善了，只能消除职工的不满、怠工与对抗，但不能使职工变得满意，不能直接起激励作用，就像卫生保健对身体健康所起的作用一样，因而称之为保健因素。

按照其观点，给予赞赏、责任和发展的机会（有激励因素），员工会感到满意；不表扬、不授权（无激励因素），员工也不会感到不满意，而只是没有满意感。工作有报酬（有保健因素），员工不会感到满意，而只是没有不满意感，但若只让干活却无报酬（不具备保健因素），员工就会不满意。

（2）激励因素是以人对工作本身的要求为核心的

如果工作本身富有吸引力，那么员工在工作时就能得到激励；如果奖励是在执行工作之后或离开工作场所之后才有价值或意义，则对员工工作只能提供极少的满足。例如，一个学生之所以潜心学习，是因为他对所学的知识感兴趣；而如果只是为了取得一定的学分，则其学习积极性一定难以持久，一旦取得必要的学分，他就不再努力钻研。也就是说，当工作本身具有激励因素时，人们对外部因素引起的不满意感会具有较大的忍受力；而当他们经常处于“保健”状态时，则常常会对周围事物感到极大的不满意。

（3）只有激励因素的满足，才能激发人的积极性

由上述可见，并不是所有需要得到满足都能够激发起人们的积极性，只有那些激励因素的满足才能激发起人们的积极性。改善保健因素只能消除人们的不满，起到安抚作用，即“没有不满意”，而不一定能起到激励作用。因此，要想真正激励员工努力工作，就必须改善那些激励因素，这样才会增加员工对工作的满意感。

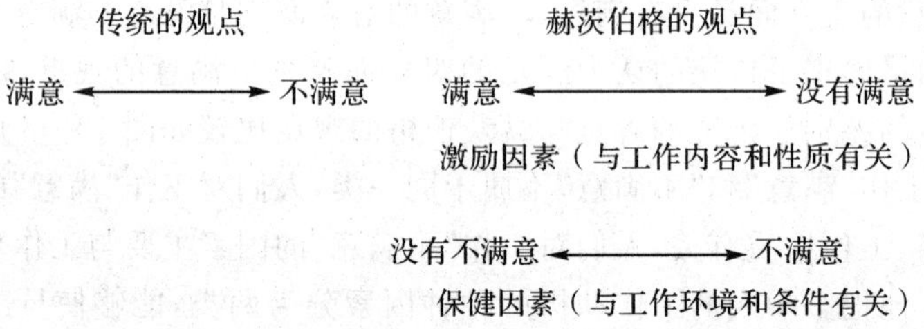

图 12-3　赫茨伯格的观点与传统观点的比较

双因素理论可以给管理人员以启示，即单纯依靠增加薪金、改善工作条件等外在诱因，不能直接激励职工，即使有作用也只能暂时使人们感到满意，其效果是微弱的。为使职工积极性得到充分发挥，应主要从激励因素，即从内部，从工作本身入手，丰富工作内容，增加工作趣味并赋予必要的责任，使职工从工作中获得成就感和企业及他人的承认，就会产生更大、更持久的激励作用。

另外，需要注意的是，双因素理论值得我们借鉴，但必须结合我国的国情，对于哪些是保健因素哪些是激励因素，赫茨伯格是根据美国 20 世纪 50 年代末部

分工程师和会计师的调查得出的，并不一定符合各国的实际。对于每一个人来说，激励因素和保健因素是各不相同的，对一个人来说是激励因素，对另一个人可能属于保健因素。因此实际运用时，应区别对待不同人的保健因素和激励因素，才能提高激励效果。

4. 阿尔德弗的 ERG 理论

美国耶鲁大学教授克莱顿·阿尔德弗(Clayton Alderfer)修改了马斯洛的需要层次论，于 1969 年提出了新的需要层次论，他认为人的需要可归结为三种，即生存需要(Existence，简写 E)、相互关系需要(Relatedness，简写 R)、成长发展需要(Growth，简写 G)。其主要观点如下。

(1)人有三种核心需要:生存需要、相互关系需要、成长发展需要

生存的需要指提供基本的物质生存条件。这里包括马斯洛需要层次理论的生理的需要和安全的需要。

相互关系需要与马斯洛需要层次理论中爱的需要和某些尊重的需要相对应。

成长的需要即人们要得到发展的内在愿望。与马斯治理论中尊重的需要和自我实现的需要相当。

(2)三种需要存在着复杂的关系

阿尔德弗认为，多种需要可以同时存在;如果高层次需要得不到满足，那么满足低层次需要的愿望会更强烈。马斯洛的需要层次是一个严格的阶梯式序列;ERG 理论却不认为必须在低层次需要获得满足后才能进入高层次需要。例如，甚至在生存和相互关系需要没有得到满足的情况下，一个人也可以为成长而工作，或者 3 种需要同时起作用。

(3)人的需要有的是生来就有的，有的则是后天学习产生的

生存的需要是生来就有的，但相互关系需要、成长发展需要是后天学习产生的。例如，一个人想当天文学家不可能是生来就有的，这是一定程度上通过家庭、学校和社会的教育影响的结果。

ERG 理论的实践意义在于，它提示管理者注意激励目标设置的合理性，有效的激励目标应在实现组织目标的同时使个人得到发展。

12.2.2 过程型激励理论

这类理论是在内容型激励理论的基础上发展起来的。它主要研究如何由需要引起动机，由动机推动行为，并由行为导向目标的理论。主要从激励过程的各个环节去探索对行为起决定作用的某些关键因素，研究有哪些重要因素对人的

行为和动机发生作用,即有哪些因素能激励职工积极性的问题。这类理论是从动态分析的角度来研究激励问题的。

1.期望理论

期望理论是由美国心理学家弗鲁姆(Victor Vroom)于 1964 年在《工作与激励》一书中提出来的。该理论认为,人是理性的人,对于生活和事业的发展,他们有既定的信仰和基本的预测;一个人决定采取何种行为与这种行为能够带来什么结果以及这个结果对他来说是否重要有关;人就是根据他对某种行为结果实现的可能性和响应奖酬的重要性的估计来决定其是否采取某种行为的。也就是说,只有当人们认为实现预定目标的可能性很大,并且实现这种目标又具有很重要的价值时,该目标对人的激励程度才会最大。也就是说,决定行为的因素有两个:期望值与效价。激励的程度由期望值与效价的乘积决定。用公式可表示为

激励力量(M)=期望值(E)×效价(V)

M(Movie force)表示激励程度,反映一个人的工作积极性高低和持久程度,它表明人们为达到目标而努力的程度。

E(Expectancy)表示期望值,是指人们对实现某一目标的可能性的主观估计,即想要实现某一目标的主观概率($0 \leqslant E \leqslant 1$)。包括两个方面:一是个人经过努力后能达到组织目标的概率;二是组织能实现个人目标的概率。

V(Value)表示效价,又叫做目标价值,是指人们对某一目标的重视程度与评价高低,即人们在主观认为实现目标后获得报酬的价值大小。效价反映了一个人对某一结果的偏好程度。某人对某种结果越是向往,此结果对该人而言效价就越接近于+1;当他对实现某一目标认为是无足轻重时,效价为零;而当他认为目标实现反而对自己不利时效价为负。后两种结果都不会对人产生激励。

期望理论认为,一个人从事某项工作的动机强度是由其对完成该项工作的可能性、获取相应的外在报酬的可能性(期望值)的估计和对这种报酬的需求程度(效价)来决定的。根据期望理论和效价的不同组合,将会产生不同的激励力量,见表 12-1。可以看出只有当期望值高,效价也高的情况下才会对被激励对象产生最大的激励力量。而且激励是一个动态过程,当一个人对期望值、效价的估计发生变化时,其积极性也将随之变化。因此管理者为有效地激励职工,应当一方面提高职工对某一成果的偏好程度,另一方面帮助职工实现期望值。这个公式实际上提出了在进行激励时要处理好三方面的关系。

(1)努力与绩效的关系

人总是希望通过一定的努力能够达到预期的目标。如果个人主观认为通过自己的努力达到预期目标的概率高,就会有信心,就可能激发出很强的工作动机;反之,就会失去内在的动机,导致工作不积极。

(2)绩效与奖励的关系

人总是希望获得成绩后能够得到奖励。这种奖励是广义的,既包括提高工资、多发奖金等物质奖励,也包括表扬、自我成就感、被赏识等精神奖励。如果他认为取得成绩后能获得合理的奖励,就有可能产生工作热情。

(3)奖励与满足个人需要的关系

人总是希望自己所获得的奖励能满足自己某方面的需要,然而由于人们在年龄、性别、资历、社会地位和经济条件等方面都存在差异,他们对各种需要、要求得到满足的程度就不同。因而对于不同的人,采用同一种方法给予奖励能满足需要的程度不同,能激发出来的工作积极性也就不同。

表 12-1 激励力量的形成

努力导致业绩的期望值 E_1	高	中	高	高	低	低
努力导致业绩的期望值 E_2	高	中	高	低	高	低
报酬的价值(V)	高	中	低	高	高	低
激励的力量(M)	高	中	低	低	低	极低

期望理论的核心在于运用效价和期望值概念揭示了个人选择目标及目标影响行为的过程。期望理论的主要贡献在于,运用效价和期望值的概念揭示了个体选择目标影响行为的过程。管理者可通过调整行动结果的效价和提高其实现的可能性,来激发员工的动机,增强激励程度。首先,作为效价的激励目标不能订得过高或过低,应是经过努力可以实现的。过高的目标固然有诱惑力,但一般难以实现,其期望值较低;过低的目标效价低,没有吸引力。这两种目标产生激励力均较低。其次,为行动要求达到的目标设置有吸引力的报酬,包括丰厚的物质报酬和具有成就感的晋职、获得成果的机会,并确定达到目标,必会得到报酬。因此既可提高目标的效价,同时也提高其实现的可能性。

2.公平理论

公平理论又称为社会比较理论,它是由美国心理学家斯达西·亚当斯(J. Stacey Adams)在其1965年发表的《社会交换中的不公平》一书中提出来的。该理论侧重于研究利益分配的合理性、公平性对人们工作积极性和工作态度的影响。

公平理论的基本观点是,人是社会人,一个人的工作动机和劳动积极性不仅受其所得报酬绝对值的影响,更重要的是还受到相对报酬的影响。人们都有一种将自己的投入和所得与他人的投入和所得相比较的倾向。所谓的投入与所得都是个人的主观感觉和判断。投入指的是一个人自己觉得劳动量的多少、效率高低和质量好坏,还包括工龄、性别、所受教育与训练、经验、技能、职务、社会地位、对组织的忠诚及努力程度等。而所得是指一个人所得到的劳动回报,包括工资、奖金、地位、权力、待遇、赞赏、表扬、对工作成绩的认可、提升等。每个人都会把自己所得的报酬与付出的劳动之间的比率同其他人的比率进行社会比较,也会把自己现在的投入与所得比率进行历史比较,并且比较的结果将直接影响今后工作的态度和积极性。

员工评价自己是否得到了公正的评价,比较的对象在一般情况下是以同事、同行、亲友或自己以前的情况作为参考依据,这就分成了横向比较和纵向比较。

所谓横向比较,就是将“自己”与“别人”相比较来判断自己所获报酬的公平性,从而对此做出相对应的反应。我们以下列公式来说明:

表 12-2 公平理论的框架(横向比较,和别人比)

比率比较	比较结果	个人可能采取的行动
$Q_a/I_a < Q_x/I_x$	由于报酬过低产生的不公平	要求增加报酬或者自动减少投入以便达到心理上的平衡,或者辞职
$Q_a/I_a = Q_x/I_x$	公平	保持现在的工作积极性和努力程度
$Q_a/I_a > Q_x/I_x$	由于报酬过高产生的不公平	一般不会要求减少所得,可能会自动增加投入,但过一段时间他可能会高估自己的投入而对高报酬心安理得

其中,Q_a:自己对所获报酬的感觉;Q_x:自己对别人所获报酬的感觉;I_a:自己对所投入量的感觉;I_x:自己对别人所投入量的感觉。

表 12-3 公平理论的框架(纵向比较,和自己过去比)

比率比较	比较结果	个人可能采取的行动
$Q_{at}/I_{at} < Q_{ap}/I_{ap}$	由于报酬低产生的不公平	工作积极性会下降,除非管理者给他增加报酬
$Q_{at}/I_{at} = Q_{ap}/I_{ap}$	公平	工作积极性和努力程度可能会保持不变
$Q_{at}/I_{at} > Q_{ap}/I_{ap}$	报酬高	一般不会觉得所获报酬过高,因为它可能会认为自己的能力和经验有了进一步的提高,其工作积极性因而不会提高多少,可能会自动增加投入

其中，Q_{at}：自己目前所获报酬的感觉；Q_{ap}：自己过去所获报酬的感觉；I_{at}：自己现在的投入量的感觉；I_{ap}：自己过去的投入量的感觉。

亚当斯认为，人们总是倾向于高估自己的投入量，而低估自己的报酬，对别人的投入量及所得报酬的估计则与此相反。因此比较的结果大多是由于感觉报酬过低而产生的不公平。公平理论在管理实践中具有重要现实意义。实践证明，该理论所描述的关于公平的感受是一种普遍的心理现象。广泛存在于组织环境中，并直接作用于员工的行为过程，影响员工的工作积极性。为实现有效激励，管理者必须深入了解职工对劳动报酬是否感到公平；并通过合理分配奖酬金，调节奖励形式，纠正认知偏差，破除平均主义旧观念；努力推动民主管理制度，创造公平、民主的组织气氛；适当减少比较机会等方式消除不公平感，力求使每个职工都得到公平合理的报酬和待遇，进而增加其满足感，激发职工的积极性。另外，引导其树立正确的公平观，使大家认识到绝对的公平是没有的，不要盲目攀比，盲目性起源于纯主观的比较。

3. *波特和劳勒的激励模型*

美国心理学家和管理学家波特(L. W. Porter)和劳勒(E. ELawler)1968 年在需要理论、期望理论和公平理论的基础上发展出了一个更加全面的激励模型，并把它用于对主管人员的研究，这一理论为人们分析和研究管理激励的一般过程和机制提供了一个清晰的综合性理论框架。

波特-劳勒模型认为，工作绩效是一个多维变量，它除了受个人努力程度决定外，还受四个因素影响：(1)个人能力与素质；(2)外在的工作条件与环境；(3)个人对组织期望目标的感知和理解；(4)对奖酬公平的感知等。其模型如图 12-4 所示。

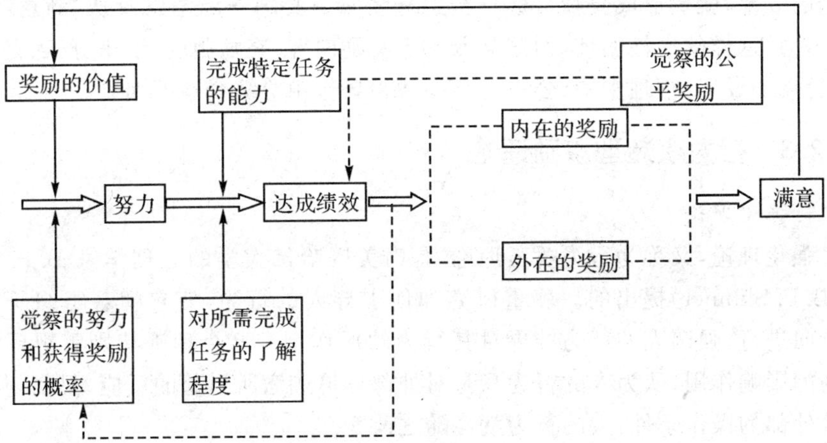

图 12-4　波特和劳勒的激励模型

(1)个人是否努力以及努力的程度不仅仅取决于奖励的价值,还受到个人觉察出来的努力和受到奖励的概率的影响。个人觉察出来的努力是指其认为需要或应当付出的努力,受到奖励的概率是指其对于付出努力之后得到奖励的可能性的期望值。很显然,过去的经验、实际绩效及奖励的价值将对此产生影响。如果个人确切知道,他有把握完成任务或者过去曾经完成的话,他将乐意做出努力并对奖励的概率更加清楚。

(2)个人实际能达到的工作的实际绩效取决于能力的大小、努力程度以及对所需完成任务了解的深度。特别是对于比较复杂的任务如高难技术工作或管理工作,个人能力以及对此项任务的理解较之其实际付出的努力对所能达到绩效的影响更大。

(3)个人所应得的奖励要以其实际达到的绩效为前提,尽量剔除主观评价因素。要使个人看到:只有当完成了组织的任务或达到目标时,才会受到精神和物质上的奖励。不应先有奖励,后有努力和成果,而应当先有努力的结果,再给予相应的奖励。这样,奖励才能成为激励个人努力达到组织目标的有效刺激物。

(4)个人对于所受到的奖励是否满意以及满意的程度如何,取决于受激励者认为获得的报偿是否公平。

(5)个人是否满意以及满意的程度将会反馈到其完成下一个任务的努力过程中。满意会导致进一步的努力,而不满意则会导致努力程度的降低甚至离开工作岗位。

综上所述,波特和劳勒的激励模式是对激励系统的一个比较全面和恰当的描述。从此模式中我们可以看出激励并不是简单的因果关系,要使激励能产生预期的效果,就要形成奖励目标→努力→绩效→奖励→满意以及从“满意”反馈回“努力”这样的良性循环,而这又取决于奖励内容、奖励制度、组织分工、目标导向、行动的设置、管理水平、公平的考核和领导作用等综合性的因素。

12.2.3 行为改造型激励理论

1.强化理论

强化理论,又称为行为矫正理论,是由美国哈佛大学的心理学家B.F.斯金纳(B.F.Skinner)提出的。着重研究如何引导人的行为,使它朝着组织所希望的方向进行,强调人的行为结果对其行为的反作用。这个理论特别重视环境对行为的影响作用,认为人的行为只是对外部环境刺激所引起的反应,只要创造和改变外部的操作条件,人的行为就会随之改变。

“强化”是心理学的术语,即通过不断改变外部环境的刺激因素来达到增强、减弱或消除某种行为的过程。凡能增强反应强度的刺激物,即称为强化物。人们可以通过控制强化物来控制行为,求得行为的改造。根据这一原理,采用不同的强化方式和手段,可以达到有效激励员工积极行为的目的。在管理中运用强化激励理论时,一般有以下四种强化方式。

(1)正强化

正强化又称为积极强化,就是奖励那些符合组织目标的行为,以便使这些行为得到进一步的加强,从而有利于组织目标的实现。属于正强化的有表扬、奖励、提薪、提升、给予培训机会、安排担任挑战性的工作、改善工作条件和人际关系等等。在正强化下,员工因原有行为受到鼓励和肯定而自觉加强该行为。

(2)负强化

负强化又称为消极强化,是指预先告知某种不符合要求的行为或不良业绩可能引起的后果,以使人们采取符合要求的行为或回避不符合要求的行为,从而避免或消除不良后果。例如,上课迟到的学生都受到了老师的批评,不想受到批评的学生就努力做到不迟到。通过负强化可以使职工感受到物质利益的损失和精神的痛苦,从而自动放弃不良行为。

(3)自然消退

自然消退即对行为不施以任何刺激,任其反应频率逐渐降低,以致慢慢消失。它有两种方式:一是对某种行为不予理睬,以表示对该行为的轻视或某种程度的否定,使其自然消退;二是对原来用正强化建立起来的、认为是好的行为,由于疏忽或情况改变,不再给予正强化,使其出现的可能性下降,最终完全消失。虽然自然消退可以有效地减少员工的消极行为,但不能保证使企业希望的目标行为取代不合宜的行为,因此应结合强化策略,以使希望的行为替代要求消除的行为。

(4)惩罚

这是指以某种强制性和威胁性的后果来表示对某种行为的否定,借以消除此种行为重复发生的可能性。惩罚的方式主要有:批评、惩罚、降职、降薪、罚款等。

在管理中应用强化理论时,要注意以下几点:

第一,以正强化为主,注意表扬和批评的目的性。一般来说,表扬可使人产生一种积极的情绪体验,使人受到鼓舞,而批评会引起忧虑甚至对抗情绪。所以,在实际的管理工作中,应坚持表扬和批评相结合,以表扬为主的原则。

第二,实事求是地运用奖惩,并注重其准确性和及时性。无论正强化还是惩罚等措施,都要根据员工的行为客观地加以分析,不能不考虑具体的情况而采取措施。如对因家庭遭到不幸而情绪低落、工作懈怠者,应从轻处罚;对故意捣乱者,应从重处罚。另外,强化措施要及时,不能大家都快淡忘了,再来"秋后算账",或到群情激奋时才处理。

第三,强化措施还要因人而异,形式多样。人是复杂的,有各自的性格、脾气,运用奖惩这一强化激励方法时要从不同对象的心理特点出发,采取不同的方式。有的人爱面子,口头表扬就有作用,有的人则希望有物质奖励;有的人脸皮薄,当面批评受不了,而有的人若不狠狠批评根本没有效果。因此,为了达到好的强化效果,必须要因人而异,讲究方法。

2. 归因理论

归因理论最早是由美国心理学家海德(F. Heider)提出的,后来由美国斯坦福大学的罗斯等人加以发展。归因就是对某种行为的结果找出原因。归因理论认为人们获得成功还是遭受失败可以归为四种因素:努力程度、能力大小、任务难度、运气和机遇。这四个因素可以按照内外因、稳定性和可控制性三个维度来划分。①努力程度:相对不稳定的内因,是可控因素;②能力大小:相对稳定的内因,能力大小在短期内是不可控因素,但随着时间的推移,人们可以提高自己的能力,这种能力又变为可控因素了;③任务难度:相对稳定的外因,是不可控因素;④运气和机会:相对不稳定的外因,是不可控因素。

国外的研究表明:人们把成功和失败归因于何种因素,对以后工作积极性有很大影响。如把工作和学习的失败归结为内因,即自己能力低或努力不够时,就会激发人们的积极性而加倍努力地工作;若归结为外因时就会降低积极性,放松努力;若把失败归结为稳定因素,就会降低自信心和行为的坚持性;若把失败归结为不稳定因素,就会增强信心,坚持努力的行为;若把失败归结为可控因素,自己就会充满信心努力实现目标;若把失败归为不可控因素,自己就会放弃努力。归因理论在管理中有重要的应用价值。当下属在工作、学习和生活中遭受失败时,管理者要及时帮助他们分析失败的原因(归因),引导其继续保持信心、继续努力,以争取下一次行动的成功。

3. 挫折理论

挫折理论是美国心理学家亚当斯提出来的。挫折理论是专门研究人们在日常工作学习生活中为什么会遭受挫折,遭受挫折后人们又会产生什么反应,管理者如何帮助人们有效地战胜挫折,克服挫折所带来的消极影响。

心理学上将挫折解释为个人从事某项活动时遇到障碍或干扰,使其动机不能获得满足的情绪状态。挫折理论认为,挫折是普遍存在的一种社会心理现象,几乎所有的人都有产生挫折的可能性。挫折的结果有利也有弊。从有利的方面来讲，它引导个人的认识产生创造性的变化，增强解决问题的能力。但挫折过大，则可能使人们心理痛苦，产生行为偏差。产生挫折的原因很多，但总的归纳起来主要有主客观两方面的内容。主观原因主要表现在：①个人的目标定得过高，超出了自身能力的限制，结果事与愿违；②个人同时追求的目标过多，由于精力和能力有限，不可能同时实现多个目标，结果一事无成；③凭“想当然”的态度办事，往往因脱离实际导致失败。客观原因主要表现在：①自然环境因素，使预期目标无法实现；②物质环境因素，如由于物质缺乏或突变故障使人们正常活动受到影响；③社会环境因素，如随着社会的发展和外来文化的影响，形成一些新的行为规范和价值观念，新旧的冲突往往会使人们遭受挫折。

挫折理论认为人们产生挫折后必然有所反应。一是表现在情绪方面，如出现愤怒、焦虑、沮丧。其次是表现在行为方面，如出现攻击性行为或防卫性行为。

表 12-4　面对挫折时的行为反应

面对挫折时的行为反应	防卫性适应方式	自我解脱
		逃避现实
		压抑欲望
		转移替代
		反向行为
	不良适应方式	攻击
		固执
		冷漠
		退化

为了避免挫折可能导致的严重后果，在管理工作中一方面应尽量消除受挫折的环境，避免使员工受到不应有的挫折；另一方面，当员工受到挫折时，应尽量减少挫折所引起的不良影响，提高员工对挫折的承受力。挫折理论也提出了战胜挫折的多种有效方法。如帮助受挫者建立正确的“失败”观，对受挫折者采取宽容的态度，为受挫者改变环境，采取心理咨询等，以便使受挫者走出逆境，勇敢地面对未来。

12.3 激励实践

12.3.1 激励的作用

1. 能充分挖掘员工的潜力，有助于激发和调动员工的工作积极性

在竞争日趋加剧的今天，组织为了生存和发展就需要不断地提高自身的竞争力，其中人才是组织所拥有的特殊财富，要对其进行合理、高效的运用就必须通过激励，最大限度地挖掘员工的内在潜力。管理者可以通过各种激励手段，改变员工的工作表现，促使他们自愿为实现组织目标而奋斗。

通过激励能使工作的人变消极为积极，从而保持工作的有效性和高教率。美国哈佛大学的心理学家威廉・詹姆士教授研究发现：按时计酬的分配方式仅能让员工发挥20%～30%的能力；但如果员工受到充分激励，他们的能力可发挥至80%—90%，并在工作中始终保持高昂的士气和热情。

2. 能吸引优秀的人才和留住优秀人才

许多发达国家的企业之所以在国际人才市场上有强大的吸引力，在很大程度上是因为这些企业的激励制度健全完善，能为员工创造良好的工作环境，使员工能够发挥其才能。美国的企业特别注重这一点，它们用各种激励人才的方式吸引世界各国的优秀人才。例如，著名的IBM公司就有许多具有吸引力的激励办法：提供养老金、集体人寿保险、优厚的医疗待遇，筹办学校和各种培训中心，让员工到那里学习各种知识。另外，优秀人才即使进入公司，也未必能长期留在公司里，因为，公司里的优秀人才能否抵制这种外来的诱惑，关键还是要看公司的激励制度是否诱人，公司是否专门为优秀人才设计了长期的职业生涯计划。

3. 有助于将个人目标与组织目标结合起来

个人目标及个人利益是驱动员工行为的基本动力。它们与组织目标和总体利益之间既有一致性，又存在着诸多差异。而当二者发生背离时，个人目标往往会干扰组织目标的实现。激励的作用就在于以个人利益和需要的满足为基本作用力，诱导员工把个人目标统一于组织的整体目标，推动员工为完成工作任务做出贡献，从而促进个人目标与组织目标的共同实现。

4. 有助于增强组织的凝聚力，促进内部各组成部分的协调统一

为保证组织整体像一部机器一样协调运转，除用严密的组织结构和严格的

规章制度加以规范外，还需要用激励的方法，满足员工尊重、社交等方面的心理需要，鼓舞职工士气，协调人际关系，进而增强组织的凝聚力，促进各部门、群体、人员之间的密切协作。

12.3.2 激励的手段和方法

根据上述各种激励理论，管理者激励下属可以采用多种方法和手段。然而职工积极性的调动不是简单的单向的策略所能奏效的。在采用适当的激励方法时，首先要注意三点：一是决不能离开人的最基本需要，否则，一切激励措施和手段都可能变成不切实际；二是决不要忽视人的高层次的精神需求、心理满足，管理者应该在员工现在水平上，激发出他们的更高层次的心理动机，引导他们积极进取、奋发向上；三是要综合运用各种激发动机的手段，使全体职工的综合积极性、创造性，即组织的综合活力达到最佳状态，为组织发展开辟良好的内部环境。

激励方法按照作用方式不同可以分为内在激励和外在激励两类：内在激励是指通过工作本身的趣味性、价值、挑战性以及完成工作的成就感等激发职工的积极性；外在激励是借助环境以外的物质诱因，如奖励、表扬、晋升等引发职工的积极行为。两类激励的具体方法有多种。其中内在激励方法有工作丰富化、参与管理、目标管理等；外在激励方法有奖酬制度、提供发展机会、改善工作环境、构造企业文化等。

1. 奖惩

奖励是外在激励的主要方法之一。对人们取得的工作成就给予奖励，会给人们的动机起到强化作用。同时，奖励使人看到了自己的成就，得到了尊重或取得了信任和社会地位。

奖励包括物质的和精神的。物质奖励包括奖金、晋升工资、奖励实物、提供生活条件等。这可以激发人们的利益动机。精神奖励包括对于成效的认可、表彰、授予称号、提级、升职等。它可激发人们的精神动机。

奖励的方式多种多样，可根据人们取得的成绩和人们对不同需要的追求程度而定。在奖酬中应坚持公平合理的原则将奖酬的多寡与职工的工作表现和贡献大小紧密地结合起来，避免职工之间奖酬的不合理、不平衡，而影响部分职工的满意程度；要将物质奖励与精神奖励紧密地结合起来，以便从不同角度满足职工的多方面需要；奖励方式要不断地创新，新颖的刺激和变化的刺激比重复的、相同的刺激所产生的激励效果要好。

在运用激励措施时，只奖不惩是不行的，适当的惩罚也是一种教育，因为许多健康的行为事实上都是来自于自然的惩罚过程。许多期望行为是从自己和别人非期望行为所得到的惩罚教育而来的。但是，惩罚有一定的负面效应，如产生不满、关系紧张、丧失信心和行为固化等。为了消除惩罚产生的负作用，必须正确地使用惩罚手段，如奖惩比例要适当，要言行一致，掌握好惩罚的时机，从善意出发等。

2. 工作内容丰富化

工作丰富化是指职工通过改进工作设计，丰富工作内容，赋予更多的尝试机会，来增加工作本身的刺激性和挑战性，使职工获得发挥聪明才智和取得个人成就的机会，从而增进职工的满足感，同时提高工作效率。工作丰富化不同于工作内容的扩大，在企业环境中可以采用下列措施使工作丰富起来：在决定工作方法、工作程序和速度等方面给职工以较大的自由；鼓励下属参与管理和鼓励人们之间的相互交往，使职工对自己的工作有个人责任感；采取措施以确保职工能看到自己的工作对组织或部门所做出的贡献；把工作的完成情况及时反馈给下属，而且最好是在他们所在基层主管得到反馈之前；在分析和改变工作环境的物质条件方面，让职工也参加，提出自己的意见或建议。

但是工作丰富化的激励作用是有限定条件的，其效果大小往往因人而异。研究表明，只有那些具有较高成就欲和自我实现需要的职工，才渴望通过丰富的工作内容来施展才华，展示个人价值。其次，并非所有的工作都适宜丰富化。因此运用工作丰富化实施激励时必须充分考虑职工的需求差异和工作性质，切忌简单划一。

3. 员工参与管理

员工参与管理是指在不同程度上让员工和下级参加组织决策和各级管理工作的研究和讨论。这样可使下级和职工感到上级主管的信任，从而体现出自己的利益同组织的利益、组织的发展密切相关而产生强烈的责任感。多数人由于参加商讨与自己有关的问题而受到激励，这也为实现组织目标提供了保证。

员工参与管理的形式有多种，如成立由若干员工按比例参加的工厂委员会，保证员工直接参与企业的重大决策；设立员工提案建议制度，鼓励员工就企业经营管理问题积极发表意见，提出合理化建议；建立员工代表大会制度，为员工全面行使民主权利、参与决策、实施监督和保障职工权益，提供组织和制度保证等。

4. 培训激励

培训激励的作用是多方面的，它可以满足员工的求知需要。通过培训，可以提高人们达到目标的能力，为承担更富有挑战性的工作创造条件。员工的工作热情和工作积极性通常与他们的自身素质有极大的关系。一般而言，自身素质好的人，自信心和进取心就强，比较注重高层次的追求，因此，相对来说比较容易自我激励，表现出高昂的士气和工作热情。所以，通过教育和培训，增强员工的工作能力，提高员工的思想觉悟，从而增强其自我激励的能力，是管理者激励和引导下属行为的一种重要手段。教育培训的内容主要包括思想教育和业务知识与能力培训。

(1)通过教育培训，树立崇高的理想和职业道德。通过对员工进行科学的世界观教育，可以帮助员工正确地认识自身的价值，树立正确的职业道德观，形成崇高的理想和抱负，从而促进在工作中认真负责、勇于进取、积极肯干。

(2)通过专业技能培训，提高员工的工作能力。专业技能培训，应根据本组织和员工的特点，有计划、有组织、有重点地进行。例如，对管理人员，既要注意通过理论学习，使他们掌握现代化管理的新知识和新方法，又要注意在实践中培养，以提高他们解决实际问题的能力；对于技术人员，则既要使他们能够通过各种方式及时了解本学科的发展动态，又要让他们有更多地运用新知识的机会。只有从业务理论和实际操作技能这两方面，根据员工的工作特点去组织培训工作，才能收到较好的效果。

5.股权激励

股权激励是目前企业激励机制的重要组成部分和重要激励方式之一。给予经理阶层一定的股权，可以作为长期激励机制，有助于解决股东与经营者之间的委托与代理之间的利益冲突，从而鼓励经理人员克服短期行为，更多地关注公司的长期持续发展，以此达到激励的目的。目前，在国际上通行的股权激励方式主要有：长期业绩奖励、员工持股计划、管理层股票购买计划和限制性股票、股票期权等。

【本章小结】

激励是管理者工作的重要方面。激励能使人的潜力得到最大程度的发挥。但员工的积极性不会因领导者的良好意愿而自动激发出来。管理者要诱导和激发员工朝着所期望的目标采取行动，必须首先了解与人们工作有关的需要、动机、目标和利益等要求。从心理学的角度看，人的行为是由动机所支配的，动机是由需要引起的，行为的方向是寻求目标，满足需要。

激励的概念。激励，其词义就是指激发、鼓励。在心理学上指的是指激发人的动机，鼓励人充分发挥内在的动力，朝着所期望的目标采取行动的心理过程。管理学中，激励则是指管理者促进、诱导下级形成动机，并引导行为指向目标的活动过程。即是根据人的需要，通过一定的手段使人的需要得到满足，从而激发人的动机，诱导人的行为，使其充分发挥出内在潜力，为实现所追求的目标而努力的过程。

人性假设理论——激励理论对人的认识。对组织中人的不同假设，将直接影响到主管人员的管理行为及其采取的激励措施。因此当我们探讨如何有效激发员工的工作积极性来提高管理的有效性时,就不可避免地需要了解管理学中关于人性假设的研究。"经济人"(Rational-economic Man)假设;"社会人"(Social Man)假设;"自我实现人"(Self-actualizing Man)的假设;"复杂人"(Complex Man)的假设。

激励理论。自20世纪20年代以来,国外许多管理学家、心理学家和社会学家从不同的角度对怎样激励人的问题进行了大量的研究,并提出了许多激励理论。这些理论从不同的侧面研究了人的行为动因,但每一种理论都具有其局限性,不可能用一种理论去解释所有行为的激励问题。通常我们把各种激励理论归纳划分为三大类,即内容型激励理论、过程型激励理论和行为改造型激励理论。内容型激励理论:马斯洛的需要层次理论、麦克利兰的成就激励理论、双因素理论、阿尔德弗的ERG理论;过程型激励理论:期望理论、公平理论、波特和劳勒的激励模型;行为改造型激励理论:强化理论、归因理论、挫折理论。

激励实践。主要讲述了激励的手段和方法、激励的作用。激励的作用主要有:能充分挖掘员工的潜力,有助于激发和调动员工的工作积极性;能吸引优秀的人才和留住优秀人才;有助于将个人目标与组织目标结合起来;有助于增强组织的凝聚力,促进内部各组成部分的协调统一。激励方法按照作用方式不同可以分为内在激励和外在激励两类:内在激励是指通过工作本身的趣味性、价值、挑战性以及完成工作的成就感等激发职工的积极性;外在激励是借助环境以外的物质诱因,如奖励、表扬、晋升等引发职工的积极行为。两类激励的具体方法有多种。其中内在激励方法有工作丰富化、参与管理、目标管理等;外在激励方法有奖酬制度、提供发展机会、改善工作环境、构造企业文化等。本章主要讨论了奖惩、工作内容丰富化、员工参与管理、培训激励、股权激励。

【综合案例】

糙如张飞的人如何激励

张飞是个莽撞人,这个大家都知道。通常情况下,他也就是打打杀杀的,不辞辛苦,不怕牺牲的,就像当阳桥上大喝一声,惊退曹操大军;就像挑灯夜战,和马超杀了几百个回合一样。当然,张飞偶尔也会用用计,每次用计都收效甚好。

张飞第一次用计是在徐州的时候,曹操派王忠和刘岱来打刘备,刘备想活捉刘岱,所以故意说杀了刘岱要出大事,害怕张飞意气用事,一再不同意张飞去攻打刘岱。张飞为了证明自己不会鲁莽行事,坚决要求出战。来到寨前叫骂,不曾想刘岱根本不出战，连着骂了几天，刘岱就是不理。张飞于是命令做好晚上去偷袭的准备，中午却开始喝酒，喝得醉醺醺的，故意没事找事，痛打了一个士兵，还吩咐手下把那个士兵捆起来，准备在晚上进攻前杀他祭旗。私下里，张飞偷偷让看守的人放松警惕，让士兵逃走投靠刘岱。看着士兵满身伤痕，加上张飞好酒的习惯，刘岱相信晚上张飞会来偷袭，于是偷偷从营寨中出来埋伏在外面，等晚上张飞偷袭的时候从后面包抄夹击。晚上，张飞先派了三十个士兵冲进刘岱的大营放火，刘岱以为是张飞来偷袭，立刻从隐蔽的地方杀出来，没想到张飞的大部队从后面杀上来，大败刘岱不说，还生擒刘岱圆满地完成了任务。张飞回来得意地对刘备说自己也会用计，结果刘备说，要是不激你的话，你肯定会蛮干，哪里可能用计。张飞听了哈哈大笑，心里说：其实我也会用计。

诸葛亮对于张飞的了解和激励每次都很到位，在张飞攻打瓦口隘的时候，张郃被张飞击败，所以坚守营寨不与张飞交战。相持了五十多天，张飞急了，每天喝酒，喝醉了就坐在山前大骂。刘备听到这个消息可是急坏了，张飞饮酒误事已经不是第一回了，现在怎么又喝上了。刘备急急忙忙找诸葛亮商量，诸葛亮却笑着说："军队里可能没有什么好酒，再给翼德送五十坛成都的好酒过去。"刘备当时就蒙了，这不是挑唆着张飞误事吗？

诸葛亮虽然知道张飞喝酒是在用计，但是诸葛亮为什么又要给张飞送酒去呢？知道了张飞用计，排解一下刘备的紧张情绪不就完了吗？何必还要送酒到前线，万一张飞这个酒腻子真的喝酒误事，自己岂不是要负责？要不怎说诸葛亮是牛人呢？

第一，诸葛亮非常了解自己手下的将领，他们会有什么样的举动诸葛亮都了然于心，不会有什么怀疑和担心。其次，诸葛亮是一个勇于承担责任的人，他不会把自己完全置身事外，他会为每一件事提供自己的支持。第三，诸葛亮始终都让自己手下的将领知道自己在后面支持他们，让他们放心工作。第四，诸葛亮其实是通过送酒来激励张飞，告诉他多用计谋，多用智慧是对的，要继续坚持。

果然不出诸葛亮所料，张飞在收到诸葛亮的美酒的当天晚上就用计击败了张郃，圆满地完成了任务。而且随后两次用计，两败张郃，杀得张郃弃马逃窜，步行逃命。

这就是激励的作用。

思考题

诸葛亮对张飞的激励使得张飞出色地完成了任务，在中国历史上这样的案例有很多，你能举出几个例子吗？

第13章

沟通

引导案例

52航班惨剧

1990年1月25日晚7:40，阿维安卡52航班飞行在南新泽西海岸上空37000英尺的高空，机上油量可以维持近两个小时的航程，在正常情况下飞机可以降落至纽约肯尼迪机场不到半个小时的时间，这一缓冲保护措施可以说十分安全。然而，此后发生了一系列耽搁。首先，晚上8点整，肯尼迪机场航空交通管理员通知52航班飞行员，由于严重的交通问题他们必须在机场上空盘旋待命。8点45分，52航班副驾驶员向肯尼迪机场报告他们“燃料快用完了”。管理员收到这一信息，但在9点24分之前，飞机没有被批准降落。在此之前，阿维安卡机组成员再没有向肯尼迪机场传递任何情况十分危急的信息，但飞机座舱中的机组成员却相互紧张地通知他们，燃料供给出现了危机。

9点24分，52航班第一次试降失败。由于飞行高度太低及能见度太差，无法保证安全着陆。当肯尼迪机场指示52航班进行第二次试降时，机组成员再次提到他们的燃料将要用尽，但飞行员却告诉管理员新分配的飞行跑道“可行”。9点32分，飞机的两个引擎失灵。1分钟后，另外两个也停止了工作，耗尽燃料的飞机于9点34分坠毁于长岛，机上73名人员全部遇难。

补充资料

首先，飞行员在等待降落时经常使用的一句话是“油量不足”。当被延误时,管理员认为每架飞机都存在燃料问题。一位管理员指出,“如果飞行员表明情况十分危急,那么所有规则程序都可以不顾,我们会尽可能以最快的速度引导其降落的。”遗憾的是,52 航班的飞行员从未说过“情况紧急”,所以肯尼迪机场的管理员一直未能了解到飞行员所面对的真正困难。

其次,许多管理员接受过专门训练,可以在这种情况下捕捉到飞行员声音中极细微的语调变化。尽管 52 航班的机组成员面临油料用尽的紧急情况,但在他们向肯尼迪机场传达信息的语调中却没有表现出来。

最后,如果发现飞行员在计算飞行中需要多少油量方面疏忽大意,联邦飞行管理局就会吊销其驾驶执照。

问题:1. 当调查人员考察了飞机座舱中的黑匣子并与当事的管理员讨论之后,他们发现导致这场悲剧的原因主要是沟通的障碍。你认为是这样吗?

2. 请就以上资料具体分析空难产生的原因。

3. 你觉得此案例中反映出的有效沟通值得注意的是哪些因素?

本章主要内容

1. 沟通的概念、作用与过程和类型。
2. 人际沟通。
3. 组织沟通。

在现代管理中,沟通是管理的重要工具。为了实现组织的目标,管理者需要了解外部环境条件,需要内部各个部门协调配合,实现人、财、物各种资源的合理配置,这些工作中大部分都与沟通有关系,必然涉及管理者如何在管理活动中进行有效的信息沟通。因此,作为管理者,了解和掌握沟通的意义、形式和方法是十分必要的。

13.1　沟通概述

13.1.1　沟通的定义

沟通(communication)可理解为信息或思想在两个或两个以上主体中传递或交换的过程。具体来说,沟通有以下几个方面的含义:

1.沟通首先是意义的传递

如果信息和想法没有传递到接收者,或说话者没有听众,或写作者没有读者就不能构成沟通。沟通中传递的信息包罗万象,包括事实、情感、价值观和意见观点。沟通既可以是单纯的信息交流,也可以是思想、情感、态度和价值观的综合交流。另外,沟通者也要完整地理解传递来的信息,即既要获取事实,又要分析发送者的价值观、个人态度,只有这样才能达到有效的沟通。

2.信息不仅要被传递到,还要被充分理解

在沟通过程中,信息的传递只是一些符号,而不是信息本身。发送者要把传递的信息翻译成符号(编码),接收者则要进行相反的翻译过程(译码)。由于每个人的"译码"系统各不相同,对同一符号常常存在不同的理解,由此导致了不少的沟通问题。因此,在传递过程中,还必须注意所传递的信息能否被理解,才能达到沟通的目的。

3.有效的沟通是双方准确地理解信息的含义

有效的沟通不是使别人接受自己的观点,也不是指沟通双方达成协议,而是准确地理解信息的意义。实际上,沟通双方能否达成一致意见,对方是否接受你的观点,往往并不是沟通有效与否这个因素决定的,它还涉及双方根本利益是否一致、价值观是否相似等其他关键因素。

4.沟通是一个双向的、互动的反馈和理解过程

沟通不是一个纯粹单项的活动,沟通的目的不是行为本身,而是在于结果。如果预料的结果并未出现,接收者并未对你发出的信息做出反馈,那就没有达成沟通,那就要寻找沟通的方式与方法。

13.1.2　沟通的作用

从某种意义上说,整个管理工作都与沟通有关。一般说来,沟通在管理中具

有以下几个方面的重要作用。

1. 沟通是协调组织内部各方面活动，使组织成为一个整体的凝聚剂

每个组织都由数人、数十人、甚至成千上万人组成，组织每天的活动也由许许多多的具体工作所构成，要达到科学管理，实现组织目标，管理者必须了解组织内部的信息。通过这些信息，管理者可以了解员工的需求、士气、态度与意见，了解各部门之间的关系和工作效果，借此进行有效控制，指挥整个组织的活动，协调各部门和各环节的关系。

2. 沟通是领导者激励下属，实现领导职能的基本手段

领导者应该运用领导艺术，采取各种符合员工心理和行为规律的激励措施来调动其积极性。一个领导者不管他有多么高超的领导艺术水平，有多么灵验的管理方法，他都必须将自己的意图和想法告诉下属，并且了解下属的想法。而这一切行之有效的前提是一方面领导者要了解下属的需要，另一方面下属也要了解领导者的意图和想法。而这就需要通过沟通来实现。

3. 沟通也是组织与外部环境之间建立联系的桥梁

就企业来说，在生产经营活动中都要与政府行政管理部门、供应商、债权人、投资者、竞争者、顾客等发生各种各样的关系，它必须按照顾客的要求调整产品结构，遵守政府的法规法令，担负自己应尽的社会责任，处理好与客户、媒体、社区等的关系。这就要求企业首先必须了解他们的需要和要求，然后才能采取措施予以满足，而这只有通过沟通才能实现。尤其是在市场竞争中各种环境不断变化，更要求组织不断与外界保持经常性的沟通，以便于把握成功的机会。

4. 沟通有利于满足员工的心理需要，改善人际关系

组织中每个员工都有受人尊重、社交和爱的需要，人与人之间的沟通和交流可以使这些需要得到满足。经常的沟通和交流可以使人们彼此了解，消除彼此的隔阂和误会，消除和解决矛盾与纠纷，从而利于形成良好的人际关系。

13.1.3 沟通的过程

任何一个沟通过程都包括发送者(信源)、所传递的内容(信息)、接收者(信宿)、传递信息的渠道(信道)和反馈等环节。如图 13-1 所示。

1. 信息发送

发送者是信息的来源，也是信息沟通过程的起点。发送者需要向接收者传送信息或者需要接收者提供信息。这里所说的信息范围很广，诸如想法、观点、资料等。

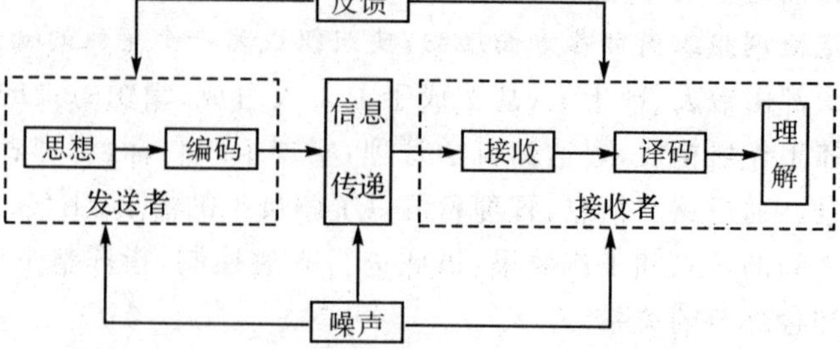

图 13-1 沟通的过程

2. 信息传递

为了把信息准确地发送出去并能被接收者准确地接收和理解，就要根据接收者的情况把信息转换成可发送和可理解的形式，比如翻译、信函、电报电码、电脑数据等，然后借助于一定的沟通渠道（面谈、邮寄、电讯、互联网等）发出，此为发送过程。信息在不同的沟通渠道中进行传递，最终传到接收者手中，此为传递过程。

3. 信息接收

接收者在接到信息后，还必须进行一番解码、理解过程，以准确把握信息发送者的本意，此为接收过程。

4. 反馈

接收者把所收到或所理解的信息再返送到发送者那里，供发送者核查并在必要时做出订正的过程就是反馈。经过这种反馈可使发送者明白其信息是否被理解或及时做出正确解释，及时修正沟通内容。单向沟通易引起对信息的误解，双向沟通（反馈）给了信息发送者调节自己行为的机会，从而提高了沟通的效率。

5. 噪声

噪声是指一切妨碍信息沟通的因素。如电话信息不清楚、沟通环境噪音大等。除了噪音的干扰外，还有由于语言方面所理解的差异、用语不当等因素产生的干扰，这些对沟通的效率都有很大的影响。因此，发送者了解信息被理解的程度也是十分必要的。

13.1.4 沟通的基本原则

有效的沟通应建立在良好的信息沟通过程之上，从信息的发送，经过一定的信息通道达到信息的有效接收，要使信息保持完整和准确就应当遵循以下几项原则：

1. 准确性原则

当信息沟通所用的语言和传递方式能被接收者理解时，这才是准确的信息，这次沟通才具有价值。因此，在实际工作中，发送者在传递信息之前应将信息加以整理，用清晰准确和容易理解的方式表达，根据接收者的具体情况，选用适当的渠道传送，接收者才有可能对信息有准确的理解。这就要求发送者有较高的语言文字表达能力，并熟悉信息接收者所使用的语言。即使这样，有时还会出现接收者对发送者非常严谨的信息缺乏足够的理解，这时发送者可以用一种重复和询问的方式来得到反馈，验证信息是否已清晰准确地传递到接收者。

2. 完整性原则

沟通效果的好坏，与信息传递后接收者所得到的信息是否完整有直接的关系。因此，在信息传递过程中，首先，要将所传递的信息进行概括和归纳，并且要考虑到信息沟通的方式选择是否能够完整地传递所要表达的内容。另外，在信息沟通过程中，还要使得信息接收者和发送者对信息传递过程中的环境因素有全面的了解，以便使信息在一定的情景中得到更好的传递和理解。

3. 适时性原则

人际沟通还要选择适当的时机和适当的场所。对于重要的信息，选择一些正规的地点和适当的场合进行沟通，有助于双方及时并集中注意力进行交流。有些思想、感情方面的沟通则要选择较为轻松、随便的场所，这样有助于双方消除隔阂；同时还要选择双方情绪都比较冷静时进行沟通，这样效果会更好。

4. 及时性原则

在沟通过程中，不论是管理人员向下沟通信息，还是下级管理人员或员工向上级沟通信息以及横向沟通信息，都要注意及时性原则。这样可以使组织新近制定的政策、组织目标、人员配备等情况尽快得到下级管理人员或员工的理解和支持，同时可以使管理人员及时掌握其下属的思想、情感和态度。在实际工作中，信息沟通通常因发送者不能及时传递或接收者对信息的重视程度不够而出现事后信息的情况，使信息沟通出现低效率问题。

13.1.5 沟通的基本类型

沟通的类型、沟通的方式较多，可以从不同的角度加以分类。

1. 根据沟通参与者类型不同的分类

根据沟通参与者类型不同，沟通可以分为机—机构通、人—机沟通和人—人沟通。(1)机—机构通。即机器与机器之间的沟通。如通讯工具之间的信息交流，包括电话、电传、电视、电子邮件等，它是一种单纯的信息交流。(2)人—机沟通。它广泛存在于人对物资设备的高效运用过程中，如确定车间现场管理中设备的摆放位置、与操作人员的距离远近、劳动效率等。它属工程心理学与科学技术领域所研究的问题，也是一种单纯的信息交流，具有单向性、无及时反馈性等特点。(3)人—人沟通。即人与人之间和以人为主体的组织与组织之间的沟通。它既包含了信息在人与人之间的传递，又包括人与人之间思想、观点、态度的交流，属于一种综合性沟通。

2.按照传播媒介形式不同分类

按照传播媒介的形式不同，沟通可分为口头沟通、书面沟通、非语言沟通和电子媒介沟通。

(1)口头沟通是用口头表达方式所进行的信息传递与交流，它是最常用的一种沟通手段，包括面谈、会议、正式的一对一讨论、演说、非正式的讨论及传闻或小道消息的传播等。口头沟通的优点是比较灵活、速度快、双方可以自由讨论，有亲切感。在面对面交换信息的过程中，不仅可以传递信息，而且可以传递感情、态度，特别是可以借助手势、表情等体态语言来增强沟通的效果，可以马上获得对方的反应，具有双向沟通的好处，且富有弹性，可随机应变。同时，由于是面对面的交流，有身临其境之感，比起看书面文字的东西要深刻，掌握的信息既丰富又准确。口头沟通也有不足之处。口头沟通对信息发送者的口头表达能力要求较高，如果信息发送者口齿不清或不能掌握要点、提纲挈领地发表意见，就无法使信息的接收者把握信息的基本精神。同时，口头沟通具有时效性，有一过即逝的特点，如果接收者一时没听清楚，就没有办法弥补。此外，口头沟通还潜存着很大的信息失真的可能，尤其是在一级一级的信息传递过程中，当信息传到终点时，可能会"面目全非"。

(2)书面沟通，又称文字沟通，指的是用文字作为信息媒介来传递信息的沟通方式。它的种类很多，较为常见的有：备忘录、报告书、通知、内部刊物和公司手册、信函等。书面沟通的优点很多，主要表现在以下几个方面：①书面沟通以文字的形式固化信息，可以使信息长期保存，可以核实、查询，这对复杂或长期的沟通尤为重要；②书面沟通通常有一种关注的意味，往往重要的信息沟通都以书面沟通为准，"口说无凭，立字为据"，就表现出书面沟通的权威性，它更容易引起人们的注意；③书面沟通以"白纸黑字"避免了信息传递过程中的随意性，从而减少了辗转传递、一再译解可能造成的错误，信息从发送者传到接收者失真较少，不容易在传递过程中被歪曲；④书面沟通可以以自己的阅读速度仔细阅读，以求了解更详尽。但书面沟通也存在许多不足，如它比较呆板，不易随客观情况的改变而及时修正，不能像口头沟通那样随机应变，也不能得到及时反馈。同时，由于书面沟通文字比较规范，沟通效果也会受到接收者文化水平的限制，阅读能力差的人往往理解不了。另外书面沟通费时较多。有些管理者不喜欢阅读较长的报告和不善于用书写的形式来表达他们的思想，从而造成书面沟通的困难。

(3)非语言沟通，也称身体语言沟通。它是通过表情、动作、体态及语气、语调等方式来传递信息、思想，进行交流。非语言沟通是相对于言语沟通来讲的一种沟通方式。这种沟通方式不通过语言和文字表达，但它却包含着比语言和文字更丰富、更真实的信息。

非语言沟通可以表达语言所无法表达或不愿表达的信息。非言语沟通有时可强化语言效果。据一项研究表明，在面对面的沟通中，那些来自语言文字的信息不会超过35％，有65％的信息是通过非语言方式传递的。

一个成功的沟通者在强化言语沟通的同时，必须懂得非言语信息，而且尽可能地了解它的意义，磨炼非言语沟通的技巧，注意“察言观色”。当然，非言语沟通也存在一些缺陷：它可能会泄露秘密，内心世界往往难以掩饰；它很容易使人产生误解，因为每个人的风格不同，它们的含义因不同的文化背景而不同，如在一些国家点头表示同意，而另一些国家相反。另外，非言语沟通的范围有限，它往往只是在面对面范围内使用。

(4)电子媒介沟通是随着信息技术和通讯技术的发展，在现代组织中兴起的一种新的沟通方式，是未来主导性的沟通方式。比如传真、闭路电视、电脑网络、电子邮件等。随着信息技术的发展，电子媒介在信息传递过程中的作用越来越大。除了常用的电话、传真机、电报和闭路电视等手段外，目前人们更多地使用了计算机网络技术进行沟通。利用电子媒介进行沟通的方式具有传递信息快、信息容量大、一份信息可以同时传递给多人等特点。其缺点是离不开电子设备，需要具备一定的操作技能，成本相对较高，另外可能存在着缺乏情感和丰富体态语言的缺陷。

3.按照是否进行反馈分类

按照是否进行反馈，沟通可分为单向沟通和双向沟通。一般说来，单向沟通指没有反馈的信息传递。例如做报告、演讲、指示和命令等。它的特点是传达信息速度快，发送者不必顾忌接受挑战，能保持发送者的尊严。单向沟通适用于任务急，工作简单，无须反馈的情景，但准确性差。双向沟通指有反馈的信息传递，是发送者和接收者相互之间进行的信息交流。交谈、协商、会议等是典型的双向沟通的例子。双向沟通使信息得到及时反馈，具有准确性高，参与感强，感情有交流等优点。但速度慢，参加者的心理压力大，易受干扰，也缺乏条理。

13.2 人际沟通

13.2.1 人际沟通的含义与作用

1.人际沟通

人际沟通是指两个或两个以上的人之间的信息沟通。管理者在一个组织中充当着各种不同的角色,而这些角色都要求管理者掌握人际沟通的技能。在现代社会中,沟通是人与人之间发生相互联系的最主要形式。与别人交谈、读书看报、上课、听广播、打电话、看电视、畅游网络等都是在进行沟通。在组织中,人际沟通又是群体沟通、组织沟通的基础,有效的管理沟通都是以有效的人际沟通为基础和保障的。

2.人际沟通的意义和作用

主要体现在以下几个方面:

(1)人际沟通是组织管理的基础。简单地说,管理在组织中就是同他人一起或通过他人合作实现特定的组织目标,这就要求管理者必须具备一项最基本的管理技能——人际技能,即在组织中与人共事、理解别人、激励别人的能力,这一切也必须以人际沟通为基础。因此,离开了人际沟通,管理功能的发挥以及管理目标的实现是不可能的,人际沟通是组织管理的基础。

(2)人际沟通是营造高效工作团队的重要条件。一个人的能力是有限的,且各有其擅长的一面,也有其不足的一面,这就需要把各人的知识、专长和经验融合在一起,构建一个高效的工作团队,才能实现既定的目标。这只有通过人们的相互沟通才能实现。

(3)人际沟通有助于人际关系的协调与改善。从人的社会属性的角度来看,个体只有通过人际沟通,掌握人类社会的行为规范和道德准则,才能完成由自然人向社会人的转变,从而实现人的社会化。同时,人际沟通不仅可以交流信息,而且可以增进情感。沟通的过程使积极的情感体验加深,使消极的情感体验减弱,从而使人际关系不断得到加深和改善。

(4)人际沟通可以增加人们的知识和经验。英国著名的作家萧伯纳曾经说过,“假如你有一个苹果,我有一个苹果,彼此交换后,我们每人都只还有一个苹果。但是,如果你有一种思想,我有一种思想,那么彼此交换以后,我们每个人都有两种思想。甚至，两种思想发生碰撞，还可以产生出两种思想之外的其他思想”。在人际沟通过程中，个体可吸取对自己的工作、学习和生活有意义、有价值的知识经验。

13.2.2 人际沟通的特点

1.沟通双方都是积极的主体

在人际沟通过程中，每一个参与者都是积极活动的主体，在双向沟通过程中，信息接收者在接收到信息发出者发出的信息后，要根据自己对信息的理解做出反馈，对方则根据反馈信息，及时调整自己的言行，因此双方之间的沟通是一个互动过程。

2.人际沟通过程受制于一定的人际关系，并对人际关系产生影响

人际沟通总是在一定的社会环境中进行的，人际关系状况对人际沟通的深度和广度会产生一定的影响。而人际沟通对人际关系也会产生一定的影响，人际沟通并不单纯是信息交流的过程，还包括态度、感情、观点的交流。此外，人们总是力图通过沟通，达到影响对方心理与行为的目的，使双方的态度和行为趋于一致以保持良好的人际关系。通过有效的人际沟通，还可以达到沟通信息、消除误解、增进感情的目的。

3.人际沟通过程中会遇到特殊的障碍

一般的信息沟通会因为通讯设施出问题或线路故障而中断。人际沟通遇到的障碍主要是心理障碍，即沟通双方因为知识经验、经历、职业和动机不同，对相同的信息会从不同的角度去理解，从而产生偏差，影响沟通效果。

4.人际沟通的主要方式是语言，辅之以手势、体态及语气、语调、表情等

人际沟通主要通过语言来实现，口头语言中的音调、重音、语气以及说话时的表情等都在传递一定的信息。书面语言中句子的结构、标点符号等也都会影响沟通的效果。

13.2.3 人际沟通的障碍

由于人际沟通具有不同于一般信息沟通的特性，因而在沟通过程中会出现一些特殊性的障碍。而要提高沟通效果，就必须提高沟通技能，消除各种障碍。

1.信息沟通过程中各环节造成的人际沟通障碍

(1)信息发送者存在的问题。第一，信息沟通的目的不明确；第二，信息本身的真实性、完整性和严密性存在问题；第三，信息表达不清楚；第四，信息沟通的时间选择不恰当。例如，一位员工向上级管理人员汇报工作时，如果选择在上级

与别的人员刚刚吵完架的时间,可想而知,信息沟通的效果肯定极差。

(2)信息接收者存在的问题。主要有:不善于聆听,过早做出评价;语义理解有误,曲解沟通信息的原意;信息量太大;没有及时反馈。

(3)信息沟通渠道存在的问题。主要有:渠道不畅通;渠道太长,环节太多;信息沟通网络不合理。

(4)信息沟通环境的影响。主要有:组织氛围融不融洽,各部门空间距离分散在不同的区域,如分布在世界各地的跨国公司的各部门沟通就会面临这一问题。

2.沟通双方信息选择与信息过滤作用所造成的沟通障碍

过滤指故意操纵信息,使信息显得对接收者更为有利,这就导致信息接收者所了解的信息跟实际情况存在一定差异。此外,信息接收者的需要、动机、兴趣、态度和价值观等因素会起到一个过滤器的作用,使其对接收到的信息进行选择和过滤,接收与自己的需要、态度和动机等相一致的信息,对于不一致的信息可能视而不见、听而不闻。

3.语义障碍

人与人之间的信息沟通主要是借助于口头或书面语言来进行的。而语言作为交流思想的工具,它并不是思想本身,它只是表达思想的符号系统。人们的语言修养不同,表达能力不同,所以对同一种思想、观念或事物的表达与理解就不同,这就使沟通容易产生语义上的障碍。年龄、教育和文化背景是三个最明显的因素。它们影响着一个人的语言风格以及他对词汇的界定。比如,像“刺激”和“定额”这样的词汇,对不同的管理层有着不同的含义。高层管理者常常把它们作为需要,而下层管理者则把这些词汇理解为操纵和控制,并由此产生不满。

4.沟通双方社会文化因素方面的差异所导致的沟通障碍

社会因素方面的差异主要包括社会地位、社会角色、身份以及年龄、性别等方面的差异。

(1)社会地位不同会造成交往的障碍。居高位、掌实权的人物如果官僚主义作风严重,下属成员就会敬而远之,便阻塞了上下沟通的渠道。解除社会地位障碍的方法是发扬民主,与群体广泛接触,经常对话,听取意见。

(2)社会角色的不同也会造成沟通的障碍。工作中每个人的职位不同,决定了角色的差异,如领导者与被领导者之间的角色差异,如果双方都仅从自己角色的角度考虑问题,不能进行换位思考,就容易造成沟通的困难。

(3)年龄的差异会导致长辈与晚辈之间沟通的困难。由于社会的不断发展和变迁,造成青年人与老年人在思想观念上存在某些差异,产生所谓“代沟”问题，从而影响到双方的沟通。

(4)性别差异造成的人际沟通的障碍。男性和女性出于不同的原因而进行语言沟通。有证据表明，男性通过交谈来强调自己的身份，而女性则是为了建立关系。这样在沟通过程中容易产生冲突。

(5)沟通双方的文化传统、风俗习惯及行为方式的差异过大，也会造成沟通的障碍。

5. 情绪、情感因素造成的沟通障碍

情绪与情感是个体对客观事物满足自己需要程度所产生的态度与体验。在接受信息时，接收者的感觉也会影响到他对信息的解释。不同的情绪感受会使个体对同一信息的解释截然不同。例如当我们心情烦躁时，会变得好发脾气，尽管平时热情随和，此时也难以对任何人心平气和，妨碍与他人的正常沟通与交往。愤怒、恐惧、嫉妒、自卑、自负和孤僻等消极的情绪与情感都会成为沟通的障碍。

此外，沟通双方气质、性格等人格差异也是导致人际沟通障碍的因素。

13.2.4 人际沟通的改善

在人际沟通过程中，要克服沟通障碍，提高沟通技能，应注意以下几点：

1. 沟通双方要端正态度，避免随意操纵信息

一个人的可信度是其谦逊、公正和善意逐渐为人所承认的长期持续的结果。与沟通对象之间的和谐关系只有经过前后一贯的行为才能逐步形成。因此，在沟通时，沟通双方要端正态度，为人诚实，避免为了达到个人目的而随意操纵信息，同时要注意保持良好的心态，积极与他人平等地沟通。

2. 正确选择沟通的媒介

沟通重要信息时，最好同时利用口头和书面两种方式。一般来说，面对面沟通的效果最好，过分依赖书面沟通可能使文件泛滥成灾。要根据具体情况选择沟通媒介，并保持信息的及时反馈。

3. 正确使用语言，熟练掌握谈话艺术

沟通中要正确运用语言，表达清楚、准确、简练、生动，并学会有效地倾听。此外，还要把握谈话技巧，掌握谈话艺术，从内容到形式适合对方的知识、心理需要、角色身份等，以提高沟通效果。

4. 沟通中要学会“倾听”

有效的沟通应选择主动倾听，即接收者在听的同时积极地向谈话者提供反馈，或以自己的语言来重述谈话的内容。沟通是双向的，接收信息方有效地倾听

才能正确地接收与理解信息,并给予恰当的反馈,从而完成沟通的过程。

5. 换位思考,抑制情绪化的反应

人际沟通过程中,要学会心理换位,站在对方的角度考虑问题,体会他人的心理感受,就会理解别人的态度和行为。处理情绪因素的最简单的方式就是暂停进一步的沟通直到恢复平静。管理者应该尽力抑制其员工的情绪化反应,并做好准备加以处理。管理者也要关注自己情绪的变化,以及这种变化如何影响他人。

6. 了解沟通对象的性格、气质

了解沟通对象的人格特点,说话的方式、开玩笑的分寸等要因人而异,避免不必要的矛盾和冲突。

13.3 组织沟通

13.3.1 组织沟通的含义与特征

1. 组织沟通的含义

从组织与外部的关系来看,为了生存与发展,组织必须从它的社会环境中获取各种各样的信息,对信息进行加工处理,决策层据此进行决策并制定发展战略。另一方面,组织也必须把自己的信息传达到外部环境,如市场营销过程中的广告宣传。此外,企业组织与供应者、合作者、政府和科研机构等都是通过信息的交流,来实现组织内外资源的优化配置。由此可见,组织与环境之间进行的是一种双向互动的信息沟通。

从组织内部看,组织的目标、政策与制度等需要通过有效的沟通渠道传递到每位员工;为了实现组织的整体目标,不同部门之间、不同的业务环节之间需要通过沟通加强合作;每一个成员的工作职责、任务等也需要通过沟通来下达……

因此,我们认为,组织沟通是组织内部沟通和组织外部沟通的整合,是组织围绕既定目标,通过各种渠道,有目的地与内部员工和外部组织交流观点、信息、意见和情感的行为。

2. 组织沟通的特征

(1)组织成员有明确的沟通路线。在正式的组织沟通中,必须明确规定沟通网络,每一组织成员都要有明确的沟通路线,即按照组织设计的层级原则及组织的业务流程要求，各个组织角色之间信息传递包括上级给下级下达命令、下级向上级汇报情况、同级之间通报情况等，都应有一定的规则和沟通路线，不能随意打乱。

(2)正式沟通的线路是直接的，信息是可靠的。根据制度建立起来的沟通线路必须是直接的，两个组织角色之间进行沟通，必须方便地直接联系，如果联系曲折或经第三者传达，则说明该沟通渠道存在问题，沟通的结果就有可能失真。正式沟通所传达的信息是组织活动直接的、现实的依据，因而必须是准确可靠的，不能似是而非、模棱两可。只有这样，组织才能正常运转。

(3)正式沟通线路是畅通的。正式的沟通线路要经常不断地使用，以保证其畅通和传达信息的可靠性。任何一个组织一旦进入运转过程，其正式的沟通路线就必须保证畅通而不间断。沟通线路一旦断裂，就有可能造成沟通障碍，影响组织的正常运转。

13.3.2 组织外部沟通

组织外部沟通是指组织为了在环境中更好地生存与发展，必须与周围的其他组织或成员发生业务往来和合作所进行的有效沟通。外部沟通根据范围的不同，有国际沟通和国内沟通。显然，前者的文化、价值观、思维模式和生活习惯要比后者复杂得多。对于一家企业来说，根据沟通对象的性质不同，有与竞争者之间的沟通，与供应商的沟通，与顾客之间的沟通，与其他利益相关者之间的沟通等。就企业而言，外部沟通的对象主要包括顾客、股东、债权人、上下游企业、社区、新闻媒体和政府相关主管部门等。

1.组织外部沟通的对象

企业与顾客沟通主要包括提供服务、直接接触、打电话、信函、调查、广告、公关、CI策划等。企业与股东的沟通主要包括书信、年度报告、年度股东大会、个人拜访、电话等。企业与债权人的沟通主要包括年度报告、投资分析报告等。企业与上下游企业沟通的方法包括建立电子通讯网络、互派人员参与彼此重大决策、给对方人员提供培训机会、增加信息交流、商务谈判等。企业与社区的沟通包括开放式的讨论会、特殊事件、扩大内部出版物的发行范围、组织志愿者活动、地方广告、赞助慈善活动等。企业与新闻媒体的沟通主要有新闻发布、记者招待会等。企业与银行、工商、税务等政府主管部门之间的沟通主要包括财务报告、投资分析报告、会议、信函等。

2.组织外部沟通的作用

组织外部沟通的作用主要体现在以下几个方面：

(1)为实现组织目标创造良好的外部环境。随着社会的不断发展和进步,组织目标的实现,已经越来越依赖于组织所建立起的内外部沟通网络。如企业生产要依赖于原材料供应网络;产品销售要依赖于外部销售网络等。这些网络的建立与维护,都要依靠组织的外部沟通来完成。从某种意义来说,组织外部沟通的成功与否,直接关系到组织的发展前景。

(2)为组织传递有效的信息。组织的发展离不开组织内外有效信息的传递。这些有效信息的传递也需要借助外部沟通来完成。如企业发展战略的制定、新产品的研发、吸引优秀人才的政策等,这些都需要根据外部市场环境及其变化来确定,因而企业及时了解市场环境与市场各种变化成了企业发展的至关重要的内容。这些要靠外部沟通来获取。

(3) 维护组织形象。塑造积极有益的组织形象,对于改善企业与供应商、合作企业、顾客、政府关系都有积极作用。组织通过不断地进行外部沟通,把自身的理念、目标、文化等信息传递出去,有助于外界全方位了解企业,减少企业与外界的信息不对称现象。

(4)为顾客提供服务。在顾客决定企业生存的情况下,企业最普遍也是最重要的外部沟通功能就是为客户提供服务,进行有效交流。只有与客户不断进行沟通,企业的产品才会被认可,企业形象才能维护并在客户心中升值。

3. 组织外部沟通的特点

(1)互惠互利。组织外部沟通的对象一般是与该组织发生各种关系的成员或组织,这些成员或组织在与组织发生关系(合作)时,其目的也是有利于自身发展的需要。也就是说,当组织与其他组织或成员合作或进行业务往来时,双方是互惠互利的,否则不可能进行合作。

(2)组织外部沟通的双方(或多方)关系是平等的,沟通中不能出现一方强迫另一方现象。组织进行外部沟通时,与参与沟通的组织或成员是一种平等合作的关系,并不存在诸如级别的大小、职位的高低等上下级关系,因而沟通时只能以平等的身份进行,不能出现强迫现象。

(3)外部沟通的结果一般以书面的形式留存。因为外部沟通的双方或多方是平等关系,彼此间并没有行政命令或直接干预的权利,所以沟通的双方或多方均有权利对沟通的结果进行备案留存,以备万一出现沟通结果执行差错时,确定双方的责任。

13.3.3 组织内部沟通

组织内部沟通主要是组织成员为了实现共同的目标而进行的信息、思想、态度、情感交流的过程。主要有指示与汇报、会议与个别交流、书面、口头、语言和非语言沟通等沟通方式。

1. 组织内部沟通的作用

组织必须通过内部沟通来实现既定的任务目标，其作用主要体现在以下几个方面：

(1)传递组织的相关信息。通过与员工的沟通，将组织的发展战略目标、政策与规范、计划及实施方案、员工的具体工作任务与岗位职责等信息传递给每一个员工，确保组织的正常运转。此外，组织运转过程中随时都会出现各种变化，这就需要适应不断变化的外部环境，随时调整组织的计划与相关政策甚至是战略目标，调整的内容与方案也要及时通过内部沟通传递给每位员工，从而使他们能够据此调整自己的工作。

(2)征求员工对组织发展的意见和建议。组织如何发展，已经不仅仅是组织的决策层的事情，而且是组织里每一个成员的事情。因此组织在制定规划、确立发展目标、制定重大政策时，都要征求员工对这些问题的意见，让员工参与决策，这也有利于调动员工的积极性。

(3)了解员工对组织政策实施的看法。在组织内部，由于每个员工对组织目标及相关政策的认识、理解不同就难免会产生分歧，对组织运行中出现的各种问题有各种各样的认识和看法。要及时了解员工的思想动态，并通过一定的沟通渠道和方式来完成。

(4)塑造组织文化。组织文化是指组织在长期的实践活动中所形成的并且为组织成员普遍认可和遵循的具有本组织特色的价值观念、团体意识、行为规范和思维模式的总和。可见，组织文化的建立是一个长期的过程，要靠组织成员的普遍认可，这就需要组织通过内部的持续有效沟通，使每一个员工认同和接受本组织独特的沟通文化资源，进而形成自己的组织文化。

2. 组织内部沟通的类型

(1)根据沟通的组织系统的不同，可以将沟通分为正式沟通与非正式沟通。

①正式沟通。它是指在组织系统内，依据正规的组织程序，按照权力等级链进行的沟通。如组织与组织之间的公函来往、组织内部的文件传达、召开会议、上下级之间的定期情报交换等。正式沟通是组织内部信息传递的主要方式。其优点是：沟通效果好、严肃可靠、约束力强、易于保密、沟通信息量大，并且具有权威性。缺点是：沟通速度一般较慢。

②非正式沟通。非正式沟通则是以非正式组织系统或个人为渠道，自由进行的信息交流和传递。它包括非正式组织内部的沟通和正式组织中不按照正式

组织的组织程序而进行的沟通。在一个组织中，除了正式设立的部门外，不同部门的人之间还存在着朋友关系、兴趣小组、业余爱好者组织等，因此，非正式沟通的存在具有其必然性。非正式沟通一方面可满足组织成员社会交往的需要，另一方面可弥补和改进正式沟通的不足。其特点是沟通速度快、传播范围广，但也具有随意性大、信息失真的可能性大的缺点。

(2)按照沟通时信息的流动方向分，沟通可分为下行沟通、上行沟通和平行沟通及斜向沟通。

①下行沟通指将上级信息传达给下级，是由上而下的沟通，表现为上级给下级的命令、指示、指导、文件、规定等。如一个组织的上级管理者将工作计划、任务、规章制度向下级传达。下行沟通是组织中最重要的沟通方式。通过下行沟通才可以使下级明确组织的计划、任务、工作方针、程序和步骤。这种沟通方式往往带有命令性和权威性，它可以帮助管理者将各个层次的工作人员统一起来，增强合作意识，有助于管理者的决策和控制。

下行沟通中常用的口头沟通方式有：指示、谈话、会议、广播、电话等；常用的书面沟通方式有：各种备忘录、信函、公司手册、公司政策声明、工作程序以及年度报告等。

但若组织仅仅采用自上而下的沟通方式，信息所经过的层次越多，涉及的人数越多，也就越可能在传递过程中失真越厉害。这主要由于组织内各级领导者个人理解上的差异，会对同一信息赋予各不相同的意义，这种现象可以从他们对上级报告、文件的选择和解释上反映出来。尼柯斯曾经对100家工业企业做过信息沟通调查，发现信息自上而下逐级传递中损失较大。如表13-1所示。

表13-1 自上而下的沟通损失

层级	信息接受百分比
董事会	100
↓	↓
副总经理	63
↓	↓
高级主管	56
↓	↓
工厂主管	40
↓	↓
领班	30
↓	↓
员工	20

②上行沟通指下级将信息传达给上级，是由下而上的沟通，它通常表现为下级对上级信息的反馈和下层情况的反映。这种沟通不仅是组织成员向领导、下级向上级反映自己的要求、愿望，提出批评、建议的正常渠道，而且可以对执行上级指令做出回馈反应，使上级了解其信息被接受和执行的程度，为上级修正指令和制定新的决策指令提供资料。

上行沟通的方式主要有：正式报告、汇报会、建议箱、申诉、接待日、员工士气问卷、离职谈话、信访制等形式。通过这种自下而上的方式，管理者可以广泛地听取下级的意见，发现问题及时更正，并且通过给员工参与决策的机会来提高他们的满意度和积极性。当然这种沟通有时会受到不同层次中管理者的阻塞，他们可能对信息进行过滤，去掉对自己不利的信息。如表13-2所示。

③平行沟通指同级之间横向的信息传递，也称横向沟通。命令的统一性要求信息传递应垂直地通过等级链进行，严格地按照命令统一性将会使沟通的路线过长，上层管理者的协调任务过重，也许还会延误时机。法国管理学家亨利·法约尔为这个问题提供了答案。他提出的“跳板原则”(亦称“法约尔桥”)指出在同级人员之间可以直接联系，这种直接联系就是指平行沟通，它不必按隶属关系逐级向上级传达后再层层向下传递，减少了繁琐，使沟通变得简单、快捷。平行沟通的主要目的是谋求相互之间的理解和工作中的配合，因此，它通常带有协商性。组织的不同部门因职能不同、地区不同、产品不同或顾客类别不同，使得部门之间的本位主义加重，容易产生摩擦，因此要有效地加强平行沟通，增进相互之间的了解，以克服上述不利因素。

④斜向沟通，是指跨越职能部门和权力层次的信息沟通。它时常发生在职能部门和直线部门之间，如当人事部门的一位主管直接与比他高的生产部门经理联系时，他所采取的是斜向沟通。斜向沟通的目的是为了加快信息的传递，但为了尽量减少它对组织的等级链的影响，斜向沟通也常常伴随着自上而下的沟通或自下而上的沟通。

表 13-2 自下而上的沟通损失

层级	信息接受百分比
董事长	管理和工资结构是非常出色的，福利和工作条件是好的，而且会更好
↑	↑
副董事长	我们非常喜欢这种工资结构，希望新的福利计划和工作条件将会改善，我们非常喜欢这里的管理工作
↑	↑
总经理	工资是好的，福利和工作条件还可以，明年还会进一步改善
↑	↑
主管	工资是好的，福利和工作条件勉强可以接受，我们认为应该更好一些
↑	↑
员工	我们感到工作条件不好，工作任务不明确，保险计划很糟糕，然而我们确实喜欢竞争性工资结构，我们认为公司有能力解决这些问题

3. 组织内部的沟通网络

沟通网络是指由若干环节的沟通路径所组成的总体结构。它指出了在一个组织中信息是怎样传递和交流的。信息沟通的有效性与它的结构形式有一定的关系。它有两种形态：正式沟通网络和非正式沟通网络。

(1)正式沟通网络

在正式的组织环境中，正式信息沟通网络的形态可以分为：链式、轮式、Y式、环式(圆形)及全通道式(星形)。如图 13-2 所示。

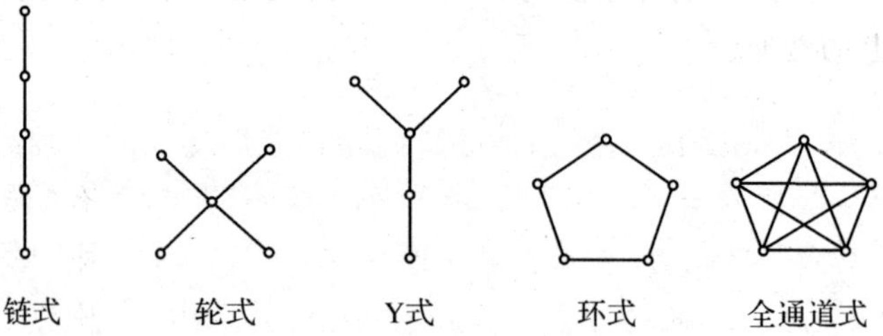

图 13-2 沟通网络类型

①链式。链式(Chain)是信息在组织成员之间进行单线、顺序传递的一种沟

通网络形态，形状犹如链条，故名链式。在这种沟通网络中，只能向上或向下进行逐级传递信息。在一个组织系统中，它相当于一个纵向沟通网络，这种情况可以发生在一个只有直线型权力关系而没有其他关系的组织中。在这个网络中，信息经层层传递、筛选，容易失真，各个信息传递者所接收的信息差异较大，平均满意程度较低。此外，这种网络还可以表示组织中主管人员和下级部属之间中间管理者的组织系统，属于控制型结构。

②轮式。轮式(Wheel)是信息经由中心人物向四周多线传递的一种沟通网络形态，形状犹如轮盘，故名轮式。在这种沟通网络中，中心人物是信息的汇集点和传递点，其他成员之间没有信息的相互交换关系，所有信息都是通过中心人物进行交流的，此网络集中化程度高，解决问题的速度快，中心主管人员的预测程度高，但沟通的渠道很少，组织成员的满意程度不高，士气低落。严格按职能划分部门时各部门经理与总经理之间的信息沟通，可以看作是轮式沟通的一个例子。然而这种网络是加强组织控制、争时间抢速度的有效方法，如果组织接受紧急的攻关任务并要求进行严密控制，同时又要争取时间的情形，则可采用这种网络。

③Y式。Y式是链式与轮式相结合的一种沟通网络形态，形状犹如英文字母Y，故名Y式。与轮式一样，Y式网络中也有一个成员位于沟通网络的中心，成为网络中因拥有信息而具有权威感和满足感的人。这种沟通网络的特点是成员的士气十分低下，因为增加了中间的过滤和中转环节，容易导致信息曲解和失真，因此沟通的准确性会受到影响。总经理、秘书班子和下级主管人员或一般成员之间，当下属需要通过秘书与总经理传递信息时，就有可能会发生Y式沟通的情形。秘书因为可以获得许多信息，容易掌握真正的权力，总经理被架空变成傀儡人物。这种网络集中化程度高，解决问题速度快，组织中领导人员预测程度高，但易导致信息曲解或失真，组织成员的平均满意程度较低。此网络型态适用于主管人员的工作任务十分繁重，需要有人选择信息，提供决策依据，既节省时间又要对组织实行有效的控制的情形。

④环式。环式(Circle)看作是将链式两端连接而形成的一种封闭式的沟通网络形态，形状犹如车轮，故名环式。在这种沟通网络中，所有成员依次联络和传递信息。网络中的每一个人都同时与两侧的人沟通信息，因此大家地位平等，没有谁能够成为信息沟通的中心。在这个网络中，组织的集中化程度和领导人的预测程度都较低，畅通渠道不多，但组织中成员具有比较一致的满意度，组织士气高昂。如果一个组织需要创造出一种高昂的士气来实现组织目标，这种沟通网络是一种行之有效的措施。

⑤全通道式。全通道式(All Channel)是一种全方位开放式的沟通网络型态,所有成员之间都能进行相互的不受限制的信息沟通和联系,这种交流是平等的,并无明显的中心人物。这是一个开放式的网络系统,其中每个网络中组织的集中化程度及主管人员的预测程度均较低,但由于沟通渠道很多,组织成员的平均满意程度高且差异小,所以合作气氛颇浓厚,这对于解决复杂问题,增强组织合作精神,提高士气均有很大作用。但是,由于这种网络沟通渠道太多,因此容易造成混乱,并且浪费时间,影响工作效率。委员会可以看作是一种全通道式的沟通网络。

(2)非正式沟通网络

美国心理学家戴维斯教授将非正式沟通网络归纳为下列四种形态。如图 13-3所示。

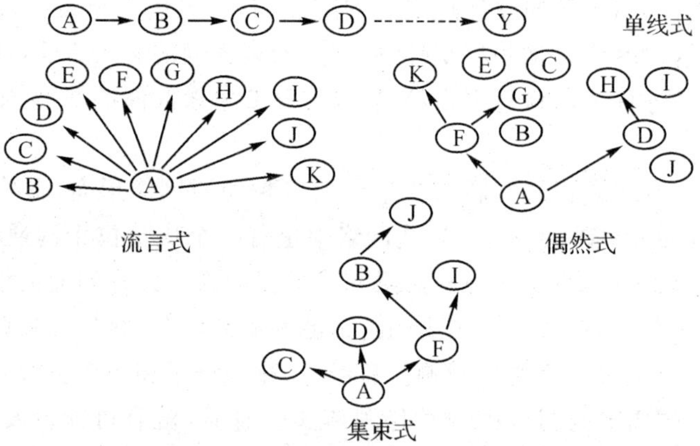

图 13-3 非正式沟通的网络类型

①集束式。它以“ 一人成串传”为特征。即一人将消息传给特定的一群人(如熟人),这些人再传给各自熟悉的其他人。这是最常见的非正式沟通网络型式,所谓“一传十,十传百”。在这种形式的信息沟通过程中,可能有几个中心人物,如图中的 A 和 F 两人就是中心人物,代表两个集群的“转播站”。

②流言式。它以“一人传多人”为特征。由一人告知所有其他人,犹如其独家新闻。在这种方式中,A 往往会根据不同信息接收者的信任程度、可欺骗性等加以区别对待。如果 A 认为 K 比 B 想知道更多的有关小道消息的内容,A 就会花费更多时间添油加醋地告诉 K。

③偶然式。这种非正式沟通型式,以“一人偶然传”为特征。即碰到什么人就转告什么人,并无一定中心人物或选择性。

④单线式。它以“一人传一人”为特征。即一人将消息传给下一人，下一人又转告下一人，通过一长串的人际关系来传递信息，而这一长串的人之间并不存在着正规的组织关系。

在非正式沟通网络中，集束式沟通网络是最普遍的非正式沟通方式。在非正式沟通中，谁是信息发送者取决于所传递的内容，如果某个人对这一信息内容感兴趣，他就会忍不住告诉其他人；如果一个人听到了一个他不感兴趣的信息，那么它也就不会再传播这一消息。从信息传递效果看，集束式传播速度最快，面也最广，而单线式和偶然式传递速度最慢，失真可能性也最大。

非正式沟通渠道在任何正式组织中都客观存在着，但它并不是像一些人认为的那样总是起消极作用。实际上，它在任何组织内部都有存在的价值，是正式沟通渠道的有益补充。人们可以利用非正式沟通渠道传递正式沟通渠道所不愿传递的信息，把正式命令转变为大家较易理解和接受的信息，从而产生协作意愿，相互理解，维持内心的平衡。还可以从非正式沟通渠道中了解员工的士气，分析组织中存在的问题。管理者在正确运用正式沟通渠道的同时，要学会正确运用非正式沟通渠道。

管理者为避免非正式沟通渠道的消极影响，可采取如下对策：①正本清源，主管者应尽可能使组织内沟通系统较为开放或公开，则种种不实的谣言将会自然消失；②要善于发现非正式沟通中的关键人物，在必要时要利用这个关键人物来协助传递某些信息或澄清某些事实；③培养员工对组织管理层的信任和好感，对企业的忠诚和热爱；④在制定重大决策时，应考虑一下该决策会不会引起小道消息，应采取什么防止举措，是否可以利用非正式渠道来推进此政策；⑤不能滥用非正式渠道，在组织管理中，管理者还是应该以正式沟通渠道为主。

13.3.4 组织沟通的障碍与有效沟通的实现

1. 组织有效沟通的障碍

在沟通的过程中，由于存在着外界干扰以及其他种种原因，信息往往被丢失或曲解，使得信息的传递不能发挥正常的作用。影响有效沟通的因素主要有：

(1)个人因素

个人因素主要包括两大类。一是有选择地接受。另一是沟通技巧的差异。所谓有选择地接受是指人们拒绝或片面地接受与他们的期望不相一致的信息。研究表明，人们往往听或看他们感情上有所准备的东西，或他们想听或想看到的东西，甚至只愿意接受中听的，拒绝不中听的信息。除了人们接受能力有所差异外，许多人运用沟通的技巧也很不相同。例如，有的人擅长用文字描述；有的人口头表达能力很强,但不善于听取意见。所有这些问题都妨碍进行有效的沟通。

(2)人际因素

人际因素主要包括沟通双方的相互信任、信息来源的可靠程度和发送者与接收者之间的相似程度。沟通是发送者与接收者之间互动的过程。信息传递不是单方面,而是双方的事情,因此,沟通双方的诚意和相互信任至关重要。上下级间的猜疑只会增加抵触情绪,减少坦率交谈的机会,也就不可能进行有效的沟通。例如,当下级怀疑某些信息会给他带来损害时,他在与上级沟通时常常对这些信息作一些有利于自己的加工。

信息来源的可靠性由诚实、能力、热情、客观四个因素所决定。有时,信息来源可能并不同时具有这四个因素,但只要信息接收者认为发送者具有即可。信息来源的可靠性实际上是由接收者主观决定的。就个人而言,员工对上级是否满意很大程度上取决于他对上级可靠性的评价。就团体而言,可靠性较大的工作部门比较能公开和经常地进行沟通,它们的工作成就也相应地较为出色。

沟通的准确性与沟通双方间的相似性有着直接的关系。沟通双方特征(如性别、年龄、智力、种族、社会地位、兴趣、价值观、能力等)的相似性影响了沟通的难易程度和坦率性。沟通一方如果认为对方与自己很相近,那么他将比较容易接受对方的意见,并且达成共识。相反,如果沟通一方视对方为异己,那么信息的传递将很难进行下去。例如,年龄差距或"代沟"在沟通中就是一个常见的问题。

(3)组织结构因素

结构因素主要包括工作专业化、地位差别、管理层次、团体规模和空间约束五个方面。

①工作专业化的影响。当工作和知识越来越专业化时,人们往往会用他们专业领域中的专业用语或简称,简化他们彼此之间的沟通,这就使他们和其他群体的人之间的沟通发生困难。当一些人使用专业术语显示他们的重要性时,情况更是如此。一个人如果长期从事相当专门化的工作,他在观察问题时容易产生狭隘的或偏执的观点。这些狭隘的观点会阻碍组织沟通,因为它使一个人更难看到或了解到他人的观点。

②地位差别的影响。一个人在组织中的地位很大程度上取决于他的职位。许多研究表明,地位的高低对沟通的方向和频率有很大的影响。例如,总经理的地位高于副总经理,后者的地位又高于部门经理。这种地位上的差异也会造成有效沟通的障碍。它可能被某些管理人员用做借口,避开一些他不想听的信息,这会限制下属上达的信息数量及种类。又如,人们一般愿意与地位较高的人沟

通；地位较高的则更愿意相互沟通；地位悬殊越大，信息趋向于从地位高的流向地位低的。事实清楚地表明，地位是沟通中的一个重要障碍。

③管理层次的影响。当信息必须逐人转达或传递时最容易受到歪曲，并且经过的中间人越多，被歪曲的机会越多，失真的程度也越大。假如组织的层次过多，信息的接收者与发送者之间的组织距离太远，使接收者最后收到的信息与原始的信息可能大有出入。拉尔夫·尼科尔研究了100家工商企业的沟通效率，发现信息在沿组织层次自上而下传递时会严重流失。当信息沿董事会→副总裁→一般经理→厂长→工长→工人的指挥系统传递时，信息流失的百分比分别是0、37%、44%、60%、70%、80%。

④团体规模的影响。当工作团体规模较大时，人与人之间的沟通也相应地变得较为困难。这部分地由于可能的沟通渠道的增长大大超过人数的增长。

⑤空间约束的影响。企业中的工作常常要求工人只能在某一特定的地点进行操作。这种空间约束的影响往往在工人单独于某位置工作或在数台机器之间往返运动时尤为突出。空间约束不仅不利于工人间的交往，而且限制了他们的沟通。一般说来，两人间的距离越短，他们交往的频率也越高。

(4)文化因素

文化是人类特有的适应环境的能力，是人类各种行为背后的驱动力。当信息从一种文化模式传递到另一种模式，文化的差异就会造成人际沟通的障碍。亨廷顿认为：在新的世界里，人类冲突的基本原因不是意识形态的或经济的，人类间大的冲突与分歧的主导因素将是文化。不同文化的差异通过自我意识与空间、交流与语言、衣着与打扮、食品与饮食习惯、时间与时间意识、各种不同的季节观念、人们的各种关系、价值观与规范、信仰与态度、思维过程与学习、工作习惯与实践11个方面表现出来。

在组织沟通中，文化情境常常成为文化间沟通的障碍。在高文化情境中，比如中国、韩国、日本等国，人际沟通具有这样的特征：建立社会信任先于建立工作关系；看重人际关系和亲善；注意沟通环境。在低文化情境中，比如德国、瑞士、北美地区等，人际沟通表现出相反特点：看重个人专长和绩效；直截了当谈论任务、工作和困难；注重清晰、准确的沟通过程。（相关内容请参见“管理之窗——中西方在沟通习惯上的差异”）

非言语沟通也明显地展示跨文化的特征。什么是合适的身体语言，如姿势、手势、目光接触、面部表情、语音语调只有与特定的文化联系才能准确表达意义；个人的空间也有一定的规则，英国人就喜欢有距离的人际空间；民族中心主义也常常是非言语沟通的主要障碍。

表 13-3　中西方人士沟通习惯比较

中国	西方
注重人 注重等级 被动	注重事 注重合作 主动
间接委婉 内向 学习式(请教式的) 注重过程 注重和谐的气氛 注重给予与获取的平衡	直接公开 外向 教导式(诲人不倦的) 简明扼要 注重具体相关事项上的一致 注重收益

(资料来源:龚荒,杨政军:《管理学》,中国矿业大学出版社 2005 年版,第 325 页)

(5)技术因素

技术因素主要包括语言、非语言暗示、媒介的有效性和信息过量。

大多数沟通的准确性依赖于沟通者赋予字和词的含义。由于语言只是个符号系统,本身并没有任何意思,它仅仅为我们描述和表达个人观点的符号或标签。每个人表述的内容常常是由他独特的经历、个人需要、社会背景等决定的。因此,语言和文字极少对发送者和接收者双方都具有相同的含义,更不用说许许多多的不同的接收者。再加上不同语言之间翻译上也不可能完全实现意思的传递。比如,"知识分子"和 intellectual 在中美各自的文化背景中含意是大不相同的。在中国,"知识分子"一般包括大学教师、大学生以及医生、工程师、翻译人员等一切受过大学教育的人,而且中学教师也是知识分子。在中国农村许多地方,连中学生也被认为是"知识分子"。但在美国和欧洲,intellectual 只包括大学教授等有较高学术地位的人,而不包括普通大学生,所以这个词所指的人范围要小得多。此外,还有其他区别。在美国,intellectual 并不总是褒义词,有时用于贬义,如同我国"文革"中叫"臭老九"一样。

语言的不准确性不仅仅表现为符号的不同理解,还表现在非言语符号的不同理解。例如,当人们进行交谈时,常常伴随着一系列有含义的动作。这些动作包括身体姿势、头的偏向、手势、面部表情、移动、触摸和眼神。这些非言语的信号强化了所表述的含义,而不同的民族、地域、宗教信仰的人又有大量的非言语的符号,且有时候相同的符号的含义是截然相反的。例如,在中国,点头表示同意,摇头表示反对。但在有些国家,如马其顿、保加利亚、尼泊尔,则正好相反,点头表示反对,摇头表示同意。由此可见,非言语的理解上差异更增加了沟通的难度。

管理人员十分关心各种不同沟通工具的效率。一般说来，书面和口头沟通各有所长。书面沟通（备忘录、图表、表格、公告、公司报告）常常适用于传递篇幅较长、内容详细的信息。口头沟通（面对面讨论、电话、交谈、讲座、会议）适合于需要翻译或精心编制，才能使拥有不同观念和语言才能的人理解信息。总之，选择何种沟通工具在很大程度上取决于信息的种类和目的，还与外界环境和沟通双方有关。

由于现代沟通技术的发展，特别是电子计算机的广泛应用，在一个组织内部可能会出现信息超负荷的现象。信息超负荷会影响管理人员的行为。第一，管理人员可能根本就不看某些信息。例如，在需要处理大量信件的压力下，人们对来信很可能干脆不做出回应。第二，管理人员可能因为信息超负荷而无意中做出错误的反应。例如，他们可能在传递信息时遗漏了一个“不”字而使意思相反。第三，管理人员可能拖延对信息的处理，以致误事。第四，管理人员可能会对收到的信息过滤，按先易后难的顺序进行处理，可能会把较难处理但非常重要的信息忽略了。第五，管理人员可能会“逃避”信息沟通，根本不理睬收到的信息，也不把信息传送出去。很显然，信息过量不仅使经理人员没有时间去处理，而且使他们难于向同事提供有效的、必要的信息，沟通也随之变得困难重重。

2.有效组织沟通的实现

管理沟通中的种种障碍影响了信息的正常沟通，减弱了沟通的有效性，必须加以克服，才能实现有效的沟通。有效沟通的实现方法主要是：

(1)创造一个相互信任，有利于沟通的组织内部环境。管理人员不仅要获得下属的信任，而且要得到上级和同僚们的信任。要创建一个宽松、公平、进取、向上、透明的工作氛围，让每个员工的沟通都能平和、自如、高效。

(2)缩短信息传递链。拓宽沟通渠道，保证信息的畅通无阻和完整性。信息传递链过长，必然要减慢信息传递速度并造成信息失真。减少组织机构重叠，减少管理层次。此外，在利用正式沟通渠道的同时，可开辟高级管理人员至低级管理人员的非正式的直通渠道，以便于信息的传递。

(3)积极倾听。倾听是指认真地听对方讲话，并力图弄懂所听到的内容，这对于沟通双方都很重要。有许多沟通活动进行不下去就是因为不善于听而受阻的。只有明白无误地听清了对方表达的内容，沟通才能有效进行。要提高倾听的效率，由一般被动地听转化为积极主动地听，应该注意以下几点：①少讲多听，多保持沉默和冷静，不轻易打断对方的话；②设法使交流轻松，使对方感到舒畅，消除紧张感，以便能充分表达自己的观点，说出自己想说的话；③用动作语言表现出你对对方谈话的浓厚兴趣，如用目光接触，展现赞许性的点头和恰当的面部表情，表示你在认真地听他讲；④尽可能排除外界的干扰，避免做一些使对方分心的举动或手势，如在对方讲话时不要轻易走动，干一些无关紧要的事；⑤不要立即与对方发生争论和妄加批评；⑥在必要时提出一些问题，以显示你在倾听并求得了解。

尤其值得注意的是，在倾听过程中要采取“换位思考”的方法，即从移情的角度入手，把自己置于对方的立场来思考问题，避免先入为主，努力去理解别人要表达的含义。

(4)建立特别委员会，定期加强上下级的沟通。特别委员会由管理人员和第一线的员工组成，定期相互讨论各种问题。国外的特别委员会通常每年碰头两至六次，并且会前有正式的会议议题，会后公开讨论结果。会中如有问题不能解决，可上报高级管理人员。

(5)加强平行沟通，促进横向交流。一般说来，企业内部的沟通以与命令链相符的垂直居多，部门间、工作小组间的横向交流较少，而平行沟通却能加强横向的合作。具体说来，可以定期举行由各部门负责人参加的工作会议，其主题是允许他们相互汇报本部门的工作、对其他部门的要求等等，以便强化横向合作。

【本章小结】

沟通(communication)可理解为信息或思想在两个或两个以上主体中传递或交换的过程。沟通的作用有：沟通是协调组织内部各方面活动，使组织成为一个整体的凝聚剂；沟通是领导者激励下属，实现领导职能的基本手段；沟通也是组织与外部环境之间建立联系的桥梁；沟通有利于满足员工的心理需要，改善人际关系。

任何一个沟通过程都包括发送者(信源)、所传递的内容(信息)、接收者(信宿)、传递信息的渠道(信道)和反馈等环节。沟通的基本原则有：准确性原则、完整性原则、适时性原则、及时性原则。

沟通的类型：根据沟通参与者类型不同，沟通可以分为机—机构通、人—机沟通和人—人沟通。按照传播媒介的形式不同，沟通可分为口头沟通、书面沟通、非语言沟通和电子媒介沟通。按照是否进行反馈，沟通可分为单向沟通和双向沟通。

人际沟通是指两个或两个以上的人之间的信息沟通。管理者在一个组织中充当着各种不同的角色，而这些角色都要求管理者掌握人际沟通的技能。在现代社会中，沟通是人与人之间发生相互联系的最主要形式。人际沟通的意义和作用,主要体现在以下几个方面:人际沟通是组织管理的基础;人际沟通是营造高效工作团队的重要条件;人际沟通有助于人际关系的协调与改善;人际沟通可以增加人们的知识和经验。人际沟通的特点有:沟通双方都是积极的主体;人际沟通过程受制于一定的人际关系,并对人际关系产生影响;人际沟通过程中会遇到特殊的障碍;人际沟通的主要方式是语言,辅之以手势、体态及语气、语调、表情等。人际沟通的障碍主要有:信息沟通过程中各环节造成的人际沟通障碍;沟通双方信息选择与信息过滤作用所造成的沟通障碍;语义障碍;沟通双方社会文化因素方面的差异所导致的沟通障碍;情绪、情感因素造成的沟通障碍;沟通双方气质、性格等人格差异也是导致人际沟通障碍的因素。在人际沟通过程中,要克服沟通障碍,提高沟通技能,应注意:沟通双方要端正态度,避免随意操纵信息;正确选择沟通的媒介;正确使用语言,熟练掌握谈话艺术;沟通中要学会"倾听";换位思考,抑制情绪化的反应;了解沟通对象的性格、气质。

组织沟通是组织内部沟通和组织外部沟通的整合,是组织围绕既定目标,通过各种渠道,有目的地与内部员工和外部组织交流观点、信息、意见和情感的行为。组织沟通的特征有:组织成员有明确的沟通路线;正式沟通的线路是直接的,信息是可靠的;正式沟通线路是畅通的。组织外部沟通是指组织为了在环境中更好地生存与发展,必须与周围的其他组织或成员发生业务往来和合作所进行的有效沟通。组织外部沟通的作用主要体现在以下几个方面:为实现组织目标创造良好的外部环境;为组织传递有效的信息;维护组织形象;为顾客提供服务。组织内部沟通主要是组织成员为了实现共同的目标而进行的信息、思想、态度、情感交流的过程。主要有指示与汇报、会议与个别交流、书面、口头、语言和非语言沟通等沟通方式。组织内部沟通的作用:传递组织的相关信息;征求员工对组织发展的意见和建议;了解员工对组织政策实施的看法;塑造组织文化。组织内部沟通的类型。根据沟通的组织系统的不同,可以将沟通分为正式沟通与非正式沟通。按照沟通时信息的流动方向不同,沟通可分为下行沟通、上行沟通和平行沟通及斜向沟通。

沟通网络是指由若干环节的沟通路径所组成的总体结构。它指出了在一个组织中信息是怎样传递和交流的。信息沟通的有效性与它的结构形式有一定的关系。它有两种形态:正式沟通网络和非正式沟通网络。在正式的组织环境中,正式信息沟通网络的形态可以分为:链式、轮式、Y式、环式(圆形)及全通道式(星形)。非正式沟通的网络类型主要有:集束式、流言式、偶然式、单线式。

影响有效沟通的因素主要有:个人因素;人际因素;组织结构因素;文化因素;技术因素。管理沟通中的种种障碍影响了信息的正常沟通,减弱了沟通的有效性，必须加以克服，才能实现有效的沟通。有效沟通的实现方法主要是：创造一个相互信任，有利于沟通的组织内部环境；缩短信息传递链；积极倾听；建立特别委员会，定期加强上下级的沟通；加强平行沟通，促进横向交流。

【综合案例】

摩托罗拉公司的沟通方式

摩托罗拉公司于1992年在天津经济开发区破土兴建第一家寻呼机电池、基站等5个生产厂，成为摩托罗拉在其本土之外最大的生产基地，投资额比原来最初的投资额增加了9倍，工人数由不到100人增加到8000人，年产值达28亿美元。这是一个在华投资成功的企业。

在摩托罗拉公司，每一个高级管理者都被要求与普通操作工形成介乎同志和兄妹之间的关系——在人格上千方百计保持平等。"对人保持不变的尊重"是公司的文化。最能表现摩托罗拉"对人保持不变的尊重"的文化的是他的"Open Door"，即"有管理者办公室的门都是绝对敞开的，任何职工在任何时候都可以直接进来，与任何级别的上司平等交流"。每个季度第一个月的1—21日，中层干部都要同自己的下属和自己的主管进行一次关于职业发展的对话，回答"你在过去3个月里受到尊重了吗？"等6个问题。这种对话是一对一和随时随地的。摩托罗拉的管理者为每一个被管理者还预备了12条这种"Open Door"表达意见和发泄不满的途径，即沟通方式。

◎ 我建议(I recommend)。以书面形式提出对公司各个方面的意见和建议，全面参与公司管理。

◎ 畅所欲言(Speak Out)。这是一种保密的双向沟通渠道。如果员工要对真实的问题进行评论或投诉，应诉人必须在3日内对隐去姓名的投诉信给予答复。整理完毕后，由第三者按投诉人要求的方式反馈给投诉人，全过程必须在9天内完成。

◎ 总经理座谈会(GM Dialogue)。每周四召开座谈会，大部分问题可以当场答复，7日内对有关问题的处理结果予以反馈。

◎ 报纸与电视台(Newspaper and TV)。摩托罗拉给自己内部报纸起的名字叫《大家庭》，内部设有有线电视台，起名叫"大家庭电视台"。

◎ 每日简报(DBS)。可方便快捷地了解公司和部门的重要事件和通知。

◎ 员工大会(Town hall Meeting)。由经理直接传达公司的重要信息，而且有问必答。

◎ 教育日（Education Day）。每年在这一天重温公司文化、历史、理念和有关规定。

◎ 墙报（Notice Board。）墙报定期更换，刊登弘扬企业文化的励志文章。

◎ 热线电话（Hot Line）。遇到任何问题都可以向这个电话反映，昼夜均有人值守。

◎ 职工委员会。（ESC）职工委员会是员工与管理层直接沟通的另一个桥梁，委员会主席由员工关系部经理兼任。

◎ 邮件系统（Email）。摩托罗拉有自己的一套邮件系统，员工可以通过分配给自己的账户和管理者沟通。

◎ 589信箱（589 Mail Box）。当员工的意见通过以上渠道无法得到充分、及时和公正的解决时，可以直接写信给589信箱。此信箱钥匙由中国区人力资源部掌管。

思考题

1. 按照你所学到的内容，试着给以上12种沟通方式进行归类。

2. 简述摩托罗拉沟通系统的特点。

3. 你认为这些沟通的方式是否会得到满意的结果。

第 5 篇

控　制

第14章

控制概述

引导案例

麦当劳公司的控制

麦当劳金色的拱门允诺:每个餐厅的菜单基本相同,而且“质量超群,服务优良,清洁卫生,货真价实”。它的产品、加工和烹制程序乃至厨房布置,都是标准化的,严格控制的。它撤销了在法国的第一批特许经营权,因为它们尽管盈利可观,但在快速服务和清洁方面未达到相应的标准。

麦当劳的各分店都是由当地人所有和经营管理。鉴于在快餐饮食业中维持产品质量和服务水平是其经营成功的关键,因此,麦当劳公司在采取特许连锁经营这种战略开辟分店和实现地域扩张的同时,特别注意对连锁店的管理控制。如果管理控制不当,使顾客吃到不对味的汉堡包或受到不友善的接待,其后果就不仅是这家分店将失去这批顾客及其周遭人光顾的问题,还会波及影响到其他分店的生意,乃至损害整个公司的信誉。为此,麦当劳公司制定了一套全面、周密的控制方法。

麦当劳公司主要是通过授予特许权的方式来开辟连锁分店。其考虑之一,就是使购买特许经营权的人在成为分店经理人员的同时也成为该分店的所有者,从而使其在直接分享利润的激励中形成了对其扩展中的业务的强有力控制。麦当劳公司在出售其特许经营权时非常慎重,总是通过各方面调查了解后挑选那些具有卓越经营管理才能的人作为店主,而且事后如发现其能力不符合则撤回这一授权。

麦当劳公司还通过详细的程序、规则和条例,使分布在世界各地的麦当劳分店的经营者和员工们都进行标准化、规范化的作业。麦当劳公司对制作汉堡包、炸土豆条、招待顾客和清理餐桌等工作都事先进行详实的动作研究,确定各项工作开展的最好方式,然后再编成书面的规定,用以指导和规范各分店管理人员和一般员工的行为。公司在芝加哥开办了专门的培训中心——汉堡包大学,要求所有的特许经营者在开业之前都接受为期一个月的强化培训。回去之后.还要求他们对所有的工作人员进行培训,确保公司的规章条例得到准确的理解和贯彻执行。

为了确保所有特许经营分店都能按统一的要求开展活动,麦当劳公司总部 66 名管理人员还经常走访、巡视世界各地的经营店,进行直接的监督和控制。例如,有一次巡视中,公司总部管理人员发现某家分店自作主张,在店厅里摆放电视机和其他物品以吸引顾客,这种做法因与麦当劳的风格不一致,立即得到了纠正。除了直接控制外,麦当劳公司还定期对各分店的经营业绩进行考评。为此,各分店要及时提供有关营业额、经营成本和利润等方面的信息,这样总部管理人员就能把握各分店经营的动态和出现的问题,以便商讨和采取改进的对策。

麦当劳公司的另一个控制手段,就是要求所有经营分店都塑造公司独特的组织文化,这就是大家所熟知的由"质量超群,服务优良,清洁卫生,货真价实"口号所体现的文化价值观。麦当劳公司共享价值观的建设,不仅在世界各地的分店及其上上下下的员工中进行,而且还将公司的一个主要利益团体——顾客也包括进这支队伍中。麦当劳的顾客虽然要自我服务,但公司特别重视满足顾客的要求,如为他们的孩子们开设游戏场所,提供快乐餐和生日聚会等服务,以形成家庭式的氛围,这样既吸引了孩子们,也增强了成年人对公司的忠诚感。

思考题:麦当劳的控制方法对你有什么启发?

本章主要内容

1. 控制的含义。
2. 控制和计划的关系。
3. 控制的重要性。

4. 控制的类型和要求。

5. 控制的过程及控制的方法和技术。

14.1 控制概述

没有规矩不成方圆，没有控制就没有管理。控制贯穿于整个企业管理的全过程。控制是要确保组织的所有活动朝着目标迈进，通过控制可以及时发现问题及时纠偏，使组织的各项活动与组织的目标和计划相一致。控制是企业管理的重要职能之一，是使组织活动更加有效而进行的管理活动。控制职能的主要内容包括确立标准、衡量绩效、纠正偏差。有效的控制不仅要求选择关键的经营环节，确定恰当的控制标准和频度，及时收集信息和反馈信息，而且要求合理运用预算的或非预算的控制方法和手段。

14.1.1 控制的含义及必要性

1. 控制的含义

关于控制的含义管理学家有不同的说法：法约尔认为，控制就是监督各人是否按照计划、命令、原则执行工作和任务；霍德盖茨认为，控制就是管理者将计划的完成情况和目标（标准）对照，然后采取措施纠正计划执行中的偏差，以确保计划目标的实现；孔茨则认为，控制就是按照计划标准衡量计划的完成情况和纠正计划执行中的偏差，以确保计划目标的实现。从以上几位管理学家关于控制的论述中可知，要理解控制的含义，必须把它与计划工作联系在一起加以说明。实际上，控制是组织管理过程中不可缺少的一部分，是各级管理人员的主要职责和日常管理重要的工作内容之一。一般认为，控制就是监督各项活动，确保组织的所有活动朝着目标迈进，与组织的目标和计划相一致，从而使组织活动更加有效的管理过程。控制的含义包括以下三点内容：第一，控制有很强的目的性，即控制是为了保证组织中的各项活动按计划进行；第二，控制是通过“监督”和“纠偏”来实现的；第三，控制是一个过程。在管理实践中，几乎所有的管理者都必须履行控制的职能，因为要保证组织活动按照计划进行，按时完成任务，控制是必不可少的。

2.控制的必要性

控制的必要性表现在以下几方面:

(1)为了更好地适应环境的变化,实现组织各项计划和目标。组织面临的环境是经常变化且处在一个动态的市场之中,计划在执行的过程中往往会发生偏差,所以就必须进行控制。如果组织面对的是一个静态的市场,如市场供求关系、竞争条件永不发生变化,那么管理人员就可以用相同方法管理企业经营,员工就可以用相同的技术和方法从事生产活动,这样组织控制工作就不需要了。但是,这样理想的环境是不存在的。组织所面临的环境,不论是内部环境还是外部环境都是动态的,经常变化的,这些变化客观上要求组织必须对原有计划进行适当调整,对经营活动进行适当控制,从而使组织经营活动与计划相适应。

(2)充分发挥控制系统作用的需要。当组织规模较小时,控制是简单的,甚至是不需要的,因为规模小管理权限高度集中,控制的必要性还不是很明显。但是当企业经营达到一定规模,企业高层主管就不可能直接面对面地组织和指挥全体成员的活动,就必须实施分权管理,而且随着市场经济的进一步发展,现代企业制度的建立,企业的管理权限都制度化或非制度化地分散在组织的各个管理部门和层次上。组织分权程度越高,控制就越有必要。因为控制系统可以提供被授权者的工作绩效信息和反馈,以保证授予他们的权力得到正确的利用。如果没有控制,没有为此建立起来的组织控制系统,管理人员就不能及时了解情况,就不能及时检查下级工作情况,出现问题,管理人员无法发现,也就不能及时采取纠正措施。因此,组织规模越大,分权程度越明显,越需要加强控制。

(3)员工认识能力和工作能力上的差异。每一个组织成员的文化素质不同,认识问题、解决问题的能力也不同,因此即使是在非常理想的条件下,如组织面临的生产经营环境比较稳定,组织制定的计划也非常周密完善,控制仍是必须的。这主要是由于组织成员个体认识问题能力和工作能力有一定差异,在管理活动中都不可避免地会犯一些错误,出现一些失误,虽然一些小错误不会对组织产生太大的影响,但是随着时间推移,一些小错误和小缺点如果没有得到及时纠正,就会逐步积累起来成为非常严重的问题。更何况完美计划的实现要求每个部门、每个员工的工作都要严格按照计划实施。但是在管理实践中,组织成员由于拥有的基本素质不同,每个员工认识问题的能力和解决问题的能力不同,对计划理解得也不一致,加上平时工作又在不同的时间和空间进行,这就可能造成实际执行情况与计划和目标不一致。即使没有认识上的差异,由于工作能力上的差异,有时也会使他们的实际工作结果与计划要求不符。为了减少差错,及时改正缺点和失误,使组织活动能按照计划和目标来实施,管理者必须依靠控制系统加强对组织的控制工作,以避免小问题泛滥成灾,影响组织计划和目标的实现,给企业带来损失。

14.1.2 控制与计划的关系

控制与计划既互相区别,又紧密联系。控制与计划是一个问题的两个方面。企业主管人员首先制定计划,因为计划为落实和协调组织活动提供保证;计划可以明确组织成员行动的方向和方式;计划可以为组织资源的筹措和整合提供依据;计划也是检查与控制组织活动以及评定行动及其效果是否达到标准的需要。计划越明确、全面和完整,控制的效果也就越好。其关系主要表现在:

第一,一切有效的控制方法首先就是计划方法,例如预算、政策、程序和规则,这些控制方法同时也是计划方法或计划本身。

第二,如果不首先考虑计划以及计划的完善程度,就试图去设计控制系统的话,那样是不会有效果的。换句话说,之所以需要控制,就是因为要实现目标和计划。控制到何种程度、如何控制都取决于计划的要求。

控制职能使管理工作成为一个闭路系统,成为一种连续的过程。在多数情况下,控制工作既是一个管理过程的终结,又是一个新的管理过程的开始。控制绝不是仅限于衡量计划执行中出现的偏差,控制的目的在于通过采取纠正措施,把那些不符合要求的管理活动拉回到正常的轨道上来,使管理系统稳步地实现预定目标。纠正措施可能很简单,但更多的情况下,纠正措施可能涉及需要重新拟定目标、修订计划、改变组织结构、调整人员配备,并对指导或领导方式做出重大改变等等。这实际上是一个新的管理过程。从这个意义上说,控制工作不仅是实现计划的保证,而且可以积极地影响计划工作。总之,计划为控制工作提供标准,没有计划,控制也就没有依据。如果只编制计划,而不对其执行情况进行控制,计划目标就很难得到实现,计划和控制的效果分别依赖于对方。计划越明确、详细和全面,控制工作就越容易进行,效果也就越好;而控制越准确、合理和有效,就越能保证计划的实现,并能提供更多的反馈信息从而提高计划的质量。管理中许多有效的控制方法首先就是计划方法,如预算、目标管理、网络分析技术等。计划工作本身必须要有一定的控制,这样才能保证计划工作的质量;控制工作本身也需要有一定的计划,离开了计划,控制工作将寸步难行,更谈不上控制的真正效果了。

14.1.3 控制的重要性

企业的正常运营往往是多个部门分工协作的结果,这就要求部门之间要不断进行协调与配合,配合不好就会造成企业运作流程阻滞不通畅,就会影响企业生产经营活动的正常进行。所以在这里要特别强调一种协作精神。如何达到企业流程的顺畅,加强企业的控制是关键。控制是对企业的所有业务流程进行总体的规划与控制,这里包括两层含义:第一,是根据企业的自身情况完善程度及时调整企业运营的程序与具体操作规程。第二,是在现有运行体制的状况下保证各项程序的正常、有序实施。对于第一点,重点是宏观控制与微观调节,这对于企业建立一个良好畅通的流程很重要,这就要求管理者(总经理、执行总监、首席执行官)对企业的运营要有一个良好的了解与掌握,在现有的各项环境条件下建立起行之有效的企业业务流程,而且它必须是可行的、高效的、稳定的。其次对于第二点,企业的内外部环境是复杂多变的,每一个环节的运行在不同管理层面上都有着某些差别,必须运用组织的智慧、组织的应变力来保证所有业务的正常、有序进行。加强企业的执行力,做好企业管理思想的上传下达,并将监督检查作为一项日常工作来抓。让管理制度真正发挥作用,这是加强企业管理效率的有效方法。组织控制工作的重点应放在内部控制上。所谓内部控制,是指一个组织的各级管理层为了保护其经济资源的安全、完整,确保经济和会计信息的正确可靠,协调经济行为,控制经济活动,利用组织内部分工而产生的相互制约、相互联系的关系,形成一系列具有控制职能的方法、措施和程序,并予以规范化、系统化,使之成为一个较为严密、完整的体系。实施内部控制的主要作用有以下几点:一是有助于管理层改善经营方式,实现经营目标;二是保护企业各项资产的安全和完整,防止资产流失或损害;三是保证业务经营信息和财务会计资料的真实性和完整性;四是保证企业经营活动的合法性。可见,管理控制既是企业发展的需要,也是企业的一种责任和义务。

14.2 控制的基本过程

实施管理控制职能的基本程序是:(1)制定标准;(2)对照标准衡量工作绩效;(3)采取纠正行动,消除偏离标准和计划情况(见图 14-1)。

14.2.1 确定控制标准

1. 控制目标和控制标准

控制目标是指控制对象,就是体现目标特性,影响目标实现的要素。而控制

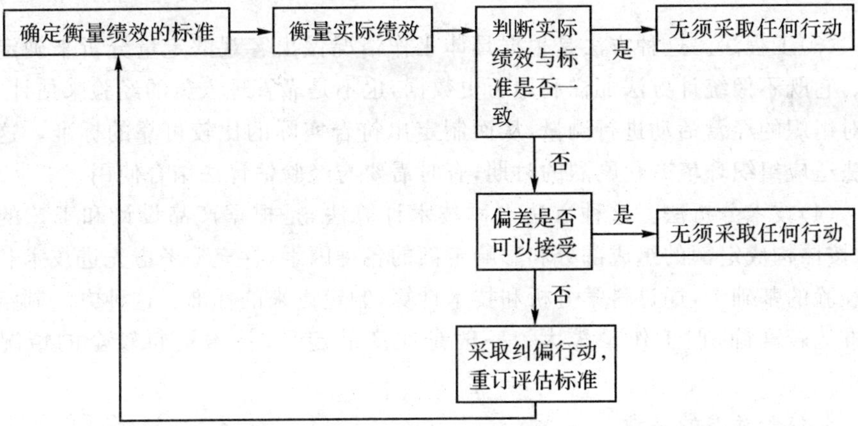

图 14-1　控制的过程

标准是指计量实际或预期工作成果的尺度。控制目标、控制标准是控制工作得以开展的前提，是检查和衡量实际工作的依据和尺度。如果没有控制目标，不清楚控制对象，控制就是盲目的，是不可能有成效的。没有控制标准，便无法衡量实际工作，控制工作也就失去了目的性。因此，控制职能在实施过程中，首先是要确立科学的明确的标准，这是将来作为衡量工作绩效的标准，如果没有一套完整的标准体系，那么控制工作的第二步衡量绩效及第三步纠正偏差就没有依据和实际意义。

2. 确立标准的方法

组织应根据内部系统特征和组织外部环境的具体情况的需要，选择合适的方法确立标准。常用的有以下几种：

(1)统计法。这种方法是建立在对统计数据分析的基础上，主要根据组织历史上历年积累的统计数据，在此基础上进行分析测算，从而确定衡量预期绩效的统计数据或常规数据，根据此方法确定的标准可以比较好地反映组织过去一般水平或平均水平。但是这种方法没考虑未来可能发生的新情况，当环境变化较大时，用这种方法得出的标准误差较大。

(2)估算法。主要根据有经验人员的分析和判断估计控制标准。这种方法主要用于缺乏历史数据或环境因素变化较大时制定的标准。通过有经验的管理人员主观分析判断，在对未来变化趋势做出客观预测的基础上，制定出较为实际的控制标准。这种方法制定的标准，容易受到个人经验和价值观的影响。从精确度来讲，由于缺乏历史数据和资料，可能与实际运作有一定偏差。但这种方法更重视新问题的解决，更适应在新的环境下或缺乏统计资料的情况下制定组织的标准。

(3)工程法。这种方法是根据具体工作情况做出客观的定量分析来确定标准。它既不像统计方法那样利用历史数据,也不是靠管理人员的经验来估计,而是对组织的经营活动进行测量,从而制定出符合实际的比较可靠的标准。这种方法适应组织环境变化剧烈的时期,有时需要与经验估计法结合使用。

(4)技术分析法。这种方法也称技术计算法,是根据产品设计和工艺的需求,按照构成定额的组成部分和影响定额的各种因素,在充分考虑先进技术和先进经验的基础上,通过科学分析和技术计算,制定出来的标准。这种方法制定的标准比较准确,但工作量较大。一般是在产品定型、技术资料较全的情况下采用。

3.控制标准的类型

制定标准是进行控制的基础。标准的表现形式很多,大致分为定性标准和定量标准两大类。定性标准可分为无形标准和目标标准;定量标准又可细分为实物量标准、货币标准等。但是不论采取哪类标准,都需要按照控制对象来决定。对各种标准要求上要有较大的稳定性和适应性,文字说明要具体明确,便于考核。

(1)实物量标准。这是一种非货币标准,一般适用于原材料、产品和提供劳务的基层单位。这些标准反映了定量的工作成果。如单位产量工时、货运量的吨公里、产品的数量、废品的数量等等。实物量标准是制定计划的基础,也是控制工作的基本标准。

(2)货币标准。用货币计量的标准,同实物量标准一样普遍适用于基层单位。具体包括:①费用标准。是把货币价值加到各种经营费用之中,用来说明费用指标。如单位产品的直接费用和间接费用、人工费、材料费、单位产品成本等。②资金标准。是用货币计量实物项目引起的,与组织投入的资金有关,如投资回报率等。③收入标准。把货币价值与销售额相联系产生的标准。如每销售一吨石油的货币收入(销售收入)、利润等。

(3)无形标准。这种标准既不能用实物来衡量也不能用货币来衡量。比如判断一项广告是否符合组织的长、短期目标;或者管理人员对下属才能的评价;有关顾客满意度方面评价、组织形象和服务质量等方面评价。这些内容的判断很难有定性或定量的标准,因此对类似上述内容的管理控制仍需以无形的标准、主观判断、反复实验,甚至是预感为依据。

(4)目标标准。即把目标作为标准,这是一种较好的控制标准。在组织各级管理机构中建立一套完整的可以考核的目标体系,可考核的目标分成定性和定量目标，这样可减少无形标准的作用。定量目标是可以比较准确地考核；定性目标可以用比较详细的说明计划、或其他具体目标的特征和完成期限的方法来提高考核的程度。

4. 制定控制标准的要求

(1)便于控制和衡量工作，因此量化的程度要高。

(2)应当有利于组织目标的实现。因为标准具有指导意义，会引导控制对象的行为，标准应当与组织目标一致。

(3)标准应当具有先进性和可行性。标准一方面要有先进性，鼓励员工努力实现，另一方面标准是员工经过努力可以实现的。

(4)标准应当具有一定的弹性，控制标准应当对环境变化有一定的适应性，特殊情况例外处理。

14.2.2　对照标准检查实际绩效

根据事先制定的合理的标准及确切的评定下属人员实际工作情况的方法和手段，对实际执行情况的评价就非常容易。实际上如何衡量绩效，在拟定标准时就已经涉及，已经得到部分地解决，即在制定可考核的标准时，就已经把计量的单位、计算方法、统计口径等确定下来，因此，对绩效考评，主要问题是如何及时地准确地收集信息。为了确定实际工作的绩效究竟如何，管理者首先需要收集必要的信息，然后开始对照标准检查实际效果。管理人员用来衡量实际工作绩效的信息主要有以下几种：

(1)个人观测。个人观察法提供了有关实际工作方面最直接和最深入的第一手资料。这种观察可以包含非常丰富的内容，因为任何实际工作的过程总是可以观察到的。通过观察得到的信息不同于阅读报告得到的信息。尤其是走动式管理、现场办公等，可以帮助管理者获得各方面的信息。

(2)口头与书面报告。信息也可通过口头汇报形式获得，如各种会议、一对一谈话或电话交谈。这种方式优缺点同个人观察的方式类似，虽然这种信息是经过过滤的，但它是一种快捷的、有反馈的，同时可以通过语言语调和词语本身来传达信息。过去这种利用语言口头收集信息的一个主要缺点是不便于保存和重新使用，但现在随着科学技术的发展，口头汇报很容易被录制下来加以保存，并可在以后使用。实际工作情况也可通过书面报告来衡量。与口头汇报相比，书面报告除了更正式一些之外，还更精确和更全面，更易于保管和查找。

(3)统计报告。现代组织中广泛使用计算机管理，因此管理人员越来越多依靠统计报告来衡量实际工作的绩效，这种统计报告不仅有计算机输出的文字，还可输出各种图像、图表,可以按照管理人员的要求列出各种统计数据,满足管理人员对信息的要求。

以上几种信息形式各有千秋,管理人员在控制活动中应综合运用这些信息。通过衡量实际工作与标准之间的偏差,可以获取偏差信息。一般来说,实际绩效与标准不可能完全一致,两者总会有些出入。在某些活动中,偏差是在所难免的,因此确定一个可以接受的偏差范围是十分必要的。只要实际结果在这个范围之内,就可认为是被控的,不存在偏差,如果偏差明显地超出这个范围,管理人员就应引起高度重视。存在的偏差主要有两种情况:一种是结果比标准完成得要好,称为正偏差;另一种与此相反,即实际结果没有到达标准的要求,称为负偏差。出现负偏差当然不是好事情,但是,出现正偏差也不一定是没问题,也必须做必要的分析,因为有时目标定得太低或由于其他偶然因素的作用会出现正偏差,在管理控制要求比较严格的情况下,正偏差也不能放过。总之在衡量绩效阶段,管理人员应特别注意产生偏差的大小和方向。

14.2.3 采取纠偏行为

纠正行动是整个管理控制中关键的一个环节。纠正行动是指根据偏差分析结果,进行决策,制定纠正偏差措施,并付诸实施,以便使实际操作系统重新进入计划轨道,保证目标实现的行为。

偏差信息是实际工作情况或结果与控制标准要求之间所发生偏离程度的信息。了解和掌握偏差信息,是控制工作的重要环节。在此基础上,就可以实施控制的第三个也是最后一个步骤,即分析偏差原因,采取纠正措施。纠正偏差是控制过程中关键的环节,它之所以重要就在于体现了执行控制职能的目的,同时,将控制职能与其他管理职能结合在一起。任何控制行动都是针对问题及其产生的原因而采取相应的解决对策。控制措施、对策、办法的提出必须建立在对偏差原因进行正确分析的基础上。不正确的分析归类会导致控制行动的低效、无效甚至负效果。

在纠正偏差过程,管理人员一般有四种方案可选择。第一方案什么也不做;第二方案改进实际绩效;第三方案重新修订标准;第四方案既调整标准又调整工作。什么也不做,意味着既不调整标准,也不改进实际工作,顺其自然。改进实际绩效,如果偏差是由于绩效的不足产生的,管理人员就应该采取纠正措施,加以改进。这些纠正措施可以是管理策略的调整、组织结构的变革、培训教育计划上的调整、重新分配工作、人事调整和其他补救措施。修订标准,如果偏差的产生是由于标准制定得不够合理,即标准制定得太高或太低,而不是由于工作绩效的问题，则需要适当调整标准，在这种情况下管理人员就必须注意标准值是否合理。当然，如果管理人员认为标准是合理的现实的，就应该坚持，向员工解释管理层的观点，并保证将来的工作会得到改进，然后采取措施使期望变成现实。既调整计划又调整行动，使二者重新取得一致。这四种方式，采取哪种，要根据计划的可行性、执行者的客观条件等灵活确定。

总之，制定目标与标准、衡量绩效、纠正偏差是控制工作的三项基本程序，它们相互关联、相互依存、缺一不可。无论在什么地方，也无论控制的对象是什么，着眼于纠正偏差的控制过程都包含这三项基本因素，都要求开展与这三项要素相对应的工作步骤。其中纠正偏差是关键的环节。

14.3 控制的基本类型

14.3.1 控制类型的划分

管理控制按照分类标准的不同，可以有各种各样的分类法。以下介绍两种管理控制中常见的分类方法。

1. 前馈控制、现场控制、反馈控制

根据控制信息获取的方式和时点不同而将管理控制划分为前馈控制、现场控制、反馈控制(即预先控制、事中控制、事后控制)。

(1)前馈控制。是在工作正式开始前对工作中可能产生的偏差进行预测和估计，并采取措施将可能的偏差消除于产生之前。例如，任何一个组织总是要制定一系列规章制度让员工遵守，以这种事前对基本行为的规范来保证工作的顺利进行。再比如，企业为了生产出高质量的产品而对进厂原材料进行严格检验，对员工进行上岗前培训等，这些都属于前馈控制。前馈控制是一种防患于未然的控制，所以通常亦被称作预先控制。预先控制的内容是对活动最终产出的确定和资源投入的控制。预先控制的重点是防止资源在质与量上发生偏差。预先控制的目的是保证某项活动有明确的绩效目标，保证各种资源要素的合理投入。在现实生活和生产中，我们有许多前馈控制的经验，例如当人们骑车上坡时，我们会提前加速蹬车，因为我们知道在上坡时由于重力的作用会使车子减速，到那时再用力骑车更费力气。在生产中，如生产饮料的企业，在夏季高温来临之前，就应添置设备、组织人力、加大生产量，以防止产品供不应求。“防患于未然”是管理者追求的目标,但是要实施前馈控制,要求管理人员做到以下几点:①必须对计划和控制系统了解得非常清楚,确定重要的输入变量;②建立前馈控制系统的模型;③经常检查模型从而了解所确定的输入变量及其相互关系是否能反映实际情况;④定期收集信息,并把它们输入控制系统;⑤定期计算实际输入信息与计划输入信息之间的偏差,并评价对预期结果的影响;⑥有必要的措施保证。前馈控制的主要作用就是指出问题所在,并采取措施解决问题。

前馈控制的优点:①防患于未然。前馈控制是在工作开始之前进行的,可以防患于未然,以避免事后控制对已铸成的差错无能为力的弊端;②适用于一切领域所有工作;③针对条件的控制,不对人,易于被接受并实施,不易与员工发生冲突。预先控制是在工作开始之前针对某项计划行动所依赖的条件进行控制,不针对具体人员,因而不易造成面对面的冲突,易于被员工接受并付诸实施。

预先控制需要及时和准确的信息,并要求管理人员充分了解前馈控制因素与计划工作的影响关系。其缺点:①需要大量准确信息;②需对过程充分了解;③需要及时了解新情况及问题。从现实来看,要做到这些是十分困难的,因此,组织也必须依靠其他方式的控制。

(2)现场控制。在工作进行中所给予的控制,叫做现场控制,也被称作同步控制或同期控制。管理者亲临现场就是一种最常见的现场控制活动。在活动进行中予以控制,管理人员可以在发生重大偏差之前及时发现问题并解决问题。这类控制方法主要被基层主管人员所采用。现场控制的主要职能有两个方面:监督与指导。监督是按照预定的标准检查正在进行的工作,以保证目标的实现;指导是管理者针对工作中出现的问题,根据自己的经验指导下属改进工作,或与下属共同商讨矫正偏差的措施以便使工作人员能够正确地完成所规定的任务。在计划实施过程中,大量的管理控制工作,尤其是基层的管理控制工作都属于这种类型。因此,现场控制是控制工作的基础。主管人员的管理水平和领导能力往往会通过这种工作表现出来。在现场控制中,组织机构授予主管人员的权力使他们能够使用经济的非经济的手段来影响下属。现场控制的标准来自计划,控制工作的重点是正在实施的计划过程。控制的有效性取决于管理人员的个人素质、个人作风、指导的表达方式以及下属对指导的理解程度。因此,在现场控制时,管理人员应注重“言传身教”,要加强自身的学习和修养,避免凭主观意志进行工作,要亲临现场认真观察和监督,以标准为依据,服从组织原则,遵循正式组织指挥系统的统一指挥,逐级实施控制。

现场控制的优点:有助于提高员工的工作能力和自我控制能力。

现场控制的缺点:①受时间、精力和业务水平的限制。管理者不能时时事事都进行现场控制，只能偶尔或在关键项目上使用这种控制方式；②应用范围较窄。一般来说，对于便于计量的工作较易进行现场控制，而对一些难以计量的工作，就很难进行现场控制；③易产生对立情绪，伤害被控制者的工作积极性。

(3)反馈控制。是管理控制工作的传统也是最主要的方式。反馈控制是在工作结束或行为发生之后进行的控制，故常被称作事后控制。这种控制把注意力主要集中在工作或行为的结果上，反馈控制工作过程主要由几个环节构成：首先对比预期工作标准与实际工作结果，找出偏差；其次，分析偏差产生的原由；最后制定出纠正计划并实施，有时可能还会对原有的预期标准进行调整，为下个阶段的工作做好计划与准备。通过对已形成的结果进行测量、比较和分析，发现偏差情况，依此采取措施，对今后的活动进行纠正，其目的并非要即刻改变下次行动的依据，而是要力求“吃一堑长一智”。比如，企业发现不合格产品后追究当事人的责任且制定防范再次出现质量事故的新规章，发现产品销路不畅而相应做出减产、转产或加强促销的决定，以及学校对违纪学生进行处罚等，这些都属于反馈控制。

反馈控制的优点：总结规律，为进一步实施创造条件，实现良性循环，提高效率。反馈控制可在如下三方面发挥作用：一是在周期性重复活动中，可以避免下一次活动发生类似的问题；二是可以消除偏差对后续活动过程的影响，如产品在出厂前进行最终的质量检验，剔除不合格品，可避免这些产品流入市场后对品牌信誉和顾客使用所造成的不利影响；人们可以总结经验教训，了解工作失误的原因，为下一轮工作的正确开展提供依据；三是反馈控制可以提供员工奖惩的依据。因此，在实际工作中，反馈控制得到了相当广泛的应用。

反馈控制的主要弊端：只能事后发挥作用，在矫正措施实施之前，偏差、损失已经产生，无法改变和挽回，只能“亡羊补牢”。

2.直接控制和间接控制

(1)直接控制。直接控制是相对间接控制而言的，它是通过提高管理者的素质来进行控制工作的。直接控制的指导思想是称职的管理者出的差错最小，他能察觉到正在形成的问题，并能及时采取纠正措施。直接控制认为，计划执行的结果取决于执行计划的人，管理者及其下属的素质越高，就越不需要间接控制，因此，直接控制是着眼于培养更好的管理人员，使他们能熟练应用管理的概念、技术和原理，能以系统的观点来进行和改善他们的管理工作，从而防止出现因管理不善造成的不良后果。直接控制的合理性是以四个假设为依据的：①称职的主管人员所犯的错误较少；②管理工作的成效是可以计量的；③在计量管理工作的成效时，管理的概念、原理、方法是一些有用的判断标准；④管理基本原理的应用情况是可以评价的。

进行直接控制的优点在于：①在对个人委派任务时能有较大的准确性；②可以促使主管人员主动采取纠正措施并使其更加有效；③可以获得良好的心理效果；④还可提高主管人员的素质、减少偏差的发生，从而节约经费支出。但需要注意的是，直接控制的采用也需要一定的条件，并且要求管理人员一定要充分理解管理的原理、方法和职能等。

(2)间接控制。间接控制即影响控制，它是基于这样的事实：即人们经常会犯错误，或者常常没有察觉到那些将要出现的问题，因而没能及时采取适当的纠正措施或预防措施。他们往往是根据计划和标准，对照和考核实际结果，追查出现偏差的原因和责任，然后才去进行纠正。显而易见，间接控制是在出现偏差，造成损失之后才采取措施，例如由上级管理者对操作人员工作过程实施的控制就属于间接控制。间接控制是利用组织规章制度来约束员工的行为，从而促使其合乎企业的需要。间接控制成本的增加是间接的，它主要增加组织规章制度的拟定成本、解释成本及执行成本。这些成本本身是微乎其微的，但其中的隐含成本却不容忽视。过多过细的规章制度使组织内部工作日益程序化，导致组织灵活性和创造性降低，对市场反应迟钝，造成效率下降。官僚化大概已经成为大公司的通病，其主要原因就在于为有效控制而制定了过多的规章制度。另外，间接控制的方法是建立在以下几点假设的基础上：①工作成效是可以计量的；②人们对工作成效具有个人责任感；③追查偏差所需要的时间是有保证的；④出现偏差可以预料并能及时发现；⑤有关部门和人员将会采取措施纠正偏差。但上述这些假设有时不能成立，因为，有些管理工作的成绩难以计量；责任感的高低难以衡量；调查产生偏差原因耗费较长的时间；有许多偏差不能预先估计或及早发现；有时虽然能够发现偏差并找到原因，但却无人愿意采取措施纠正偏差。所以，间接控制并不是普遍有效的控制方法，它还有许多不够完善的地方。

总之，上述各种类型的控制手段各有利弊，管理活动中不可能只依赖一种控制手段，企业管理人员应善于根据实际情况，将它们有机结合，才能设计出有效的组织控制系统。

14.3.2　有效控制的原则

为了使控制工作做得更加切实有效，这里对管理控制中一般需要注意的几条原则概括如下。

1. 控制应该同计划与组织相适应

管理的各项职能相互关联、相互制约。不同的计划具有不同的特点，因而控制所需的信息也各不相同。例如,对成本计划的控制信息主要是各部门、各单位甚至各产品在生产经营过程中所发生的费用;对产品销售计划的控制,则要收集销售产品的品种、规格、数量和交货期的信息。同样,控制还应当反映组织结构的类型和特征。组织结构既然明确规定了企业内每个人所担任的职务和相应的职责权限,因而它也就可以成为确定计划执行的职权所在和产生偏差的职责所在的依据。由此也说明了,有效的管理控制必须要能够反映一个组织的结构状况并通过健全的组织结构予以保证,否则,只能是纸上谈兵。健全的组织结构有两方面的含义:一方面,要能在组织中将反映实际情况和工作状态的信息迅速地上传下达,保证联络渠道的畅通;另一方面,要做到责权分明,使组织结构中的每个部门、每个人都能切实担负起自己的责任。否则,偏差一旦出现就难以纠正,控制也就不可能得以实现。

2. 突出重点,强调例外

组织是在一个完整的计划执行过程中选出众多的关键点,把处于关键点的工作预期成果及其影响因素作为控制的重点。在这样的情况下,管理人员不必完全了解计划执行中的全部具体细节,就能达到对工作有效控制的目的。控制要突出重点。管理者不能也没有必要事无巨细对组织活动的方方面面都进行控制,而是要针对重要的、关键的因素实施重点控制。控制也应强调例外,管理者将控制工作重点放在计划实施中的例外情况上,可以使他们把有限的精力集中在真正需要引起注意和重视的问题上。

3. 具有灵活性、及时性和经济性

灵活的控制是指控制系统能适应主客观条件的变化,持续地发挥作用。控制工作本是变化的,其依据的标准、衡量工作所用的方法等都可能会随着事情的变化而变化。控制工作还必须注意及时性。信息是控制的基础,为了提高控制的及时性,信息的收集和传递必须及时。同时控制是一项需要投入人力、物力和财力的活动,因此是否需要控制、控制到什么程度都必须考虑控制的经济性,要把控制所需各种费用与控制所产生的效果进行经济上的比较,只有当有利可图才可实施控制。

4. 避免出现目标扭曲问题

要辨别低一级控制标准的从属性和服务性地位。组织在将规则程序和预算这些低层次的计划作为控制标准时,最容易发生目标与手段相置换的问题。管理者在控制工作过程中特别要注意到低一层级控制标准的从属性和服务性地位,这点对于成功、有效地实施控制至关重要。在控制工作中必然会有很多主观因素在内,但是对一个下属工作的评价,不应凭主观来决定,不能只凭个人主观直觉和经验来采取行动，而应坚持实事求是的原则，坚持一切从实际情况出发来认识问题，有效的控制要求有客观的、准确的和适应的标准。这些标准既可以是定量的，也可以是定性的，但关键是这些标准是可以测量和考核的。

5.适度性原则

控制的目的是保证组织目标和计划的顺利实现，但是过度的控制会给被控人员带来某种不愉快。毕竟被人控制是不好受的，过多的控制会扼杀员工的主动性、积极性和创造性；当然过少的控制也不行，过少的控制将不能使组织活动有序进行，而且会造成资源浪费。

此外，培养组织成员的自我控制能力也非常重要：员工在生产和业务活动的第一线，是各种计划、决策的最终执行者，所以，员工进行自我控制是提高控制有效性的根本途径。自我控制具有很多优点。首先，自我控制有助于发挥员工的主动性、积极性和创造性。自我控制是员工主动控制自己的工作活动，是自愿的。这样，他们在工作中便能潜心钻研技术，对工作中出现的问题会主动设法去解决。其次，自我控制可以减轻管理人员的负担，减少企业控制费用的支出。再次，自我控制有助于提高控制的及时性和准确性。实际工作人员可以及时准确地掌握工作情况的第一手材料，因而能及时准确地采取措施，矫正偏差。当然，鼓励和引导员工进行自我控制，并不意味着对员工可以放任自流。员工的工作目标必须服从于组织的整体目标，并有助于组织整体目标的实现。管理者要从整体目标的要求出发，经常检查各单位和员工的工作效果，并将其纳入企业全面控制系统之中。

14.4 控制的技术和方法

14.4.1 预算控制

预算是一种计划，是用数字编制的反映组织在未来某一时期的综合计划。预算通过财务形式把计划数字化，并把这些计划分解落实到组织的各个层次和部门中去，这样一来预算和计划相联系，并且与组织系统相适应，能达到实施管理控制的目的。预算控制是在企业战略目标的指引下，通过预算编制、执行、控制、考评与激励等一系列活动，全面提高企业管理水平和经营效率，实现企业价值最大化的过程。随着我国市场经济的发展，尤其是企业制度改革的完善，企业在市场竞争中的胜败将越来越依靠企业加强内部控制，相应地，要求企业利用先进、科学的方法和手段，来提高企业管理的水平。预算管理作为实现企业管理科学化的手段，适应企业内部管理上预测、决策、控制、考核的需要。预算在企业管理中的地位也越来越重要。企业中的决策、计划以及为实现其战略目标所采取的一些措施，都与预算管理所确定的控制内容与目标密切相关，而且它们的实现也都离不开预算管理功能、作用的发挥。企业中的预算包括销售预算、生产预算、费用预算、投资预算及反映现金收支、资金融通、预计损益和资产负债情况的财务预算等内容。预算管理作为实现组织目标管理的主要手段，是目前企业中普遍采用的一种管理机制。作用主要表现在以下四方面：

(1)明确工作目标。预算作为一种计划，规定了组织一定时期的总体目标及各个部门具体目标，这样一来每个部门对自己的工作职责和努力方向都非常清楚，对本部门经济活动与组织整体经营目标的关系也有深刻的认识，有利于部门之间的相互配合，有利于从各自角度去完成组织的目标和任务。

(2)协调部门关系。预算把组织各方面的工作纳入统一计划之中，促使组织各部门相互协调，环环相扣，达到平衡。在保证组织总体目标最优的前提下，来组织各自的生产经营活动。

(3)控制日常工作。编制预算是组织管理的起点，也是控制日常工作的依据。在预算执行过程中，各部门应通过计量、对比，及时揭露实际脱离预算的差异并分析其原因，以便采取必要措施，消除薄弱环节，保证预算目标的顺利完成。

(4)考核绩效标准。预算确定的各项指标，也是考核各部门工作成绩的基本尺度。在评比各部门工作业绩时，要根据预算的完成情况，分析偏差的程度和原因，划清责任，奖罚分明，促使各部门为完成预算规定的目标努力工作。

14.4.2 预算的种类及全面预算管理

预算的种类多种多样。就一般工商企业来说，主要有以下几种形式：

1.收入与支出预算

收入与支出预算包括收入预算和支出预算。收入预算主要是在某个计划期内的有关收益及其来源方面的预算，如企业销售收入、租金、专利收入及其他投资收益等，可根据具体情况做相应的预算。一般来说，企业主要收入是销售收入，可单独编制预算。支出预算是指对计划期内各种费用支出的预算，如企业生产经营中有许多费用发生，材料费、人工费、管理费、销售费等。

2.资金预算

资金预算是指组织为了扩大生产或设备更新，计划增加固定资产，在可行性研究的基础上编制的预算。另外,组织的人力资源开发、重大的科研规划、广告等也需要较大的款项,对这些数额较大,回收期较长的资金项目应列出专项预算。

3. 现金预算

现金预算是对企业未来生产与销售活动中现金的流入与流出进行的预算,通常是由财务部门编制。现金预算只能包括实际包含在现金流程中的项目,赊销所得的应收款在客户实际支付前不能列为现金流入。同样,赊销所得的原材料在未向供应商付款以前也不能做现金流出。总之,现金预算不需要反映企业的资产负债情况,而是要反映企业在未来生产经营活动中的实际现金流量和流程。通过现金预算,企业管理人员可以清楚地发现有多少现金闲置还是不足,从而指导企业及时利用暂时过剩的现金,或提前筹备所短缺的资金。现金流关系到企业的正常运营,现金预算必须加以重视。

4. 实物量预算

用货币量表示的收支预算会受到价格波动的影响,可能会造成收支预算与实物量投入产出计划不符,因而可用实物量预算作为货币量收支预算补充。这种以实物为计量单位的预算常用的主要有产品产量预算、原材料消耗预算、燃料消耗预算、库存预算、人工预算、机器小时预算等。

5. 预算汇总

预算汇总是会计年度结算时的财务状况预算,它作为企业资产与负债之间关系的对照说明,不需要编制任何附加的预算,只是把各个部门和各个项目的分预算合并汇总,在此基础上编制而成的。其形式是编制资金平衡表,用于总体活动的控制与平衡。

6. 全面预算管理

全面预算管理是在企业战略目标的指引下,通过预算编制、执行、控制、考评与激励等一系列活动,全面提高企业管理水平和经营效率,实现企业价值最大化的过程。全面预算管理是企业日常经营运作的重要工具,是企业管理支持流程之一,与其他管理支持流程相互作用,共同支持企业的业务流程(营销管理、计划管理、采购与生产管理、库存管理)。通过实施全面预算管理,可以明确并量化公司的经营目标、规范企业的管理控制、落实各责任中心的责任、明确各管理层次的责权、明确考核依据,为企业的成功提供保证。全面预算管理虽然产生了诸多良好效果,但在实践中必须避免陷入误区,尤其应注意不要将它简单地等同于全面预算控制。预算控制更多地强调的是由上而下的控制,而忽视了对预算全过程的把握。例如,由上而下的控制会过于注重量化指标,忽视对定性指标的考察，从而误导下级；可能会因缺乏双向沟通而令预算脱离实际，无法执行。事实上，全面预算管理不仅具备控制功能，它更是综合了整合、控制、激励、评价等功能的一种贯彻企业战略的经营机制，处于企业内部控制系统的核心位置。全面预算管理需要全面把握。

14.4.3 编制预算的方法

由于预算结果常常被用来作为控制的标准，因此，预算编制方法的选择就显得非常重要。一般预算的编制采用固定预算，而且多数情况下是根据基期数据进行调整，这样编制的预算会带来一定的危害性。下面重点介绍弹性预算和零基预算，这两种方法可以使预算在一定程度上得到改善。

1. 弹性预算的定义

英国特许管理会计师协会对弹性预算（Flexible Budget）的定义是"通过确认不同的成本性态，使其随着产出量的变动而变动的一种预算"。弹性预算，顾名思义，是一种具有伸缩性的预算。它是为克服固定预算的缺点而设计的，又称变动预算或滑动预算，是指在成本习性分析的基础上，以业务量、成本和利润之间有规律的依存关系为依据，按照预算期可预见的各种业务量水平，编制能够适应多种情况预算的方法。编制弹性预算所依据的业务量可以是产量、销售量、直接人工工时、机器工时、材料消耗量和直接人工工资等。

与固定预算相比，弹性预算具有如下两个显著的优点：

(1)预算范围宽。弹性预算能够反映预算期内与一定相关范围内的可预见的多种业务量水平相对应的不同预算额，从而扩大了预算的适用范围，便于预算指标的调整。因为弹性预算不再是只适应一个业务量水平的一个预算，而是能够随业务量水平的变动作机动调整的一组预算。一经编制，只要各项消耗标准和价格等依据不变，便可连续使用，从而大大减少工作量。

(2)可比性强。在预算期实际业务量与计划业务量不一致的情况下，可以将实际指标与实际业务量相应的预算额进行对比，从而能够使预算执行情况的评价与考核建立在更加客观和可比的基础上，比较确切并容易被考核人所接受，便于更好地发挥预算的控制作用。

弹性预算的预算指标留有一定的调整余地，有关的当事人可以在一定的范围内灵活执行预算确定的各项目标和要求。弹性预算在制定预算时就考虑到了未来事项的不可预知性，只确定了行为的基本原则或范围，实际执行时可以根据具体情况调整，灵活性强。缺点是若灵活性掌握不好就成了失控，可控性差，克制力度弱。

2. 弹性预算的适用范围

由于未来业务量的变动会影响到成本(费用)、利润等各个方面,因此,弹性预算从理论上讲适用于编制全面预算中所有与业务量相关的各种预算,但从实用角度看,主要用于编制弹性成本(费用)预算和弹性利润预算等。在实务中,由于收入、利润可按照概率的方法进行风险分析预算,直接材料、直接人工可按标准成本制度进行标准预算,只有制造费用、推销及行政管理费用等间接费用应用弹性预算频率较高,以至于有人将弹性预算误认为只是编制费用预算的一种方法。

3. 编制弹性预算的基本程序

编制弹性预算的基本程序一般为:

(1)选择业务量的计量单位。应根据企业的具体情况来选择。一般来说,生产单一产品的部门,可以选用产品实物量(生产量);生产多品种产品的部门,可以选用人工工时、机器工时等;动力车间供应能源,可使用电度量或煤炭量、蒸汽量等;修理车间提供劳务,可用修理工时;服务部门,可用企业共同的工作量计量单位。以手工操作为主的企业,应选用人工工时;机械化程度高的企业,更宜采用机器工时而非人工工时。此外,还要注意计量单位应容易选择和易于理解。

(2)确定业务量的范围。业务量的范围是指弹性预算所适用的业务量区间,即预期业务量变动的相关范围,应根据企业的具体情况来定。但有一点要注意,应使将来可能发生的业务量不超过此范围。一般来说,可定在正常生产能力的70%～110%之间,或以历史上的最高业务量或最低业务量为其上下限。

(3)按成本形态将成本分为固定成本、变动成本、混合成本。

(4)确定预算期内各业务活动水平。

(5)编制弹性预算。

4. 编制弹性预算的方法(以成本预算为例)

(1)公式法

在成本习性分析的基础上,可将任何成本近似地表示为

$$Yi = ai + bi \cdot xi$$

$bi=0$ 时,Yi 为固定成本项目;$ai=0$ 时,Yi 为变动成本项目;当 ai 和 bi 均不为零时,Yi 为混合成本。xi 可以为多种业务量指标(如产量、直接人工工时等)。

在公式法下,如果事先确定了有关业务量 xi 的变动范围,只要根据有关成本项目的 a(固定成本)和 b(变动成本的变动率)参数,就可以很方便地推算出业务量在允许范围内任何水平上的各项预算成本。该方法的优点是在一定范围内

不受业务量波动影响，其缺点是每项甚至按细目分解成本比较麻烦，同时又不能直接查出特定业务量下的总成本预算额，并且有一定的误差。尽管如此，我们还是应当看到：预算本身就是对未来的推算，允许出现误差；另外，在成本水平变动不大的情况下，也不必在每个预算期都进行成本分解。

(2)列表法(多水平法)

列表法是指通过列表的方式，在相关范围内每隔一定业务量间隔计算相关数值预算，来编制弹性成本预算的方法。此法在一定程度上能克服公式法无法直接查到不同业务量下总成本预算的弱点。即不管实际业务量多少，不必经过计算即可找到与实际业务量相近的预算成本，控制成本比较方便；混合成本中的阶梯成本和曲线成本可按其成本性态直接在预算中反映；评价和考核实际成本时往往需要使用补差法计算实物量的预算成本。

为使预算适应将来可能出现变化的环境，在编制预算中必须注意预算的弹性问题。实行弹性预算的方法主要有两种，一种是变动预算，一种是滚动预算。

(1)变动预算。它是基于成本依习性不同而将其分解的一种预算方法。

(2)滚动预算。它是先制定一定时期的预算，然后每隔一定时间，就要定期修改以使其符合新的情况，从而形成时间向后推移一段的新预算。

5.零基预算

零基预算是美国得克萨斯仪器公司的彼德·菲尔于1979年提出，美国前总统卡特曾对此大加赞赏，并指示1979年联邦政府全面实施零基预算，颇见成效。随后其他西方工业发达国家也纷纷采用，被公认是一种最新的预算控制方法。所谓零基预算是指在每个预算年度开始时，将所有还在进行的管理活动都看作重新开始，即以零为基础，根据组织目标，重新审查每项活动对实现组织目标的意义和效果，并在费用—效益分析的基础上，重新排出各项管理活动的优先次序。资金和其他资源的分配是以重新排出的优先次序为基础的，而不是采取过去那种外推的办法。零基预算法要求在编制预算前回答以下一些问题：

(1)组织的目标是什么？活动要达到的目标又是什么？

(2)能从这项活动中获得什么收益？这项活动是不是必要的？

(3)可选择的方案有哪些？有没有比目前方案更好的方案？

(4)各项活动的重要次序是什么？从实现目标的角度看，到底需要多少资金？

零基预算的主要做法是：

(1)把每一项支援性活动描述为一个决策的组件，每个组件都包含目标、行动及所需资源；

(2)对每一个组件或活动,采用成本—效益分析的方法进行评价和安排顺序;

(3)在上一步的基础上对拥有的资源按照每种职能对于实现组织目标所作的贡献大小来进行分配。

编制零基预算法的程序可分为以下四步:

(1)在审查预算前,主管人员应明确各项目标之间的关系和重要次序,建立起一种可考核的目标体系。

(2)在开始审核预算时,将过去所有活动当做重新开始。对需要继续的项目提交计划完成情况报告,对新增的项目进行可行性分析报告。每一申报项目都必须证明自己存在的必要,并提交计划的目标、开支和收益。

(3)在确定出真正必要的项目之后,根据已定出的目标体系排出各项活动的优先次序。

(4)资源按重新排出的优先次序分配,尽可能地满足排在前面的活动的需要。

零基预算法的优点:

(1)有利于对整个组织进行全面审核,克服机构臃肿,避免组织内部各种随意性的支出。

(2)有利于上层主管人员把精力与时间集中于战略性的重大计划项目,可以提高主管人员计划、预算、控制与决策的水平。

(3)有利于把组织的长远目标和当前目标以及实现的效益三者有机地结合起来。

零基预算法的缺点:

(1)需要花费大量的人力、时间和物力。

(2)在安排项目的优先次序上难免存在着相当程度的主观性。

(3)仅适用于行政部门和辅助性部门,对于有着明显投入产出关系的组织,如制造部门则不太适合。

采用零基预算法应注意这样几个问题:

(1)负责最后审批预算的主要领导人必须亲自参加对活动和项目的评价过程,真正负起责来。

(2)主持者必须对组织目标有透彻的了解,明白哪些活动是必要的,哪些是可进行可不进行的。

(3)必须发扬创新精神。零基预算法的核心就在于一切从头开始的思想,这本身就是一种突破传统观念的创新。

6. 程序性预算

程序性预算，是按照制定计划→编制程序→制定预算的程序编制的。它完全是以计划为基础的，按照计划目标的实际需要来分配资源，使资源最有效地保证目标的实现。

实施预算控制的步骤一般包括：

(1)编制预算，即从确定预算编制方针开始，到编制部门预算和综合预算为止的阶段。

(2)执行预算，预算的执行过程，就是根据预算，及时或定期检查预算的执行情况，观察其实际发生额是否在预算范围内，估计预算执行后可能达到的预算收入。在执行预算过程中，还要对预算目标和预算项目实行事前控制和支付前审计，促使预算执行部门和责任者有效地管理预算。

(3)预算差异分析，即针对预算项目的费用支出，从实际发生额与预算限制额进行对比分析，及时发现差异，并采取相应的措施。

(4)对预算控制的结果进行分析总结，评价和考查预算控制的绩效。

14.4.4 非预算控制方法

非预算控制，顾名思义，是指并不利用预算进行控制的手段。一般来说，许多传统的控制方法都与预算无关，但仍有一些还是运用了预算控制或者与预算控制有关的方法。管理者用来进行控制的非预算方法大致分为行政控制、经济分析及其他特殊控制技术等几类。

1. 行政控制预算

行政控制是泛指借用行政手段监测、控制受控系统的方法。主要包括以下六种类型：实地考察(又称“走动管理”，能得到丰富准确的信息)、资料统计(利用统计学知识，建立分析模型，对把握控制关键点有很大帮助)、报告(着眼于非常规的具体问题的控制)、会计检查与审计(审计是对反映企业资金运动过程及其结果的会计记录及财务报表进行审核、鉴定，以判断其真实性和可靠性，从而为管理控制和决策提供依据。根据审查主体和内容的不同，可将审计分为三种主要类型：由外部审计机构的审计人员进行的外部审计；由内部专职人员对企业财务控制系统进行全面评估的内部审计；由外部和内部的审计人员对管理政策及其绩效进行评估的管理审计)、企业诊断、制定规范与培训。

2. 经济分析

利用管理经济学和管理会计所提供的一些专门方法，对实际系统进行经济分析，是管理控制的重要手段。比率分析和盈亏平衡分析是常用的两类方法。

3. 比率分析

比率分析是一种必需的控制技术。一般可以把这些比率分为两大类:一是财务比率分析,如流动比率、负债比率、销售利润率、资金利润率等,通过财务结构分析,控制财务状况;二是经营比率分析,直接控制企业的经营活动,如存货周转率、固定资产周转率、销售收入与销售费用的比率等。

4 盈亏平衡分析

盈亏平衡分析是进行经济分析的一种重要工具。盈亏平衡模型可以用来进行成本控制。这一模型将固定成本与变动成本分列,容易发现实际费用与预算的背离情况,可将注意力集中于可能采取纠正行动的那些领域。经营杠杆率是进行盈亏平衡分析的另一有用工具。它是指产品销售量变化1%而引起利润变化的百分数,其公式为:经营杠杆率=利润变动百分数/销售量变动百分数。经营杠杆率大的企业,表明其利润对销售量变化的反应敏感性强,即销售量的一个较小的变化,将导致利润较大幅度的变化。通过这样的分析,就可以测定利润随销售量变化而变化的情况,以便加强对销售量与利润的控制。

【本章小结】

管理的控制职能,是对组织的计划、组织、领导等管理活动及其效果进行衡量和校正,以确保组织目标以及为此而拟定的计划得以实现。控制职能是每一个主管人员的主要职责,正确地、因地制宜地运用控制原理和方法,是控制工作更加有效的重要保障。

控制是对组织运行进行监督和衡量,发现偏差,采取纠正措施,以确保组织目标实现的过程。

控制与计划有着密切关系。计划是管理的首要职能,控制则保证组织目标能按计划如期完成。控制是重要的和必须的,因为它可以监视目标是否按照计划完成,可以监视授权是否被滥用。

从不同角度出发,控制可以分成各种类型:前馈控制、现场控制、反馈控制、直接控制、间接控制等。

建立有效的控制系统应遵循以下原则:控制应该同计划与组织相适应;突出重点,强调例外;具有灵活性、及时性和经济性;避免出现目标扭曲问题。

控制的基本过程包括三个步骤:(1)制定标准;(2)根据标准衡量实际活动绩效;(3)采取纠正措施,纠正偏差,消除偏离计划和标准的情况。

控制的方法有预算控制和非预算控制。前者主要以事先编制的较为详细的数字计划为控制依据,预算的形式又分为收支预算、资金预算、现金预算、实物量预算等;后者则更多依靠观察、报告、经济分析、比率分析、盈亏平衡分析等传统手段进行控制,如程序控制、专题报告和分析、统计数据资料、亲自观察、各种经济指标和财务指标等。各种控制方法各有其应用的范围,管理者在管理实践中应根据实际情况选择搭配。

【综合案例】

客户服务质量控制

美国某信用卡卡片分部认识到高质量客户服务非常重要。客户服务不仅影响公司信誉,也和公司利益息息相关。比如,一张信用卡每早到客户手中一天,公司就可以获得33美分的额外销售收入,这样一年下来,公司将有140万美元的净利润。及时地将新办理的和更换的信用卡送到用户手中是客户服务质量的一个重要方面,但这远远不够。决定对客户服务质量进行控制来反映其重要性的想法,最初是由卡片部门的一个地区副总裁提出的。她认为向管理部门提交评价客户服务的报告有偏差,因为它们很少包括有问题但没有抱怨的客户。她相信真正衡量客户服务的标准必须基于且反映持卡人的见解。这就意味着要对公司控制程序进行彻底检查。第一项工作就是要确定用户对公司的期望,同时通过对抱怨信件的分析指出客户服务的三个重要特点:及时性、准确性和反应灵敏性。持卡者希望准时收到账单,快速处理地址变动,采取行动解决抱怨。了解了客户的期望,公司质量保证人员开始建立控制客户服务质量的标准。这些标准一方面基于用户所期望的服务的及时性、准确性和反应灵敏性,另一方面也反映了公司的竞争性、能力和一些经济因素。计划实施的效果很好。比如,处理信用卡申请的时间由35天降到15天,更换信用卡从15天降到2天。这些改进给公司带来的潜在利润是巨大的。例如:办理新卡和更换旧卡节省的时间会给公司带来1750万美元的额外收入。另外,如果用户能及时收到信用卡,他们就不会使用竞争者的卡片。该质量控制计划潜在的收入和利益对公司还有其他的益处,该计划使整个公司都注重客户期望,很多部门都以自己的客户服务记录为骄傲,而且每个雇员都对改进客户服务作出了贡献,使员工士气大增。每个员工为客户服务时,都认为自己是公司的一部分,是公司的代表。信用卡客户服务质量控制计划成功,使公司其他部门纷纷仿效。无疑,它对该公司的贡献是非常巨大的。

思考题

1. 该公司控制客户服务质量的计划是前馈控制、反馈控制还是现场控制?
2. 为什么该公司将标准设立在经济可行的水平上,而不是最高的水平上?

第15章

质量控制

引导案例

“奔驰”的称霸市场

德国奔驰汽车在国内外的买主中一直享有良好的声誉。奔驰600型高级轿车虽然在生产了2677辆之后停止了生产，但这种车已是世界上许多国家元首和知名人士的重要交通工具及接待用的专车。即使在经济危机的年代，奔驰车仍能“吉星高照”，在激烈的国际竞争中求得生存和发展，成为世界汽车工业中的佼佼者。在大量日本车冲击西欧市场的情况下，奔驰车不仅仅顶住了日本车的压力，而且还增加了对日本的出口。尽管一辆奔驰车的价钱可以买两辆日本车，但奔驰车却始终能在日本市场保住一块地盘。

奔驰公司之所以能取得这样的成就，重要的一点在于它充分认识到公司提供给顾客的产品，不只是一个交通工具——汽车本身，还应包括汽车的质量、造型、维修服务等，即要以自己的产品整体来满足顾客的全面要求。于是，这个公司千方百计地使产品质量首屈一指，并以此作为取胜的首要目标，为此建立了一支技术熟练的员工队伍及对产品和部件进行严格的质量检查制度。以产品的构想、设计、研制、试验、生产直至维修都突出质量标准。奔驰汽车公司还能大胆而科学地创新。车型不断变换，新的工艺技术不断应用到生产上。现在该公司生产的车辆从一般小轿车到大型载重汽车共160种，计3700个型号，以创新求发展已成为公司上下的一句流行口号。奔驰汽车公司还有一个完整而方便的服务网。这个服务网包括两个系统,一是推销服务网,分布在德国各大中城市。在推销处,人们可以看到各种车辆的图样,了解到汽车的性能特点。

质量、创新、服务等虽然并不是什么秘密,但在生产经营的产品与质量、创新、服务等有机结合上,各企业却有所差异。奔驰汽车公司正是杰出地树立贯彻整体的观念,才使自己成了世界汽车工业中的一颗明星。

本章主要内容

1. 质量的含义。
2. 质量管理的发展。
3. 全面质量管理的理念。
4. 质量管理的方法等内容。

15.1 质量控制概述

15.1.1 质量与质量控制

1. 质量的定义及质量的普遍意义

"质量"是在现代社会中被广泛使用的词语之一,它没有单一、固定的概念,通常在不同情况下表示不同的意思。质量的一般涵义经历了物质产品质量的狭义概念到物质产品质量、服务质量及各行各业质量的广义概念的认识过程。传统的"质量"概念,主要关注物质产品的物理性质、客观的特征,例如"性能"、"寿命"、"安全性"、"可靠性"、"经济性"、"持久耐用"、"坚固"等,这些质量特征仅仅用于表明一件产品是好或者不好。然而,随着工业化进程的加快和社会文明程度的提高,人们将"质量"定义为"满足不同顾客的个性化需求",因此,"质量"一词也具备了一些主观的特征,而且这些主观的特征越来越引起人们更多的关注。虽然不同学者或学术机构给"质量"一词以不同的定义,但下面两种是较为典型的。一是 Juarn 和 Grgna 在 1980 年提出的:所谓"质量"即指"适合使用"

(Fitness for use)。他们对质量的定义强调,产品或服务的质量应该满足用户的期待和需要。而国际标准化组织(ISO)对“质量”的定义更明确地阐述了这一点。1986年,国际标准化组织提出:“质量”是指“产品或服务所具备的满足明确或隐含需求能力的特征和特性的总和”。

质量不仅是企业必须关注的重大问题,同样也是其他组织必须注意的重大问题。因为任何一个组织能够存在,具有存在价值,是有人需要它。他们需要的不是组织本身,而是组织提供的效用。这些效用,企业是通过它提供的产品和服务来实现的,其他组织也是通过提供一定的服务来实现的。所以说,质量是具有普遍意义的重大问题,任何组织,不论它是什么性质,在现代社会中,都有解决质量问题的任务,都有不断提高质量的要求。

2. 质量控制

国际化标准组织对质量控制所下的定义是:为满足质量要求而使用的操作技术和活动。简单地说,质量控制就是指在生产过程中,对确保和达到产品质量所必须的全部职能和活动的控制。质量是组织的生命,质量控制也历来是各个组织管理控制的重点。质量控制既包括产品(商品和服务)的质量控制,也包括工作的质量控制。

3. 质量管理发展阶段

质量管理经历了事后控制、统计质量控制、全面质量管理等阶段。现代意义上的质量管理活动是从人类跨入工业化时代开始,即20世纪初开始的。一般可以将现代质量管理分为三个阶段:第二次世界大战以前看作第一阶段,通常称为质量检验阶段;20世纪40—50年代为第二阶段,通常称为质量控制阶段;第三阶段为20世纪60年代开始的全面质量管理阶段。

第一阶段主要是通过检验的方式控制和保证产出或转入下道工序的产品质量。这一阶段的主要特点是以事后检验为主。即对生产出来的产品或即将转入下道工序的产品,按照一定的质量标准逐个检验,以区别合格品与不合格品,保证出厂的产品或转入下道工序的产品是合格的,从而达到产品质量控制的目的。但这种检验的方法只适应企业规模非常小的情况。在大批量生产的条件下,不可能做到事后的全数检查,并且由于事后检验信息反馈不及时,会导致生产损失很大。

20世纪40—50年代是统计质量控制阶段,这一阶段的特征是数理统计方法和质量管理相结合,从单纯依靠质量检验“事后把关”,发展到工序控制,形成了质量的预防性控制与事后检验相结合的管理方式。尤其在第二次世界大战期间,由于国防工业迫切需要保证军火质量,这些理论获得广泛应用。统计方法的应用减少了不合格产品的出现，降低了生产费用，但因过分强调质量控制的统计方法，在计算机和数理统计软件应用不广泛的情况下，有一定的难度。而随着现代化大规模生产，影响产品的质量因素是多种多样的，单纯依靠统计方法不可能解决一切质量问题。

20 世纪 60 年代以后，随着科学技术和工业生产的发展，对质量的要求越来越高，这就需要人们运用“系统工程”的概念，把质量问题作为一个有机整体加以综合分析研究，实施全员、全过程、全企业的管理。1956 年，美国通用电气公司的费根堡姆首先提出了全面质量管理（TQC）的概念。日本在 50 年代引进了美国的质量管理方法，并对其进行了发展创新，首创了 QCC 团队质量改进方法、田口质量工程学、5S 现场管理、TPM 全面生产维护、QFD 质量机能展开和 JIT 丰田生产方式等，归纳了“老七种”、“新七种”工具并普遍用于质量改进和质量控制，质量管理手段不再局限于数理统计，而是全面地运用各种管理技术方法。质量控制过程也不再局限于生产过程，而是扩展到全面质量管理。

全面质量管理是以管理过程为主的标准化的质量控制。此时的质量控制，就是包括产品、生产过程、管理过程在内的全面质量控制。美国著名管理学家戴明（W. E. Deming）是质量管理的先驱者，戴明学说为质量管理打下了重要基础，其主要观点可以概括为“十四要点”和“PDCA 循环”概念。他认为质量管理是以保证产品质量和工作质量为中心，全体成员参与的质量管理体系。戴明的“十四要点”如下：

第一条　要有一个改善产品和服务的长期目标，而不是只顾眼前利益的短期观点。为此，要投入和挖掘各种资源。

第二条　要有一个新的管理思想，不允许出现交货延迟或差错及有缺陷的产品。

第三条　要有一个从一开始就把质量设计到产品中的办法，而不要依靠检验去保证产品质量。

第四条　要有一个最小成本的全面考虑。在原材料、标准件和零部件的采购上不要只以价格高低来决定对象。

第五条　要有一个识别体系和非体系原因的措施。85％的质量问题和浪费现象是由于体系的原因，15％的是由于岗位上的原因。

第六条　要有一个更全面、更有效的岗位培训。不只是培训现场操作者怎样干，还要告诉他们为什么要这样干。

第七条　要有一个新的领导方式，不只是管，更重要的是帮，领导自己也要有个新风格。

第八条　要在组织内有一个新风气。消除员工不敢提问题、提建议的恐惧心理。

第九条　要在部门间有一个协作的态度。帮助从事研制开发、销售的人员多了解制造部门的问题。

第十条　要有一个激励、教导员工提高质量和生产率的好办法。不能只对他们喊口号、下指标。

第十一条　要有一个随时检查工时定额和工作标准有效性的程序，并且要看它们是真正帮助员工干好工作，还是妨碍员工提高劳动生产率。

第十二条　要把重大的责任从数量上转到质量上，要使员工都能感到他们的技艺和本领受到尊重。

第十三条　要有一个强而有效的教育培训计划，以使员工能够跟上原材料、产品设计、加工工艺和机器设备的变化。

第十四条　要在领导层内建立一种结构，推动全体员工都来参加经营管理的改革。

PDCA管理循环是全面质量管理最基本的工作程序。即计划—执行—检查—处理（Plan-Do-Check-Action）。这是美国著名质量专家戴明发明的，因此也称之为戴明循环。这四个阶段大体可分为八个步骤（见图15-1）。

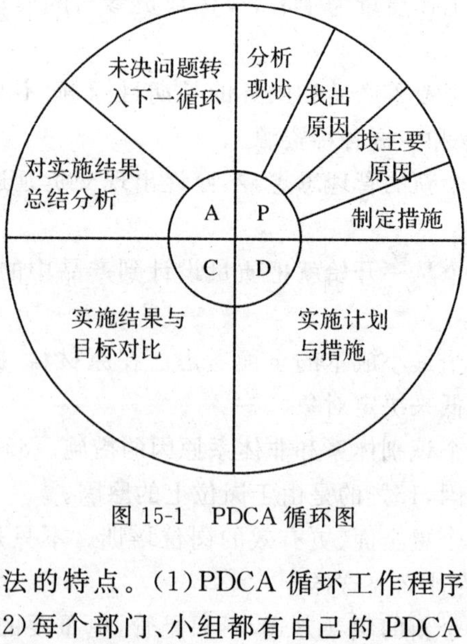

图15-1　PDCA循环图

PDCA循环管理法的特点。（1）PDCA循环工作程序的四个阶段，顺序进行，组成一个大圈。（2）每个部门、小组都有自己的PDCA循环，并都成为企业大循环中的小循环。大循环套小循环，互相促进，整体提高。（3）阶梯式上升，循环前进。企业的质量管理循环是连续进行的，但每个PDCA循环都不是在原地的简单重复，而是每次都有新的提高。

质量管理的发展历程同时也是有关顾客在企业经营中地位变迁的历史见证。在质量检验阶段，质量管理的重心在于质量检验，通过质量检验来确保提供给用户合乎质量标准的产品，至于企业制定的产品质量标准能否真正反映顾客的需求则不是企业考虑的重点。在统计质量过程控制阶段，质量管理的范围由控制结果向前延伸到生产过程，通过统计技术的应用防止不合格品的发生，辅以质量检验防止不合格品向下游传递。尽管此时，质量管理兼顾了顾客在产品价格方面的要求，但企业考虑的中心依然不是顾客，而是利润和成本。在全面质量管理阶段，所有质量工作的目标就是让顾客满意，显然顾客处于质量管理的中心地位。

企业要把以顾客为关注焦点的原则贯彻落实到日常经营活动之中，首先应结合企业的业务特点确认影响顾客满意的关键过程，对这些过程进行严格控制和不断改进，并注意从以下几个方面开展工作：

(1)强化顾客意识。在企业内部通过各种渠道宣传顾客对于企业的重要意义，纠正“质量管理是质管部门的事”的错误认识，企业各部门才能协调一致，把质量工作做好。特别是企业的最高管理者，必须主动积极地向企业员工宣讲满足顾客要求的重要性，并在实际工作中体现顾客至上的管理理念，提倡换位思考，倡导员工从顾客的角度来看待质量问题、解决质量问题。国内外许多成功企业的做法值得借鉴，如日本某公司的一名司机在商店发现公司生产的果酱包装存在问题，为防止影响公司良好的质量形象，这位司机立即自己掏钱买下那箱包装有问题的果酱，然后带回公司交给有关部门进行分析处理。再如我国小鸭集团公司在发现某型号洗衣机的某个部件存在质量隐患后，尽管不存在安全问题，但公司并没有抱侥幸心理掩盖问题，或者等该零件出现故障后再予以更换，而是从顾客的角度考虑，本着防患于未然的原则，挨家挨户更换了该部件，赢得了顾客的信赖。同时公司对此事件进行认真查处并采取纠正预防措施，有效防止了此类事件的再发生，不仅有效保护了广大顾客的利益，也为企业吸引了更多的用户。其实，许多公司都有类似的例子，关键在于公司是否能够积极倡导关注顾客的行为、严厉杜绝视顾客为敌人的做法。

(2)识别顾客需要。企业要提供顾客需要的产品，首先必须知道顾客到底需要什么，因此识别顾客需要是企业工作的起点。对顾客需求的识别不仅要定性地加以分析，还要定量地加以研究，防止质量不足和质量过剩的情况。识别顾客需求，是产品质量定位的前提。对顾客需求把握不准，设计生产出来的产品就没有坚实的市场基础，产品做得再精细、广告做得再多，也难以激起顾客的购买欲望。因此，准确地识别顾客的需求，是企业赢得顾客的第一步。值得注意的是，为准确理解和识别顾客的需求，一些先进企业已开始精简顾客群，有的大幅度减少顾客的数量，如美国纽约按钮有限公司已将顾客数量减少了31%，并根据顾客的需要来调整业务。由于企业可以更加专注于其主要顾客，由此带来顾客满意度提高，从而与这些顾客建立起稳固亲密的关系，不仅可以从这些顾客中得到更多的订单，而且可以降低运营成本，足以抵消精简顾客损失的销售收入。

(3)满足顾客需求。顾客需求的满足，体现在产品实现的一系列过程中。通过产品的设计与改进反映顾客的需求，通过生产制造达到设计的要求，通过质量检验确保产品达到设计标准，通过包装、储存、交付和维护来保持产品的质量，通过资源管理提供满足顾客要求所必需的资源等等。其中任何过程出现问题都无法满足顾客需求，因而在所策划的安排均已圆满完成之前，不得放行产品和交付服务。因此，质量管理体系的每一环节，都需要进行质量控制，而这些控制显然不是质检部门或质量管理部门能够完全承担的，必须由处于最佳位置的人员来实施这些控制。例如，某些产品的零部件在生产过程中发现质量问题很容易，但在组装以后却很难发现，此时，该零部件的生产作业者显然比质检员处于更有利的位置，如果作业者不主动控制质量，仅仅依靠质检员把关，产品质量就难以从根本上得到保证。如春兰集团曾经发生过的螺钉事件充分说明了这个道理。几年前，春兰空调旺销之际，某组装工人下班时发现剩下两个紧固螺钉，这意味着当天装配的空调中有1—2台少上了紧固螺钉，尽管此时产品已打包，厂外有排队等待提货的车辆，但车间还是逐一拆箱检查，终于找到了缺少螺钉的空调。试想，如果操作工人发现了剩余的螺丝钉却隐瞒而不报的话，这批产品也就交付给了用户，对此问题质检员是难以发现的。所以无论企业是否愿意，以顾客为关注焦点已经成为企业必须遵循的基本原则，企业只有以积极主动的态度，研究顾客需求、服务顾客，才能增强顾客满意度。

4.质量的类别

(1)产品质量

产品质量指有形产品的质量。产品的质量特性一般由以下几方面因素构成：①时间上的质量特征，如耐久性、可靠性等。②技术性或理化性的质量特征，如产品的光洁度、化学成分、硬度等。③安全上的质量特征，如使用的安全性。④心理上的质量特征，如产品的外观设计、包装、产品的名称等给消费者带来的心理满足的质量特征。

(2)服务质量

服务质量指提供给用户的服务所具有的质量特征。服务的质量特征有以下几方面:①时间上的质量特征,如服务的及时、快捷等。②心理上的质量特征,如用户感受、心情等。③伦理上的质量特征,如诚信、责任感等。

(3)工作过程的质量

随着人们对产品和服务质量特征及形成过程认识的加深,人们知道,质量不是检查出来的,而是生产出来的。质量水平的高低不仅仅取决于质量制造过程,而且取决于组织所有方面。所以,工作过程的质量也是质量控制的一个重要内容。

15.2 有效质量控制

15.2.1 有效控制的特征

有效质量控制必须具备一定的条件并遵循科学的原则,必须在充分认识其前提条件基础上掌握其特征。

1.可理解性

所有的质量控制机制,对于产生和运用它们的管理者和员工而言,都必须是容易理解和掌握的。有关质量控制标准的描述,应该用简单的语言来表达,有时候,需要用数学公式、复杂的图表和大量的报告描述时,也必须能够被组织中的人员理解掌握。质量控制机制只有易于理解、掌握和运用,才能使控制得到好的效果。

2.精确性与客观性

质量控制系统应力求精确,避免模棱两可。有效质量控制系统能够提供准确、及时的数据,使管理人员及时了解偏差情况,适时采取措施。任何滞后的行动都会导致组织目标的无法顺利实现。质量控制的客观性要求,首先,尽力采用客观的计量方法评定绩效,把定性的内容具体化;其次,管理者要从组织的目标角度来观察问题,尽量避免主观因素的影响。

3.及时性

信息是质量控制的基础,如果信息的收集、传递不及时,信息处理时间过长,就会影响管理层的决策,会带来不可弥补的损失。所以组织要建立现代化的信息质量管理系统,及时收集和传递信息,确保随时掌握有关质量方面的信息,及时发现质量偏差,及时采取措施加以解决,尽量减少发现偏差与纠正偏差之间的时间。

4. 合适性与经济性

有效质量控制系统的标准必须是客观、准确、合适的,如果标准定得过高或过低,都不能起到激励员工的作用。标准过高,会使员工丧失信心,降低积极性;标准过低,会使员工懒散。所以,有效质量控制的标准既要赋予挑战性,又必须是合适的、有利于激励员工主动性的标准。有效质量控制还应考虑经济性,即是否控制,控制到什么程度,都要考虑费用的问题。要衡量和对比控制活动所需费用同控制产生的结果,只有当控制产生的价值大于所需的费用时,才可实施控制。有效质量控制的经济性原则指导管理人员在控制活动中要选择重要的业务领域和关键因素加以控制。

5. 指示性

控制系统不仅应能发现问题和偏差,还应该指出偏差的确切原因以及发生的位置,从而便于纠正偏差。

6. 灵活性

有效质量控制系统在适应变化上具有灵活性,能持续发挥作用。由于组织面临的环境处于不断变化之中,当环境变化时,控制机制必须允许变化,否则控制就会失效。灵活性要求,即使组织计划发生变化,甚至出现未预见到的情况,在这种条件下,质量控制系统仍能发挥作用。

15.2.2 实施有效质量控制的基础工作

控制要有效,必须具备一定的基础。下面叙述的是有效质量控制的基础工作。

1. 建立有效的控制系统

控制系统设计主要包括以下几个项目:首先要确定目标变量及其测定方法,然后确定事前标准、测定结果沟通方式及事后评价标准的确定。一方面要明确控制的目标、重点和方法,另一方面要建立控制的标准和控制的程序,这是有效控制最基本的工作。

2. 实施目标管理

目标管理是一种综合的以工作为中心和以人为中心的系统管理方式。它是一个组织中上级管理人员同下级管理人员,以及同员工一起来制定组织目标,并把其具体化开展到每个部门、每个层次、每个成员那里,与组织内每个单位、部门、层次、成员的责任和成果都有着相互密切的关系，明确每个单位、部门、层次、成员的质量职责范围和标准，并用这些措施和标准来管理、评级和决定每个单位、部门、层次和成员的贡献和奖励报酬。目标管理的基本特点是以科学的目标体系为中心，实行自我控制，注重成果评价。这对质量控制能起到较好的作用。

3. 发挥员工的作用，让大多数的员工参与控制

在传统的控制管理观念中，控制者处于绝对支配地位，一般员工处于被支配地位。两者之间只有命令和服从的关系。现代控制管理观念则认为，控制者与被控制者是平等的，在质量控制活动中，应调动员工积极性，发挥员工作用，让其参与进来，这样控制才能发挥作用。

4. 不断提升企业管理基础工作

建立精简高效的控制机构，配备合适的控制人员；建立明确的控制责任制；建立严密的组织；完善组织内部信息系统，保证信息的上下沟通顺畅和及时反馈；合理分权，搞好协调工作，形成有机的控制网络等，从而为保证质量提供必要条件。

15.3 全面质量管理和质量保证体系

15.3.1 全面质量管理的含义及特点

1. 全面质量管理的含义

所谓全面质量管理，就是企业全体人员及各个部门同心协力，把经营管理、专业技术、数量统计方法和思想教育结合起来，建立起产品的研究与开发、设计、生产作业、服务等全过程的质量体系，从而有效地利用人力、物力、财力、信息等资源，提供符合规定要求和用户期望的产品和服务。

2. 全面质量管理的特征

(1)全面的质量概念

质量不仅是产品的技术性能，还包括服务质量和成本质量(价格要低廉)；质量由设计质量、制造质量、使用质量、维护质量等多种因素构成；质量是设计、制造出来的，而不是检验出来的。

(2)全过程质量管理

其范围是产品质量产生、形成和实现的全过程，包括市场调查、研究、开发、

设计、制造、检验、运输、储存、销售、安装、使用和维护等多个环节和整个过程的质量管理。

(3)全员参与的质量管理

调动企业所有人员的积极性和创造性,使每一个人都参加到质量管理工作中来。

(4)全企业质量管理

企业各管理层次都有明确的质量管理活动内容,产品质量职能分散在企业各有关部门,形成一个有机体系。

(5)运用一切现代管理技术和管理方法

美国著名质量管理专家戴明曾提出:在生产过程中,造成质量问题的原因只有10%～15%来自工人,而85%～90%是企业内部在管理上有问题。由此可见,质量不仅仅取决于加工这一环节,也不只是局限于加工产品的工人,而是涉及企业各个部门、各类人员。所以说,质量的保证要通过全面质量管理(TQC)来实现。

15.3.2 全面质量管理的内容和思想

全面质量管理的英文简称为TQM。最早提出全面质量管理的是费根堡姆,他给全面质量管理所下的定义是:"为了能够在最经济的水平上,并考虑到充分满足顾客要求的条件下进行市场研究、设计、制造和售后服务,把企业内部各部门的研制质量、维持质量和提高质量的活动构成为一体的一种有效的体系"。

全面质量管理过程的全面性,决定了全面质量管理的内容应当包括设计过程、制造过程、辅助过程、使用过程等四个过程的质量。

1.设计过程质量管理的内容

产品设计过程的质量管理是全面质量管理的首要环节。这里所指设计过程,包括市场调查、产品设计、工艺准备、试制和鉴定等过程(即产品正式投产前的全部技术准备过程)。主要工作内容有:

(1)制定设计目标

通过市场调查研究,根据用户要求、科技情报与企业的经营目标,制定产品质量目标。

产品质量的设计目标,应来自于市场的需要(包括潜在的需要),应同用户的要求保持一致,应具有一定的先进性。在可能的条件下,尽量采用国际先进标准。

(2)确定设计方案

组织有销售、使用、科研、设计、工艺、制度和质管等部门参加的“三结合”审查和验证,确定适合的设计方案。

不同的设计方案,反映着同一产品的不同的质量水平或称设计等级。不同质量水平的产品,必将引起成本和价格上的不同。而任何产品的价格,通常总是有限度的,当价格超过一定限度,用户就会减少。为了提高产品质量水平(设计等级),成本的上升趋势几乎是无限的。因此选定一个适合的设计方案,从经济角度看,就有一个产品质量最佳水平的问题。

(3)保证技术文件的质量

这里讲的技术文件包括设计图纸、产品配方、工艺流程和技术资料等,它们是设计过程的成果,是制造过程生产技术活动的依据,也是质量管理的依据。这就要求技术文件本身也要保证质量。技术文件的质量要求是:正确、完整、统一、清晰。为了保证技术文件的质量,技术文件的登记、保管、复制、发放、收回、修改和注销等工作,都应按规定的程序和制度办理;必须把技术文件的修改权集中起来,建立严格的修改审批和会签制度;应当建立技术的科学分类和保管制度;对交付使用的技术文件实行“借用制”和以旧换新。

(4)做好标准化的审查工作

产品设计的标准化、通用化、系列化,不仅有利于减少零部件的种类,扩大生产批量,提高制造过程质量,保证产品质量,而且有利于设计工作量,大大简化生产技术准备工作。因此,做好标准化的审查,也应是设计过程质量管理的一项工作内容。

(5)督促遵守设计试制的工作程序

搞好新产品设计试制,应当按照科学的设计试制程序进行。一般这种工作程序是:研究,试验,产品设计,样品试制试验和有关工艺准备,样品鉴定,定型,小批试制和有关工艺准备,小批鉴定,定工艺。企业应当在确保前一段工作完成和确认的情况下,再进行下一阶段工作。任意违反这种工作程序,搞跨越阶段的边设计、边试制、边生产的做法是十分有害的。

2.制造过程的质量管理的内容

这里的制造过程,是指对产品直接进行加工的过程。它是产品质量形成的基础,是企业质量管理的基本环节。它的基本任务是保证产品的制造质量,建立一个能够稳定生产合格品和优质品的生产系统。主要工作内容有:

(1)组织质量检验工作

要求严格把好各工序的质量关,保证按质量标准进行生产,防止不合格品转入下道工序和出厂。它一般包括原材料进厂检验、工序间检验和产品出厂检验。

(2)组织和促进文明生产

组织和促进文明生产,是科学组织现代化生产,加强制造过程质量管理的重要条件。它要求:应按合理组织生产过程的客观规律,提高生产的节奏性,实现均衡生产;应有严明的工艺纪律,养成自觉遵守的习惯;在制品码放整齐,储运安全;设备整洁完好;工具存放井然有序;工作地点布置合理,空气清新,照明良好,四周颜色明快和谐,噪音适度。

(3)组织质量分析,掌握质量动态

分析应包括废品(或不合格品)分析和成品分析。分析废品,是为找出造成质量问题的原因和责任,发现和掌握产生废品的规律性,以便采取措施,加以防止和消除。分析成品,是为了全面掌握产品达到质量标准的动态,以便改进和提高产品质量。质量分析,一般可以从规定的某些质量指标入手,逐步深入。这些指标有两类:一类是产品质量指标,如产品等级率、产品寿命等;另一类是工作质量指标,如废品率、不合格品率等。

(4)组织工序的质量控制,建立管理点

工序质量控制是保证制造过程中产品质量稳定性的重要手段。它要求在不合格品发生之前,就能予以发现和预报,并能及时地加以处理和控制,有效地减少和防止不合格品的产生。组织工序质量控制应当建立管理点。管理点是指在生产过程各工序进行全面分析的基础上,把在一定时期内,一定条件下,需要特别加强和控制的重点工序或重点部位,明确为质量管理的重点对象。对它应使用各种必要的手段和方法,加强管理。建立管理点的目的,是为了使制造过程的质量控制工作明确重点,有的放矢,使生产处于一定的作业标准的管理状态中,保证工序质量的稳定和良好。

通常,下列情况之一的工序应作为管理点:①关键工序或关键部位,即影响产品主要性能和使用安全的工序或部位。②质量不稳定的工序。③出现不合格品较多的工序。④工艺本身有特殊要求的工序。⑤对以后工序加工或装配有重大影响的工序。⑥用户普遍反映或经过试验后,反馈的不良项目。

组织工序质量控制还应当严格贯彻执行工艺纪律,强调文明生产。在实践中,控制图等统计方法的采用是进行工序质量控制的常见方法。

3. 辅助过程质量管理的内容

这里指的辅助过程,是指为保证制造过程正常进行而提供各种物质技术条件的过程。它包括物资采购供应、动力生产、设备维修、工具制造、仓库保管、运输服务等。制造过程的许多质量问题,往往同这些部门的工作质量有关。辅助过程质量管理的基本任务是提供优质服务和良好的物质技术条件，以保证和提高产品质量。它的主要内容有：做好物资采购供应（包括外协准备）的质量管理，保证采购质量，严格入库物资的检查验收，按质、按量、按期地提供生产所需要的各种物资（包括原材料、辅助材料、燃料等）；组织好设备维修工作，保持设备良好的技术状态；做好工具制造和供应的质量管理工作等。这是因为，企业物资采购的质量管理也将日益显得重要，原材料、外购件的质量状况，明显地影响本企业的产品质量。特别是在电子行业，这种影响将对最终产品起到决定性的作用。在工业企业的产品成本中，一般原材料、零配件等所占的比重很大，机械产品一般占50%，化工产品一般占到60%，钢铁产品占到70%。因此，外购原材料、零部件的价格高低、质量好坏以及能否按时交货，也都会直接影响到本企业的经济效益。所以，企业应当重视这一辅助过程的质量管理。物资采购质量管理的主要工作内容有：

(1)制定采购政策。

(2)确定货源，"货比三家"，择优选购。

(3)进行供应厂商的资格鉴定。

(4)与供应厂商协调规格要求。

(5)制定检验计划，选定抽样方案，进行入厂检验。

(6)建立与供应厂商的沟通联络制度。

(7)制定不合格品处理程序。

(8)对供应厂商进行质量评级等。

4.使用过程质量管理的内容

使用过程是考验产品实际质量的过程，它是企业内部质量管理的继续，也是全面质量管理的出发点和落脚点。这一过程质量管理的基本任务是提高服务质量（包括售前服务和售后服务），保证产品的实际使用效果，不断促使企业研究和改进产品质量。它主要的工作内容有：开展技术服务工作；处理出厂产品质量问题；调查产品使用效果和用户要求。

(1)开展技术服务工作

为了提高产品在市场上的竞争能力，国内外一些企业从过去的"货物离柜，概不退换"变成了现在的"货物出门，服务到家"。为了突出服务质量，他们纷纷改变了一些说法，如过去说"我卖给你"，现在换成了"我为你生产"，甚至提出"一切为了用户"、"用户是上帝"的口号。这些说法虽然带有一定的夸张，但也说明他们对用户的意见，特别是对质量方面的意见是十分重视的。企业把用户是否满意，看作是自身生存发展的决定因素。

(2)认真处理出厂产品的质量问题

当用户对本企业产品质量提出异议时,不少企业不是推托,而是认真及时地处理,这样既可以消除用户的不满情绪,又可以挽回由此产生的负面影响。对用户提出的产品质量问题,这些企业首先是热情对待,及时进行调查,如属于不会使用或使用不当所造成的,则耐心帮助用户掌握使用技术和操作要领;如属于制造原因造成的,则及时负责包修,包换或包退。由于制造原因造成的重大质量事故,往往是企业负责人亲自到现场调查了解,妥善处理;对造成严重经济损失的,企业还应主动负责经济赔偿。

(3)调查产品使用效果和用户要求

调查的目的在于了解和收集下列情况的资料:(A)出厂的产品尽管经过检验合格,但在实际使用中是否真正达到规定的质量标准。(B)产品在使用中虽然也达到质量标准,但是否实现了设计所预期的质量目标。(C)除了原先预期达到的质量目标外,使用中还有哪些要求是原先没有考虑到的。(D)随着生产的发展和人民生活质量的不断提高,预计用户今后可能提出哪些新的要求。

15.3.3 ISO9000 系列标准

1.全面质量管理是指一个组织开展以质量为中心,以本组织全体成员参与为基础的一种管理方式

它的目标是通过顾客满意让该组织全体成员和社会受益,以达到长远成功。开展全面质量管理必须要建立一个质量体系。一般地说,一个组织能够为社会提供产品或者服务,该组织应具备一个质量体系,但这个质量体系通常都是不完善的,存在这样或那样的问题。要健全这个体系,我们可以充分利用 ISO9000 系列标准,从而为企业有效地进行全面质量管理提供保证。

2.ISO9000 系列标准是国际标准化组织适应国际贸易发展的需要,于 1987 年发布的一套关于质量管理和质量保证的系列标准

包括正式的国际标准、技术规范、技术报告、手册和网站文件等。其大约有 25 个文件,包括不断制定的新文件和修订的文件。它集中和发展了世界上技术先进、工业发达国家质量管理的实践经验。ISO9000 系列标准一经发布就很快得到世界上众多国家的普遍重视,现已成为国际公认的对供方质量体系实施评审、注册的统一标准。

目前,ISO9000 标准认证已成为外经贸企业跻身于国际市场,进行世界贸易的必然要求。随着关税壁垒的日益消除,世界各国及贸易区必将从自身利益出发,寻求新的贸易保护手段,设置新的贸易障碍。ISO9000 国际标准在国际贸易

中已成为实质性的贸易壁垒。如:欧共体明确规定,将ISO9000作为欧共体共同遵循的一套质量体系标准。进入欧共体各国的产品如医疗器械、机动玩具等必须有合格鉴定模数的ISO9000系列标准,并以此标准作为参加自由贸易区或者与自由贸易区做生意的起码要求。现在ISO9000质量体系认证的覆盖范围已达76个国家和地区,被公认为是获得国际市场的"通行证",是"从事世界贸易的护照",是"国际贸易的共同语言"。谁要在国际市场中立于不败之地,非要取得ISO9000认证不可。

2000版ISO 9000族标准简介

(1)ISO9000:2000《质量管理体系的基本原则和术语》

该标准规定了质量管理体系的术语共10个部分87个词条;

该标准表述了质量管理应遵循的八项基本原则;

该标准还规定了质量管理体系的12个基本原理——也就是12个指导思想。

(2)ISO9000:2000《质量管理体系——要求》

该标准规定了质量管理体系的要求,其目的是使一个组织"依此通过满足顾客要求和适用的法规要求而达到顾客满意"。

该标准的质量管理体系要求,采用了"过程方法模式"从管理结果转向管理过程。

该标准是审核和评价质量管理体系的依据。

(3)ISO9004:2000《质量管理体系——业绩改进指南》

该标准给出了质量管理的应用指南,描述了质量管理体系应包括的过程,强调通过改进过程,提高组织的业绩。

该标准是可以与ISO9001:2000标准一起使用的质量管理体系标准,9004和9001具有相同的原则,相似的标准结构。

该标准还增加了两个提示性附录:附录A—自我评价指南;附录B—改进过程方法。

(4)ISO19011:2000质量和环境审核指南

该标准遵循"不同管理体系,可以有共同管理和审核要求"的原则,为质量管理和环境管理体系审核的基本原则、审核方案的管理、审核的实施、审核员的资格要求提供了指南。

该标准适用于所有运行质量和环境管理体系的组织,指导其内部审核和外部审核的管理工作。

该标准对内审核员的资格要求提出了与外审核员相类似的要求;在对审核

员的基本能力及审核方案的管理中,均增加了了解及确定法律和法规的要求。

(5)ISO10012 测量控制系统

该标准是合并现行 ISO 10012－1 和 10012－2 的基础上修订后重新起草的,2001 年正式发布。

ISO9000 系列标准是人们长期以来在质量管理活动中的经验总结,为企业的生产提供了依据。企业在生产中有两种质量不易被协调。一种是目标质量,即在未考虑生产操作条件的情况下确定的质量;一种是标准质量,即按照设计的要求,充分考虑生产技术条件,并以现有技术在生产制造过程中应该达到的质量。质量标准会尽量向目标标准靠拢,因此制订目标标准是进行全面质量管理的首要任务,而 ISO9000 系列标准则为目标标准的制订提供了一个合理的依据,让企业减少了不应有的失误。从这不难看出,贯彻 ISO9000 系列标准是开展全面质量管理的一个有效手段。

ISO9000 系列标准是对企业质量保证体系的一个基本要求,取得认证是产品进入市场的前提条件,但并不能保证产品具有市场竞争力。因此,企业应该在贯彻 ISO9000 系列标准的情况下进一步展开全面质量管理,以市场用户需求为上,全员参与管理进行持续的质量改进,这样企业才能在市场上具有竞争力。质量管理的本质特征是质量改进,ISO9000 系列标准是依据标准进行质量控制,是被动式的,它只告诉你做什么,并没告诉你如何去做。达到 ISO9000 系列标准是实施全面质量管理的基础,是企业的义务。认真贯彻 ISO9000 系列标准对强化质量体系是必要的。它为企业提供了多种质量保证模式,企业可根据供需双方对风险、成本和利益进行全面的考虑和平衡,系统地考虑产品设计的复杂性、设计成熟程度、制造复杂性、技术性、安全性和经济性等因素,从中选择一个合适的质量保证模式,以便实现全面质量管理。它要求有完整的文件化质量体系,是对全面质量管理的规范化,是全面质量管理的基础工作,对技术和管理提供补充,是产品出口的必要条件。总之,ISO9000 系列标准推动了全面质量管理在企业中的应用,为企业抢占市场打下了坚实的基础。企业只要以贯彻标准为基础,以实施全面质量管理为根本,坚持“始于教育,终于教育”的目标思想,把贯彻标准有效、合理地应用到全面质量管理中,就一定能够让企业实现高效益运作。

质量管理体系基础工作的要求:要依据 ISO9000 族标准建立和实施组织的质量管理体系,就必须做好质量管理体系的基础工作。首先,要做好质量意识培训工作。态度决定一切,要做好质量工作首先要解决观念问题,如果没有顾客满意这种质量观,就不可能真正意义地依据 ISO9000 族标准建立质量管理体系;其次,领导要创造一个良好的质量管理体系运行的环境,在这个环境中,质量管理体系得到有效的运行，全体员工可以充分参与，发挥他们的主动性、积极性和创造性；其三，要运用科学的方法，系统论、控制论、信息理论的不断发展为我们的质量管理提供了先进科学的方法论和技术保障，我们应该运用科学有效的方法不断完善和改进自己的质量管理体系，使其有效和高效地运行；其四，建立一套完善的文件化的质量管理体系。文件化的质量管理体系是我们评价和改进质量管理体系的基础和依据；其五，建立一个完善的持续改进的机制。

3. 质量管理基础工作应注意的几个问题

(1)2000 版与 1994 版 ISO9000 族标准的区别，2000 版强调采取过程方法来管理组织。我们应理解和应用"过程方法"的内涵，准确地识别和管理过程及过程之间的相互关系，使过程能够真正起到增值作用。

(2)2000 版关注的不是统计技术本身，而是统计技术在质量管理体系中的作用。研究我们中国质量管理的发展历史会发现，我国的质量管理工作没有经过统计质量控制阶段，缺乏对统计技术的修炼，所以，我们许多组织应潜心研究并开发运用这一科学的方法，用它来发现我们体系中存在的问题，并对我们的体系进行持续改进。

(3)企业领导应为质量管理体系创造一个有效运行的环境。在 2000 版 ISO9000 族标准中特别强调"领导作用"。因为只有组织的最高管理层才具有决策、指挥和控制组织的职责和权力。他们的首要任务就是要通过他们具有的领导作用和各种措施来创造一个良好的内部环境。

15.3.4 质量管理的八项原则

在《ISO9000:2000 质量管理体系，基础和术语》以及《ISO9004:2000 质量管理体系业绩改进指南》标准中，给出了质量管理的八大原则，成为对组织进行质量管理和指导业绩改进的框架，它是组织的领导者有效地实施质量管理工作必须遵循的原则。

(1)以顾客为中心(Customer Focus):组织依存于其顾客，因此，组织应当理解顾客当前的和未来的需求，满足顾客要求并争取超越顾客期望。

(2)领导作用(Leader Ship):领导者将本组织的宗旨，发展方向和内部环境统一起来，并创造出使员工能够充分参与实现组织目标的环境。

(3)全员参与(Involvement of People):各级人员是组织之本，只有他们的充分参与，才能使他们的才干为组织带来最大收益。

(4)过程方法(Process Approach):将相关的资源和活动作为过程进行管理，可以更高效地得到期望的结果。

(5)管理的系统方法(System Approach to Management):针对设定的目标，识别、理解并管理一个由相互关联的过程所组成的体系，有助于提高组织的有效性和效率。

(6)持续改进(Continual Improvement):持续改进是组织的一个永恒的目标，是提高组织的实力并增强竞争优势的一种手段。

(7)基于事实的决策方法(Factual Approach to Decision Making):对数据和信息的逻辑分析或直觉判断是有效决策的基础。

(8)互利的供方关系(Mutually Beneficial Supplier Relationship):通过互利双赢的供方关系，增强组织和供方创造价值的能力。

八项质量管理原则可以统一概括为:组织的最高管理者应充分发挥"领导作用"，采取"过程方法"和"管理系统的方法"，建立和运行一个"以顾客为关注焦点"、"全员参与"的质量管理体系，注重以数据分析等"基于事实的决策方法"，使组织得以"持续改进"。在满足顾客要求的前提下，使供方受益，并建立起"与供方互利互惠的关系"，以便在供方、组织和顾客这条供应链上实现良性运作和多赢的目标。八项质量管理原则的作用主要表现在:指导组织的执行经理完善本组织的质量管理;指导编制文件;指导审核员、咨询师、质量工作者学习、理解和掌握标准。

15.4 质量控制的方法

质量控制主要运用数学的方法。运用这样的方法进行过程控制，前提是可以获得大量的有关质量方面的信息，即足够多的质量统计数据。在质量控制中，质量数据可以分为计量值数据和计数值数据。计量值数据是指两个变量之间可以无限分割的，可以连续取值的数据;而计数值数据是指只能表现为整数的数据，是非连续性数据。但无论计数值数据还是计量值数据，反映产品质量的数据都具有波动性与规律性。

15.4.1 质量波动及其原因

质量波动性指的是质量数据不是一个固定数值，有大有小，数据分布有离散性的特征。规律性指的是数据经过整理以后，其分布具有一定的规律性，不是杂乱无章毫无规律的。通常产品质量的波动有两大类:一类是正常波动，一类是异常波动。所谓正常波动，也称为偶然因素影响的波动，其特点是过程中存在许多波动源，但每个波动源对质量特性的影响都很微小，这些因素在技术上很难消除，经济上也不值得消除，在质量控制中这种偶然性因素是允许存在的。而且在质量控制中如果只有偶然性因素存在，其产品特性值分布服从正态分布，这时我们称过程处于统计控制状态，即受控状态，在这种状态下，生产出来的产品也被认为是合格产品。所谓异常波动，又称为系统因素引起的波动。这种因素对产品质量影响较大，是造成质量异常的主要因素。生产中如果存在这种因素，质量数据就会出现异常大的差异，产品质量不稳定。因此，对这种因素要及时发现，加以控制和消除，使过程恢复到正常的受控状态。总之，可以根据质量特性的分布去识别和区分波动的类型，从而采取措施加以控制。

在无系统因素起作用的情况下，质量特性值呈正态分布，如图 15-2，图中曲线为正态分布曲线。其特点如下：

(1)以 $x=u$ 这条直线为轴，左右对称；

(2)对 u 的正偏差和负偏差，其概率相等；

(3)靠近 u 的偏差出现的概率大，远离 u 的偏差出现的概率小；

(4)以曲线与横坐标围成的面积为 100%，在正常情况下，测量的质量数据都在此面积之内，其中各部分的概率分别为：$x+u$ 为 68.26%；$x+2u$ 为 95.45%；$x+3u$ 为 99.73%。因此在远离平均值 u 的一定范围以外（如 $3u$ 以外），出现的概率非常小，几乎是不可能发生的。根据以上的数据分布特点，就可以分析和判断是否存在异常因素。

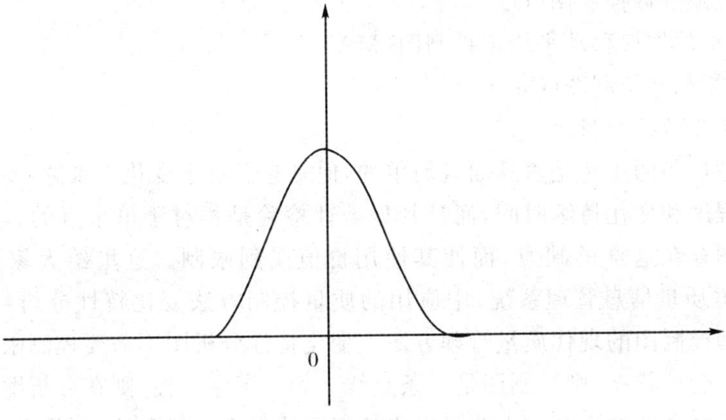

图 15-2

15.4.2　质量控制的方法

1. 控制图

质量控制的方法常见的是控制图。它是一个简单的过程控制系统，其作用是利用控制图所提供的信息，观察生产过程是否处于受控状态。一旦发生异常波动，就分析对质量造成影响的原因，采取措施加以消除，使质量能够稳定，并不断提高产品质量。管理控制图分析是一个标准的 SPC 模块，该模块中包含了所有传统的控制图分析工具：

(1)流向控制图

(2)计量控制分析图

平均值—极差控制图(X—R)

平均值—标准偏差控制图(X—Sd)

单值—移动极差控制图(I—MR)

单值—移动标准偏差控制图(I—MSd)

(3)计数控制分析图

不良品率控制图—比例(PP)

不良品率控制图—百分率(P%)

百万分控制图(Ppm)

不良品数控制图(NP)

缺陷数控制图(C)

单位缺陷数控制图(U)

(4)指数加权移动平均值控制图(MA)

(5)累积和控制图(Cusum)

2. 变化特性分析图

管理控制图虽然是直观而且简单的，但是它们对于变化不敏感，不能检验出变化的程度和变化持续时间，而且其显著性检验是相对于单个点的。正因为管理控制图存在这样的缺点，而使其使用价值受到限制。这里给大家介绍一下 QIS2000(质量信息管理系统)中应用的质量控制方法变化特性分析：这是一种替代管理控制图的现代质量管理方法。变化特性分析图不需要控制限。如果工序是处于受控状态，则控制图是一条直线。如果工序失控，则在分析图中将会看到多个不同高度的平台。由此可以确认问题从什么时候开始，到什么时候结束，一个新问题是否出现等。变化分析图能清晰地说明因素变化的水平及发生的起始时间和终止时间(如图 15-3)。

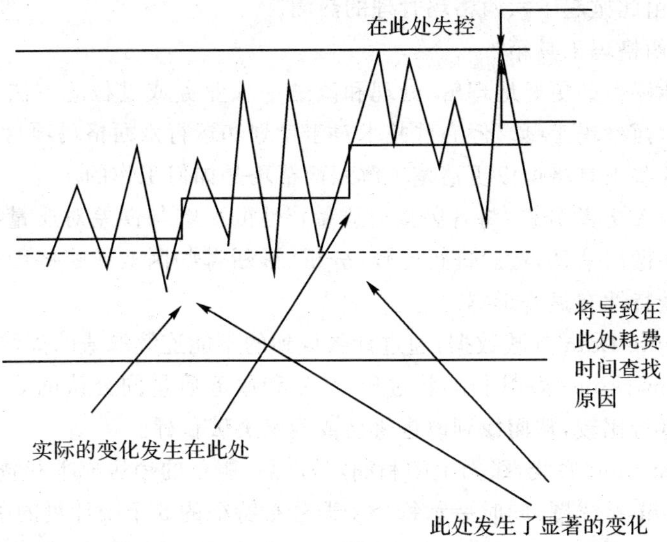

图 15-3 变化特性分析图

3. 六西格玛管理方法

(1)六西格玛含义

六西格玛的名字起源于统计学,西格玛是对过程质量特性值变异的衡量。如果过程质量特征值服从正态分布,西格玛是正态分布的标准差,如公差范围处于质量特征值分布的左右两侧 6 倍标准差(六西格玛)的位置,则即使考虑过程分布均值出现一些漂移(一般假设 1.5 倍西格玛),则出现缺陷的概率也不过是百万分之 3.4。因此,六西格玛代表了一个很高的质量水平。但这只是六西格玛的一种统计解释,现在我们所说的六西格玛管理,其涵义远远超出了其统计意义。实际上,六西格玛管理模式是一种以顾客为导向的持续改进的管理模式。六西格玛之所以成为一股风靡世界各国的管理热潮,与六西格玛管理能为企业提升效益是分不开的。80 年代中期,摩托罗拉开始推行六西格玛,1987 年到 1989 年,质量水平提高了 10 倍,并于 1988 年获得了首届美国国家质量奖。1989 年到 1991 年,质量水平又提高了 10 倍,并在 4 年的时间内节约了 22 亿美元。90 年代中期,联合信号、通用电气等国际知名公司开始推进六西格玛,并取得了显著的经济效益。尤其是通用电气,时任总裁 Jack Welch 在六西格玛的推行方面力度非常大,成效卓著,公司业绩的增长在华尔街引起震撼效果。90 年代末期到本世纪初,世界上的知名公司纷纷开始引入六西格玛,如美国的福特、戴尔、卡特彼勒,韩国的三星、LG,日本的东芝等,并且绝大多数公司均取得了明显的收益,由此掀起了六西格玛管理的热潮。

(2)六西格玛工具箱

任何能够帮助更好地理解、处理和改进一项业务或过程的方法和技术都有资格成为六西格玛工具。但有些技术对于计划和运行六西格玛项目是特别关键的。掌握这些工具将可以更清楚了解六西格玛是如何工作的。

ANOVA 方差分析:将各因素对质量特性的影响与误差对质量特性的影响加以区分并做出估计,然后进行比较,分析、推断哪些因素或哪些因素间的交互作用对质量特性有显著影响。

Attribute Data 计数数据:通过计数得到的不能连续取值的离散型数据。

Benchmarking 水平对比:将过程、产品和服务质量同公认的处于领先地位的竞争者进行比较,从而找到改进机会或确定突破目标。

Bottom Line 底线:账面上的利润,是产品/服务的销售成本和费用的函数。

Box-plot 箱线图:同时展示每个子群分布特征的 5 个统计量的坐标图。

Business Culture 企业文化:区别于其他组织的价值、观点、期望、准则和行为。

Cause-Effect Diagram 因果图:也称“石川图”、“鱼刺图”,是揭示质量特性波动与潜在原因的关系,即表达和分析因果关系的一种图表。

Continuous Data 计量数据:通过测量得到的可任意取值的连续型数据。

Continuous Improvement 持续改进:逐步的、永无止境的不断改进循环。

Control Chart 控制图:以统计推断理论为基础,设置统计控制限,按时间坐标显示独立测量值、平均值或其他统计值的折线图。

COPQ(Cost Of Poor Quality)不良质量成本损失:由于缺陷或不良质量造成的成本损失。

CTQ(Critical to Quality)关键质量特性:满足关键的顾客要求或过程要求的产品或过程特性。

Defect 缺陷:不满足 CTQ 规范的任何事件。

FMEA(Failure Mode and Effects Analysis)失效模式与影响分析:用来分析产品或服务及其过程由于失效导致风险的方法。

Histogram 直方图:用宽度相同的矩形表示数据分布的图形工具。

Multi-Vari Chart 多变量图:直观地提供过程各影响因素之间的关系以及它们对过程输出影响的坐标图。

Pareto Chart 排列图:也被称为帕累托图,由一个横坐标、两个纵坐标、几个按高低顺序排列的矩形和一条累积百分比折线组成的分析图表。

p-Value p 值：偏离零假设的概率，是可能拒绝原假设而接受备选假设的显著性水平。

Regression Analysis 回归分析：变量间关系的分析方法。

Run Chart 运行图：按时间坐标显示统计量的折线图。

QFD(Quality Function Deployment)质量功能展开：将顾客的语言转换为企业内部技术术语的工具。

Scatter Plot 散布图：研究两变量间相关性的图形工具。

SPC(Statistical Process Control) 统计过程控制：用控制图监控和改进过程的方法。

Top Line 顶线：真实表达顾客对企业满意的收入。

Z 西格玛水平：描述过程满足顾客要求能力的参数。

Zst (Z Short Term)：短期西格玛水平/过程短期能力。

Zlt (Z Long Term)：长期西格玛水平/过程长期业绩。

总之，六西格玛的工具箱十分丰富，有助于管理人员做出更好的决策，解决问题和管理变革。但需要注意的是，不要把六西格玛和工具混为一谈。使用过多的工具或使用太复杂的工具，以及在不必要的时候也使用，都会像不会使用工具一样，容易影响实现六西格玛的目标。

(3)实施六西格玛的步骤

第一步：六西格玛实施前准备

六西格玛是以顾客满意为导向的一整套的企业业务持续改进的管理模式和方法体系，其具体效果是通过完成大量的六西格玛黑带/绿带项目得以实现的。这些项目之所以取得效果并推动企业的持续改进，是因为项目的目标与企业的战略相吻合。因此，企业在实施六西格玛之前，必须制定或重新评价企业的战略。有的企业实施六西格玛失败的原因就在于企业没有明确的战略。制定或评价企业战略的方法或模式很多，其中常用的有战略要素评价矩阵、SWOT 分析和企业战略的竞争性比较或基准评价(Benchmarking)。战略要素评价矩阵可以帮助企业战略决策者对企业外部或内部各个领域的主要优势与劣势进行全面综合的评价。SWOT 分析通过分析企业内部的优势(Strength)、劣势(Weakness)，以及企业外部面临的机会(Opportunity)和威胁(Threat)，确定企业的战略定位、战略方针和目标。基准评价可以通过与竞争对手的比较，确定竞争优势和劣势，制定致力于超越竞争对手的战略。另外一个确定企业的优势和劣势的方法是采用世界级企业的卓越绩效标准(如美国国家质量奖或我国国家质量奖评奖标准)进行自评，发现企业自身的问题并建立适当的竞争战略。一旦确定企业的战略,下一步就是如何将企业的战略具体展开和付诸实施,这就需要将战略分解和制定从企业高层到基层的业绩考核指标,目前国际上普遍采用的方法是平衡记分卡(Balanced Scorecard),平衡计分卡通过对客户和市场、财务、企业内部、学习和发展四个方面的绩效考核将企业战略逐步展开。组织上的准备工作包括确定六西格玛推广人。六西格玛推广人应由企业的高层领导担任,全面负责六西格玛推广工作,包括项目选择、协调、评审、考评等。

第二步:六西格玛项目选择

项目选择对六西格玛的成功至关重要。项目选择不是黑带学员的个人行为,要有管理层参与。在具体选择项目时,以下几点非常重要:

①六西格玛项目的选择应与企业的战略目标一致,即六西格玛项目的成功将直接有利于企业战略的实现。

②六西格玛项目拟解决的问题应是平衡计分卡中的弱项或通过其他方法确定的企业的劣势。

③六西格玛项目所涉及的流程最好是跨职能的,流程中的问题比较复杂,需要跨职能的团队合作才能完成。

④项目成果是可以预计的,在项目开始前,要评价项目的预期收益指标(如净现值、内部收益率等)。

具体来讲,在选择六西格玛项目时,重点从以下几个方面考虑改进的机会:

①顾客方面,采用恰当的方法研究顾客的需求和满意度水平。通过设计合理的问卷和统计分析确定顾客满意度水平和影响顾客满意度的主要因素,或通过问卷调查、电话访谈、拜访大客户、顾客投诉等方法或渠道确定顾客的需求和顾客关键需求(CCR, Critical Customer Requirements),并整理出关键质量特性(CTQ, Critical to Quality)。六西格玛项目应从顾客的关键需求出发,解决影响顾客满意度最大的关键因素。

②企业的内部流程方面,主要是分析平衡计分卡中的弱项指标或关键业绩指标(KPI, Key Performance Indicator)中的弱项,明确这些指标和企业的关键业绩指标(如利润、现金流、成本或质量等)之间的关系,六西格玛项目选择的改进机会应是影响关键业绩指标的流程。

③竞争对手方面,主要是通过基准评价找出本企业与同业之冠(Best in Class)之间的差距,确定本企业的哪些流程是急需改进的流程。

一般来讲,根据以上方面确定出的改进机会可能比较多,从这些改进机会中要筛选出优先改进机会作为六西格玛项目。另外在安排六西格玛项目时,要考虑企业的资源是否充分,项目之间有没有目标或资源上的冲突,项目本身属于黑带项目还是绿带项目等。一般地,绿带项目相对于黑带项目在技术层面要简单一些,不如黑带项目复杂。

第三步:制定六西格玛项目计划

确定六西格玛项目以后,需要根据六西格玛项目所涉及的职能部门确定跨职能的团队人员和团队队长。这些人也是六西格玛黑带或绿带的候选人,他们是六西格玛管理变革的主力。团队人选的确定标准:首先,该成员应熟悉其业务流程,有较好的业务基础;其次,该成员应有强烈的业务改进意识和变革精神;再次,该成员有良好的团队合作精神。作为团队队长,除具备上述团队成员应具备的素质外,还要具备良好的管理、沟通和人际交往等方面的能力。

项目团队建立起来以后,为了明确项目的目标、内容和工作计划,需要建立团队宪章(Team Charter)。团队宪章主要包括:拟改进业务个案、改进机会描述、项目的目标、项目的范围、项目具体计划和团队成员。业务个案重点在于阐述本项目和企业战略之间或整体的业绩指标之间的关系;改进机会描述重点描述企业当前的业绩水平与顾客需求或企业战略目标之间的差距;项目的目标应以具体和量化的形式表明项目的总目标以及分阶段的目标;项目的范围指出项目的起始点和终止点,以及项目所涉及的职能部门,通过绘制拟改进过程的SIPOC图(供方—输入—过程—输出—顾客,Supplier-Input-Process-Output-Customer)来确定项目的边界;项目计划要用甘特图的形式具体列出开展本项目的活动计划,项目计划要尽量详细,要能通过项目计划看出项目执行过程中的关键节点、里程碑事件以及相应的评审点;最后,在项目团队成员中要说明团队成员的来源、主要职责等。除此以外,为了保证项目团队的工作效果,还必须制定团队的行为规范,以防止团队工作的矛盾和内讧。

目前,绝大部分企业实施六西格玛都是采用边培训边执行项目的方式。在摩托罗拉,这个过程被称为行动学习(Action Learning),DMAIC(Define,Measure,Analyze,Improve,Control)是六西格玛业务改进最常用的模式,下面简单介绍一下DMAIC流程。

①界定(Define)。项目界定是六西格玛项目成功与否最为关键的阶段,主要工作内容包括改进机会的确定、绘制SIPOC图、确定顾客的需求和关键质量特性、绘制详细流程、项目团队的建设等等。

②测量或测评(Measure)。测量阶段在于首先要明确测量的对象、方法和指标,定义测量过程,确定过程输出指标和CTQ之间的关系、过程输出指标和输入指标、过程指标之间的关系,进行测量系统分析。测量阶段的目的是保证项目工作能够采用正确的方法、测量正确的指标、测量结果的变异尽可能小,保证

后续分析阶段使用的数据准确可靠。

③分析。分析阶段的目的是要找出影响业绩指标的关键的、潜在的原因，由于六西格玛项目的复杂性，如果没有科学的数据分析，难以保证能够找到真正的、根本的原因。因此分析阶段要综合采用各种统计方法和管理技术，进行数据的统计分析、比较试验、缺陷分析、变异来源分析、关键因素分析、多变异分析、相关分析和回归分析、失效模式和效应分析（FMEA）、作业增值性分析等。

④改进。改进阶段主要是基于分析阶段所找到的根本原因，大胆地提出问题解决方案。对于有些工程技术问题，实验设计（DOE，Design of Experiments）技术可以用于过程参数优化或产品设计改进。在本阶段，一些非传统的创造性思维方法也是非常有帮助的。改进方案要进行评价和筛选，可以采用一些综合评价技术进行方案的选择。为了保证方案实施的成功，有必要进行一些局部试运行试验，对改进方案进行验证。

⑤控制。控制的目的在于保持项目的成效。在控制阶段，要在质量管理体系中及时更新流程改进后的程序文件或作业指导书，建立过程控制系统和失控行动方案，采用统计过程控制的技术对过程进行实时监控。另外，在本阶段，将项目成果进一步向其他类似的业务流程推广也是一项重要的任务。

第四步：项目阶段评审

为了保证项目严格按计划执行，需对项目进行定期的阶段评审。企业的高层领导、六西格玛倡导人、项目出资人等参加项目评审，发现项目执行过程的问题后要及时采取纠偏行动。在项目定义阶段，重点评估项目的团队宪章，评估方法简称为 SMART（Specific，Measurable，Attainable，Relevant，Time－bound；意为：具体、可测量、目标可实现、与战略相关和有具体的时间安排）。在测量阶段，重点评价测量项目是否有意义、测量的数据是否真实可靠、测量系统是否可以接受等。在分析阶段，重点评审是否找到了问题的根本原因，分析工具和分析结果是否可靠等。在改进阶段，重点评审改进方案的可行性、效果和改进方案实施计划等。在控制阶段，重点评审过程控制系统和控制方法的有效性，保持改进的成效。

第五步：项目效果评价和成果表彰

项目效果的评价分为两个方面。一是直接的经济效益评价，一般由财务部门配合完成。直接经济效益评价指标包括投资收益比、净现值、收益率等。二是间接效益评价，主要包括项目所带来的管理水平的提高、员工士气提升、环境改善以及项目带来的社会效益等。效果评价和宣传可以起到明显的示范作用，对于进一步推广六西格玛工作至关重要。另外，对项目成员，根据他们在项目工作中的表现，授予六西格玛黑带或绿带资格。黑带本意是指跆拳道中的高手，这里是指那些能够系统、熟练地运用质量管理的工具和方法，成功地解决质量问题的高手。一般黑带是项目团队的队长，绿带是团队成员。这些黑带或绿带以后要持续完成更多的六西格玛项目，在企业内部进行六西格玛培训，并有责任发现和培养更多的人加入到六西格玛持续改进活动之中。

第六步：建立属于自己的六西格玛管理模式

这一过程也被称为六西格玛管理的客户化过程或固化过程。这一阶段的主要任务是建立共享学习机制，定期开展六西格玛项目交流，构建学习的信息平台，编写内部培训教材，培养资深黑带，培养内训师，将六西格玛推广工作日常化，并鼓励企业的黑带、绿带等参与国内外六西格玛交流。

【本章小结】

质量控制是企业管理过程中的一个重要组成部分。本章比较全面、系统地对质量管理与控制进行阐述，主要内容包括质量与质量控制的含义；质量管理的发展过程；有效质量管理的特征；全面质量管理及质量控制的方法。

质量的含义已从过去的实物产品质量发展到今天产品或服务满足规定和潜在需要的特征和特性的总和。质量控制是指在生产过程中，对确保和达到产品质量所必须的全部职能和活动的控制。质量控制经历了事后控制、统计质量控制、全面质量控制等阶段。

全面质量管理的特征：全面的质量概念、全过程质量管理、全员参与、全企业质量管理、运用一切现代管理技术与方法。

PDCA管理循环是全面质量管理最基本的工作程序。即计划—执行—检查—处理（Plan-Do-Check-Action）。这是美国著名质量专家戴明（W. E. Deming）发明的，因此也称之为戴明循环。

有效质量控制的特征是：可理解性、精确性、客观性、及时性、合适性、经济性、指示性、灵活性。

组织的领导者有效地实施质量管理工作必须遵循八大质量管理原则。

常用的质量控制技术和方法有：控制图、变化特性分析图、六西格玛管理、ISO9000系列标准等。

【综合案例】

从海尔的质保体系看全面质量管理

海尔集团认为对产品质量的追求不是某一个局部就能实现，它应该是企业整体系统的完善。围绕企业的产品质量，必须建立系统的质保体系，将产品的全过程质量纳入体系的控制之中。企业建立质量保障体系，其中，需要各部门和各流程的通力协作，以及员工的标准操作。同时还需要将产品质量延伸到企业所有的参与流程之中，强化各部门的质量职能，确保产品制造的过程质量。

一般来说，产品都要经历来自于市场的需求、设计、制造和销售使用的过程。在这个过程中，需要各个部门明确质量职能，也就是企业在管理过程中对各部门的部门职责、工作流程、责任、权利和义务进行规范，确保产品生产的资源支持。在此基础上，企业通过规范标准制度、流程，做到人人按标准做事，事事有保证体系支持。同时，结合产品的要求，建立质保体系，形成按标准操作，全程的自检、互检、专检等全方位产品质量保障体系。

了解海尔的质保体系必须从生产现场的质量管理来看。围绕生产现场对质量的要求，我们主要通过以下四个方面了解产品的质量控制。

一、操作

操作是生产的基本过程，也就是从原材料到成品的制造过程。在这一过程中，生产线的每个班组、每个操作工控制着不同的生产环节，依据标准完成各自工序阶段的生产产品的要求。对质量的保障首先要通过硬件的支持，包括生产设备、工装设备等，还包括操作的工艺指导书等技术方面的支持。在此基础上，结合产品的工艺要求、员工的素质以及对质量的认识，完成基本的产品操作。

员工在生产现场，对不符合产品质量的把握，遵循三不原则：不接受、不制造、不传递。对于上道工序不符合要求的操作，下道工序依据检验标准有权不接受；在本道工序内，员工按标准操作，做到自己不制造不符合标准的工序产品，同时自我检验，确保不向下道工序传递。对于此项原则的实施，海尔通过思想意识上的创新，发挥出员工的能动性，同时还通过即时激励、现场兑现价值券以及质量检测跟单来实现。

- 不接受：严格执行不合格品的管理规定，对上工序转入的部分质量在思想和行动上保持高度的警惕性；
- 不制造：将《工艺指导书》和《作业指导书》看作生产中的“法律”，必须无条件服从，确保本工序的操作标准；

• 不传递：对自己的工序质量负责，确保生产出符合标准的产品，避免将问题带到下道工序。

在操作方面，质量记录非常重要，它可以作为分析改进的基础数据、严格执行工艺标准的证据以及质量追溯的凭证。对质量进行记录也体现出事前预防的一面。通过了解质量记录，可以很好地分析出当时的质量问题，在绩效上可以建立员工考评的依据，同时也是问题改善的信息来源。

二、检验

产品质量虽然来自于预防，但在具体生产过程中，即时跟进的全程检验同样是产品质量得以保障的关键。对海尔来说，尽管建立全员的质量意识，并确定了"零缺陷"的质量目标，但在实际生产过程中还是需要通过检验来保障产品的出厂质量。简单地说，检验就是在产品生产的全过程，及时了解测试产品的各项指标是否符合标准要求，通过具体的检验，确保产品流出最好质量。

检验在生产管理过程中发挥着重要的作用。一般来说，检验可以起到闸口的作用、评鉴的作用。闸口作用，就是在产品流出的过程设立闸口，将产品的质量问题控制在厂内，确保交给用户合格的产品；而评鉴作用，是指通过检验对产品的生产过程评鉴质量状况，从而获得产品质量方面的信息反馈，以便采取改进措施。

检验是必不可少的，而面对产品的检验结果，通常需要对出现的产品质量问题进行纠正、返修、报废等相关的处理。

• 纠正：对检查出的问题进行即时调整。针对现场产品的质量问题，除了工序间的自互检之外，生产线还设有专项检查以及质检处的巡检。对操作过程中的问题随时给予现场纠正，力争在不停机的情况下及时改善质量现状。

• 返修：对比较严重的缺陷转返修区进行返修。对于生产线检出的产品质量问题，如果在线上无法随机改善的话，通常要通过专项的返修线进行问题的彻底检验和修理，最终确保产品二次下线，符合质量标准。

• 报废：不能修复的产品给予报废处理。海尔建立完善的产品质量体系，可以说从根本上杜绝了废品的出现。当然，在实际的生产或样机试验的时候，有时会出现废品，那么对于没有价值的废品，与其需要花费一定的资源去改善，不如报废，彻底消除产品的质量问题。

三、改进

在产品的质量改进方面，海尔依据的是PDCA（计划、执行、检验、改善）管理法，最终通过持续改进，形成标准化模式，确保产品质量的不断完善。在改进的过程中，海尔还坚持以数据与事实为依据、预防为主、持续改进、闭环优化的原则,将改进的内容最终形成标准化模式,做到在改进基础上产品质量的不断提升。

对产品的质量改进必须通过一定的流程来实现。在此方面,海尔通过选择改进项目、分析主要原因、制定改进措施、实施改进措施、措施效果验证、标准化这样的具体操作流程,实现对产品质量的改进。

1. 选择改进项目

找出占问题比率80%以上的要素,即找出关键的少数作为改进的项目,以点带面,带动对其他问题的解决。

2. 分析主要原因

将造成某项结果的众多原因,以系统的方式进行分析,找出主要原因。

3. 制定改进措施

针对急需解决的问题,制定相应的对策、目标和措施,并明确相关的责任人以及改进的时间等。

4. 实施改进措施

针对制定的改进措施,确定实施的措施、目标、责任人以及改进的进度等内容。

5. 措施效果验证

借助相关的工具,找出改进前后的效果对比,以跟踪并改善改进措施的效果。

6. 标准化

对于任何的改进不仅仅是解决当前的问题,更要将改善的结果形成标准,避免再出现类似的问题。其中具体的手段是固化已经改善的有效措施,将变更的工作方法、操作标准、工艺参数、图纸、规章制度等纳入改进后的标准之中。

四、创新

对产品质量的追求,体现在具体的操作、检验、改进之中,通过各方面的努力确保产品在生产过程中的质量。对质量的追求卓越,不仅体现在具体的细节之中,还要有创新的精神作为推动力。海尔强调企业和员工的创新精神,并将这种精神落实到了每个员工的具体工作之中。员工做到自我创新,并将这种创新体现在工作和意识上。在创新意识上,突破就是一种创新,其中包括突破自我:大家都会犯错误,我已经做得很好了;突破思维定式:改进和创新是管理人员的事情,与我这样的操作人员有什么关系?突破昨天:每天提高一点点。在工作过程中,员工自发成立创新TEAM,针对具体问题,进行有效的资源配置,形成解决问题的攻关小组。所谓创新TEAM,也就是质量控制点SBU经营业绩卡。在质控点推进原则的指导下，针对具体的质控点，相关的员工作为牵头人成立创新SBU实体，对问题进行分析，确定需要参与的资源、解决问题的措施和进度安排。其中的质控点推进原则包括三个方面：

1. 质控点工作的原则

三不原则：不接受不良品、不制造不良品、不下转不良品。

2. 质控点工作的目标

堵住上工序的问题，本工序不产生、不下转。

3. TEAM经营的目标

问题全部堵在厂内。

通过现场的操作、检验、改进以及创新，产品在生产过程中的质量问题能够最大限度地降低。同时，为了进一步改善质量问题，海尔还通过多种方式解决产品过程质量问题。比如海尔建立的产品质量改善流程以及针对产品问题点的质量检测跟单，都可以有效降低产品的质量问题。

◆ 产品质量改善流程

经由制造系统生产的产品，必须经过严格的质量改善流程，才能确保交到用户手中是质量符合标准的产品。一般来说，所有的产品流出都要经过诸如设计样品、制作样机、试验验证、现场评审、小批量生产、评审后的大批量生产、产品售后信息收集与改善、持续改进等流程。其中，严格的检验手段是产品质量得以保证的基础。在产品检验方面，海尔设有专业的型式检验、HR认证、寿命试验、测电、功能检测、AEA检测以及抽样检验。所有检验都会严格按流程标准由专业人员进行，控制每一个环节的产品检验。

海尔在质量改善流程方面，深入地理解产品的流程图从而了解产品的质量改善途径。产品的生产首先来自于市场的需求，也就是设计人员在市场上捕捉到用户的需求后，据此设计产品。此阶段的工作一般由科研所型号经理完成。当产品设计出来后，制作样机，进行相关的试验验证。之后，型号经理牵头组织本部、事业部相关人员进行样机的评审工作。评审主要集中在产品的创新、安全、检测、原材料、市场等方面，通过评审则可以进行小批量的生产，否则型号经理要重新进行样机的设计。在批量生产阶段，产品还要再次通过四项严格的检测，合格才能确保出厂。当产品进入商流后，产品各流程参与者，比如型号经理、事业部等都要收集市场反馈的信息，以此作为改进的基础。通过这样严格的流程，产品在各方面的质量都能达到标准的要求，并能做到持续地改进。

◆ 质量检测跟单

所谓质量检测跟单，就是从生产线的第一道工序开始，每一个产品都要贴上一张单子，其中涉及产品在总装工序以及检测工序各环节的检测项目以及责任人。这样，每一个产品最后出厂时都有一张单子，当产品在某方面有问题时，据此跟单就可以找出当时的责任人以及相关的问题。

质量检测跟单涉及总装工序和检测工序。在每一道工序线上，根据产品的工艺要求，进行检测项目的细分，并设定了缺陷标志、检出人、返修人、返修结果。在自己的岗位操作范畴，如果发现组装件的缺陷，就会在跟单上进行缺陷标志标注；如果是下道工序检出上道工序组装件的缺陷，同样要在缺陷标志上标注。这样，组装的每一个部件都经过了上下工序的检测。即使在本工序内因为工作的疏忽等原因没有检测出来，那么下道工序的互检也会检测出来的。针对这样的工序间的检测过程，不仅体现出自互检的做法，同时也能反映出市场链机制的运用。质量检测跟单很好地将产品生产过程的各项目，控制在标准范围内，同时采用即时激励等方式做到工序之间的自互检，并且进一步引申出“索酬、索赔、跳闸”的市场链机制，也就是下道工序检出上道工序的问题，就可以向上道工序进行“索赔”，双方之间建立市场关系，互相控制产品的过程质量。

思考题

1. 海尔是如何进行全面质量管理的?

第16章

管理信息系统

引导案例

华北制药ERP系统的应用

华北制药集团有限公司是全国最大的制药企业之一，华北制药集团销售有限公司则是全国最大的医药流通商业企业。三年前，华北制药集团选择从销售公司开始展开新的信息化之旅，并从一开始即明确其首要的需求是实现财务业务一体化、信息的集中与统一管理。难得的是作为国内医药行业的龙头企业，华北制药很早就意识到了，与国际医药巨头的较量，最根本的不是依靠政府的保护，也不是靠分子公司的分头打拼，而是要通过信息化整合传统资源、提升自身的核心竞争能力、全面加快销售网络的反应速度。三年来的ERP信息系统信息化实践表明，“一体化”与“集中管理”的决策确实为华北制药销售公司随后再现高速增长赢得了宝贵的时间。

在实施系统信息化的第一年，华北制药集团全年完成销售收入56.4亿元，比上年同期增长60.5%，2001年的应收账款、存货周转率分别提高了45%和51.85%，虽然应收票据和其他应收款增加了约20%，但流动资产总体周转速度明显加快，经营效率的提高为其销售可持续增长提供了有利条件。2002年，华北制药集团销售收入增长22.5%，利润增长72.07%；2003年，华北制药集团的销售收入突破70亿，工业总产值突破百亿大关，跨入福布斯“中国工业五大品牌”之一。

华药人喜欢用“辉煌跨世纪”来形容自己在新世纪迈入了“快车

道”。华药这个老国企用什么方法使自己青春常在？他们靠的是盯住市场，狠抓质量和科技两个着力点。而信息化在其中发挥了加速效应。

本章主要内容

1. 管理信息的含义、作用、类型和特征。
2. 管理信息的收集和处理。
3. 信息系统的发展过程。
4. 管理信息系统的概念、特点、职能和基本模式。

16.1 信息技术与控制

16.1.1 信息技术与信息化的发展

1. 信息技术的发展

现代信息技术是由通信技术与计算机技术有机结合形成的。通信技术和计算机的有机结合促成了现代信息网络的建立和发展。

2. 信息化的发展

信息化就是指在企业管理过程中，通过普遍采用信息技术的电子信息装备，更有效地开发和利用企业信息资源，从而提高组织的综合素质、管理能力和绩效水平的过程。现代信息技术在各类企业和组织的管理活动中得到广泛应用，典型的有以下几方面：

(1)生产过程信息化：就是在机械化的基础上实现监测和控制的自动化。如CAD、CAP、CAM、DCS等。

(2)管理过程的信息化：在现代化管理的过程中，信息的获取、加工、利用都是不可缺少的，现代企业管理中有许多有代表性的信息系统，如MIS、TPS、DSS、EIS等。

(3)办公自动化：现代企业管理中办公已向无纸化转变，如E－MAIL系统。

(4)集成一体化系统：把企业管理组合成一个完整体系，构成一个多功能系统，能更好地发挥信息技术的作用，如MRP、ERP等。

总之，信息化的发展对企业的生存和发展来说起到极大的支持作用，它可以帮助企业提高竞争力，促进企业不断向前发展。因为企业实现信息化管理，首先可以提高企业的透明度，杜绝暗箱操作，减少企业管理中漏洞；其次，信息化管理创造企业新的供应链运作方式，可快速响应市场的变化；第三，可以推动组织服务创新，实现个性化服务，提高顾客满意度；第四，可以带来企业的业务流程再造，不断降低成本，提高效益；第五，企业信息化管理可以实现网络办公，营造新型的组织文化，促进组织不断向前发展；第六，企业信息化拓宽了企业的生存、发展空间，有利于企业适应经济全球化的需要，更好地实施跨国经营战略。

16.1.2 信息化条件下管理和控制系统的变化

企业信息化建设不仅仅需要技术创新，与此同步必须进行管理和控制创新。管理和控制创新与企业信息化息息相关，两者紧密联系，缺一不可。

1. 改善企业控制环境

控制环境构成一个单位的控制氛围，是所有控制方式和方法赖以存在的运行环境。它包括员工的诚实度和胜任能力、董事会或审计委员会、管理理念和经营方式、组织结构、授予权利和责任的方式、人力资源政策和实施。信息技术使企业内部控制环境发生以下的变化：

首先，企业组织结构趋于扁平化。由于计算机信息处理技术替代大量业务层和中间层的人工数据处理工作，数据以磁介质的方式存储在数据库中，并能通过网络迅速传输到企业各个角落。信息技术减少信息在传统组织的信道传输中延迟、失真以及噪音干扰，降低信息获取成本，扩大信息发布范围，增进组织各层次人员的信息传递与交流。原先多人分工协作的工作被信息技术重组后只需一个人就可以完成，大量的人工控制被信息系统的自动控制所取代。这种变化导致企业组织结构趋于扁平化，内部控制层次明显减少，岗位更加精简，责任更加明确，效率更加提高。

其次，提高员工地位和素质要求。随着组织扁平化和业务流程化与信息化，企业决策层次向下移动，基层员工获得更多的决策机会，同时对员工素质也提出了更高的要求。在新的信息技术平台下，员工需要熟悉计算机信息系统，持有实时、积极的控制观点，认识业务发生时信息技术所能提供预防、检查及纠正错误和识别舞弊的机会，充分应用信息技术与专业知识控制企业的经营活动。企业人力资源管理将结合信息技术特点制定员工雇用、培训、提升和奖励政策。内部控制设计更强调以人为本、人机结合的原则，通过增强员工识别风险能力、发现问题与解决问题能力、与其他业务人员协同配合能力，利用信息技术的控制能力来提高企业内部控制质量。

再次,改善信息不对称状况,提高对“内部人”的监控水平。现代企业由于所有权与经营权分离,真实的会计信息披露对公司治理起着重要的作用。信息技术集成了业务信息处理流程与会计信息处理过程,由于数据同源并在计算机内部连续处理,有效地提高了会计信息的实时性和准确性。而投资者经过合适权限的授权,通过计算机网络就能随时访问企业数据库的相关数据,在一定程度上改善了信息不对称性状况,增强信息的透明度以及对企业经营者的监控能力,促使企业内部人员提升诚信度与道德观,规范企业经营行为。

2.扩大风险评估范围

信息技术应用改变企业传统营运模式,也带来业务流程和信息系统的新风险。例如企业在信息技术平台上运行 ERP 系统、电子商务、供应链管理系统、客户关系管理系统,通过企业之间、企业内部的信息传递实现协同合作、优化资源配置。企业物流和资金流的流量、流速均由计算机精密安排,与联盟企业、市场情况环环相扣,以求最低成本、最快速度、最好质量组织企业经营活动。因此,供应链的任何环节出现突发事件都会波及企业的正常运行,给企业带来损失。此外,由于企业所有数据存放在数据库服务器内,网络开放性、数据共享性必将增加信息系统的风险,如数据可能被非授权人员拷贝、删除、修改,破坏,计算机病毒感染、黑客入侵、使用人员违规操作也会造成计算机系统故障或信息系统崩溃。企业风险识别、评估与防范,不仅要考虑内外部环境,而且要考虑业务流程与信息流程的耦合度、协作企业的关联度、信息系统的依赖度等因素,规避供应链作业流程和信息系统的新风险给企业带来的危害。

3.业务流程控制与信息系统控制成为控制活动的一项重要内容

在信息技术平台上,企业运行的 ERP 系统实行流程化管理。企业战略远景的实现、信息系统的导入、企业文化价值观的具体呈现,最终落实到企业的业务作业流程。信息技术应用使传统人工控制形式演变为人机系统控制,控制重心将集中在作业流程的人机控制与信息系统控制上。一些传统的内部控制规则和程序在新的技术环境下失去存在的意义,新的控制规则和程序建立在充分利用信息技术、用最少的资源达到更佳控制目标的基础上。围绕业务流程,企业会计、审计人员与业务人员将密切协作,共同分析信息技术环境下的企业订单、采购、库存、计划、生产制造、质量控制、运输、分销、财务会计、人事管理等环节的作业过程、管理过程和信息过程的新特点,制定对应控制规则,设计企业预算控制、成本费用控制、资金控制、投资控制、信息记录控制、计算机信息系统控制、业绩评价等控制制度和控制程序,并将这些控制程序和控制参数输入计算机信息系统内部,形成完整、严密的面向流程的人机内部控制系统。这样,企业员工可以根据信息系统反映的信息流及时监控业务过程的物流、资金流、作业流，通过反馈信息与控制参数的比较，制定决策、预防风险、修正作业错误，防范业务舞弊。另外，在计算机信息系统内部建立严格的人员访问授权、数据接触控制、操作流程规则和职责体系，以避免信息系统故障，保留IT审计线索，杜绝利用信息技术进行贪污、舞弊的行为。

4. 组织成员之间信息交流和沟通更加便利

信息与沟通是指企业在其经营过程中识别企业内外部信息，并在组织内沟通，以便员工了解、执行其职责。信息技术的应用改变企业信息孤岛的状况，大量的企业环境信息、政策信息、经营信息、财务会计信息、作业信息集中存储在企业数据库系统内，并不断被实时更新。基于互联网、企业网、数据库技术的客户/服务器(C/S)和浏览器/WEB服务器(B/S)混合结构的网络平台为企业成员提供了很好的沟通条件。在这个平台上，员工可以十分便捷地从计算机数据库中查阅有关的政策和法规，获取与其职责相关的控制信息，明确各自的权利与责任，了解自己的活动如何与他人的工作相关以及例外情况如何报告或处理的途径。另外，企业在网络平台上构建与利益相关者联系的机制，使组织的相关成员可以实时获取经营信息与财务会计信息，及时进行沟通，达到最佳协同合作和利益共享。

5. 监控更注意更新信息系统内部设置的控制参数与控制程序

监控是评价一段时间的内部控制质量过程，包括及时评估控制制度的设计和运行，以及在必要的时候采取的行动。在信息技术环境下，内部控制是基于一种人机结合的控制模式，许多控制程序、控制指标、控制方法被设置在计算机信息系统内部，因此监控的一项重要内容就是要及时了解原来设置在信息系统内的控制程序、控制参数是否过时，并针对企业经营环境变化情况，及时评估业务流程控制点的运行状态，重新调整或更改设置在信息系统的控制参数或程序。

16.2 管理信息与管理信息系统

16.2.1 管理信息的概念和特征

1. 信息的含义

(1)信息(Information)的含义

信息(Information)是客观世界所固有，人类自古对其有一定的认识，但从来没有像现代社会这样引起如此广泛、深入、持久的影响，以至于它传播范围可及星际空间，传播速度可及光速极限。一般认为，信息是关于客观事实的可通讯的知识。或者说信息就是能带来新内容、信息知识的消息。这是因为：第一，信息是客观世界各种事物的特征的反映。这些特征包括事物的有关属性状态，如时间、地点、程度和方式等等。第二，信息是可以通讯的。大量的信息需要通过各种仪器设备获得。第三，信息形成知识。人们正是通过人类社会留下的各种形式的信息来认识事物、区别事物和改造世界的。

(2)信息具有以下属性

①事实性。事实是信息的核心价值。它是信息的第一属性。不符合事实的信息不仅没有价值，而且可能价值为负，既害别人，也害自己。②时效性。信息的时效是指从信息源发送信息，经过接收、加工、传递、利用的时间间隔及其效率。③不完全性。客观事实的信息通常难以一次就全部获得，它与人们认识事物的程度有着直接关系。④层次性。管理系统在客观上是有层次的(如公司级、工厂级、车间级等)，因此来源于不同级别的信息也是分层次的。⑤可变换性。不同形态的信息可以通过不同的方法进行变换，也可以由不同的载体来存储。⑥价值性。信息是经过加工并对生产经营活动产生影响的数据，是劳动创造的，是一种资源，因而是有价值的。⑦可压缩性。通过各种模型，将大量具有一定规律的数据加以压缩，然后进行传输。⑧共享性。同一信息可以为不同部门和不同人员所使用。

信息与数据既有联系，又有区别：数据是符号，是物理性的，信息是对数据进行加工处理之后所得到的并对决策产生影响的数据，是逻辑性(观念性)的；数据是信息的表现形式，信息是数据有意义的表示。

2.管理信息的含义

管理信息是信息系统中的一个子系统。是指反映管理活动特征及其发展变化情况的信息。它是组织在管理活动过程中采集到的，经过加工处理后对管理决策有着重要影响的各种数据的总和。如管理的知识、管理的规范、管理的状况与效果及有关数据等。管理信息的表现形式有报告、报表、单据、进度图，此外还有计划书、协议、标准、定额等，类似于报告的形式。管理信息的作用主要体现在：(1)是组织进行管理工作的基础和核心。(2)是组织控制管理活动的重要手段，是联系各个管理环节的纽带。(3)是提高组织管理效益的关键。

3.管理信息的分类

由于管理的普遍性，因此为进行管理活动、形成管理行为所需要的信息也涉及各个领域、各个方面。对于这些信息，我们可以从各种不同角度、按多种标志进行分类。

(1)按照信息的来源,管理信息可以分为组织内部信息与组织外部信息。

(2)按照现行的用途与作用,管理信息可以划分为决策信息、指挥与控制信息、作业信息。这三类信息分别与决策、指挥与控制、作业这三大职能活动相关并为之服务。

(3)按照信息的载体或形态不同,也可以划分为多种形式的信息。如知识、消息;原理、规范、流动信息;数据、描述与评价;声音信息、书面信息、电子信息等。

(4)按时间的不同,管理信息可分为过去的信息、预测的信息。

(5)按加工程度不同,管理信息可分为已加工的信息、原始信息。

(6)按精确性的不同,管理信息可分为精确的信息、不太精确的信息。

(7)按渠道来分,管理信息可分成正式渠道的信息、非正式渠道的信息等。

总之,对于信息的分类,不是为分类而分类。分类的出发点在于认识各种不同类型的信息特征和作用,其目的是为了向不同类型、不同层次的管理者提供所需的不同类型的信息。

4.管理信息的特征

由于管理信息是专门为管理目的和管理活动服务的,因此与其他信息相比,它有以下特征:

(1)有用性

一般说来,凡属信息都是有用的,只是这种有用性对于不同的空间、时间有一定的相对性。管理信息的有用性,是相对管理目的和管理活动的需要而言。它主要表现为对于管理中的科学决策、计划编制、组织实施和监督控制等的有用性,这种有用性,主要体现为时间上的及时性、数量上的适当性、质量上的准确性和适用性。

(2)综合性

组织的管理活动受多种因素的综合影响,如经济的、政治的、物质的、精神的、现实的等因素的影响。这些因素有来自组织内部的,也有来自组织外部的。所以管理必须要全面收集信息并进行综合分析、加工整理,才能充分认识和考虑各种因素的影响程度,使决策、计划、控制等建立在科学研究的基础上,做到综合平衡、统筹兼顾。

(3)经济性

任何一项管理活动都应讲究经济效益。效率和效益的观念,是管理活动中每个环节都要树立的观念。信息是管理的投入,这种投入既是必要的,也要讲求经济性。就是要以最小的成本和代价获取尽量多、有价值的信息。否则,在一般情况下,只强调信息对于管理的重要性,忽视其经济性,认为只要能获取信息,可不惜一切代价,这是不符合管理的基本要求的。

(4)共享性

信息的共享性是指信息在输出的过程中,只能使输入一方信息量增加,而不会使输出一方的信息量减少,因此可以做到信息共享。从管理信息的角度来说,它的共享性主要表现为不同领域或不同层次的管理对同一信息资源的共同使用。了解这一特征,对管理信息系统的建立和工作具有重要意义。它可在一定程度上避免某些可以共享的信息在收集、加工、传输、储存等方面的重复劳动。

16.2.2 管理信息系统

1. 系统的含义

系统是由处于一定的环境中未达到某一目的而相互联系和相互作用的若干组成部分结合而成的有机整体。系统的分类方法很多。系统按其组成可分为自然系统、人造系统和复合系统三大类。

系统具有集合性(整体性)、目的性、相关性、环境适应性等特征。

(1)整体性

一个系统至少要由两个或更多的可以相互区别的要素或称子系统所组成,它是这些要素和子系统的集合。作为集合的整体系统的功能要比所有子系统的功能的总和还要大。

(2)目的性

人造系统都具有明确的目的性。所谓目的就是系统运行要达到的预期目标,它表现为系统所要实现的各项功能。系统目的或功能决定着系统各要素的组成和结构。

(3)相关性

系统内的各要素既相互作用,又相互联系。这里所说的联系包括结构联系、功能联系、因果联系等。这些联系决定了整个系统的运行机制,分析这些联系是构筑一个系统的基础。

(4)环境适应性

系统在环境中运转,环境是一种更高层次的系统。系统与其环境相互交流,相互影响,进行物质的、能量的或信息的交换。不能适应环境变化的系统是没有生命力的。

2. 信息系统的含义

信息系统(IS, Information System)是一个人造系统。它由人、硬件、软件和数据资源组成,目的是及时、正确地收集、加工、存储、传递和提供信息,实现组织中各项活动的管理、调节和控制。组织一旦成立,必然有其信息系统。

信息系统包括信息处理系统和信息传输系统两个方面。信息处理系统是对数据进行处理,使它获得新的结构与形态或者产生新的数据。比如计算机系统就是一种信息处理系统,通过它,对输入信息处理系统的数据进行处理,使它获得新的结构与形态或者产生新的数据。信息传输系统不改变信息本身的内容,作用是把信息从一处传到另一处。信息的作用只有在广泛交流中才能充分发挥出来,因此,通信技术的进步极大地促进了信息系统的发展。广义的信息系统概念已经延伸到与通信系统相等同。这里的“通信”不仅指通讯,而且意味着人际交流和人际沟通,其中包括思想的沟通、价值观的沟通和文化的沟通。广义的资讯(沟通)系统强调人本身不但是一个重要的沟通工具,还是资讯意义的阐释者,即所有的沟通媒介均需使资讯最终可为人类五官察觉(sense)与阐释(interpret),才算是资讯沟通媒介。

3. 信息系统的发展

信息系统和信息处理在人类文明开始就已存在,直到电子计算机问世、信息技术的飞跃以及现代社会对信息需求的增长,才迅速发展起来。从第一台电子计算机于1946年问世,50多年来,信息系统经历了由单机到网络,由低级到高级,由电子数据处理到管理信息系统、再到决策支持系统,由数据处理到智能处理的过程。这个发展过程大致经历了以下几个阶段:

(1)电子数据处理系统(Electronic Data Processing System,EDPS)

电子数据处理系统的特点是数据处理的计算机化,目的是提高数据处理的效率。从发展阶段来看,它可分为单项数据处理和综合数据处理两个阶段:①单项数据处理阶段(20世纪50年代中期到60年代中期)。这一阶段是电子数据处理的初级阶段。主要是用计算机部分地代替手工劳动,进行一些简单的单项数据处理工作,如工资计算、统计产量等。②综合数据处理阶段(20世纪60年代中期到70年代初期)。这一时期的计算机技术有了很大发展,出现了大容量直接存取的外存储器。此外,一台计算机能够带动若干终端,可以对多个过程的有关业务数据进行综合处理。这时,各类信息报告系统应运而生。

(2)管理信息系统(Management Information Systems,MIS)

20世纪70年代初随着数据库技术、网络技术和科学管理方法的发展,计算机在管理上的应用日益广泛,管理信息系统逐渐成熟起来。管理信息系统最大的特点是高度集中,能将组织中的数据和信息集中起来,进行快速处理,统一使用。有一个中心数据库和计算机网络系统是 MIS 的重要标志。MIS 的处理方式是在数据库和网络基础上的分布式处理。随着计算机网络和通讯技术的发展,不仅能把组织内部的各级管理联结起来,而且能够克服地理界限,把分散在不同地区的计算机网互联,形成跨地区的各种业务信息系统和管理信息系统。

(3)决策支持系统(Decision Support Systems,DSS)

20 世纪 70 年代国际上展开了 MIS 为什么失败的讨论。人们认为,早期 MIS 的失败并非由于系统不能提供信息。实际上 MIS 能够提供大量报告,但经理很少去看,大部分被丢进废纸堆,原因是这些信息并非经理决策所需。当时,美国的 Michael S. Scott Marton 在《管理决策系统》一书中首次提出了"决策支持系统"的概念。决策支持系统不同于传统的管理信息系统。早期的 MIS 主要为管理者提供预定的报告,而 DSS 则是在人和计算机交互的过程中帮助决策者探索可能的方案,为管理者提供决策所需的信息。由于支持决策是 MIS 的一项重要内容,DSS 无疑是 MIS 重要组成部分;同时,DSS 以 MIS 管理的信息为基础,是 MIS 功能上的延伸。从这个意义上,可以认为 DSS 是 MIS 发展的新阶段,而 DSS 是把数据库处理与经济管理数学模型的优化计算结合起来,具有管理、辅助决策和预测功能的管理信息系统。

4. 管理信息系统的含义

管理信息系统(MIS, Management Information System)是 20 世纪 80 年代才逐渐形成的一门新学科,其概念至今尚无统一的定义。其理论基础尚不完善,其概念方法尚未明确统一。但从国内外学者给 MIS 所下的定义来看,人们对 MIS 的认识在逐步加深,MIS 的定义也在逐渐发展和成熟。MIS 定义有很多种,研究者们从各自的角度出发给出了不同的定义:

(1)就其功能来说,管理信息系统是组织理论、会计学、统计学、数学模型及经济学的混合物,这许多方面都同时展示在先进的计算机硬件和软件系统中。这个领域的中心问题是扩展视野,综合政府部门和民间组织的决策,这些组织必须控制其内部活动和由该组织的规模与复杂程度所引起的种种功能要求。

(2)一个管理信息系统是能够提供过去、现在和将来预期信息的一种有条理的方子,这些信息涉及内部业务和外部情报。它按适当的时间间隔供给格式相同的信息,支持一个组织的计划、控制和操作功能,以便辅助决策制定过程。

(3)MIS 是一个具有高度复杂性、多元性和综合性的人机系统,它全面使用现代计算机技术。网络通讯技术、数据库技术以及管理科学、运筹学、统计学、模型论和各种最优化技术,为经营管理和决策服务。

(4)管理信息系统是一个由人、计算机等组成的能进行管理信息收集、传递、存储、加工、维护和使用的系统。管理信息系统能实测企业的各种运行情况，利用过去的数据预测未来，从全局出发辅助企业进行决策，利用信息控制企业的行为，帮助企业实现其规划目标。

(5)MIS 是为决策科学化提供应用技术和基本工具，是为管理决策服务的信息系统。

(6)不仅仅把信息系统看作是一个能对管理者提供帮助的基于计算机的人机系统，而且把它看作一个社会技术系统，将信息系统放在组织与社会这个大背景去考察，并把考察的重点，从科学理论转向社会实践，从技术方法转向使用这些技术的组织与人，从系统本身转向系统与组织、环境的交互作用。

总之，管理信息系统是信息系统在管理领域的具体应用，具有信息系统的一般属性。从管理信息系统的建立、功能等方面来分析，管理信息系统可以定义为：管理信息系统是用系统思想建立起来的，以电子计算机为基本信息处理手段，以现代通讯设备为基本传输工具，且能为管理决策提供信息服务的人机系统。即，管理信息系统是一个由人和计算机等组成的，能进行管理信息的收集、传输、存储、加工、维护和使用的系统。

管理信息系统的基本组成部分有：(A)TPS 部分；(B)分析部分；(C)决策部分；(D)数据库部分。

5. 管理信息系统的特点

(1)MIS 是一个人—机结合的辅助管理系统

管理信息系统的目的在于辅助决策，而决策只能由人来做，因而管理信息系统必然是一个人机结合的系统。在管理信息系统中，各级管理人员既是系统的使用者，又是系统的组成部分。在管理信息系统开发过程中，要根据这一特点，正确界定人和计算机在系统中的地位和作用，充分发挥人和计算机各自的长处，使系统整体性能达到最优。

(2)面向管理决策

管理信息系统是继管理学的思想方法、管理与决策的行为理论之后的一个重要发展，它是一个为管理决策服务的信息系统，它必须能够根据管理的需要，及时提供所需要的信息，帮助决策者做出决策。

(3)综合性

从广义上说，管理信息系统是一个对组织进行全面管理的综合系统。一个组织在建设管理信息系统时，可根据需要逐步应用个别领域的子系统，然后进行综合，最终达到应用管理信息系统进行综合管理的目标，管理信息系统综合的意义在于产生更高层次的管理信息,为管理决策服务。

(4)现代管理方法和手段相结合的系统

如果只简单地采用计算机技术提高处理速度,而不采用先进的管理方法,管理信息系统的应用仅仅是用计算机系统仿真原手工管理系统,充其量只是减轻了管理人员的劳动,其作用的发挥十分有限。管理信息系统要发挥其在管理中的作用,就必须与先进的管理手段和方法结合起来,在开发管理信息系统时,融进现代化的管理思想和方法。

(5)多学科交叉的边缘科学

管理信息系统作为一门新的学科,产生较晚,其理论体系尚处于发展和完善的过程中。研究者从计算机科学与技术、应用数学、管理理论、决策理论、运筹学等相关学科中抽取相应的理论,构成管理信息系统的理论基础,从而形成一个有着鲜明特色的边缘科学。

(6)建立管理信息系统的必要性

一方面,现代社会经济和科学技术迅速发展,进入"信息爆炸时代",管理者所接受的信息的数量急剧增加;另一方面,管理者越来越少与"具体事务"打交道,而更多的是与事务的"信息"打交道。因此,客观上要求必须把各部门、各环节的分散信息集中起来,建立一个管理组织信息的整体系统,科学地处理信息,以便高质量地、更有效地向管理者提供决策与指挥信息。所以,处于现代社会的各类组织都必须建立起高效率的管理信息系统。

6. 管理信息系统的应用领域

从管理信息系统发展的历史看,实际的管理信息系统应用于企业经营管理的各个职能领域,从管理过程控制或运营管理开始,逐渐扩大和深化,到目前为止,已经在以下领域形成了相应的以计算机信息处理技术为基础的管理信息系统。

(1)价值管理系统和财务管理系统

它们面向资本市场。价值管理系统支持投资管理、战略管理等;财务管理系统支持财务管理功能、管理会计功能、协同结算等。

(2)人力资源管理与知识管理系统(KMS)

它们面向知识市场,支持文档管理、办公自动化、员工自助服务、绩效管理等。

(3)物流管理系统和企业资源计划系统(ERP)

它们面向企业内部运营。物流管理系统支持采购管理、仓储管理、销售管理、分销管理;企业资源计划系统支持运营计划管理、作业现场管理、质量管理、设备管理等。

(4)供应链管理系统(SCM)

它是面向供应市场,支持产品和服务协同设计、协同供应、供方与组织协同计划等。

(5)客户关系管理系统(CRM)

它是面向消费市场,支持与消费者协同销售、协同市场、协同服务等。

7. 管理信息系统的主要功能

(1)确定信息需要

在企业管理过程中,要根据各部门和各层次的需要,确定需要搜集何种信息,多少数量;信息的使用者是何人,在何时使用;需要什么样的信息形式等。要根据信息的输出确定信息的输入。

(2)信息的搜集与处理

即搜集所需要的信息,并进行审核、加工、整理,改善信息的质量。具体包括五个要素:①检核,就是确定某一特定信息的置信度,同时包括信息来源的可靠性、数据的准确性、有效性等;②提炼,将输入的信息和数据加以编选与缩减,以便向管理人员提供与他们特定任务有关的信息;③编制索引,为信息的储存和检索提供分类基础;④传输,将正确的信息适时地提供给有关管理人员;⑤储存,将信息储存起来,以便必要时再次使用这些信息。

(3)信息的使用

管理信息系统的最终功能是让管理者更好地使用这些信息。信息使用的效果,主要取决于所提供信息的质量、提供信息的方法或形式、提供信息的时效。信息使用的基本要求是:向有关管理者适时地提供正确的信息。

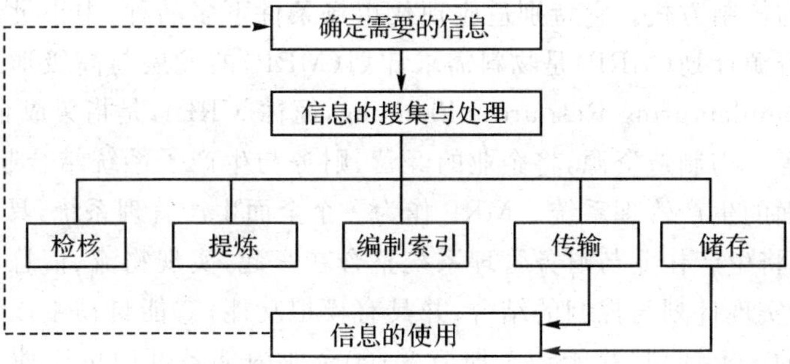

图 16-1　管理信息系统的功能

8.管理信息系统的完善

完善管理信息系统,要抓好以下工作:①建设高质量的人—机系统。要提高管理信息系统有关人员的素质,并提高计算机等装置,确保能满足系统功能的需要。②控制合理的信息量。要使信息的生产适应信息的需要,从各环节得到的信息正是管理所需要的信息。既要防止信息不足,又要防止信息生产过多。信息量的确定,既要考虑信息系统本身的处理能力,又要考虑管理者对信息的接受能力,使这几方面相协调。③建立最短的信息流程。要减少信息传递的环节和层次,制定合理的、最短的信息流程,并注意加快信息流通的速度。④提高系统的信息处理能力,努力提高信息的质量。⑤改善信息输出形式,并注意信息使用的反馈。

16.2.3 典型的企业管理信息系统

1. COPICS系统

COPICS(Communication Oriented Production Information and Control System)系统,是面向通信的生产信息与控制系统。COPICS是IBM公司于1973年开发出来的管理信息系统,在世界上被广泛采用。它是主要面向综合制造业的管理信息系统。该系统对企业生产经营管理的全过程进行参与和控制。从市场预测,接受顾客订货开始,通过制定生产调度计划、物料需求计划、作业计划,直到产品的生产与销售,所有信息均进入这一系统。COPICS系统涉及整个企业的大部分部门的业务,具体由相互联系的12个功能子系统组成。

2. 物料需求计划(MRP)与制造资源计划(MRP)

物料需求计划(MRP)与制造资源计划(MRP)是现代生产条件下,信息化的生产计划与控制方式。它特别适应现代市场条件下多品种、中小批量的生产系统。制造资源计划(MRP)是物料需求计划(MRP)的发展与高级形式。制造资源计划(Manufacturing Resources Planning,简称MRP),是指集成企业的物料、生产能力等一切制造资源,将企业的经营、财务与生产子系统结合起来,而建立的企业全面的生产管理系统。MRP作为一个全面生产管理系统,具有明显的优势:①可以将生产作业与财务管理系统整合在一起,实现物流、信息流与资金流的统一;②实现计划与控制的结合,并具有模拟功能;③能自动生成物料与所有制造资源的需求计划,并能动态地应变;④企业内部各部门可以使用统一的信息,实现数据共享。

3. 企业资源计划(ERP)

20世纪80年代,随着国际化经营的发展,MRP融合其他现代管理思想与技术，不断拓展其适应范围，形成了更高层次的企业经营管理信息系统——企业资源计划(ERP)。企业资源计划(Enterprise Resource Planning，简称 ERP)，是指为适应更广泛市场的需要，集成整个企业的经营计划、生产计划、车间作业计划及销售、供应、库存、财务管理等功能，形成从原材料到最终用户的供应链的企业经营管理系统。标准的定义来自于其英文原意，即企业资源规划(Enterprise Resource Planning)。它是一个对企业资源进行有效共享与利用的系统。ERP 通过信息系统对信息进行充分整理、有效传递，使企业的资源在购、存、产、销、人、财、物等各个方面能够得到合理的配置与利用，从而实现企业经营效率的提高。从本质上讲，ERP 是一套信息系统，是一种工具。ERP 在系统设计中可集成某些管理思想与内容，可帮助企业提升管理水平。但是，ERP 本身不是管理，它不可以取代管理。ERP 本身不能解决企业的管理问题。企业的管理问题只能由管理者自己去解决。ERP 可以是管理者解决企业管理问题的一种工具。不少企业因为错误地将 ERP 当成了管理本身，在 ERP 实施前未能认真地分析企业的管理问题，寻找解决途径，而过分地依赖 ERP 来解决问题。最后，不但老的问题得不到有效的解决，又产生了许多新的问题，最终导致 ERP 实施的失败。企业也因此而伤了元气。正确地认识 ERP 是什么与不是什么，就会在 ERP 实施之前认真分析企业在管理上存在的问题，了解 ERP 对解决这些问题的作用，充分细致地计划与落实利用 ERP 解决这些问题的程序，为 ERP 充分发挥效率提供基础。ERP 的核心管理思想主要体现在以下几方面：(1)对整个供应链进行管理的思想；(2)精益生产、同步工程和敏捷制造的思想；(3)事先计划和事前控制的思想。

4.供应链管理 SCM(Supply Chain Management)

这一名词最早在 20 世纪末期由咨询业提出，后经供应链世界论坛定义为："供应链管理是从提供产品、服务和信息来为用户和股东增添价值的，从原材料供应商一直到最终用户的关键业务过程的集成管理。"长期以来，很多人将它与物流管理混为一谈。为此，物流管理协会在 1998 年对物流定义修改后，明确地声明物流管理是 SCM 的一部分，即"物流是供应链过程的一部分，它是计划、执行和控制从源点端到消费端上的快速、有效的货物、服务以及相关信息的存储和流动，以满足客户的需求"。这说明，物流管理是为供应链管理服务的，但物流的效率、效果、质量和速度都直接影响着供应链运作的流畅性。中国物流与采购联合会在 2004 年也曾明确地指出：物流管理是供应链管理的一部分，物流业的发展更依赖于供应链理论指导。如果从物理范畴来解释二者间的区别，供应链是一个由多个设施(如企业、工厂、仓储中心、港口等)、交通工具(卡车、火车、飞机、船等)和物流信息系统、金融结算和交易系统连接在一起的综合网络系统;而物流则是供应链上产品与服务移动所发生的活动和事件。借用体育上的一句行话,如果把供应链比作体育的话,物流则是体育比赛项目。严格地说,供应链并不是一个具有一对一、业务对业务的链条,而是一个多重业务和关系的网络,它囊括了原材料、零部件和设备的采购,产品的制造与装配、包装与储存,运输与配送,分销与销售以及最终交付用户和售后服务等环节,从供应商的供应商一直到客户的客户。供应链管理是充分运用各种现代信息技术对整个供应链上的需求与供给进行计划、协调、执行、控制、优化和决策的各种活动和过程,其内容是从提供产品、服务和信息来为用户和股东增添价值,是从原材料供应商到最终用户关键业务过程的管理,其目标是以正确的成本(Right Cost)将正确的产品(Right Product),能够在正确的时间(Right Time),按照正确的数量(Right Quantity)、正确的质量(Right Quality)和正确的状态(Right Status),以正确的价格(Right Price),在正确的地点(Right Place)交送到正确的顾客(Right customer)手中。它既出色地管理了其全部的业务流程,又展示了一种高度利用信息技术的新型管理模式。供应链管理可以分三个层次:(1)是企业内部供应链管理。它将企业内部各个业务环节连接在一起,使得各种业务和信息能够实现集成和共享。(2)是产业供应链和动态联盟供应链管理。它将企业内部供应链管理延伸和发展为全行业的产业链管理。(3)是全球网络供应链管理,这是基于Internet的开放式的全球网络供应链。

5.知识型企业人力资源管理系统(Guru K-HR)

Guru K-HR人力资源管理系统是一套根据国际先进人力资源管理理念,并结合中国国情和成长型企业的实际需求,利用先进的IT技术设计开发的人力资源管理产品,为企业提供人力资源管理的核心服务。Guru K-HR是一套互联网架构(B/S架构)的人力资源管理软件,可以根据企业需求量身定制、灵活调整。Guru K-HR特有的企业DIY系统,为企业未来的发展预留了弹性空间,以有限人力开拓无限可能。

Guru K-HR分角色(HR桌面、员工桌面、主管桌面)的应用帮助用户快速掌握系统,帮助企业快速建立全员参与的人力资源管理模式。

(1)其功能:Guru K-HR拥有强大安全的数据库,有三大核心功能(组织结构管理、人员信息管理、薪酬福利),其他增强功能(人才招聘、员工关系管理、培训与发展、出勤管理、绩效管理、人力资本中心、统计与分析、企业自助平台、员工自助平台、智能工作流、企业DIY),不断扩充的新功能(复合提醒、素质管理、文化中心、工作环境、决策与支持)。人性化操作,可为组织实现高效的人力资源管理。

(2)解决方案:Guru K-HR 为企业提供人力资源解决方案,企业可根据不同时期公司运营情况,选择最适用于当前情况的解决方案,并针对企业需求进行深层定制,快速实施。对于组织框架不断变化,或成长型企业,Guru K-HR 具有很强的前瞻性,企业可以自行灵活调整,形成新的解决方案。

(3)人力资源数据分析:分析、统计、优化组织的出勤资源,Guru K-HR 可以为随时提供对企业人力资源的动态跟踪分析,生成强大的可定制表单,形成多功能的人力资本中心,进一步支持组织的人力资源决策。

(4)人力资源决策支持:依靠 Guru K-HR 人力资源管理系统,可以较轻松做到了解企业内员工素质、发展、技能水平和协作情况,帮助公司进行人力资源策略调整,吸引并留住最有价值的员工,实现人力资源以人为本的目标。

(5)特色:基于 ERP 体系,ERP 是将企业的整体资源与业务流程统一管理、完整规划的企业管理系统。随着企业的不断发展,使用 ERP 软件来加强企业管理已成为不可避免的趋势。Guru K-HR 整体架构是基于 ERP 体系设计的,可与 ERP 体系内财务、生产或管理软件兼容,实现管理与数据的无缝连接,减少后台劳动,避免信息孤岛,提升管理层次。

(6)100%互联网架构:互联网架构(B/S 架构)将软件装于服务器端,在客户端只需浏览器进行登录和使用。这种安装方式,客户端不需安装任何软件,不仅访问速度快,并支持多名用户同时访问,使用简便,安全性好,极大地节约了客户端的维护成本及费用。100%互联网架构是软件业的发展方向,目前在我国人力资源软件业中,Guru K-HR 是拥有成熟技术及实施经验的 100%互联网架构的人力资源管理软件。

6.客户关系管理 CRM(Customer Relationship Management)

(1)客户关系管理 CRM,其内涵是企业利用 IT 技术和互联网技术实现对客户的整合营销,是以客户为核心的企业营销的技术实现和管理实现。CRM 的概念由美国 Garner 集团率先提出。一般认为,CRM 是辨识、获取、保持和增加"可获利客户"的理论、实践和技术手段的总称。它既是一种国际领先的、以"客户价值"为中心的企业管理理论、商业策略和企业运作实践,也是一种以信息技术为手段,有效提高企业收益、客户满意度、雇员生产力的管理软件。目前有些媒体上介绍 CRM 时过多地介绍了其技术特性,使读者产生一种误解,以为像财务软件一样购买回来就可以使用,而忽略了 CRM 的本质实际上是营销管理,是一种对以客户为导向的企业营销管理的系统工程。

(2)CRM 的根本来源并不是技术的进步,而是营销管理演变的自然结果。在西方的市场竞争中,企业领导者发现传统的以 4P 为核心由市场部门实现的营销方法越来越无法实现营销的目标。而客户关系管理的方法在注重4P关键要素的同时,反映出在营销体系中各种交叉功能的组合,其重点在于赢得客户。这样,营销重点从客户需求进一步转移到客户保持上,并且保证企业把适当的时间、资金和管理资源直接集中在这两个关键任务上。新的CRM实施范例反映出传统营销到客户关系管理的变化。对CRM应用的重视来源于企业对客户长期管理的观念,这种观念认为客户是企业最重要的资产并且企业的信息支持系统必须在给客户以信息自主权的要求下发展。成功的客户自主权将产生竞争优势并能提高客户忠诚度,最终提高公司的利润率。

(3)西方工业界不断用各种工具和方法进行产业升级:流程再造、财务、IT和人力资源,目前进展到核心的堡垒——营销,而CRM就是工业发达国家对以客户为中心的营销的整体解决方案。同时,CRM在近些年的大行其道,则应归功于IT技术的进步,特别是互联网技术的进步。如果没有以互联网为核心的技术进步的推动,CRM的实施会遇到特别大的阻力。可以说,互联网是CRM的加速器。具体的应用包括:数据挖掘、数据仓库、Call center、基于浏览器的个性化服务系统等等,这些技术随着CRM的应用而飞速发展。CRM最大程度地改善、提高了整个客户关系生命周期的绩效。CRM整合了客户、公司、员工等资源,对资源有效地、结构化地进行分配和重组,便于在整个客户关系生命周期内及时了解、使用有关资源和知识;简化、优化了各项业务流程,使得公司和员工在销售、服务、市场营销活动中,能够把注意力集中到改善客户关系、提升绩效的重要方面与核心业务上,提高了员工对客户的快速反应和反馈能力,也为客户带来了便利,客户能够根据需求迅速获得个性化的产品、方案和服务。CRM是一种手段,它的根本目的是通过不断改善客户关系、互动方式、资源调配、业务流程和自动化程度等,达到降低运营成本、提高企业销售收入、客户满意度和员工生产力。

16.2.4 网络信息管理

互联网对传统的企业经营管理的理念与实务产生了巨大影响,带来了革命性变化。这种影响最主要的是通过改变企业与外部环境的信息交换方式,依托快速高效的信息交换来实现的。

1. 网络信息管理的特点

(1)运作空间的全球化,通过互联网,管理者可以在世界范围内进行资源优选与经营运作。

(2)信息搜集、处理与交换的实施化,大大地提高了信息服务的质量与效率。

(3)信息安全问题尤为突出。由于信息管理的作用日益重要,信息安全的问题可能危及企业的生产经营,乃至生存。

2.网络信息管理的内容

充分地利用网上资源,有效地进行网络信息管理。主要包括以下工作:

(1)利用互联网搜集信息,网络是组织极为丰富的信息资源来源,可以实时搜集到广泛的、非常有价值的信息。

(2)利用互联网进行高效率的物资供应与生产组织。

(3)组织网上市场营销,建立产品品牌和企业形象,这正在成为一个新趋势。

(4)通过局域网,实行办公自动化,大幅度地提高工作效率。

16.3 信息搜集与处理的方法

16.3.1 搜集信息的途径与方法

1.通过大众媒体获取信息

可以从电视、广播、报纸、杂志、互联网等大众媒体中获取信息。

2.通过组织工作媒体获取信息

(1)上级传达的文件,下级递交的总结报告等。

(2)部门生产经营的数据、原始记录等。

3.在人际沟通过程中获取信息

(1)正式沟通:上级的口头命令,下级的请示,平级之间的相互沟通等。

(2)非正式沟通:通过非正式组织沟通。

16.3.2 评价搜集信息的方法

搜集信息的评价方法主要从两个方面进行评价:

1.信息自身的价值

(1)逻辑性,有没有漏洞、缺损;

(2)可信性,是否正确;

(3)时间性,必要时可否迅速获取。

2.信息源的价值

(1)经济性,得到该信息是否划算;

(2)垄断性，是否归自己独占；

(3)机密性，竞争对手是否知晓。

16.3.3　信息分析与整理

搜集上来的数据一般是零散的、不系统的，不能原封不动、不加处理地使用。为了充分了解所搜集的资料，必须对资料进行加工、整理，使之条理化、系统化，因此，必须掌握对数据的搜集、评价的方法。

(1)掌握准确的信息，抓住信息的本质。对搜集的数据进行检查、审核，只有准确的信息才是有用的信息。

(2)进行科学的分类。利用科学方法对数据进行加工、计算、分类、汇总。

(3)进行深层次的研究，找出原因。

(4)对即时信息做出准确的判断，并洞察其变化的趋势。

16.3.4　信息运用

1. 建立信息系统——信息数据库

数据库建设要以企业应用和服务为主，在应用中不断完善。着重建设以下几个数据库：综合经济信息数据库，企业信息数据库，公众需求信息数据库，商品价格信息数据库，人才信息数据库等。

2. 对搜集上来的信息及时加以运用

对于搜集上来的信息经过加工整理分类以后，应及时向组织的有关方面进行传递，以便管理层做出科学的决策，及时调整组织的生产经营活动。因为信息的时效性很强，今天对组织决策有用的信息，明天可能就会变成毫无价值的信息。

3. 为上下级提供或传递信息

为上下级提供和传递的信息要真实可靠、速度快、数量大而且成本低、效果好，要达到多、快、好、省的要求。

4. 信息的科学存储

目前，信息的加工和存储越来越多地运用电子计算机，特别是微型电脑。与此相适应，信息的传输也越来越多采用现代化通信设备，如卫星通信和光纤通信等。

【本章小结】

管理信息系统是一门综合性、系统性和边缘性学科，是在一些基础学科的基础上发展起来的。本章重点介绍管理信息的基本概念、管理信息系统的发展趋势及其在各方面的应用。

数据是事实的反映,是人们用来反映客观世界而记录下来的可以被鉴别的符号,是物理性的,是客观事物的属性、数量、位置及其相互关系等的抽象表示。信息是对数据进行加工处理之后所得到的并对决策产生影响的数据,是逻辑性(观念性)的;数据是信息的表现形式,信息是数据有意义的表示。信息具有事实性、等级性、不完全性、时效性、价值性、传输性、转换性和共享性。

系统是由处于一定的环境中未达到某一目的而相互联系和相互作用的若干组成部分结合而成的有机整体。系统的分类方法很多。系统按其组成可分为自然系统、人造系统和复合系统三大类。系统具有集合性(整体性)、目的性、相关性、环境适应性等特征。

信息化条件下管理和控制系统的变化主要体现在组织结构、风险评估、监控手段、信息沟通、控制程序等方面。

管理信息的含义:是指反映管理活动特征及其发展变化情况的信息。如管理的知识、管理的规范、管理的状况与效果及有关数据等。管理信息的特征有:有用性、综合性、经济性和共享性。

信息系统是一个人造系统。它由人、硬件、软件和数据资源组成,目的是及时、正确地搜集、加工、存储、传递和提供信息,实现组织中各项活动的管理、调节和控制。组织一旦成立,必然有其信息系统。管理信息系统(MIS, Management Information System)就是服务于管理领域的信息系统。它兴起于20世纪80年代。它是一种由管理者计划和设计的,用来为他们提供所需要的专门信息,以有效履行管理职能的信息系统。它是一个人—机系统,能搜集、处理与传输信息,为管理者制定决策、计划,实施指挥、控制,组织作业提供信息服务。管理信息系统的特点:(1)MIS是一个人—机结合的辅助管理系统;(2)面向管理决策:(3)综合性;(4)现代管理方法和手段相结合的系统;(5)多学科交叉的边缘科学。

典型的企业管理信息系统有:COPICS系统、MRP、ERP、SCM(供应链管理)、CRM、Guru K-HR等。搜集信息的途径与方法:(1)通过大众媒体获取信息。(2)通过组织工作媒体获取信息。(3)在人际沟通过程中获取信息。评价搜集信息的方法有信息自身价值的评价和信息源价值的评价。

信息分析与整理的方法有:(1)掌握准确的信息,抓住信息的本质。对搜集的数据进行检查、审核,只有准确的信息才是有用的信息;(2)进行科学的分类。利用科学方法对数据进行加工、计算、分类、汇总;(3)进行深层次的研究,找出原因;(4)对即时信息做出准确的判断,并洞察其变化的趋势。

【综合案例】

苏宁电器的信息化

一、苏宁信息化的历史进程

◆ 第一代:售后服务系统

苏宁创建于1990年,从空调专卖店起家。1993年在经历南京空调大战之后,苏宁销售额突破3亿元。面对夏季空调大忙,苏宁售后服务信息量猛增,考虑到空调销售的瓶颈就是售后服务,在1994年,为了做好空调客户服务管理工作,在中国电脑使用还很稀少的情况下,苏宁率先建立了一套基于DOS系统下的售后服务管理系统。

◆ 第二代:销售与财务系统

1995年,苏宁销售额11.4亿元,业务总量增加。1996年苏宁进行了第二代信息化工程:销售与财务系统信息化,建立了商场、物流配送、仓库、售后服务中心等局域网络系统。在1996年,苏宁成为首家实现零售电脑开票的商业零售企业。

◆ 第三代:实施ERP工程

2000年苏宁进入综合电器领域,驶入连锁快车道,经营范围和经营半径快速扩张,为了提高管理和服务质量,苏宁实施第三代信息化工程:集中式ERP信息管理系统。

◆ 第四代:SAP/ERP系统

2005年7月,苏宁启动第四代信息化工程:SAP/ERP系统;2006年成功上线,将传统的商业企业提升到现代化运作水平,彻底改变了苏宁的运作模式。

二、苏宁启动第四代信息化工程

苏宁实施中国零售业信息化一号工程。2006年4月11日,苏宁电器和德国SAP公司、IBM在南京苏宁总部联合宣布,苏宁电器SAP/ERP成功实施上线,标志着苏宁建成国际一流信息技术平台,苏宁SAP/ERP创下全球零售业SAP实施规模与实施周期的两项纪录,在国内零售业处于绝对领先的水平;全部工程历时9个月,投入约8000万元。

苏宁SAP/ERP项目是由IBM的顾问团队规划实施的。SAP/ERP是全球排名第一的ERP管理软件,以管理集成度高、流程控制严密著称于世,世界500强企业有70%采用该系统,由于该系统对企业基础管理要求很高,在中国推广

10多年，仅有1500家用户，零售业使用SAP/ERP系统的仅有百安居、金海马和苏宁电器三家公司。

IBM咨询业务服务部工商事业群大中华区总经理冯国华说："SAP/ERP成功实施上线只是苏宁电器新征程第一步，惟愿苏宁在企业信息化道路上为行业树起一座闪亮的'灯塔'。"

三、SAP/ERP系统带来管理的三大突破

第一，管理模式。投资、业务、财务、服务、人事的一体化管理，以投入产出、成本利润为目标，以个人、部门、公司为核算单位，全面贯穿业务流程管理，把流程数据、流程控制和计划管理结合起来。

第二，跨公司的管理。连锁运营的核心价值在于统一采购、统一销售、统一配送，过去由于政策限制，人为造成连锁企业独立注册，割裂运营，SAP/ERP系统有效解决这一问题。

第三，跨地区运营。随着连锁规模扩大，以及与外部环境相适应，总部功能需要拆分并在不同地区运作，以达到最佳效果。

国际化企业大都面临管理集成问题，这是企业迈向国际化解决的难题。SAP/ERP对苏宁显然是巨大挑战，但同时也给苏宁带来了更大的发展空间。拥有了这个平台，苏宁可以做得更好。显然，此次SAP/ERP系统升级，苏宁借助信息化优势把对手"甩"得更远了。

四、苏宁实施第四代信息化带来的效益

苏宁SAP/ERP系统实施以来，其竞争优势开始体现。以无纸化办公为例，2005年苏宁成本1200万元，新系统上线，2006年可节约80%，到2010年预计节约1亿元。新系统效益无可估量，运营管理有更大的自由空间，组织设计在信息系统上调整和设置，总部做到跨地区、跨部门事先对人、对部门成本核算和控制，节省费用，创造价值。

从本质上说，创意、激情和变化是推动零售业发展的基本动力，零售商要在激烈的市场竞争中取胜，就必须保持领先地位，成功的秘诀是适应消费需求、技术领先、信息完备和改善经营方式，准确把握零售业的变革趋势。毫无疑问在这一点上，苏宁又一次超越了竞争对手，通过实施信息化工程，苏宁已将传统粗放式的经营模式提升到了现代化的运作水平，大大提高了企业管理的技术含量，成为苏宁连锁发展的加速器。

苏宁的ERP工程从1999年10月起步，到2006年4月历时超过六年。SAP/ERP系统在全国苏宁的成功实施上线，标志着苏宁已建成了国际一流的信息技术平台。

新上线的SAP/ERP系统实现了全会员制销售和跨地区、跨平台的信息管理，统一库存、统一客户资料，实行一卡式销售。目前苏宁已经实现了20000多个终端同步运作，每小时处理10万笔销售订单，加上与此相应的物流、售后、客服系统同步操作，达到了每小时40万次的处理能力，相当于每秒钟处理100多次的交易请求，大大提高了公司的管理效率。

苏宁的SAP/ERP项目是由IBM的顾问团队规划实施的，该系统在运营效率上爆发出的威力在苏宁的五一黄金周得到了充分的验证。黄金周苏宁在南京一天的销售就超过了1.5亿元，作为"世界500强背后管理大师"的SAP/ERP系统在此次黄金周的"奇兵"作用主要体现在：SAP不但提高了前台销售的工作效率，以往一笔成交需要花费5分钟的时间现在缩短到了不到1分钟，而且提高了后台服务的响应速度，更重要的是实现了苏宁全国资源的整合和统一调配。主要包括采购、销售、服务和财务四大模块的SAP/ERP系统，通过全面提升运营效率，成为苏宁未来业绩增长的第三利润源。

思考题

1. 苏宁为什么要实施信息化战略？
2. 苏宁的信息化给企业带来了什么效益？

第 6 篇

管理新趋势

第17章

绩效考核

引导案例

制度的力量

这是历史上一个制度建设的著名例证。18世纪末期，英国政府决定把犯了罪的英国人统统发配到澳洲去。

一些私人船主承包从英国往澳洲大规模地运送犯人的工作。英国政府实行的办法是以上船的犯人数支付船主费用。当时那些运送犯人的船只大多是一些很破旧的货船改装的，船上设备简陋，没有什么医疗药品，更没有医生，船主为了牟取暴利，尽可能地多装人，使船上条件十分恶劣。一旦船只离开了岸，船主按人数拿到了政府的钱，对于这些人能否远涉重洋活着到达澳洲就不管不问了。

有些船主为了降低费用，甚至故意断水断食。3年以后，英国政府发现：运往澳洲的犯人在船上的死亡率达12%，其中最严重的一艘船上424个犯人死了158个，死亡率高达37%。英国政府费了大笔资金，却没能达到大批移民的目的。

英国政府想了很多办法。每一艘船上都派一名政府官员监督，再派一名医生负责犯人和医疗卫生，同时对犯人在船上的生活标准做了硬性的规定。但是，死亡率不仅没有降下来，有的船上的监督官员和医生竟然也不明不白地死了。原来一些船主为了贪图暴利，贿赂官员，如果官员不同流合污就被扔到大海里喂鱼了。政府支出了监督费用，却照常死人。

政府又采取新办法,把船主都召集起来进行教育培训,教育他们要珍惜生命,要理解去澳洲去开发是为了英国的长远大计,不要把金钱看得比生命还重要。但是情况依然没有好转,死亡率一直居高不下。

一位英国议员认为是那些私人船主钻了制度的空子。而制度的缺陷在于政府给予船主报酬是以上船人数来计算的。他提出从改变制度开始:政府以到澳洲上岸的人数为准计算报酬,不论你在英国上船装多少人,到了澳洲上岸的时候再清点人数支付报酬。

问题迎刃而解。船主主动请医生跟船,在船上准备药品,改善生活,尽可能地让每一个上船的人都健康地到达澳洲。一个人就意味着一份收入。

自从实行上岸计数的办法以后,船上的死亡率降到了1%以下。有些运载几百人的船只经过几个月的航行竟然没有一个人死亡。

本章主要内容

1. 绩效考核的概念。
2. 绩效考核流程。
3. 关键绩效指标考评法。
4. 360度绩效评价法(全员评价法)。
5. 平衡计分卡。
6. 中国企业的绩效考核现状。

17.1　绩效考核概述

17.1.1　绩效考核的概念

绩效考核是企业为了实现经营管理的有关目标,运用特定的标准和指标,采取科学的方法,对承担生产经营过程及结果的各级管理人员完成指定任务的工作实绩和由此带来的诸多效果做出价值判断的过程 。绩效考核是一项系统工程,涉及战略目标体系及其目标责任体系、指标评价体系、评价标准及评价方法等内容，其核心是促进企业获利能力的提高及综合实力的增强，其实质是做到人尽其才，使人力资源作用发挥到极致。

17.1.2 为什么要进行绩效考核

常见的错误认识认为绩效考核的目的是为了得到奖惩依据，这种认识是不全面的，绩效考核的目的不仅仅是为了得到奖惩的依据，考核的功能远远超过奖惩的意义。在管理过程中，需要考虑“人”与“工作”之间关系的调整，或升或降，或者平行调整，或者进行培训，而这些信息大部分来自于考核。考核的基本功能是提取有关人与工作相互适应关系的信息，以便管理者根据信息进行准确的决策和合理的调整。因此，考核具有发掘人才、培训、调整人事安排、调整报酬分配以及决定奖惩的功能。

具体而言，绩效考核具有以下目的：(1)对员工的业绩进行制度性的评价，以助于其改进工作。绩效考核有助于员工更好地认识到自己工作中的长处和不足之处，并保持和发扬优点，克服缺点。连续的制度性绩效考核能使公司更加全面和系统地评价全体员工，并根据每个人的特点分配合适的工作岗位，从而有助于公司业绩的提高。(2)管理者与被管理者之间经常性、系统性的绩效沟通，能增强员工对公司的认同感以及归属感，有效调动员工工作的积极性。(3)有助于管理者进行系统性的思考，如工作职责、工作目标、如何评价、如何激励员工发展等等一系列内容。(4)考核可以为管理者提高团队业绩水平提供帮助，为人力资源部制定各项政策提供依据。(5)为薪酬、福利、竞争、培训等等政策的实施提供依据。员工工资变动、奖金、处罚员工、制作各种各样的福利，还有公司内部晋升是不是公平、公正，都要由绩效考核来提供依据。

17.1.3 当前常见的对绩效考核的错误认识

(1)忽视绩效考核是一种系统。没有真正理解绩效考核系统的真实含义，没有将之视为系统，而是简单地认为就是绩效评核，认为做了绩效评核就是绩效考核。所以经常把评核的结果束之高阁，到下一年评核时再找人力资源部来要员工上一年评核的结果。

(2)认为绩效考核是人力资源部门的工作。认为绩效考核是人力资源管理的一部分，当然要由人力资源部来做，部门经理只做一些关于实施绩效考核的指示，剩下的工作全部交给人力资源部门。

(3)没有正确和全面使用绩效考评和管理的结果。只是简单地把绩效考核和管理结果作为年终奖金发放的依据。没有全面、综合地运用绩效考评的结果。

(4)认为绩效考核是浪费时间。员工们甚至经理们认为考核过程太繁琐,耽误很多时间。

(5)认为绩效考核只是形式。部分员工认为考核只是走形式,真正拿奖金还是老板一句话;认为绩效考评的结果很难真正实施和贯彻;部分老板也认为绩效考核是表面的,实际发奖金还是要我自己去判断给谁多给谁少,我自己做内部平衡。

(6)均贫富,吃大锅饭。部分绩效考核人员存在怕得罪人的思想,想在评核方面做好人,所以大家都给一个高分数,或者都给一个中等分数。

(7)评核标准不一,松紧不一。评核标准不能贯彻到底,常见的是前松后紧,各自有各自的标准,有的评核较松,有的较紧,造成公司内部的严重不平衡。

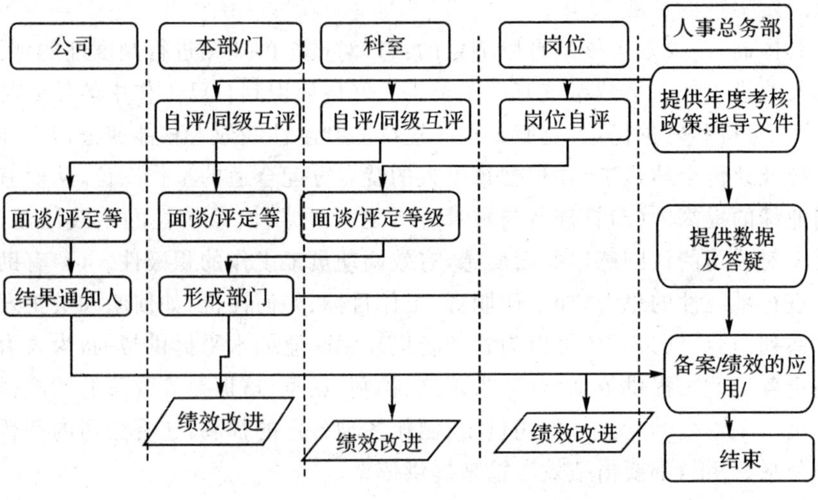

图 17-1

17.2 绩效考核流程

17.2.1 确定考核的基础

①确定工作要项。工作要项,一般是指工作结果对组织有重大影响的活动或虽然不很重要但却是大量重复的活动。一个工作,其工作要项的选择不超过

4—8个。抓住了工作要项，就等于抓住了工作的关键环节，也就能够有效地组织考核。

②确定绩效标准：绩效应以完成工作所达到的可接受程度为标准，订得过高高低均不合适。绩效标准是考核判断的基础，因此必须尽量做到客观化、定量化。

17.2.2 制定绩效计划

绩效计划是被评估者和评估者双方对员工应该实现的工作绩效进行沟通的过程，并将沟通的结果落实为订立正式书面协议即绩效计划和评估表，它是双方在明晰责、权、利的基础上签订的一个内部协议。绩效计划的设计从公司最高层开始，将绩效目标层层分解到各级子公司及部门，最终落实到个人。对于各子公司而言，这个步骤即为经营业绩计划过程，而对于员工而言，则为绩效计划过程。

17.2.3 评价面谈

绩效面谈依次由下面九个步骤组成：良好气氛开场；进入主题；告知考核结果；主管倾听部属自述；探讨沟通；设定下期工作目标；双方面谈内容；结束面谈；整理面谈记录。绩效面谈时主管人员应该注意以下几点：①应该就事论事而不是只有批评，缺乏客观的评价；②应该是问题导向，而不是事先有一个现成的立场和观点，从而影响面谈的公正客观；③在面谈时双方应该地位平等，面谈者不应该有高人一等的感觉，为面谈创造一种宽松的氛围。

17.2.4 制定绩效改进计划

绩效改进计划是考核工作最终的落脚点。一个切实可行的绩效改进计划应包括以下要点：①切合实际；②有明确的时间性；③计划要具体；④争取计划得到员工认同。

17.2.5 绩效改进指导

考核的最终目的是为了绩效的改进。主管人员应该时常对下属的工作和绩效改进予以具体的忠告和指导。如果不能有效地指导下属改进工作，也是主管人员的失职。

17.3 常见绩效考核方法

17.3.1 关键绩效指标考评法(key performance indicator, KPI)

通过对工作绩效特征的分析,提炼出最能代表绩效的若干关键指标,以此作为基础进行绩效考核的模式。为了打造世界一流的通讯企业,华为公司必须执行既定的业务规划,为此,公司高层制定如下六大 KPI 指标体系:人与文化、技术创新、制造优秀、顾客服务、市场领先、利润和增长(如表 17-1 所示)。

表 17-1 华为公司的 KPI 考核指标

指标名称	组成要素
人与文化	工作氛围、文化、能力、HR 系统
技术创新	产品多样化、响应市场的速度、研发的有效性
制造优秀	供应商管理、物料管理、质量改善
顾客服务	服务质量、培训客户、主要项目管理
利润与增长	资产管理、收入管理、成本管理
市场领先	市场份额、市场形象、营销网络、市场竞争力

17.3.2 360 度绩效评价法(全员评价法)

360 度反馈评价,也称为全方位反馈评价或多源反馈评价。传统的绩效评价,主要由被评价者的上级对其进行评价;而 360 度反馈评价则由与被评价者有密切关系的人,包括被评价者的上级、同事、下属和客户等,分别匿名对被评价者进行评价。被评价者自己也对自己进行评价。然后,由专业人员根据有关人员对被评价者的评价,对比被评价者的自我评价向被评价者提供反馈,以帮助被评价者提高其能力水平和业绩。作为一种新的业绩改进方法,360 度反馈评价法得到了广泛的应用。

17.3.3 平衡计分卡方法

1992 年，由 Dr. Rober Kaplan 与 Dr. David Norton 在对美国 12 家绩效考核成绩卓著的公司进行一年的研究之后，总结其经验提出了平衡计分卡方法。据 Gartner 研究集团研究表明，到 2000 年为止，财富前 1000 家公司中 40%的公司在管理体系中运用了平衡计分卡的方法。

平衡计分卡是一种新的战略性绩效考核系统和方法，其将传统的财务指标和非财务指标结合起来评估企业的绩效，着重从以下方面进行评估：

财务角度：我们怎样满足股东的要求？

客户角度：客户如何看我们？

内部营运角度：我们要在哪些方面进行控制和提高？

学习与发展角度：我们能否继续提高并创造价值？

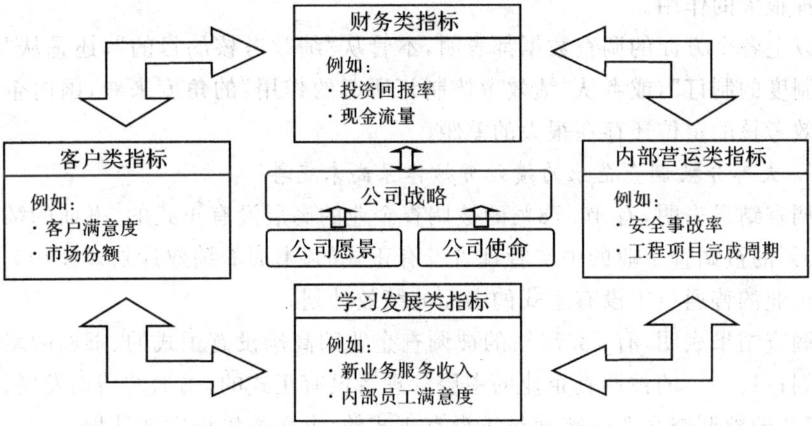

图 17-2 平衡计分卡示意图

17.4 中国企业的绩效考核现状

根据中国人力资源开发网公布的《2004 中国企业绩效考核现状调查》，中国企业的绩效考核总体状况如下：

17.4.1 中国企业绩效考核体系的建设尚处于初级阶段

1. 大部分被调查企业对绩效考核的认识不够

从绩效考核的目的来看，75.9%的被调查企业认为“薪酬与绩效结合起来”是薪酬管理的主要目的；只有28.90%的被调查企业认为绩效考核的目的是“确定每个员工的绩效目标”；只有19.30%的被调查企业把“改变企业的组织文化”视为绩效考核的目的之一。

从绩效考核制度的制订来看，只有59.30%被调查企业的“中层管理者”参与了绩效考核制度的制订，只有16.50%被调查企业的“一般员工”参与了绩效考核制度的制订。

从绩效考核制度所起到的主要作用来看，调查结果表明：绩效考核在“传递公司战略”方面并没有发挥很大的作用；在“推动员工工作业绩的提升”方面并没有发挥很大的作用。

以上各个方面的调查数据都表明，不管从“绩效考核的目的”，还是从“绩效考核制度的制订”，或者从“绩效考核制订所起的作用”的角度来看，国内企业关于绩效考核的定位还存在很大的差距。

2. 大部分被调查企业的绩效考核体系尚未完善

调查结果表明，有46.78%的被调查企业的高层没有正式的、书面的绩效计划；40%的被调查企业的中层管理者没有正式的、书面的绩效计划；53.10%的被调查企业的普通员工没有正式的书面的绩效计划。

调查结果表明，有73.11%的被调查企业的高层没有正式的、书面的培训发展计划；71.08%的被调查企业的中层管理者没有正式的、书面的培训发展计划；78.27%的被调查企业的普通员工没有正式的、书面的培训发展计划。

调查结果表明，有46.40%的被调查企业“管理人员制订，员工在形式上参与，但是不起真正作用”。

调查结果表明，有19.40%的被调查企业虽然有绩效考核委员会，但是并没有发挥作用；有15.70%的被调查企业没有绩效考核委员会，但是打算建立；还有44.70%的被调查企业没有绩效考核委员会，也没有建立的打算。调查结果表明，有63.50%的被调查企业根本就没有对任何高层管理人员进行过如何进行绩效考核的培训；61.7%的被调查企业根本就没有对任何中层管理者进行过如何进行绩效考核的培训；40.60%的被调查企业对“在绩效考核后，要求管理人员与员工就绩效考核的结果进行面谈”没有正式的要求。

以上各个方面的数据都表明，国内企业的人力资源管理体系还不完善，在执行的过程还经常出现各种各样的纰漏，国内企业还需要花大力气来完善现有的绩效考核体系。

3. 大部分被调查企业对绩效考核的满意度不高

很大一部分被调查企业对“绩效计划的制订/目标设定”并不是很满意，有45.50%的被调查企业认为“一般”，有17.3%的被调查企业认为“不是很满意”，有10.4%的被调查企业认为“非常不满意”。

很大一部分被调查企业对“绩效考核的过程”并不是很满意，有49.50%的被调查企业认为“一般”，有21.7%的被调查企业认为“不是很满意”，有9.4%的被调查企业认为“非常不满意”。

很大一部分被调查企业对“绩效考核的方法”并不是很满意，有46.30%的被调查企业认为“一般”，有16.4%的被调查企业认为“不是很满意”，有8%的被调查企业认为“非常不满意”。

绝大部分被调查企业对“绩效考核结果的运用”并不是很满意，有36.90%的被调查企业认为“一般”，有24.8%的被调查企业认为“不是很满意”，有12.8%的被调查企业认为“非常不满意”。

绝大部分被调查企业对“绩效考核的实施效果”并不是很满意，有45.20%的被调查企业认为“一般”，有25.4%的被调查企业认为“不是很满意”，有13.1%的被调查企业认为“非常不满意”。

绝大部分被调查企业对“绩效辅导/反馈”并不是很满意，有40.20%的被调查企业认为“一般”，有28.3%的被调查企业认为“不是很满意”，有17.7%的被调查企业认为“非常不满意”。

绝大部分被调查企业对“培训发展计划的制订”并不是很满意，有29.80%的被调查企业认为“一般”，有35.40%的被调查企业认为“不是很满意”，有20.8%的被调查企业认为“非常不满意”。

以上各个方面的数据都表明，很大一部分被调查企业对绩效考核体系的满意度不高。国内企业有必要去分析造成这种现状的原因，并采取行之有效的方法与措施来提高绩效考核体系的满意度。

17.4.2 改进绩效考核的有关建议

针对此次调查的结果，该报告提出改进绩效考核的有关建议，如下：

1. 从战略高度重视绩效考核，强调绩效考核的“绩效提升功能”

绩效考核体系对于企业来说具有战略性的意义。

(1)高层管理人员应该对绩效考核高度重视，不能简单地把绩效考核视为人力资源部的一项常规工作,而应该从战略高度来考虑如何借助绩效考核来提升整个公司的绩效水平,以实现公司的战略目标。

(2)各级管理人员与员工应改变对绩效考核的认识,绩效考核是人力资源部为业务部门开发的,以帮助业务部门和员工提高绩效水平的管理利器。各级管理人员与员工应该正确使用绩效考核,而不能抱着一种"应付",甚至是"抵制"的心态来看待绩效考核。

(3)人力资源部在设计绩效考核体系的时候,应该先了解公司的发展战略,然后从公司发展战略着手考虑如何利用绩效考核来推动公司战略目标的达成。在绩效考核的实施过程,更应该时时刻刻考虑如何来让绩效考核更好地为公司战略目标的实现服务。

(4)企业在设计绩效考核系统的时候,更多地应该考虑如何"提升企业的业绩""提升部门的业绩""提升各级管理人员与员工的业绩",而不应该仅仅停留在"发奖金""晋升"这个层次上。

2. 借助外脑,快速建立起科学的绩效考核系统

国内企业开始建绩效考核体系是近几年的事情,大部分企业的绩效考核体系都是人力资源部自己摸索着建立起来的,或者是去外面听几次课之后回来模仿着建立起来。采用这种方式建立起来的绩效考核体系,可能会有诸多的不足。包括:盲目模仿,可能会使建立起来的绩效考核体系不符合企业的实际情况;理解偏差,可能会在绩效考核建立中出现差错;考虑不周,可能会使整个绩效考核缺乏系统性;配合不强,可能会使绩效考核的各个环节成为孤立的子系统。

大部分国外企业已经建立起成熟的绩效考核体系,国内企业在建立绩效考核体系的时候,完全可以借鉴国外企业的经验。一些为其他机构建立过绩效考核体系的咨询机构或者顾问,一些在已经建立起成熟绩效考核体系工作过的人员都是国内企业可以借助的资源。通过咨询或者聘请这些专业人士的方式,引进"外部智慧",企业可以在极短的时间内建立起相对科学、规范的绩效考核体系。

【本章小结】

绩效考核是企业为了实现经营管理的有关目标,运用特定的标准和指标,采取科学的方法,对承担生产经营过程及结果的各级管理人员完成指定任务的工作实绩和由此带来的诸多效果做出价值判断的过程 。绩效考核是一项系统工程,具有发掘人才、培训、调整人事安排、调整报酬分配以及决定奖惩的功能。现

阶段在中国还存在对于绩效考核的一些错误认识。

常见的绩效考核方法有关键绩效指标考评法、360度绩效评价法(全员评价法)、平衡计分卡等。

就目前而言,中国企业绩效考核体系的建设尚处于初级阶段,还有诸多不完善之处。

【综合案例】

A公司是一家大型国有企业,经过多年的积累和发展,在业内已具有较高的知名度,目前公司有员工两千人左右。公司采用职能式组织架构,公司总部只设职能部门,下设若干子公司,分别从事不同的业务。近年来,随着国家对国有企业管理方式的改革,A公司按照现代化企业制度的要求对公司进行了改制,建立了新的市场化的管理制度,并加强了公司的绩效考核工作。

绩效考核工作是A公司改制后重点开展的一项工作。公司的高层领导非常重视,人事部具体负责绩效考核制度的制定和实施。人事部是在原有的考核制度基础上制定出了《中层干部考核办法》。在每年年底正式进行考核之前,人事部又出台当年的具体考核方案,以使考核达到可操作化程度。

A公司的做法通常是由公司的高层领导与相关的职能部门人员组成考核小组。考核的方式和程序通常包括被考核者填写述职报告、在自己单位内召开全体职工大会进行述职、民意测评(范围涵盖全体职工)、向科级干部甚至全体职工征求意见(访谈)、考核小组进行汇总写出评价意见并征求主管副总的意见后报公司总经理。

考核内容主要包含三个方面:被考核单位的经营管理情况,包括该单位的财务情况、经营情况、管理目标的实现等方面;被考核者的德、能、勤、绩及管理工作情况;下一步工作打算,重点努力的方向。

对中层干部的考核完成后,公司领导在年终总结会上进行说明,并将具体情况反馈给个人。尽管考核的方案中明确说考核与人事的升迁、工资的升降等方面挂钩,但最后的结果总是不了了之,没有任何下文。

对于一般的员工的考核则由各部门的领导掌握。子公司的领导对于下属业务人员的考核通常是从经营指标的完成情况(该公司中所有子公司的业务员均有经营指标的任务)来进行的;对于非业务人员的考核,无论是总公司还是子公司均由各部门的领导自由进行。通常的做法,都是到了年终要分奖金了,部门领导才会对自己的下属做一个笼统的排序。

公司在第一年进行操作时,获得了比较大的成功。由于被征求了意见,一般员工觉得受到了重视，感到非常满意。领导则觉得该方案得到了大多数人的支持，也觉得满意。但是，被考核者觉得自己的部门与其他部门相比，由于历史条件和现实条件不同，年初所定的指标不同，觉得相互之间无法平衡，心里还是不服。考核者尽管需访谈三百人次左右，忙得团团转，但由于大权在握，体会到考核者的权威，还是乐此不疲。

思考题

根据提供的 A 公司绩效考核情况，就其绩效考核情况拟写一份绩效考核效果分析报告。

第18章

企业社会责任

引导案例

8月24日，强生在华首份企业社会责任报告《强生2010&2011因爱而生报告》正式发布。报告对强生在华过去两年间的企业社会责任进行披露，详细解读了强生在关爱客户、关爱员工、关爱社会、关爱股东四方面所做的贡献。

强生公司一直以来秉持“因爱而生”的理念和“为社会负责”的信条价值观，积极参与各项社会公益事业，以关注妇女儿童健康、提高医护人员专业水平、预防疾病、消除歧视、开展各种志愿者服务作为企业的公益战略，通过直接项目资助、产品捐赠以及员工参与等多种形式传递关爱，从生命的每个阶段出发、在各个层面提供了丰富的关爱计划。在2010年和2011年，强生在华共提供了超过1.23亿元人民币的项目资助，受益人群覆盖母婴、儿童、青少年、成年人、老年人、残障人士等各类群体，直接受益人达数百万。

此外，强生还积极鼓励员工作为志愿者参与社会公益事业。2011年，强生在全国各地开展161次志愿者活动，涉及社区服务、教育、环保等多个领域，有近4000位强生志愿者参与社会公益活动，奉献超过16000志愿服务小时，超过21,500位弱势儿童和老人直接受益。

作为世界上最具综合性、业务分布范围最广的健康护理产品制造商和服务商，强生在全球制定了更具可持续发展战略意义的“健康未来2015”计划，承诺在未来五年里，在健康人类、健康地球、健康业务三个领域做出积极努力，履行促进可持续发展的责任。

在这次CSR报告发布仪式上，强生邀请了中华医学会、中华护理学会、中华骨髓库、中国残疾人福利基金会、中国狮子会、赛扶中国、全球儿童安全组织、北京周易研究会、阜阳市艾滋病贫困儿童救助协会等多家一直以来支持强生企业社会责任发展的学术团体和公益组织代表，倾听他们对报告的意见和建议。会上，强生还与公益组织、企业社会责任专家、公益媒体展开沟通交流，就企业与公益组织合作等议题进行深入探讨，畅想强生企业社会责任的未来。对此，强生企业社会责任委员会主席付小明表示："强生的公益实践离不开公益伙伴的支持，我们将继续与公益组织深入合作，发挥我们在医药健康领域的优势，加大在公益领域的投入，全面履行企业社会责任，更好地实践强生的关爱承诺。"

本章主要内容

1. 企业社会责任的产生背景。
2. 企业社会责任的含义。
3. 不同的企业社会责任观。
4. SA8000。
5. 全面认识企业社会责任对我国经济发展的影响。

18.1 企业社会责任概述

18.1.1 企业社会责任的产生背景

英国学者欧利文·谢尔顿1923年提出"企业社会责任"的概念。自20世纪80年代开始，人们越来越关注跨国公司在生产中造成的环境问题和劳工权益等社会问题，自此，企业应该承担的社会责任受到越来越多的关注。90年代，国际社会形成声势浩大的企业社会责任运动浪潮，由关注劳工标准问题逐渐延伸到环保、公益事业等社会问题；同时，旨在加强和保护消费者权益的消费者运动也逐渐盛行。在这样的背景下，不同国际组织或规模较大的公司都提出了社会责任的相关标准，其中以社会责任国际（SAI）于2001年公布的SA8000标准影响最大、最权威,最具有可操作性。

随着经济全球化程度的加剧,中国企业尤其是地处沿海发达区域的长三角和珠三角地区的企业,正逐渐被其西方客户要求接受社会责任方面的检验。自1995年以来,我国沿海地区至少已有8000多家企业接受过跨国公司的社会责任方面的审核,一些企业则因为没有达到SA8000标准而被取消了供应商资格。2004年5月上旬,浙江省经贸委公平贸易局专门聘请国外的相关专家对该省出口企业的负责人及技术人员就企业社会责任(主要是SA8000相关知识)进行培训。2006年2月22日,首届中国企业社会责任国际论坛在北京举行,为配合这次论坛的进行,多家新闻媒体自2005年12月启动,经过初审、复审和终审三个阶段,遴选出"最具责任感的企业"。国际国内各类企业社会责任认证体系中,与劳动密集型行业关联度较大,而我国的优势产品大多集中于劳动密集型行业,将受到社会责任认证的直接影响。

党的十六届四中全会提出要构建民主法治、公平正义、诚信友爱、充满活力、安定有序、人与自然和谐共处的社会主义和谐社会。对于企业而言,在追求经济利润的同时,遵守国际社会公认的企业社会责任标准,承担自己的社会义务,则是参与创建和谐社会的最好体现。

18.1.2 企业社会责任的含义

尽管对于企业的社会责任的界定,迄今为止并没有统一的说法,但各种表述间的差别并不大。一般认为,企业的社会责任是指,基于全球化和生态环境的客观要求,具有合法性的社会组织在经营管理过程中必须承担的于人和社会有益的责任,包括遵纪守法、保护环境、保护消费者权益、遵守劳工准则和劳资关系,尊重人权、保障职业健康安全、反腐败、强化团体合作和支持关系、创建旨在增进人类精神的文化活动、强化慈善事业活动。

在各种界定中,以社会责任国际(SAI,Social Accountability International)的表述影响最大,也最权威,即:企业的社会责任区别于商业责任,是指企业除了对股东负责,即创造财富之外,还应对社会承担责任,一般包括遵守商业道德、保护劳工权利、保护环境、发展慈善事业、捐赠公益事业、保护弱势群体等。

18.1.3 不同的企业社会责任观

不同学者中存在两种反差极大的社会责任观,即一元社会责任观和多元社会责任观,也被分别称为社会责任的古典观和社会经济观。

一元社会责任论的主要代表人物是弗里德曼。弗里德曼认为:"(企业)仅存在一种、而且是唯一的一种社会责任——即遵守职业规则,利用合法资源,从事那些旨在增加其利润的活动。这就是说,在没有诡计和欺诈的情况下,从事公开的且自由的竞争”。弗里德曼认为管理者是“理性的经济人”,是受个人利益驱动的,职业经理人的唯一责任就是向股东负责,最大限度地满足股东利益。而其他的责任不是企业应该考虑的,企业不必承担法律规定之外的责任。

但随着经济的发展,社会逐渐期待企业在利用社会资源的同时也应以某种方式回报社会;同时大量企业在追求利润的过程中产生的有损社会公共利益的外部性事件,也促使人们认识到企业不仅仅是一个经济组织,它应该承担相应的社会责任。特别是随着企业利益相关者理论的提出,利润最大化理念受到了严峻的挑战,一元社会责任论逐渐失去了成立的根基,多元社会责任观(社会经济观)受到了更多的认可和重视。

持多元社会责任观的主要代表人物有哈罗德·孔茨和海因茨·韦里克、斯蒂芬·罗宾斯、安德鲁斯等人。如:哈罗德·孔茨和海因茨·韦里克认为“公司的社会责任就是认真考虑公司的一举一动对社会的影响”;斯蒂芬·罗宾斯认为“企业的社会责任是指超过经济和法律要求的,对社会有利的长远目标所承担的责任”;安德鲁斯认为企业的社会责任应该包括:(1)公司决心自愿捐助教育事业和其他慈善事业,尽管这会减少利润;(2)公司选择一个属于自己的经营道德标准,这个标准要高于法律和习俗所要求的最低水平;(3)在具有各种机会的业务中,公司根据内含的社会价值进行选择;(4)为了经济报酬以外的理由投资于公司内部生活质量的改善。持多元社会责任观的学者们认为,尽管短期看来公司承担利润之外的其他社会责任将损害其利益,但长期来看有利于企业的发展。他们通过实证分析指出,企业的长期利润与公司承担的社会责任是正相关的。

18.2 SA8000 介绍

1997 年,CEPAA(Council on Economics Priorities Accreditation Agency,即经济优先权理事会认可委员会)发布了 SA8000 标准(Social Accountability 8000)。CEPAA 是北美的一个非政府组织,后来更名为 SAI(Social Accountability International,即社会责任国际),其宗旨和理念是改善世界各地员工的人权状况(Promoting the human rights of workers around the world)。2001 年 12 月,SAI 发布了 SA8000 标准 2001 版。SA8000 的宗旨是“赋予市场

经济以人道主义”,谋求通过有道德的采购活动促进工人劳动条件和待遇到改善,核心是“保护工人权益”。该标准共有4个部分,涉及9个要素,每个要素包含若干具体条款,组合在一起构成一项比较系统的社会责任管理和认证体系。

SA8000在制定过程中参考了国际劳工组织(ILO)、联合国儿童权利公约、世界人权宣言等有关规定。其4个组成部分分别为:目的与范围;规范纲要与诠释;定义;社会责任的具体规定。涉及下列9个要素:童工;强迫性劳工;健康与安全;组织工会的自由与集体谈判的权利;歧视;惩戒性措施;工作时间;工资;管理体系。

SA8000作为操作层面的衡量社会责任状况的认证体系,能够比较实际和直接地反映企业承担社会责任的实际状况。根据SAI网站(SA8000官方网站)提供的最新数据(截至2005年12月31日),全世界共有来自50个国家的881家企业通过了SA8000认证,这些企业分布在57个行业。在通过认证的881家企业中,约60%来自发展中国家,主要是印度、中国、巴西等,另外40%来自发达国家,主要是意大利。意大利共有323家企业通过了SA8000认证,是所有国家中通过SA8000认证最多的(参见表18-1)。从行业分布来说,通过认证的企业主要来自劳动密集型行业,尤其是发展中国家的通过认证的企业主要集中在纺织、玩具、制造等行业,但发达国家的通过认证的企业相对而言集中在第三产业。意大利共有323家企业通过了认证,其行业覆盖面相对较宽,涵盖了制造业、建筑材料、商业服务、咨询服务、金融服务等第二产业和第三产业。

表18-1 通过SA8000认证的企业的国家分布概况

国家	意大利	印度	中国	巴西	巴基斯坦	越南	泰国	其他
数目	323	126	122	87	53	30	17	123

资料来源:SAI官方网站;其中中国122家中包含香港的6家和台湾的4家。

表18-2 中国通过SA8000认证的企业的省际分布

省份	广东	福建	上海	浙江	香港	江苏	山东	台湾	湖北	河北	天津	江西	山西
数目	59	16	8	7	6	6	6	4	3	3	2	1	1

资料来源:SAI官方网站(数据可能有微小误差,因为SAI网站上公布的极少数中国企业所属省份不明,只能推测)

根据SAI官方网站公布的资料显示,通过SA8000社会责任认证的122家中国企业几乎全部来自纺织、玩具、药业等劳动密集的制造性行业。从表2可以发现,这些企业绝大部分位于经济发达的沿海地区,这符合我国经济发展的基本特征,即沿海经济相对发达地区主要以劳动密集型的第二产业为主。而劳工问题正是以SA8000为代表的企业社会责任认证体系关注的焦点之一,现在及未来相当长时期,我国企业将面临越来越多的社会责任审核,因此从战略视角高度重视社会责任认证体系,积极参与相关的标准制定,对于推动我国企业积极参与国际竞争,维持我国经济的可持续发展具有重要意义。

18.3　全面认识企业社会责任对我国经济发展的影响

1.全面认识企业社会责任浪潮对于我国经济的影响

以SA8000为代表的企业社会责任对于经济的影响具有两面性,既有一定的负面影响,也有其正面影响。发端于欧美发达国家的企业社会责任浪潮将对我国的出口带来较大的负面影响,将抬升我国产品的价格,降低成本优势,进而影响产品的国际竞争力。但同时,我国企业通过如SA8000标准的企业社会责任认定也将对企业的发展带来积极影响,具体表现在3个方面:(1)有助于树立和提高企业的良好社会形象,并有利于建立企业品牌。尤其是在国际市场上,通过了诸如SA8000标准等企业社会责任认证的企业,被接受的程度较高;(2)员工利益问题是企业社会责任关注的中心,通过企业社会责任认证客观上有利于员工工作环境和待遇的改善,增加员工稳定性,进而提升员工士气和生产效率;(3)使合作伙伴对本企业建立长期信心。近年来,越来越多的欧美购买商要求其供应商(以发展中国家的企业居多)接受甚至通过企业社会责任检验,并且许多大型跨国公司明确要求其零部件供应商必须通过SA8000认证;(4)消费者更加容易接受通过社会责任认证的产品。近年来,西方发达国家涌起的企业社会责任浪潮,促使越来越多的西方国家消费者拒绝购买在生产过程中有违环保、劳工权益保护等社会责任的产品,相关的有规模、有组织的产品抵制事件已发生多次。

因此,从短期看,通过SA8000等社会责任认证会增加企业的生产成本,降低产品的国际竞争力,但长期看是有利于企业的发展的。我们应该全面认识企业社会责任浪潮,以积极的心态和实际行动面对这一不可逆转的发展趋势,变被动为主动,而不应该一味强调其对于中国经济的负面影响。

2.从标准战略的高度认识企业社会责任标准及其认证对于我国经济的影响

新贸易保护主义的兴起也是以SA8000标准为代表的社会责任认定标准产

生的一个重要原因。从发展趋势判断，将劳工标准、企业社会责任与国际贸易挂钩是一个必然的趋势和要求。根据世界贸易组织相关规则和缔约方承诺，国际贸易中的关税壁垒和非关税壁垒逐渐减少，发展中国家的低成本优势得到强化，越来越多的产品进入发达国家市场，对发达国家国内相关利益团体造成一定冲击，这些国家内部相应的贸易保护呼声再度加强，有时候这甚至成为执政党转移国内政治压力的手段之一。而以SA8000标准为代表的企业社会责任认证客观上也就成为继反倾销、环保之后的加强贸易保护的一种新手段。以SA8000标准中的核心内容——劳工标准为例，根据WTO相关规则，劳工标准属于“TRATDE—RELATED”问题，这类问题的常见解决方式是由发达国家的消费者、非政府组织向本国的进口商、采购商施压，以认证和标签制度来解决，这种做法不违反WTO的原则，WTO对此也给予认可。因此，不难预见未来我国在国际贸易中将面临越来越多的诸如劳工标准、企业社会责任认证等新的国际贸易障碍。

诸如SA8000等企业社会责任标准起源于西方发达国家，毫无疑问是根据西方国家国情制定的，广大发展中国家只能被动接受，也就是说欧美国家掌握了制定认证标准的话语权。标准战略是近年来西方发达国家充分利用、效果明显的一项竞争工具，包括显性的技术标准和具有较强隐蔽性的非技术标准两类。从标准战略的高度掌握了主动，标准的制定方就可以根据自己的具体情况修改标准中的具体内容和具体的认证条款，这对于标准的被动接受方是极为不利的。以SA8000为例，标准起草委员会由来自11个国家的20个大型商业机构、非政府组织、学术团体、工会、人权保护组织、儿童权益保护组织及会计师事务所和认证机构组成；在SAI咨询委员会中有表决权的委员中，美国人占2/3，因此其最终出台的认证标准不可避免地带有以美国为首的发达国家的印记。作为发展中国家中的重要大国的中国，应该从战略高度重视社会责任标准的制定，加强与社会责任国际(SAI)的联系，积极参与有关操作性标准的制定，增强自己的话语权，逐渐扭转只能接受已制定好的标准的被动局面。

3. 企业社会责任的履行是建立良好企业声誉的有效战略措施之一

随着生产工艺的改进和生产质量的提高，企业的相对竞争优势来源逐渐由外观、包装等有形资源转向品牌、专利、声誉等无形资源。良好的声誉(reputation)对于企业而言是一种长期激励机制，是企业维持持续竞争优势的有效手段之一。有的学者甚至将声誉形象地比喻为声誉资本(reputation capital)。企业承担相应的社会责任，通过公信力较高的社会责任认证是获得声誉的有效手段之一。

企业社会责任正逐渐被纳入战略分析框架中。肯尼斯·安德鲁斯强调企业战略框架中应该包含社会责任成分,他认为战略决策包括四个主要方面:(1)识别和评价契约的优势和劣势;(2)识别和评价环境中的机会和威胁;(3)识别和评价管理者的个人价值观和管理抱负;(4)识别和评价对社会所应承担的责任。(见图 18-1)

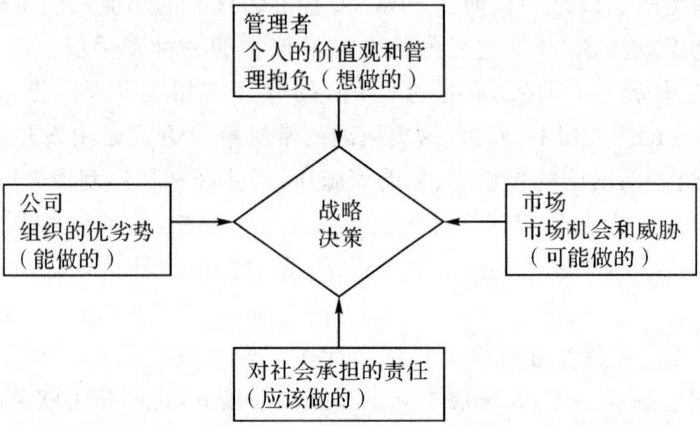

图 18-1　肯尼斯·安德鲁斯:社会责任视角的企业战略分析框架

Fombrun 进行了声誉度(RQ)的有关测量,发现企业声誉度主要受到以下 6 个因素影响:情感吸引、产品和服务、财务业绩、目标和领导层、工作环境、社会责任。他进一步对社会责任与企业声誉之间的关系进行了量化尝试,如图 18-2 所示:

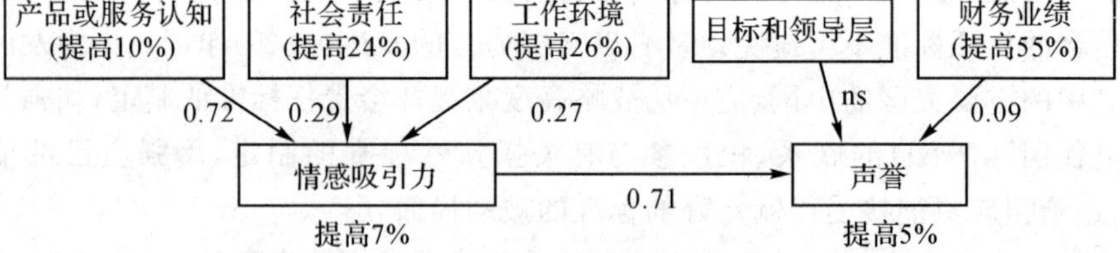

图 18-2　声誉的影响因素分析

据图 18-2,如果公司想在声誉方面提高 5%,那么需要在其对于消费者的情感吸引力方面提高 7%;而要将情感吸引力提高 7%,公司需要将公众对其产品和服务的认知提高 10%,或是在工作环境方面提高 26%,或是在社会责任方面提高 24%。而为达到同样的效果,公司的财务绩效必须大幅提高 55%,才能在声誉方面提高 5%。由此凸现了企业社会责任对于建立企业声誉的重要性。

【本章小结】

英国学者欧利文·谢尔顿1923年提出“企业社会责任”的概念。随着经济全球化程度的加剧,中国企业尤其是地处沿海发达区域的长三角和珠三角地区的企业,正逐渐被其西方客户要求接受社会责任方面的检验。企业社会责任是指企业除了对股东负责,即创造财富之外,还应对社会承担责任,一般包括遵守商业道德、保护劳工权利、保护环境、发展慈善事业、捐赠公益事业、保护弱势群体等。

不同学者中存在两种反差极大的社会责任观,即一元社会责任观和多元社会责任观。一元社会责任观认为企业只需要对股东负责,企业的唯一责任是合法地赚取利润;多元社会责任观认为企业不仅仅是一个经济组织,除了赚取利润之外,还应关注其他利益相关者的利益。

SA8000作为操作层面的衡量社会责任状况的认证体系,能够比较实际和直接地反映企业承担社会责任的实际状况。根据SAI网站(SA8000官方网站)提供的最新数据(截至2005年12月31日),全世界共有来自50个国家的881家企业通过了SA8000认证,这些企业分布在57个行业。

从短期看,通过SA8000等社会责任认证会增加企业的生产成本,降低产品的国际竞争力,但长期看是有利于企业的发展的。我们应该全面认识企业社会责任浪潮,以积极的心态和实际行动面对这一不可逆转的发展趋势,变被动为主动,而不应该一味强调其对于中国经济的负面影响。

【综合案例】

近日,双汇集团在京召开有部分媒体参加的恳谈会,针对自3月份以来实施的“逐头检测”成果进行汇报,主动向媒体提供检测的相关数据,这也是双汇实施“开放式”办厂战略的重要步骤,力求打造更加安全的食品,肩负起企业应尽的社会责任。

1. 镜头回放:双汇率先实践“逐头检测”

今年3月16日以来,双汇集团为保障食品安全,要求全国下属所有工厂提高“瘦肉精”检测比例,改“抽检”为在线逐头检测,确保100%全检。

改“抽检”为“逐头检测”,这在国内尚属首次,为此,双汇集团每年要额外增加近三亿元的“瘦肉精”检测费用。

数据:3个月、356头、200多万元

此次媒体恳谈会,旨在通过媒体向大众汇报双汇集团实践“逐头检测”以来的成果，并在社会各界的监督之下，为公众打造更加安全、放心的食品。

根据双汇集团公布的数据，自 3 月中旬至今，双汇共检测生猪 1959284 头，共检出含精猪 356 头，平均检出率为 0.0182%。对于检出的含精猪，双汇集团均按照国家要求进行了无害化处理，并向交猪户索赔 200 多万元。通过对比三月、四月、五月和六月的统计数据，记者发现，在双汇检出含精猪的头数正在连续递减，从三月份的检出率 0.03%到五月份的 0.002%，六月份以来双汇没有检出含精猪。双汇“头头检测”起到了根本性的效果。

2. 生猪价格飙升 含精猪“恐入”双汇

自年初以来，由于生猪供应、饲料、人工等成本上升，生猪价格一路飙涨，到目前为止已接近 19 元/公斤。按照此前双汇生猪采购流程，在生猪收购时须与交猪户签订质量安全承诺书，保证不销售有“瘦肉精”的猪，凡提供有毒有害等非食品原料的供应商，除按照国家规定进行处理外，还要按“问题生猪”价值的两倍进行索赔，在此背景下，交猪户再也不敢将含精猪送入双汇，一时间造成含精猪“恐入”双汇的场面。由此可见，双汇集团每年增加的 3 亿元检测成本的效果将凸显。

3. 严查自身内控体系 力扛企业社会责任

据记者了解，除了通过“逐头检测”杜绝含精猪以外，双汇集团还通过严查自身内控体系，派集团稽查中心成员到全国各地工厂、各地市场暗访，向集团管理层提供第一手情报信息，对玩忽职守、徇私舞弊、责任心不强的工作人员进行严肃处理。

据悉，自 3 月中旬以来，双汇集团处理和调整基层采购和管理人员 60 余人次，特别对生猪采购人员加强了法律学习培训和监督力度，坚决把危害消费者、危害双汇品牌的“害群之马”清出企业，力争为消费者提供放心、安全的良好食品环境，肩负起双汇集团社会责任大如天的企业使命。

4. 记者手记

纵观中外，构筑食品安全防线是全社会共同的责任，“逐头检测”防火墙的构筑使含精猪一时无从觅处，然而交猪户不敢向双汇出售含精猪，不代表市场上含精猪的杜绝，把关不严、缺乏检测手段的企业、屠宰厂就会形成新的漏洞缺口。由此可见，如果“逐头检测”不能引起全行业的关注和效仿，仅靠其中一家企业的能力是完全有限的，仅靠“逐头检测”来树立一个行业的标准也将会落为一句空话。

思考题

从双汇的案例中，讨论中国企业，特别是大型企业如何更好地承担企业社会责任？

第19章 创新

引导案例

诺基亚式的创新为何终将失败

昔日手机行业头把交椅的诺基亚发布2012年第二财季报告显示，该公司净销售额75亿欧元，同比下降19%，巨额亏损14.1亿欧元，远远高于去年同期3.68亿欧元的亏损额。于是同其他走投无路的败将一样，诺基亚不得已使出断腕式的两招：一招谓之“变现”，打起了变卖专利等“非核心资产”的主意；另一招谓之“裁员”，诺基亚中国公司已经确认，原本中国区四个大区将合并成两个大区，以后，上海、成都两地只保留销售办公室。而此前的6月份，诺基亚已经宣布将在2013年底前在全球裁员1万人。

其实，作为高科技企业，诺基亚也没有少创新，创新砸下去的钱甚至还远远超过竞争对手。据统计，在过去10多年里，诺基亚在研发上共投入了400亿美元，相当于“苹果”公司的4倍，仅仅诺基亚那些被最终放弃的软硬件专利估值就在60亿美元，相当于诺基亚今年的市值。比如诺基亚的设计师早就在内部展示过一款仅配置了一个按键的触摸屏智能手机，那款智能手机可以收发电子邮件和玩游戏，而直到7年后苹果才推出第一款iPhone。

为什么诺基亚的创新之路最后没有走通呢？一是“诺基亚式的创新”没有与市场相结合，也就是我们常说没有解决好高新技术的产业化课题。7年前诺基亚的创新成果，除了在电影《圣人》里“秀”了一下，并没有大规模地投入市场,而仅仅留下了一大堆专利。比如,当你触摸iPhone上的数字键盘时,你知道字母是如何弹出并以更大字体显示的,那样你就可以确定自己输入的是正确的字母。这正是诺基亚的"杰作",但诺基亚从未将这项专利技术应用于产品之中,结果"苹果"反而最先将这项技术应用到它的产品中。二是"诺基亚式的创新"没有搭准战略性新兴产业的脉搏。回头看,2004年正是手机行业的一个关键年,这一年,移动互联网正初显颠覆市场的端倪,而同时,美国制造商摩托罗拉凭借"锋机"一炮打响。在投资者的声声鼓噪中,诺基亚辨错了方向,选择放弃智能手机,重新回到基本手机之老路上。其间,诺基亚还有一个现在看来是笑话的故事,在"苹果"刚刚崛起时,诺基亚曾经做过一个测试,手机需要从五英尺高的高度以不同角度掉落到水泥地面上,测试的结果是"苹果"不经摔。有了这个结果,诺基亚吃了"定心丸",哪想到"果粉"们非但对"瓷实"不屑一顾,甚至面对"苹果"的饥饿营销出乎寻常地喜新厌旧,3代"苹果"还崭新的,他们就毫不吝啬钱包,通宵排队只为去抢购一个4代。

没有市场的创新是徒劳的,没有战略的创新更是盲目的。以后,诺基亚逐渐从不可一世的市场领导者,走向步步惊心,因"船大掉头慢"连跟随都显得步伐过于沉重:继触摸屏手机领域无所作为之后,在低端手机领域,又遭遇中国手机制造商"抢逼围"……即便如今诺基亚尚有一大堆尚能对得起财务报表的专利待价而沽,如果卖不掉、变不了现的话,又有何用呢?

本章主要内容

1. 创新特征、创新基本类型与创新内容。
2. 创新过程与组织。
3. 管理创新、技术创新和组织创新。

创新和变革是任何一个组织适应环境变化,谋求生存和发展所必需的能力。由于组织是一个不断以外界环境进行物质、能量、信息交换的动态开放系统,而作为管理主体和客体的人又具有独特的个性特征,这使得管理活动具有许多不确定性,这就要求组织的活动必须具有一定的创新性。正如著名经济学家熊彼得明确指出:"企业家精神的真谛就是创新,创新是一种管理职能。"

19.1 创新概述

19.1.1 创新的含义

创新是一个古老的词。在英文中,创新(innovation)一词源于拉丁语的"innovate",意思是更新、制造新的东西或改变。一般说来,创新是淘汰旧的东西,创造新的东西,它是一切事物向前发展的根本动力,是事物内部新的进步因素通过斗争战胜旧的落后因素,最终发展成为新事物的过程。创新是创造与革新的合称。创造是指新构想、新观念的产生;革新是指新观念、新构想的运用。从这个意义上讲,创造是革新的前导,革新是创造的后续。

第一个系统地从经济学角度提出创新理论的人是美籍奥地利人、哈佛大学教授约瑟夫·熊彼特(Joseph A. Schumpeter)。他在1912年出版的《经济发展理论》一书中系统地提出了创新理论。他认为,创新就是"建立一种新的生产函数",即实现生产要素和生产条件的"一种新组合"。创新包括五种情况:

(1)创造一种新的产品,即消费者还不熟悉的产品,或是老产品但又有了新的特性。

(2)采用一种新的生产方法,也就是在有关的制造部门中尚未通过检验检定的方法,这种新的方法不一定非要建立在科学所发现的基础上,它可以是以新的商业方式来处理某种产品。

(3)开辟一个新的市场,也就是有关国家的某一制造部门以前不曾进入的市场。

(4)取得或控制原材料或半成品的一种新的供给来源,不论这种来源是已经存在的,还是第一次创造出来的。

(5)实现任何一种新的产业组织方式或企业重组,比如形成一种垄断地位,或打破一种垄断地位。

由此可以看出,熊彼特所指的创新概念的5个方面,虽然本意是要说明它们在经济发展中的作用,但实质上是已有了创造全新资源配置方式、方法的内在涵义。熊彼特的创新概念涉及的创新领域包括了产品、技术、市场、环境和组织等方面的创新。此外,熊彼特还认为企业家是创新活动的倡导者和实行者,并指出静态中的经济主体是经济人,静态中的创新主体是企业家。企业家不同于一般的企业经营管理者,后者致使按传统方式经营管理企业,而前者则敢于冒险同时敢于承担风险,富于进取精神,能够不断倡导和开展创新活动。

管理学家彼得·德鲁克进一步指出,“创新的行动就是赋予资源以新的创造财富的能力的行为”。“它有两种不同的创新,一种是技术创新,它在自然界中为某种自然物找到新的应用并赋予经济价值;另一种是制度创新,它在经济与社会中创造出一种新的管理机构、管理方式或管理手段,从而在资源配置中取得很大的经济价值与社会价值”。

美国麻省理工学院教授厄特拜克(J. M. Utterback)指出,突破式技术创新有时会改变技术及经济方面的游戏规则,从而引起整个行业的消亡。他还得出两个警示性的结论:第一,许多改变市场游戏规则的重大创新,通常是由新进入市场者或外行带来的;第二,在市场剧变过程中,原有的市场主宰者通常无法适应这种变化。

美国工业调查协会认为,“创新是指实际应用新的材料、设备和工艺或某种存在的事物,以新的方式在实践中有效应用;创新是一个承认新的需要、确定新的解决方式、发展一个在经济上可行的工业产品和服务并最后在市场上获得成功的完整过程”。

由此可见,创新不仅是一个技术的概念,更是一个具有广泛意义的经济概念。创新就是以新的更好的产品、生产工艺、组织和管理方法,产生更大的经济效益。它涉及一系列多层次的活动,从一个新概念开始直至形成生产力并成功地进入市场的过程。基于以上认识,我们认为:创新就是企业家把一种发明或新构想以商业化的方式引入经济之中,从而给经济带来较大影响或发生较大变革的行为及过程。

如果从企业管理的角度看,上述定义过于严格。在企业创新中,我们视管理方式的变革、组织机构的变动、现行技术与生产系统的改进、产品质量的提高、企业的更新也称为创新。

19.1.2　创新与创造、革新、发明以及R&D的关系

1. 创新与创造、革新的关系

创新是创造与革新的合称。创造是指新构想、新观念的产生;革新是指新构想、新观念的运用。创造是革新的先导,革新是创造的延续。组织创新就是指组织在运作、管理等各个环节不断创造、应用先进的思想和观念、科学的方法和新颖的组织形式,取代那些过时、落后的东西,以达到更高目标的一切创造性活动。

2. 创新与发明的关系

发明只是一种为了改进产品、工艺、设计或提高生产和管理效率而提出的方案、样品或思想。技术上的发明可以申请专利或获得奖励，但不一定能发展成技术创新，当一项发明只停留在设想或样品阶段，则与技术创新无关。大量的实践也证明，“不是所有的发明都会转变为创新”。只有当发明投入生产，并投入市场取得经济效益时，它才能成为技术创新的起始部分。因此，创新是一个经济概念，也是一个全过程的系统活动，而发明如果能成功也只是创新的一个阶段。也就是说，创新除了包含发明外，还意味着对发明的应用。正如彼得·圣吉所说的，“当一个新的构想在实验室被证实可行时，工程师称之为发明，只有当它能够以适当的规模和切合实际的成本稳定地加以重复生产时，即为创新”。

3. 创新与研究开发

研究与开发(R&D)是指为了增加知识储备，并探索其新的应用而进行的系统的创造性工作。国际经济合作和发展组织(OECD)对研究与开发的定义是："研究和实验开发是在一个系统的基础上的创造性工作，其目的在于丰富有关人类、文化和社会的知识库，并利用这一知识进行新的发明。"它是创新的前期阶段，是创新的投入，是创新成功的物质和科学基础。但研究与开发活动并不等同于创新。

虽然并不是有研究与开发就有创新，创新也并不一定非要有研究与开发不可。但一般来说，研究与开发活动越多，创新就会越多。因为研究与开发是创新的前期工作，为了使新的构思转化为现实生产力，进行研究与开发是非常重要的。即使是通过技术引进，要把它变成企业自己的技术也需要研究与开发工作。对于一些重大的技术创新来说，则更需要有研究开发工作来支持。在现实中我们可以看到，凡是能持续发展的大企业都设有研究与开发部门，并且投入大量的资金支持该部门的工作。

19.1.3 创新的特征

创新作为一种创造性的劳动，同一般劳动相比，具有以下几个特征：

1. 新颖性(首创性)

创新要解决前人所没有解决的问题，不是模仿、再造，而是继承中有新的突破，因而其成果必然是新颖的，其中必有过去所没有的新的因素或成分。

2. 创造性

创造性是指创新所进行的活动与其他活动相比，具有突破性的质的提高。创新的创造性首先表现在新产品、新工艺上，或是体现在产品、工艺的显著变化上；其次表现在组织结构、制度安排、管理方式等方面的创新上；这种创造性的特点是打破常规、探索和适应规律、敢走新路、勇于探索，最本质的属性是敢于进行新的尝试，包括新的设想、新的试验等。

3. 风险性

在创新过程中，尽管人们会认真分析各种已知和未知的条件，但由于所掌握的信息的制约和对有关客观规律的不完全了解，人们不可能完全准确地预测未来，这就使创新具有一定的风险性：如果创新成功，无疑会使组织迎来一个美好前景；一旦创新失败，创新过程的所有投入无法收回，有时会使组织面临严重的危机。据统计，在美国，企业产品开发的成功率只有20％～30％，如果计算从设想到进行开发到成功的比率，那就更是凤毛麟角了。所以，创新是一项高收益与高风险并存的活动。创新风险可分为技术风险和市场风险两大类。前者是指一项创新在技术上存在着成功与否的不确定性；后者是指一项创新在技术上获得成功后还存在其成果由于受到来自技术、市场、制度、社会、政治等不确定因素的影响，能否适用于新的环境的不确定性。认识创新的风险性，有助于人们正确对待创新过程中可能遇到的挫折、甚至失败。

4. 高收益性

创新一旦成功，能获得极高的甚至是意料不到的效益。创新的风险高，但效益更高，创新的效益性和风险性呈正相关关系。因而尽管创新的成功率较低，但成功之后可获得的利润却很丰厚，这就促使企业不断投入创新。企业的创新不仅使企业在市场具有竞争优势，而且使它有可能在一定范围、一定时间、一定程度上处于垄断地位，获得超额利润。当然这种地位会随技术的扩散或更高水平的创新而丧失。具有远见卓识的管理者，总是追求不断创新。例如，微软公司创办初期，仅有1种产品、3个员工和1.6万美元的年收入，但它经过持续的创新活动获得了巨大的经济效益，从而一跃成为大型跨国高科技公司，比尔·盖茨本人也成为世界首富。

正是因为创新在高风险的前提下具有高回报，许多国家都成立了风险投资公司，资助创新者前赴后继地进行各种各样的创新，以便在部分项目成功后获得高额的回报。

5. 系统性

首先，创新是涉及战略、市场调查、预测、决策、研究开发、设计、安装、调试、生产、管理等一系列过程的系统活动。这一系列活动是一个完整的链条，其中任何一个环节出现失误都会影响整个企业创新的效果。同时，与经营过程息息相关的经营思想、管理体制、组织结构的状况也影响着整个企业的创新效果。所以,创新具有系统性。

其次,创新行为可能是个人的,可能是组织的,也可能是组织某一个部门或环节的,还可能是全组织性的。全组织性的创新需要所有组织成员的共同参与和努力,即使是个人或组织某一局部的创新,其成功也需要组织其他成员或其他部门的协调与配合。创新的系统性还表现在它通常是远见与技术的结合,需要众多参与人员的相互协调和相互作用,才能产生系统的协同效应,使创新达到预期的目的。

6. 时间性

创新具有强烈的时间性,因为人们对创新成果的确认与时间密切相关。对于相同或类似的创新,人们只承认在第一时间取得的并公之于世的创新劳动。消费者的偏好处于不断地变化之中,同时社会的整体技术水平也在不断提高,因而使创新在不同方向具有不同的时机,甚至在同一方向也随着阶段性的不同具有不同的时机。从而要求创新者在进行创新决策时,必须根据市场的发展趋势和社会的技术水平进行方向选择,并识别该方向的创新所处的阶段,选准切入点。

7. 相对性

创新相对性主要表现在范围和程度两个方面。在范围方面,有组织内的创新、地区性的创新、行业性的创新、全国性的创新、世界性的创新等。在程度方面,有局部性的创新、整体性的创新,有渐进性的创新和根本性的创新,有模仿型创新和自主型创新等。对产品创新而言,有老产品调整改革的创新,也有创造新产品的创新。组织应根据自身的情况做出相应范围和程度的创新选择。

8. 动态性

组织内外各种因素是不断发展变化的,不仅组织的外部环境和内部条件在不断发生变化,而且组织的创新能力也要不断积累、不断提高,决定创新能力的创新要素也都要进行动态调整。因此,创新绝不是静止的,而是动态的。不同时期组织的创新内容、方式、水平是不同的。从组织发展的总趋势看,前一时期低水平的创新,总是要被后一个时期高水平的创新所替代。创新活动的不断开发和创新水平的不断提高,正是推动组织发展的动力。

19.1.4 创新的基本类型

创新可以按照不同的标准进行分类。对创新进行分类的目的,是为了在实际工作中能够针对不同类型的创新,采取不同的创新方法和手段,从而更有效地开展创新活动。由于创新主体所在的行业、规模、环境及创新能力不同,创新必然表现出不同的类型。

1. 渐进性创新和根本性创新

根据创新的广度和深度的不同，可以把创新分为渐进性创新、根本性创新。

(1)渐进性创新。渐进性创新是指渐进的、连续的小创新。这些小创新常出自直接从事生产的工程师、工人、用户之手。通常情况下，渐进性创新对产品成本、可靠性和其他性能都有显著的影响。虽然每个渐进的创新所带来的变化是小的，但它的重要性不可低估。这是因为，一是许多大创新需要有与它相应的若干小创新辅助才能发挥作用，如计算机是一项重大创新，但离开软件的不断升级换代这些小创新，计算机就不可能普及得那么快；二是一些创新虽然从规模、科学突破上较小，但却可能含有很大的商业价值；三是渐进性创新的累积效果常常促使创新发生连锁反应，如由火柴盒、包装箱发展起来的集装箱，由收音机发展起来的组合音响等，都是渐进性创新的结果。

(2)根本性创新。根本性创新是指在观念上和结果上有根本突破性的创新，通常是指企业首次向市场引入的、能对经济产生重大影响的创新产品或技术，它一般是研究开发部门精心研究的结果，常伴有产品创新、过程创新和组织创新的连锁反应。这类创新要求全新的技能、工艺以及贯穿整个企业的新的组织方式。根本性创新不仅会造成现有技术和企业原有的核心能力过时，而且会引起产业结构的变化，从而使竞争的性质和竞争的格局发生改变。根本性创新主要表现在三个层面上：一是对企业系统的局部变革，如生产工艺、操作方法的改进等。它既可能形成新的学科理论，也可能产生新的管理方法。二是对企业系统的整体变革。其特征是波及企业生产经营活动的整个系统，形成有关联的创新群，并因此形成全新的管理模式。三是超企业系统的社会变革，即企业通过创新成果的扩散影响或改变整个社会的结构和条件。

2. 自主创新、模仿创新和合作创新

根据组织是否依靠自身力量和模仿进行创新，可以把创新分为自主创新、模仿创新与合作创新。

(1)自主创新。自主创新是指企业通过自身的努力，依靠自身力量所进行的创新。在自主创新中，知识、技术或制度等方面的关键性突破是依靠自身力量实现的，这是自主创新的本质特点。一般说来，自主创新所具有的率先性不仅能为创新企业在竞争环境中确立优势地位提供前提，而且还能给创新企业带来大量的渐进性创新以及与之相关联的创新群。在各种创新活动中，自主创新最具有主动性和专有性，但这种主动性和专有性是以企业自身的知识和能力为条件的，也是以独立承担创新风险为代价的。因此，自主创新也是难度最大、风险最高的创新。自主创新主要适用于风险型及高新技术的中小企业的创新。

(2)模仿创新。模仿创新是指企业在率先创新的示范影响和创新利益的诱导之下，通过合法方式学习、模仿别人的创新思路和创新成果，并在此基础上进行改进的一种创新形式。显然，模仿创新不是照抄照搬性的原样仿造，而是在保持原样的前提下有所发展、有所改善。一般说来，模仿创新是一种跟随性的被动创新。但模仿创新对模仿对象的选择，往往以率先创新的成功企业为基础，这样模仿创新就具有较低的风险，而且可以吸取率先创新成功者的经验和失败的教训。

(3)合作创新。合作创新是指企业与科研机构、高等院校及其他企业之间所进行的联合创新行为。它通常是以合作伙伴的共同利益为基础，以资源共享和优势互补为前提，有明确的合作目标、合作期限和合作规则，双方相互信任，在创新的全过程或某些环节共同投入、共同参与、共享成果、共担风险。因此，合作创新不但可以使创新资源组合趋于优化，缩短创新时间，减少创新的不确定性，扩大创新空间，而且能够分解创新成本，分散创新风险。通过合作创新，往往可以使具有激烈竞争关系和利益冲突的企业联合起来，使合作各方获得更大的利益。所以，合作创新已成为非常重要并日渐趋于普遍的一种创新方式。合作创新的主要形式有：企业与企业之间的合作创新，企业与科研机构之间的合作创新，企业、高等院校及研究机构之间的合作创新等。

3. 局部创新和整体创新

从创新的规模和涉及的范围这一角度，创新可分为局部创新和整体创新。局部创新是指在系统性质和目标不变的前提下，系统活动的某些内容、某些要素的性质或其相互组合的方式，系统的社会贡献的形式或方式等发生变动；整体创新则往往改变系统的目标和使命，涉及系统的目标和运行方式，影响系统的社会贡献的性质。简单地说，局部创新是在组织的个别部门、组织运行的个别环节进行的创新，而整体创新则是由全体组织成员共同参与、涉及整个组织各方面的创新。比如，我国20世纪70年代末80年代初进行的农村经济体制改革就是局部创新，随后进行的建立社会主义市场经济体制的改革则属于整体创新。

4. 自发创新和有组织的创新

从创新的组织程度这一角度，创新可分为自发创新和有组织的创新。自发创新是指由组织成员自发进行的创新活动，有组织的创新则是在组织的统一领导和规划下进行的创新。比如，小岗村农民所进行“包产到组”的试验就属于自发创新，后来推广到全国的“家庭联产承包责任制”则属于有组织的创新。有组织的创新容易得到组织其他部门以及组织领导的支持、配合和协作，减少变革过程中的阻力,因而容易取得成功。但由于组织不同部门或成员受内外环境变化的影响程度不一样,对变革的必要性、迫切性的认识也不一样,创新往往在最初是自发的。自发创新通常是局部的、小范围的,并且极有可能遭到保守势力的反对和扼杀而失败。同时,由于缺乏组织,自发创新的进程、程度和影响难以控制,这会使创新结果充满不确定性。所以,管理者的职责之一就是及时意识到变革的必要性,对出现的创新积极予以引导,变自发创新为有组织的创新。

5. 主动创新和被动创新

根据创新的主体是否主动进行创新来进行分类,可以把创新分为主动创新和被动创新。

(1)主动创新。主动创新是指企业受到激励而产生的主动创新行为,表现为“我要创新"。主动创新在创新时间上领先、在创新成果上领先、在创新的持续性上领先。企业从事主动创新的前提是企业家看到或寻找到潜在的市场机会,发现科技成果的应用前景。企业主动创新的支持力量来源于企业强烈的创新倾向,创新所需的知识积累和创新所需的人才、资金、信息。从事主动创新的企业在创新方式上可以多样化,既可以自主创新,也可以模仿创新。

(2)被动创新。被动创新是指企业迫于外在压力,在生存和发展受到威胁时而从事的创新。被动创新不会成为率先创新者,其最好的发展趋势是成为创新追随者。被动创新有其存在的客观条件,采用守成战略或缺乏创新意识的企业从事的都是被动创新。被动创新对企业发展是谋利之举,它也许对企业业绩无大的改观,但却能对业绩起到维持作用。被动创新的企业属竞争适应型企业,其创新目标在于适应市场变化,不是创造新市场,满足于保护市场份额和竞争地位。

19.1.5 创新的内容

从根本上讲,组织活动所涉及的方方面面都可能是创新的对象。因此,创新的内容十分广泛。为了便于研究,把组织创新的内容归纳为以下几个方面:

1. 观念创新

观念创新,是指形成能够比以前更好地适应组织内外部环境的变化并更有效地利用资源的新看法或新构想的活动。观念、认识是人行动的指南,组织的管理者只有根据内外环境的变化和组织自身发展的要求不断更新自己的观念,转变自己的认识,才能做出正确的管理决策并付诸组织管理及运作实践,引导组织健康发展。所以,观念创新是其他一切创新活动的先导或基础。观念创新要求人们根据实事求是、一切从实际出发的原则,果断地抛弃各种陈见,与时俱进,不断转变对新事物的认识，用体现事物发展客观规律的新思想、新观念去看待组织发展过程中出现的新情况、新问题，并指导组织的发展。

2. 产品创新

产品创新是指企业向市场推出新产品，以调整自己对社会的贡献的形式和性质。顾客的需要要靠组织所生产的产品来满足，不同时期顾客的需求可能不一样。因此，组织必须根据自己服务对象的需要不断进行产品创新。同时，组织也只有通过对自己产品的不断创新，不断满足所服务对象的需要，才能源源不断地获得收益，以抵补生产时的消耗，从而求得生存和发展。

3. 组织结构创新

组织结构是指组织内各构成要素、部门、单位及相互间发生作用的联系方式。组织内各要素、部门（各机构和人员）之间的关系有两类：一是纵向关系，即领导与下属、上级与下级的关系；二是横向关系，即平级机构和人员之间的相互关系。这种纵向和横向的关系，实质上是管理劳动的分工与合作关系。由于组织结构受多种因素的影响，这些因素的变化必然要求组织结构不断调整和变革。组织结构创新的目的和要求，是充分发挥职工的主动性和创造性，提高管理劳动的效率。

组织结构创新的主要内容是：机构设置和人员配备的调整；机构、人员责权的重划；信息沟通渠道的重建；工作流程的重新安排等。在组织结构方面则争取建成学习型组织，即通过不断学习，不断发展新的技术、智慧和能力，使组织结构适应形势发展而逐步完善。

4. 制度创新

制度是组织运行方式的原则规定。就经济组织（比如企业）而言，它包括产权制度、经营制度和管理制度。产权制度是经济组织最根本的制度，它规定了各种资源所有者之间的权、责、利关系。经营制度是有关经营权的归属及其行使条件、范围、限制等方面的原则规定，它规定了组织的经营方式，谁是经营者，谁来组织资源的占有权、使用权和处置权，谁来确定组织的生产方向、生产内容、生产形式，谁来保证组织资源的保值增值，谁来向资源的所有者负责以及负何种责任，等等。管理制度是行使经营权、组织日常运作的各种具体规则的总称。制度创新就是组织根据内外环境要求的变化和自身发展壮大的需要对组织自身运行方式原则规定的调整和变革。制度创新要以反映经济运行客观规律、体现组织运作的客观要求、充分调动组织成员的劳动积极性为出发点和归宿。

5. 管理创新

管理创新是指一种更有效而尚未被企业采用的新的管理方式或方法的引

入，是组织创新在企业经营层次上的辐射，也就是指企业把新的管理要素（如新的管理办法、新的管理手段、新的管理模式等）或要素组合引入企业管理系统的创新活动。它通过对企业的各种生产要素（人力、物力、技术）和各项职能（包括生产、市场等）在质和量上做出新的变化或组合，以创造出一种新的、更有效的资源整合模式。目的是实现组织所拥有或能支配的资源的优化组合，并充分调动各种资源，最大限度地发挥其潜力。

管理创新主要包括：

(1)管理方法的创新。它是指企业在生产经营过程中引入一种新的方法。如引入网络计划技术、零库存管理方法、全面质量管理、统计分析方法、预测决策技术、项目评价方法等。

(2)管理工具的创新。从电话、传真到个人电脑再到互联网，每一种管理工具的引入都大规模地提高了生产效率。其中值得一提的是互联网的引入，它使高效互动的信息沟通成为了可能，从而使企业在这个迅速变化的环境里形成了自己的快速反应能力。

(3)管理模式的创新。管理模式的创新是指企业针对管理的某一个或某几个职能方面的模式（如生产管理模式、财务管理模式、人力资源管理模式、营销管理模式等）所做的综合性创新。

6.技术创新

技术创新就是组织在生产过程中采用的手段、方式和方法的新变革、新突破。组织要在激烈的竞争中胜出，就必须不断进行技术创新，以顺应甚至引导行业的技术进步。

由于一定的技术都是通过一定的物质载体和利用这些载体的方法来体现的，所以组织技术进步主要表现在要素创新、要素组合方法的创新两方面。要素创新主要是指组织根据生产需要不断引入新的要素（即资源）或对组织旧有的要素（即资源）进行改造，以向社会提供成本更低、质量更好或更能满足顾客需要的新产品。要素创新包括了组织生产所使用的材料、设备以及人力资源等 3 个方面。

要素组合方法的创新包括生产工艺创新和生产过程的时空组织创新两个方面。生产工艺创新是指在既定设备的基础上通过对工艺过程、工艺配方或工艺参数的改进，比如改进原材料、半成品的加工方法，改进操作技术和生产方法，从而使设备的利用更充分、材料的加工更合理；生产过程的时空组织创新是指通过调整设备、工艺装备、在制品以及劳动者在空间上的分布和时间上的组合，以降低生产成本和缩短生产周期。

7. 市场创新

市场创新，主要是指企业通过自身活动的努力，去刺激需求，引导需求，促进消费者消费行为的实现，不断地拓展现有产品市场，开辟新的产品市场。市场需求是企业创新的起源和动力，也是企业能否持续和扩大创新的制约条件，因为企业创新的最终实现，都要以市场接受和回报为标志。企业市场创新的内容，一是在数量、质量、时间、空间方面继续拓展现有产品市场；二是开辟新的产品市场，创造新需求，刺激需求结构的改变。企业市场创新的实现途径，既包括产品创新、生产技术创新，也包括全部经营活动的创新。经营创新的内容广泛，是实现市场创新的重要途径，例如提供消费信用、改变支付方式、开展广告宣传、改进售后服务等。

8. 环境创新

环境是组织赖以生存的土壤，它影响和制约着组织的运行和发展。组织与环境的关系，不是单纯地去适应，而是在适应的同时去改造、引导。环境创新不是指组织为适应外界变化而调整内部结构或活动，而是指通过积极的创新活动改造环境，引导环境朝有利于组织运行和发展的方向变化。对企业这一经济生活中最重要的组织而言，环境创新主要是企业与供应商、销售商、顾客、政府以及其他公众的关系创新和市场需求创新。

19.2 创新的动力、过程与组织

19.2.1 创新的动力

企业是以营利为目的的经济组织，是以营利为目的的经济行为主体，也是创新成果的主要需求者。为提高自身竞争能力和经济效益，要求企业必须进行创新。企业创新是在内外因相互作用的条件下产生的。企业创新的动力可以归结为六个因素：市场需求、市场竞争、技术推动、政府行为、企业家偏好和路径依赖（图 19-1）。

1. 市场需求

市场对企业技术创新的动力激励，是通过市场需求表现出来的。企业经济利益的实现有赖于其产品和服务通过市场满足社会需求的程度，产品在市场上存在的社会需求就成为拉动企业创新的重要力量。市场需求拉动企业创新，主

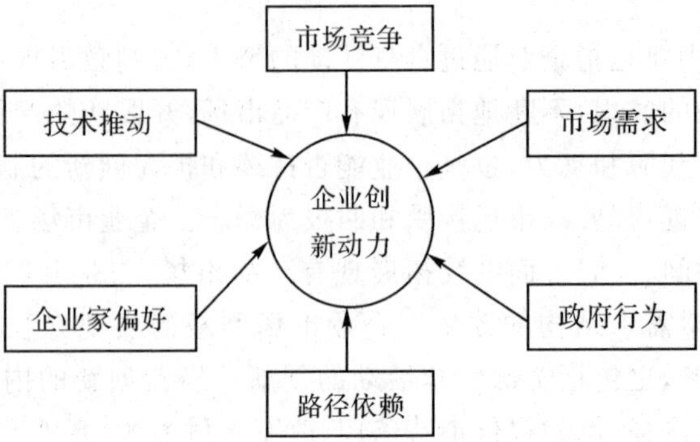

图 19-1 企业创新动力

要有几种情形:①对新产品需求,以市场需求拉动产品创新;②对现有产品质量的更高要求,以市场需求拉动改变产品质量的过程创新;③对现有规模扩大化的需求,以市场需求拉动提高生产效率的过程创新。

2.市场竞争

在现代社会中,随着经济全球化进程的加快,越来越多的国家实行了对外开放的政策,国内市场与国际市场一体化程度不断加深,完全垄断的市场形态已经非常少了,绝大部分的企业都面临一定的竞争压力,企业不创新不仅仅是发展的问题,更是能否生存的问题。市场的竞争迫使企业不断完善自身的创新机制,不断推出新的产品或服务,以满足目标市场的需求,才能实现企业的持续经营。

3.技术推动

技术创新是以新技术投入为特点的技术经济活动,新技术既是企业创新的前提,又是推动企业创新的重要力量。科学技术在其宏观动力和内在运动规律的共同作用之下,总在不断运动和发展,并且不断被应用于生产,成为推动生产技术基础变革的强大动力;科学技术上的重大突破,往往会引起技术创新活动,并形成高潮。

4.政府行为

政府行为可以为企业创造一个有利于创新的外部环境,对企业创新起到配置和激励作用。政府的宏观调控职能能够促进市场体系的发育,加强对企业创新政策方向上的导向和支持。政府对企业技术创新的推动具体表现在各项政策的实施上,包括财政刺激政策、公共采购政策、风险投资政策、中小企业政策、专利政策和放松政府管制政策等。此外,某些特殊的产品创新需要政府的直接参与。例如,在中国目前的发展阶段,芯片、军工产品、航天产品等关系国计民生的产品的研制与生产，都需要政府与企业的共同参与。

5. 企业家偏好

熊彼特曾经说过，“所谓创新，是指企业家对生产要素的新的组合”，企业家的偏好是推动企业创新的重要因素。企业经营的实质就是通过企业家的创新，使企业内部生产要素的组合适应市场需求，在满足市场需求中谋求企业的发展。

6. 路径依赖

一般来说，企业创新在形成以后会具有相对稳定性和惯性，即存在所谓路径依赖。企业一旦进行某种创新之后，惯性的力量会使这种创新在以后的发展中得到不断自我强化，而这种强化又形成了新一轮的企业创新。

19.2.2 创新的过程

创造性活动是人类智能活动的最高体现。世界上一切创新成果都是人类创造性思维和劳动的结果。创新思维是一个极为复杂的多因素交互作用的过程。创新在本质上是杂乱无章的，因为创新是对旧事物的否定，是对新事物的探索：对旧事物的否定，创新必定要突破原先的制度，破坏原先的秩序，必须不遵守原先的章程；对新事物的探索，创新者只能在不断的尝试中去寻找新的程序、新的方法，在最终的成果取得之前，可能要经历无数次反复、无数次失败，因此，它看上去必然是杂乱的。但这种“杂乱无章性”是相对于旧制度、旧秩序而言的，是相对于个别创新而言的。就创新的总体，或“创新一般”来说，它们必然依循一定的步骤、程序和规律。就一般而言，创新工作大体上可分为以下 6 个步骤：

1. 准备阶段

创新不是纯粹的偶然的“突发奇想”，在“偶然”的背后有“必然”的因素在起作用。也就是说，创新需要具备一定的前提条件。

(1)要有广博的知识和经验的积累

知识和经验的积累是人们进行创新的基本条件。不管你要从事哪种创造与革新，你首先要具备有关对象的知识和经验。创新不是无中生有的，而是在已有知识和经验的基础上的升华。一个对发明对象一无所知的人，发明不可能“从天而降”。并且，这种知识和经验的积累要形成合理的结构：既要有扎实的专业知识，又要有较广博的相关知识。因为创新在某种意义上来说是对知识、信息的重组，而仅在本专业知识领域重组是不够的，还要到相关领域甚至完全不同的领域中去重组，才能获得创新所需要的灵感。比如，我国著名科学家李四光就是把地质学与物理学中的力学结合在一起，才开创了一个新的研究领域——地质力学。

(2)要有强烈的好奇心

真正的好奇心经常会带来一些意想不到的创新。当你已经在某一领域研究甚深,强烈的好奇心会驱使你去思考一些在别人看来司空见惯的现象或现有理论无法解释的现象。如果你能顺着这些现象深入地探究其背后的原因,往往会有令人惊奇的新发现。比如,苹果成熟了掉到地上在一般人看来是再平常不过的事,但苹果掉到牛顿的头上,却引起了具有强烈好奇心的牛顿的思考:苹果为什么掉到地上而不飞到天上去?通过对这件事的深入研究,牛顿发现了重力,后来又发现了万有引力规律……于是,物理学领域一项重大的创新出现了。总之,好奇心是指引人们探究未知领域的重要力量,强烈的好奇心是创新必不可少的。

(3)敢于推陈出新的心理勇气

创新者在事实的基础上要敢于质疑旧有的"金科玉律",要敢于突破甚至否定那些被一般人视作神圣不可侵犯的所谓"理论"、"原则"。要知道"真理永远只是相对的",在创新者眼里没有不可突破的禁区。如果爱因斯坦不敢触动牛顿的质量守恒定律,就不可能有后来的质能联系方程。总之,敢于推陈出新的心理勇气是创新者必须具备的心理条件。

2. 寻找创新的机会和时机

创新是对原有秩序的破坏。原有秩序之所以要打破,是因为其内部存在着或出现了某种不协调,这些不协调对组织的发展提供了有利的机会或造成了某种不利的威胁。创新活动正是从发现和利用旧秩序内部的这些不协调开始的。不协调为创新提供了契机。旧秩序中的不协调既可存在于系统内部,也可能产生于对系统有影响的外部。组织的创新,往往是从密切地注视、系统地分析社会经济组织在运行过程中出现的不协调开始的。这种不协调实质上就是意外事件。意外事件可分为以下两类:

(1)创新的风险性

组织遭遇了意外的成功或失败,而这种成功或失败很难用现有的观念或理论做出合理的解释。管理者要以敏锐的眼光捕捉这些成功或失败,并引导组织成员分析导致成功或失败的原因;同时让他们认识到这可能给组织带来的巨大的机会或严重的威胁,使他们意识到创新的必要性和紧迫性。如果所有组织成员或大多数组织成员达成了共识,则创新的时机就成熟了。当现有的观点、理论不能符合逻辑地解释客观事物的新发展或现有方法不能解决人们所面临的新问题,也就是说,人们遭遇了意外的成功或失败,就需要人们在观点、理论和方法上予以创新。因为每一种观点、理论和方法的产生都是一定环境条件的产物,它的科学性是以一定条件的满足为前提的。当它赖以存在的条件发生变化后,其科学性也就不复存在，这就需要有一种新的观点、新的理论来反映条件变化后客观事物的发展规律。

(2)不一致性

不一致性是指人们对事物想象的情况或认为“应该”是什么与现实的事物之间产生的不符，即组织遭遇的现实情况超出了组织的预料。这时就需要组织针对变化了的客观现实(即使这种不一致性并没有给组织带来立即的损失或失败)，检讨原有的理论，调整原来的方针政策、措施以及具体的操作方式方法。所以，当组织遭遇不一致性时，就到该创新的时候了。

3.提出构想

在觉察到不协调现象后，要透过现象研究其原因，并据此分析和预测这种不协调的未来变化趋势，估计它们可能给组织带来的积极或消极后果，然后设法利用机会或将威胁转化为机会。在这方面可采用头脑风暴法(也称畅谈会法)、特尔菲法等多种方法，提出消除不协调、解决问题的办法，使系统在更高层次上实现新的平衡。

4.迅速行动

创新成功的关键主要在于迅速行动。由于外部环境的不确定性以及决策时掌握的信息有限，人们决策时提出的构想可能还不完善，甚至可能很不完善，但这种构想毕竟是在考虑到变化了的内外环境的基础上提出来的，有可能能够解决组织所面临的新情况、新问题，必须迅速把它付诸行动。因为“没有行动的思想会自生自灭”，同时如果苛求构想的完美以减少失败的风险，而迟迟不能对内外环境的变化做出反应，必将坐失良机。20世纪70年代，施乐公司为了把产品搞得十全十美，在罗彻斯特建造了一座全由工商管理硕士(MBA)占用的29层高楼。这些硕士们在大楼内对每件可能开发的产品都设计了拥有数百个变量的模型，编写了一份又一份的市场调查报告……然而当他们夜以继日地分析、计算，被越来越复杂的研制工作搞得焦头烂额时，竞争者已经靠在他们看来并不完美、甚至还有不少缺陷的产品把市场份额抢占了一半以上。要记住，创新是与风险并存的，如果没有了风险，创新也就失去了意义，甚至创新本身也就不复存在了。

5.不断完善构想

经过尝试才能成熟，而尝试是有风险的，是不可能“百发百中”的，是可能失败的。创新的过程是不断尝试、不断失败、不断完善、不断提高的过程。因此，创新者在开始行动以后，必须坚定不移地继续下去，决不能半途而废，不断地探索、不断地总结行动中的经验教训，对当初的构想不断地修正、不断地完善。否则，便会前功尽弃。要在创新中坚持下去，创新者必须有足够的自信心，有较强的忍耐力，能正确面对尝试过程中的失败，善于及时从失败中总结经验教训，不因暂时或局部的受挫而气馁，知道创新的成功在屡屡失败后才会"姗姗来迟"。伟大的发明家爱迪生曾经说过："我的成功乃是从一路失败中取得的。"创新者应从这句话中得到启示。创新的成功在很大程度上取决于"最后五分钟的坚持"，浅尝辄止、因噎废食或企图一蹴而就都是创新的大忌。

6. 形成模式

模式也称范式，是在某种环境下组织发展过程中形成的从工作程序到行为方式、管理方式、思维习惯和价值观念都成为某种内在一致的特定类型的状态。特定的创新模式要经过一定时间的积累才可能形成，它是组织内部各方面经过反复探索、学习、调整和适应才能形成的。对某种特定环境而言，组织的创新模式化是管理水平提高、效率提高、资源浪费和内耗减少的结果，创新模式的形成意味着相对于某种环境条件而言，组织对它的适应达到了较高的层次。就创新而言，经过在实践中的不断完善，组织将形成一整套适应新环境的新观念、新方法、新体制。但创新往往最初是从组织的某个局部开始的，所以组织还需要把它由点到面地推广开来，以使组织能够最大限度地适应新环境。

19.2.3　创新的组织

优秀的管理者不仅要根据创新的上述规律和特点的要求，对自己的工作进行创新，而且更主要的是领导和组织下属的创新。组织创新，不是去计划和安排某个成员在某个时间去从事某种创新活动，而要为部属的创新提供条件、创造环境。

1. 正确理解和扮演"管理者"的角色

管理人员往往是保守的，认为自己的职责首先是保证预先制定的规则的执行和计划的实现。因此，他们往往自觉或不自觉地扮演现有规章制度的"守护神"的角色。为了减少组织运行中的风险，防止重大危机的出现，他们往往对创新尝试中的失败吹毛求疵，随意惩罚在创新尝试中遭到失败的人，或轻易地奖励那些从不创新、从而从不冒险的人，这显然是不行的。管理人员必须自觉地带头创新，并努力为组织成员提供和创造一个有利于创新的环境，积极鼓励、支持、引导组织成员进行创新。

2. 创造促进创新的氛围

促进创新的最好方法是大张旗鼓地宣传创新，激发创新，使每一个人都奋发向上，努力进取，跃跃欲试，大胆尝试。要造成一种人人谈创新，时时想创新，无处不创新的组织氛围，使那些无创新欲望或有创新欲望却无创造行动、从而无所作为者自己感觉到在组织中无立身之处，使每个人都认识到组织聘用自己的目的，不是要自己简单地用既定的方式重复那也许重复了许多次的操作，而是希望自己去探索新的方法、找出新的工作思路。

3. 制定有弹性的计划

创新意味着打破旧的规则，意味着时间和资源的计划外占用，因此，创新要求组织的计划必须具有弹性。

创新需要思考；思考需要时间。把每个人的每个工作日都安排得非常紧凑，对每个人在每时每到都实行"满负荷工作制"，则创新的许多机遇便不可能发现，创新的构想也无条件产生。美籍犹太人宫凯尔博士对日本人的高节奏工作制度就不以为然。他认为，每个人"每天除了必须的工作时间外，必须抽出一定时间去供思考用"。同时，创新需要尝试，而尝试需要物质条件和试验的场所。要求每个部门在任何时间都严格地制定和执行严密的计划，则创新会失去基础，而永不尝试的新构想就只能留在人们的脑子里或图纸上，不可能给组织带来任何实际的效果。因此，为了使人们有时间去思考、有条件去尝试，组织制定的计划必须具有一定的弹性。

4. 正确地对待失败

创新者应该认识到创新的过程是一个充满着失败的过程。只有认识到失败是正常的，甚至是必需的，管理人员才可能允许失败，支持失败，甚至鼓励失败。当然，支持尝试，允许失败，并不意味着鼓励组织成员去马马虎虎地工作，而是希望创新者在失败中取得有用的教训，学到一点东西，变得更加明白，从而使下次失败到创新成功的路程缩短。

5. 建立合理的奖酬制度

要激发每个人的创新热情，还必须建立合理的创新评价和奖惩制度。创新的原始动机也许是个人的成就感、自我实现的需要，但是如果创新的努力不能得到组织或社会的承认，不能得到公正的评价和合理的奖酬，则继续创新的动力会渐渐失去。促进创新的奖酬制度至少要符合下述条件。

(1)注意物质奖励与精神奖励的结合。奖励不一定是金钱上的，而且往往不需要是金钱方面的，精神上的奖励也许比物质报酬更能满足驱动人们创新的心理需要。而且，从经济的角度来考虑，物质奖励的效益要低于精神奖励：金钱的边际效用是递减的，为了激发或保持同等程度的创新积极性，组织不得不支付越来越多的奖金。对创新者个人来说，更多的满足来自于创新成功所带来的喜悦。

(2)奖励应是对特殊贡献、甚至是对希望做出特殊贡献的努力的报酬；奖励的对象不仅包括成功以后的创新者，而且应当包括那些成功以前、甚至是没有获得成功的努力者。就组织的发展而言，也许重要的不是创新的结果，而是创新的过程。如果奖酬制度能促进每个成员都积极地去探索和创新，那么对组织发展有利的结果是必然会产生的。

（3）奖励制度要既能促进内部之竞争，又能保证成员间的合作。内部的竞争与合作对创新都是重要的：竞争能激发每个人的创新欲望，从而有利于创新机会的发现、创新构想的产生；而过度的竞争则会导致内部的各自为政，互相封锁；协作能综合各种不同的知识和能力，从而可以使每个创新构想都更加完善，但没有竞争的合作难以区别个人的贡献，从而会削弱个人的创新欲望。要保证竞争与协作的结合，在奖励项目的设置上，可考虑多设集体奖，少设个人奖，多设单项奖，少设综合奖；在奖金的数额上，可考虑多设小奖，少设甚至不设大奖。

19.3　企业技术创新和组织创新

19.3.1　企业技术创新

技术创新是企业创新的重要内容。任何企业都是利用一定的产品来满足市场需要并进行市场竞争的；任何产品都是借助一定的生产手段加工和组合一定种类的原材料生产出来的。不论是产品本身，还是生产这些产品的人和物资设备，或是加工这些原材料的工艺，都以一定的技术水平为基础的。因此，技术创新是企业增强自己在市场上竞争力的重要途径。

1. 技术创新的作用

（1）技术创新是企业活力的源泉。企业竞争力的关键取决于有竞争力的产品和服务，而产品市场占有率的基础是企业要能生产出来超越竞争对手的产品或服务。这就要求企业具有强大的产品开发和技术创新能力，才能在市场竞争中立于不败之地。因此，技术创新是企业活力的源泉。

（2）技术创新支撑企业核心能力。企业的核心能力是以知识和技术为基础的综合能力，是支持企业赖以生存和稳定发展的根基，主要通过企业的产品、服务而体现出来，而支撑产品的根本是核心技术能力。

2. 技术创新的内容

（1）材料创新。材料既是产品和物质生产手段的基础，也是生产工艺和加工方法作用的对象。材料创新对整个技术创新来说影响最为重要、意义最为深远。随着科学技术的发展，人们对材料的认识渐趋充分，利用新知识和新技术制造的合成材料不断出现。

(2)产品创新。产品是企业的象征，产品在市场上的受欢迎程度是企业生存与发展的关键。只有不断地组织并实现产品的创新，企业才能保持持久的竞争力和生命力。产品创新主要包括新产品的开发和老产品的改造。这种开发和改造是指对产品结构、性能、材料、技术特征等方面进行改进、提高或独创。产品在企业经营中的作用决定了产品创新是技术创新的核心部分和主要内容，其他创新都是围绕产品的创新进行的。

(3)工艺创新。工艺创新包括生产工艺的改革和操作方法的改进。生产工艺是企业制造产品的总体流程和方法，包括工艺过程、工艺参数和工艺配方等；操作方法是劳动者利用生产设备在具体生产环节对原材料、零部件或半成品的加工方法。生产工艺和操作方法的创新既要求在设备创新的基础上，改变制造的工艺过程和具体方法，也要求在不改变现有物质生产条件的同时，不断研究和改进具体的操作技术，调整工艺顺序和工艺配方，使生产过程更加合理，现有设备得到充分的利用，现有材料得到充分的加工。

(4)手段创新。手段创新主要指生产的物质条件的改造和更新。生产手段的技术状况是企业生产力水平的决定性意义的标志。生产手段的创新主要包括两个方面的内容：一是将先进的科学技术成果用于改造和革新原有的设备，以延长其技术寿命或提高其效能；二是用更先进、更经济的生产手段取代陈旧、落后、过时的机器设备，以使企业的生产建立在更加先进的物质基础之上。

3.技术创新的贡献

技术创新在相当程度上能促进产品竞争力乃至企业竞争力的提高。技术创新促进企业竞争力的提高便是通过影响产品的成本和特色而起作用的。

(1)材料创新不仅为企业提供了以数量丰富、价格低廉的原材料去取代价格昂贵的稀缺资源的机会，而且有可能通过材料的改善而促进企业产品质量的提高。

(2)产品创新既可使企业为消费者带来新的满足，亦可使企业原先生产的产品表现出新的吸引力。

(3)工艺创新既可为产品质量的形成提供更可靠的保证，也可以降低产品的生产成本。

(4)手段创新则直接带来劳动强度的下降和劳动生产率的提高，从而促进产品生产成本的下降和价格竞争力的增强。

4.影响技术创新的因素

创新源于企业内部和外部的一系列不同的机会。这些机会可能是企业刻意寻求的,也可能是企业无意中发现、但发现后立即有意识地加以利用的。美国学者德鲁克把诱发企业创新的这些不同因素归纳成七种不同的创新来源:意外的成功或失败、企业内外的不协调、工艺过程的需要、产业和市场的改变、人口结构的变化、人们观念的改变以及新知识的产生等。

(1)意外的成功或失败

企业经营中经常会发生一些出乎预料的结果:企业苦苦追求某种业务的发展,并为此投入了大量的人力、物力和财力,但结果却是这种业务令人遗憾地不断萎缩;相反,另一些业务,企业虽未给予足够的关注,却悄然无声地迅速发展。无论是意外的成功还是意外的失败,都有可能是向企业显示某种机会,企业必须对之加以仔细的分析和讨论,努力搞清并回答这样几个问题:①究竟发生了什么变化?②为什么会发生这样的变化?③这种变化会将企业引向何方?④企业应采取何种应对策略才能充分地利用这种变化,以使之成为企业发展的机会。

(2)企业内外的不协调

当企业对外部经营环境或内部经营条件的假设与现实相冲突,或当企业经营的实际状况与理想状况不相一致时,便出现了不协调的状况。这种不协调会导致企业内部变化,这种变化状况,无论是已经发生的,还是将要发生的,都可能为企业的技术创新提供一种机会。

因此,企业必须仔细观察不协调的存在,分析出现不协调的原因,并以此为契机进行技术创新。

(3)过程改进的需要

由于过程改进需要引发的创新是对现已存在的过程进行改善,把原有的某个薄弱环节去掉,代之以利用新知识或新技术重新设计的新工艺或新方法,以提高效率、保证质量或降低成本。实际上,在过程改进所需要的知识尚未出现以前,任何改进都是不可能实现的。因此,在组织这种改进之前,企业可能要针对生产过程中的薄弱环节进行长期的研究,以生产出克服这种薄弱环节所需的新知识。只有在新知识产生以后,人们才能实际地考虑如何将其应用于工业生产、改进生产过程中的某个环节。

(4)行业和市场结构的变化

企业是在一定的行业结构和市场结构条件下经营的。行业结构主要指行业中不同企业的相对地位和竞争力结构以及由此决定的行业集中或分散度;市场结构主要与消费者的需求特点有关。行业机构和市场结构一旦出现了变化,企业必须迅速对之做出反应，在生产、营销以及管理等诸方面进行创新和调整，否则就有可能影响企业在行业中的相对地位，甚至引发企业的生产危机。相反，如果企业及时应变，则这种结构的变化给企业带来的将是众多的创新机会。所以，企业一旦意识到产业或市场结构发生了某种变化，就应迅速分析这种变化对企业经营业务可能产生的影响，确定企业经营应该朝什么方向调整。

(5)人口结构的调整

人口因素是企业经营中一种必不可少的资源。人口结构的变化直接决定着劳动力市场的供给，从而影响企业的生产成本；作为企业产品的最终用户，人口的数量及其构成确定了市场的结构及其规模。因此，人口结构的变化有可能为企业的技术创新提供契机。

(6)消费观念的改变

消费者的消费观念决定着消费者的消费行为，消费行为决定一种具体产品在市场上的受欢迎程度。因此，消费者观念上的改变影响着不同产品的市场销路，为企业提供不同的创新机会。以观念转变为基础的创新必须及时组织才可能给企业带来发展和增收的机会。

5.技术创新战略的选择

技术创新战略是企业在市场竞争中利用技术创新获取竞争力的方式，是企业整个竞争战略的一个部分，并且必须与其他战略协调起来。

(1)技术创新战略的选择内容

技术创新战略的选择主要涉及创新的基础、创新的对象、创新的水平、创新的方式及创新实现的时机等几方面。

①创新基础的选择。创新基础的选择需要解决在什么层次进行创新的问题。基础性研究需要企业科研人员长期地、持久地和默默地工作，这种工作可能带来巨大的成功，也可能一无所获。这一特点决定了这种战略不仅有较大的风险，而且要求企业能够提供长期的和强有力的资金与人才支持。应用性研究只需企业利用现有的知识和技术去开发一种新产品或者探寻一种新工艺，所需时间较短，资金要求较少，风险也较小，但对企业的贡献程度要小一些。

②创新对象的选择。技术创新主要涉及材料、产品、工艺和手段等不同方面。由于企业生产所需要的原材料主要是从外部获取，因此材料创新主要是在外部进行的。企业创新可供选择的创新对象主要涉及产品、工艺以及生产手段等领域。

③创新水平的选择。创新水平的选择主要是在行业内相对于其他企业而言，它需要解决的主要是在组织企业内部的技术创新时，是采取一个领先于竞争

对手的"先发制人"的战略，还是实行追随其后，超过他人的"后发制人"的战略。

④创新方式的选择。企业在技术创新活动的组织中有五种不同的方式：

• 自主创新战略：自主创新是企业依靠自己的力量独家完成创新工作。它不仅要求企业拥有数量众多、实力雄厚的技术人员，而且要求企业能够调动足够数量的资金。例如，我国的北大方正便是这方面的一个典型案例，他们在开创华光和方正激光照排系统时，一直坚持在新的技术发展轨道上创新，抢占制高点。

• 模仿创新战略：模仿创新包括仿制创新和模仿改进创新。前者是对市场上现有产品的仿制；后者是对率先进入市场的产品进行再创新，即在引进他人技术后，经过消化、吸收，创造更先进的技术产品。日本被认为是在模仿基础上进行产品创新、工艺创新的典型，由此成为世界强国。

• 协同创新战略：协同创新战略是指两个或两个以上企业或科研单位，为实现某一技术创新战略目标而组建的技术联盟，实施企业技术创新。

• 引进创新战略：引进创新战略是指企业为追赶先进技术，利用各种手段购买其他企业的专利，通过消化、吸收后再创新的方式。这一战略的成功实施可以使相对落后的国家或企业，在较短时间内提高技术水平和自主创新能力，为进一步发展打下基础。

• 技术跨越战略：所谓技术跨越，就是跨越技术发展的某些阶段，直接开发、应用新技术、新产品进而提高企业竞争力的过程。立足自身，有所作为，有所不为，集中优势就是技术跨越。如开始于 20 世纪中期的我国"两弹一星"工程，就是在我国整体科技、经济实力不强的条件下，实施技术跨越战略的结果。

19.3.2　企业组织创新

1. 企业组织创新的含义

组织创新是指组织根据内外环境的变化，调整组织内部的若干状态，以维持组织本身的生存与发展的过程。这种调整可以分为两种类型：一种是组织的增量式创新，即不改变原有组织结构的性质，而对组织结构、手段或程序等的调整，如控制制度的精细化、组织机构的精简、人事上的变更或一项交易程序的调整等。二是组织的根本性创新，即组织结构的根本性变化，如组织结构基本形态的发展、部门机构职责和权限的发展、组织机构中信息网络重构以及组织机构中职位关系的重新安排等。

2. 组织创新的时机

当企业组织发生以下先兆和信号时，表明组织创新的时机已来临：

(1)大规模危机开始出现，如令人吃惊的财务亏损、失去重要的客户，或被竞争对手重创等。

(2)领导职位易人。任命新的高层经理人员可能预示着一场重大的组织变革正在发生,新的领导人可能将会把其新的角色模式、管理价值观、领导风格、管理思想注入组织中。毫无疑问,这将在相当大的程度上变革原有的管理组织。企业发展史上皮埃尔·杜邦创新的M型组织就发生于杜邦新任董事长之时。

(3)组织决策形成过于缓慢,以致无法把握良好的发展机会,或者时常造成重大的决策失误。

(4)组织中沟通不良,内部冲突严重,组织的机能不能得到正常发挥,造成许多严重后果。

3.组织创新的障碍

组织创新导致组织发生变革,尽管它会提高组织的效率,但是创新活动并不是自然而然地发生的,组织创新面临众多障碍,归纳起来这些障碍包括以下几个方面:

(1)组织的惯性(Organization inertia)。随着组织年龄的增长,企业往往有保持其稳定性的倾向,这促使其反对组织变革,于是组织就产生了惯性。企业组织结构是适应过去的要求而构建的。企业中绝大多数人包括高层管理人员,都是在昨天的企业中成长的,他们的态度、期望和价值观也都是在早期形成的。他们倾向于把昨天的经验强加于现在,把企业以前所发生的事看作常规,对任何一种不合“常规"的事都持强烈的拒绝态度。这种变革阻力严重制约着企业组织创新活动。

(2)组织的保守倾向。旦斯(Downs)曾对组织的寿命周期(life cycle)研究后认为,所有的组织除非它处于快速增长或内部动荡的时期,否则其年龄越长或越成熟,它就变得越加保守。其原因是:①随着组织年龄的增长,它经历的环境越多,为了处理它所经历的环境,组织内部发展起来的制度化的规则就越多。虽然这些规则在许多条件下被证明是有效率的,但同时也约束了组织对环境的反应,自然也限制了创新。②科层建立之初通常控制在一些充满激情的狂热者手中。但狂热者(他们通常是创新者)不一定能成为好的管理者。随着科层年龄的增长,有效管理的要求也相应增加,充满创新精神的狂热者将被更具保守倾向的管理者所取代。③当组织的绝对规模变得巨大时,维持高速增长也变得困难。因而个人发展和晋升的机会在大科层中是不容易的,在成功的小型企业中则为个人发展提供了无数机会,因此大科层中具有企业家创新精神的从业人员将被外部吸引而另谋高就的就越多。

(3)既得利益者的恐惧。变革会威胁到人们为取得现状所作的投资。人们对现有体制所作的投资越多,他们反对变革的阻力就越大。这是因为他们担心失去现有的地位、收入、权势、个人便利或其他被看重的福利。这一点也说明了为什么老年员工比年轻员工更加反对变革,老年员工一般说来对现有系统的投资更多,因而调整到变革状态后失去的也更多。

(4)创新风险。组织创新将使已知的东西变成模糊不清并具有不确定性,由此导致创新风险。组织中的人都有理性避险的倾向,从而与组织创新活动发生抵触。比如,企业中引入采用复杂的统计模型的质量控制方法,往往意味着许多质量控制检查员需要学习新方法。有些检查员可能担心自己学不会,由此对新的统计控制方法产生敌意的态度,并在要求他们采用这一方法时表现出无效的行为。

(5)组织的"沉没成本"(Sunk costs)。考夫曼(Kaufman)将组织的"沉没成本"称为制约组织创新的"系统障碍''(systemic obstacles)之一。所谓沉没成本是指企业已经投入而无法收回的"投资",例如企业对一些专用性资产的投资、在技术上与其他一些相关企业的依存关系、企业组织的地域分布状况、良好的社区关系、顾客对现有企业组织的依赖、组织间的协约等,这些关系的维系都是依靠过去长期的有形或无形的投资。而组织创新将可能使沉没成本不再发挥效用,这会导致企业组织追求稳当,缺乏变革的动力,甚至阻碍变革。

(6)管理者担心已建立的权力系统受到威胁。组织创新过程往往伴随着组织内部权力的重新分配以及职能的调整。在这个过程中,组织中的一些管理者往往担心自己失去原来的权力以及职位,于是对组织变革持消极态度,并起而反对变革。例如,在集权组织向分权组织转化的过程中,集权管理者并不情愿将权力分解下放,担心自己的权力系统失控,因而拒绝改革。

(7)对组织创新缺乏有效的保护。组织创新本身就是一种社会发明,那些解决组织管理中一般性问题的组织创新(如设计出新型有效的组织结构)更是如此。但是组织创新从来没有像技术发明那样得到严格的保护,是一种没有专利权的社会发明。一项组织创新的成果诞生后,其他企业可以无偿使用,致使组织创新活动缺乏动力与激励。

4.组织创新的过程

组织创新是一个系统的过程。实践表明,成功的组织创新需要遵循科学的创新程序。所谓组织创新程序,是指组织创新的行动和步骤。组织创新可按以下程序进行:

(1)认识变革的力量及需要。对组织所处的内外环境进行研究,形成组织变革的压力不外乎两类:一是源于组织的外部力量,如市场条件的变化、技术进步以及政府的政治经济政策的变动等；二是源于组织的内部力量，如组织的运作效率、运作程序以及人的因素。同时，管理部门还要认识到进行组织变革需要在组织内部宣传组织变革的必要性，以便为组织变革提前做好准备，避免等到组织问题严重到无法控制的地步才匆忙进行改革。

(2)明辨面临的问题。弄清问题的实质，找出组织现有状态同理想状态之间的差距，以确定进行什么改革。

(3)确定组织创新的内容。组织创新主要有三个方面：①以结构为中心进行变革，如采用新的组织结构、直线人员与参谋人员更好地配合等；②以人为中心进行变革，即从人的行为态度方面进行变革，即改变人员的态度及人际间工作关系的性质来达到改进组织绩效的目的；③以过程为中心进行变革。就是要实现企业组织的构成单位从专业化的职能部门转变为以任务为导向、充分发挥个人能动性和多方面才能的过程小组。对企业组织的设计和再设计就主要不是结构组织的问题，而是确确实实按照"过程"作为构件来构造组织，称之为"过程组织"，这也是迈克·哈默(Michael Hammer)和詹姆士·钱皮(James A. Champy)提出的企业流程再造理论的核心思想。

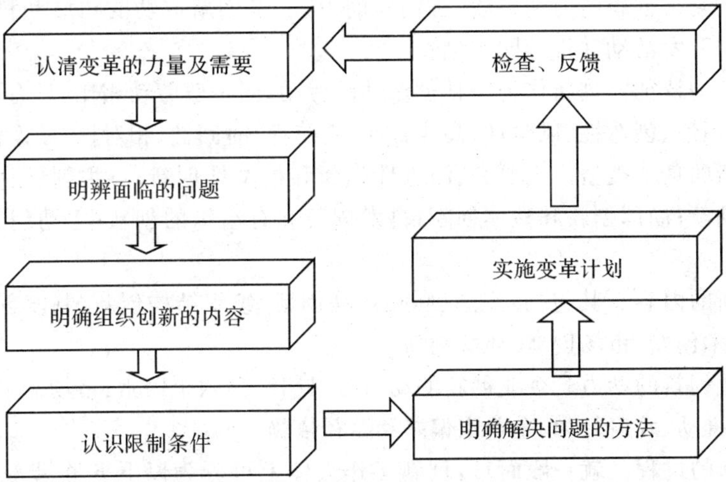

图 19-2　组织创新的过程

(4)认识限制条件。影响组织创新成败的限制条件主要有三个方面：①领导气氛，即上级管理者的领导作风和行政惯例对工作的影响；②正式组织的内容，指正式的组织结构、控制系统、法定的惯例和原则、政策等；③企业的组织风尚，指非正式组织的规范、价值观等。

(5)确定解决问题的方法。根据所需要解决的问题及面临的限制条件,确定适当的解决问题的方法。是采用集权还是分权、是扩大还是缩小管理幅度等问题都要依据具体情况而定。

【本章小结】

创新就是企业家把一种发明或新构想以商业化的方式引入经济之中,从而给经济带来较大影响或发生较大变革的行为及过程。如果从企业管理的角度看,上述定义过于严格。在企业创新中,我们视管理方式的变革、组织机构的变动、现行技术与生产系统的改进、产品质量的提高、企业的更新也称为创新。

创新与创造、革新、发明以及R&D的关系。创新是创造与革新的合称。创造是指新构想、新观念的产生;革新是指新构想、新观念的运用。发明只是一种为了改进产品、工艺、设计或提高生产和管理效率而提出的方案、样品或思想。创新是一个经济概念,也是一个全过程的系统活动,而发明如果能成功也只是创新的一个阶段。也就是说,创新除了包含发明外,还意味着对发明的应用。研究与开发(R&D)是指为了增加知识储备,并探索其新的应用而进行的系统的创造性工作。它是创新的前期阶段,是创新的投入,是创新成功的物质和科学基础。但研究与开发活动并不等同于创新。

创新的特征。创新作为一种创造性的劳动,同一般劳动相比,具有以下几个特征:新颖性、创造性、风险性、高收益性、系统性、时间性、相对性、动态性。

创新的基本类型。主要有:渐进性创新和根本性创新;自主创新、模仿创新与合作创新;局部创新和整体创新;自发创新和有组织的创新;主动创新与被动创新。

创新的内容。其包括:观念创新、产品创新、组织结构创新、制度创新、管理创新、技术创新、市场创新、环境创新。

企业创新的动力。企业创新的动力可以归结为六个因素:市场需求、市场竞争、技术推动、政府行为、企业家偏好和路径依赖。

创新的过程。就一般而言,创新工作大体上可分为以下6个步骤:准备阶段;寻找创新的机会和时机;提出构想;迅速行动;不断完善构想;形成模式。

创新的组织。正确理解和扮演"管理者"的角色;创造促进创新的氛围;制定有弹性的计划;正确地对待失败;建立合理的奖酬制度。

企业技术创新。技术创新是企业创新的重要内容。任何企业都是利用一定的产品来满足市场需要并进行市场竞争的;任何产品都是借助一定的生产手段加工和组合一定种类的原材料生产出来的。不论是产品本身,还是生产这些产品的人和物资设备，或是加工这些原材料的工艺，都以一定的技术水平为基础的。因此，技术创新是企业增强自己在市场上竞争力的重要途径。

企业组织创新。组织创新是指组织根据内外环境的变化，调整组织内部的若干状态，以维持组织本身的生存与发展的过程。这种调整可以分为两种类型：一种是组织的增量式创新，即不改变原有组织结构的性质，而对组织结构、手段或程序等的调整。二是组织的根本性创新，即组织结构的根本性变化。此外，要把握好组织创新的时机，认清组织创新的障碍，了解组织创新的过程。

【综合案例】

如家十年：从一处火花到标准复制

没错，在投入运营整整十周年后的2012年，回首此前的岁月，如家酒店的经历颇让人心惊。但是，坎坷归坎坷，其在中国经济型酒店中的第一位置，却始终未被撼动。十年来，如家每年收入增长率保持在25%～200%之间。2011年，集团收入达到39.6亿元，1426家酒店分布于中国的212个城市，处于全球酒店业综合排名前十位。

“目前中国在美国上市的企业超过300家，但股价还在当初IPO价格之上的，大概只有20%，这对中国企业来说，是一个耻辱”，如家酒店集团首席战略官吴亦泓说，“中国的经济发展太快了，企业家的成功来得太容易，但是把企业做大做强，要慢功夫。”

那么，如家的慢功夫是怎样“熬”成的？事实上，十年来，如家发展经历了四个阶段。而它的持续成功，正是得益于在每个阶段都根据消费者的真实需求和竞争形势的变化，动态更新升级自己的商业模式，比对手更快一步进行战略布局，以及构筑起标准化与个性化相妥协的执行体系。

1. 从一处火花到标准复制

2001年，沈南鹏、季琦、梁建章、范敏等四人成功创立携程网，也因此发现当时上海仅有的两家经济型酒店——锦江之星和新亚之星客房的出租率高达90%以上，而国际上超过70%都是经济型酒店。显然，在星级酒店和脏乱差的招待所之间，存在一个经济型酒店的空当。2002年，如家连锁酒店诞生。

新生的如家酒店，在战略层面选择了独特的定位，舍弃了星级酒店的豪华设施、豪华大堂、餐饮服务等，仅保留住宿为核心的功能，并找到了每晚200元左右的价格空当，而在运营层则选择了连锁模式，这更容易确立品牌认知。

次年，非典来袭，在中国众多酒店入住率跌至10%以下的低迷时期，如家却迎来了首次小高潮。平均入住率达50%以上。这一年，其酒店数量也增加到10家，净利润150万元。至此，如家完成了从无到有的第一阶段。

但是，快速增长的市场机会亟须连锁企业建立起标准化快速扩张能力，这也导致了原创始人季琦的离开。此后的如家进入第一次转型期。董事会引入了包括原百安居副总裁孙坚等在内的一干职业经理人，开始在扩张中系统建立连锁经营的标准化运营体系，包括确立理性成熟的投资模型、开展标准化大运动、完善三大支持系统等。对于新建酒店总投资额度，每间房间的平均建设成本等都作出了严格的限定，而在勾勒出消费者的真实需求后，如家扔掉20%的个性化，在标准化与个性化之间寻求妥协来谋取规模化快速复制。

“这个世界上最成功的东西，往往是妥协的成果。”如家酒店集团CEO孙坚说。

到了2005年，如家还把各地门店客源集中起来，建立起中央客源系统。其中尤以客户关系管理系统、中央订房系统、酒店管理系统为关键。通过客户关系管理系统如家可以管理数百万重复消费的活跃会员，而借助资产管理系统可以实时看到各个酒店的空置状况，在酒店客满情况下，中央订房系统能随时就近调配客人入住附近的酒店，从而保证客源不流失，并有效盘活空置客房。

也是在这一年，七天连锁酒店、汉庭连锁酒店诞生，锦江之星也加快连锁扩张步伐，经济型酒店在一线城市竞争加剧。为抢在租赁物业成本上升之前迅速布局，如家率先向全国进军。点、线、面相结合，在重点城市往往几十家店一下子开出来，形成网络，扩大品牌认知。

打磨投资模型，前瞻性战略布局、标准化执行，共同推进如家进入高速发展阶段。到2006年6月，如家已经进入全国26个城市，酒店数量达到82家，在规模上超越了中国经济型酒店鼻祖锦江之星。而随后在美国纳斯达克的成功上市，更标志着如家挺进全国的第二阶段完美收官。

2. 整合布局，标准化到用心化

此时，如何借助资本的力量，迅速做大规模，成为如家的首要战略。如家开始率先渠道下沉，深耕二三线城市，并改直营为主为侧重发展加盟，在行业中率先并购，布局中高档和颐酒店。

正如麦当劳的成功在于长期获得廉价商业地产物业使用权一样，如家酒店商业模式的核心，也在于廉价的商业地产运作模式。酒店连锁业高度依赖商业地产，物业成本是决定单店投资回报周期的首要因素，而要取得成功，必须采取轻资产模式。对如家来说，这便是变租赁直营为发展加盟店。

到2008年底，如家加盟店达141家，占比上升到30%。在竞争对手的觊觎之下，加盟方式为如家大大节省了发展资金，并使其扩张速度大增，这也为如家后来的收购战略储备了充足的现金流。

对于这些加盟店，如家全面掌控，以确保服务品质不走样：加盟店长由如家总部任命和管理，薪酬总部统一发放；酒店IT系统由总部统一部署，总部实时掌控加盟店运营情况；如家的中央客源系统和会员管理系统，使加盟店离不开对总部的依赖。而如家管理大学每年培养数以百计的店长，提供源源不断的人才支持。

2007年，如家收购七斗星，尽管中间经历了亏损风波，但也在行业中先人一步积累了宝贵的并购整合经验。同时，如家敏锐地洞察到，随着中国经济成长，如家主要客户——中小企业商务人士需求也在升级，于是在2008年12月推出定位于"五星级酒店简约版"的和颐酒店——"五星的床、四星的房、三星的大堂、二星的价格"。这一年，在全球金融危机的担忧声中，如家继续大跨步，在94个城市中新开了205家酒店，酒店总数达到471家。第三阶段，从直营到加盟的逐渐壮大之路，如家又顺利通过了。

此时，如家全国布局下的经营数据分析已经带来裨益。经过分析，金融危机中，经济型酒店的下滑主要集中在受外贸出口萎缩影响的东南沿海地区，广大内地市场并没有受到影响。这无疑大大佐证了深入二三线市场战略的正确性。

这时，经济型酒店已经进入火拼阶段，老大争夺战此起彼伏。适逢行业第五的莫泰168出售，经历过七斗星并购及整合亏损风波的如家，依靠游刃有余的并购经验打败了七天、锦江之星等虎视眈眈的对手，于2011年5月，以4.7亿美元将莫泰168收入囊中，使其集团旗下酒店规模超过1400家。到2011年底，如家酒店集团的总房间数达到176562间，超过了第二名七天和第三名汉庭的房间数之和。

与此同时，随着优质价廉物业减少，人力成本上升等外部因素的变化，加上自身品牌、管理、人才等方面日趋成熟，如家酒店愈发加强发展加盟，轻资产前进的策略。到2011年9月30日，其特许加盟总数首次超过直营连锁酒店。孙坚甚至表示，"未来我们特许加盟店要占到总店数的65%。"

在拥有1400家酒店，员工数超过6万人之后，这个庞大的酒店网络还在摸索从标准化向用心化的转变。

"仅靠标准化，是不够的，需要由标准化向用心化转变。"孙坚说，"在规模化、分散化的经营格局中，在没有标准的地方，只能靠文化、价值观去引导。"

以杯子的摆放为例。过去如家强调杯子的摆放必须是全国统一的。现在，只要客户满意，客房的阿姨可以按客户喜欢的方式摆放。怎样才知道客户满不满意？就必须靠客房的阿姨用心去做。孙坚开心地解释，“如家正在塑造快乐文化，亲情文化，让大家都有家的感觉，在这里用心做事。”

到2011年，如家酒店集团已经同时拥有针对中小商务人士的如家快捷，针对年轻时尚人士的莫泰168，针对中高端商务人士的和颐酒店，并且积极筹备进军海外，需求层次由低到中高，逐步形成金字塔型品牌结构。“从单一品牌到多品牌，满足不同层次客户需求，从国内到未来进军海外，标志着如家酒店集团发展战略继续领先于主要对手。”孙坚说。

3. 如家模式创新的方法论

如家酒店集团十年成长为中国最大经济型酒店，在经营方法论上给企业管理界的启示如下：

真实需求论。内心需求加上支付能力的限制，才是客户的真实需求，即：在可接受的价格范围内，获得可接受的有限服务。找到有限服务的核心，就必须把客户关注的关键需求列出来，然后通过调研选出前五项作为核心顾客价值，在顾客能接受、企业能挣钱的价格水平下，加以满足。

有限投入论。如家为什么能创业成功？它创业的前提假设是，我只掌控有限资源，那么就必须以有限的投入来生产出市场能接受的有限服务。“商业模式创新，就是找到客户的真实需求之后，企业投资进去，如果卖到客户能接受的价钱，企业也能获得回报，商业模式就成立了。商业模式创新就是需求和供给、投入和产出的匹配过程。”孙坚说。

快半拍论。公司要持续领先，就必须在战略上永远比对手快半拍。2005年，七天等竞争对手出现，如家马上到二线去。2008年，金融危机后，竞争对手到二线大发展，如家马上到三线去。等对手也发力一、二、三线布局，如家马上大规模发展轻资产的加盟模式。等对手也跟上发展加盟模式，如家马上开展大规模并购。面对成本上升，人力短缺，如家以IT手段，减少单店员工数，并以IT数据挖掘客户下一站的行程，黏住客户，最大限度开发客源。

集体英雄论。在如家酒店集团COO宗翔新看来，如家的商业模式确立之后，对手一眼就能看明白，最大竞争力在哪里？就是如家的团队，就是集体英雄。在如家，作为CEO，孙坚认为自己不能高傲，不能认为是别人不支持你，而是反问自己：第一，我提出的东西，是不是为企业长线发展？第二，CEO开展工作，是以什么方式完成？是独断方式，还是以更加贴切团队的精神，是否有一个沟通理解的过程？第三，最重要的是实现结果。如果每次都兑现，对董事会、对管理团队，就是建立信任的过程。

在美国，每千人拥有经济型酒店2.5个，而在中国这个数字仅为0.6；国际上，经济型酒店占酒店业的70%，现在中国20%都不到。身为经济型酒店的如家，未来空间依旧宽广。当然，挑战也显而易见。成本上升、并购整合、规模竞争等无一不是压力。面对这些挑战，作为如家酒店集团CEO，孙坚的看法是，未来比拼的是谁少犯错或不犯错。

思考题

1. 如家的创新活动包含哪些方面的创新？

2. 从如家的创新活动中，我们可得到哪些启示？

第 20 章

创业管理

引 导 案 例

腾讯五兄弟的创业故事

这是一个难得的兄弟创业故事，其理性堪称标本。12 年前的那个秋天，马化腾与他的同学张志东"合资"注册了深圳腾讯计算机系统有限公司。之后又吸纳了三位股东：曾李青、许晨晔、陈一丹。这 5 个创始人的 QQ 号，据说是从 10001 到 10005。为避免彼此争夺权力，马化腾在创立腾讯之初就和四个伙伴约定清楚：各展所长、各管一摊。马化腾是 CEO(首席执行官)，张志东是 CTO(首席技术官)，曾李青是 COO(首席运营官)，许晨晔是 CIO(首席信息官)，陈一丹是 CAO(首席行政官)。

之所以将腾讯的创业 5 兄弟称之为"难得"，是因为直到 2005 年的时候，这五人的创始团队还基本是保持这样的合作阵形，不离不弃。直到腾讯做到如今的帝国局面，其中 4 个还在公司一线，只有 COO 曾李青挂着终身顾问的虚职而退休。

都说一山不容二虎，尤其是在企业迅速壮大的过程中，要保持创始人团队的稳定合作尤其不容易。在这个背后，工程师出身的马化腾从一开始对于合作框架的理性设计功不可没。

从股份构成上来看。5 个人一共凑了 50 万元，其中马化腾出了 23.75 万元，占了 47.5%的股份；张志东出了 10 万元，占 20%；曾李青出了 6.25 万元，占 12.5%的股份；其他两人各出 5 万元，各占 10%的股份。

虽然主要资金都由马所出，他却自愿把所占的股份降到一半以下，47.5%。“要他们的总和比我多一点点，不要形成一种垄断、独裁的局面。”而同时，他自己又一定要出主要的资金，占大股。“如果没有一个主心骨，股份大家平分，到时候也肯定会出问题，同样完蛋”。

保持稳定的另一个关键因素，就在于搭档之间的“合理组合”。

据《中国互联网史》作者林军回忆说，“马化腾非常聪明，但非常固执，注重用户体验，愿意从普通的用户的角度去看产品。张志东是脑袋非常活跃，对技术很沉迷的一个人。马化腾技术上也非常好，但是他的长处是能够把很多事情简单化，而张志东更多是把一个事情做得完美化。”

许晨晔和马化腾、张志东同为深圳大学计算机系的同学，他是一个非常随和而有自己的观点，但不轻易表达的人，是有名的“好好先生”。而陈一丹是马化腾在深圳中学时的同学，后来也就读深圳大学，他十分严谨，同时又是一个非常张扬的人，他能在不同的状态下激起大家的激情。

如果说，其他几位合作者都只是“搭档级人物”的话，只有曾李青是腾讯5个创始人中最好玩、最开放、最具激情和感召力的一个，与温和的马化腾、爱好技术的张志东相比，是另一个类型。其大开大合的性格，也比马化腾更具备攻击性，更像拿主意的人。不过或许正是这一点，也导致他最早脱离了团队，单独创业。

后来，马化腾在接受多家媒体的联合采访时承认，他最开始也考虑过和张志东、曾李青三个人均分股份的方法，但最后还是采取了5人创业团队，根据分工占据不同的股份结构的策略。即便是后来有人想加钱、占更大的股份，马化腾说不行，“根据我对你能力的判断，你不适合拿更多的股份”。因为在马化腾看来，未来的潜力要和应有的股份匹配，不匹配就要出问题。如果拿大股的不干事，干事的股份又少，矛盾就会发生。

当然，经过几次稀释，最后他们上市所持有的股份比例只有当初的1/3，但即便是这样，他们每个人的身价都还是达到了数十亿元人民币，是一个皆大欢喜的结局。

可以说，在中国的民营企业中，能够像马化腾这样，既包容又拉拢，选择性格不同、各有特长的人组成一个创业团队，并在成功开拓局面后还能依旧保持着长期默契合作,是很少见的。而马化腾成功之处,就在于其从一开始就很好地设计了创业团队的责、权、利。能力越大,责任越大,权力越大,收益也就越大。

本章主要内容

1. 创业概述。
2. 创业家的人格特征、素质要求及类型。
3. 创业基本过程与观念性模式。

创业是当今经济社会中最刺激、最富有挑战性的工作,已经成为勇于冒险、不甘平庸、渴望成功的人们追求的潮流。创业者们在给个人带来巨大财富与成就感的同时,也创造了大量的就业机会。创业已经成为推进经济发展的主导力量和社会福利的主要来源,有力地推动了经济的快速发展。

20.1 创业概述

20.1.1 创业的定义

1.“创业”相关词语的翻译

创业一词在英文中有多种表述方式。表示创业企业的有 venture 和 start-up,表示创业者的有 entrepreneur,表示创业行为、创业活动的有 venturing 和 entrepreneurship。企业创业的活动可以称为 business venturing、corporate venturing 或者 entrepreneurship。此外,entrepreneurship 还有表示身份、能力与精神等含义,我国学者以前通常把 entrepreneurship 翻译成企业家精神。作为专业研究术语的创业一词,则普遍采用 entrepreneurship 来表示,这一点在国外的学术界已经达成基本的共识。形容词性的 entrepreneurial 则用来表示“创业的”或者“创业研究的”。

2. 创业的定义

创业是一种社会行为,但首先是一种经济行为。关于创业,目前还没有一个被普遍接受的创业概念。其中有代表性的定义如下:

荣斯戴特(1984)认为,创业是一个创造并实现财富增长的动态过程。财富是由这样一些人创造的,他们承担资产价值、时间承诺或提供产品服务的风险。他们的产品或服务未必是新的或唯一的,但其价值是由企业家通过获得必要的技能与资源进行配置来注入的。

斯蒂文森(1989)认为,创业是一个人——不管是独立的个人还是一个组织——追踪和捕获机会的过程,这一过程与当时控制的资源无关。而察觉机会、追逐机会的意愿及获得成功的信心和可能性对创业是特别重要的。

加特纳(1990)对创业的认识这一问题曾作过一个详尽的调查,其间涉及了学者、企业领导和政界人士等各方面人物,通过对所得调查结果进行的统计,归纳出了 9 0 多种对创业的不同理解,当然这符合创业内涵丰富而又复杂的特点。创业不仅是一个管理学的现象,同时也涉及经济学、社会学等领域。由于受到各种因素的影响,对于创业的准确界定就变得更为复杂化了。

希斯瑞克(2000)认为,创业是一个发现和捕捉机会并由此创造出新颖的产品、服务或实现其潜在价值的过程。创业必须要贡献时间和付出努力,承担相应的风险,并获得金钱的回报、个人的满足和独立自主。

综合已有的创业概念,可以将创业的特点归纳为以下三个方面:

(1)创业者是创业活动的核心,是推动创业的最根本的力量。创业者要承担由此带来的各种风险。创业风险可能有各种不同的形式,通常的风险有机会风险、技术风险、市场风险、管理风险、资金风险以及环境风险等。

(2)创业是创新成果叠加的过程。创新是一切商业活动成功的重要因素,将新的构想通过新产品、新流程,以及新的服务方式,有效体现到市场中,进而创造新价值。此外,以创新的执行方式应对风险将是实现其风险最小化的有效措施。而新构想的产生、实现以及商业化,在进一步细化后,创业过程其实就是各个阶段技术创新结果累加的过程。

(3)创业包括一个搜寻和捕获机会并由此创造新颖的产品或服务的过程,这一过程包括两个相互联系的阶段:创业机会的搜寻和捕获以及创造或提供社会需要的新颖的产品或服务。创业机会的搜寻和捕获是创业活动的重要内容,也是创业管理区别于一般企业管理的重要标志之一。创造或提供的新颖的产品或服务必须是有价值的,不仅对创业者有价值,而且对其开发的某些目标对象也是有价值的。

(4)创业是创业管理有效实施的过程。创业过程中的风险有很多,而完成整个创业过程,实现发明成果的商业价值,就需要大量的时间,而要获得成功,没有极大的努力是不可想象的。这个过程也是创业者进行创业管理的过程,通过各种措施，最大化地降低企业的风险，分阶段地进行创新评价，并依据评价结果，积极调整企业的经营策略。

综合上述学者的观点，我们认为，创业是创业者为了实现其特定的创业目标而开展的一个搜寻和捕获机会并由此创造新颖产品或服务的过程。

20.1.2 影响创业的关键要素

创业过程是创业者将创新行为系统化的结果。在创业过程中，影响其成败的因素是多方面的，如创业者、技术、人才、资金、信息、市场、环境等，这些因素都在一定程度上制约着创业企业的发展及其成败。但是，有五个因素是人们特别关注的，也是影响创业成败的关键要素。

1.创业者

创业者是创业活动中最关键的因素。任何一项创业活动都是由创业者来完成的。创业者可以是一个人，也可以是一个团队。创业过程是创业者在创造新价值的过程中通过不断地识别、把握、转化风险而实现创业目标的过程。创业成功的必要条件是克服在创业过程中本身存在的风险，以及由于外部环境中不确定因素所带来的各种影响，创业者在其中充当着风险转化的作用。一个好的创业者除具有必要的经验、经历、专业训练和一定的教育程度外，还具有一些特殊的先天禀赋：拥有极其可贵的强烈的事业梦想和创业欲望、坚忍的奋斗精神和对于自己的理想异常自信的心态。他们的行为模式往往具有敏感性、超前性和冒险性，有极强的自我控制能力、对外界新鲜事物的接受能力以及把握稍纵即逝的机会的能力。可以说，敢于冒险、勇于创新是创业者必备的素质和最为宝贵的人力资源特征。创业，不仅需要好的技术，更需要其他素质与能力。因此，创业者的素质与能力是创业成功的第一要素。

2.技术

现代风险资本的奠基人——乔治·多里奥认为，宁可考虑向有二流主意的一流人物投资，决不向有一流主意的二流人物投资。这里的主意就是指技术。技术是将知识运用到实践中的手段、途径、工具或方法。创业者就是要努力寻找能够满足社会需要的技术，而将技术付之应用，去不断地满足社会的需要。社会需要的技术，并不完全等同于科学家眼中的科学技术，社会需要的技术既是建立在科学基础上的技术，又必须是能够满足社会实际需要的技术。因此，仅仅是高技术，并不一定就能够创业成功。如果选择的技术是一项已趋于普适的技术，虽然符合实际，但这样的技术会很快就度过技术的生命周期。技术的选择，比较合适的是选择成长阶段的技术。因此，符合市场需要的技术是创业成功的第二要素。

3. 创业资本

要想创业，除了具备创业者的素质和选择合适的技术项目外，还需要具有一定的资金。否则，也只是空谈而已。从创业的角度来看，创业资本是创业的关键要素。世界各国为了鼓励创业活动的开展，纷纷降低了对新创企业注册资金方面的要求和限制，我国也在1999年将个人独资企业的注册资金降低到1元，可以说只是一个象征性的标准。当然，创业所需的技术、生产设备、原材料的购买以及人员的招募等也需要大量的资本。对于创业来讲，没有资本将一事无成。

4. 市场

企业的存在是因为能够满足市场的需要，如果没有市场需求，那么，新创企业就没有生存的价值，自然也就不能生存。在竞争激烈的市场环境下，创业者如果不能开拓好市场并管理好市场，即使拥有最好的技术或比较雄厚的资金，也可能导致创业夭折。当然，一个优秀的创业者，是能够开拓市场并管理好市场的。对于创业者，更需要坚持的是"创造市场"的理念。

5. 组织

创业过程是创业者将人力资源、技术、资本以及市场等各要素有机整合，形成企业管理的整体因素，从而为创业过程奠定坚实的组织基础的过程。组织因素是整个创业过程中的核心要素，只有通过组织的作用才能创造新的价值。尽管人是所有管理因素中唯一具有能动性的资源，但是这种能动性要通过组织来实现。组织可以实现的功能主要有：决策、计划、控制、激励、领导、创新。

20.1.3 创业的类型

创业类型的选择与创业动机、创业者风险承受能力密切相关，也会影响创业策略的制定。了解创业类型是为了在创业决策时进行比较，选择最适合自己条件的创业类型。

1. 按创业动机分类

从动机角度，创业可分为三种类型：一是生存型创业，占绝大多数；二是机会型创业，数量极少；三是生存加机会型创业，其数量介于两者之间。

(1)生存型创业

生存型创业的目的在于谋生，为了谋生自觉地或被迫地走上创业之路。该类创业大多属于尾随型和模仿型，规模较小，项目多集中在服务业，并没有创造新需求，而是在现有的市场上寻找创业机会。由于创业动机仅仅是为了谋生，往往小富即安，极难做大做强。

(2)机会型创业

机会型创业的出发点并非谋生,而是为了抓住、利用市场机遇。它以新市场、大市场为目标,因此能创造出新的需要,或满足潜在的需求。机会型创业会带动新的产业发展,而不是加剧市场竞争。世界各国的创业活动以机会型创业为主,但中国的机会型创业数量较少。

(3)生存与机会型创业

把生存型创业与机会型创业结合起来,以生存为目的,以机会求发展。中国的一些民营高科技产业,做大做强,成为行业的佼佼者,大多属于生存与机会型创业。该创业类型起步就创造新产业,进入市场,待生存问题解决之后,就有更大的创新动力,更大的创业抱负。

生存型创业和机会型创业与主观选择相关,但并非完全由主观决定。创业者所处的环境和所具备的能力对于创业动机类型选择有决定性作用。因此,创造良好的创业环境,通过教育和培训提高人的创业能力,就会增加机会创业和生存、机会创业的数量,不断增加新的市场,促进经济发展和生活改善,减少企业之间低水平的竞争。

2.按创业项目分类

(1)传统技能型

选择传统技能项目创业将具有永恒的生命力,因为使用传统技术的创业项目,如独特的技艺或配方都会拥有市场优势。尤其是酿酒业、饮料业、中药业、工艺美术品业、服装与食品加工业、修理业等与人们日常生活紧密相关的行业中,独特的传统技能项目表现出了经久不衰的竞争力,许多现代技术都无法与之竞争。不仅中国如此,外国也如此。有不少传统的手工生产方式在发达国家至今尚保留着。

(2)高新技术型

高新技术项目即常说的知识经济项目、高科技项目,知识密集度高,带有前沿性、研发性质。高新技术企业的标准有四条,一是知识密集、技术密集;二是大专学历人员占职工30%以上,且研发人员占10%;三是高新技术产品研发费用占总收入3%以上;四是技术性收入与高科技产品产值总和占企业总收入50%以上。

(3)知识服务型

当今社会信息量越来越大,知识更新越来越快。为了满足人们节省精力,提高效率的需求,各类知识性咨询服务的机构会不断细化和增加,如律师事务所、会计师事务所、管理咨询公司、广告公司等等。知识服务型项目是一种投资少、见效快的创业选择。

(4)体力服务型

创业最简单、风险最小的项目是劳动服务项目，如各种家政服务，包括保姆，月嫂，保洁，递送，搬运，照顾、接送老人、病人或小孩，代购，洗理，养护等等。目前这种服务在数量上和质量上都远远跟不上需要，尤其在服务质量上与需求相差甚远。体力服务型项目当前主要存在两大问题：一是缺少名牌服务公司，服务质量和信誉度较低；二是收费不合理。

3. 按新企业建立的渠道分类

(1)独立创业

独立创业是指创业者个人或团队白手起家进行创业。独立创业充满挑战和刺激，个人的想象力、创造力可得到最大限度的发挥，不必再忍受单位官僚主义的压制和庸俗人际关系的制约；有一个新的舞台可供表现和实现自我；可多方面接触社会及各种类型的人和事，摆脱日复一日单调乏味的重复性劳动；可在短时期内积累财富，奠定人生的物质基础，为攀登新的人生巅峰做准备。

独立创业的风险和难度也很大，创业者往往缺乏足够的资金、经验和支持。独立创业失败的原因主要表现为两个方面：①创业者对自己所提供的产品或服务及进入的领域缺乏了解、准备不足、质量不稳，导致在竞争中走向失败；②创业者被突如其来的成功冲昏了头脑，变得过于自信甚至刚愎自用，进行盲目的脱离实际的战略决策，使企业迅速扩张，导致管理失控，产品和服务质量下降，发生信用危机，使企业陷入破产的危险中。

独立创业有许多种方式。①创新型创业。创新型创业是指创业者通过提供有创造性的产品或服务，填补市场需求的空白。②从属型创业。大致有两种：一是创办小型企业，与大型企业进行协作，在企业整个价值链中，做一个环节或者承揽大企业的外包业务。这种方式能降低交易成本，减少单打独斗的风险；二是加盟连锁、特许经营。利用品牌优势和成熟的经营管理模式，减少经营风险。如麦当劳、肯德基等。③模仿型创业。根据自身条件，选择一个合适的地点和进入壁垒低的行业，学着别人开办企业。这类企业投入少，并无创新，在市场上拾遗补缺，但逐步积累也有机会跻身于强者行列，创立自己的品牌。

(2)母体分离

母体分离是指组织内部的管理者、技术人员或职员，离开原组织，但利用在组织中的资源，成立新的企业，从事营利活动。母体分离是常见的一种创业形式，一般在产品生命周期的早期、新兴行业及进入壁垒低的行业比较容易发生母体分离创业。创业者利用在原组织的供应商、客户关系，利用成熟的产品和市场，节省了时间，减少了风险，降低了进入的成本，进而可能使创业变得顺利。这类创业能否成功，关键在于创业者的筹资能力和团队协作能力。

(3)企业内创业

企业内创业是进入成熟期的企业为了获得持续的增长和长久的竞争优势，为了倡导创新并使其研发成果商品化，通过授权和资源保障等支持的企业内创业。每一种产品都有生命周期，一个企业在不断变化的环境中，只有不断创新，不断将创新的成果推向市场，不断推出新的产品和服务，才可能跳出产品生命周期的怪圈，不断延伸企业的生命周期。企业内创业是动态的，正是通过二次创业、三次创业乃至连续不断地创业，企业的生命周期才能不断地在循环中延伸。

20.1.4　创业成败的评价标准

创业是一个渐进的量变过程，创业成功则是量变到质变的飞跃。这个飞跃不是一天所能完成的，而是通过长年累月的积累逐步实现的。创业评价是创业学研究的一项十分重要的内容。德鲁克认为，创业者多数情况下是为了获得“市场或产业的领导权”。只有寻找生存位置的创业者的目标是赚钱而非出名。在公众眼中，创业的最大成功就是创业者在某一行业取得了领袖地位。

尽管评价创业成功标准各异，但是，对于成功的创业的起码要求应包括以下几个方面：

1. 业务开展常态化

经过长时期经营实践，企业内部已建立了一套规范的营运系统，企业的业务开始进入正常发展轨道。你的员工能各司其职，且基本告别了上门推销的原始方式，这时企业已处于稳定发展时期。用一个简单的方法就可以判断这一点：如果你可以用电话指挥自己的企业正常运营，基本上就可以证明你的企业进入了业务开展常态化的状态。

2. 持久盈利

持久盈利是创业成功的第一大要素，也是企业存在的标志。持久盈利取决于企业的获利能力和盈利的持久性。企业的经营寿命取决于能否在激烈的市场竞争中一直保持盈利，即能否保持持久盈利。影响盈利持久性的因素有三个方面：产品的稀有性；产品替代的可能性；利润堵塞。利润堵塞主要来源于企业内部和外部两个方面的多余成本：企业外部堵塞主要是指交易成本的存在。如果企业人员素质低下，经营管理不善，就会加大生产和管理成本，造成不应有的损失，即使产品市场潜力可观，也不会有满意的投资回报。

3.有相对稳定的客户群

通过长期的经营活动,企业的产品与服务在社会上有了一定的知名度,已被众多客户所接受,并在多次的业务往来中,与客户的关系也相对稳定下来。这就表明企业已有了相对稳定的客户群。这是创业成功的一个重要信号。

判定自己已有了相对稳定的客户群,可以采取如下方法:你与客户的往来是经常性的,而非偶然;主客双方都遵守一定成文的或不成文的游戏规则,平等互利,而不是单方受益;你有好产品,客户为你销售,你的产品不好,客户也主动努力替你经销。

4.员工队伍趋于稳定

当员工队伍趋于稳定时,这就是创业成功的一个信号。因为员工的眼睛是雪亮的,他们更早地意识到企业已经有了光明的前途,企业的成功同样会给他们带来发展的机遇,他们开始重视这份工作,不再轻易离职了。另外,这时还会有许多新的人员慕名而来。

5.市场地位稳固

一般认为,创业的最大成功就是创业者在某一行业取得了领袖地位。德鲁克也认为,创业者多数情况下是为了获得市场或产业的领导权。阿里巴巴、新浪、网易等许多成功企业的创业实践证实了扩大企业的知名度和市场份额成为创业者的极其重要的任务。因此,获得较高的市场地位也成为评价创业成功的重要标准之一。

20.2 创业家的人格特征、素质要求及类型

20.2.1 创业家的概念

创业是由两个必需的环节组成的,包括建立一个新企业和发展一个新企业。一般地说,创业者常常被认为是那些自己去开办新的企业的人。只完成了建立新企业,而不能使之发展壮大的经营者成为创业者。相对而言,既能建立新企业又能促使新企业实现发展壮大战略目标的创业者成为创业家。创业家是指以一种创新的方式把社会上闲置的生产要素组合起来,或者对效率低下的生产要素进行重新组合的人。

萨伊(1803)认为,创业家能够将经济资源从生产力低的地方转移到生产力

高、产出多的地方。创业家就是要标新立异，打破已有秩序、按新的要求重新组织。

尼尔森(1986)认为，创业家是一位有愿景、会利用机会、有强烈事业心的人，愿意担负起一家新企业，组织经营团队、筹措所需资金，并承担全部或大部分风险的人。

世界管理学大师彼得·德鲁克(1989)认为，创业者必须创造出一些新的、与众不同的事情，并能够改造“价值”。创业者的任务就是“创造性地破坏”。并强调指出，并不是所有新开的企业都是创业型企业或具有创业精神。创业者首先需要具有创新精神。

提摩(1999)认为创业家是一个希望攫取所有的报酬，并将所有的风险转嫁他人的聪明人；是组织资源、管理并承担交易风险的人；能够辨认市场不均衡所带来的机会，采取行动从中牟利，并且具有能够正确预期瑕疵不均衡将在何时何地发生的能力；是受郑重承诺与超凡毅力驱使的人。

综上所述，创业家就是既具有冒险进取的创业精神，又能发掘机会，组织资源，研究并拟定战略，创造市场新价值的企业创建者和创新精神的执行者。

20.2.2　创业家所必备的人格特征

成功的创业家在企业历史上有很多，比尔·盖茨、福特、希尔顿、卡耐基，以及著名华裔李嘉诚、霍英东、包玉刚等人们熟知的超级富豪。就创业经历而言，他们出身不同，性格各异。他们的创业成功，固然不能否认天时、机遇、环境等诸多客观因素的作用，但是他们拥有一些独具特质的创业家的基本特征。

1. 较强的风险意识与创业精神

创业家的风险意识是保证新创企业顺利度过创业过程并且实现迅速成长，进而走向创业成功的基础。尽管创业具有一定的风险，然而风险是与企业发展的机遇相伴生的，所以说风险也是创业过程中需要创业家适时把握的契机。不管怎样，创业者都需要承担一定风险，只有具有了风险意识，才能够在创业初始就能够合理地规避风险。也只有具有一定的风险意识，才能够使新产品、新技术或新的服务走向实际化运作，才能够使新创企业度过艰难的创业过程而迅速成长，走向创业成功。尽管每一个人，只要具备创办企业的条件，就可以领取营业执照，成为创业者。但是，没有一点豪气，没有创业的精神，就难以成就一番事业，当然也就不能成为真正的创业家。

2. 自信、勤奋、吃苦耐劳精神

创业过程中会遇到很多困难，创业者只有拥有比常人要强的自信，才能克服重重困难。有记者问张朝阳,“你在 IT 产业的成功,让中国的年轻人看到了从一无所有到拥有巨大财富的梦想的活生生的范例。当年,你能说服美国风险投资家把美金押在你这样一个无名小卒身上,你认为是你身上什么样的特质打动了他们?”张朝阳回答说:“自信。我对自己的成功有坚定的信念,使他们也对我产生了信任。”自信对创业者至关重要。

尽管创业的过程中,创业家的个人创造力很重要,尤其是想象力等先天因素,但是创业的由构思到实践的过程是很困难的,这需要创业家克服创业过程所有不可预料的困难,始终保持良好的心态和进取的热情,不断地从失败走向成功,而他只有具备坚忍不拔的吃苦精神才能支持他把这项事业进行到底。这种坚韧的毅力来自于创业者的人格特征和对创业本身的坚定信念。

尤其对于新创企业而言,在企业之初,创业家个人的意志将转化为企业的意志,而初始阶段也是创业最艰难的阶段,因此,勤奋、吃苦耐劳、执著、奉献是所有创业者的共同特征。

3.诚实守信的商业道德

一个成功的创业者也是一个具有良好的商业品德的人。树立具有社会性的商业道德也就是所谓的诚信意识。其具体表现就是对自己、对员工、对合作伙伴以及对社会的一种责任心,这是一种实现企业长期发展的战略意识。社会性的商业道德,通过创业家对企业的行为形成一种自我约束力。当然,这种社会性的商业道德必须成为创业家的素质的一部分,才有可能成为新创企业的企业人格特征。而这一品德的形成,除了与创业家生活背景以及成长经历有关外,与创业者严格的自我要求也是密切相关的。严于律己的创业家,才有可能成就一番真正的事业,否则,所谓的创业也不过昙花一现,根本不具有发展性。因此,社会性的商业道德是一个企业长期发展所必需具备的企业人格。

4.富有远见的战略眼光和踏实、果断的工作作风

大多数创业者都比其他人更能够寻找、捕捉并把握住商业机会。创业者就像一位预言家,他是在对自己已经感知、而潜在的顾客自己都未必已经察觉的需求做出预言。因此,创业者所关心的是市场应该卖什么东西,而不是它正在卖什么东西。与很多企业一样,微软公司因一个创意而诞生。但与众不同的是,这个创意更多的是对未来的洞察。20 世纪 70 年代中期,很多办公室工作人员并不知电脑是什么,更不用说进入家庭了。然而,比尔·盖茨坚信这样的一个观点:每张书桌上会有电脑,每个家庭会有电脑,而每台电脑都用微软产品。1975 年,19 岁的比尔·盖茨和他的朋友保罗·艾伦创建了微软公司。也正是比尔·盖茨对计算机行业富有远见的战略判断,才成就了不可一世的微软帝国。可见,创

业者必须要有长远的眼光。成功的创业者还应具有脚踏实地、雷厉风行的工作作风，一旦捕捉到良好的创业时机，便抓住不放，且立即投入，踏踏实实地去做。

5. 强烈的危机意识

孟子说：生于忧患，死于安乐。昨天市场上的“皇帝女”，今天就可能被无情的市场淘汰。这样的例子有很多，比如在真空收音机比较流行的时代，松下电器公司斥巨资进行技术改造生产出了相当省电的真空管，在市场上大受欢迎，公司上下充满乐观气氛。可是，短短的不到一年半时间，晶体管出现了，转眼之间，耗费巨资研制的真空管失去了市场。英特尔公司总裁葛洛夫有句至理名言，“惟有忧患意识，才能永远长存。”据调查，世界百家成功企业的经营管理者，对于企业危机，没有一个是自我感觉良好的。

6. 优良的心理素质

创业者的心理素质是指在创业实践过程中对人的心理和行为起调节作用的个性特征。是否具备良好的心理素质是一个创业者能否成功的关键。对创业实践活动具有十分显著影响的有以下六种：独立性、敢为性、坚忍性、克制性、适应性、合作性。这六种心理素质交互作用，相互制约，在创业实践活动中发挥重要的调节作用。

20.2.3　创业家所必备的素质能力

创业家是经过市场竞争淘汰选择过程而获得成功的创业者。拥有创业想法的人很多，而真正走向创业之路的却只有少数人，而最后将企业做大，成为大型企业和著名公司的就更少了。在一般情况下，一家小企业在 5 年之后还在经营的可能性小于 20%。创业成功的可能性并不大，而要成功地经营企业并使其成长为著名企业，其可能性更小。加之创业过程本身的复杂多变，要求创业家具有随时解决涉及各方面的各种问题，因此要实现创业的成功，当然也就需要一个成功的创业家必须具备多方面的能力。

1. 机遇识别的能力

创业者的成功就在于相对其他人而言能够更快、更准确地寻找或捕捉到商业机会。他们从不满足于已获得的信息，通过选择有效的信息来源，并从大量的信息中选出有价值的信息，为创业过程做好信息支持系统。通过不断地寻找新机会，创业家适时地调整当前的生活方式，以积极的态度迎接变化，把握变化，通过对企业的洞悉来适应市场，通过对自我组织的调整来使顾客受益。所以，创业家发现机会和挑选信息的能力是伴随整个创业过程，并保证其顺利进展的核心要素。

2.学习与创新的能力

企业经营需要具有多方面的专长，企业在成长过程中所依赖的资源能力也会有所不同，很少有创业家在创业初期就具备了丰富的企管经验，或多方面的专长。但是成功的创业家都具有优异的学习能力，而且极擅长通过创造实践过程进行学习。基于对新事物所特有的积极学习的态度和高度的创新精神，创业家可以使自身得到不断的提高，增强驾驭风险的能力，提高创业成功的可能性。所以，学习能力与学习基础上的二次创新是实现创业家不断地自我完善，进而实现创业成功的关键条件。

3.管理能力

创业者需要具备的第三项能力就是管理能力。管理能力与组织能力有着密不可分的联系，但是二者并不等同。管理能力主要包括四个方面的能力。①决策能力。这里所说的决策既包括对实现目的的手段之规定，又包括对目的本身的规定。巴纳德将前者称为“机会主义的决策”；后者则为“道德决策”。对于创业者来说，道德决策显得比机会主义决策更加重要。因为它决定了企业的目的，规定了企业的发展方向和经营理念。②沟通的能力。创业者在作为企业的领导者的同时，又是沟通系统的中心。任何一个组织都可以理解为一个信息传递的系统，而创业者常常是位于组织的核心。③激励能力。通俗地讲，就是善于调动人的积极性。通常，激励的方式很多，既包括物质激励，又包括精神激励；既包括制度方面的内容，又包括情感方面的内容。对于新创企业而言，创业者能否通过事业和情感吸引、激励人才具有重大的作用。④领导能力。创业者在新创企业中需要承担多种角色，其中重要的一项就是领导者。创业者不仅要在技术和管理业务上具备令人信服的才能，而且要有良好的修养和高尚的道德情操。

4.社交能力

社交能力对于创业者来说也是必不可少的。如果创业者具有较强的社交能力，就有可能获取更多的信息，并尽快与各界人士建立相互信赖的关系。综观世界上成功的创业者，作为社交家活跃在国际舞台上的大有人在。如“船王”包玉刚就是一位杰出的社交家，不仅在香港享有盛誉，并且成为邓小平、基辛格、中曾根康弘、李光耀等政界要人的座上客。而厌恶社交，却能取得事业成功的创业者却是寥寥无几。

20.2.4 创业家的类型

1.远见型创业家

对他们来说，创建企业的过程以及与整个世界共享新的远景才是真正令人激动的地方,金钱和权力只是次要的东西。所以,称这些创业家为“远见者”。雅虎的杨致远和大卫·费洛可以说是这类创业家的代表。其特征是:将成功界定为公众对公司及其远景的接受,而不是个人财富或权力;坚持公司的长远利益以实现其构想;将公司看作为员工提供归属感和自我实现机会的群体。

2.收购型创业家

收购型创业家有着宏伟的公司远景,他能够通过收购很多公司使之成为现实,而每一个被收购的公司都是这一远景的一部分。这类企业家的力量在于其方法的灵活性和实用性。思科系统公司的约翰·钱伯斯是收购型创业家的典范。这类创业家的类型特征包括:①有能力表达高瞻远瞩的远景以适应每次收购;②将不同类型的公司集成为一个成功企业的能力;③维持一个有效管理团队的能力。

3.转型式创业家

转型式创业家是引导公司重新向新技术或新市场的领先地位进军的领路人。那些日趋成熟的高技术创业企业的领导人,他们必须改造他们的公司,以同现有的对手和周围迅速出现的创新型创业企业进行有效的竞争。在硅谷,由转型式创业家所重新创造的公司根本不同于原来的公司,而是一个全新的企业。

4.持续创业型创业家

持续创业型创业家创建一家公司,待其发展到一定程度后,就离开它去开办另一家公司。硅谷之外的许多人把持续创业者看作该地区唯一的企业家类型。持续创业者之所以引人注目,是因为他们开办这些企业时,他们赚了大钱,当然有时也赔钱。

吉姆·克拉克是硅谷最有名的持续创业型创业家中的一个。目前,他正在为他创办的第四个(myCFO)和第五个(Shutter-fly)公司而工作。他为自己以及为在他创办的前三个企业(硅谷图文、网景和 Healtheon)中工作的同事们创造了数十亿美元。持续创业型创业家拥有如下能力:①充满激情地描绘一个远景,吸引所有必需的资源,并“让事情发生”;②了解自己的极限。

20.3 创业基本过程与观念性模式

创业是一个复杂的综合性很强的过程,创业者要创建自己的企业,通常要经历几个基本的步骤。一般包括:识别与估价市场机会;准备并撰写经营计划;确定并获取创业所需资源和管理新创企业。其中机会识别是成功创业的前提，创业计划是创业实施的依据，资金使创业得以推进，创业管理是成功创业的保障。

20.3.1 创业的基本过程

创业者在创业过程中，必须能够发现和评估新的市场机会，通过制订商业计划和组织创业资源，将其发展为一个企业并对新创企业进行管理。因此，创业过程一般包括：创业机会的识别和评估、创业计划的编制、创业资源的获取、创建企业以及管理新创企业五个阶段。

1.创业机会的识别和评估

创业机会的发现、识别和把握是创业者能否成功创业的关键步骤。创业是以创业机会为导向展开的，创业者发现、辨识由于技术、市场和政策的变化带来的技术机会、市场机会以及政策机会，通过技术创新、市场创新、制度创新、观念创新、产品创新和管理创新等去把握这些创业机会，甚至创造创业机会，进而形成创意。值得注意的是，即使是实力雄厚的大企业也无法对每一个创意进行资源投入，也并非所有的创意都具有商业价值和实施的可行性，有些创意甚至存在着极大的商业风险。因此，创业者要做出正确的战略抉择，选择那些能够带来竞争优势的机会。这就需要创业者在基于自身条件的基础上，进行创意的筛选和创业项目确定。评估准则主要分为产业和市场、资本与获利、竞争优势、管理班子和致命缺陷等指标。另外，机会的选择应以创新度和创新潜在的市场需求范围为主要的衡量标准，通过合理的技术评价，目的是使机会的估计值与实际价值间的误差尽量缩小。集会的选择是具有一定风险的，而对创业机会的识别和选择过程中，预期收益的评价就显得尤为重要。通过评估，做出战略和策略的选择。

2.创业计划的编制

创业计划是创业行动的策划，以创业机会为基础，选好适于企业起步的项目，是对创业行动系统的文字描述。而合理的商业计划能够明确创业方向，有利于吸引创业资源，形成创业团队的凝聚力，并有利于获得政府的支持。如果创业者决意开创一番事业，必须在对市场进行综合考虑和分析的基础上，编制周密的创业计划。通过创业计划的制定，创业者会比较客观地分析创业的主要影响因素，能够使其保持清醒的头脑。同时一项比较完善的创业计划，可以成为创业者的创业指南或行动大纲，也可以作为用于向风险投资家游说以取得创业投资以及其他渠道融资的报告性文件。创业计划通常是各项职能计划如市场营销、财务、制造、人力资源计划的集成，同时它提出创业经营的头三年内所有短期和长期的决策制定的方针。

具体的创业计划包括：营销计划、财务计划、生产计划、组织计划以及运营计划。在创业计划完成的同时需要进行创业前的准备，包括：确定公司形式、设备选型或购置加工、有关法律批文等，其中最为重要的是落实创业资本，这是影响到整个创业过程最关键的环节。因为创业机会具有很强的时间性特点，获得创业资本适时地执行创业计划是把握创业时机的保证。

3. 创业资源的获取

在创业过程中，妥善处理好创业资源问题是极其关键的一步。因为，确定并获取创业资源是进行创业资源组合的基础。首先，要把对创业十分关键的资源与其他不是那么重要的资源加以区分，了解其所需创业资源的数量。其次，把握好获取资源的适当时机，尽可能以最低的成本和最少的控制来获取所需资源。

所需的创业资源还包括企业的人力资源、资金以及生产性资源。从某种意义上讲，企业就是资源的集合体。确定并获取创业资源其实就是将创业过程中所需的特定资源进行整合。在平衡组合各种资源的过程中，创业家是关键因素。一个优秀的创业家的作用就是吸引投资，积极地吸引各种资源流向企业，包括优秀的员工、充足的资金以及顾客和供应商的有力支持，并用这些投资构建企业资产。将全部资源集中到已有的创业构思上，并使其有效地运转，以确保企业能够在市场上推出具有竞争力的可以盈利的新产品或新服务。

创业者在对现有资源进行分析与协调的基础上，依照创业计划的合理预期，明确创业资源缺口，根据所需要资源的形式与特点，采取具体的措施以保证创业计划的顺利实施。包括对创业资本的融资过程，招募为企业贡献知识和技能并努力工作的人。实物资产主要包括生产设备、机器，建筑物和机械工具；无形资产包括诸如商标、企业声誉、顾客关系等。所有的这些都是创业者在创业过程中必需的资源要素。因此，有效地获得创业资源并进行评价的过程是创业家成功创业的重要保障。

4. 企业的创建

在完成了企业创立的一系列前期筹备工作之后，正式创建企业，使计划和梦想成为现实，成为创业者当前的首要任务。在这一阶段，创业者应该考虑选择采取哪一种企业形式的问题。是创建独资企业、合伙企业，还是有限责任公司呢？设立企业一般包括以下几个阶段：技术工艺设计与设备选购、经营场所（生产厂址）的选择、企业组织机构确立与管理制度、注册公司、领取营业执照、银行开户、办理税务登记、主要管理人员到位、设备安装与调试、开业典礼等。

5. 新创企业的管理

新创企业的管理是企业创建过程以及孵化发展阶段的企业管理，由于企业在发展的初期人力、财力和物力都非常有限，初期的战略也极不规范，考虑得也不可能周全，企业初创阶段的管理与成熟企业的管理有较大的区别，是将创业构思付诸实践过程中具体行为的管理，是企业管理中风险比较大的一项管理活动。

管理新创企业的过程主要包括明确管理方式，设立管理机构，制定企业发展战略规划，设定企业管理制度，创建企业文化。具体的管理措施可依据管理的具体内容分为：组织与人事管理、技术与产品管理、市场营销管理、财务管理和战略管理。在这一过程中，创业家是关键要素，其实管理新创企业的过程也就是创业者依据创业计划，对企业的资源进行整合并使其不断增值的过程。随着企业的成长，其运作方式和体系会不断发展，企业内的每个人都有不同的作用，创业者需要建立相应的管理机构，将具体职责划分到专门部门中，使企业逐渐形成自己的发展轨道，为企业的成长奠定基础。创业的组织模式，不管是组织内创业还是创办新企业，都需要选择合理的组织模式，也就是说，在适当时间以适当的方式建立合理的组织模式。这一过程同时也是创业家向企业家转变的过程。

在管理新创企业的初期，创业者需要对企业进行有效的领导，使企业由一个流体型组织完成向学习型组织的转变。通过建立有效的内部激励机制，降低内部员工行为的非效率化，选择适当的激励制度，以协调创业企业员工的创业努力。在以知识为基础的创新过程中，形成自身的成长路径，并建立与竞争环境相适应的成长战略。创业者管理角色的转变对企业的发展很重要。因此，在创业管理过程中，要特别重视创业者对整个创业活动的积极推动作用。

20.3.2 创业过程的观念性模式

创业过程模式是一种观念性的模式结构，主要目的是加强对创业管理实践的研究指导作用。创业过程模式主要是对创业管理活动的内涵以及创业管理过程中的关键要素之间的互动关系的诠释。依据模式结构要素的选择与结构特点可以进行如下划分：

1. 加德纳模式

加德纳(1985)提出的创业管理过程模式，主要包括个人、组织、环境以及创业过程四个方面(见图 20-1)。他提出所谓的创业管理其实就是对以上四方面的要素实现有效管理，通过它们之间自发的组合，实现综合效用最大化。

2. 威廉模式

威廉(1997)根据影响新创企业成败的观点提出略有不同的创业过程模式

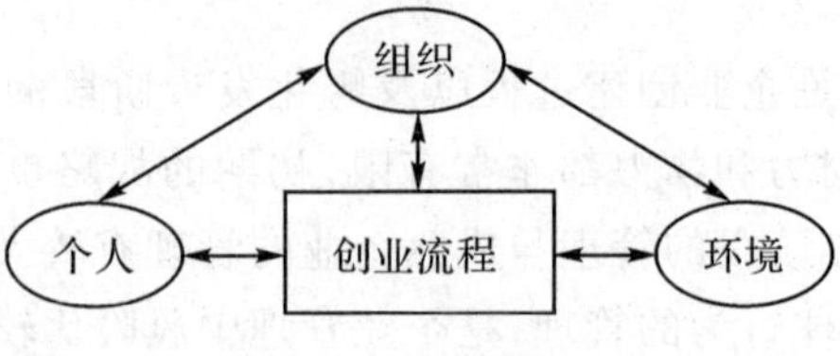

图 20-1　加德纳模式

(见图 20-2),模式结构包括人、机会、环境、风险和回报。在这一模式中,相对于加德纳模式而言,对于人的定义范围更广,提出了针对创业团队外,还包括提供关键服务和重要资源的外部人士。威廉模式中特别强调了机会对于创业的重要性,即发掘机会、评估机会、掌握机会是创业管理中非常关键的环节。此外,还提出了有关面对风险和追求创业回报也会对创业行为产生影响的观点。

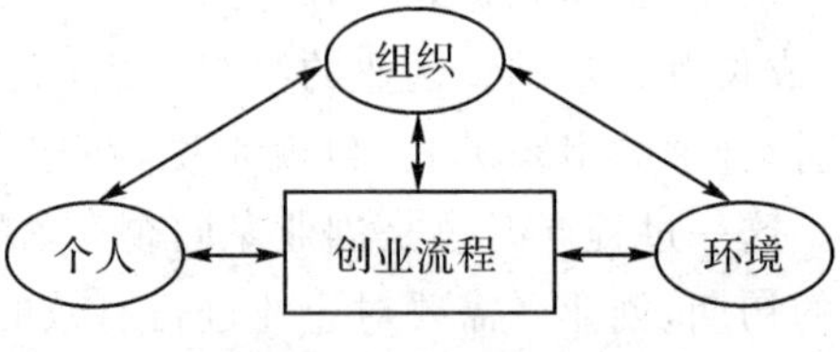

图 20-2　威廉模式

3. 提摩模式

提摩(1999)认为成功的创业活动,必须将机会、创业团队和资源三要素进行适当搭配,并且应随着企业发展而相应做出动态平衡(见图 20-3)。

创业过程始于机会,而不是钱、战略、网络、团队或商业计划。创业过程有机会启动,在取得必要的资源与组成创业团队之后,创业计划得以顺利实施。在创业初期,机会的识别与选择最为关键,重点在于创业团队的组成,而当新企业顺利启动之后,将会增加对资源的需求。

这一模式非常强调弹性和动态平衡,创业活动应随着时空变迁,机会、团队、资源等三要素的比重会发生变化,而产生失衡的现象:良好的创业管理应及时进行调整,把握活动重心,促使创业活动向均衡化发展。但是,在创业过程中,由于机会的模糊、市场的不确定性、资本市场的风险以及外在环境的变迁,创业活动过程中的不确定因素很多,创业过程因而充满了风险。创业家则在其中起到关键作用,积极地发挥领导效应,通过创新与沟通的手段来发掘问题,掌握关键要素,调整机会、资源、创业团队三个层面,逐步实现企业的创业目标。成功的创业家要能够适应环境变化与企业发展阶段,实施调整自己的角色与经营模式,使新

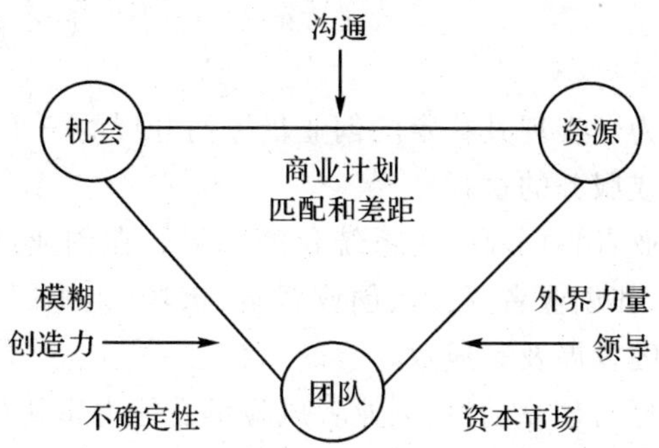

图 20-3　提摩模式

企业获得持续的发展。

4. 克里斯琴模式

克里斯琴(2000)认为,创业管理的整个焦点应为创业家与新创企业之间的互动,其管理模式中主要的两个构成元素就是创业家与新企业。由于该模式主要强调这两种因素的互动关系,因此将创立新企业以及随着时间而变化的创业流程管理,还有影响创业活动的外部环境网络三个议题,视为创业管理的核心。

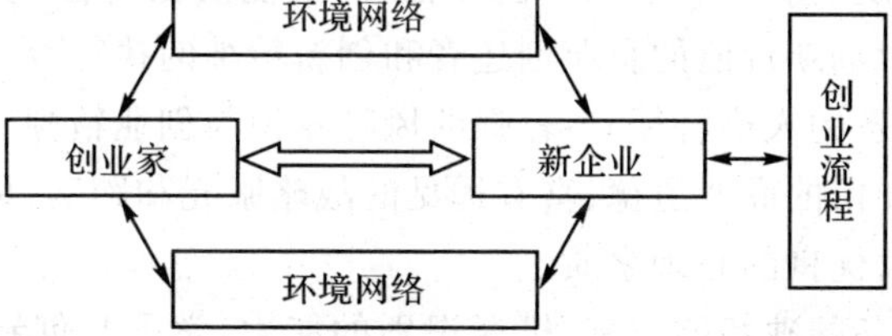

图 20-4　克里斯琴模式

相对于提摩模式,克里斯琴模式同样重视创业家的功能,使创业家成为创业活动的灵魂与推动者。该模式强调创业家与新创企业互动的能力,并说明创业家的能力确实可以通过系统的创业管理教育加以培育。克里斯琴模式也可以通过提摩模式进行解释,但其着重强调创业流程管理和外部环境因素,主要依据是因为创业所需的机会、资源、团队都需要通过外部市场网络、资本网络、人际网络来获取,因此,他认为认识创业的市场环境,发展创业的网络关系,对于创业成功必然具有关键性的作用。

【本章小结】

创业是创业者为了实现其特定的创业目标而开展的一个搜寻和捕获机会并由此创造新颖产品或服务的过程。

创业过程是创业者将创新行为系统化的结果。在创业过程中，影响其成败的因素是多方面的，如创业者、技术、创业资本、市场、组织因素等都在一定程度上制约着创业企业的发展及其成败。

创业类型的选择与创业动机、创业者风险承受能力密切相关，也会影响创业策略的制定。了解创业类型是为了在创业决策时进行比较，选择最适合自己条件的创业类型。从动机角度，创业可分为三种类型，一是生存型创业，占绝大多数；二是机会型创业，数量极少；三是生存加机会型创业，其数量介于两者之间。按创业项目分类：传统技能型、高新技术型、知识服务型、体力服务型。按新企业建立的渠道分类：独立创业、母体分离、企业内创业。

创业成败的评价标准。尽管评价创业成功标准各异，但是，对于成功的创业的起码要求应包括以下几个方面：业务开展常态化、持久盈利、有相对稳定的客户群、员工队伍趋于稳定、市场地位稳固。

创业家就是既具有冒险进取的创业精神，又能发掘机会，组织资源，研究并拟定战略，创造市场新价值的企业创建者和创新精神的执行者。

创业家所必备的人格特征有：较强的风险意识与创业精神、自信、勤奋、吃苦耐劳精神、诚实守信的商业道德、富有远见的战略眼光和踏实、果断的工作作风、强烈的危机意识、优良的心理素质。

创业家所必备的独特能力有：机遇识别的能力、学习与创新的能力、管理能力、社交能力。

创业家的类型有：远见型创业家、收购型创业家、转型式创业家、持续创业型创业家。

创业者在创业过程中，必须能够发现和评估新的市场机会，通过制订商业计划和组织创业资源，将其发展为一个企业并对新创企业进行管理。因此，创业过程一般包括：创业机会的识别和评估、创业计划的编制、创业资源的获取、创建企业以及管理新创企业五个阶段。

创业过程的观念性模式包括：加德纳模式、威廉模式、提摩模式、克里斯琴模式。

【综合案例】

郝鸿峰的商业传奇

一、红酒传递着幸福快乐

"我们还是在创业阶段。"这是郝鸿峰常挂在嘴上的口头禅。最近刚刚成功获得第三轮融资,他的脸上多了一丝轻松,而拥有这样的神情,郝鸿峰用了12年的时间。

上个月,郝鸿峰去探访了红酒之乡。法国波尔多、圣提米隆之行让他感触良多,"我们真的需要学习人家做事的态度,那些葡萄树有的甚至都有上百年的历史,而国内很多人恨不得今天种了葡萄,明天就出10年陈酿"。

二、从白手起家到亿万元资产

与郝鸿峰早不是头一回打交道了。早在一年前,酒仙网以如火如荼之势开始在国内电子商务江湖叱咤风云之际,已多次与他交流过红酒行业的现状。假如碰上出差或是开会等不方便接电话的情况,即使不知道来电是谁,他也总是抽空回过来电话,不厌其烦地解答访者的问题,使人倍感他待人的那份真诚。酒仙网能够有今天的发展,领导者的品格也许是不能忽视的因素。

尽管出生在邯郸,但是郝鸿峰却与山西以及晋商文化结下了不解之缘。在山西做了十几年的白酒生意,山西百世酒业集团有限公司董事长是他在二次创业之前的社会身份。

作为家中唯一有机会上大学的孩子,郝鸿峰没有像好多苦孩子成才传说中那样成为象牙塔奋发向上的楷模,而是选择了半路退学,开始踏上另外一条自我突破之旅,创业经商。创业说起来好听,做起来却是百转千回,历经磨难与挫折。郝鸿峰跟几个同学热血沸腾地合计一起要做点儿"大事",当时做的是图书,有个同学家里出的一两百万元原始资金,不到一年,全部赔了进去。"主要是我这个军师做得有问题。"郝鸿峰调侃道,"那时年轻,书生意气,激情和幻想占的比重太大,不过事情总是一体两面,从这之后我变得务实了很多。"

三、"我的偶像是李嘉诚"

经历了人生首次创业的失利,郝鸿峰从郑州转战山西,从头做起。那一年是1999年,他站在街头卖过报纸,又陆续当过保安、客房服务员、前台收银员……"那时首先要解决的是生存问题,先活下来,可以在这个城市立足,然后慢慢寻找新的起点。"郝鸿峰说。

事情马上出现了转机,一家速冻食品厂正招收营销总监,郝鸿峰带着在一起打拼的兄弟们来到这里,半年的时间,他们让这个濒临倒闭的工厂起死回生。自此之后,郝鸿峰跟"战友"们的创业人生一路披荆斩棘,春风得意马蹄疾。先是用借来的5万块钱代理啤酒,第一年赚了几十万元,翌年又赚了几百万元,一直发展到如今,酒仙网已成为中国最大的酒水零售电子商务网站。

这几年,各个领域的电子商务网站异军突起,竞争硝烟弥漫,最近知名电商的"价格战",让大众看到了这种激烈与血腥。去年这个时候,很多投资公司还对投身电子商务充满幻想与期盼,而今,却是越发艰难。因二次创业的郝鸿峰看到了其中的因缘际会,他说很多公司基础薄弱,策略激进,大规模广告投放、无节制招聘员工以及盲目扩充品类等加速了很多电子商务网站消亡的步伐。

郝鸿峰的偶像是李嘉诚。今年上半年,酒仙网的销售额是去年同期的10倍,他说他的目标是100亿元。

四、用"家"的文化卖酒

郝鸿峰的商业人生由创业初期的大波大折到积累财富,并成为国内数得上名号的酒类销售商。虽然当初没有太多的时间在大学深造,但是郝鸿峰没有放弃学习,攻读了清华大学的MBA。繁忙的工作,闲暇时他会选择跟朋友看电影、品红酒,以舒缓平日的忙碌。"喝红酒会上瘾的,越喝嘴越刁,最后就喝不起了。"郝鸿峰开起了玩笑。

酒仙网是郝鸿峰当初在上百个带"酒"的名词组合里挑选出来的。在郝鸿峰看来,自己看似在卖酒,实则是传递着一种快乐的心情。

在公司进门的公告栏上,贴满了员工的照片,"这是前100名进公司的员工,不分职位高低,很多人即使已经做了大领导,也没有名列其中,我们实行的是家的文化"。

思考题

1. 郝鸿峰的创业属于哪种类型的创业?

2. 联系上述案例,谈谈影响创业成功的因素有哪些。

练习题

一、填空题

1. 管理的基本职能就是管理工作所包括的几种基本活动的内容，其中有四项基本职能是多数专家所公认的，即________、________、________、________。（第一章）
2. 管理的性质有________、________、________、________。（第一章）
3. 管理学的基本原理：________、________、________、________、________、________。（第一章）
4. 管理学的狭义研究对象是指________、________、________、________。（第一章）
5. 根据亨利·明茨伯格的一项被广为引用的研究，管理者扮演着十种角色，可归为________、________、________三大类。（第一章）
6. 卡特兹认为，管理者应具有的三种基本的管理技能是________、________、________。（第一章）
7. 韦伯运用社会科学的方法论将统治分为三类，即________、________、________。（第二章）
8. 马斯洛提出人有五种需要层次，从低到高依次是________、________、________、________、________。（第二章）
9. 弗鲁姆提出的期望几率模式用公式可表示为________。（第二章）
10. 20世纪90年代以来，在知识经济和信息化的驱动下出现的三种影响较大的管理理论是________、________、________。（第二章）
11. 学习型组织理论是以五项修炼为基础的，这五项修炼包括________、________、________、________、________。（第二章）
12. 虚拟组织的三个基本特征是________、________、________。（第二章）
13. 帮助组织进行外部环境的机会与威胁、组织自身的优势与劣势分析，并帮助组织确定与制定发展战略及具体行动方案的一种内外部环境的综合分析技术叫________。（第三章）

14. 价值链的支持性活动包括________、________、________、________。（第三章）

15. ________认为,一个行业的竞争状况取决于5种基本力量,这些力量汇集起来决定着该行业的利润率和利润潜力,最终利润潜力是以投资资金的长期收益来衡量的。（第三章）

16. G－PEST宏观分析方法的内涵包括:________、________、________、________、________。（第三章）

17. 美国学者阿伦·肯尼迪和特伦斯·迪尔认为组织文化主要由:________、________、________、________四个要素构成。（第三章）

18. 价值链显示了产品生产的整体价值,它由________和________两部分组成。（第三章）

19. 环境预测方法的两大基本类型是________、________。（第三章）

20. 计划工作的内容通常包括“5W1H”,即________、________、________、________、________、________。（第四章）

21. 目标管理具有四个基本特点:________、________、________、________。（第四章）

22. 按照决策问题的重复程度和有无既定的处理程序,可以将决策分为________和________。（第五章）

23. 请举出两种常见的定性决策方法:________、________。（第五章）

24. 请举出三种常见的定量决策方法:________、________、________。（第五章）

25. 依据决策的重要程度和决策所涉及的时限,可将决策分为________和________。（第五章）

26. 根据决策环境的控制程度,可将决策划分为________、________和________。（第五章）

27. 从企业战略的层次划分,可以将战略分为________、________和________三大类。（第六章）

28. 英国战略学家理查德·鲁梅尔特提出了战略评价的四条标准,即________、________、________、________。（第六章）

29. 从控制时间来看,企业的战略控制可以分为________、________和________三类。（第六章）

30. 建立有效的战略控制系统所需要的条件是________、________、________、________、________。（第六章）

31. 公司层战略主要包括成长型战略和防御型战略两类。其中成长型战略主要

有________、________和________三大类。 (第六章)

32. 防御型战略主要有________、________、________三种。 (第六章)

33. 建立有效的战略控制系统，需要一定的条件：____________、____________、____________、____________。 (第六章)

34. ________是动态活动过程和相对静态的社会构造实体的统一，其实质是特殊的人际关系。 (第七章)

35. 组织的功用包括：汇聚作用、放大作用、________等。 (第七章)

36. 组织工作原理包括：________、________、________、________、________、________。 (第七章)

37. 一个组织的管理活动做得好不好，组织结构是否合理，其有效性程度如何，可以主要从________、________和________三个方面来进行分析。 (第七章)

38. 根据组织合成"要素"的性质不同，可以将企业组织分为：________、________、________。 (第七章)

39. 管理者在进行组织结构设计时必须考虑六个关键因素，即________、________、________、________、________、________。 (第八章)

40. 企业组织结构设计的基本原则是：________、________、________、________和________。 (第八章)

41. 从组织管理层次的多少和管理跨度的大小的角度来细分，组织结构可分为________和________。 (第八章)

42. 企业有两种基本的权利分配模式，即________和________。 (第八章)

43. 企业组织设计的核心原则是________。 (第八章)

44. 明茨伯格模型包括五部分，分别是 ________、________、________、________、________。

45. 迪尔和肯尼迪认为构成组织文化的要素有：________、________、________、________、________。 (第九章)

46. 美国学者迪尔和肯尼迪在《企业文化》一书中，把组织文化划分为四种类型，即________、________、________和________。 (第九章)

47. 赫尔雷格尔和斯洛克姆用一个矩阵框架建立了企业文化的分类模型，在这个模型中，四个象限的极端角代表了四种组织文化类型，即________、________、________和________。 (第九章)

48. 从现代系统论的观点看，组织文化的结构层次有三个，即________、________和________。 (第九章)

49. CIS 策划又称组织识别系统，它包括三个层次：________、________和

________。(第九章)

50.哈里森把组织文化分为四类,分别为________、________、________和________。(第九章)

51.具体地讲,领导要发挥________、________和________等三个方面的作用。(第十章)

52.领导的非职位权力主要表现在________、________、________和________等四个方面。(第十章)

53.领导的职位性权力有________、________和________三个方面。(第十章)

54.作为好的领导者,应该具备的基本素质和条件包括________、________、________和________。(第十章)

55.领导集体结构一般包括________、________、________、________和________等五个方面。(第十章)

56.领导方法主要包括________、________、________和________。(第十章)

57.________是指领导者在行使领导职能时所表现出来的技巧。(第十章)

58.从本质上说,领导理论就是研究领导的________的理论。(第十一章)

59.________试图说明有效的领导者与无效的领导者之所以具有很大的差异,主要是有效的领导者具有与众不同的品质使他们发挥出杰出的领导作用。(第十一章)

60.勒温及其同事把领导者在领导过程中表现出来的工作作风分为三种基本类型:________、________、________。(第十一章)

61.利科特的领导行为理论把领导方式分为:________、________、________、________。(第十一章)

62.布莱克和莫顿在管理方格图中列出的五种典型的领导行为是:________、________、________、________、________。(第十一章)

63.目标一路径理论认为,领导方式一般有四种,即________、________、________、________。(第十一章)

64.应变领导理论认为,领导的有效性在于把组织内的________、________和________结合起来考虑。(第十一章)

65.我们将各种激励理论归纳划分为三大类,即________、________和________。(第十二章)

66.马斯洛的需求层次理论认为人的需求是有层次的,从低到高依次是:________、________、________、________、________。(第十二章)

67. ERG 理论认为人的需要可归结为三种，即________、________和________。（第十二章）

68. 在管理中运用强化理论时，一般有________、________、________和________四种强化方式。（第十二章）

69. 双因素理论认为，满意的对立面是________，不满意的对立面则是________。（第十二章）

70. 公平理论的基本观点是，人是社会人，一个人的工作动机和劳动积极性不仅受其所得________的影响，更重要的是还受到________的影响。（第十二章）

71. 归因理论认为人们获得成功还是遭受失败可以归为四种因素，分别为________、________、________、________。（第十二章）

72. 沟通过程包括的环节有________、________、________、________、________。（第十三章）

73. 沟通过程中应遵循的基本原则是________、________、________、和________及时性原则。（第十三章）

74. 按照传播媒介的形式分，沟通可分为________、________、________、和________。（第十三章）

75. 如果一个组织需要创造出一种高昂的士气来实现组织目标，那么应选用________沟通网络。（第十三章）

76. 影响有效沟通的因素主要有________、________、________、________、________。（第十三章）

77. 组织内部正式沟通网络的类型有________、________、________、________、________。（第十三章）

78. 按照沟通时信息的流动方向，组织内沟通可分为________、________、________、________。（第十三章）

79. 控制职能的主要内容包括________、________、________。（第十四章）

80. 根据控制信息获取的方式和时点不同而将管理控制划分为________、________、________。（第十四章）

81. 有效控制的基本原则包括________、________、________、________、________。（第十四章）

82. ________是管理控制工作的传统也是最主要的方式。（第十四章）

83. 就一般工商企业来说，预算的种类主要有________、________、________、________、________、________。（第十四章）

84. 预算管理是实现组织目标管理的主要手段，其作用主要表现在________、

________、________、________四个方面。(第十四章)

85. 控制的非预算方法包括________、________、________、________。(第十四章)

86. 质量管理经历了________、______________、________等阶段。(第十五章)

87. 首先提出全面质量管理概念的是________。(第十五章)

88. 质量控制的方法主要有________、________、________。(第十五章)

89. PDCA 管理循环是全面质量管理最基本的工作程序,即________—________—________—________。(第十五章)

90. ________是客观世界所固有,人类自古对其有一定的认识,但从来没有像现代社会这样引起如此广泛、深入、持久的影响,以至于它传播范围可及星际空间,传播速度可及光速极限。(第十六章)

91. 现代信息技术是由________和________有机结合形成的。(第十六章)

92. 管理信息是专门为管理目的和管理活动服务的,它具有以下几个特征:________、________、________、________。(第十六章)

93. 信息系统包括______________和________两个方面。(第十六章)

94. ________是指为适应更广泛市场的需要,集成整个企业的经营计划、生产计划、车间作业计划及销售、供应、库存、财务管理等功能,形成从原材料到最终用户的供应链的企业经营管理系统。(第十六章)

95. 信息系统的发展大致经历了________、________及________三个阶段。(第十六章)

96. ________是企业为了实现经营管理的有关目标,运用特定的标准和指标,采取科学的方法,对承担生产经营过程及结果的各级管理人员完成指定任务的工作实绩和由此带来的诸多效果做出价值判断的过程。(第十七章)

97. 绩效考核的基础是确定________和________。(第十七章)

98. 平衡计分卡是一种新的战略性绩效考核系统和方法,其将________和________结合起来评估企业的绩效。(第十七章)

99. 平衡计分卡从________、________、________、________四个角度考察企业的绩效水平。(第十七章)

100. 常见的绩效考核方法有________、________、________。(第十七章)

101. 考核的基本功能是:________、________、________、________、________。(第十七章)

102. ________也称为全方位反馈评价或多源反馈评价。(第十七章)

103. 不同学者中存在两种反差极大的社会责任观，即________和________，也被称为社会责任的古典观和社会经济观。（第十八章）

104. 标准战略是近年来西方发达国家充分利用、效果明显的一项竞争工具，包括________和________两大类。（第十八章）

105. ________标准是影响最大、最权威、最具有可操作性的社会责任标准。（第十八章）

106. 企业社会责任的概念是由英国学者________于1923年提出的。（第十八章）

107. 随着生产工艺的改进和生产质量的提高，企业的相对竞争优势来源逐渐由外观、包装等有形资源转向________、________、________等无形资源。（第十八章）

108. 企业除了对股东负责，即创造财富之外，还应对社会承担责任，一般包括________、保护劳工权利、________、________、捐赠公益事业、保护弱势群体等。（第十八章）

109. ________对于企业而言是一种长期激励机制，是企业维持持续竞争优势的有效手段之一。（第十八章）

110. 第一个系统地从经济学角度提出创新理论的人是美籍奥地利人、哈佛大学教授________。（第十九章）

111. 根据创新的广度和深度的不同，可以把创新分为________和________两种。（第十九章）

112. 根据组织是否依靠自身力量和模型进行创新，可以把创新分为________、________、________三种。（第十九章）

113. 从创新的规模和涉及的范围这一角度，创新可以分为________和________两种。（第十九章）

114. 管理创新主要包括________、________和________三种方式。（第十九章）

115. 企业技术创新的内容包括________、________、________和________四个方面。（第十九章）

116. 从动机角度，创业可分为三种类型，一是________，占绝大多数；二是________，数量极少；三是________，其数量介于两者之间。（第二十章）

117. 独立创业的方式有________、________、________三种。（第二十章）

118. ________是创业成功的第一大要素，也是企业存在的标志。（第二十章）

119. 创业家所必备的独特能力有________、________、________。（第二十章）

120. 创业家的类型有：________、________、________、________四种类型。（第二十章）

121. 依据模式结构要素的选择与结构特点，创业过程的观念性模式可分为________、________、________、________四种。（第二十章）

二、选择题

1. 管理者在处理与组织成员和其他利益相关者的关系时，他们就在扮演(　　)。（第一章）

A. 人际角色　B. 信息角色　C. 决策角色　D. 领导角色

2. 越是处于高层的管理者，其对于概念技能、人际技能、技术技能的需要，就越是按以下顺序排列(　　)。（第一章）

A. 概念技能，技术技能，人际技能　B. 技术技能，概念技能，人际技能

C. 概念技能，人际技能，技术技能　D. 人际技能，技术技能，概念技能

3. 霍桑实验在研究管理中人际关系的成功例子时，采用的是下列哪种方法(　　)。（第一章）

A. 归纳法　B. 试验法　C. 演绎法　D. 举例法

4. 管理者把信息传递给单位或者组织以外的个人，这时管理者所充当的是(　　)。（第一章）

A. 监督者　B. 传播者　C. 发言人　D. 领导者

5. 首先提出管理的职能包括计划、组织、指挥、协调、控制五项的管理学家是(　　)。（第一章）

A. 法约尔　B. 韦伯　C. 梅奥　D. 明茨伯格

6. 古典管理理论的代表人物有(　　)。（第二章）

A. Elton W. Mayo　B. Frederick W. Taylor

C. Henri Fayol　D. Max Weber

7. 在正常情况下授权下级人员处理，上级人员只在发生重大问题时才介入处理的管理方式称为(　　)。（第二章）

A. 目标管理　B. 绩效管理　C. 例外管理　D. 动态管理

8. 以下描述不属于X理论对人性的假设是(　　)。（第二章）

A. 一般人都好逸恶劳、尽可能逃避工作

B. 人天性喜欢工作

C. 人一般以自我为中心，个人利益高于一切

D. 大多数人都宁愿接受领导

9. 被称为“人事管理之父”的是(　　)。　　(第二章)

A. 大卫·李嘉图　　B. 罗伯特·欧文

C. 查尔斯·巴比奇　　D. 亚当·斯密

10. 下列不属于泰勒“科学管理”理论主要内容的是(　　)。　　(第二章)

A. 工作定额原理　　B. 职能工长制

C. 贯彻“例外管理”　　D. 计件奖励工资制

11. 下列选项中,不属于组织的一般环境因素的是(　　)。　　(第三章)

A. 自然环境因素　　B. 国际因素

C. 社会文化因素　　D. 政治法律因素

12. 对于轮胎生产企业来说,汽车生产企业可能会成为本企业的(　　)。

(第三章)

A. 竞争者　　B. 潜在竞争者　　C. 供应商　　D. 买方

13. 下列选项中,不属于定性的环境预测方法的是(　　)。　　(第三章)

A. 用户期望法　　B. 专家调查法

C. 因果关系分析　　D. 综合判断法

14. 下列选项中,属于价值链的基本活动的是(　　)。　　(第三章)

A. 技术活动　　B. 人力资源管理与开发

C. 市场营销　　D. 采购管理

15. 近年来,由于国务院进行人事制度改革,一批政府官员卸任离开政府部门。消息刚传开,他们中的不少人就成了企业争聘的对象。一般说来,企业聘请他们是为了(　　)。　　(第三章)

A. 改善企业的组织文化　　B. 改善企业的组织环境

C. 提高企业的管理水平　　D. 提高企业的技术水平

16. 管理的所有职能中最基本的一项是(　　)。　　(第四章)

A. 计划　　B. 组织　　C. 人员配备　　D. 控制

17. 计划工作的核心是(　　)。　　(第四章)

A. 决策　　B. 预测　　C. 计划　　D. 构思

18. 下列各种说法中,涉及计划工作的基本特征的错误的是(　　)。　(第四章)

A. 计划是一种无意识形态　　B. 计划工作居首要地位

C. 计划工作的核心是决策　　D. 计划工作要讲究效率

19. 基本建设计划、新产品开发计划等属于(　　)计划。　　(第四章)

A. 专项　　B. 综合　　C. 财务　　D. 生产

20. 决策是工作和日常生活中经常要进行的活动,但人们对其含义的理解不尽相

同,你认为以下理解较为完整的是(　　)。(第五章)

A. 出主意　　B. 拿主意

C. 既出主意又拿主意　　D. 评价各种主意

21. 企业面临的境况正日益变得更为复杂多变,企业的决策越来越难以靠个人的智力与经验来应付了,因此现代决策应该更多地依靠(　　)。(第五章)

A. 多目标协调　B. 集体智慧　C. 动态规划　D. 下级意见

22. 你正面临是否购买某种奖券的决策。你知道每张奖券的售价以及该期共发行奖券的总数、奖项和相应的奖金额。在这样的情况下,该决策的类型是什么? 加入何种信息以后该决策就将变成一个风险性决策?(　　)(第五章)

A. 确定性决策;各类奖项的数量

B. 风险性决策;不需要加其他信息

C. 不确定性决策;各类奖项的数量

D. 不确定性决策;可能购买该奖券的人数

23. 在管理决策中,许多管理人员认为只要选取满意的方案即可,而无须刻意追求最优的方案。对于这种观点,你认为以下解释最有说服力的是(　　)。

(第五章)

A. 现实中不存在所谓的最优方案,所以选中的都只是满意方案

B. 现实管理决策中常常由于时间太紧而来不及寻找最优方案

C. 由于管理者对什么是最优决策无法达成共识,只有退而求其次

D. 刻意追求最优方案,常常会由于代价太高而最终得不偿失

24. 号称"钟表王国"的瑞士在1969年研制出第一只石英电子手表,但擅长机械表制造技术的瑞士企业界领袖们认为石英表没有发展前途,并未给予充分重视。日本人则认为,石英表这项新技术大有前途,遂投资进行大批量生产。结果,日本的石英表技术誉满全球,仅在20世纪70年代后5年时间内就挤垮了100多家瑞士手表厂。这个例子说明了以下哪种观点?(　　)

(第五章)

A. 决策对企业生存发展的影响至关重大

B. 技术管理更能给企业带来竞争力

C. 技术要发挥作用离不开资本的投入

D. 瑞士的钟表界缺乏技术创新精神

25. 某公司决定通过更大的努力,提高现有产品在现有市场的市场份额,则该公司制定的公司层战略是(　　)。(第六章)

A. 市场渗透　B. 市场开发　C. 产品开发　D. 前向一体化

26. 通过获得本公司竞争对手的所有权或加强对其的控制的战略称为(　　)。（第六章）

A. 横向一体化战略　　B. 纵向一体化战略

C. 前向一体化战略　　D. 后向一体化战略

27. “东方不亮西方亮”是用来比喻的(　　)。（第六章）

A. 一体化战略　B. 联盟战略　C. 多元化战略　D. 全方位创新战略

28. 纺织印染厂原来只是将胚布印染成各种颜色的花布供应服装厂，现在纺织印染厂与服装加工厂联合，这属于(　　)。（第六章）

A. 前向一体化　B. 后向一体化　C. 横向一体化　D. 混合一体化

29. 业务层战略处于战略结构中的第二层次，也被称之为(　　)。（第六章）

A. 公司战略　B. 竞争战略　C. 职能战略　D. 发展战略

30. 下列几种组织结构中不能提高组织成员的满足感的是(　　)。（第七章）

A. 小型单位　　B. 授权

C. 与外界隔绝　　D. 明确的职位和职责

31. 学习型组织的概念是由(　　)最先提出的。（第七章）

A. 彼得·德鲁克　　B. 彼得·圣吉

C. 阿吉瑞斯　　D. 迈克尔·哈默和詹姆斯·钱皮

32. 组织中的矛盾来源于很多方面，下列矛盾中来源于个人目标的价值观差别的是(　　)（第七章）

A. 研究人员喜欢创新，而作业人员热衷于解决目前的问题

B. 人员分配上的竞争

C. 经营性组织中生产和销售之间的摩擦

D. 员工的分工、职责不明

33. 对企业而言，变革是(　　)。（第七章）

A. 应该避免的　　B. 可以避免的

C. 无法避免的　　D. 引起混乱的根源

34. 把分散的个体汇集成为集体，用“拧成一股绳”的力量去完成任务，体现的是组织的(　　)。（第七章）

A. 汇聚作用　B. 交换作用　C. 放大作用　D. 其他

35. 下列选项中，其含义是对组织各部门整合，实现组织成员责、权、利相互关系协调的一种有序安排的是(　　)。（第八章）

A. 团队建设　B. 组织结构　C. 组织文化　D. 组织目标

36. 我们用下列哪个术语来描述组织中把工作任务划分成若干步骤来完成的细

分程度,即每个人专门从事工作活动的一部分,而不是全部活动。(　　)

(第八章)

A. 部门化　B. 正规化　C. 命令链　D. 专门化

37. (　　)是指要明确管理者和员工应完成的目标或任务,包括我们所期望的人与任务之间的相互关系。(第八章)

A. 技术设计　B. 组织设计　C. 人员设计　D. 工作设计

38. (　　)中存在三个要素:找出组织的独特优势、评估核心的工作流程以及进行横向组织设计。(第八章)

A. 持续改进　B. 流程再造　C. 批量定制　D. 工作设计

39. 下列选项中不属于影响组织设计的因素的是(　　)。(第八章)

A. 企业战略　B. 外部环境　C. 组织规模　D. 产品生命周期

40. 企业组织结构设计的前提是(　　)。(第八章)

A. 顾客满意原则　B. 遵循环境要求原则

C. 资源约束原则　D. 管理跨度原则

41. 组织文化的 7—S 结构是(　　)提出来的。(第九章)

A. 迪尔和肯尼迪　B. 肯尼迪

C. 彼得斯和沃特曼　D. 沃特曼

42. (　　)提出了一套标签理论,有助于我们认识组织文化之间的差异,认识到人与文化的合理匹配的重要性。(第九章)

A. 杰弗里・桑南菲尔德　B. 赫尔雷格尔

C. 哈里森　D. 迪尔与肯尼迪

43. (　　)是指在企业长期经营发展过程中逐步形成的精神财富,它包括企业精神、企业价值观、组织传统、群体意识、行为规范、企业形象和企业产品等,其中价值观是核心。(第九章)

A. 团队建设　B. 组织发展　C. 组织文化　D. 组织目标

44. 下列各项属于组织文化结构的深层文化的是(　　)。(第九章)

A. 企业的名称　B. 规章制度　C. 价值标准　D. 产品包装

45. (　　)是指组织评判事物和指导行为的基本信念、总体观点和选择方针。

(第九章)

A. 组织理念　B. 组织价值观　C. 组织结构　D. 组织形象

46. 下列选项中,不属于领导的职位权力的是(　　)。(第十章)

A. 法定权　B. 专长权　C. 强制权　D. 奖励权

47. 下列关于领导和管理的说法不正确的是(　　)。(第十章)

A. 领导是管理的一个方面

B. 管理者和领导者都是任命产生的

C. 所有的管理者都是领导者，并不是所有的领导者都是管理者

D. 领导和管理活动的着重点不同

48. 领导集体老、中、轻三代的年龄结构呈(　　)结构，最能发挥集体的整体功效。（第十章）

A. 三角形　　B. 梯形　　C. 倒三角形　　D. 矩形

49. “ABC 时间管理分类法”按工作的地位、作用和轻重缓急将其分为 A、B、C 三类工作，其中 A 类工作所占的比重为(　　)。（第十章）

A. 20%—25%　　B. 25%—30%　　C. 50%—55%　　D. 30%—35%

50. 个体由于和被影响者感情融洽而获得的权利是(　　)。（第十章）

A. 感召权　　B. 感情权　　C. 背景权　　D. 奖励权

51. (　　)与职位没有直接的联系，但在组织和群体中具有很大的影响力。（第十章）

A. 感召权　　B. 强制权　　C. 奖励权　　D. 专长权

52. 领导集体结构是否合理有三个基本标志，其中不包括(　　)（第十章）

A. 多样性　　B. 稳定性　　C. 高效性　　D. 自适性

53. 下列关于领导特质理论的说法不正确的是(　　)。（第十一章）

A. 领导特质理论着重于研究领导者的个人特性对领导有效性的影响

B. 该理论的基本分析方法是归纳分析法

C. 现代特质理论认为领导者所需要的某些个人特性不能通过专门的训练获得

D. 传统领导特质理论认为领导者的品质是与生俱来的

54. 领导行为四分图的纵轴和横轴分别代表(　　)。（第十一章）

A. 以人为重和以工作为重　　B. 关心生产和关心人

C. 关系导向型和任务导向型　　D. 以上级为中心和以下级为中心

55. 根据管理方格图理论，只注重搞好人际关系，不太注重工作效率的管理是属于哪种类型的领导风格？(　　)（第十一章）

A. 贫乏型　　B. 团队型　　C. 俱乐部型　　D. 任务型

56. 领导行为连续统一体理论指出，有效的领导方式应是(　　)。（第十一章）

A. 独裁式领导

B. 民主式领导

C. 放任式领导

D. 根据领导者、下属、情境的不同灵活运用各种方式

57. 假设你在60分为满分的LRC问卷中得了50分,根据费德勒理论,可以得出的结论是(　　)。(第十一章)

A. 你是一个任务导向型领导　B. 你的领导风格趋向于独裁

C. 你是一个以职工为中心的领导　D. 你的上下级关系较差

58. 利科特的领导行为理论中,(　　)体现出管理者向下属提出挑战性目标,并对他们能够达到目标表示出信心。(第十一章)

A. 专制—权威式　B. 开明—权威式

C. 协商式　D. 群体参与式

59. 应变领导模式理论认为,当下属成熟度为(　　)时,下属愿意承担任务但缺乏足够的能力,他们有积极性但没有完成任务所需的技能。(第十一章)

A. M1　B. M2　C. M3　D. M4

60. 当人们发现和他人相比自己的报酬偏低,会采取(　　)措施以消除不公平。(第十二章)

A. 增加自己的投入　B. 减少自己的报酬

C. 改变比较目标　D. 设法使他人减少投入

61. 外在的成就象征,比如职称、专用车位等可以满足(　　)。(第十二章)

A. 归属需要　B. 自尊需要　C. 安全需要　D. 自我实现需要

62. "挨饿的艺术家"与(　　)相矛盾。(第十二章)

A. 马斯洛的需求层次理论　B. 期望理论

C. 强化理论　D. 公平理论

63. ERG理论中的关系需要对应着马斯洛需要层次理论中的(　　)。(第十二章)

A. 归属需要　B. 自尊需要　C. 安全需要　D. 自我实现需要

64. 通过不予理睬来减弱某种不良行为的强化方式是(　　)。(第十二章)

A. 正强化　B. 负强化　C. 自然消退　D. 惩罚

65. 下列观点不符合麦克利兰的成就激励理论的是(　　)。(第十二章)

A. 当人的基本生理需要得到满足后,主要表现为追求成就需要、权力需要和社交需要。

B. 不同的人对这三种基本需要的先后次序和重视程度是不同的,受个体所处环境的影响。

C. 有高成就需要的人渴望把事情做得更完美,并寻求适度挑战性的目标。

D. 高成就需要是天生的。

66. 挫折理论认为，人们产生挫折后必然有反应。在行为方面，不属于防卫性适应方式的是(　　)。(第十二章)

A. 自我解脱　B. 逃避现实　C. 反向行为　D. 坚持己见

67. 沟通的第一个步骤是(　　)。(第十三章)

A. 信息传递　B. 信息发送　C. 信息接收　D. 反馈

68. 非正式沟通可以满足职工的哪些需要？(　　)(第十三章)

A. 生理需要　B. 安全的需要　C. 尊重的需要　D. 社交的需要

69. 下列关于非正式沟通网络的说法不正确的是(　　)。(第十三章)

A. 最常见的非正式沟通渠道是流言式

B. 偶然式即碰到什么人就转告什么人，并无一定中心任务

C. 单线式以“一人传一人”为特征

D. 集束式传播速度最快

70. 委员会可以看成是哪种沟通网络？(　　)。(第十三章)

A. 轮式　B. 环式　C. 全通道式　D. Y 式

71. 比较链式与全通道式两种信息沟通网络的各自特点，可以得出以下结论(　　)。(第十三章)

A. 链式网络采取一对一的信息传递方式，传递过程中不易出现失真情况

B. 全通道式网络由于采取全面开放的信息传递方式，具有较高的管理效率

C. 全通道式网络比链式网络更能激发士气，增强组织的合作精神

D. 链式网络比全通道式网络能激发士气，增强组织的合作精神

72. 员工的满意度也与网络的类型有关，普通成员比较满意(　　)的网络。(第十三章)

A. 轮型　B. 环式　C. 全通道式　D. Y 型

73. 下列沟通方式中属于非正式沟通渠道的是(　　)。(第十三章)

A. 文件传达　B. 召开会议　C. 公函来往　D. 兴趣小组

74. 以下有关“控制”的表述中错误的是(　　)。(第十四章)

A. 控制是管理的一项重要职能

B. 控制是管理过程中一个与计划阶段紧密关联的阶段

C. 控制是发现或分析或解决问题的过程

D. 控制就是按照计划标准衡量计划的完成情况，纠正计划执行过程中的偏差，确保计划目标实现的活动。

75. 管理人员指导和监督实际正在进行的业务活动以保证业务的运作符合计划的要求。这种控制方法属于(　　)。(第十四章)

A. 预先控制　B. 现场控制　C. 反馈控制　D. 事后控制

76. 现场控制工作的重点是(　　)。　(第十四章)

A. 把注意力集中在历史结果上　B. 正在进行的计划实施过程

C. 在计划执行过程的输入环节上　D. 控制行动的结果

77. 现场控制工作的重点是(　　)。　(第十四章)

A. 现场控制　B. 反馈控制　C. 直接控制　D. 间接控制

78. 以下不属于预算控制的是(　　)。　(第十四章)

A. 现金预算　B. 盈亏平衡分析

C. 资金预算　D. 收入和支出预算

79. 下列关于"零基预算"的说法中错误的是(　　)。　(第十四章)

A. 有利于对整个组织进行全面审核

B. 需要花费大量的人力、时间和物力

C. 有利于把组织的长远目标和当前目标以及实现的效益三者有机地结合起来

D. 适合于制造部门

80. 当我们判断一项广告是否符合组织的长短期目标时,我们采用的是(　　)。(第十四章)

A. 实物量标准　B. 货币标准　C. 无形标准　D. 目标标准

81. 下列选项中,不属于戴明的"十四要点"的是(　　)。　(第十五章)

A. 要有一个新的管理思想,不允许出现交货延迟或差错及有缺陷的产品

B. 要有一个公平合理的薪酬体系

C. 要在组织内有一个新风气,消除员工不敢提问题、提建议的恐惧心理

D. 要有一个新的领导方式,不只是管,更重要的是帮,领导自己也要有新风格

82. 下列关于 PDCA 循环管理法的说法不正确的是(　　)。　(第十五章)

A. PDCA 循环工作程序的四个阶段,以顺序进行,组成一个大圈

B. 每个部门、小组都有自己的 PDCA 循环,并都成为企业大循环中的小循环

C. 是全面质量管理最基本的工作程序

D. 直线上升

83. 质量的类别不包括(　　)　(第十五章)

A. 产品质量　B. 服务质量

C. 工作过程的质量　D. 数据质量

84. 下列不属于有效的质量控制的基础工作的是(　　)。　(第十五章)

A. 建立有效的控制系统

B. 实施目标管理

C. 发挥顾客的作用,让顾客参与控制

D. 不断提升企业管理基础工作

85. 全面质量管理的首要环节是(　　)。　　(第十五章)

A. 产品设计过程的质量管理　　B. 产品制造过程的质量管理

C. 产品辅助过程的质量管理　　D. 产品使用过程的质量管理

86. 下列关于六西格玛管理的说法中错误的是(　　)。　　(第十五章)

A. 名字起源于统计学

B. 企业在实施六西格玛之前,必须制定或重新评价企业的战略

C. 六西格玛推广人应由企业的高层领导担任

D. 六西格玛项目应从员工关键需求出发,解决影响员工满意度最大的关键因素

87. 现代管理系统是(　　)　　(第十六章)

A. 计算机系统　　B. 手工管理系统

C. 人和计算机等组成的系统　　D. 通信网络系统

88. 下列不属于管理信息的特征的是(　　)。　　(第十六章)

A. 有用性　　B. 独占性　　C. 综合性　　D. 经济性

89. 下列关于 ERP 的说法中错误的是(　　)。　　(第十六章)

A. 从本质上讲,ERP 是一套信息系统,是一种工具

B. 体现了精益生产、同步工程和敏捷制造的思想

C. 体现了对整个供应链进行管理的思想

D. ERP 无所不能

90. 系统的特征不包括(　　)　　(第十六章)

A. 整体性　　B. 目的性　　C. 不可控性　　D. 环境适应性

91. 下列不属于管理信息系统的特点的是(　　)。　　(第十六章)

A. MIS 是一个人一机结合的辅助管理系统

B. 面向管理决策

C. 综合性

D. 管理信息系统的目的在于代替人做决策

92. ERP、SCM 与 CRM 中能满足组织所有层面和所有职能活动的信息需求的是(　　)。　　(第十六章)

A. ERP　　B. SCM　　C. CRM　　D. 不存在

93. 下列关于中国绩效考核现状的表述不正确的是(　　)。(第十七章)

A. 国内企业关于绩效考核的定位还存在很大的差距

B. 有 46.78%的被调查企业的高层没有正式的、书面的绩效计划

C. 大部分被调查企业对绩效考核的满意度不高

D. 我国要依靠自身的力量建立科学的绩效考核体系,不依靠力量

94. 下列对绩效考核的认识正确的是(　　)。(第十七章)

A. 绩效考核是浪费时间　　B. 绩效考核是一种形式

C. 绩效考核是人力资源部门的工作　　D. 绩效管理是一个系统

95. 下列不属于绩效考核目的的是(　　)。(第十七章)

A. 对员工的业绩进行制度性的评价,以助于其改进工作

B. 有助于提高员工满意度

C. 能增强员工对公司的认同感以及归属感,有效调动员工工作的积极性

D. 为薪酬、福利、竞争、培训等等政策的实施提供依据

96. 绩效面谈时主管人员应该要(　　)。(第十七章)

A. 尽量多批评　　B. 塑造一种紧张的气氛

C. 事先确定一个现成的立场和观点　D. 就事论事

97. 一个切实可行的绩效改进计划要点不包括(　　)。(第十七章)

A. 切合实际　　B. 有明确的时间性

C. 计划要具体　　D. 计划可以不需要得到员工的认同

98. 下列关于绩效计划的说法的是:(　　)(第十七章)

A. 它的制定是一个沟通的过程　　B. 它是双方签订的一个内部协议

C. 它的设定从公司的最底层开始　　D. 制定的结果为订立正式书面协议

99. 在 360 度反馈评价中,以下哪项不属于对被评者进行评价的人:(　　)

(第十七章)

A. 上级　　B. 人力资源专家　　C. 下属　　D. 客户

100. 美国通用电器公司曾一度忽视自己的社区责任,因而遇到了来自社会的各种各样的阻力和麻烦。后来,它的公共关系部受命发起了“改善社区环境”的活动,以下不属于企业对社区的社会责任的是(　　)。(第十八章)

A. 建立医院　　B. 设立便民店

C. 开发新产品　　D. 向市民提供职业教育的机会

101. 下列不属于持多元社会责任观的代表人物是(　　)。(第十八章)

A. 哈罗德　　B. 海因茨　　C. 罗宾斯　　D. 弗里德曼

102. 下列关于 SA8000 的说法不正确的是(　　)。(第十八章)

A.起源于西方发达国家　　　　　B.劳工标准是其核心内容
C.对经济发展百利而无一害　　　D.从长期看有利于企业的发展

103.以SA8000为代表的企业社会责任对于经济的影响具有两面性,下列不属于其正面影响的是(　　)。　(第十八章)
A.有助于树立和提高企业的良好社会形象,并有利于建立企业品牌
B.通过企业社会责任认证,客观上有利于员工工作环境和待遇的改善
C.使合作伙伴对本企业建立长期信心
D.有助于降低企业的生产成本

104.下列选项中不影响企业声誉度的是(　　)。　(第十八章)
A.情感吸引　B.财务业绩　C.产品和服务　D.员工成熟度

105.选择新贸易保护主义的兴起,从发展趋势判断,将劳工标准、(　　)与国际贸易挂钩是一个必然的趋势和要求。　(第十八章)
A.企业绩效　B.情感吸引　C.企业社会责任　D.企业声誉

106.Fombrun进行了声誉度(RQ)的有关测量,发现企业声誉度主要受到6个因素影响。以下选项中,不属于这六个因素的是(　　)　(第十八章)
A.尊重人权　B.社会责任　C.财务业绩　D.情感吸引

107.管理创新不包括(　　)。　(第十九章)
A.管理方法的创新　　　　　B.管理工具的创新
C.管理模式的创新　　　　　D.管理制度的创新

108.以下不属于创新行为的是(　　)。　(第十九章)
A.十九世纪初,麦考密克首次采用分期付款销售收割机
B.某公司采取措施,扶植另一家企业成为本企业新的零部件供应商
C.某汽车生产企业经过研究,发现可用塑料代替钢铁生产零部件
D.某企业引进浮法玻璃生产线代替原有设备制造玻璃

109.以下不属于创新的特征的是(　　)。　(第十九章)
A.新颖性　B.动态性　C.系统性　D.盈利性

110.根据创新的组织程度,可以将创新分为(　　)。　(第十九章)
A.自发创新和有组织的创新　　B.主动创新和被动创新
C.自主创新、模仿创新和合作创新　D.局部创新和整体创新

111.据统计,在美国,企业产品开发的成功率只有20%—30%,如果计算从设想到进行开发到成功的比率那就更是凤毛麟角了。这说明创新具有(　　)。
(第十九章)
A.新颖性　B.创造性　C.风险性　D.高收益性

112. 英特尔公司总裁葛洛夫有句至理名言:“惟有忧患意识,才能永远长存”。这说明企业家应具备的一项人格特征是( )。 (第二十章)

A. 较强的风险意识与创业精神　B. 自信、勤奋、吃苦耐劳精神

C. 诚实守信的商业道德　D. 强烈的危机意识

113. 下列企业家中是收购型企业家的典范的是( )。 (第二十章)

A. 约翰·钱伯斯B. 杨致远　C. 大卫·费洛　D. 吉姆·克拉克

114. 下列不属于创业家所必备的独特能力是( )。 (第二十章)

A. 识别机遇的能力　B. 社交能力

C. 优良的心理素质　D. 学习与创新的能力

115. 下列关于创业的说法不正确的是( ) (第二十章)

A. 技术是创业活动的核心,是推动创业的最根本力量

B. 创业是创新成果叠加的过程

C. 创业是创业管理有效实施的过程

D. 创业包括一个搜寻和捕获机会并由此创造新颖的产品或服务的过程

116. 下列创业过程的观念性模式中,主张将机会、创业团队和资源三要素进行适当搭配,并且应随着企业发展而相应作出动态平衡的是( )。 (第二十章)

A. 提摩模式　B. 克里斯琴模式　C. 加德纳模式　D. 威廉模式

117. 按新企业建立的渠道分类,创业不包括( )。 (第二十章)

A. 独立创业　B. 集体创业　C. 企业内创业　D. 母体分离

三、简答题

1. 何谓管理? 管理的基本特征是什么? (第一章)
2. 管理活动具有哪些基本职能? 它们之间的关系是什么? (第一章)
3. 管理学的基本原理有哪些? 试简述各原理的内涵。 (第一章)
4. 一个有效的管理者需要扮演哪些角色? 需要具备哪些技能? (第一章)
5. 法约尔提出的管理职能有哪几条? (第二章)
6. 泰罗认为管理的四个基本原则是什么? (第二章)
7. 泰勒的科学原理的主要贡献是什么? (第二章)
8. 简述企业再造的程序。 (第二章)
9. 学习型组织理论中的五项修炼是什么? (第二章)
10. 什么是企业环境? (第三章)
11. 企业环境分析的内容有哪些? (第三章)

12. 企业环境分析过程和方法有哪些？ （第三章）
13. 简述迈克尔·波特的行业结构模型。 （第三章）
14. 计划工作的基本特征是什么？ （第四章）
15. 目标管理的基本思想和主要特点是什么？ （第四章）
16. 请简述正式计划和非正式计划的差异。 （第四章）
17. 联系实际，谈谈计划的作用。 （第四章）
18. 战略计划和战术计划有何不同？ （第四章）
19. 什么是决策？决策的特征有哪些？ （第五章）
20. 试述决策的类型和程序。 （第五章）
21. 简述决策的方法及其特点。 （第五章）
22. 简述程序化决策和非程序化决策的异同。 （第五章）
23. 请简述群体决策的优缺点。 （第五章）
24. 论述战略管理过程。 （第六章）
25. 常见的战略选择误区有哪些？ （第六章）
26. 请简述战略控制的概念与方法。 （第六章）
27. 组织变革有哪几种方式？ （第七章）
28. 组织管理的过程包括哪几个步骤？ （第七章）
29. 什么是学习型组织？创建学习型组织的方法有哪些？ （第七章）
30. 今天组织管理的新趋势有哪些？ （第七章）
31. 组织管理职能有哪些？ （第七章）
32. 试述组织设计的概念及其在管理中的意义。 （第八章）
33. 组织设计的一般方法有哪些，各自的实践意义如何？ （第八章）
34. 什么是矩阵结构？什么时候管理层可以采用这种结构？ （第八章）
35. 对比网络结构和虚拟组织的异同。 （第八章）
36. 试述组织设计的理论演进与发展。 （第八章）
37. 什么是组织文化？ （第九章）
38. 组织文化的结构是什么？ （第九章）
39. 组织文化有什么功能？ （第九章）
40. 联系实际，论述创建与维护组织文化的途径与方法。 （第九章）
41. 组织文化变革的方法是什么？ （第九章）
42. 管理与领导的区别与联系是什么？ （第十章）
43. 领导的基本特征和作用是什么？ （第十章）
44. 领导者需要具备哪些素质？ （第十章）

45. 主要的领导方法有哪些? (第十章)
46. 领导的非职位权力主要有哪些? (第十章)
47. 领导者具备的业务技能包括哪些? (第十章)
48. 领导理论包括哪几方面内容? 它们之间有什么区别? (第十一章)
49. 勒温理论的基本观点是什么? (第十一章)
50. 怎样根据下属的成熟度,选择合适的领导方式? (第十一章)
51. 费特勒模型的主要内容是什么? (第十一章)
52. 豪斯的路径——目标理论认为的领导方式有哪几种? (第十一章)
53. 管理方格图理论的主要内容是什么? (第十一章)
54. 简述赫茨伯格的双因素理论以及对企业管理的现实意义。 (第十二章)
55. 什么是公平理论? (第十二章)
56. 波特和劳勒模式中绩效和满足的关系是什么? (第十二章)
57. 主要激励理论的要点有哪些? 如何理解这些理论之间的相互关系? (第十二章)
58. "社会人"的基本假设有哪些? (第十二章)
59. 激励的方法主要有哪些? (第十二章)
60. 简述非正式沟通的特点。 (第十三章)
61. 组织沟通和人际沟通有什么区别和联系? (第十三章)
62. 人际沟通的障碍主要来自哪些方面? 如何解决? (第十三章)
63. 简述正式沟通渠道的五种模式及各种模式的特点。 (第十三章)
64. 组织沟通的障碍主要来自哪些方面? (第十三章)
65. 消除组织沟通障碍的主要方法有哪些? (第十三章)
66. 控制过程包括哪几个步骤? 哪个步骤最难实施? 为什么? (第十四章)
67. 请描述和比较各种控制的技术和方法。 (第十四章)
68. 预算控制与非预算控制的区别是什么? (第十四章)
69. 如何实现客观衡量的实际绩效? (第十四章)
70. 怎样理解控制工作的重要性? (第十四章)
71. 简述控制标准的制定要求? (第十四章)
72. 质量控制的发展过程及其特征是什么? (第十五章)
73. 什么是全面质量管理? 有何特点? (第十五章)
74. 质量管理的原则有哪些? (第十五章)
75. 常用的质量控制方法有哪些? (第十五章)
76. 简述管理信息的含义、类型及特征。 (第十六章)

77. 简述管理信息系统的基本组成部分，其特点有哪些？（第十六章）
78. 简述绩效考核的流程。（第十七章）
79. 平衡计分卡的含义和基本思想是什么？（第十七章）
80. 什么是关键绩效指标考核法？（第十七章）
81. 以某一个企业为例，考察其绩效考核现状，并提出相应建议。（第十七章）
82. 什么是 360 度绩效评价法？（第十七章）
83. 谈谈应该如何制定绩效计划？（第十七章）
84. 企业社会责任的含义是什么？（第十八章）
85. 简述企业社会责任的产生背景。（第十八章）
86. 试分析和评价不同的社会责任观。（第十八章）
87. 简要介绍 SA8000 认证体系的内容，并评价其对中国经济的影响。（第十八章）
88. 肯尼斯·安德鲁斯强调企业战略框架中应该包含社会责任成分，他认为战略决策应包括的几个主要方面是？（第十八章）
89. 创新有哪些类型？它们之间有什么区别？（第十九章）
90. 创新包含哪些方面的基本内容？（第十九章）
91. 企业创新的动力有哪些？（第十九章）
92. 企业组织创新的障碍有哪些？（第十九章）
93. 组织创新的过程？（第十九章）
94. 影响创业的关键要素是什么？（第二十章）
95. 创业家所必备的人格特征有哪些？（第二十章）
96. 创业的基本过程有哪几个阶段？（第二十章）
97. 创业过程的观念性模式有几种？（第二十章）
98. 创业成败的评价标准是什么？（第二十章）

参考答案

一、填空题

1. 计划、组织、领导、控制
2. 两重性、动态性、创造性、艺术性
3. 系统原理、人本原理、责任原理、权变原理、效益原理、信息原理
4. 管理原理、管理职能、管理方法、管理者和管理历史
5. 人际关系型角色、信息型角色、决策型角色
6. 技术技能、人际技能、概念技能
7. 传统型统治、魅力型统治、合法型统治
8. 生理的需要、安全的需要、社会交往的需要、尊重的需要、自我实现的需要
9. 某项活动成果的吸引力×期望几率＝激励力
10. 企业再造理论、学习型组织理论、虚拟组织理论
11. 自我超越 、改善心智模式 、建立共同愿景 、团体学习 、系统思考
12. 人力资源虚拟化、组织结构虚拟化、信息网络虚拟化
13. SWOT 分析法
14. 基础性活动、技术活动、人力资源管理与开发 、采购管理
15. 迈克尔·波特
16. 自然(地理)环境、政治环境、经济环境、社会文化环境、科学技术环境
17. 价值观、英雄人物、礼仪和庆典、文化网络
18. 价值活动、利润
19. 定性预测方法 、定量预测方法
20. 原因(何因 why)、对象(何事 what)、地点(何地 where)、时间(何时 when)、人员(何人 who)、方法(何法 how)
21. 形成目标体系，总目标决定分目标；以目标为中心，强调系统管理；管理围绕目标展开，以目标为考核依据；重视人的因素
22. 程序化决策、非程序化决策
23. 头脑风暴法、德尔菲法
24. 盈亏平衡分析、决策树方法、不确定性决策方法

25. 战略性决策、战术性决策
26. 确定型决策、风险型决策、不确定型决策
27. 公司层战略、业务层战略、职能层战略
28. 一致(consistency)、协调(consonance)、优越(advantage)和可行(feasibility)
29. 事前控制、事后控制、过程控制
30. 有经营战略规划、健全的组织机构、得力的领导者、优良的企业文化
31. 市场渗透、市场开发、产品开发
32. 收缩(retrenchment)、剥离(divestiture)、清算(liquidation)战略
33. 有经营战略规划、健全的组织机构、得力的领导、优良的企业文化
34. 组织
35. 个人与机构之间的交换作用
36. 目标统一原理、分工协作原理、管理宽度原理、责权一致原理、集权与分权相结合原理、稳定性与适应性结合原理
37. 职能分析、决策分析、关系分析
38. 作业组织、管理组织、财产组织
39. 工作专门化、部门化、命令链、控制跨度、集权与分权、正规化
40. 遵循环境要求原则、顾客满意原则、资源约束原则、权力分配原则和管理跨度原则
41. 扁平式结构、直线式结构
42. 集权、分权
43. 顾客满意原则
44. 战略顶点、运营核心、中间层、技术结构层、支持层
45. 环境条件、价值信仰、英雄人物、习俗礼仪、文化网络
46. 硬汉文化、努力工作—尽情享受文化、长期赌注文化、过程文化
47. 官僚文化(bureaucratic culture)、氏族文化(clan culture)、企业文化(entrepreneurial culture)和市场文化(market culture)
48. 表层文化、中介文化、深层文化
49. 理念识别、行为识别、视觉识别
50. 权力文化、角色文化、任务文化、人的文化
51. 指挥、协调、激励
52. 专长权、感召权、背景权、感情权
53. 法定权、强制权、奖励权
54. 思想素质、业务素质、业务技能、身体素质

55. 年龄结构、知识结构、能力结构、气质结构、专业结构
56. 调查研究方法、系统分析方法、合理授权法、运筹时间的方法
57. 领导艺术
58. 有效性
59. 领导特质理论
60. 专制作风、民主作风、放任自流作风
61. 专制—权威式、开明—权威式、协商式、群体参与式
62. 贫乏型、俱乐部型、任务型、团队型、中间型
63. 指导型领导方式、支持型领导方式、参与型领导方式、成就型领导方式
64. 工作行为、关系行为、下属的成熟度
65. 内容型激励理论、过程型激励理论、行为改造型激励理论
66. 生理需要、安全需要、社交需要、尊重的需要、自我实现的需要
67. 生存需要、相互关系需要、成长发展需要
68. 正强化、负强化、自然消退、惩罚
69. 没有满意、没有不满意
70. 报酬绝对值、相对报酬
71. 努力程度、能力大小、任务难度、运气和机遇
72. 信息发出、信息传递 、信息接收 、反馈、噪音
73. 准确性原则、完整性原则、适时性原则、及时性原则
74. 口头沟通、书面沟通、非语言沟通、电子媒介沟通
75. 环式
76. 个人因素 、人际因素、组织结构因素、文化因素、技术因素
77. 链式、轮式、Y 式、环式、全通道式
78. 下行沟通 、上行沟通 、平行沟通 、斜向沟通
79. 制定标准、衡量绩效、纠正偏差
80. 前馈控制、现场控制、反馈控制
81. 同计划和组织相适应原则、突出重点，强调例外原则、具有灵活性，及时性和经济性原则 、避免目标扭曲原则、适度性原则
82. 反馈控制
83. 收入与支出预算 、资金预算、现金预算、实物量预算 、预算汇总、全面预算管理
84. 明确工作目标、协调部门关系、控制日常工作、考核绩效标准
85. 行政控制预算 、经济分析、比率分析 、盈亏平衡分析

86. 事后控制、统计质量控制、全面质量管理
87. 费根堡姆
88. 控制图、变化特性分析图、六西格玛管理方法
89. 计划——执行——检查——处理
90. 信息
91. 通信技术、计算机技术
92. 有用性、综合性、经济性、共享性
93. 信息处理系统、信息传输系统
94. 企业资源计划(ERP)
95. 电子数据处理系统、管理信息系统、决策支持系统
96. 绩效考核
97. 工作要项、绩效标准
98. 传统的财务指标、非财务指标
99. 财务、客户、内部营运、学习与发展
100. 关键绩效指标考评法、360 度绩效评价法(全员评价法)、平衡计分卡法
101. 发掘人才、培训、调整人事安排、调整报酬分配、决定奖惩
102. 360 度反馈评价
103. 一元社会责任观、多元社会责任观
104. 显性的技术标准、具有较强隐蔽性的非技术标准
105. SA8000
106. 欧利文·谢尔顿
107. 品牌、专利、声誉
108. 遵守商业道德、保护环境、发展慈善事业
109. 良好的声誉
110. 约瑟夫·熊彼特(Joseph A. Schumpeter)
111. 渐进性创新、根本性创新
112. 自主创新、模仿创新、合作创新
113. 局部创新、整体创新
114. 管理方法的创新、管理工具的创新、管理模式的创新
115. 材料创新、产品创新、工艺创新、手段创新
116. 生存型创业、机会型创业、生存加机会型创业
117. 创新型创业、从属型创业、模仿型创业
118. 持久盈利

119. 机遇识别的能力、学习与创新的能力、管理能力

120. 远见型创业家、收购型创业家、转型式创业家、持续创业型创业家

121. 加德纳模式、威廉模式、提摩模式、克里斯琴模式

二、选择题

1. A	2. C	3. B	4. B	5. A	6. B	7. C	8. B	9. B	10. C
11. B	12. D	13. C	14. C	15. B	16. A	17. A	18. A	19. A	20. B
21. C	22. B	23. A	24. A	25. A	26. A	27. C	28. A	29. B	30. C
31. B	32. A	33. C	34. A	35. B	36. D	37. B	38. C	39. D	40. B
41. C	42. A	43. C	44. C	45. B	46. B	47. B	48. B	49. A	50. B
51. D	52. A	53. C	54. A	55. C	56. D	57. C	58. D	59. B	60. D
61. C	62. A	63. B	64. C	65. D	66. D	67. B	68. D	69. A	70. C
71. C	72. B	73. D	74. C	75. B	76. B	77. C	78. B	79. D	80. C
81. B	82. D	83. D	84. C	85. A	86. D	87. C	88. B	89. D	90. C
91. D	92. D	93. D	94. C	95. B	96. D	97. D	98. C	99. B	
100. C	101. D	102. C	103. D	104. D	105. C	106. A	107. D	108. B	
109. D	110. A	111. C	112. D	113. A	114. C	115. A	116. A	117. B	

三、简答题

1. 管理(management)就是通过计划、组织、领导和控制组织资源,以有效益和高效率的方式实现组织目标的过程。

   基本特征:

   (1)二重性

   (2)动态性

   (3)创造性

   (4)艺术性

   现代管理的上述四个特征是相互联系的,缺一不可的。一个现代管理者,只有对其有深刻的认识,才能在复杂的管理活动中,胜似闲庭信步,否则寸步难行。

2. 管理活动具有计划、组织、领导和控制等四项职能。其中计划是管理的首要职能,管理活动从计划工作开始。其次,组织服从计划,再好的计划方案也只有落实到行动中才有意义,透过有效的组织工作,管理人员可以更好地协调组织的人力和物力资源,更顺利地实现组织的目标。再次,有了计划,构建了合适的组织结构,就需要开展领导工作。领导是运用影响力激励员工促进组织目

标实现的过程。最后，控制是管理过程的第四项职能，它意味着对员工的活动进行监督，判断组织是否正朝着既定的目标健康地向前发展，并在必要的时候及时采取矫正措施。

3.（需要具体阐述）

（1）系统原理

（2）人本原理

（3）责任原理

（4）权变原理

（5）效益原理

（6）信息原理

4.需要扮演的角色：

人际关系型角色（头面人物、领导者、联络人）

信息传递者角色（监控者、传播者、发言人）

决策角色（创业者、混乱处理者、资源分配者、谈判者）

需要具备的技能：技术技能、人际技能、概念技能

5.法约尔认为，管理就是实行计划、组织、指挥、协调和控制。可见，法约尔在这里提出了管理的五项职能。

计划，就是探索未来，制定行动计划。它是管理活动中的第一个环节；组织，就是建立企业的物质和社会的双重结构；指挥，就是组织建立起来以来，使其发挥作用；协调，就是连接、联合、调和所有的活动及力量；控制，就是检查所进行的一切活动是否都按已制定的计划和下达的命令进行。

6.（1）为每一个工人的工作要素建立一个科学方法，用以代替过去的经验方法。

（2）科学地挑选工人，并对他们进行培训、教育和开发（而在以往，则是由工人自己挑选工作，并尽其所能进行自我培训）。

（3）与工人之间进行诚心友好的合作，以确保所有的工作都能按已建立的科学原则去做。

（4）管理者与工人之间在工作和职责的划分上几乎是平等的。管理者要把那些自己比工人胜任的各种工作都承揽过来（以往，几乎所有的工作和大部分责任都推到了工人们头上）。

7.（1）采取各种措施提高劳动生产率，突出强调了提高劳动生产率的重要性；

（2）采用科学方法进行各种试验和研究，把管理置于科学基础之上；

（3）把工人的报酬同他们的贡献紧密结合起来，调动了工人的积极性；

（4）明确纵向和横向管理的职责划分和分工负责；

(5)重视用科学方法培训工人。

8.(1)对原有流程进行面貌一新的功能和效率分析,发现其存在的问题。

(2)设计新的流程改进方案并加以评估。

(3)制定规划,形成方案。

(4)组织实施与持续改善。

企业再造理论适应了通过变革来创造企业新活力的需要,在欧美的企业中受到了高度的重视,因而得到迅速地推广,并带来了显著的经济效益,这也使得越来越多的学者加入到企业流程再造的研究中来。当然,作为一种新的管理理论和方法,企业再造理论仍然需要不断地发展和完善。

9.(1)自我超越。这是五项修炼的精神基础,是指学习不断厘清并加深个人的真正愿望,集中精力、培养耐心,并客观地观察现实。

(2)改善心智模式。即不断适应内外的变化,改变自己的思维定势以及由此决定的假设、成见甚至图像、印象。

(3)建立共同愿景。是指要使组织拥有一种能够凝聚全体成员,并坚持实现的共有的目标、价值观与使命。

(4)团体学习。是指在群体中进行思想交流,分享集体的智慧。当团体真正在学习的时候,不仅团体整体产生出色的成果,个别成员成长的速度也比其他的学习方式要快。

(5)系统思考。这是五项修炼的核心,是指树立系统观念,善于运用完整的知识体系和实用的工具,认清整个变化形态,并了解如何有效地掌握变化,开创新局面。

圣洁认为,以上五项修炼是一个有机的整体,每一项修炼都与其他几项修炼密切相关。其中最关键也最困难的修炼是系统思考的修炼,所以,圣洁将其著作命名为《第五项修炼》,就是要突出系统思考修炼的重要意义。

10.企业环境是指影响企业生存和发展的各种内外因素的组合。总体上看,企业的战略环境包括内部环境和外部环境两个部分。外部环境是企业生存和发展的前提条件,内部环境则是企业生存和发展的基础。企业的生存发展,从根本上来说,取决于利用自身的内部环境条件去适应所处的外部环境。企业战略环境研究就是指企业对外部环境和内部条件的变化进行分析和研究,为企业制定战略和实施战略提供依据。

11.(1)企业外部环境分析:

a.政治环境因素 b.经济环境因素 c.法律环境因素 d.社会文化环境因素 e.科学技术环境因素 f.自然环境因素

(2)企业内部环境分析：

a. 企业资源分析 b. 企业内部管理分析 c. 企业市场营销能力分析 d. 企业财务状况分析 e. 企业科研开发能力分析 f. 企业生产能力分析

12. G——PEST 综合分析方法

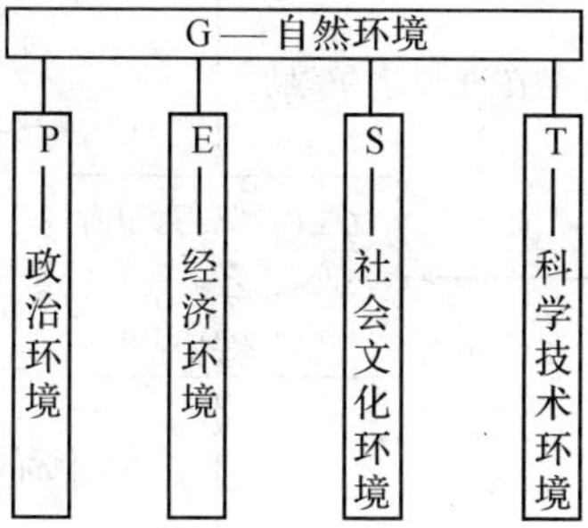

(1)G(Geographical)——自然(地理)环境

• 面积、人口、土地、资源、气候、生态等；

• 交通、基础设施、环境保护。

(2)P(Political)——政治环境

• 制约和影响企业的政治因素；

• 法律体系、法规及法律环境。

(3)E(Economical)——经济环境

• 社会经济结构、经济体制、宏观经济政策等要素；

• GNP、GDP、人均收入和消费水平、失业率、通货膨胀率、通货紧缩率、利率、汇率、货币供应量等指标。

(4)S(Social)——社会文化环境

• 社会结构、社会风俗和习惯、信仰和价值观念、行为规范、生活方式、文化传统；

• 人口因素(人口规模、地理分布、受教育的程度)等。

(5)T(Technological)——科学技术环境

• 科技体制、科技政策、科技水平和发展趋势等；

• 科技创新机制和科技投入；

• 科技人员的素质、水平、待遇和工作条件。

13. 就目前的情况看，在行业竞争研究方面，最知名的还是迈克尔・波特的行业结构模型分析。他认为，一个行业的竞争状况取决于 5 种基本力量，这些力量汇集起来决定着该行业的利润率和利润潜力，最终利润潜力是以投资资金的长期收益来衡量的。这 5 种力量就是:潜在进入者的威胁、行业内现有企业竞争、供应商的讨价还价能力、买方的讨价还价能力及替代品的威胁。如下图所示:

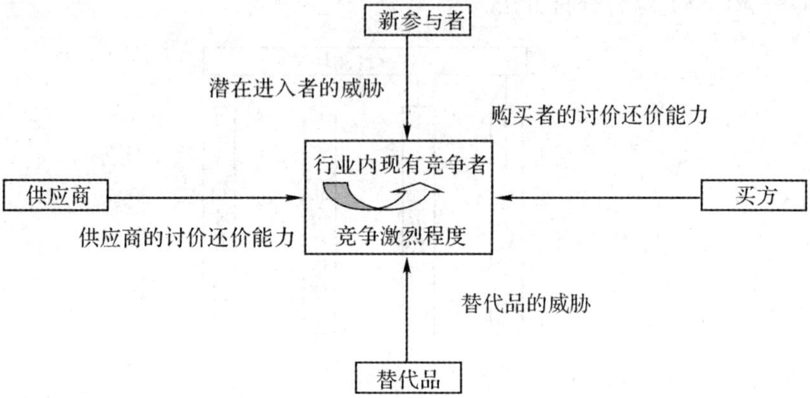

这 5 种力量形成一种合力,无论这种合力如何,企业管理者的任务是:

- 进入一个行业之前,要进行竞争强度的分析;
- 进入某一个行业之后,要运用行业内的竞争结构来确定自己的"位置";
- 通过行业竞争分析来确定自己的竞争战略。

14. 计划工作的基本特征可以概括为以下五个方面:目的性、先行性、普遍性、前瞻性、经济性。

15. 目标管理在指导思想上以 Y 理论为基础,认为在目标明确的条件下,人们能够对自己负责,实行自我控制。目标管理具有四个基本特征:(1)形成目标体系,总目标决定分目标。(2)以目标为中心,强调系统管理。(3)管理围绕目标展开,以目标为考核依据。(4)重视人的因素。

16.

正式计划	非正式计划
正式计划往往要组织形成完整的一套计划书。计划书要详细、明确,并明文规定组织的目标是什么,实现这些目标需要什么样的全局战略	在非正式计划中,没有书面文件的表述。但这并不意味着当事人就一定没有制定出行动的目标和方案。没有正式计划并不简单等同于无计划。许多小企业中就存在大量的非正式计划,只是确定和了解这种计划的人可能不多,但至少企业中会有那么一个所有者兼管理者的人或几个人认真地思考过企业想要达到什么目标,以及怎么实现目标

续表

正式计划	非正式计划
正式计划的制定则是一个包括了环境分析、目标确定、方案选择以及计划文件编制这一系列工作步骤的完整的过程	非正式计划内容比较粗略且缺乏连续性。从而,非正式计划不容易在组织中进行交流和扩散。而在规模比较大、管理工作较复杂的组织中,编制正式的计划就显得非常地重要
正式计划是在计划书的基础上,开发出一个全面的分阶段和分层次的计划体系,综合和协调不同时期和不同部门的活动	非正式计划的确定欠周密也很不正规。通常是对某一问题做出了决定就算有了计划。非正式计划仅限于决策阶段对组织的目标和实现目标的途径作总括性的策划

17.(需联系实际具体阐述)

(1)指引方向,指导工作。

(2)降低风险,掌握主动。

(3)减少浪费,提高效益。

(4)提供控制标准,计划工作建立的目标和指标是控制的依据和尺度。

18.

对比变量	战略计划	战术计划
时间跨度	时间跨度长,涉及范围广	时间跨度短,涉及范围窄
内容	内容抽象、概括,可操作性弱	内容具体、明确,可操作的要求高
目标	无既定目标	根据企业总体目标分解而提出的具体行动目标
有效期限	多一次性使用,较少重复性使用	环境因素相同的前提下,可再次使用
确定性	不确定性高、结果具有高风险	风险程度也较战略计划低

19.决策是为了实现某一目的而从若干个可行方案中选择一个满意方案的分析判断过程。

(1)决策要有明确目的(目标),没有目标就不存在决策。

(2)决策的关键和实质是选择。

(3)决策是一个依据一定的程序和规则的分析判断过程,要进行方案间比较。

(4)决策结果只能是选择一个相对满意方案,不应该以追求最佳结果为决策的目标。

20. 按照决策问题的重复程度和有无既定的处理程序,可以分为程序化决策和非程序化决策。

依据决策的重要程度和决策所涉及的时限,可分为战略性决策和战术性决策。

根据决策的主体构成,可将决策划分为个人决策和群体决策。

按决策所要求获得答案的数目及其相互关系的情况来划分,决策可以分为单项决策与序贯决策。

根据决策环境的控制程度,将决策划分为确定型决策、风险型决策和不确定型决策。

决策的一般程序包括下面八个步骤:(1)调查研究,提出问题;(2)系统分析,确定目标;(3)收集信息,科学预测;(4)拟定方案,采取对策;(5)全面比较方案评价;(6)总体权衡,选定方案;(7)进行试点,检验决策;(8)实施决策,控制反馈。

21. 定性决策法是建立在心理学、社会学和行为科学等基础上的"专家法",是在决策过程中利用已知的、现有的资料,充分发挥专家集体的智慧、能力和经验,在系统调查研究分析的基础上进行决策的方法。主要有:头脑风暴法、德尔菲法等。

定量决策方法主要有:盈亏平衡分析(量本利分析)、决策树方法、不确定型决策方法。

22.

	概念	针对的对象	处理方式	举例
程序化决策	是指那些例行的、按照一定的频率或间隔重复进行的决策	处理的主要是常规性、重复性的问题	处理这类问题,就要预先建立相应的制度、规则、程序等,当问题再次发生时,只需根据已有的规定加以处理即可	例如资金短缺、设备故障、产品质量,这部分决策约占组织决策的 80%
非程序化决策	指那些非例行的、很少重复出现的决策	主要处理的是那些非常规性的问题	这类决策往往缺乏信息资料,无先例可循,无固定模式,常常要管理人员进行创造性思维	例如,战略制定、新市场的开拓和新产品的开发、重大投资等

23. 群体决策具有以下两个优点:

第一,决策质量可能更高。群体决策基于更完整的信息和更多的备选方案,并从更广泛的角度对方案进行评价和论证,从而作出更准确、更富有创造性的决策。

第二，决策方案的可接受性更强。决策过程中的参与者比较多，决策中考虑更多人的意见和建议，使决策结果更加客观和可行，可接受性更强。

但是，群体决策也可能附带以下缺点：

第一，决策过程有可能被某一个人控制，名为群体决策，实为“一个声音在说话”，这样会影响决策的质量。

第二，达成共识的协调成本高，决策效率低下。参与制定决策的人员越多，群体需要花更多的时间和更多的协调来达成相对一致的意见，导致群体决策效率的低下。

24. 战略管理过程大体上可以分为：战略分析与制定、战略评价与选择、战略实施与控制三个阶段。战略分析阶段的任务是根据企业的宗旨和使命，及内外部环境，确定企业的具体战略目标。战略选择阶段的任务是为企业长期目标确定恰当的总体战略和竞争战略目标及实现途径。战略实施阶段的任务是为战略的具体实施安排组织条件，并对战略实施过程进行领导、指挥和控制，以保证战略目标实现，或是根据战略平衡状态的变化及时调整战略目标。

25. 常见的战略选择误区有以下几种：

(1)盲从

在没有仔细分析企业特有的内外环境条件和自身资源的情况下，盲目地追随行业内成功企业的战略选择或者目前流行的战略态势，忽视或者缺乏对企业自身特殊情况的充分考虑，从而造成战略失误。

(2)墨守成规

企业容易受到已经成功的战略的影响，而忽视外部环境和企业相对比较优势的变化，缺乏创新和变革，墨守成规。

(3)战略规划与执行的非系统性

这里是指战略规划在时间上的连续性，与未来的环境的适应性方面不够系统。

26. 战略控制主要是指在企业经营战略的实施过程中，依据一定的控制标准，检查各项战略举措的进展情况，与既定的战略目标与绩效标准进行比较，分析产生偏差的原因并纠正偏差，使企业战略的实施更好地与企业当前所处的内外环境、企业目标协调一致，使企业战略得以实现。

控制的方法：

从控制时间来看，企业的战略控制可以分为如下三类：

(1)事前控制；(2)事后控制；(3)过程控制

依据控制的具体领域不同，企业的战略控制可以分为相应的不同种类：

(1)财务控制;(2)生产控制;(3)质量控制;(4)成本控制

27.(需要具体阐述)

(1)改良式的变革。

(2)革命式的变革。

(3)计划式的变革。

28.(需要具体阐述)

(1)对目标进行分解,形成目标体系;

(2)对为实现目标所必需的各项业务活动加以分类和组合;

(3)划分职能部门,设置管理机构,进行合理分工;

(4)明确各部门的职责与权力;

(5)合理配备人员;

(6)建立和维持一个畅通的信息联系渠道;

(7)制定规章制度,确立运作机制,保持组织的灵活性、适应性、开放性和相对稳定性。

29.学习型组织是关于组织的概念和员工的角色的一种崭新的态度或理念。在学习型组织中,每个成员都要参与识别和解决问题,使组织能够进行不断的尝试和创新,改善和提高它适应变化的能力。学习型组织的核心在于解决问题和提升员工解决问题的能力,与传统以效率的控制为着眼点的组织有着截然不同的区别。

创建学习型组织的方法:

(1)自我超越(Personal Mastery)。

(2)改善心智模式(Lmproving Mental Models)。

(3)建立共同愿景(Building Shared Vision)。

(4)团队学习(Team learning)。

(5)系统思考(Systems)。

30.(需要具体阐述)

(1)缩短指挥链

(2)加宽控制幅度

(3)减少统一指挥

(4)更多的委托与授权

(5)分权与集权

(6)精简参谋人员

31.(需要具体阐述)

(1)组织设计
(2)组织运用
(3)人员任用
(4)组织变革

32. 组织设计,主要指组织结构的设计,是把组织内的任务、权力和责任进行有效组织协调的活动。其基本功能是协调组织中人员与任务之间的关系,使组织保持灵活性和适应性,从而有效地实现组织目标。一个健全的组织必然要求动态的组织设计。组织实际上是某种“再组织”(reorganization),因而组织设计是滚动式的持续规划过程。

组织设计的着眼点和基本问题是确定人员在组织中的位置,即机构设置和人员配置。所谓“适当的位置用适当的人”,做到“因事设人,人得其位;各尽所能,共扬所长”。若位置不当,则难免“贤才变闲才”、“能人变庸人”。

33. (需要具体阐述)
(1)职能设计。
(2)产品项目组织设计。
(3)地域设计。
(4)跨国设计。
(5)矩阵式组织设计。
(6)网络设计。
(7)虚拟组织。

34. 当一个项目结构叠加在一个职能型结构上时,就形成矩阵式结构。矩阵式结构是一种混合式的组织,它合并了项目结构和职能结构两者的特性。在矩阵组织中,项目经理没有完全的职权,存在着“职权差距”(au thority gap)。项目经理对他所领导的队伍不拥有直线职权或直接职权,必须通过向他提供人力支持和职能经理,才能顺利进行他所负责的项目。他必须与职能经理保持密切关系,说服职能经理支持他的项目。项目经理为了弥补项目职权的不足,克服其职权差距,必须具备适当的领导艺术,重视横向关系以及非正式组织的有效运用。

当①员工对职能或产品线(或地域)问题要有高度反应时;② 组织面临复杂、动态而需要员工大量数据和信息不明技术时;③ 组织有很多的产品,同时资源有限时,采用矩阵设计是合适的。

35. 网络设计使牵涉多部门和多员工的高度多样而复杂的组织的管理变得容易。网络设计则主要关心在员工和部门中共享权力、责任以及资源,这些员工和部门为了实现共同的目标经常需要合作和沟通。当要完成的任务和要实现的目标发生变化时,网络组织也必须应用各种设计(职能、产品或地域)。网络设计的目的就是通过适当使用"六个 I"来创造成功的外部联系。这六个 I 是:重要性(importance)、投资(investment)、相互依赖(interdependence)、整合(integration)、信息(information)以及制度化(institution)。

虚拟组织就是一个这样的组织,人们能借助它可以不顾时间、距离,以及组织边界,利用计算机网络一起工作,迅速而容易地共享知识。除了持续地再革新组织结构外,虚拟组织还有以下一些特征:①员工持续掌握新的制造和信息技术,这加速了生产过程和组织中的信息流动。②员工以任何地点和时间都可获得个性化产品,对持续变化的顾客需要作出迅速的反应。③员工间是一种互惠的相互依赖关系。所有工人都必须掌握能给顾客提供有效服务所需要的所有能力。④管理者在向员工描述组织目标和目的等清晰愿景时,向员工下放权力和责任。

36.(需要具体阐述)

(1)劳动分工论

(2)管理分工论

(3)部门分工论

(4)现代组织理论

37.组织文化是一个组织内共有的价值体系。这种组织内共有的价值体系有三个特点:一是这种价值体系是有关价值、象征物、仪式、传说和习惯的综合物,二是共有的价值体系会随时间的变化而不断发展,三是这些共有的价值观在很大程度上决定员工的看法和对周围世界的反应。

38.(需要具体阐述)

组织文化的结构层次有三个:表层文化、中介文化、深层文化。

39.(需要具体阐述)

1.自我凝聚功能

2.自我改造功能

3.自我调控功能

4.自我完善功能

5.自我延续功能

6.激励功能

7.辐射功能

40.(1)组织文化创立的程序

①调查分析阶段。②总体规划阶段。③论证实验阶段。④传播执行阶段。⑤评估调查阶段。⑥巩固发展阶段。

(2)组织文化的维系过程

组织文化形成或创建后，有关的领导管理层应当采取人力资源管理等必要的管理措施，通过给组织成员提供一系列相似的经历来维系组织文化，从而保持组织文化的活力。以人力资源管理为主的组织文化维系过程如图模式所示。

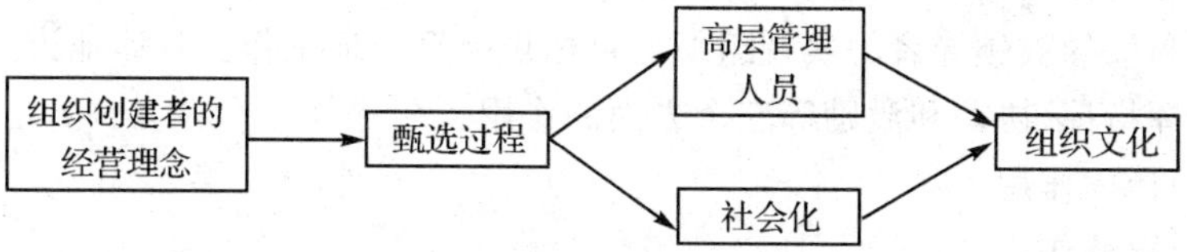

首先，组织创建者的经营理念不仅决定着组织文化的创建，而且会强烈地影响到组织对其他成员的甄选标准和甄选过程。

其次，组织的甄选标准和甄选过程会决定其对组织成员的挑选，并且会影响或设定组织成员的行为标准，限定高层管理人员的行动范围和组织成员的社会化过程。

再次，高层管理者的言行举止对组织文化产生重要影响。他们的所作所为会告诉或暗示组织成员什么是可接受的行为，晋升、奖励什么，什么衣着得体等。他们的偏好会决定该怎样对员工进行社会化，进而影响组织文化的维系。

最后，组织员工的社会化——帮助组织成员特别是新成员适应和奉行组织文化的过程，在维系组织文化过程中起着特别重要的作用。

41. 组织文化的变革常常用到以下方式：①改革管理者和组织所注意的东西；②改变把握和处理危机的方式；③改变招募和甄选组织新成员的标准；④改变组织内部提升的标准；⑤改变报酬分配和奖励的标准；⑥改变组织的礼仪、庆典等。

42. 管理是一种协调他人活动的活动，管理的目的是为了组织目标的有效实现。在这个定义中，对“协调”的理解是广义的。它包括使单独的个人活动能成为一个整体地发挥作用的所有的管理活动。而狭义的“协调”是指为了使组织的各个方面能保持合理的比例关系的一种管理活动。领导是“组织中引导他人去实现组织目标的一种行为”。可见，我们是把领导行为作为管理行为之一来理解的,领导活动是组织中诸多管理活动中的一种。也可以说,领导职能是管理职能的一部分,可以说管理职能的范围要大于领导职能。

再者,领导活动和管理活动的着重点也有所不同。领导活动是与人的因素密切关联的,侧重于对人的指挥和激励,更强调领导者的影响力、艺术性和非程序化管理,而管理活动更强调管理者的职责以及管理工作的科学性和规范性。

43. 领导的基本特征:(1)领导体现了组织内人与人之间的关系;(2)领导是一种"投入"和"产出";(3)领导是领导者、被领导者及环境的函数。

领导的作用:从总的来说,领导的作用就是对被领导者的行为进行影响,以激励和引导被领导者为实现组织的目标积极努力地工作。具体地讲,领导者要发挥指挥、协调和激励等三个方面的作用。

(1)指挥作用。

(2)协调作用。

(3)激励作用。

44. (需要具体阐述)

(1)思想素质。

(2)业务素质。

(3)业务技能。

(4)身体素质。

45. 领导方法,指的是在领导活动中具有普遍指导意义的方法,是领导者研究和解决诸多实际问题的一般性原则。主要包括以下几种领导方法。(需要具体阐述)

(1)调查研究方法

(2)系统分析方法

(3)合理授权法

(4)运筹时间的方法。

46. 非职位权力是由领导者自身的素质和行为造就的影响力,它属于非权力影响力。在领导者从事管理工作时,它能增强领导者的影响力。这种影响来源于下属服从的意愿,有时会比正式权力显得更有力量。主要表现在以下四个方面。(1)专长权。专长权是指领导者具有各种专门的知识和特殊的技能或学识渊博而获得同事及下属的尊重与佩服,从而在各项工作中展现的对下属的影响力。专长权与职位没有直接的联系。许多专家学者,虽然没有什么行政职位,但是在组织和群体中具有很大的影响力,其基础就是专长权。(2)感召权。感召权是指由于领导者有优良的领导作风、思想水平、品德修养，而在组织工作中树立德高望重的影响力，这种权力是建立在下属对领导者承认的基础之上的，它通常是与超凡魅力或名声卓著的领导者相联系。(3)背景权。背景权是指个体由于以往的经历而获得的权力。例如某人是战斗英雄、劳动模范等，只要人们知道他的特殊背景和荣誉，在初次见到他的时候，就倾向于听从他的意见，接受他的影响。(4)感情权。感情权是指人体由于和被影响者感情较融洽而获得的权力。如果多年的老朋友提出要求，请求一些帮助，无论在工作上有没有关系，人们都会感到难以拒绝，从而接受他的影响。

47. 第一，较强的分析、判断和概括能力。领导者要能在纷繁复杂的事务中，透过现象看清本质，抓住主要矛盾，运用逻辑思维，进行有效的归纳、概括、判断，找出解决问题的办法。

第二，决策能力。决策、特别是经营决策正确与否，对企业生产经营的效果影响巨大。因此，现代工业企业十分重视决策问题。作为企业的领导者，必须要有决策能力。决策是多种能力的综合表现。

第三，组织、指挥和控制的能力。领导者应懂得组织设计的原则，如因事设职、职权一致、命令统一、管理幅度等，熟悉并善于运用各种组织形式，协调人力、物力和财力，以期达到综合平衡。控制能力要求在实现企业预定目标的过程中，能够及时发现问题并采取措施予以克服，从而保证目标的顺利实现。

第四，沟通、协调企业内外各种关系的能力。善于与人交往，倾听各方面的意见，应是交换意见沟通情况的能手。

第五，不断探索和创新的能力。对做过的工作能及时认真总结经验，吸取教训，善于听取不同意见，从中吸取有用的东西。对新鲜事物要敏感，富有想象力，思路开阔，善于提出新的设想、新的方案，对工作能提出新的目标，激励下属去完成任务。

第六，知人善任的能力。要重视人才的发现、培养、提拔和使用，知其所长，委以适当工作；重视教育，提高部属的业务能力，大胆提拔善于起用新人。

48. 领导理论包括领导特质理论、领导行为理论、领导权变理论。

领导特质理论(Trait Theories)又叫领导品质理论或领导特性理论。领导特质理论试图说明有效的领导者与无效的领导者之所以具有很大的差异，主要是有效的领导者具有与众不同的品质使他们发挥出杰出的领导作用。因此领导特质理论着重于研究领导者的个人特性对领导有效性的影响。该类理论的基本分析方法是归纳分析法，即根据领导效果的好坏，找出有效的领导者与无效的领导者在个人品质或特性方面存在哪些差异，由此确定有效的领导者应具备的特点，然后通过考察组织中的领导者是否具备这些特点，就可判定其是不是一个优秀的领导者。

领导行为理论把研究的重点转移到领导者的工作行为本身，试图从工作行为的特点来说明领导的有效性。

领导权变理论又叫情景理论。此理论着重研究影响领导行为和领导有效性的环境因素。该理论认为，领导效能不单纯取决于领导者的个人行为，某种领导方式 在实际工作中是否有效主要取决于具体的场景和场合。在一种情境下具有相当效能的领导方式，在另一种情境下可能失去效能。因此不存在一种普遍最好的领导方式，有效的领导方式是因情境而变的。

49. 著名心理学家、美国依阿华大学的勒温（Kurt Lewin）教授和他的同事在 20 世纪 30 年代就进行了关于领导风格的研究。他们发现，领导者们并不是以同样的方式表现他们的领导角色，领导者们通常使用不同的领导风格，这些不同的领导风格对组织成员的工作绩效和工作满意度有着不同的影响。他们把领导者在领导过程中表现出来的工作作风分为三种基本类型：专制作风、民主作风、放任自流作风。勒温根据研究认为，放任自流的领导作风工作效率最低，只能达到组织成员的社交目标，但完不成工作目标；专制的领导作风虽然通过严格管理能达到工作目标，但群体成员没有责任感，情绪消极，士气低落，争吵较多；民主的领导作风工作效率最高，完成工作目标，而且组织成员之间关系融洽，工作积极主动，富于创造性。

勒温在试验中发现，在专制型领导的团体和在民主型领导的团体中，成员间的关系与成员行为存在着巨大的差别。在专制型领导的团体中，各成员之间攻击性言论显著；成员对领导服从，但表现自我或引人注目的行为较多，成员多以"我"为中心，当受到挫折时，常彼此推卸责任或进行人身攻击；当领导不在场时，工作热情大为下降，也无人出来组织工作。在民主型领导的团体中，成员间彼此比较友好，很少使用"我"字，而具有与团体融为一体的感觉；遇到挫折时，成员们团结一致努力解决问题；当领导不在场时，就像领导在场一样继续努力工作；成员对团体活动有较高的满足感。

50. 应变领导模式理论是由何塞（Hersey）和布兰查（K. blanchard）提出的。该理论把注意力放在下属的研究上，认为成功的领导者应根据下属的成熟程度选择合适的领导方式，领导方式分别为命令式、说服式、参与式、授权式。同时，把成熟度分成四个等级 ，由不成熟到成熟分别用 M1、M2、M3、M4 来表示：M1 表示下属缺乏接受和承担任务的能力和愿望，他们既不能胜任，又缺乏自信；M2 表示下属愿意承担任务但缺乏足够的能力，他们有积极性但没有完成任务所需的技能；M3 表示下属具有完成领导所交给任务的能力，但没有足够的动机；M4 表示下属能够而且愿意去做领导要他们做的事。根据下属的成熟度和组织所处的环境，何塞和布兰查提出了如下图所示的应变领导模式。根据下属的不同成熟程度采取适合的领导方式。

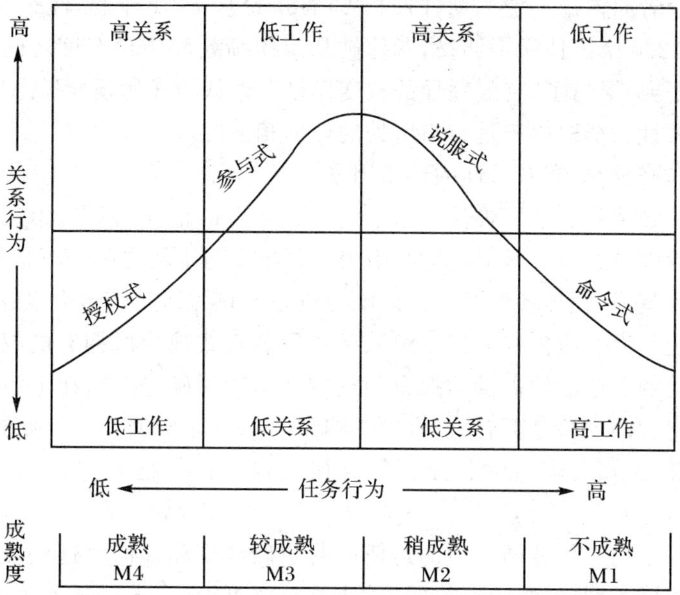

应变领导模式认为，领导的有效性在于把组织内的工作行为、关系行为和下属的成熟度结合起来考虑，随着被领导者从不成熟走向成熟，领导行为也要随之调整才能有效。随着下属从不成熟走向成熟，领导者不仅要减少对活动的控制而且要减少对下属的帮助。

当下属的成熟度为 M1 时，下属缺乏接受和承担任务的能力和愿望，他们既无能力接受任务又没有自信承担责任。领导者要给予明确而细致的指导和严格的控制，应采用命令式领导方式。

当下属的成熟度为 M2 时，下属愿意承担任务但缺乏足够的能力，他们有积极性但没有完成任务所需的技能。领导者既要保护下属的积极性，交给其一定的任务，又要及时给予具体的指点，以帮助其较好地完成任务。应采用说服式领导方式。

当下属的成熟度为 M3 时，下属已经比较成熟，基本能够胜任工作，但没有足够的动机。领导者可通过肯定和表扬以及一定的帮助和鼓励，树立下属的信心，领导者与下属共同参与决策，着重双向沟通，悉心听取下属的意见，发挥下属的积极性,宜采用低工作——高关系参与式的领导方式。

当下属的成熟度为 M4 时,下属高度成熟,有能力承担任务,又有积极性,领导者可采用授权式,赋予下属一定的权力,让下属自己决策自己控制,领导者只起一个监督角色。

51. 美国学者弗雷德·费德勒(Fred E. Fiedler)从 1951 年起,经过长达 15 年时间对 1200 个团体做了调查,费德勒从组织绩效和领导态度之间的关系着手进行研究,提出了“有效领导的权变模型”,他认为任何领导形态均可能有效,其有效性完全取决于是否与所处的环境相适应。

(1)影响领导形态有效性的环境因素

①上下级关系。上下级关系指下属对领导者的信任、喜爱、忠诚和愿意追随的程度以及领导者对下属的吸引力。领导者与下属之间相互信任、相互喜欢的程度越高,领导者的权力和影响力就越大;反之,其影响力就越小。

②职位权力。职位权力指组织赋予领导者正式地位所拥有的权力。即领导者所处的职位能够提供的权力和权威和是否明确、充分,在上级和整个组织中所得到的支持是否有力,直接影响到领导的有效性。一个领导者对其下属的雇佣、工作分配、报酬、提升等直接决定性权力越大,其对下属的影响力越大。

③任务结构。任务结构指的是任务的明确程度和人们对这些任务的负责程度。当任务明确、组织纪律明确、成员有章可循、个人对任务负责,则工作质量比较容易控制;反之,工作规定不明确,成员不知如何去做,领导者就会处于被动地位。

(2)领导风格

费德勒开发了“最不喜欢的同事(Least-Preferred Co-worker questionnaire)”问卷,简称 LPC 问卷,来反映和测定领导者的领导风格。它把领导方式假设为两大类:以人为主和以工作为主。一个领导者如果对其最不喜欢的同事都能给予好的评价(即 LPC 量高),就被认为对人宽容、体谅、注重人际关系和个人的声望,是以人为主的领导,这被称之为“关系导向型”领导风格;如果领导者对其不喜欢的同事批评得体无完肤(即 LPC 量低),则被认为对人苛刻,惯于命令和控制,只关心工作的领导者,这被称之为“任务导向型”领导风格。

(3)领导风格与领导情景关系

费德勒将三个环境变数任意组合成八种群体工作环境,对 1200 个团体进行调查,收集了把领导风格与工作环境关联起来的数据,得出了在不同情况下使领导有效的领导方式,其结果如下图所示。

上下级关系	好				差			
任务结构	明确		不明确		明确		不明确	
职务权力	强	弱	强	弱	强	弱	强	弱
情境类型	1	2	3	4	5	6	7	8
情境特征	有利			中间状态				不利
有效领导方式	任务型			关系型				任务型

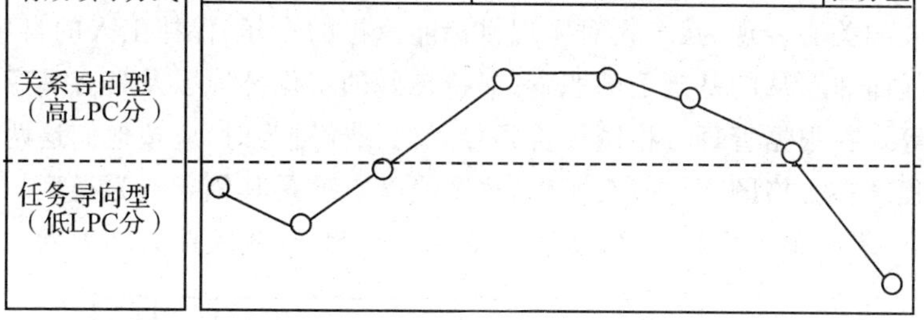

费德勒的研究结果表明，根据组织工作的情境，采取适当的领导方式。当环境有利和最不利的情况下（例如 1,2,3,8），采取以“任务导向型”领导风格，效果较好。而对处于中间状态的情境（例如 4,5,6,7），则采取以“关系导向型”领导风格较好。

52. 豪斯的路径——目标理论认为，领导者可以而且应该根据不同的环境因素来调整自己的领导方式和作风。对于一个领导者而言，没有什么固定不变的领导方式，要根据不同的环境，选用不同的领导方式。豪斯认为，领导方式一般有四种。

(1)指导型领导方式。给下属明确任务目标和职责，提出要求；给下属提供他们所希望得到的指导和帮助，指导下属按照工作程序去完成自己的任务和目标。当工作任务模糊不清、变化大或下属对工作不熟悉，没有把握时，这种方式是合适的。

(2)支持型领导方式。对下属友好，关心下属的生活福利等，努力营造愉快的组织气氛。这种领导方式特别适合于工作高度程序化，让人感到枯燥乏味的情境。这时候，下属就希望上司能成为满意的源泉。

(3)参与型领导方式。注重征求下属的建议，并认真考虑和采纳下属的意见，尽量让下属参与决策和管理。当任务相当复杂需要组织成员间高度的相互协作时，或当下属拥有完成任务的足够能力并希望得到尊重和自我控制时，采用这种方式是合适的。

(4)成就型领导方式。树立具有挑战性的组织目标，相信并鼓励下属去实现目标。

53. 美国学者布莱克(Robert R. Blake)和莫顿(Jane S. Mouton)提出了管理方格图。他们将四分图中对人的关心度和对工作的关心度这两类领导行为的坐标各划分为9等分,这样在二维平面上就形成了81个方格,每个小方格就表示关心人和关心生产这两个基本因素以不同程度相结合的一个领导方式,如下图所示。主管人员对生产的关心,一般表示为他对各种事物所持的态度。对人的关心表现为:个人对实现目标能承担的责任、保持工人的自尊、建立在信任而非顺从的基础上的职责、保持良好的工作环境以及具有满意的人际关系等。在根据管理方格图评价领导者的领导行为时,应按他们这两方面的行为程度在方格图中寻找交叉点,这个交叉点就是其领导行为类型。横轴数值越高,表示他越重视生产;纵轴数值越高,表示他越关注人的因素。

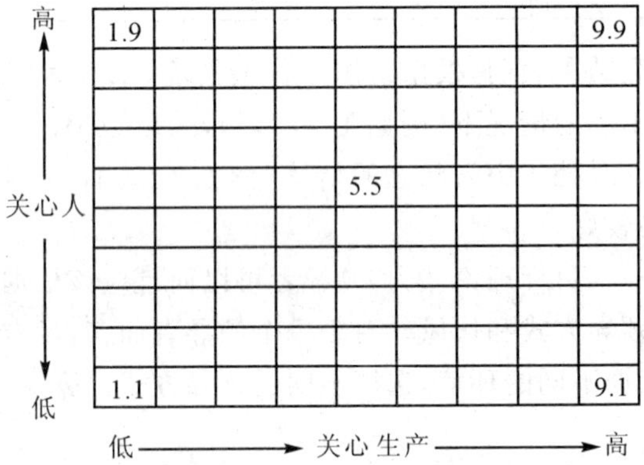

布莱克和莫顿在管理方格图中列出了5种典型的领导行为。

(1.1)贫乏型。采取这种领导方式的管理者希望以最低限度的努力来实现组织的目标,对职工和生产均不关心,是一种不称职的领导方式。

(1.9)俱乐部型。管理者只注意搞好人际关系,创造一个舒适的、友好的组织气氛和工作环境,不太注重工作效率,是一种轻松的领导方式。

(9.1)任务型。管理者全神贯注于生产任务的完成,很少关心下属的成长和士气,在安排工作时尽力把人的因素干扰减少到最低限度,是一种只关心生产不关心人的领导方式。

(9.9)团队型。管理者对人和生产都很关心,努力协调各项活动以提高士气促进生产,这是一种协调配合的领导方式。

(5.5)中间型。管理者对人和生产都有适度的关心,保持完成任务和满足人们需要之间的平衡,既有正常的效率来完成工作任务又保持一定的士气。这种领导方式追求平衡,但不追求卓越,从长远看,可能使企业落伍。

布莱克和莫顿指出哪种领导型态最佳要看实际工作效果，最有效的领导型不是一成不变的，要依情况而定。管理方格图理论对于培养有效的管理者是有用的工具，它提供了一种衡量管理者所处领导型态的模型，可使管理者较清楚地认识到自己的领导行为，并指出改进方向。

54. 20 世纪 50 年代末，美国心理学家赫茨伯格（F. Herzberg）在匹兹堡地区对 11 个工商机构的 200 多名会计师、工程师进行了工作满意感方面的调查，发现使受访人员不满意的因素多与他们的工作环境有关，而使他们感到满意的因素通常是由工作本身所产生的。根据调查结果，赫茨伯格提出了双因素理论，把企业中影响人的积极性的因素，分为激励因素和保健因素两大类。其主要观点如下所述。

(1)满意的对立面是没有满意，不满意的对立面则是没有不满意。

赫茨伯格修正了传统的认为满意的对立面就是不满意的观点，认为满意与不满意是质的差别。他发现，人们对工作“满意”和“不满意”不属于同一类，人们对工作“满意”的因素主要与工作内容、工作性质有关，人们对工作“不满意”的因素主要与工作环境和工作条件有关。他把影响人的工作动机的种种因素分为两类，能够使员工感到满意的因素叫激励因素，能够使员工感到不满意的因素成为保健因素。据调查，激励因素，往往与工作内容或工作成果有关。这类因素有成就、赏识、工作本身具有挑战性、负有较大责任、在职业上得到发展等。这些因素能产生直接的激励作用，使职工对工作有一种满足感，这是影响人们工作的内在因素，能够促使人们积极进取，不断提高工作效率，因此将这类因素称为激励因素。保健因素，大多属于工作之外的因素，如公司政策与行政管理、监督、工作条件、人际关系、地位、安全和薪金等。这类因素改善了，只能消除职工的不满、怠工与对抗，但不能使职工变得满意，不能直接起激励作用，就像卫生保健对身体健康所起的作用一样，因而称之为保健因素。

按照其观点，给予赞赏、责任和发展的机会（有激励因素），员工会感到满意；不表扬、不授权（无激励因素），员工也不会感到不满意，而只是没有满意感。工作有报酬（有保健因素），员工不会感到满意，而只是没有不满意感，但若只让干活却无报酬（不具备保健因素），员工就会不满意。

(2)激励因素是以人对工作本身的要求为核心的。

如果工作本身富有吸引力，那么员工在工作时就能得到激励；如果奖励是在执行工作之后或离开工作场所之后才有价值或意义，则对员工工作只能提供极少的满足。例如，一个学生之所以潜心学习，是因为他对所学的知识感兴趣；而如果只是为了取得一定的学分，则其学习积极性一定难以持久，一旦取得必要的学分，他就不再努力钻研。也就是说，当工作本身具有激励因素时，人们对外部因素引起的不满意感会具有较大的忍受力；而当他们经常处于"保健"状态时，则常常会对周围事物感到极大的不满意。

(3)只有激励因素的满足，才能激发人的积极性

由上述可见，并不是所有需要得到满足都能够激发起人们的积极性，只有那些激励因素的满足才能激发起人们的积极性。改善保健因素只能消除人们的不满，起到安抚作用，即"没有不满意"，而不一定能起到激励作用。因此，要想真正激励员工努力工作，就必须改善那些激励因素，这样才会增加员工对工作的满意感。

双因素理论可以给管理人员以启示，即单纯依靠增加薪金、改善工作条件等外在诱因，不能直接激励职工，即使有作用也只能暂时使人们感到满意，其效果是微弱的。为使职工积极性得到充分发挥，应主要从激励因素，即从内部，从工作本身入手，丰富工作内容，增加工作趣味并赋予必要的责任，使职工从工作中获得成就感和企业及他人的承认，就会产生更大、更持久的激励作用。

55. 公平理论又称为社会比较理论，它是由美国心理学家斯达西·亚当斯(J. Stacey. Adams)在其1965年发表的《社会交换中的不公平》一书中提出来的。该理论侧重于研究利益分配的合理性、公平性对人们工作积极性和工作态度的影响。其基本观点是，人是社会人，一个人的工作动机和劳动积极性不仅受其所得报酬绝对值的影响，更重要的是还受到相对报酬的影响。人们都有一种将自己的投入和所得与他人的投入和所得相比较的倾向。所谓的投入与所得都是个人的主观感觉和判断。投入指的是一个人自己觉得劳动量的多少、效率高低和质量好坏，还包括工龄、性别、所受教育与训练、经验、技能、职务、社会地位、对组织的忠诚及努力程度等。而所得是指一个人所得到的劳动回报，包括工资、奖金、地位、权力、待遇、赞赏、表扬、对工作成绩的认可、提升等。每个人都会把自己所得的报酬与付出的劳动之间的比率同其他人的比率进行社会比较，也会把自己现在的投入与所得比率进行历史比较，并且比较的结果将直接影响今后工作的态度和积极性。

员工评价自己是否得到了公正的评价，比较的对象在一般情况下是以同事、同行、亲友或自己以前的情况作为参考依据，这就分成了横向比较和纵向比较。

所谓横向比较，就是将"自己"与"别人"相比较来判断自己所获报酬的公平性，从而对此做出相对应的反应。我们以下列公式来说明：

比率比较	比较结果	个人可能采取的行动
$Q_a/I_a < Q_x/I_x$	由于报酬过低产生的不公平	要求增加报酬或者自动减少投入以便达到心理上的平衡,或者辞职
$Q_a/I_a = Q_x/I_x$	公平	保持现在的工作积极性和努力程度
$Q_a/I_a > Q_x/I_x$	由于报酬过高产生的不公平	一般不会要求减少所得,可能会自动增加投入,但过一段时间他可能会高估自己的投入而对高报酬心安理得

其中,Q_a:自己对所获报酬的感觉;Q_x:自己对别人所得报酬的感觉;I_a:自己对所投入量的感觉;I_x:自己对别人所投入量的感觉。

比率比较	比较结果	个人可能采取的行动
$Q_{at}/I_{at} < Q_{ap}/I_{ap}$	由于报酬低产生的不公平	工作积极性会下降,除非管理者给他增加报酬
$Q_{at}/I_{at} = Q_{ap}/I_{ap}$	公平	工作积极性和努力程度可能会保持不变
$Q_{at}/I_{at} > Q_{ap}/I_{ap}$	报酬高	一般不会觉得所获报酬过高,因为它可能会认为自己的能力和经验有了进一步的提高,其工作积极性因而不会提高多少,可能会自动增加投入

其中,Q_{at}:自己目前所获报酬的感觉;Q_{ap}:自己过去所获报酬的感觉;I_{at}:自己现在的投入量的感觉;I_{ap}:自己过去的投入量的感觉。

亚当斯认为,人们总是倾向于高估自己的投入量,而低估自己的报酬,对别人的投入量及所得报酬的估计则与此相反。因此比较的结果大多是由于感觉报酬过低而产生的不公平。公平理论在管理实践中具有重要现实意义。实践证明,该理论所描述的关于公平的感受是一种普遍的心理现象。广泛存在于组织环境中,并直接作用于员工的行为过程,影响员工的工作积极性。为实现有效激励,管理者必须深入了解职工对劳动报酬是否感到公平,并通过合理分配奖酬金,调节奖励形式,纠正认知偏差,破除平均主义旧观念;努力推动民主管理制度,创造公平、民主的组织气氛;适当减少比较机会等方式消除不公平感,力求使每个职工都得到公平合理的报酬和待遇,进而增加其满足感,激发职工的积极性。另外,引导其树立正确的公平观,使大家认识到绝对的公平是没有的,不要盲目攀比,盲目性起源于纯主观的比较。

56. 波特—劳勒模型认为,工作绩效是一个多维变量,他除了受个人努力程度决定外,还受四个因素影响:(1)个人能力与素质;(2)外在的工作条件与环境;

(3)个人对组织期望目标的感知和理解;(4)对奖酬公平的感知等。模型如下图所示。

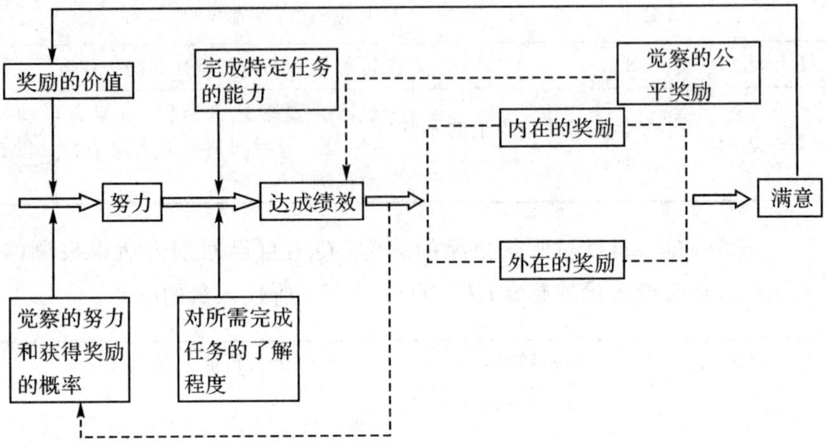

(1)个人是否努力以及努力的程度不仅仅取决于奖励的价值,还受到个人觉察出来的努力和受到奖励的概率的影响。个人觉察出来的努力是指其认为需要或应当付出的努力,受到奖励的概率是指其对于付出努力之后得到奖励的可能性的期望值。很显然,过去的经验、实际绩效及奖励的价值将对此产生影响。如果个人确切知道,他有把握完成任务或者过去曾经完成的话,他将乐意做出努力并对奖励的概率更加清楚。

(2)个人实际能达到的工作的实际绩效取决于能力的大小、努力程度以及对所需完成任务了解的深度。特别是对于比较复杂的任务如高难技术工作或管理工作,个人能力以及对此项任务的理解较之其实际付出的努力对所能达到绩效的影响更大。

(3)个人所应得的奖励要以其实际达到的绩效为前提,尽量剔除主观评价因素。要使个人看到:只有当完成了组织的任务或达到目标时,才会受到精神和物质上的奖励。不应先有奖励,后有努力和成果,而应当先有努力的结果,再给予相应的奖励。这样,奖励才能成为激励个人努力达到组织目标的有效刺激物。

(4)个人对于所受到的奖励是否满意以及满意的程度如何,取决于受激励者认为获得的报偿是否公平。

(5)个人是否满意以及满意的程度将会反馈到其完成下一个任务的努力过程中。满意会导致进一步的努力,而不满意则会导致努力程度的降低甚至离开工作岗位。

综上所述，波特和劳勒的激励模式是对激励系统的一个比较全面和恰当的描述。从此模式中我们可以看出激励并不是简单的因果关系，要使激励能产生预期的效果，就要形成奖励目标→努力→绩效→奖励→满意以及从“满意”反馈回“努力”这样的良性循环，而这又取决于奖励内容、奖励制度、组织分工、目标导向、行动的设置、管理水平、公平的考核和领导作用等综合性的因素。

57. 激励理论可划分为三大类，即内容型激励理论、过程型激励理论和行为改造型激励理论。其中内容型激励理论主要有马斯洛的需要层次理论、麦克利兰的成就激励论、双因素理论、阿尔德弗的 ERG 理论；过程型激励理论主要有期望理论、公平理论、波特和劳勒的激励模型；行为改造型激励理论主要有强化理论、归因理论、挫折理论。这些激励理论从不同的侧面研究了人的行为动因，但每一种理论都具有其局限性，不可能用一种理论去解释所有行为的激励问题。各种理论可以相互补充，使激励理论得以完善。组织的管理者，要想有效激励员工，必须较全面地了解各种激励理论。

58. “社会人”的基本假设是：(1)人是由社会需求而引起工作动机的，并且通过与同事的关系而获得认同感；(2)工业革命与工作合理化的结果，使工作本身失去了意义，因此只能从工作上的社会关系去寻求意义；(3)职工对同事们的社会影响力，要比管理者所给予的经济诱因及控制更为重视；(4)职工的工作效率随着上司能满足他们社会需求的程度而改变。

59. 激励方法按照作用方式不同可以分为内在激励和外在激励两类：内在激励是指通过工作本身的趣味性、价值、挑战性以及完成工作的成就感等激发职工的积极性；外在激励是借助环境以外的物质诱因，如奖励、表扬、晋升等引发职工的积极行为。其中，最主要的有以下几种：

(1)奖惩

(2)工作内容丰富化

(3)员工参与管理

(4)培训激励

(5)股权激励

60. 非正式沟通以非正式组织系统或个人为渠道，自由进行的信息交流和传递，它包括非正式组织内部的沟通和正式组织中不按照正式组织的组织程序而进行的沟通。非正式沟通的特点是沟通速度快、传播范围广，但也具有随意性大、信息失真的可能性大的缺点。

61. 人际沟通是人与人之间的情感和信息传递、交流过程，组织沟通是指为数不多的有限人群内部进行的沟通，人际沟通是组织沟通、企业沟通和跨文化沟通的基础，而组织沟通是企业管理内部沟通的主要组成部分。

62. 人际沟通的障碍：(1)信息沟通过程中各环节造成的人际沟通障碍。譬如：信息发送者、信息接收者、信息沟通渠道以及信息沟通环境都可能造成沟通障碍。(2)沟通双方信息选择与信息过滤作用所造成的沟通障碍。(3)语义障碍。(4)沟通双方社会文化因素方面的差异所导致的沟通障碍。(5)情绪、情感因素造成的沟通障碍。

    人际沟通的改善：(1)沟通双方要端正态度，避免随意操纵信息；(2)正确选择沟通的媒介；(3)正确使用语言，熟练掌握谈话艺术；(4)沟通中要学会"倾听"；(5)换位思考，抑制情绪化的反应；(6)了解沟通对象的性格、气质。

63. 组织中的正式沟通模式可分为链式、轮式、Y式、环式和全通道式。(1)链式是信息在组织成员之间进行单线、顺序传递的一种沟通网络形态。特点：信息只能向上或向下进行逐级传递，经过层层传递、筛选，容易失真；各个信息传递者所接收的信息差异较大，平均满意度较低。(2)轮式是信息经由中心人物向四周多线传递的一种沟通网络形态。特点：集中化程度高，解决问题的速度快，中心主管人员的预测程度高，但沟通的渠道很少，组织成员的满意程度不高，士气低落。(3)Y式是链式与轮式相结合的一种沟通网络形态，形状犹如英文字母Y。特点：成员士气低下，容易导致信息曲解和失真。(4)环式是将链式两端连接而形成的一种封闭式的沟通网络形态。特点：组织的集中化程度和领导人的预测程度都较低，畅通渠道不多，但组织中成员具有比较一致的满意度，组织士气高昂。(5)全通道式是一种全方位开放式的沟通网络型态。特点：员工们士气高昂，合作氛围浓厚，有利于解决复杂问题，增强组织合作精神，提高士气，但由于这种网络沟通渠道太多，容易造成混乱，并且浪费时间，影响工作效率。

64. 影响组织有效沟通的因素主要有：(1)个人因素。个人因素包括两大类。一是有选择地接受；一是沟通技巧的差异。(2)人际因素。沟通双方的相互信任、信息来源的可靠程度和发送者与接收者之间的相似程度都会影响到组织的有效沟通。(3)组织结构因素。主要包括工作专业化、地位差别、管理层次、团体规模和空间约束。(4)文化因素。(5)技术因素。主要包括语言、非语言暗示、媒介的有效性和信息过量。

65. 消除组织沟通障碍的主要方法有：(1)创造一个相互信任，有利于沟通的组织内部环境。要创建一个宽松、公平、进取、向上、透明的工作氛围，让每个员工的沟通都能平和、自如、高效；(2)缩短信息传递链。信息传递链过长，必然要减慢信息传递速度并造成信息失真。因此，要减少组织机构重叠，减少管理层次。(3)积极倾听。认真倾听对方讲话，并力图弄懂所听到的内容，这对于沟通双方都很重要。(4)建立特别委员会，定期加强上下级沟通。(5)加强平行沟通，促进横向交流。

66. 控制过程包括三个步骤，即(1)制定标准，(2)对照标准衡量工作绩效，(3)采取纠正行动，消除偏离标准和计划情况。

最难实施的是第三个步骤，即采取纠偏行动。纠偏行动是指根据偏差分析结果，进行决策，制定纠正偏差措施，并付诸实施，以便使实际操作系统重新进入计划轨道，保证目标实现的行为。因为要想取得纠偏成效，必须正确了解和掌握偏差信息，分析偏差原因，制定纠偏计划并实施。而在实施纠偏计划中，管理人员可根据情况选择四个方案之一，即(1)什么也不做，(2)改进实际绩效，(3)重新修订标准，(4)既调整标准又调整工作。中间任何步骤出错都可能使控制失败，因此纠正偏差是控制过程中关键的环节，也是最难的环节。

67. 控制的方法有预算控制和非预算控制。前者主要以事先编制的较为详细的数字计划为控制依据，预算的形式又分为收支预算、资金预算、现金预算、实物量预算等；后者则更多依靠观察、报告、经济分析、比率分析、盈亏平衡分析等传统手段进行控制。如程序控制、专题报告和分析、统计数据资料、亲自观察、各种经济指标和财务指标等。各种控制方法各有其应用的范围，管理者在管理实践中应根据实际情况选择搭配。

68. (1)涵义不一样。预算控制是在企业战略目标的指引下，通过预算编制、执行、控制、考评与激励等一系列活动，全面提高企业管理水平和经营效率，实现企业价值最大化的过程。非预算控制，顾名思义，是指并不利用预算进行控制的手段。(2)依据及控制手段不一样。预算控制主要以事先编制的较为详细的数字计划为控制依据，预算的形式又分为收支预算、资金预算、现金预算、实物量预算、预算汇总、全面预算管理等；而非预算控制则更多依靠观察、报告、经济分析、比率分析、盈亏平衡分析等传统手段进行控制。(3)二者的作用及其应用范围也不一样。

69. 在测量实际绩效时，个人观察、口头汇报、统计报告、书面报告是收集组织绩效信息的四种形式，每种形式各有优缺点，只有综合使用，才能保证信息的真实性。评价组织整体绩效要有客观可行的方法。通常有 3 种：组织目标法，以最终完成组织目标的结果来衡量绩效，而不是实现目标的手段；系统方法，从输入——转换——输出过程中，从目标和手段统一上进行评价，它着眼于组织的长远生存和兴旺发展因素，防止管理层以牺牲未来的成功换取眼前的利益；战略伙伴法，通过满足顾客群体的各种要求获得他们的支持，使组织获得持续的生存和发展。有些活动不能用定量的方法评估时，只能用定性方法衡量。定性方法往往采用主观衡量的方法。主观衡量不能随心所欲，而应客观求实。

70.(1)一方面，任何组织、任何活动都需要控制。因为由于主观原因，计划在执行过程中可能会出现偏差，控制工作起着执行和完成计划的保障作用，以及在管理过程中产生新的计划、新的目标和新的控制标准的作用。通过控制工作了解偏差和纠正计划。

(2)另一方面，控制的重要作用还体现在管理的四个职能中它所在的地位及其相互作用。控制工作还处于管理的全过程中，它不仅可以维持其他职能的正常活动，而且在必要时还可以采取纠正偏差的行动来影响其他职能活动。通过纠正偏差的行动，控制工作与其他职能紧密结合在一起，使管理工作形成一个相对封闭的系统。

71.(1)便于控制和衡量工作，因此量化的程度要高。

(2)应当有利于组织目标的实现。因为标准具有指导意义，会引导控制对象的行为，标准应当与组织目标一致。

(3)标准应当具有先进性和可行性。标准一方面要有先进性，鼓励员工努力实现，另一方面标准是员工经过努力可以实现的。

(4)标准应当具有一定的弹性，控制标准应当对环境变化有一定的适应性，特殊情况例外处理。

72.质量管理经历了事后控制、统计质量控制、全面质量管理等阶段。事后控制是通过检验的方式控制和保证产出或转入下道工序的产品质量；统计质量控制的特征是数理统计方法和质量管理相结合，从单纯依靠质量检验“事后把关”；全面质量管理是人们运用“系统工程”的概念，把质量问题作为一个有机整体加以综合分析研究，实施全员、全过程、全企业的管理。

73.全面质量管理是指企业全体人员及各个部门同心协力，把经营管理、专业技术、数量统计方法和思想教育结合起来，建立起产品的研究与开发、设计、生产作业、服务等全过程的质量体系，从而有效地利用人力、物力、财力、信息等资源，提供符合规定要求和用户期望的产品和服务。

特点包括：全面的质量概念、全过程质量管理、全员参与的质量管理、全企业质量管理、运用一切现代管理技术和管理方法。

74.以顾客为中心、领导作用、全员参与、过程方法、管理的系统方法、持续改进、基于事实的决策方法、互利的供方关系。

75.常用的质量控制方法有：(1)控制图。它是一个简单的过程控制系统，作用是利用控制图所提供的信息，观察生产过程是否处于受控状态。(2)变化特性分析图。变化特性分析图是一种替代管理控制图的现代质量管理方法，它能够清晰地说明因素变化的水平和发生的起始时间和终止时间。(3)六西格玛管理方法。六西格玛管理模式是一种以顾客为导向的持续改进的管理模式。(4)ISO9000 系列标准等。

76. 管理信息是信息系统中的一个子系统。是指反映管理活动特征及其发展变化情况的信息。

管理信息的分类：

(1)按照信息的来源，管理信息可以分为组织内部信息与组织外部信息。

(2)按照现行的用途与作用，管理信息可以划分为决策信息、指挥与控制信息、作业信息。这三类信息分别与决策、指挥与控制、作业这三大职能活动相关并为之服务。

(3)按照信息的载体或形态不同，也可以划分为多种形式的信息。如知识、消息；原理、规范、流动信息；数据、描述与评价；声音信息、书面信息、电子信息等。

(4)按时间的不同，管理信息可分为过去的信息、预测的信息。

(5)按加工程度不同，管理信息可分为已加工的信息、原始信息。

(6)按精确性的不同，管理信息可分为精确的信息、不太精确的信息。

(7)按渠道来分，管理信息可分成正式渠道的信息、非正式渠道的信息等。

管理信息的特征：有用性、综合性、经济性、共享性(每项需具体阐述，略)。

77. 管理信息系统的基本组成部分有：(A)TPS 部分；(B)分析部分；(C)决策部分；(D)数据库部分。

管理信息系统的特点(需要具体阐述)：

(1)MIS 是一个人—机结合的辅助管理系统

(2)面向管理决策

(3)综合性

(4)现代管理方法和手段相结合的系统

(5)多学科交叉的边缘科学

(6)建立管理信息系统的必要性

78. (1)确定考核的基础：①确定工作要项；②确定绩效标准。

(2)制定绩效计划。

(3)评价面谈。

(4)制定绩效改进计划。

(5)绩效改进指导。

79. 平衡计分卡是从财务、客户、内部运营、学习与成长四个角度,将组织的战略落实为可操作的衡量指标和目标值的一种新型绩效管理体系。平衡计分卡方法打破了传统的只注重财务指标的业绩管理方法。平衡计分卡认为,传统的财务会计模式只能衡量过去发生的事情(落后的结果因素),但无法评估组织前瞻性的投资(领先的驱动因素)。在工业时代,注重财务指标的管理方法还是有效的。但是在信息社会里,传统的业绩管理方法并不是全面的,组织必须通过在客户、供应商、员工、组织流程、技术和革新等方面的投资,获得持续发展的动力。正是基于这样的认识,平衡计分卡方法认为,组织应从四个角度审视自身业绩:创新与学习、业务流程、顾客、财务。

80. 关键绩效指标考核法,它把对绩效的评估简化为对几个关键指标的考核,将关键指标当作评估标准,把员工的绩效与关键指标作出比较的评估方法。

81. (以中国企业的绩效考核现状为例)

一、中国企业绩效考核体系的建设尚处于初级阶段

(1)大部分被调查企业对绩效考核的认识不够。

(2)大部分被调查企业的绩效考核体系尚未完善,还存在众多需要调整的地方。

(3)大部分被调查企业对绩效考核的满意度不高。

二、针对此次调查的结果,提出改进绩效考核的有关建议,如下:

(1)从战略高度重视绩效考核,强调绩效考核的"绩效提升功能"。

(2)借助外脑,快速建立起科学的绩效考核系统。

82. 360 度反馈评价,也称为全方位反馈评价或多源反馈评价。它由与被评价者有密切关系的人,包括被评价者的上级、同事、下属和客户等,分别匿名对被评价者进行评价。被评价者自己也对自己进行评价。然后,由专业人员根据有关人员对被评价者的评价,对比被评价者的自我评价向被评价者提供反馈,以帮助被评价者提高其能力水平和业绩。

83. 绩效计划是被评估者和评估者双方对员工应该实现的工作绩效进行沟通的过程,并将沟通的结果落实为订立正式书面协议即绩效计划和评估表,它是双方在明晰责、权、利的基础上签订的一个内部协议。绩效计划的设计从公司最高层开始,将绩效目标层层分解到各级子公司及部门,最终落实到个人。对于各子公司而言,这个步骤即为经营业绩计划过程,而对于员工而言,则为绩效计划过程。

84. 企业的社会责任区别于商业责任,是指企业除了对股东负责,即创造财富之

外，还应对社会承担责任，一般包括遵守商业道德、保护劳工权利、保护环境、发展慈善事业、捐赠公益事业、保护弱势群体等。

85. 企业社会责任的产生背景：英国学者欧利文·谢尔顿 1923 年提出“企业社会责任”的概念。自上世纪 80 年代开始，企业应该承担的社会责任受到越来越多的关注。随着经济全球化程度的加剧，中国企业尤其是地处沿海发达区域的长三角和珠三角地区的企业，正逐渐被其西方客户要求接受社会责任方面的检验。同时，党的十六届四中全会也提出要构建民主法治、公平正义、诚信友爱、充满活力、安定有序、人与自然和谐共处的社会主义和谐社会。对于企业而言，在追求经济利润的同时，遵守国际社会公认的企业社会责任标准，承担自己的社会义务，则是参与创建和谐社会的最好体现。

86. 不同学者中存在两种反差极大的社会责任观，即一元社会责任观和多元社会责任观，也被分别称为社会责任的古典观和社会经济观。一元社会责任论的主要代表人物是弗里德曼。弗里德曼认为管理者是“理性的经济人”，是受个人利益驱动的，职业经理人的唯一责任就是向股东负责，最大限度地满足股东利益。而其他的责任不是企业应该考虑的，企业不必承担法律规定之外的责任。但随着经济的发展，社会逐渐期待企业在利用社会资源的同时也应以某种方式回报社会；同时大量企业在追求利润的过程中产生的有损社会公共利益的外部性事件，也促使人们认识到企业不仅仅是一个经济组织，它应该承担相应的社会责任。特别是随着企业利益相关者理论的提出，利润最大化理念受到了严峻的挑战，一元社会责任论逐渐失去了成立的根基，多元社会责任观(社会经济观)受到了更多的认可和重视。持多元社会责任观的主要代表人物有哈罗德·孔茨和海因茨·韦里克、斯蒂芬·罗宾斯、安德鲁斯等人。

持多元社会责任观的学者们认为，尽管短期看来公司承担利润之外的其他社会责任将损害其利益，但长期来看有利于企业的发展。他们通过实证分析指出，企业的长期利润与公司承担的社会责任是正相关的。

87. SA8000 的宗旨是“赋予市场经济以人道主义”，谋求通过有道德的采购活动促进工人劳动条件和待遇的改善，核心是“保护工人权益”。该标准共有 4 个部分，涉及 9 个要素，每个要素包含若干具体条款，组合在一起构成一项比较系统的社会责任管理和认证体系。它作为操作层面的衡量社会责任状况的认证体系，能够比较实际和直接地反映企业承担社会责任的实际状况。

以 SA8000 为代表的企业社会责任对于经济的影响具有两面性，既有一定的负面影响，也有其正面影响。发端于欧美发达国家的企业社会责任浪潮将对我国的出口带来较大的负面影响，将抬升我国产品的价格，降低成本优势，进而影响产品的国际竞争力。但同时，我国企业通过如 SA8000 标准的企业社会责任认定也将对企业的发展带来积极影响。具体表现在 3 个方面：(1)有助于树立和提高企业的良好社会形象，并有利于建立企业品牌。(2)员工利益问题是企业社会责任关注的中心，通过企业社会责任认证客观上有利于员工工作环境和待遇的改善，增加员工稳定性，进而提升员工士气和生产效率。(3)使合作伙伴对本企业建立长期信心。(4)消费者更加容易接受通过社会责任认证的产品。因此，从短期看，通过 SA8000 等社会责任认证会增加企业的生产成本，降低产品的国际竞争力，但长期看是有利于企业的发展的。

88.(1)识别和评价契约的优势和劣势；

(2)识别和评价环境中的机会和威胁；

(3)识别和评价管理者的个人价值观和管理抱负；

(4)识别和评价对社会所应承担的责任。

89.根据创新的广度和深度的不同，可以把创新分为渐进性创新、根本性创新。(1)含义不同。渐进性创新是指渐进的、连续的小创新。根本性创新是指在观念上和结果上有根本突破性的创新，通常是指企业首次向市场引入的、能对经济产生重大影响的创新产品或技术，它一般是研究开发部门精心研究的结果，常伴有产品创新、过程创新和组织创新的连锁反应。(2)创新程度不同。渐进性创新所带来的变化是小的。根本性创新要求全新的技能、工艺以及贯穿整个企业的新的组织方式。根本性创新不仅会造成现有技术和企业原有的核心能力过时，而且会引起产业结构的变化，从而使竞争的性质和竞争的格局发生改变。

根据组织是否依靠自身力量和模仿进行创新，可以把创新分为自主创新、模仿创新与合作创新。(1)含义不同。自主创新是指企业通过自身的努力，依靠自身力量所进行的创新。模仿创新是指企业在率先创新的示范影响和创新利益的诱导之下，通过合法方式学习、模仿别人的创新思路和创新成果，并在此基础上进行改进的一种创新形式。合作创新是指企业与科研机构、高等院校及其他企业之间所进行的联合创新行为。(2)风险不同。自主创新是难度最大、风险最高的创新。自主创新主要适用于风险型及高新技术的中小企业的创新。模仿创新对模仿对象的选择，往往以率先创新的成功企业为基础，这样模仿创新就具有较低的风险，而且可以吸取率先创新成功者的经验和失败的教训。合作创新不但可以使创新资源组合趋于优化，缩短创新时间，减少创新的不确定性，扩大创新空间，而且能够分解创新成本，分散创新风险。

从创新的规模和涉及的范围这一角度,创新可分为局部创新和整体创新。(1)含义不同。局部创新是指在系统性质和目标不变的前提下,系统活动的某些内容、某些要素的性质或其相互组合的方式,系统的社会贡献的形式或方式等发生变动。整体创新则往往改变系统的目标和使命,涉及系统的目标和运行方式,影响系统的社会贡献的性质。(2)范围不同。局部创新是在组织的个别部门、组织运行的个别环节进行的创新,而整体创新则是由全体组织成员共同参与、涉及整个组织各方面的创新。

从创新的组织程度这一角度,创新可分为自发创新和有组织的创新。(1)含义不同。自发创新是指由组织成员自发进行的创新活动,有组织的创新则是在组织的统一领导和规划下进行的创新。(2)自发创新通常是局部的、小范围的,并且极有可能遭到保守势力的反对和扼杀而失败。同时,由于缺乏组织,自发创新的进程、程度和影响难以控制,这会使创新结果充满不确定性。所以,管理者的职责之一就是及时意识到变革的必要性,对出现的创新积极予以引导,变自发创新为有组织的创新。

根据创新的主体是否主动进行创新来进行分类,可以把创新分为主动创新和被动创新。(1)含义不同。主动创新是指企业受到激励而产生的主动创新行为,表现为“我要创新”。被动创新是指企业迫于外在压力,在生存和发展受到威胁时而从事的创新。(2)主动创新在创新时间上领先、在创新成果上领先、在创新的持续性上领先。企业从事主动创新的前提是企业家看到或寻找到潜在的市场机会,发现科技成果的应用前景。被动创新不会成为率先创新者,其创新目标在于适应市场变化,不是创造新市场,满足于保护市场份额和竞争地位。

90. 创新的内容归纳为以下几个方面:观念创新、产品创新、组织结构创新、制度创新、管理创新、技术创新、市场创新、环境创新。

91. 企业创新的动力可以归结为六个因素:市场需求、市场竞争、技术推动、政府行为、企业家偏好和路径依赖。

92. 企业组织创新的障碍有:组织的惯性、组织的保守倾向、既得利益者的恐惧、创新风险、组织的“沉没成本”、管理者担心已建立的权力系统受到威胁、对组织创新缺乏有效的保护。

93. 组织创新的过程:(1)认识变革的力量及需要。(2)明辨面临的问题。(3)确定组织创新的内容。(4)认识限制条件。(5)确定解决问题的方法。

94. (需要具体阐述)

影响创业的关键要素是：创业者、技术、创业资本、市场、组织。

95. 创业家所必备的人格特征有：(1)较强的风险意识与创业精神。(2)自信、勤奋、吃苦耐劳精神。(3)诚实守信的商业道德。(4)富有远见的战略眼光和踏实、果断的工作作风。(5)强烈的危机意识。(6)优良的心理素质。

96. 创业的基本过程：(1)创业机会的识别和评估。(2)创业计划的编制。(3)创业资源的获取。(4)企业的创建。(5)新创企业的管理。

97.（需要具体阐述）

创业过程的观念性模式有：加德纳模式、威廉模式、提摩模式、克里斯琴模式。

98. 创业成败的评价标准是：业务开展常态化、持久盈利、有相对稳定的客户群、员工队伍趋于稳定、市场地位稳固。

参考文献

[1][美] 彼得·德鲁克.卓有成效的管理者.北京:机械工业出版社,2009

[2][美] 彼得·德鲁克(齐若兰译).管理的实践.北京:机械工业出版社,2009

[3][美] 弗雷泽·P·西泰尔.公共关系实务.北京:清华大学出版社,2008

[4][英] 大卫·鲍迪.管理学(第二版).北京:经济管理出版社,2011

[5][美] 里基·W·格里芬.管理学:中国版.北京:中国市场出版社,2010

[6][美] 斯蒂芬·P·罗宾斯,玛丽·库尔特.管理学.北京:中国人民大学出版社,2008

[7][美] 海因茨·韦里克,马克·V·坎尼斯,哈罗德·孔茨.管理学:全球化与创业视角.北京:经济科学出版社,2008

[8][美] 特伦斯·E·迪尔,艾伦·A·肯尼迪.企业文化:企业生活中的礼仪与仪式.北京:中国人民大学出版社,2008

[9]许罗丹,林蓉蓉.管理沟通.北京:高等教育出版社,2006

[10]邵喜武,林艳辉.管理学实用教程.北京:北京大学出版社,2010

[11]周三多,陈传明,鲁明泓.管理学:原理与方法(第五版).上海:复旦大学出版社,2009

[12]王林雪.管理学:原理、方法与技能.西安:西安电子科技大学出版社,2007

[13]张钢编.管理学基础文献选读.杭州:浙江大学出版社,2008

[14]周三多,贾良定.管理学(第三版)习题与案例.北京:高等教育出版社,2010

[15]王利平.中国人的管理世界:中国式管理的传统与现实.北京:中国人民大学出版社,2010

[16]姚莉.企业战略管理.武汉:武汉大学出版社,2010

[17]孟德泉,刘思正.管理学原理新编.成都:西南交通大学出版社,2009

[18]席酉民,刘文瑞.领导与激励.北京:中国人民大学出版社,2009

[19]席酉民,刘文瑞.组织与决策.北京:中国人民大学出版社,2009

[20]沈波.管理学概论:理论、职能、案例.南京:东南大学出版社,2008

[21]熊勇清.管理学:原理、方法与案例.北京:北京交通大学出版社,2010

[22]张智光.管理学原理:领域、层次与过程(第二版).北京:清华大学出版社,2010

[23]王凤彬，刘松博，朱克强. 管理学教学案例精选. 上海：复旦大学出版社，2009
[24]韩乐江，李朝晖. 管理学基础. 北京：中国商务出版社，2009
[25]孙晓红，闫涛. 管理学. 大连：东北财经大学出版社，2009
[26]刘治江. 管理学：知识、技能与应用. 北京：经济管理出版社，2008
[27]胡昌平. 管理学基础（第二版）. 武汉：武汉大学出版社，2010
[28]邹非. 管理学基础（第二版）. 厦门：厦门大学出版社，2010
[29]段丽娜，张凤英. 管理学原理与实务. 西安：西北工业大学出版社，2010
[30]陈悦著. 管理学知识图谱. 大连：大连理工大学出版社，2008
[31]翟学智，王强，刘元元. 管理学基础教程. 北京：清华大学出版社，2010
[32]刘友金，张天平. 管理学. 北京：中国经济出版社，2008
[33]储节旺. 人力资源管理. 北京：清华大学出版社，2009
[34]刘志梅. 管理学原理. 广州：暨南大学出版社，2009
[35]井淼，周颖，吕彦儒. 管理学原理. 北京：北京师范大学出版社，2007
[36]谢赤，袁凌. 管理学概论. 长沙：湖南大学出版社，2007
[37]赵曙明. 我国管理者职业胜任能力模型研究. 北京：北京大学出版社，2008
[38]朱晓妹. 基于心理契约的薪酬模式研究. 北京：知识产权出版社，2008
[39]徐刚. 管理学. 天津：天津大学出版社，2010
[40]景泽京. 管理学. 北京：清华大学出版社，2010
[41]苏保忠. 领导科学与艺术. 北京：清华大学出版社，2009
[42]圣才考研网，《管理学考研真题与典型题详解（第七版）》，2010
[43]李彦斌. 管理学原来如此：管理学的三十七幅漫画. 北京：中国电力出版社，2007
[44]张明玉，邬文兵. 管理学习题集与案例集. 北京：科学出版社，2007
[45]李品媛. 管理学教学案例. 大连：东北财经大学出版社，2007
[46]李庆华. 战略管理. 北京：中国人民大学出版社，2010
[47]韵江. 战略演化：组织内透视. 大连：东北财经大学出版社，2009
[48]张杉杉，罗震雷，徐晓峰. 人力资源管理心理学. 北京：首都经济贸易大学出版社，2009
[49]张阿芬. 管理学. 厦门：厦门大学出版社，2008
[50]方晓平. 管理学理论与方法. 北京：中国铁道出版社，2007
[51]张友苏，陈昭玖. 管理学. 广州：暨南大学出版社，2007
[52]方军. 领导三策：做人、用人、管好人. 北京：中国华侨出版社，2008

[53]刘婵.管理学.广州:中山大学出版社，2010
[54]陈传明，周小虎.管理学原理.北京:机械工业出版社，2007
[55]廖晓钟，刘向东.控制系统分析与设计.北京:清华大学出版社，2008
[56]黄国庆，巢莹莹.管理学概论.北京:清华大学出版社，2010
[57]方志耕，刘思峰，朱建军.决策理论与方法.北京:科学出版社，2009
[58]马有伦.沟通的力量.北京:中共党史出版社，2009
[59]陈劲.管理学.北京:中国人民大学出版社，2010
[60]秦志华. 管理学.大连:东北财经大学出版社，2010

图书在版编目(CIP)数据

管理学 / 肖余春主编. —3 版. —杭州：浙江大学出版社，2013.3(2016.1 重印)

ISBN 978-7-308-11292-5

Ⅰ. ①管… Ⅱ. ①肖… Ⅲ. ①管理学 Ⅳ. ①C93

中国版本图书馆 CIP 数据核字（2013）第 054249 号

管理学(第三版)

肖余春 主编

责任编辑 周卫群

封面设计 刘依群

出版发行 浙江大学出版社

（杭州市天目山路 148 号 邮政编码 310007）

（网址：http://www.zjupress.com）

排 版 杭州中大图文设计有限公司

印 刷 临安市曙光印务有限公司

开 本 710mm×960mm 1/16

印 张 36.25

字 数 650 千

版 印 次 2013 年 3 月第 3 版 2016 年 1 月第 9 次印刷

书 号 ISBN 978-7-308-11292-5

定 价 65.00 元

浙江大学出版社发行中心联系方式：0571－88925591；http://zjdxcbs.tmall.com